2007

广州远洋运输公司
GUANGZHOU OCEAN SHIPPING COMPANY

年鉴

《广州远洋运输公司年鉴》编纂委员会 编

2008年刊

广东人民出版社

《广州远洋运输公司年鉴(2007)》编纂委员会

主任委员：徐惠兴　刘书田

副主任委员：傅　伟　黄继忠　翁继强　马宗梅　胡锦沛

委　　员：林旭东　姚　勇　黎光葵　谭　力　池新旺　石立森　朱航员　符　雄　姜立军　赖奕光　尤扬斌　林耀强　王玉生　陈建钦　赵寿春　龚艳平　何伟杰　顾卫东　刘贤蒙　李　伟(广东省远洋运输有限公司)　邱　波　袁伟贤　张唯耀　凌保平　梁伟文　方少彪　甄　伟　徐国新　郑培贤　蔡志强　姚锦池　孟　政　朱克洪　施金安　程一高　闭晴安　李　伟(广州华南医疗用品有限公司)　何向宁　杨　涛

《广州远洋运输公司年鉴》编纂人员

主　　编：傅　伟

常务副主编：林旭东

执行副主编：张莲芳　刘锐祥

编辑及编务：吴彩区　吴安良　许德茂　王　勇　宁仁化　米军喜　张礼祥　张竹玲　张超文　林海霞　滕丽云

2007年2月13日，中远集团总裁魏家福新春佳节在慰问广远员工大会上讲话。

2007年10月28日，国务院商务部副部长卫建国（前排右）出席由广远经营的中远集团5000车位汽车船首制船开工典礼，并参观造船厂。

2007 年 2 月 14 日，中远集团总裁魏家福（左三）莅临广远春节团拜会。

2007 年 2 月 14 日，中远集团总裁魏家福（前排左一）慰问广远老同志。

2007 年国庆节期间，中远集团党组书记张富生（右三）慰问船员。

2007年1月29日，中远集团党组书记张富生（前排中）慰问“乐业”轮船员。

2007年12月14日，中远集团党组书记张富生（前排右二）莅临广远指导工作。

2007 年 1 月 22 日，中远集团副总裁许立荣在广远工作会上作指示。

2007 年 2 月 15 日，中远集团副总裁张良（右五）慰问“乐泰”轮船员。

2007 年3 月 6 日，国资委驻中远集团监事会主席高怀忠（左三）、国资委驻中远集团监事会主任刘雪亮（左二）、中远集团总会计师孙月英（右二）在黄埔港考察广远船舶卸货情况。

2007年2月9日，广东省总工会党组成员、纪检组组长肖建葵（中），省海员工会主席卢晓露（左），慰问全国劳模徐惠兴。

2007 年 1 月 24 日，广东海事局局长梁建伟（左）莅临广远指导工作。

2007 年 3 月 21 日，国资委党建局党员教育处处长靳建平（右二）一行莅临广远指导党建工作。

2007 年 4 月 25 日，中纪委、中组部第一企业巡视组莅临广远指导检查工作。

2007 年 12 月 19 日，中国证监会监管发行部常务副主任王林（左）莅临中远航运进行再融资调研。

2007 年 9 月 4 日，广东证监局局长侯外林（左二）率队对中远航运进行巡检。

2007年12月13日，广东省厂务公开检查组莅临广远指导工作。

2007 年 2 月 4 日，国家安全生产监督局督察组视察“富康山”轮。

2007年2月14日，中远集团安全监督部总经理陈正杰到“金牛岭”轮春节慰问和安全检查。

2007 年 7 月 30 日，中远集团组织部部长高平（中）一行莅临广远进行党建工作调研。

2007 年 1 月 30 日，中国驻埃及使馆亚历山大总领事詹敬宝（二排右五）慰问“乐民”轮船员。

2007 年 6 月 7 日，中国驻美国休斯顿总领事馆商务参赞尧文良（右二）慰问“泰安口”轮船员。

2007 年 7 月 1 日，中国驻拉各斯总领事郭崑（右二）慰问“乐盛”轮船员。

2007 年，广远荣获“全国厂务公开民主管理”先进单位。

2007 年，广远荣获“全国模范劳动关系和谐企业”称号。

2007 年 1 月，“泰安口”轮荣获“全国学习型先进班组”。

2007 年 3 月，广远入选“2006 年度中国企业信息化 500 强”。

2007 年 7 月，广远被中远集团党组评为 2006 年度“四好领导班子”。

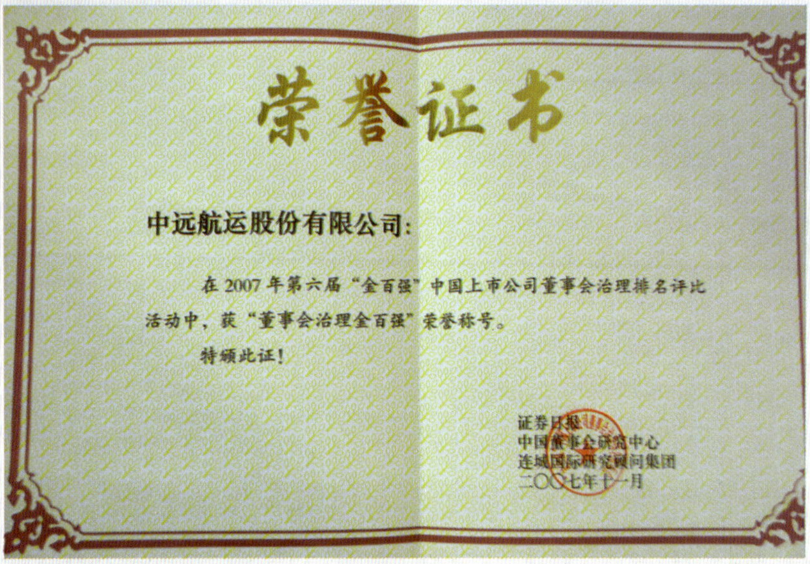

2007 年 11 月，中远航运荣获“董事会治理金百强”荣誉称号。

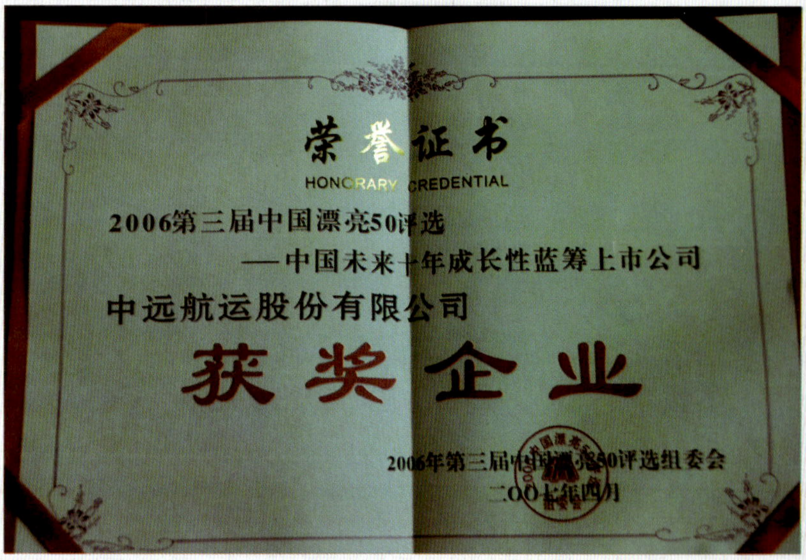

2007年4月，中远航运入选第三届中国漂亮50、未来十年成长性蓝筹上市公司。

2007年6月24日，中远航运荣登2006年度上市公司价值百强榜。

2007年6月22日，总经理徐惠兴拜访镇江市副市长陈建设（右）。

2007年7月12日，党委书记刘书田与交通部水运司副司长曹德胜（左）愉快交谈。

2007 年 2 月 9 日，总经理徐惠兴拜会天津港集团总裁于汝民（右）。

2007年2月25日，黄埔船厂总经理陈忠前（后排二）一行到广远进行业务交流。

2007 年 5 月 17 日，中远博鳌有限公司代表团到广远进行业务交流。

2007年5月15日，广东海事局副局长谭永烈（左）莅临广远指导工作。

2007年6月22日，总经理徐惠兴拜访镇江港务集团总裁戴永胜（左）。

2007年8月16日，中远船务工程集团有限公司总经理王兴如（二排右一）到广远进行友好访问。

2007 年 9 月 12 日，总经理徐惠兴（右一）接受《中国远洋航务》记者专访。

2007 年 11 月 12 日，大连海事大学教授杨守仁（右）访问广远。

2007 年 12 月 3 日，张家港港务局总裁赵建华（左）访问广远。

2007 年 2 月 5 日，中远西亚公司代表团到广远进行友好访问。

2007 年 2 月 5 日，广远与 NYK 公司常务经营委员加藤正博一行进行业务会谈。

2007 年 3 月 23 日，安哥拉鲁安达港人员访问中远航运。

2007 年 1 月 22 日，广远召开"精益管理年"活动总结暨经验交流会。

2007 年 1 月 21~22 日，广远召开第十二届三次职代会、八届二次工代会暨思想政治工作会、2007 年工作会。

2007 年 4 月 12 日，广远举办汽车船考察报告会。

2007 年 4 月 23 日，新造沥青船“木兰湾”轮顺利接船。

2007 年 7 月 3 日，广远召开买造船工作会议，商讨船队发展规划。

2007 年 10 月 30 日，中远航运与广船国际签订 2 艘 5 万吨半潜船造船合同。

2007 年 10 月 28 日，由广远经营的中远集团 5000 车位汽车船首制船开工典礼。

2007年，广远每季召开一次经济成本分析会，研究经营形势及其对策。

2007年3月28日，中远南方沥青有限公司总经理何伟杰与新西兰DELTA公司续签3年COA合同。

2007年6月18日，广远召开机务管理工作会。

2007年11月6日，广远召开岸产企业第三季度经济分析工作会。

2007年9月21日，广远举行船员管理改革动员大会。

2007 年 11 月 9 日，广远召开加强投资企业财务管理和检查工作专题会议。

2007 年 11 月 12 日，广远召开全面风险管理工作小组会。

2007 年 11 月 15 日，广远召开节能减排工作小组会议。

2007 年 11 月 29 日，广远召开 2008 年工作务虚会暨经营管理委员会会议。

2007年6月21日，总经理徐惠兴（前排左一）到“新福运”轮检查安全工作。

2007年2月17日，党委书记刘书田（右）到“富清山”轮检查安全工作。

2007年3月26日，“乐鼎”轮举行“亲情祝安全”活动。

2007年4月18日，广远驻青岛办事处召开“亲情祝安全”船员家属座谈会。

2007年4月16日，广远在“安庆江”轮召开工伤事故现场会。

2007年4月26日，广远召开安全专题领导办公会议。

2007年8月4日，总经理徐惠兴（左一）布置防抗台工作。

2007年6月21日，副总经理翁继强（后排一）在天津港上船检查安全工作。

2007 年 4 月 25 日，新造沥青船“大鹏湾”轮准备投入营运。

2007 年 6 月 12 日，“泰安口”轮首次同时装载两个钻油平台。

2007 年 5 月 9 日，“乐荣”轮过国际日期变更线。

2007年10月16日，“白沙岭”轮在达尔文港接受澳检。

中远集团“十大杰出青年”、船长蔡连财在精心设计船舶安全航线。

维修主机。

加工零件。

海上救生。

消防演习。

安全讲解。

高空作业。

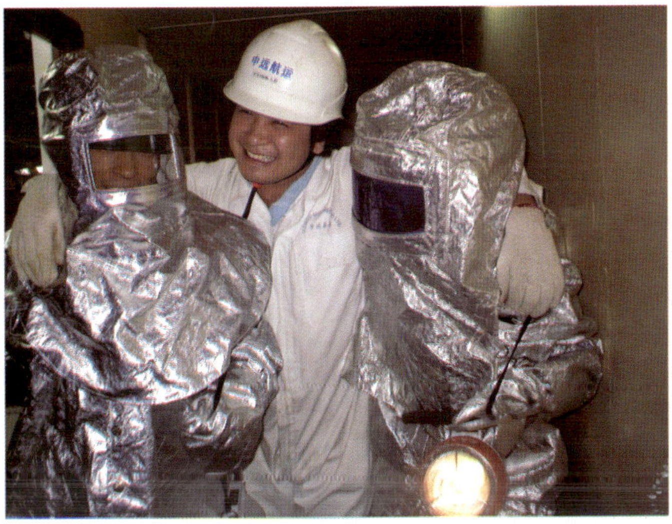

协力合作。

2007 年 1 月 12~13 日，召开中共广远第七次代表大会。

2007 年 2 月 6 日，广远召开纪检监察审计工作会议。

2007 年 2 月 6 日，广远举行合资合营企业监督工作座谈会。

2007 年 11 月 26 日，广远召开公司领导班子成员述廉议廉会议。

2007 年 10 月 19 日，广远举行《远洋船员思想教育读本》发布会。

2007 年 3 月 14 日，广远召开“三服务一促进”主题实践活动动员大会。

2007 年 5 月 23 日，广远召开党员领导干部专题民主生活会。

2007 年 6 月 29 日，广远召开纪念建党 86 周年暨表彰大会。

2007 年 10 月 24 日，广远召开学习贯彻中共十七大精神动员会。

2007年10月23日，广远新型船舶操纵模拟器正式投入使用。

2007年8月16日，广远举行“红树林”工程首届船员技能竞赛暨广东省首届“海员杯”船舶水手技能大赛选拔赛。

2007年9月7日，广远对员工进行《劳动法》培训。

2007年9月24日，广远举办FFA培训。

2007年9月26日，广远举办道路交通安全知识讲座。

机舱车床培训。

2007 年 9 月 27 日，广远团委组织团员青年参观中共“三大”旧址。

2007 年 8 月 16 日，广远船员参加广东省“海员杯”选拔赛。

2007年10月12日，广远参加广东省首届“海员杯”船舶水手技能大赛决赛获奖选手合影。

驾驶台模拟训练。

油轮模拟培训。

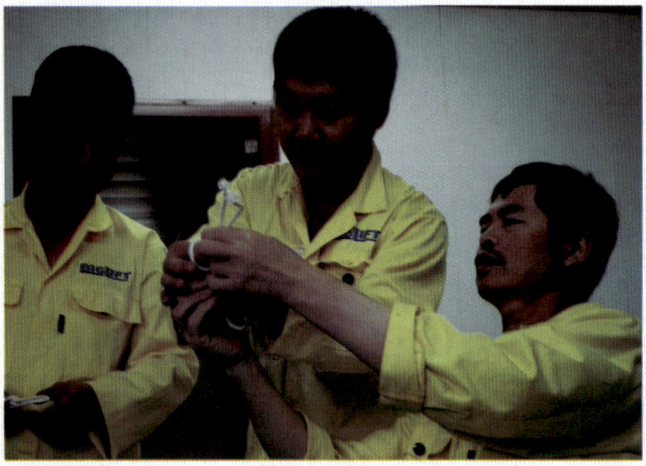

言传身教。

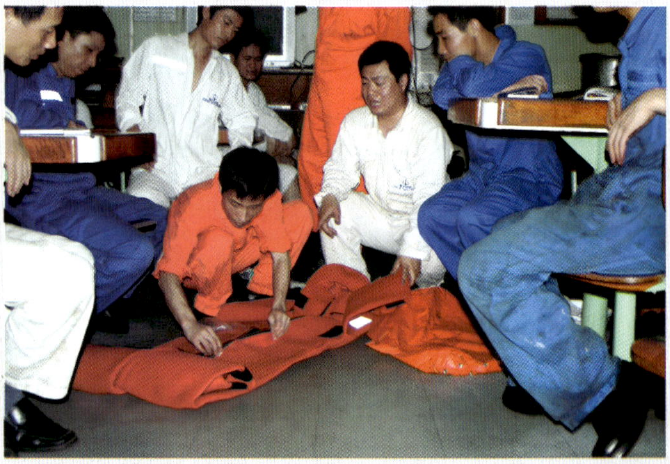

指点示范。

抛缆训练。

2007年4月27日，在广远成立46周年庆祝大会上，总经理徐惠兴（右一）、党委书记刘书田（左一）给在广远系统服务40年的两位员工颁发纪念牌。

2007年4月27日，在广远成立46周年庆祝大会上，参加大会的船员代表合影留念。

2007年4月27日，副总经理傅伟在广远首部年鉴首刊发行发布会上致辞。

2007年7月19日，《广州日报》记者采访广远船长王涛（右一）。

2007年12月18日，纪念原交通部远洋运输局驻广州办事处成立五十周年专刊《蓝色记忆》编前会。

2007 年 4 月 22 日，广远参加广东省庆祝“五一”劳动节晚会的船员方队。

2007 年 4 月 22 日，广远系统员工米军喜、萨出日丽在广东省庆祝“五一”劳动节晚会上领唱“广远之歌”。

2007 年 5 月 18 日，广远团委举行“新广远、新青年、新风采”青年形象展示大赛。

2007 年 9 月 4 日，由广远协办的中远集团乒乓球比赛在广州举行。

2007 年 10 月 1 日，“大强”轮船员与尼日利亚拉各斯朋友举行沙滩运动会。

登山活动。

现场挥毫。

篮球比赛。

足球比赛。

获奖合影。

2007 年 1 月 22 日，广远企业方代表徐惠兴（左）与职工方代表马宗梅（右）签定《集体劳动合同》。

2007 年 2 月 10 日，中远航运春节联谊会。

2007年2月12日，总经理徐惠兴（中）慰问中远老领导和广远老同志。

2007年1月29日，广远历届老领导到中远航运参观指导。

2007年2月12日，广远举行离退休人员春节团拜会。

2007 年 2 月 8 日，总经理徐惠兴（前排右二）访问天津港务局并上船慰问船员。

2007 年 2 月 15 日，厦远与广远举行“同创共建”新春联谊会。

2007 年 2 月 17 日，党委书记刘书田（中）慰问“富清山”轮船员。

2007 年 1 月 31 日，工会主席马宗梅（右）慰问金锚奖获得者傅伟（中）。

2007 年 4 月 14 日，副总经理翁继强（前排左二）慰问船舶。

2007年2月16日，党委副书记黄继忠（右）慰问老同志。

2007 年 9 月 10 日，工会主席马宗梅（左三）代表广远领导班子慰问幼儿园老师。

2007 年 2 月 8 日，总会计师胡锦沛（左二）代表广远领导班子到莆田地区慰问困难船员梁梦雄。

2007 年 12 月 19 日，“大强”轮和“TOISA PERSUES”号工程船在拉各斯联谊共庆圣诞节。

2007 年 2 月 17 日，“泰安口”轮船员与家属在船上欢度春节。

2007 年 4 月 5 日，广远与天津海事局签订《海事企业安全生产文明共建协议》。

2007年7月6日，广远召开第七次船员家属代表大会。

2007 年，广远向职工发放住房货币补贴。

2007 年 8 月 2 日，广远向广东省劳动关系和谐企业考核组汇报创建和谐企业的情况。

2007年12 月 28 日，金桥学院举行“构建和谐团结奋进”元旦文艺晚会。

广远领导成员

总经理、党委副书记
徐惠兴

党委书记、副总经理
刘书田

副总经理
傅伟

副总经理
翁继强

党委副书记
黄继忠

纪委书记、工会主席
马宗梅

总会计师
胡锦沛

驶向世界的民族巨轮

（广远全球航线示意图）

目　录

2008年刊

第一章

广州远洋运输公司年鉴

GUANGZHOU OCEAN SHIPPING COMPANY YEARBOOK

2007

特载

抓住机遇 深化改革 加快发展 保证安全 开创广远可持续发展新局面

——在广州远洋运输公司第十二届三次职工代表大会上的工作报告

（略有删节）

广州远洋运输公司总经理 徐惠兴

2007 年 1 月 21 日

各位领导、各位代表：

我代表公司向大会作工作报告，请予审议。

第一部分 【总结·回顾】 ——2006 年主要工作

2006 年，广远公司在中远集团的正确领导和支持下，坚持以“三个代表”重要思想、十六届五中全会、六中全会、中央经济工作会议精神为指导，坚持以科学发展观统领全局，按照年初确定的工作思路，全面贯彻系统集成和精益管理理念，经过全体船岸员工的共同努力，在安全、稳定、效益等各方面的工作都取得了令人振奋的成绩，全面完成了集团下达的各项考核指标。在航运市场整体回调、燃油价格大幅上升的不利形势下，经济效益再创历史新高，保持了安全生产形势的稳定，双文明建设取得了较好成绩。在广远成立四十五周年华诞之际，广远公司被中华全国总工会授予“全国五一劳动奖状”，这是对广远工作的充分肯定。

在此，我代表公司向各位代表和嘉宾，向奋战在生产第一线的广大船员，向基层、本部的广大员工，向关心、理解和支持广远的各级领导、离退休老同志，以及广大船岸员工家属，致以崇高的敬意和衷心的感谢。在春节即将来临之际，祝大家身体健康、家庭幸福、工作顺利、万事如意。

2006 年主要生产财务指标完成情况：

——货运量 1449.94 万吨，为年度指标的 138.5%。

——周转量 693.82 亿吨海里，为年度指标的 138.9%。

——运输收入同比增长 8.69%。

——运输成本同比增长13.27%。

——运输净利同比增长13.66%。

——实现利润总额同比增长17.82%，完成年度利润目标的211.49%，连续三年创广远成立以来的历史新高。

2006年主要工作：

一、特色经营，防控风险，航运主业效益稳定增长

广远坚持“以航运为主业，航运是重中之重，只有航运才能发展广远”的发展战略，积极探索“从周期性发展向可持续发展转变”的有效途径，在航运市场整体回调的不利形势下，广远航运主业效益实现稳步增长，凸显出规避航运周期性风险的能力。

（一）精心经营，巩固杂货班轮运输航线

通过精心经营，优化运力投放，推行航线设计、货载、调度全方位精益管理，深入挖掘固定航线效益，打造核心班轮运输模式，不断探索、开辟新的航线。2006年，各固定航线业务量总体保持稳定，西非、欧洲－地中海等新开辟航线业务量增长迅速，在巩固主要传统优势航线的市场占有率的同时，开发了新的利润区。

（二）系统集成，抢占特种运输高端市场

随着航运市场整体回调，传统杂货船面临很大的经营压力，而以打造细分市场系统集成者为发展目标的半潜船、汽车船、沥青船、木材船、重吊船等特种船队效益逆市上扬，保持较快增长。半潜船期租水平屡创新高，2007年货期已基本排满；沥青船队平均期租水平有所增长；汽车船队平均期租水平有所提高；木材船队完成利润有较大增加，双向货源平衡基本得到保障。

（三）积极操作，租船经营取得突破

认真贯彻落实“从拥有向控制转变”战略，积极开展租船经营，关注市场，谨慎操作，租船经营效益取得突破，全年租船经营利润超额完成年度指标。特别值得肯定的是，中远远达转变经营思路，积极实践“从拥有向控制转变”思想，采取长、中、短期灵活操作，共租船12艘，租船利润占公司利润总额达25%。

实践再次证明，“只有航运才能发展广远”的战略是符合广远实际的，而大力发展特种项目船，使广远创效能力、规避风险能力不断提高。

二、转变发展思路，船队结构调整取得较快进展

2006年，在集团的大力支持下，广远通过买、造、租、改、退等不同方式，加快船队结构调整的步伐。

今年以来，新购入二手多用途船、二手杂货船及二手汽车滚装船各1艘；签约新造的6艘沥青船全部开工，首制沥青船“亚龙湾”轮顺利接船投入营运，8000吨沥青船改造项目于2006年12月中旬开工，计划今年4月出厂投入营运；新造4艘32000吨木材船项目、4艘27000万吨多用途船项目已签约；半潜船、汽车船、重吊船项目推进有了实质性

进展；按计划完成了7艘船舶出售退役工作。船队结构调整取得了实实在在的可喜进展。

三、内强实力，外树形象，资本经营取得新成果

2006年，广远坚持“生产经营和资本经营并重”的发展战略，资本经营取得实效。

1999年中远航运成立时，广远和其他几家股东单位投入仅数亿元，而现在，中远航运的股票总市值已经突破了一百亿。广远所持股份的大幅增值，真正体现了资本市场的力量，体现了现代企业制度的优势。一年来，中远航运在船队经营、精益管理、安全管理、规范运作等方面做了大量卓有成效的工作，实现了非常满意的业绩和快速的成长，得到了监管部门和市场的高度认可，为广远和中远集团做出了贡献，成为一家公认的非常优秀的蓝筹股上市公司。

2006年，中远航运加快“两个资本平台”建设，一是加快国际化战略，向香港子公司增资，完成半潜船队期租给香港子公司，利用国际金融中心有利条件，夯实香港公司资本平台；二是积极响应中远集团号召，年底前完成了设立天津子公司工作，在充分享受滨海新区政策优惠的基础上，搭建国内买造船融资平台，为加快船队结构调整步伐打下了良好的基础。

中远航运在经营业绩、上市公司治理和发展前景等方面的上佳表现，得到了资本市场的高度认同。一年来，中远航运荣登央视“2005年度最具价值上市公司”50强榜及央视“最佳上市公司治理奖”头名，名列2005年度中国上市公司业绩百强榜第三，位居2005年度上市公司绩效第三，还分别被授予“广东省五一劳动奖状”和“全国学习型组织先进单位”。

四、以“两个20%”为核心，精益管理年活动成效显著

广远精益管理年活动的核心目标是实现“两个20%”：一是高回报的COA合同同比增长20%，增强货源市场控制能力。中远航运、中远远达、中远南方沥青签订COA合同均超额完成增长目标。二是船舶非生产性停时下降20%，降低船期成本。2006年，广远船队同比节约船期1294天，平均租金水平大有提高。

公司还以精益管理思想为指导，以消除浪费为核心，深入开展“精益亮点”工程活动，船岸员工全员参与，持续改进，取得显著效果。2006年，广远船队船舶营运率、航行率、载重量利用率等指标有所提高，燃油单耗同比下降3.5%，船舶港口使费、绑扎物料等各项生产费用和管理费用都有一定下降。

五、以法为纲，突出重点，安全生产形势保持稳定

广远按照“安全工作压倒一切”的总思路，将安全工作作为一项群众满意工程来抓，以深入学习《安全生产法》为契机，早研究、早动员、早布置、早检查、早落实，全面抓好安全工作。一是以打好全年“四大战役”（雾航、沿海航行、防台和冬防工作）为重点，抓好季节性安全工作，有效扭转春季事故多发局面，防抗台成功率继续保持100%；

二是以“四重船舶”（重点船舶、重点航区、重点货载、重点人员）为重点大力抓好冬防工作，取得实效；三是按照集团整体部署，加强安全管理长效机制建设。结合广远船队实际，加强老龄船管理。以杜邦公司安全咨询专家评估为契机，查找差距，落实整改，强化员工安全意识教育，有效遏制了劳动安全事故。深入开展“安全在我身边，降本增效从我做起”、“亲情祝安全”等群众性安全生产活动，建设广远特色的安全文化体系。

2006 年，广远公司没有发生上报等级安全责任事故，严守了集团提出的“三条不可逾越的底线”，船舶安全面达 100%，保证了安全形势平稳，为公司改革、发展、稳定、效益提供了坚实的保障。

六、以人为本，优化管理，船员队伍建设迈出新步伐

公司坚持以人为本，大力加强船员队伍人力资源规划，积极调整和优化船员队伍结构，实施加强船员教育培训的“红树林”工程，不断提高船员队伍的整体素质。

（一）科学规划，积极调整，船员队伍整体结构不断优化

以科学发展观为指导，根据广远航运主业的发展规划，科学制定《广远船员队伍人力资源规划》；以集团帮助广远解决富余船员等历史性困难为契机，加快船员队伍结构调整的步伐，不断优化船员队伍结构；继续加大航海类专业大学毕业生的招聘力度，加大普通船员社会化的用工力度。去年新接收毕业生 223 名，新办协作船员中心 1 个，提升干部船员 536 人次，办理船员退休、退养 1465 人。目前，船员队伍平均年龄为 38.7 岁，比前年同比降低 1.8 岁，大专以上文化比例同比提高约 2 个百分点，整个队伍人数进一步精简，结构不断优化。

（二）广泛开展“红树林”工程，进一步加强船员的教育培训工作

针对船员队伍新老交替速度快、船员成分变化大、年轻船员比例增加和用工制度多元化等新情况，公司正式启动了加强船员教育培训的“红树林”工程。各部门、单位和船舶纷纷行动起来，齐心协力，坚持教育和培训两轮驱动的方针，广泛开展活动。结合冬防安全等工作，组成 5 个“红树林”工程督导小组，用一个多月时间，对抵达国内港口船舶进行检查指导，促进了这项工作在船舶的落实。在抓好培训的基础上，已有 48 艘船舶实施了“驾通合一”，14 艘船舶实施了“机电合一”，加快了复合型高级船员的培养，并取得了显著的经济效益。

经过努力，广远船员队伍的优质服务和专业素质正在显示品牌效应，不断得到船东、货主、客户和租家等的表扬和肯定。

七、优化资源配置，岸产企业焕发新的活力

2006 年，公司以规范运作、盘活资源、理性改制、内涵发展为主线，加强岸产企业管理，取得较好成效。

（一）规范运作，加强岸产企业制度建设

加强以财务管理为核心的企业管理，定期跟踪企业的生产经营和发展状况，提高财务

分析、监控及综合管理水平，规范管理，防范经营风险。大力推进人事制度改革，加强岸产中层管理人员队伍建设和岸产青年骨干队伍的培养，完善人才管理机制，岸产企业普遍实行中层干部竞聘上岗。

（二）盘活、整合岸产资源，推进项目发展

自主开发I1－4地块工作正式启动，“广州远洋大厦”项目于2006年12月26日正式奠基。此外，收购接管东海大厦、滨江西路100号办理住改商、船舶自动化业务整合等工作顺利实施。

（三）稳妥理性地推进岸产企业改制工作

完成上海广运改制、供应公司印刷厂挂牌转让，员工得到稳妥安置；新利服装厂在北京产权交易所完成了转让公告；华南医疗增资扩股与外方达成意向，改制工作取得实质性进展。

一年来，岸产企业积极开拓利润增长点，研究开发与航运主业相关项目，提高岸上产业整体效益，超额完成了年度利润指标，取得较好成绩。

八、建立完善先进性教育长效机制，企业两个文明建设成果显著

按照中央部署，继续巩固扩大先进性教育活动成果，做好保持和发扬党的先进性各项经常性工作，建立完善保持党员先进性的长效机制。认真学习贯彻党章和十六届六中全会精神，深入贯彻落实《中国远洋运输（集团）总公司党组关于加强和改进党建工作的意见》，大力加强党的执政能力建设和先进性建设。加强党组织和党员队伍建设，胜利召开第七次党代会。按照省委部署，深入开展以“三个走在前面”为主题的排头兵实践活动，提出了争当全国海上特种杂货运输行业排头兵的奋斗目标，取得了显著成效。大力加强社会主义精神文明建设和企业文化建设，广泛开展社会主义荣辱观宣传教育活动，促进形成知荣辱、树新风、促和谐的员工思想道德新风尚。广远被中远集团评为2005－2006年度文明建设先进单位。

加大纪检监察审计工作力度，积极推进惩防体系建设；深入开展反腐倡廉教育，着力提高各级经营管理者的拒腐防变能力；不断完善监督机制，积极开展监督检查和效能监察，提高企业执行力；强化审计监督，促进企业规范经营和效益的提高，有效起到企业改革发展的保驾护航作用。

围绕公司中心工作，加强企业民主管理，调动职工参与经营管理的积极性。深入开展各项群众性主题活动，切实维护员工切身利益；开展“送温暖”工程，改善船舶生产生活条件；在集团支持帮助下，启动员工住房货币补贴工作，为职工群众办好事，做实事，解难事，促进企业和谐发展；充分发挥共青团组织的生力军和突击队作用，深入开展各类主题实践活动，取得较好效果。

存在的主要问题和不足：

在总结成绩的同时，我们还要看到生产经营上存在的问题和不足：

一是在落实“从拥有向控制转变”方面，还有待加强，租船利润贡献相对不大。

二是在市场控制能力方面，还有待加强。如对重吊船市场把握方面存在不足。

三是固定航线经营和运力合理配置还有待加强。

四是由于机制体制等原因，广远系统内航运企业经营管理和考核机制上还存在一定的不平衡。

五是随着航运主业的加快发展，船员队伍建设面临更大的挑战，船员用工制度、薪酬制度需要按照新法规新政策进一步研究。

第二部分 【预测·展望】
——特种杂货运输市场形势分析

一、国际、国内经济贸易形势展望

（一）国际经济与贸易形势展望

2007年，世界经济贸易在三大经济体的带动下和中国因素的促进下，将延续较快的增长势头，但增速较去年将有所放缓。全球经济增速预计将达4.9%，较去年下降0.2%，与2005年持平，世界贸易预计将有7.6%左右的增速。值得关注的是，新兴经济体将成为未来经济贸易的重要增长点。

（二）中国经济与贸易形势展望

中国经济和进出口将继续保持平稳较快增长，中央经济工作会议拟定2007年经济增长目标约为8%，预计全年进出口贸易增长将达25%左右。一方面，党的十七大即将召开以及“奥运效应”等因素将构成中国经济贸易有利的拉动因素；另一方面，世界经济贸易增速放缓、人民币升值幅度加大，在一定程度上将对进出口贸易造成影响。

二、特种、杂货、多用途船市场形势分析

（一）特种运输细分市场保持稳定、快速增长态势

半潜船、重吊船市场将在相当长一段时期呈现运力供不应求局面；沥青船、木材船运输市场将保持稳定增长；汽车船市场将快速发展，随着中远与国内17家汽车厂商签订战略合作协议，最近几年将是中远汽车船队发展的重要机遇期。“十一五”期间，广远将面临特种运输业务快速发展的历史性机遇。

（二）固定航线区域性分化加剧，新兴市场值得关注

波斯湾红海线市场稳定，效益良好；西非线、欧洲地中海航线发展迅速；南美西、加勒比、孟加拉线出口市场稳定，回程运价波动较大；东南亚线持续低迷，出现亏损。随着非洲、印度、越南等区域经济的快速发展，基础设施建设需求迅猛增长，将带动机器设备、车辆、建筑材料等运量的大幅增加。

（三）杂货运输市场整体需求平稳，竞争依然激烈

在整体市场上升的带动下，杂货船运输市场2007年将基本保持平稳；广远杂货船、

多用途船队主要竞争对手除国际杂货船队外，还包括因市场原因导致运价下调、运力相对过剩，从而进入杂货船市场的集装箱船、小型散货船。我们对2007年杂货运输市场将持谨慎乐观，积极应对的态度。

第三部分 【思路·措施】
——2007年重点工作

近几年来，在中远集团的正确领导下，经过广远人的不懈努力，广远已经走出了低谷。特别是集团2006年帮助广远解决富余船员、住房货币化改革等历史性困难，并以买造船首付款等方式大力支持广远特种船队发展，极大鼓舞了全体船岸员工的士气，广远这家老公司正焕发出旺盛的活力。2007年，广远拥有很好的外部条件、内部条件和发展机遇，更加可贵的是广大船岸员工士气高昂，广远又迎来加快发展的历史机遇期。2007年将继续是广远的创新之年、发展之年。

2007年工作总思路：坚持以科学发展观统领全局，贯彻落实“四个转变”，全面实践精益管理，大力推进系统集成，深化改革、自主创新、保证安全、又好又快发展，努力完成2007年效益目标和各项工作任务，实现广远科学发展、协调发展、可持续发展。

2007年发展战略：一是在贯彻落实“四个转变”总体战略的方向下，继续坚持“以航运为主业，航运是重中之重，只有航运才能发展广远”的战略；二是继续坚持“生产经营与资产经营并重”的双轮驱动战略；三是广远船队的发展定位要从“以特种专业运输船为主的杂货运输船队”调整为“以特种专业运输船为主的多用途运输船队”，全面推进特种专业运输的创新发展和船队的快速发展。

2007年七项重点工作：

一、抓住机遇，深化改革，加快打造“资本广远”

2007年，广远要继续坚持“生产经营与资产经营并重”的双轮驱动战略，深化改革，进一步加强资本经营工作。近年来，广远在集团打造“资本中远”战略指导下，先后完成中远航运上市、航运主业重组、股权分置等一系列重要改革，促进了广远航运主业的快速发展，为打造资本广远奠定了坚实的基础。目前，广远资本经营工作面临难得的历史机遇。

一是国家政策上提倡和支持大型国有企业，做强做优上市公司，解决存续公司可持续发展问题，避免同业竞争和减少关联交易。

二是中远航运上市以来，经营业绩和整体实力大幅提升，得到资本市场的高度好评。

三是经过多年培育，沥青船、木材船等项目船队取得较好发展，带来资本经营极好的题材和发展空间。

四是航运市场仍然处于相对高位。

因此，深化改革，坚定不移地打造资本广远，既是保证广远航运主业快速、持续、健康发展的客观需要，也是彻底解决广远现存的矛盾和问题、建设和谐广远、实现协调发展的必然要求。2007 年，广远要重点在运作机制、管理模式、用工制度上进行认真研究，充分利用上市公司这一平台，加快深化改革，使打造“资本广远”迈出坚实的步伐。

二、调整定位，创新观念，促进广远航运主业快速发展

广远要继续坚持“以航运为主业，航运是重中之重，只有航运才能发展广远”的战略，优化结构，调整定位，明确以特种专业运输船为主的多用途运输船队定位，大力发展汽车船项目，优化固定航线运力设置，加强租船经营力度，促进广远航运主业效益稳定提高。

（一）创新思路，加快推进特种船队的发展

事实证明，以半潜船为代表的特种运输业务准入门槛高、发展潜力大、市场效益好、抗风险能力强。(略)

广远特种船队能否按计划实现运力扩张，是关系到广远能否实现海上特种运输市场系统集成者目标的关键。2007 年，广远特种专业船队运力发展要再上一个新台阶，一是在集团的支持下，在 50000 吨半潜船建造项目上尽快取得突破；二是重点研究重吊船项目，加强重吊船货源市场的研究开拓；三是按计划继续推进木材船、沥青船的建造工作，力争运力有新的跨越。

（二）明确方向，大力推进多用途主力船队发展

广远船队以前的定位是以特种船为主的杂货船运输船队。随着多年来的创新发展，广远船队市场定位逐步向专业化、特种化、高端化转变。（略）。广远现有杂货船均为老旧船，平均船龄 25.9 年，适货能力差，运价水平、市场竞争力低，将逐步退役或淘汰。因此，广远船队定位必须调整为特种专业运输船为主的多用途运输船队。

2007 年，在积极推进签订建造 4 艘 25000 吨和已签约 4 艘 27000 吨多用途船项目的基础上，将积极推进大吨位多用途船的发展，把航速快、吨位大、起吊能力强、适货范围广、适货能力强，整体市场竞争力强的多用途船作为广远船队的主力船型。

（三）抓住机遇，大力发展项目船

（略）

（四）创新经营，把固定航线打造成高准入、高回报的精品航线

固定航线历来是广远主力船队经营效益的基础。2007 年，在固定航线经营上，要转变观念，创新思路。在观念上从“看运力找市场”向“根据市场寻找和配置运力”转变；在策略上从“传统的无差异航线经营模式”向“打造高准入、高回报的精品航线”转变。一是退出劣势航线。东南亚航线准入门槛低、市场竞争混乱、运价持续低迷，必须逐步退出。二是要加大开辟新兴航线力度，抓住机遇，积极参与印度、西非、越南等新兴市场开发，抢占市场份额。三是打造精品航线，投入优质运力，加强开发市场准入高、利润丰厚的欧洲地中海等航线，培育新的利润增长点，促进固定航线经营向差异化、专业化、高端

化发展。

（五）转变观念，实现租船经营利润1亿元的奋斗目标

“从拥有向控制转变”，是中远集团一项重要发展战略，也是广远航运主业自身发展的客观要求。租船经营业绩如何，直接反映了一家航运公司经营管理水平和对市场的控制把握能力。尽管2006年广远在租船经营上有了一定进步，但是与集团的要求和兄弟公司相比，还存在一定的差距，说明我们在对船舶市场和货源市场的把握上还存在不足。

2007年，广远决心在租船经营上下工夫，要确保完成全年1个亿的租船利润目标。租船经营效益情况将作为各航运公司年度经营责任书重要考核指标，一定要有实质性突破。

三、突出重点，注重长效，确保安全生产形势平稳

安全工作始终是广远公司的头等大事，是压倒一切的工作。保持广远安全生产局面稳定，是实现广远又好又快发展，健康、协调和可持续发展的必然要求。2007年，广远安全工作的总体思路是：贯彻安全发展理念，坚持安全工作压倒一切，深入学习贯彻《安全生产法》，把安全生产作为群众满意工程来抓，早研究、早动员、早布置、早检查、早落实，加强老龄船管理，重点打好“四大战役”。总体目标是：严守集团要求的安全工作“三条不可逾越的底线”，确保全年安全形势稳定。

在安全管理过程中，要按规律办事，突出重点，紧紧抓住主要矛盾和矛盾的主要方面。要贯彻落实“四个转变”，在保证安全硬件投入的基础上，进一步强化以船员队伍安全意识、安全责任心、安全技能等整体素质为核心的“软件”建设。要做到“两个有机结合”：一是季节性重点安全工作与全年安全系统工作有机结合；二是阶段性安全措施、安全活动与建设安全长效机制有机结合。严守安全工作“三条不可逾越的底线”，确保安全形势平稳。

四、精益管理，降本增效，全面提升企业核心竞争能力

广远要以“四个转变”战略为指导，进一步全面贯彻精益管理理念，推进管理创新，加强自主创新能力、经营管理水平、市场控制能力等“软实力”建设，实现“从软硬件并重、以硬件为主向软硬件并重、以软件为主转变”。2007年是中远集团第二个“精益管理年”，广远要继续以成本管理为重点，将“两个20%”赋予新内涵，全面提高企业经营管理水平和核心竞争能力。

一是高回报的COA合同同比要增长20%。树立优质COA货源是防范风险、保持船队效益稳定基础的观念，确保生产经营效益平稳发展。

二是继续以节约船期为重点降低生产成本，加强现场管理，加大疏港力度，力争船舶在港停时同比下降4%，全面提高船舶使用效率。

三是加大燃油成本节约力度，采取多种措施，发动船岸员工共同努力，控制港口使费、物料、绑扎等各项生产费用。

四是在总结精益管理年活动经验的基础上，以持续改进、构建精益企业为目标，研究建立精益管理的长效机制。

五、优化结构，提高素质，加强船员队伍建设

以提高船员队伍综合素质、优化船员队伍结构为重点，进一步加强船员队伍建设。

一是围绕广远航运主业需求，加强船员人力资源规划，在保证航运主业船员资源需求前提下，不断优化队伍结构。

二是深入推进“红树林”工程。以在船教育培训和现场管理为重点，加强传、帮、带工作，传承广远优良传统和企业文化，提高船员安全意识、安全责任心和安全技能，促进船员队伍整体素质的提高。船员公司和各航运公司要高度重视，创新思维，特别要抓好对海务、机务现场工作人员的培训，抓好经常性的检查督导，在抓落实上下工夫，保证船员教育培训的各项指标按计划进度完成。

三是结合法律法规环境的变化，深入研究船员用工、分配和激励机制，进一步构筑广远船员队伍与企业之间的命运共同体，增强船员队伍的凝聚力、向心力。

六、规范管理，盘活资源，促进岸产企业健康发展

要进一步提高岸产企业经营管理水平，增强发展后劲，继续以优化资源配置、深化内涵发展为重点，促进岸产企业的健康、可持续发展。

一是要抓好重点项目，全力推进“广州远洋大厦”建设项目。自主开发建设“广州远洋大厦”项目来之不易，这也是广远几代人的愿望，作为岸产2007年重点工作，要确保项目按计划顺利实施。

二是盘活内部存量资源，着重业务的整合与适度扩张。按照精益管理要求，加强岸产企业股权架构和管理模式的研究探讨，优化资源配置，缩短管理链条。生产经营上要重点研究和促进通导、船舶监造等与航运主业相关业务的发展。

三是理性改制，稳妥推进主辅分离工作。坚持实事求是，结合实际，重点推进华南医疗、金桥学院等企业的改制工作。

四是加强制度建设，夯实岸产健康发展的基础。继续以财务管理为核心，加强岸产企业规范运作，依法经营。继续加强岸产企业人才队伍建设，努力构建阳光、和谐、高效、有为的岸产企业。

七、加强党建，构建和谐，促进企业两个文明建设

2007年，要把学习贯彻党的十七大精神作为党委工作的重点，大力加强和改进企业党建工作，努力创新思想政治工作，加强和谐企业文化建设。结合实施加强船员教育培训“红树林”工程、“三学一创”、构建和谐企业、深化排头兵实践等主题活动，深入推进党建工作、思想政治工作以及构建和谐广远的各项工作，促进企业改革发展与企业精神文明建设协调发展。

要继续推进惩防体系建设，加大教育、制度、监督工作力度，大力开展效能监察，加强企业重大投资和重要经营项目的全过程监督审计，努力构建“四位一体”大监督格局，加大反腐倡廉的工作力度，为企业健康发展保驾护航。

要继续推进民主管理，深化厂务公开工作，维护员工合法权益，加强困难员工帮扶工作，深入推进职工素质工程建设。要积极开展“创新创效”和创建“青年文明号”等主题活动，更好地发挥共青团生力军和突击队作用。

同志们，2007 年，将是广远实现又好又快发展的关键一年。在新形势下，我们要在中远集团的正确领导下，全面贯彻十六届六中全会“和谐发展”和中远集团“四个转变”的要求，创新经营，加快发展，保证安全，防范风险，坚定不移地做大做强广远航运主业，打造“资本广远”、“百年广远”，以优异的成绩迎接党的十七大的胜利召开，以实际行动为中远集团宏伟的战略发展目标和广远科学发展、协调发展、可持续发展做出更大的贡献！

坚持科学发展　共建和谐企业 为开创广远可持续发展新局面提供坚强保证

——在广远2007年思想政治工作会上的报告

党委书记　刘书田

2007年1月21日

同志们：

今天，我们召开广远公司2007年思想政治工作会，回顾2006年主要工作，部署2007年工作任务。这次会议，是在全面贯彻六中全会精神、深入推进和谐社会建设的关键时期召开的一次重要会议，也是在广远公司经营效益连创历史新高、改革发展步入崭新阶段的大好形势下召开的一次重要会议，必将对进一步加强和改进公司党建思想政治工作，推动广远实现又好又快发展，产生重大而深远的影响。

下面，我代表公司党委作工作报告。

一、2006年党委主要工作回顾

2006年，广远公司党委在中远集团党组和广东省直工委的正确领导下，坚持以邓小平理论和“三个代表”重要思想为指导，全面贯彻落实科学发展观、党的十六大和十六届五中、六中全会精神，围绕加强党的执政能力建设和先进性建设，进一步加强和改进党建思想政治工作，为公司改革发展提供了坚强的政治保证。

（一）加强思想理论建设，党员干部思想政治素质不断增强

1. 深入学习《党章》和《江泽民文选》。

牢牢抓住学习实践“三个代表”重要思想这条主线，举办了形式多样的《党章》学习测试活动和《江泽民文选》学习讨论活动，进一步增强了广大党员干部贯彻党的路线方针政策，实践“三个代表”重要思想的自觉性和坚定性。

2. 全面落实科学发展观和六中全会精神。

深入组织学习宣传贯彻科学发展观与和谐社会理论，对学习《科学发展观读本》作出了安排，教育引导广大员工把思想和行动统一到落实科学发展观、构建和谐广远上来，营造了“做对社会负责任的员工，创对社会负责任的企业”的良好思想氛围。

3. 扎实开展理论培训和理论研究。

进一步健全和规范各级党委理论中心组学习，全年共组织4次集体（扩大）学习、

18次集中辅导和专题讨论；同时坚持“请进来、走出去”相结合，先后3次邀请专家来公司举办理论讲座，组织11名中层以上干部参加省委党校理论培训，并结合实际深入开展党建思想政治理论研究活动，不断提高党员干部科学理论水平和思想政治素质。2006年，公司在各类刊物上发表政研论文30多篇，其中6篇受到广东省政研会和中远集团政研会表彰。

（二）加强党的执政能力建设和先进性建设，企业党组织政治核心作用发挥突出

1. 胜利召开第七次党代会。

2006年1月，公司胜利召开第七次党代会，选举产生了新一届公司党委和纪委，确立了“以科学发展观为统领，以增强企业核心竞争力为主题，以党的建设为保障，建设创新型广远、打造效益型广远、构建和谐型广远”的奋斗目标，为党组织更好地发挥政治核心作用奠定了坚实的领导基础。

2. 深入开展排头兵实践活动。

按照省直工委的统一部署，公司党委把排头兵实践活动作为全年党建工作的重要载体和主要抓手，深入开展了争当“全国海上特种货物专业运输行业排头兵”主题实践活动，引导全体船岸员工争当创新发展排头兵、安全生产排头兵和精益管理排头兵，为公司圆满完成2006年各项任务创造了良好的发展氛围。“泰安口”轮排头兵实践活动的事迹，在省委“排头兵实践与举措”研讨会上进行了交流，并通过广东卫视频道得到广泛宣传。

3. 扎实做好保持和发展党的先进性各项工作。

认真贯彻落实中央《关于加强党员经常性教育的意见》等四个先进性长效机制文件和《中远（集团）总公司党组关于加强和改进党建工作的意见》精神，从抓灵魂、抓发展、抓班子、抓骨干、抓基层、抓创新和抓稳定等方面，夯实党组织发挥政治核心作用的先进性基础；并坚持从健全完善党员学习培训机制、党员联系和服务职工群众机制、党员监督约束机制等方面，做好保持党员先进性的各项经常性工作，全面推进先进性长效机制建设。同时，公司党委继续抓好先进性教育活动整改措施的落实，特别是在集团的大力支持和帮助下，富余船员安置和职工住房货币补贴等工作正在顺利推进实施，受到广大船岸员工一致好评。

2006年，许哲平同志荣获“广东省优秀党支部书记”称号，中远航运党委、“安龙江”轮党支部等6个基层党组织，金永昌、魏庆云等9名党员，姚勇、叶柏祥等7名党务工作者受到省直工委和集团党组的表彰。

（三）加强领导班子和员工队伍建设，“人才强企”战略顺利推进

1. 领导班子整体素质不断增强。

继续深入开展“四好”领导班子创建活动，不断加强各级领导班子建设，深化干部人事制度改革，选好配强各级领导班子。2006年先后完成了中远南方沥青公司、中远营港航运公司、船员公司、岸产事业部、供应公司、金桥学院等单位领导班子成员的调整交流工作，进一步增强了领导干部队伍的整体素质。

2. 职工素质工程建设推进扎实。

落实“三个三百”人才工程和职工素质工程建设要求，深入开展船员思想状况暨船舶党建工作调研、中层管理人员队伍建设调研和高技能人才队伍建设情况调研，举办岸产企业青年骨干培训班、精益管理和全面绩效管理等专题培训班，建立完善岸上岗位向船员公开招聘和船员调岸培养的人才流动制度，全面推进“人才强企”战略。

3．“红树林”工程初显成效。

针对船员队伍进入新老交替、船员管理体制和用工机制变化的新形势，公司党委启动了加强船员教育培训的“红树林”工程。各相关单位和船舶按照公司的部署，结合实际全面实施教育培训，扎实开展新老船员“传、帮、带”工作。从督导组检查督导的情况看，各单位、船舶的贯彻落实情况良好，培训的重点突出、措施具体、制度完善，提高船员队伍素质的“红树林”工程初见成效。

（四）加强思想政治工作和企业文化建设，两个文明建设协调发展

1．思想政治工作紧贴实际。

围绕培养“四有”职工队伍，结合公司中心工作，在船岸员工中广泛开展社会主义荣辱观教育活动和“三观”教育活动，进一步激发了员工的爱岗敬业热情，促进形成了“知荣辱、树新风、促和谐”的思想道德新风尚；贯彻“三贴近”原则，深入开展“亲情祝安全”活动，创新开辟船岸 E－mail 通讯系统，加强船岸亲情互动，有力地促进了公司的效益、安全和稳定工作。

2．“三学一创”活动和精神文明建设成绩突出。

进一步完善学创办法，丰富学创内容，并注重在搞好结合、深化创建、力求实效上下工夫，有力推动了公司两个文明建设协调发展，并取得突出成绩：广远公司荣获全国“五一劳动奖状”、全国企业信息化建设典型示范单位、中远集团 2005－2006 年度双文明建设先进单位、广东省“十五”交通战备工作先进单位；徐惠兴同志被评为全国企业信息工作优秀领导人，黄继忠同志被评为广东省“十五”交通战备工作先进个人；中远航运荣获广东省“五一劳动奖状”，中远南方沥青被评为广东省“创建学习型组织，争做知识型职工”活动先进单位，通导公司等一批集体和个人被评为全国交通通讯系统创建文明行业先进单位、先进集体和先进个人。“泰安口”、“乐和”轮等 8 艘船舶荣获中远集团“华铜海”式船舶称号，信息技术中心通信部、船员公司财务部、通导公司通导技术部荣获中远集团“文明示范窗口”称号，姜立军、肖连芬等 5 位同志荣获中远集团劳动模范称号。

3．企业文化建设进一步加强。

把握中远、广远成立 45 周年的良好契机，充分发挥公司内部宣传网络和外部新闻媒体的作用，全面宣传公司 45 年的奋斗征程和改革发展取得的辉煌成就，大力弘扬“求实创新、图强报国”的企业精神，强化“服务客户最优，回报股东最大”的核心价值观，并举办了《蔚蓝色的浪漫》文艺晚会等一系列企业文化活动，极大地提升了公司的品牌形象和社会知名度，增强了员工的主人翁意识和自豪感，提高了企业的凝聚力和向心力，推动了利益共同体的进一步形成。

（五）加强党风建设和反腐倡廉工作，惩防腐败体系建设初具规模

1. 深入开展反腐倡廉教育。

以开展“纪律教育学习月”活动为载体，深入开展党纪条规和法律法规教育、反面典型教育、廉洁文化教育和廉洁从业谈话教育，进一步增强了党员干部的党性观念和政策法规意识，提高了遵纪守法、廉洁从业的自觉性和责任感，营造了“扬正气、讲廉洁、树荣辱”的廉洁文化氛围。

2. 积极推进惩防体系建设。

贯彻中央《实施纲要》和中远集团《实施意见》要求，成立了广远公司贯彻落实《实施纲要》领导小组，制定了构建惩防体系的近期计划和中长期规划，下发了《关于实行全员廉洁从业承诺制度的通知》等8个惩治和预防腐败重要文件，新建和修订了262项各类监督管理制度，惩防体系建设初具规模。

3. 全面开展纪检监察审计工作。

围绕公司经营效益和改革发展，加强对“三重一大”操作情况、廉洁从业规定执行情况、商业贿赂专项治理、企业改制和产权转让等的监督检查和不良资产管理效能监察；强化以财务收支审计为基础的任期经济责任审计、船舶机务费用审计和基建审计，严格企业内控制度，降低企业经营风险，为公司健康发展提供了有力保障。

（六）加强工会和共青团组织建设，构建和谐广远各项工作成效显著

1. 充分发挥工会在建设和谐企业中的桥梁纽带作用。

工会充分尊重职工群众的创造精神，积极发挥职工群众的安全主体作用，组织开展了“我为广远可持续发展献计策”、“安全在我身边，降本增效从我做起”等群众性创新创效活动和安全生产活动，促进公司科学发展、安全发展；切实维护员工切身利益，继续开展“送温暖”工程，改善船舶生产生活条件，积极争取集团的支持和帮助，大力推进解决富余船员安置和职工住房货币补贴工作，为员工办好事、做实事、解难事，促进公司和谐发展、可持续发展。

2. 充分发挥团员青年在建设和谐企业中的生力军和突击队作用。

大力加强青年思想政治工作，深入开展“与祖国共奋进，与中远同发展”主题实践活动，继续深化“青年文明号”、“青年岗位能手”、“青年安全生产示范岗”等青年创建活动，积极引导广大团员青年树立和落实正确荣辱观与科学发展观，一批青年集体和个人获上级组织表彰，一批青年创新创效项目为公司改革发展作出了积极贡献，体现了广远青年的生力军和突击队作用。

二、一年来的工作体会和存在的主要问题

回顾一年来的党委工作，主要有六个方面的体会：一是必须坚持以邓小平理论和“三个代表”重要思想为指导，坚持党对国有企业的领导，认真履行国有企业的政治责任、经济责任和社会责任，为党和国家的经济、社会建设贡献力量；二是必须坚持以科学发展观统领公司改革发展全局，贯彻健康、协调、可持续发展的总体思路，抓好公司的战略决

策，保障公司正确发展方向；三是必须坚持以创新精神推动企业各项工作的贯彻落实，切实转变思想观念，创新工作方法，把握发展机遇，实现又好又快发展；四是必须坚持以务实精神搞好企业建设，实事求是对待历史问题，真抓实干解决历史困难，用发展成果破除瓶颈制约，推动企业实现健康协调发展；五是必须坚持把构建和谐企业摆在更加突出的位置，总揽全局，协调各方，让职工群众共享企业发展成果，把方方面面的积极性引导到促进公司实现科学和谐发展上来；六是必须坚持加强党的执政能力建设和先进性建设，团结和凝聚一切力量，形成聚精会神搞建设，一心一意谋发展的良好氛围，为公司的可持续发展提供强大的思想政治保障。

同志们，2006 年是广远改革发展史上极不平凡的一年，我们的安全、效益、稳定迈上了一个新台阶，企业改革发展，两个文明建设取得了令人振奋的成绩，“十一五”开局之年起步完美，亮点纷呈，为公司实现又好又快可持续发展奠定了坚实的基础。

这些成绩的取得，归根到底，是党中央和上级组织正确领导的结果，是全体船岸员工共同努力的结果，是所有离退休老同志和广大员工家属亲切关心、大力支持的结果。在这里，我代表公司党委，向各级领导、向所有为广远改革发展事业倾注热情和心血的同志们，致以最崇高的敬意和最真诚的感谢！

在总结成绩的同时，我们也要清醒地看到工作中仍存在一些问题和不足，主要有：一是党组织发挥政治核心作用的方式途径还需要进一步探索，少数领导人员对党组织参与企业重大问题决策的理解和认识还有待加强；二是一些党组织在保持和发展党的先进性长效机制建设上力度还不够，各项经常性工作还有待加强；三是少数单位“四好”领导班子创建活动的成效还不够明显，班子成员在带领企业实现又好又快发展方面还缺乏有力举措，解决影响改革发展稳定重大问题的能力还有待提高；四是公司党务人才队伍建设还存在薄弱环节，部分基层单位党务工作者的素质急需增强，创新开展党建工作的能力还有待提高。

以上这些问题和不足，必须引起各级党组织和领导干部的高度重视，并在今后的工作中认真加强调查研究，制定切实有效措施，妥善予以解决。

三、2007 年党委主要工作部署

同志们，2007 年是深入贯彻落实科学发展观、积极推进社会主义和谐社会建设的重要一年，也是广远公司深化改革、创新发展、和谐发展的关键一年。当前，广远改革发展面临良好的机遇：一是 2007 年全球经济发展势头良好，国际间贸易往来继续保持增长态势，党的十七大将于 2007 年底召开，中国经济将继续保持健康快速发展，为广远公司的改革发展创造了良好经济环境和广阔市场空间。二是中央已经明确，航运将作为国有经济控制的七大重点行业之一，继续在国民经济建设中发挥重要骨干作用，中远集团在国有企业中的重要战略地位进一步巩固，广远公司的改革发展将更多地受惠于国家的政策支持。三是党中央、中远集团确定将发展民族汽车运输船队的重要任务交给广远，这是中央和集团对广远最大的政治信任，也是广远航运主业实现跨越式发展面临的重大历史机遇。四是

近年来，特别是2006年广远各项工作取得优异成绩，历史问题也得到有效解决，企业改革发展基础不断夯实，赢利能力不断增强，员工队伍人心齐、士气旺、斗志足，广远实现又好又快发展的动力充足。

当然，我们在发展过程中也要经历一些困难和挑战，刚才徐总在工作报告中对我们面临的国内外经贸形势和航运市场形势进行了分析，对2007年的重点工作进行了部署，总体看来，2007年，我们机遇大于挑战，动力强于阻力，广远实现又好又快可持续发展的综合条件已经具备，前景广阔，任务光荣。各级党组织和广大员工要进一步统一思想、提高认识，抢抓机遇、创新发展，再接再厉、再创辉煌。

2007年党委工作的总体要求是：以邓小平理论和“三个代表”重要思想为指导，认真贯彻党的十六届六中全会、中央经济工作会议和中远集团2007年工作会精神，围绕公司总体工作思路，进一步加强和改进党建思想政治工作，始终保持和发展党组织与党员的先进性，团结和调动一切积极因素，引导全体船岸员工坚持深化改革，科学发展，共建和谐企业，为开创广远可持续发展新局面提供坚强保证，以优异成绩迎接党的十七大召开。重点抓好以下六项工作：

（一）坚持思想先行，进一步加强思想理论建设，为开创广远可持续发展新局面营造良好思想氛围

1. 扎实做好十七大精神的学习宣传贯彻工作。

今年10月即将召开的党的十七大，是党和国家在深入推进政治、经济、文化和社会“四位一体”建设的关键阶段召开的一次重要会议，对于指导广远实现又好又快发展具有重大而深远的意义。各级党组织要把学习宣传贯彻好十七大精神，作为2007年党建工作的重要任务，切实加强组织领导，制定周密学习计划，开展形式多样的学习宣传贯彻活动。

2. 继续开展以“三个代表”重要思想为主要内容的思想理论教育。

继续深入开展科学发展观、党的执政能力建设和先进性建设、社会主义和谐社会等科学思想的学习，注重在把握精髓、深化认识、联系实际、学以致用等方面下工夫，进一步提高各级领导干部和党员群众的思想认识，不断增强贯彻落实“三个代表”重要思想的自觉性和坚定性。

3. 大力加强党建思想政治理论研究工作。

从2007年起，中远集团政研会将每年召开2次会议，进一步加强以政研会为主要阵地的党建思想政治理论研究工作。广远公司政研会要进一步加强自身建设，重点围绕如何贯彻落实科学发展观、构建和谐广远和全面加强党的建设等理论热点，认真开展政研活动，大力加强理论研究，及时总结、提炼公司党建思想政治工作中的新鲜经验和成功做法，并推广运用到企业实际工作中，增强党建工作的针对性和实效性。今年，公司政研会要组织召开1次年会，请各有关单位和政研会理事认真做好参会准备。

（二）坚持科学发展，进一步加强企业党建工作，为开创广远可持续发展新局面提供强大政治保障

1．按照科学发展观的要求，继续推进以“三个走在前面”为主题的排头兵实践活动。

巩固和扩大2006年取得的活动成果，继续深入推进排头兵实践活动，重点在贯彻落实集团“四个转变”的发展思路，促进广远深化改革、创新发展、安全生产、精益管理四个方面取得新的成效。一是创新观念闯新路，争当深化改革排头兵。要坚持双轮驱动战略，积极创新观念，抓住有利时机，加快推进资本运营工作，建立现代企业制度，增强核心竞争力，努力打造“资本广远”，实现企业可持续发展，争当深化改革排头兵。二是实践科学发展观，争当创新发展排头兵。要坚持航运主业的发展战略，围绕公司“以特种专业运输船为主的多用途运输船队”新定位，进一步引导全体员工创新经营，科学发展，努力完成2007年各项任务，争当创新发展排头兵。三是党员身边无事故，争当安全生产排头兵。要继续坚持把安全工作作为群众满意工程和压倒一切的工作来抓，叫响“一个支部就是一个战斗堡垒，一个党员就是一面安全屏障”的口号，严守“三条不可逾越的底线”，打赢“四大战役”，争当安全生产排头兵。四是立足岗位作贡献，争当精益管理排头兵。要根据公司赋予精益管理“两个20%”目标新的内涵，继续推进以成本管理为重点的精益管理各项工作，激发党员群众创新管理、降本增效的工作智慧和积极性，力争实现租船经营利润达到奋斗目标，争当精益管理排头兵。

2．按照加强党的执政能力建设和先进性建设要求，继续抓好保持和发展党的先进性各项工作。

配合中央和集团对先进性长效机制建设情况的集中检查，组织力量对各级党组织贯彻落实《关于加强党员经常性教育的意见》等四个长效机制文件的情况进行调查研究，重点查找贯彻过程中存在的问题和不足，并监督指导制定相应整改措施，不断健全和完善先进性长效机制。认真贯彻落实集团党组《关于加强和改进党建工作的意见》精神，以加强船舶和基层党组织建设为重点，以保持和发展党员先进性为核心，继续加强党组织和党员队伍建设，不断提高党组织的凝聚力和战斗力，增强党员对普通员工的影响力和感召力。认真开展2006－2007年度“创先争优”评比表彰工作，坚持典型引路，进一步加大先进典型的培育和宣传力度，2007年要力争在集团层面树立1－2个有广泛代表性的广远先进典型。

3．按照充分发挥政治核心作用的要求，继续探索现代企业制度下党组织参与企业重大问题决策的方式途径。

针对公司下属企业产权结构多元化、法人治理结构不断完善的新形势，组织力量开展现代企业制度下股份制企业党组织加强政治领导、发挥政治核心作用、参与企业重大问题决策的专项调研活动，探索坚持加强党的领导与支持董事会和经营管理班子依法决策、坚持党管干部与董事会选聘经营管理者、坚持党管人才与支持经营管理者依法行使用人权相结合的有效途径，不断完善党组织参与企业重大问题决策的体制机制，保障党组织在股份制企业中充分发挥保证作用、监督作用、支持作用和领导作用。

（三）坚持提高素质，进一步加强干部队伍建设，为开创广远可持续发展新局面奠定坚实人才基础

1. 继续深入开展“四好”领导班子创建活动。

以增强思想政治素质、提高贯彻落实科学发展观的能力为重点，继续开展“四好”领导班子创建活动，进一步完善创建活动评选办法，坚持按照集团要求，将企业精神文明建设考核情况作为领导班子年薪兑现的重要依据，促进领导班子在政治素质、经营能力、团结协作和作风形象四个方面均衡发展，克服部分领导班子重经营、轻党建，重业绩、轻发展的“两张皮”现象。

2. 进一步完善企业领导人员管理制度。

进一步深化干部人事制度改革，加强领导班子民主集中制建设，完善二级单位领导人员调整交流机制和正常退出机制，抓好领导人员后备人选的培养选拔工作，有序推进领导人员依法实现新老交替，保持领导班子的团结稳定。结合新一轮聘任，认真做好二级单位领导班子和班子成员的聘期满考核工作，选优配强各级领导班子特别是党政一把手，进一步优化结构，提高班子的整体战斗力。

3. 扎实推进以“红树林”工程为重点的人才工程和职工素质工程建设。

深入开展加强船员教育培训的“红树林”工程，对于打造一支适应航运主业需要的高素质船员队伍十分关键。各级党组织要从坚持党管人才的高度，始终站在人才工作的主位，高度重视扎实推进“红树林”工程，同时，要采取有效举措继续抓好“三个三百”人才工程和职工素质工程建设。公司党委将把各单位人才工作的贯彻落实情况，作为领导班子考核与领导干部任用的重要依据，纳入“四好”领导班子和企业双文明建设评选体系，定期检查考核。

（四）坚持以人为本，进一步加强思想文化建设，为开创广远可持续发展新局面提供精神动力支持

1. 创新加强思想政治工作。

进一步树立和坚持“以人为本”的工作理念，围绕实现公司2007年各项工作任务，把加强思想政治工作与落实科学发展观、推动企业深化改革、创新发展结合起来，与深入开展排头兵实践活动、“三学一创”活动结合起来，与构建和谐企业、打造员工与企业的利益共同体结合起来，创新发挥思想政治工作在凝聚人气、鼓舞士气、激扬正气方面的黏合剂和催化剂作用，不断增强思想政治工作的针对性和实效性，为公司可持续发展营造良好思想氛围，提供精神动力支持。

2. 深入开展“三学一创”活动。

2006年，公司对新形势下开展“三学一创”活动的内容和形式进行了与时俱进的改革与创新，进一步完善了学创活动的体制机制。今年上半年，集团将对“三学一创”活动情况进行一次集中调研，广远所属各单位要围绕集团提出的挖掘、培养和选树一批站得住、过得硬、叫得响的学创先进典型，结合实际，注重在加强领导、强化创建两个方面下工夫，扎实推进“三学一创”活动各项工作落到实处，取得实效。

3. 全面推进企业文化建设。

按照《中远集团企业文化建设“十一五”规划》的总体要求，结合广远重组改革后企业文化建设中呈现的新态势，加强企业文化建设调查研究，加大企业文化资源整合力度，进一步健全和完善广远企业文化体系，推动企业文化建设再上新台阶。2007 年公司企业文化建设的主要工作：一是要加快出台《广远公司企业文化建设“十一五”规划》，为推进实施公司企业文化建设提供科学依据；二是要大力加强以“爱国主义”为核心的企业文化宣传教育，以优秀文化凝聚员工思想智慧，引领企业健康发展；三是要努力做好公司企业文化整合工作，统一规范广远系统企业文化标志，维护广远整体形象。各级党组织要高度重视企业文化建设，抓紧推进和落实好各项任务，为公司可持续发展构筑坚实的文化保障。

（五）坚持强化保障，进一步加强纪检监察工作，为开创广远可持续发展新局面创造廉洁从业环境

1. 继续深化反腐倡廉教育。

充分发挥“大宣教”的整体功能，深入开展以各级领导人员为重点的反腐倡廉教育，大力推进廉洁文化建设，筑牢党员领导干部拒腐防变的思想道德防线。要通过正面宣传、典型示范和警示教育，引导各级领导人员认真学习贯彻党章，自觉加强个人修养，牢固树立“权为民所用、利为民所谋、情为民所系”的权力观和“以廉为荣、以贪为耻”的道德观，不断增强党性观念和廉洁从业意识，清白做人，干净干事，为开创公司可持续发展新局面创造廉洁从业的良好环境氛围。

2. 扎实推进惩防腐败体系建设。

进一步抓好与反腐倡廉相关的规章制度建设，将惩防腐败体系全面覆盖到企业党建、决策、投资、战略、人事、财务、采购、合资合营公司和上市公司管理等各个领域，不落死角，不遗空白，基本形成较为完备的惩防腐败体系责任机制、保障机制和考核机制。切实加强对各单位惩防腐败体系建设情况的检查指导，及时发现问题，及早监督整改，不断提高惩防体系各项制度的贯彻执行力，强化制度在反腐败工作中的惩治和预防作用，维护惩防腐败体系制度的严肃性和权威性。

3. 全面履行纪检监察审计职能。

加大监督检查、效能监察、审计监督和治理商业贿赂的工作力度，不断完善“大监督”格局，严格企业内控机制，建立健全防治商业贿赂的长效机制，防止和避免企业经营风险。继续保持案件查处的高压态势，严肃查办各类违纪违法案件，确保企业健康发展和国有资产保值增值。

（六）坚持共建和谐，进一步加强工团组织建设，为开创广远可持续发展新局面注入新鲜活力

1. 加强工团组织建设，共建和谐企业。

工会和共青团组织是广大职工和团员青年的精神家园，是建设和谐企业的重要力量。各级党组织要进一步加强“党建带工建”和“党建带团建”工作，重点围绕消除和减少企业改革发展不和谐因素，增进企业凝聚力和向心力，促进构建和谐广远等工作，充分发挥工会、共青团组织的桥梁纽带作用，把方方面面的力量引导到坚持科学发展、共建和谐企业上来，为开创广远可持续发展新局面持续注入新鲜活力。

2007 年，各级工会组织要立足发挥“维护、参与、建设、教育”四项基本职能，认真抓好企业民主管理、厂（船）务公开、职工维权和困难帮扶等重要工作，不断完善工会各项工作制度，增强工会组织的凝聚力和号召力，真正把工会建设成为组织靠得住、群众信得过的职工之家。

各级团组织要认真按照《关于加强和改进中央企业共青团工作的意见》精神，大力抓好团组织换届、团员干部培养等自身建设工作，有力团结和凝聚广大团员青年，共同投身广远科学发展与和谐企业建设的火热现实生活，真正成为公司改革发展的生力军和突击队。

2. 协调各方利益关系，共享发展成果。

坚持全心全意依靠职工办企业，努力建设和谐的党群关系、干群关系，发展和谐的劳动关系，正确对待和妥善协调好国家、公司和员工各方利益关系，让职工群众共担建设责任，共享发展成果。当前，要特别重视从制度上为员工共享企业发展成果提供可靠保障，不断健全和完善利益协调机制、诉求表达机制、矛盾协调机制和权益保障机制，抓紧解决好影响职工群众生产生活的热点难点问题，从重大改革措施出台、集体合同维护、困难职工生活保障、职工健康和安全生产等四个方面，真正落实好职工群众对企业的参与权、知情权、表达权和监督权，构筑职工与企业的利益共同体，使职工自觉融入企业安全、效益、改革、发展、稳定各项工作当中，真正成为企业主人翁。

同志们，经过全体船岸员工近几年的共同努力，广远的改革发展已经步入了良性循环轨道，公司的创效能力和赢利基础与过去相比，有了很大的进步。这些都充分证明，广远人是有信心、也有能力干大事、干成事的。2007 年，是广远继续深化改革，加快发展的关键之年，任务艰巨，责任重大。让我们紧密团结在以胡锦涛总书记为核心的党中央周围，高举邓小平理论和“三个代表”重要思想伟大旗帜，全面贯彻落实科学发展观，共同推进和谐广远建设，同心同德，再接再厉，努力开创广远又好又快可持续发展的新局面，以优异的成绩为打造“百年中远”的战略目标作出贡献，以企业改革发展的丰硕成果，迎接党的十七大胜利召开！

2008年刊

第二章

广州远洋运输公司年鉴
GUANGZHOU OCEAN SHIPPING COMPANY YEARBOOK

2007

大事记

一月

1日 从即日起，广远引入杜邦公司的安全管理理念，开展“平安之旅”活动，收集整理企业、船舶、班组“平安之旅”的情况，并在每天的调度会上选择一则安全案例进行剖析，各单位、船舶、班组在每天的工前会开展安全工作经验共享活动。

20日 国际海洋工程师协会（IAOE）第五届年会在休斯敦召开。中远航运驻休斯敦首席代表吴小明作为该会会员参加了年会。该协会专门向中远航运赠送了“感谢证书”，以感谢中远航运对该协会的积极支持。

20～22日 广远第十二届三次职工代表大会、八届二次工会会员代表大会暨思想政治工作会、2007年工作会、安全生产工作会（以下简称“五会”）隆重召开。“五会”全面总结了2006年的工作，科学分析了2007年所面临的生产经营形势，并对全年的工作进行了全面部署。中远集团副总裁、工会主席许立荣莅临大会，对广远2007年的工作作了指示。

会上，广远总经理徐惠兴作了题为《抓住机遇，深化改革，加快发展，保证安全，开创广远可持续发展新局面》的工作报告，党委书记刘书田作了题为《坚持科学发展，共建和谐企业，为开创广远可持续发展新局面提供坚强保证》的党委工作报告，副总经理翁继强作了题为《以安全促发展，以平安构和谐，努力实现又一个安全年的目标》的安全工作报告，工会主席马宗梅作了题为《促进企业发展，维护职工权益，努力开创广远工会工作新局面》的工会工作报告。大会还听取了总会计师胡锦沛作的《财务工作报告》、副总经理傅伟作的《提案工作报告》，并听取了企业《集体合同》履约情况汇报和续签了职工《集体合同》。大会对广远领导班子进行了民主评议，表彰了一批在两个文明建设中取得优异成绩的先进集体和先进个人。广东省直工委副书记温业其，广东省总工会党组成员、纪检组组长肖建葵，广州市交委副主任叶波分别在会上作了讲话。广东省海员工会主席卢晓露，中远集团工会副主席陈永生出席了会议。

22日 广远召开“精益管理年”活动经验交流会。大会总结了2006年“精益管理年”活动情况，交流了经验，表彰了推进实施“精益重点”工程的优秀单位，对2007年的精益管理工作进行了部署。中远集团副总裁、工会主席许立荣，中远集团工会副主席陈永生出席了大会。会议由广远党委书记刘书田主持，总经理徐惠兴，副总经理傅伟在会上作了讲话。

24日 广东海事局局长梁建伟、党委书记刘恒伟等一行莅临广远进行友好访问。

31日 中国驻埃及大使馆亚历山大总领事詹敬宝一行3人到“乐民”轮进行慰问。詹敬宝对船员转达了中国驻埃及大使馆大使吴思科的亲切慰问。随后，詹敬宝一行参观了“乐民”轮的生活和生产区域，对该轮船员良好的精神风貌和船舶设施及环境给予高度评价，为中远航运的发展前景感到骄傲，同时对中远航运在中埃贸易往来上作出的贡献表示感谢。慰问期间，詹敬宝向“乐民”轮船员赠送了慰问品，并合影留念。

是月 中远集团对“三学一创”活动

先进典型进行了表彰，广远被评为中远集团2005~2006年度文明建设先进单位。广远一批先进船舶、集体和个人榜上有名。其中，“泰安口”、“乐和”、“大华”、“乐里”、“安龙江”、“白沙岭”、“西昌海”、“雅江”轮等8艘船舶被评为“华铜海”式船舶，广远信息中心通信部、广远船员公司财务部、广远通导公司通导技术部被评为“文明示范窗口”；肖连芬、余力本、吴志刚、陈力、姜立军被评为中远集团劳动模范。

中共广东省委宣传部对2006年党委（党组）中心组学习秘书工作进行了表彰，姚勇被评为“广东省优秀学习秘书”。

二月

4日 中国海员建设工会主席吴子恒在广远工会主席马宗梅的陪同下，看望了广远部分老领导，并送上新春的祝福。

6日 广远召开2007年纪检监察审计工作会议。会议深入贯彻中共中央十六届六中全会、中共中央纪委七次全会、广东省纪委七次全会和中远集团2007年纪检监察审计工作会议精神，认真学习中共中央总书记胡锦涛在中央纪委第七次全会上的重要讲话。会议总结了2006年工作，并对2007年的党风建设和反腐倡廉工作进行全面部署。

9日 中远西亚总经理赵伟率中远约旦代理、伊朗代理及中远在阿联酋的合作伙伴一行6人，前来广远进行友好拜访。

13日 广远2007年迎春团拜会在广州远洋宾馆国际会议厅隆重举行。在团拜会上，广远总经理徐惠兴、党委书记刘书田代表领导班子向远航在世界各地的船员、全体船岸员工、离退休老同志及家属拜年。徐惠兴、刘书田在讲话中回顾了广远在2006年所取得的骄人战绩，希望大家在新的一年要以旺盛的志气、士气、人气和正气，继续开拓创新，抓好安全管理、船队结构调整等工作，打造“资本广远”，力争在经营效益上更上一层楼。广远领导讲话后，举行了精彩的文艺演出。

13~14日 中远集团总裁魏家福带领中远集团工会副主席陈永生、安监部总经理陈正杰、党工部副部长辛加和、总裁办秘书室副经理刘祥浩组成的中远集团春节慰问组莅临广州，对广远等中远驻穗单位及靠港船舶进行视察慰问。在这期间，慰问组看望了患病老同志，与中远广州地区离退休老领导举行新春团拜会，向广大船岸员工致以亲切的祝福与问候，对驻穗单位的建设发展提出了殷切希望，号召各单位在2007年创新思路，继续积极进取，努力拼搏，为打造“双百”中远作出新的更大贡献。

15日 中远集团副总裁张良对在天津港作业的“乐泰”轮船员进行春节慰问。“乐泰”轮船长陈德华向张良汇报了该轮的安全工作。张良通报了2006年中远集团所取得的成绩，对“乐泰”轮的船舶建设表示满意，同时要求船舶继续做好安全工作，夯实经营效益基础。

25日 广州中船黄埔造船有限公司总经理陈忠前、党委书记许光耀一行对广远进行友好访问，双方就进一步加强合作进行了深入沟通。

1~2月 经过广远全体船岸员工的共同努力，企业承接2006年的好势头，取得经营生产开门红，成绩喜人。其中1月份完成货运量比2006年同期增长21.60%，周转量与2006年同比增长18.90%；经营收入比2006年同期增长30.85%，完成利润总额与2006年同比增长24.48%。

三月

6～10日 国资委监事会主席高怀忠率国资委驻中远集团监事会第44办事处对广远进行为期10天的监督检查。在检查期间，该检查组对广远的经营管理和财务状况进行检查，对生产经营现场进行实地考察，与广远主要领导及有关部门负责人进行了谈话。

14日 广远召开排头兵实践活动总结表彰暨“三服务一促进”（服务基层、服务群众、服务大局，促进社会和谐）主题实践活动动员大会。会议由广远党委副书记黄继忠主持，广远党委书记、“三服务一促进”主题实践活动领导小组组长刘书田作了讲话。会议总结了2006年以来广远排头兵实践活动情况，并对下一步如何开展好“三服务一促进”活动作了部署。

21日 由国资委党建局党员教育处处长靳建平组成的党建检查组对广远党委贯彻落实《关于加强党员经常性教育的意见》等四个长效机制文件的有关情况进行调研和检查指导。

同日 “安庆江”轮在印度港停泊，原一水任开儒由于违章操作被缆桩打中头部，结束了宝贵的生命。

23日 中远航运首席运营官郭京会见了安哥拉卢安达港务局官员Leonel Da Rocha Pinto先生一行。双方就友好合作和进一步扩大港航业务交换了意见。

24日 广远工会召开工会八届六次全体委员会暨2007年工作会。会议回顾了2006年广远工会工作，表彰奖励了先进工会。广远工会主席马宗梅就做好2007年工作提出了具体要求。广东省总工会党组成员、纪检组组长肖建葵，广东省海员工会主席卢晓露出席会议并作讲话。

29日 广远召开船员教育培训2007年“红树林”工程推进计划研讨会，会议总结了船员教育培训经验，研究了推进计划，制定了推进措施。

四月

5日 广远与天津新港海事处关于《海事、企业安全生产文明共建》的签订仪式在天津举行。天津海事局副局长孔繁弘、新港海事处处长李庆刚、广远副总经理翁继强等出席了仪式。

该协议有效性覆盖了广远整个船队，按照协议，广远承诺：进一步加大船舶的安全管理力度，严格遵守国家的法律法规和国际公约，建设诚信船舶；新港海事处承诺：进一步转变作风，提升行政能力，继续为广远船队提供优质服务。签订文明共建协议，对双方实现又好又快的发展和进一步密切相互关系有着重大意义，把双方的合作推上一个新的台阶。

7日 《董事会》杂志评选出的“第三届中国上市公司董事会金圆桌奖”颁奖典礼在上海举行。中远航运荣获“优秀董事会”奖，并在30家获此奖项的上市公司中排名第一。

14日 中远第一艘万吨级沥青船“月亮湾”轮改装工程竣工验收仪式在广州黄

埔造船厂隆重举行。“月亮湾”轮是中远沥青船队首艘万吨级沥青船，其成功改造填补了亚太地区万吨级沥青船的空白，对中远沥青运输船队的发展，乃至整个亚太区域沥青运输市场的发展都有着重要的意义。同时，这也是中远与广州黄埔船厂及各有关单位又一成功合作的范例。

18 日 中远航运与中远航运（香港）投资发展公司（以下称中远航运香港公司）在天津保税区内共同投资设立的天津中远航运有限公司（以下称天津中远航运）正式开业。新公司股份构成中，中远航运以资产投入方式出资 3500 万美元，占股 70%；中远航运香港公司以现金出资 1500 万美元，占股 30%。中远航运以“泰安口”轮和“康盛口”轮 2 艘半潜船的账面净值作为出资，账面净值与出资额之间的差额作为对天津中远航运的借款记入天津中远航运的负债。

4～20 日 广远为贯彻落实中远集团《关于切实加强安全生产工作的紧急通知》精神，由广远领导带队组成 4 个慰问检查组历时 17 天，分别在华北、华东、华南沿海各港口共慰问检查船舶 31 艘，其中华北组 14 艘，华东组 8 艘，华南组 9 艘，岸产组慰问检查广州地区岸产企业 12 个。

23 日 中远南方第二艘新造 5900 吨沥青船交船命名仪式在宁波浙江造船厂隆重举行。广远副总经理翁继强在会上致词，并将该轮命名为“木兰湾”轮。“木兰湾”轮是中远南方又一艘符合国际海事组织新公约要求的先进的新型现代化双壳沥青船。该轮载重 5900 吨，船长 106.84 米，型宽 17.6 米，型深 10.10 米。

23～24 日 以国资委党建工作局局长冯爱勤为副组长、中共中央纪委第三纪检监察室纪检监察员巴信斌和国家审计署监察人事审计局局长助理郑有富为组员的中共中央纪委、中共中央组织部第一企业巡视组，在中远集团党组纪检组组长李云鹏、监督部丁丹的陪同下对广远进行为期 2 天的巡视检查。

23～27 日 广远为加强企业文化建设，丰富员工文化生活，增强企业凝聚力，举办员工歌咏比赛。经过紧张而激烈的角逐，广远本部代表队获得一等奖；建设实业、中远航运代表队分别获得二等奖；物业公司、远洋宾馆、船员公司船员代表队分别获得三等奖。船员公司、远洋宾馆获得优秀组织奖。

26 日 广远召开安全专题领导办公会。会上听取并研究了 4 月份派出的 4 个安全慰问检查组到船舶和基层开展安全慰问检查的情况，对进一步贯彻落实中远集团安全紧急电视电话会议和有关通知精神，解决安全管理中存在的问题，以及如何进一步做好安全工作作了部署。

27 日 广远举行《广州远洋运输公司年鉴》（2001—2005）（以下简称广远首部年鉴）首刊发行发布会。发布会由广远党委副书记黄继忠主持。广远年鉴执行副主编刘锐祥代表年鉴编撰组在会上作了发言。年鉴编委会副主任委员、广远副总经理傅伟在发布会上致词。在发布会上，广远领导为年鉴首刊签名留念，并向有关单位和人员赠送了广远首部年鉴。广远首部年鉴刊登彩色照片 160 多幅，条目 3000 多条，100 多万字。年鉴围绕着“爱国奉献，振兴广远”的主旋律，坚持实事求是、与时俱进的原则，系统真实地记录了广远 2001～2005 年第十个五年规划期间的经营管理、安全生产、党建、企业文化和精神文明建设等方面的史实，是一部珍贵的文化作品。她是献给广远成立46周年生日的一份具有特殊意义的礼物。

同日 广远在广州远洋宾馆国际会议厅举行企业成立46周年庆祝大会。庆祝大会由广远党委书记刘书田主持，总经理徐惠兴致辞。在庆祝大会上，广远领导给在广远工作满40年、30年、20年的员工颁发了纪念章和荣誉证书。会上，还举行了激动人心的切生日蛋糕仪式。

五月

1日 中远集团副总裁张良在中远散运公司总经理许遵武、党委书记魏卿以及中远集团安全监督部副总经理李容平、船长贺建生的陪同下到天津港，慰问了“安新江”轮和“安康江”轮。张良代表中远集团总裁魏家福、党组书记张富生，对节日期间坚守在生产第一线的广大船员表示感谢，并向船员致以节日的问候，同时叮嘱船舶领导一定要做好安全工作，认真落实中远集团对安全工作的要求，以良好的安全形势促进中远集团健康、和谐和可持续发展。

10日 中共中央纪委、中共中央组织部第一企业巡视组一行13人在中远散运总经理许遵武、中远集团人力资源部经理薛晓蓓、中远航运副总经理郭福祥等人陪同下，到天津港视察“乐里”轮。

15日 广远举行船员教育培训“红树林”工程第一期政委轮训班开学典礼。这是广远贯彻落实中远集团政研会2007年常务理事会精神，深入推进“红树林”工程，进一步提高政委队伍综合素质，加强船舶政委队伍建设的重要举措。

同日 广远召开2007年防台工作座谈会。会议传达了2007年中远集团防抗全球热带气旋工作会和2007广东省海上船舶、海港防抗热带气旋工作会的精神，认真总结了广远2006年防抗台工作，并对船舶在防抗台过程中存在的一些问题进行研讨，对下一阶段防抗台工作作了部署。

17日 海南中远博鳌有限公司总经理倪强、党委书记吕占雄、副总经理陆俊山率队对广远进行友好访问。

18日 广远团委为进一步深化“与祖国共奋进、与企业同发展”和“社会主义荣辱观”主题教育活动，展示新一代广远青年的风采，举办了“新广远、新青年、新风采”形象展示大赛决赛。共青团广东省委副书记曾颖如、广东省省直团工委副书记饶东成，广远党委书记刘书田和总经理徐惠兴等领导以及200名团员青年、员工观看了比赛。比赛内容丰富，精彩纷呈，充分展示了广远团员青年奋发有为的良好风貌和朝气蓬勃的青春风采。

23日 广远召开2007年度党员领导干部专题民主生活会。广远领导班子成员徐惠兴、黄继忠、傅伟、马宗梅、翁继强、胡锦沛参加会议，党委书记刘书田因参加中共广东省第十次党代会而未能出席，向会议提交了书面发言并请班子成员代为宣读。中远集团党组纪检组组长李云鹏、党组工作部副部长辛加和、监督部副总经理李西贝、组织部经理薛晓蓓莅临会议指导，李云鹏在会上作了讲话。在专题民主生活会上，广远领导班子成员围绕会议主题，重点针对自身在思想作风、学风、工作作风、领导作风和生活作风建设等方面存在的问题进行了剖析，开展批评与自我批评。

专题民主生活会达到交流思想、改进作风、加强团结、共同进步的目的。

25 日 广远召开第十二届职代会第六次联席会议。广远第十二届职代会代表团团长、副团长，各专门委员会负责人、广远工会第八届委员会委员以及部分职工代表共 36 人参加会议。会议认真听取和审议《广州远洋运输公司完善远洋船员工资管理方案》。

29 日 中远远达在加蓬 OWENDO 港接入新购二手船“金达岭”轮，并正式投入营运，由 OWENDO 赴 BATA 承运木材。“金达岭”轮属木材/散货两用船，总吨 17784，净吨 9924，载重吨 28164，总长 169 米，型宽 27.2 米，型深 13.6 米，1998 年 5 月建造。中远远达接入该轮后，自有船舶数量达到 9 艘，总载重吨 19.2 万。

同日“中国铝业杯”首届中央企业青年创新奖评选活动表彰大会在北京人民大会堂举行。全国人大、全国政协、国资委、科技部和团中央的领导出席了表彰会。中远航运的“泰安口”轮加宽改造工程项目获得优秀奖，该项目负责人邹雄代表项目组人员出席会议并上台领奖。

30 日 广远召开 2007 年“安全生产月”活动动员大会。大会传达了上级关于开展“安全生产月”的有关文件，解读了企业开展“安全生产月”活动的方案，对开展“安全生产月”活动进行了全面部署。广远总经理徐惠兴、副总经理翁继强在会上作动员讲话，广远在家领导，广州地区公休的船长、政委、轮机长和部分干部船员，广远本部、各基层单位有关领导和主管人员等约 300 余人参加了大会。会上，广远领导和与会各单位代表一起参加了“我为安全做贡献”主题签名活动，对做好企业安全工作作出承诺。

是月，全国厂务公开协调小组表彰了一批厂务公开民主管理工作先进单位，广远名列其中，被授予“全国厂务公开民主管理先进单位”称号。这是党和国家对广远广大员工在民主管理工作中开拓创新，取得重大成就的充分肯定，是全体广远人的光荣。

六月

5 日 中远集团派出由青远纪委书记孙军为组长，中远集团监督部主任左霖、中远物流监督部副总经理石华和青远检查监察处处长郭海燕为组员的第二检查督导组，对广远 2006 年以来贯彻落实中远集团“实施意见”的情况进行检查督导。该督导组通过检查，对广远的惩防体系建设情况给予充分肯定，同时就存在的问题提出了改进意见。

7 日 中国驻美国休斯敦总领事馆商务参赞尧文良在中远航运驻美国休斯敦首席代表吴小明和休斯敦 SEAMARK 总经理白子雨的陪同下，专程前往美国德州的 FREEPORT 港慰问中远航运半潜船“泰安口”轮。尧文良参观了船舶，对中国自己建造和拥有这样先进的船舶大为赞叹，并高度赞扬中远船员所具备的良好素质和展现的精神风貌，表示将把在“泰安口”轮看到和听到的一切向中国驻美国休斯敦总领事报告，向总领馆的同事们宣传。

同日 广远微机平台的航运管理系统运输生产统计表运行获得检验通过，微机平台的航运管理系统正式替换了主机平台的高度统计系统。这标志着广远航运管理系统升级换代，原进行了20年的广远主机平台信息完成了其历史使命。

11～12日 中远集团副总裁张良率领中远集团安全调研组莅临广远，对广远安全工作进行检查和调研。在检查、调研期间，张良听取了广远汽车船项目工作和安全工作情况的汇报，对广远近几年来的工作表示满意，并就如何提高安全执行力、提升船员素质、营造安全文化氛围等方面提出了要求。该安全调研组还对广远下属的中远航运、中远远达等4个单位的安全工作进行了检查指导。

12日 中远航运半潜船“泰安口”轮在美国自由港经过数小时的潜装作业，一次同时将2个超重、超大的钻油平台平稳快速地按设计要求装上甲板。这是中远航运新型半潜船首次同时装载2个平台，再次展现了中远航运半潜船队在全球高端特种运输市场的超极限运输实力。

14日 广远为使企业的管理人员及财务人员及时掌握财务政策的更新变化，特举办企业《财务通则》培训。广远领导、广远本部各部门负责人、各下属单位的党政一把手及财务人员共230人参加了培训学习。培训邀请了华南理工大学资深教授李定安授课。

20日 广远为贯彻落实党中央、国务院、中远集团党组关于切实做好对口支援西藏工作的精神，完成中远集团党组交给广远选拔1名援藏后备干部的任务，召开了援藏干部选拔动员大会。

22～23日 广远总经理徐惠兴一行到镇江市考察，拜访了镇江市副市长陈建设和镇江港务集团总裁戴永胜，并就双方进一步加强交流与合作进行了亲切交谈。

24日 证券时报和中联集团联合主办的“2006年度中国上市公司价值百强暨首届中小板公司三十强评选”结果揭晓，中远航运荣获上市公司百强第13名。中远航运驻北京首席代表黄金成出席颁奖仪式并登台领奖。

29日 广远召开纪念中国共产党建党86周年暨表彰大会。广远本部全体党员和各基层单位党委、党总支领导班子成员、部分船员代表以及离退休党员代表、入党积极分子和共青团员共250人参加了大会。会上，广远党委书记刘书田以《大力加强党员干部作风建设，推动广远各项事业全面转入科学发展轨道》为题，给大家上了一堂生动的党课。会上，还对企业2006－2007年先进基层党组织、优秀共产党员和优秀党务工作者进行了表彰。

七月

1日 中国驻尼日利亚拉各斯总领事馆总领事郭崑一行10人，在中远西非公司总经理卫其明的陪同下，登上停靠在拉各斯APAPA码头卸货的中远航运“乐盛”轮慰问。郭崑一行兴致勃勃地参观了船舶，对船舶整洁的环境、船员良好的精神风貌赞不绝口。郭崑还详细询问了中远航运的经营发展、“乐盛”轮的运输生产以及船员的海上生活等情况，并对船员兄弟为增强中尼两国人民友谊、为促进祖国外贸发展所做的奉献表示感谢。

6日 广远第七次船员家属代表大会在广州远洋宾馆国际会议厅举行。来自全国各地的105名船员家属代表、船员家属工作者、家属站工作人员，广州地区部分休假船员，以及船员公司、航运企业代表会聚一堂，畅谈广远的船员家属工作。会议在充分总结过去几年工作的基础上，围绕企业的中心工作，对下一步的任务进行了全面部署。大会表彰了一批先进家属联络站、优秀家属工作者和优秀船员家属，交流了6个先进典型经验，审议通过了《广远船员家属联络站工作实施细则》。广东省总工会副主席王丽华，广东省总工会党组成员、纪检组组长肖建葵，广东省海员工会主席卢晓露，中远集团工会生产劳保部部长郑伦出席大会并作了讲话。

7日 由《中国证券报》与亚商咨询联合主办的“2006年度中证百强”上市公司颁奖仪式及“中证百强论坛”在北京举行。中远航运列“中证百强论坛”第91位，列“2006年度中证百强”第42位。中远航运驻北京首席代表黄金成代表中远航运出席颁奖仪式及百强论坛。

11日 广远惩防体系工作小组召开会议。会议由该工作小组副组长、监督部/审计部总经理朱航员主持。会上，部分成员对照惩防体系任务分解表汇报了本职能部门、本单位构建体系工作完成情况，针对存在困难与不足说明原因，提出对策和建议。

同日 中国海员建设工会全国委员会和交通部精神文明建设办公室联合发出《关于表彰全国优秀海员家属的决定》。广远丹东船员家属总站站长徐文凤、广东兴宁船员家属站站长廖育珍、广东肇庆船员家属站站长陈桂平和青岛船员家属站站长崔钦枰受到表彰。

同日 2006年度中国投资者关系管理评选活动的重要奖项——“2006年度中国最佳投资者关系管理百强”公布名单，中远航运榜上有名。

13日 尼日利亚拉各斯港ENL公司的执行主席Haastrup先生及其夫人专程到中远航运拜访，与中远航运首席运营官郭京、副总经理杜俊明、航运经营部副总经理陈楚明以及西非组业务人员进行了会谈。双方就拉各斯港的业务合作进行探讨，并表示要进一步加强合作，共同为今后中非贸易的发展做出贡献。

14日 中远集团党组2007年第10次会议研究决定：评选广远领导班子为中远集团2006年度“四好领导班子”（政治素质好、经营业绩好、团结协作好、作风形象好）。

16日 广远召开2007年年中工作会。会上传达了中远集团2007年年中工作会议精神，总结企业上半年生产经营、改革发展、党建和思想政治工作情况，并分析了当前存在的问题，同时，还全面部署了下半年的工作，动员全体员工振奋精神，认清形势，推进企业各项工作稳步、健康、协调发展。会上，广远总经理徐惠兴作了年中工作报告，党委书记刘书田作了党委年中工作报告，副总经理傅伟主持会议并传达中远集团年中工作会精神。

24日 广州远洋大厦（以下简称广远大厦）建设项目监督工作领导小组召开会议。会议由该领导小组副组长朱航员主持，领导小组、效能监察小组和审计监督小组成员共14人参加了会议。会上，审计监督小组汇报了对广远大厦设计工作的监督、对工程招标、承包合同的审计以及工作计划等情况；效能监察小组汇报了加强反腐倡廉教育、加强对制度建设的监督以及下一步打算等情况；领导小组通报了广远大厦项目立项及运作情况。会上，还认真学习了《广远大厦监督工作实施方案》，研究、讨论监督工作的难点和重点。广远大厦监督工作领导小组组长、纪委书记马宗梅在会上作了讲话。

30～31日 中远集团组织部部长高平率中远党建调研组一行莅临广远，对广远党建工作进行调研。

是月，中国海事局评选出2007年度“安全诚信船舶”。广远“丰安山”、“乐泰”、“安庆江”、“安泽江”、“丰康山”、“富文山”、“乐和”、“乐从”、“碧江”、“乐宜”、“乐里”、“安宝江”、“桃江”、“安新江”、“富源山”、“安岳江”、“白沙岭”、“嘉山关”轮等18艘船舶荣获“安全诚信船舶”称号。

八月

1日 广远对驻国内港口办事处进行改革，将广远驻大连、天津、青岛、上海、宁波、厦门、湛江各港口办事处和连云港代表整体划归中远航运管理。

2日 广远治理商业贿赂领导小组召开会议。会议由该领导小组办公室主任、纪委副书记朱航员主持。会上，朱航员传达了上级有关治理商业贿赂文件的主要精神。陈建钦、林耀强、赖奕光、龚艳平、朱航员等人汇报了本部门、本单位的专项工作情况。广远治理商业贿赂领导小组副组长、纪委书记马宗梅作了讲话，布置了下一步广远防治商业贿赂工作任务。

11日 在北京钓鱼台国宾馆举行的“2007中国投资者关系管理年会暨2006年度中国A股上市公司最佳投资者关系管理评选”中，中远航运荣获“2006年度中国投资者关系管理百强”、“最佳大型公司奖”和“最佳沟通奖”三项大奖。中远航运驻北京首席代表黄金成代表中远航运出席会议并上台领奖。

16日 广远“红树林”工程首届船员技能竞赛暨广东省“海员杯”选手选拔赛在金桥学院举行。栗金伟和姜茂印分别摘取了水手专业和机工专业的冠军。张存良、栗金伟、陈赞金分获水手工艺插钢丝、打绳结、撇缆绳单项冠军，谭海华、姜茂印、鲁崇秀获得机工工艺车工、钳工、焊工单项冠军；张存良、吴禄伟获得水手专业综合二等奖，谭海华、鲁崇秀获得机工专业综合二等奖；候其禄、张红卫、夏天获得水手专业综合三等奖；刘海波、陈文明、刘金智获得机工专业综合三等奖。

同日 广东省总工会经济工作部部长张东升、广东省海员工会办公室主任王德澍，在广远党委书记刘书田、副总经理翁继强、党委副书记黄继忠等领导的陪同下，参观了金桥学院大型船舶操纵模拟器和轮机模拟器。两套大型船舶模拟器分别是大连海事大学和武汉理工大学开发研制的高技术产品，船舶操纵模拟器系统可根据需要设置风、流、潮汐、时间以及能见度等航行环境，并选择与本船不同吨位、不同船型和各种装载状态下的目标船进行对抗及演练；轮机模拟器主体为定螺距船舶机舱仿真系统，各子系统既可独立运行，完成各自的仿真功能，也可在线组合协同运行，完成船舶机舱整体的仿真功能，如机舱备车准备、港内机动航行、海上定速航行等。

26日 中远南方3#5900吨沥青船交船命名仪式在宁波浙江造船厂隆重举行。广远副总经理翁继强在仪式上致辞，并将中远3#5900吨沥青船命名为“大鹏湾”。

至此，中远南方共拥有10艘沥青船，其中5000吨级沥青船6艘，6000吨级沥青船3艘，1万吨级沥青船1艘。

九月

4～6日 由中远集团工会主办、广远工会承办的“中远集团2007年职工文化月活动开幕式暨乒乓球总决赛”在广州市乒乓球协会场馆举行。广远、中远集运、中远散运等15支乒乓球代表队，共86名运动员分别参加男子团体、女子团体、男女混双、男子单打、女子单打五项比赛项目。广远代表队获得男子单打冠军和季军、男子团体亚军、混合双打季军、女子单打第四和第五名的好成绩。

4日 广远根据企业领导班子调整的情况，对领导班子分工进行了调整。

总经理、党委副书记徐惠兴，广远法定代表人，全面负责企业行政工作，协助党委书记开展党务工作，与党委书记共管干部工作。主管企业发展规划、财务金融工作。主管财金部。

党委书记、副总经理刘书田，全面负责广远党务工作，协助总经理开展行政工作，与总经理共管干部工作。协助总经理负责岸上产业的管理及发展规划工作。主管党委工作部、人力资源部/组织部、岸产事业部。

副总经理、党委成员傅伟，协助总经理负责企业的资本运营、发展规划、改革重组、信息化建设、法律事务和综合管理工作。主管总经理办公室、发展部、汽车船项目部。兼任广远总法律顾问。

副总经理、党委成员翁继强，协助总经理负责航运发展规划及航运投资企业的管理；协助总经理负责安全管理、治安保卫和船舶管理；协助总经理负责买造船工作。主管航安部及航运投资企业。

党委副书记黄继忠，协助党委书记负责党委的日常工作。主管党委工作部的企业宣传职能、广远团委、人力资源部/组织部的离退休服务中心，兼任企业党校校长。协助总经理负责船员管理工作，主管船员管理公司。

纪委书记、工会主席、党委成员马宗梅协助党委书记负责纪检工作和工会工作。协助总经理负责监察、审计工作。主管监督部/审计部、广远工会。

14日 第三届中远集团“十大杰出青年”揭晓暨表彰大会在海南博鳌召开。广远船长蔡连财当选第三届中远集团“十大杰出青年”，发展部任鑫获第三届中远集团“十大杰出青年”提名奖。

21日 广远召开船员管理改革动员大会，宣布了改革的总体方案及实施细则，阐述了船员管理改革的重大战略意义，对如何顺利推进这次改革，促进广远、中远航运的健康、协调、可持续发展提出了具体要求。

是月 中国海事局授予2007年度“安全诚信船长”资格。广远林罗德、陈力、汪再添、陈月异、杨德钦、王成杰、王成宝、徐德奇、李文辉、艾宝松、方子钦、陈建军、韩连文、涂兴华、于忠、陶建平、黄成好、张埃贵、苏志鸿、赵兴俊、陈治国、廖新炽、卞礼铿、程建良、陈德华、薛福成等26名船长被授予“安全诚信船长”称号。

中共广东省委宣传部、广东职工思想政治工作研究会对一批在开展企业思想政治工作研究方面取得优异成绩的先进单位和个人进行表彰。广远政研会荣获“广东省思想政治工作研究先进单位”称号；广远党工部部长姚勇被授予“广东省思想政治工作研究先进工作者”称号。

十月

1日　中远航运根据经营需要，设立专职船员管理机构，负责船员管理工作。新的船员管理机构设船员一处、船员二处、船员三处、业务管理处、党委工作处、综合管理处等6个内设机构。

4日　中远集团党组书记张富生和党工部部长傅向阳、安全监督部总经理陈正杰一行在广远总经理徐惠兴和中远集运党委书记吴树雄、工会主席房迪坤的陪同下，到停靠在上海港关港码头的“安东江”轮，对船员进行亲切慰问。张富生一行与船舶领导和船上骨干进行了亲切交谈。“安东江”轮船长刘丁鹅、政委张绪明分别汇报了船舶安全生产、党建和精神文明建设情况。

12日　广东省总工会、广东省劳动和社会保障厅、广东省经济贸易委员会、广东省科学技术厅主办，广东省海员工会、广东省海事局联合承办的广东省首届“海员杯”船舶水手技能大赛在广州举行。广远参赛选手水手长吴禄伟以三项总分267.41的高分勇夺全能总分第一名。根据比赛奖励规定，吴禄伟被授予“广东省职工经济技术创新能手”和“广东省技术能手”称号，并将被广东省总工会按规定程序授予“广东省五一劳动奖章”。此外，广远还包揽了全部三项单项冠军，并被授予优秀组织奖。

19日　广远党委举行《远洋船员思想教育读本》发布会。在发布会上，《远洋船员思想教育读本》编写小组介绍了读本编写工作情况，并举行赠书仪式。广远党委副书记黄继忠主持发布会，党委书记刘书田出席大会并作讲话，船舶政委代表在会上作了发言。

20日　广远工会召开“巾帼建功”活动总结表彰暨女工工作会，会议对两年来广远女职工工作、开展“巾帼建功”活动情况进行了总结，对下一步女工工作和“巾帼建功”活动进行了部署，表彰了“巾帼建功”活动先进集体和先进个人。

28日　中远集团5000车位汽车船首制船在舟山中远船务工程有限公司举行开工典礼。国家商务部副部长魏建国、浙江省政府副秘书长兼办公厅主任俞仲达、交通部浙江海事局局长徐国毅、中远集团党组书记张富生，广远总经理徐惠兴、党委书记刘书田、副总经理傅伟、副总经理翁继强，中远船务工程集团有限公司总经理王兴如、党委书记周协东，长安汽车、奇瑞汽车、中国重汽等10余家国内著名汽车企业高层，及地方政府和相关部门领导共150余人出席了开工典礼。徐惠兴在致辞中表示将在中远集团的支持和帮助下，努力将中远汽车船队建设成为世界一流的全球汽车承运人。此前，广远同舟山中远船务一起，与上海船舶设计院完成了详细设计。汽车首制船及随后建造的共4艘同系列的5000车位汽车船将交由广远经营。该系列船舶的建造，是中远集团积极贯彻落实国家汽车产业发展政策的重要举措，标志着中远已进入快速发展汽车船队的实质性阶段，承担起中国民族品牌汽车出口运输的历史重任。

30日 中远集团2艘50000吨半潜船造船合同签字仪式在北京远洋大厦举行，中远航运首席执行官姜立军、广船国际总经理韩广德、中船贸易副总经理陆锡华分别代表买卖船双方和建造方在合同上签字。中远集团副总裁、中远航运董事长许立荣，中船集团副总经理谭作钧，广远党委书记刘书田等领导见证了合同签字仪式。2艘50000吨半潜船建成后交中远航运使用，以进一步壮大中远特种船队实力，为中远航运占领国际海洋工程运输高端领域增添了利器。

是月 广远信息中心软件事业部QC小组以“研究以信息化规范船舶管理的要求”这一创新型成果，由广州市QC指导委员会推荐，经过层层推荐评选，被由国家质量协会、中华全国总工会等部门联合组成的国家QC指导委员会评选为国家优秀QC小组。这是广远开展QC小组活动20多年以来，从广州市级推荐评上的第一个国家优秀QC小组。

十一月

9日 广远启动全面风险管理工作，对广远本部及各投资企业进行全面的风险清查，以建立科学、适用的全面风险管理预警体系。

12日 广远信息技术中心与总经办密切配合，正式启用新办公自动化系统，提高员工的办公效率。

16日 广东省总工会党组成员、纪检组组长肖建葵率队莅临广远，将“全国模范劳动关系和谐企业”的牌匾授予广远。“全国模范劳动关系和谐企业”是由全国总工会、劳动和社会保障部、企业联合会/企业家协会联合颁发的，旨在表扬和鼓励依法保障职工合法权益和做到与员工互利双赢的企业。该荣誉是对广远构建和谐劳动关系，打造高素质职工队伍工作的充分肯定。

17～26日 中远南方“洪江”轮航行好望角时，遇到恶劣天气。船岸人员共同努力，奋战9天，及时采取避风浪应急措施，有效地避免了恶劣气象对船舶安全的影响，17日顺利通过好望角恶劣气象区域，并于11月26日抵达卸港哈科特港。自此，中远南方沥青船队首次实现自营船成功开辟好望角航线任务，进入西非市场。

26日 广远召开2007年度领导班子成员述廉议廉会议。会上，广远领导班子成员分别就2007年来廉洁从业和反腐倡廉工作情况向大会进行了书面发言，与会人员对领导班子成员党风建设和反腐倡廉情况进行了民主评议。

29日 广远召开企业经营管理委员会暨2008年务虚会。会议围绕“抢抓机遇，赢得市场，创新思路，加快发展”的主题，总结回顾2007年的经营生产工作情况，对市场形势进行分析，对今后一段时期的目标进行展望，提出工作设想和措施。

是月，广远制定了《广州远洋运输公司完善远洋船员工资管理方案》（以下称《方案》），并经广远第十二届职代会第六次联席会议通过，广远领导办公会议和中远集团批准。从2007年1月1日起执行。广远全资航运企业按照该《方案》执行。广远控股航运企业按照《方案》精神，结合实际制定具体管理办法，履行相应程序并经董事会批准后实施。

十二月

13 日 以广东省纪委副书记梁万里为组长的广东省厂务公开调研检查组一行 5 人莅临广远检查指导厂务公开工作。梁万里经过检查对广远的厂务公开民主管理工作给予高度评价，对今后工作提出希望和要求。

18 日 上海证券交易所正式推出“上证公司治理板块”，199 家上市公司股票成为板块样本股，中远航运（600428）入选了该板块。

27 日 广远召开员工大会，总经理徐惠兴在会上总结回顾广远 2007 年各项工作情况，对市场形势进行分析，对今后一段时期的目标进行展望，并提出工作设想和措施。

是月 中远集团党建思想政治工作研究会表彰了一批党建思想政治工作研究先进单位和先进工作者。广远公司荣获“2007 年度中远集团党建思想政治工作研究先进单位”称号；姚勇被授予“2007 年度中远集团党建思想政治工作研究先进工作者”称号。

第三章

概 况

第一节 工作概况

2007年，是广远创新之年、发展之年，是广远取得不平凡业绩的一年。广远在中远集团的正确领导和支持下，始终坚持以中共十六大、十六届六中全会和十七大精神为指导，坚持以科学发展观统领全局，坚持以改革创新为主线，不断解放思想，更新观念，深化改革，自主创新，通过广大船岸员工的艰苦拼搏，在改革、发展、安全、稳定、效益各方面都取得了令人瞩目的成绩，经济效益连续4年创历史新高，开创了广远事业发展的崭新篇章。是年，广远被中远集团评为“文明建设先进单位”，广远领导班子被中远集团评为“四好领导班了”，企业荣获“中远集团2006－2007精益管理年特殊贡献奖”、“全国厂务公开民主管理先进单位”、“全国模范劳动关系和谐企业”等称号。

一、航运主业效益稳步增长

2007年，广远主要生产财务指标完成良好，具体情况如下：

货运量同比增长17.84%；

周转量同比增长20.91%；

运输收入同比增长47.13%；

运输成本同比增长44.73%；

运输净利同比增长82.53%；

实现中远集团考核口径利润总额，连续4年创广远成立以来的历史新高。

是年，广远在各项经营指标屡创新高的同时，企业资产质量得到较大改变，盈利能力和基础不断增强。资产负债率与2006年同比下降了10%，所有者权益同比有所增长，总收入同比也有所增加。

广远之所以能在2007年经营效益取得新的历史性突破，关键在于始终坚持“航运是主业，是重中之重”的发展战略，并紧密结合自身实际实施一系列航运主业经营战略。广远航运主业的效益和船队竞争力得到了快速发展和明显提升，其主要有五个特点：

（一）特种船发展战略取得显著成效。大力发展特种船是广远以科学发展观统领全局，坚持发展是第一要务，推进航运主业结构调整优化的重要体现。广远经过几年来的潜心发展，已拥有半潜船、重吊船、木材船、沥青船、汽车船等船型较为齐备的一支现代化的特种船队，创效能力日益突出，已发展成为航运主业乃至广远整体经济效益的一大支柱。是年，半潜船队紧紧把握高准入、高回报的高端市场货源，做到客户稳定、货源稳定、效益稳中有升。运力占船队总数3.1%，利润占航运业务利润总额13.82%；重吊船队积极培育和开发货源市场，逐步从POOL里返租经营，取得较好成效，实现利润同比增长47.98%；汽车船队积极履行战略合作协议内容，实现利润同比增长30.64%，完成了民族汽车11%的出口运输任务；木材船队把握市场节奏，有效实现双向货源平衡，取得较好效益，利润同比增长585%；沥青船队加强市场调研开拓，在市场出现短期回调的不利形势下，利润同比仍增长173%。

（二）主力船队发展定位转变取得实

效。2007年初，广远经过对适货能力、盈利水平、市场需求、发展前景等各方面因素进行综合研究分析，将广远船队定位进行战略性调整，从"以特种船为主的杂货船队"调整为"以特种船为主的多用途船队"。围绕这一船队定位调整战略，通过买、造、租、改、退等多种手段，加大特种船和多用途船优质运力扩充。2005～2007年，广远船队结构调整数量达55艘，其中包括新造5万吨半潜船、32000吨木材船、8000吨沥青船、5000车位汽车船、27000吨多用途船等一系列优质运力项目，投入营运的新增运力11艘，船队结构调整取得明显的进展。

（三）租船经营战略取得较大突破。租船经营是广远贯彻"从拥有向控制转变"思想，执行"四个转变"（从周期性发展向可持续发展转变，从软硬件并重、以硬件为主向软硬件并重、以软件为主转变，从拥有资源、控制资源向同时配置社会资源转变，从以生产经营获取收益为主向同时从生产经营和资本经营并重获取收益转变）战略的重要举措，也是对广远航运经营能力和市场控制能力的考验。广远加大了租船经营力度，明确提出租船效益目标，经过下属各航运公司的共同努力，租船经营取得显著成绩，为企业做出重要贡献。

（四）打造精品航线战略初见成效。2007年，广远坚持以固定航线为依托的经营策略，精心经营，进一步优化以多用途船、杂货船为主的固定航线运力投放，利用航运市场整体高位的机遇，着力打造优质精品航线，取得一定成效，部分航线如波斯湾、东非红海、西非、西北欧、拉美等航线货运量、周转量得到大幅增长。广远主要固定航线市场份额的持续上升，为新造多用途船投入市场打下良好基础。

（五）汽车船项目战略发展稳步推进。2007年，广远本着"积极、稳妥、慎重"的原则，认真部署，积极筹划，结合汽车运输市场需求特点和广远自身的实际，加强客户维护工作，深化各方战略合作伙伴关系，深挖现代汽车船资源，落实战略合作协议内容，立足船队长远发展，稳步推进汽车船发展工作。10月，4艘5000车位汽车船首制船顺利开工。是年，广远汽车船队承运车辆中有60%以上为17家签约厂商的汽车，在一定程度上履行着中远集团对汽车厂商的承诺和战略合作协议。

二、深化改革，打造"资本广远"工作稳步推进

2007年，广远坚持"生产经营和资本经营并重"的双轮驱动发展战略，按照"整体规划，分步实施"的思路，有计划、有步骤地推进打造"资本广远"工作。从2002年中远航运上市，到2004年重组改革、2005年中远航运股权分置改革，2007年又分别实施了驻国内港口办事处改革和船员管理改革。广远通过深化各项改革，建立健全现代企业制度，做强做优上市公司，取得明显成效。

（一）顺利推进驻国内港口办事处改革。2007年，广远为了适应航运主业生产、经营、管理和发展需要，对驻国内港口办事处进行了改革调整。从8月1日起，驻国内港口办事处在主要职能保持不变的前提下，整体划归中远航运管理，相关工作人员也随之进入中远航运上市公司。改革后的驻国内港口办事处在中远航运的统一管理下，继续履行服务企业、服务船舶、

服务船员的工作职责，运行正常。驻国内港口办事处改革从管理体制上为航运主业发展理顺了关系，是广远2007年“分步实施”打造“资本广远”战略的重要一步。

（二）成功实施船员管理改革。2007年，广远在注重调整船员队伍结构、加强船员教育培训的同时，积极探索船员队伍建设的管理体制和工作机制，并于9月21日正式推进实施了船员管理改革。这次改革以中远航运上市公司向广远定向招募船员为主要形式，广远船员管理的相关职能部门同时进入中远航运。10月1日，中远航运船员管理部正式成立并运行。到2007年底，通过竞聘进入中远航运船员管理部的管理人员有101人；通过定向招募进入中远航运上市公司的船员有6212人，其中包括自有船员4610人，协作用工船员1444人，外聘船员158人。

广远驻国内港口办事处和船员管理这两项重点改革，符合中共中央关于国有企业改革的方向和要求，符合中远集团的战略部署，体现了广远作为母公司对上市公司的全方位支持，得到了投资者的充分认可，为进一步做强做优中远航运，打造“资本广远”奠定了坚实基础。

（三）着力深化岸产企业改革。岸产企业是广远的重要组成部分，深化岸产企业改革是推进实施打造“资本广远”的重要环节。根据广远的整体规划，2007年，广远在深化岸产企业改革过程中，着重在清理固定资产、理顺投资股权、加强风险控制和解决历史遗留问题等方面下工夫，不断强化对人、财、物等的管理监督，不断完善岸产企业改革发展的体制机制，为整体推进打造“资本广远”战略铺平道路，打好基础。

（四）不断夯实上市公司中远航运资本平台。2007年，广远在深化改革、健全现代企业制度的同时，中远航运进一步做强做优。中远航运新成立了天津中远航运，转入2艘半潜船、7艘多用途船，打造新的资本运作和经营平台；增资中远航运香港公司，承担未来建造12艘多用途船的境外融资任务。是年，中远航运经营业绩稳步增长，企业治理取得进步，荣获中国上市公司董事会“金圆桌”奖，荣登2006年中国上市公司绩优榜百强榜，被评为第三届“漂亮50——中国未来十年成长性蓝筹上市公司”，入选“上证公司治理板块指数样本股”，各项工作得到了资本市场管理者和投资者的广泛认同。

三、安全生产形势保持基本平稳

2007年，广远的安全工作始终坚持以科学发展观和安全发展理念为指导，把安全生产作为压倒一切的工作，并作为群众满意的工程来抓，以船舶航行安全为核心，以“四大战役”（雾航、防台、冬防、沿海航行和进出港）为主线，以纠正习惯性违章为手段，落实“一把手工程”，强化广远特色的安全执行力文化建设，推进“红树林”培训，提高船岸员工安全意识、安全责任心，完善安全管理体系文件，坚持“四重”（重点海区、重点人员、重点船舶、重点货物）船舶的跟踪管理，特别是加强老龄船管理，对安全风险很大、创效能力弱的老旧船按计划退役，为船舶航行安全提供硬件保障。强化“五早”（早研究、早动员、早布置、早检查、早落实）的工作方法，开展“两防”（防碰撞、防泄漏）专项整治和隐患排查活动，大力推进“平安之旅”创建活动，取得了明显的成效。

是年，广远在中远集团和上级有关部门的正确领导下，经过广大船岸员工的共同努力，全年没有发生上报等级海损、机损、污染、重大货损等安全事故；船舶安全面100%，船舶防抗台成功率100%，船舶雾航和大风浪航行指导率100%；岸产企业没有发生火灾、交通、食物中毒、盗抢及群体事件。广远全年保持了安全生产形势的基本稳定，实现了又一个安全年的目标。

四、精益管理工作取得较好成效

2007年，广远进一步贯彻落实精益管理思想，深入开展第二个精益管理年活动，主要做了如下工作：一是把“两个20%”赋予新内涵（即高回报的COA合同同比增加20%，船舶在港停时同比减少20%）并取得一定成效；二是大力推行“精益改进”，通过优化流程、提高效率、改进工艺等，上报的精益亮点项目创造了可观的经济效益；三是积极推进节能减排工作，采取各种措施节约燃油、节约物料，在减少污染、减少浪费方面取得一定成效。是年，广远获得中远集团2006～2007年度“精益管理年活动杰出贡献奖”荣誉称号。

五、船岸员工队伍建设得到进一步加强

2007年，广远继续深入开展加强船员教育培训的“红树林”工程，并取得较好成效。加强船员队伍结构优化取得实效，船员平均年龄、学历结构持续改善。截止12月31日，船员队伍平均年龄35.5岁，同比下降2.5岁。是年，广远根据船员队伍新老交替的实际，加强“传、帮、带”工作，广远优良传统得以传承发扬。加强了“三个三百”人才队伍建设和后备干部队伍建设，为广远可持续发展提供人力资源保障。

六、逐步解决历史遗留问题和盘活不良资产项目

2007年，广远继续抓住航运市场高位的有利时机，逐步对一些历史遗留问题加以解决。如解决军产房产权问题、船员住房公积金问题，特别是在中远集团支持和帮助下，解决了富余船员安置、住房公积金历史欠账以及住房货币补贴等一系列关系到广大员工群众切身利益的重大问题。这些举措得到了广大船岸员工的好评。

是年，广远按照精益管理、缩短管理链条的要求，陆续对历史上个别造成资金积压、难以盈利且有较大投资风险的投资项目进行理顺和清理。先后清理了印刷厂、新利服装厂等4级企业，签订了华南医疗改制转让协议。II—4地块最终得到中远集团批复，广远人自己的、新的办公大楼广远大厦开工建设。广远还按计划推进投资企业风险清查工作，并对现有资产、资源的理顺、优化、整合，进行深入研究。

七、党建和思想政治工作取得新的成效

2007年，广远的党建和思想政治工作取得了良好的工作成效，为企业的改革发展提供了坚强的政治保证。

（一）远洋特色党建光荣传统实现新的历史突破。2007年，广远继续开展保持共产党员先进性教育活动、排头兵实践活动、“三服务一促进”活动等党建主题实践活动，大力传承远洋特色党建工作光荣

传统，并结合党建新形势进一步加以创新发扬，获得了中共中央、中共广东省委的充分肯定。尤其是广远创新提出的“送学上船”的做法，被作为中央企业党建工作的典型经验，写入中央办公厅正式印发的红头文件，并下发全党。这标志着远洋特色党建光荣传统取得了新的历史性突破。广远依托网络技术创新实施的“党员远程教育”工作模式，被中共广东省直工委作为党建创新成果，推荐参加中共广东省委组织部开展的“固定强基”工程创新成果评比，并获得一致好评。广远在党建方面的扎实工作和良好成效，引起了中共国资委党委、中远集团党组的高度重视。中共中央企业巡视组、中共国资委党建局、中远集团党组先后到广远进行党建调研活动，对广远党建创新方面所做的工作给予了充分肯定和高度评价。广远各级党组织较好地发挥了政治核心作用，为广远改革、发展、稳定各项工作的顺利推进提供了强有力的政治保障。在党风建设上，广远党委、监督部围绕企业中心任务，突出抓好惩防体系和企业内部监督机制建设，为企业又好又快发展提供了重要保证。

（二）两个文明建设取得新的工作成果。2007 年，广远在注重搞好生产经营、提高经济效益的同时，高度重视加强思想政治工作、精神文明建设、企业文化建设和“三学一创”活动，充分调动广大员工投身企业改革、参与企业管理、服务企业建功立业的积极性和主动性，推动两个文明建设不断取得新成绩，迈上新台阶。

八、开创和谐广远新局面

2007 年，广远始终坚持以人为本，以构建和谐劳动关系为中心，大力推进和谐企业建设，广远工会和共青团组织积极发挥桥梁纽带作用，深入开展各种群众性的安全生产活动与和谐创建活动。广远党政工团着力营造全体员工共建共享和谐企业、共享发展成果的良好氛围。是年，广远实施了船员工资改革，完成了职工住房货币补贴的核定及发放工作，适当调整了内退人员的待遇，深入实施了“送温暖”工程，并根据企业效益完成情况，给全体离退人员发放了慰问金，给内退人员发放了特别补助，实实在在为广大员工办实事、做好事、解难事。

2007 年，广远改革发展呈现和谐稳定的良好势头，企业政通人和，和谐凝聚人气，成绩鼓舞士气，目标激励志气，全体员工心齐气顺，众志成城，展示了前所未有的精神面貌和工作激情，形成了团结、和谐、务实、奋进的整体氛围，开创了和谐广远建设的新局面。

九、总结历史经验

2007 年底，广远领导班子对企业所取得的成绩进行了经验总结。广远事业所取得的每一点成绩、每一个进步，都得益于落实科学发展观，得益于开拓创新和加强思想政治工作，得益于贯彻执行中远集团的整体战略部署，得益于万余名船岸员工默默奉献、努力拼搏，也得益于广大员工家属一直以来的理解和支持。总结广远取得丰硕成果的历史经验，主要是做到了五个“必须坚持”：

第一，必须坚持科学发展观，坚持改革创新。广远作为一个国有企业，要解决历史遗留问题，要有跨越式的发展，必须坚持科学发展观领统全局，必须通过改革创新来实现，通过发展来解决历史遗留和发展中遇到的问题。

第二，必须坚决贯彻执行中远集团的战略决策。广远在各个方面所取得的成绩，都是坚决贯彻执行中远集团确立的打造“资本中远”、“两轮驱动”、“四个转变”等各项战略的结果。

第三，必须创新思维，制定符合自身实际的战略体系。广远结合自身实际所制定的各项经营战略体系，正是经营业绩和船队发展取得长足进步的制胜法宝。

第四，必须以党建、思想政治工作作为强有力的政治保障。广远卓有成效的党建、思想政治工作，为企业改革、发展起到了较好的保驾护航作用。

第五，必须紧紧依靠和发动员工群众，共同促进广远的可持续发展。广远拥有一大批政治素质高、战斗力强、勇于奉献、忠于远洋的广大干部群众，这支队伍正是广远改革发展的力量源泉和胜利之本。

（刘锐祥）

2007 年 4 月 23 日，新造沥青船“木兰湾”轮船准备投入营运。

第二节　机 构 设 置

1. 2007 年广远机构图

2007 年上半年广远公司机构设置图

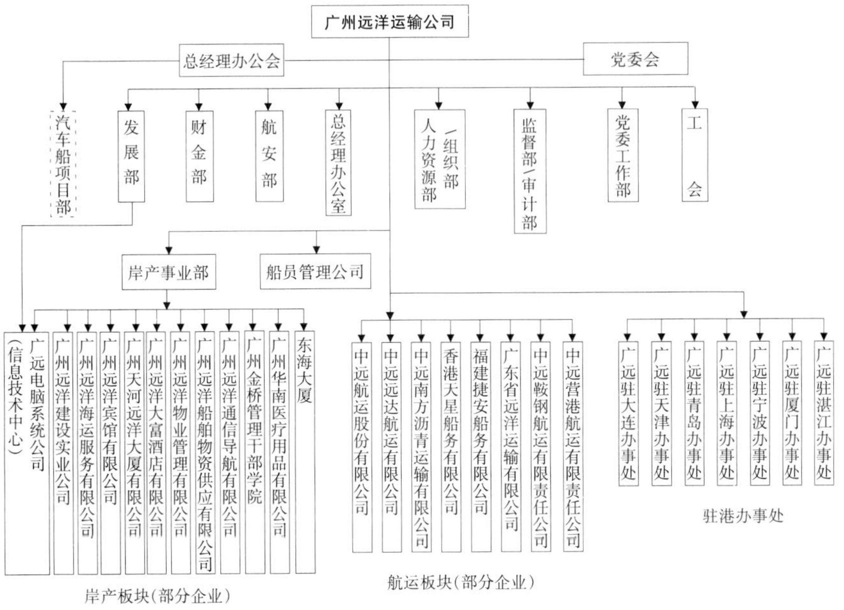

（汽车船项目部为临时机构）

（全占涛）

2007 年下半年广远公司机构设置图

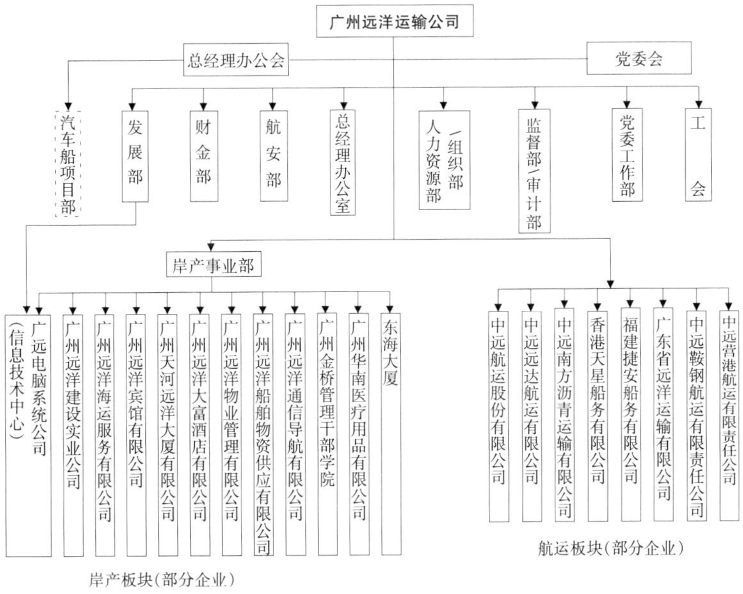

（汽车船项目部为临时机构）

（全占涛）

2007 年上半年广远本部机构设置图

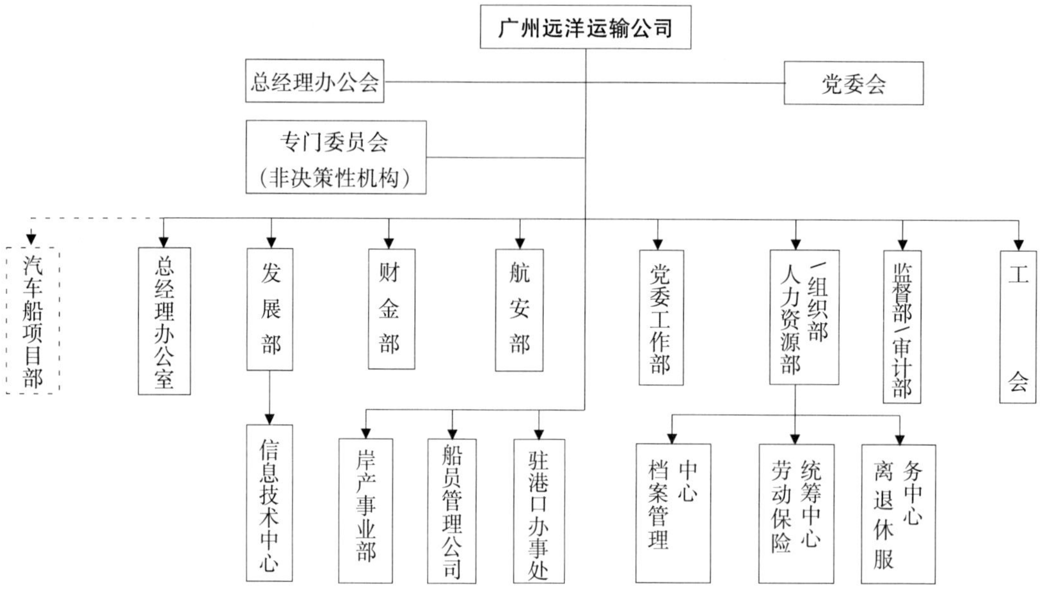

（汽车船项目部为临时机构）

（金占涛）

2007 年下半年广远本部机构设置图

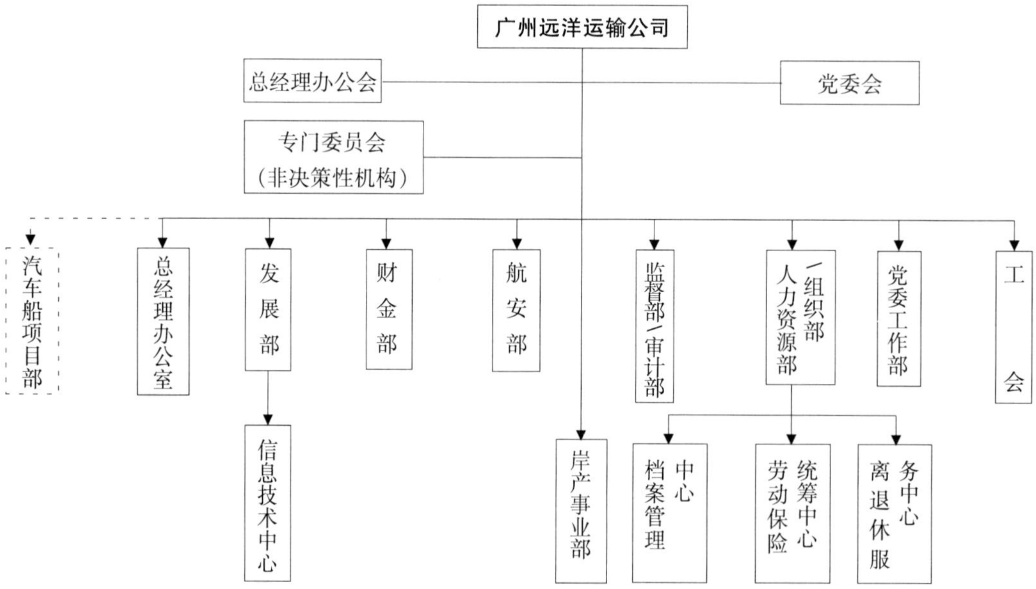

（汽车船项目部为临时机构）

（金占涛）

第三节　人员情况

1．广远领导班子

姓　名	出生年月	政治面貌	学历	职　称	职　务	任命机关	任职时间
徐惠兴	1950.11	中共党员	大普	高级工程师 高级船长	总　经　理 党委副书记	中远集团	1～12月
刘书田	1951.04	中共党员	大普	高级工程师 高级政工师	党委书记 副总经理	中远集团	1～12月
傅　伟	1948.08	中共党员	大专	高级经济师	副总经理	中远集团	1～12月
翁继强	1965.06	中共党员	大学	高级船长	副总经理	中远集团	1～12月
黄继忠	1948.11	中共党员	大学	高级政工师	党委副书记	中远集团	1～12月
马宗梅	1954.12	中共党员	大专	高级政工师	纪委书记 工会主席	中远集团	1～12月
胡锦沛	1964.02	中共党员	大学	高级会计师	总会计师	中远集团	1～8月

（关锦庭）

2．广远部室领导和各投资企业领导（广远聘任或委派）

所在单位	姓名	职　务
总经理办公室（简称总经办）	林旭东	主任
	张莲芳	主任助理
发展战略与投资运营部（简称发展部）	谭　力	总经理
	张庆华	总经理助理
航运管理与安全监督部（简称航安部）	石立森	总经理(1～9月)
	翁继强	总经理(9～11月)(兼)
	蔡梅江	总经理(11～12月)
	周维民	总经理助理
人力资源部/组织部	黎光葵	总经理/部长
	郑深恩	总经理助理
购金结算部（简称财金部）	池新旺	总经理
	邓伟荣	总经理助理
党委工作部（简称党工部）	姚　勇	部长兼机关党委副书记
	章晓彤	部长助理

续上表

所在单位	姓名	职　　务
监督部/审计部	朱航员	纪委副书记兼监督部/审计部总经理
	佟文华	总经理助理
工会	符　雄	副主席
汽车船项目部	陈新川	总经理
	周维民	副总经理(兼)
信息技术中心（简称信息中心）	马云涌	主任(1 月)
	杨　涛	副主任(从 1 月起主持工作)
广州远洋船员管理公司（简称船员公司）	尤扬斌	总经理兼党委副书记(1 ~ 9 月)
	林耀强	党委书记兼副总经理(1 ~ 9 月)
	梁伟民	副总经理(1 ~ 9 月)
	周伟民	副总经理(1 ~ 9 月)
	易宝森	党委副书记兼纪委书记(1 ~ 9 月)
	戴世华	工会主席(1 ~ 9 月)
	李惠霞	财务总监兼财务部经理(1 ~ 9 月)
岸产事业部	林立兵	岸产企业运营总监(11 ~ 12 月)
	王玉生	总经理兼党工委副书记
	陈建钦	党工委书记兼副总经理
	张访苏	财务总监兼财务部经理
中远航运股份有限公司（简称中远航运）	姜立军	首席执行官
	徐惠兴	党委书记(兼)
	郭　京	首席运营官
	赖奕光	党委副书记兼常务副总经理
	杜俊明	副总经理
	郭福祥	副总经理
	林敬伟	副总经理、财务总监
	薛俊东	董事会秘书
中远远达航运企业有限公司（简称中远远达）	赵寿春	总经理兼党委副书记
	龚艳平	党委书记兼副总经理
	刘海平	副总经理
	曾远祥	副总经理
	黄　雁	财务总监

续上表

所在单位	姓名	职务
中远南方沥青运输有限公司（简称中远南方）	何伟杰	总经理
	顾卫东	党总支书记兼副总经理
	周佳忠	副总经理
	梁　杰	副总经理
	盛开薇	财务总监
香港天星船务有限公司（简称天星公司）	刘贤蒙	总经理
	蔡旦家	副总经理
	梁永琴	财务总监(1～9月)
	陈小华	财务总监(9～12月)
福建捷安船务有限公司（简称福建捷安）	官　雄	总经理(1～4月)
	张唯耀	总经理(4～12月)
广东省远洋运输公司（简称省远洋）	李　伟	总经理
中远鞍钢航运有限责任公司（简称中鞍航运）	邱　波	总经理
	周　斌	副总经理
中远营港航运有限责任公司（简称中远营港）	袁伟贤	总经理
	叶发明	副总经理(1～9月)
广州金桥管理干部学院（简称金桥学院）	蔡志强	院长兼党委副书记(7～12月) 副院长主持工作(1～7月)
	姚锦池	党委书记兼副院长(1～7月) 企业党校副校长(1～7月)
	凌保平	党委书记兼副院长(7～12月) 企业党校副校长(7～12月)
	涂慕欧	副院长(1～7月)
	郭智谋	纪委书记、工会主席(7～12月)
广州远洋建设实业公司（简称建设实业）	郑培贤	总经理兼党总支副书记
	陈建钦	党总支书记(兼)
	王庆来	副总经理
	陈永彩	财务总监
广州远洋船舶物资供应有限公司（简称供应公司）	方少彪	总经理兼党委副书记
	甄　伟	党委书记(7～12月)(1～7月任党委副书记主持工作)
	江日胜	纪委书记、工会主席
	焦丽文	财务总监

续上表

所在单位	姓名	职　务
广州远洋物业管理公司（简称物业公司）	王玉生	总经理兼党总支书记(1～7月)(兼) 党委书记(7～12月)(兼)
	张清强	副总经理(7～12月主持工作)
	张玉凌	副总经理
	任紫侠	副总经理(1～7月) 副总经理、党委副书记(7～12月)
	吕英翼	纪委书记、工会主席(7～12月)
广州远洋通信导航公司（简称通导公司）	孟　政	总经理兼党总支副书记
	朱克洪	党总支书记兼副总经理(1～7月)
	涂慕欧	党总支副书记(主持工作)兼副总经理(7～12月)
广州经济技术开发区广远海运服务有限公司（简称海运公司）	徐国新	总经理兼党总支副书记
	陈建钦	党总支书记(兼)
	林民育	副总经理(4～12月)
广州远洋宾馆有限公司（简称远洋宾馆）	施金安	总经理兼党总支副书记
	陈建钦	党总支书记(兼)
	洪　舸	副总经理
	杨　泱	财务总监
广州天河远洋大厦有限公司（简称远洋大厦）	程一高	总经理兼党总支副书记
	王玉生	党总支书记(兼)
	吕英翼	副总经理(1～7月)
广州华南医疗用品有限公司（简称华南医疗）	闭晴安	总经理
	李　伟	党总支书记兼副总经理
	廖小澄	副总经理
	郑婉洁	财务总监
广州远洋大富酒店有限公司（简称大富酒店）	凌保平	总经理兼党总支副书记(1～7月)
	梁伟文	党总支书记兼副总经理(1～7月) 总经理兼党总支副书记(7～12月)
	王玉生	党总支书记(兼)(7～12月)
东海大厦	何向宁	总经理
广州越洋船务有限公司（简称越洋船务）	吴亮明	副总经理

续上表

所在单位	姓名	职　　务
ELF 润滑油(广州)有限公司(简称广州埃尔夫)	王　珂	副总经理
佛山市南海海洋包装材料厂(简称海洋厂)	姜保民	厂长
上海办事处	徐宝兴	临时主持工作(1～9 月)
大连办事处	许明顺	主任(1～9 月)
天津办事处	张福存	主任(1～9 月)
青岛办事处	毛洪泉	主任(1～9 月)
	钱春林	连云港代表处首席代表(1～9 月)
厦门办事处	陈爱国	主任(1～4 月)
	官　雄	主任(4－9 月)
湛江办事处	黄华强	主任(1～9 月)
宁波办事处	石晓平	主任(1～9 月)

（关锦庭）

3. 广远系统员工人数总表

总人数	公司本部	船员人数	下属单位总人数
7039	231	5546	1262

（阮亦欢）

4. 广远本部员工人数一览表

本部		岸产事业部		信息中心		3 个挂靠中心	
在编	编外	在编	编外	在编	编外	在编	编外
136	4	14	1	45	1	29	1
140		15		46		30	

（阮亦欢）

5. 员工分类情况一览表

总人数	身　　份	
	干部	工人
7039	4186	2853

（阮亦欢）

6. 干部技术职称情况一览表

总人数	职称情况			
	高级	中级	初级	未聘任
4186	106	1065	2717	298

（阮亦欢）

7. 干部学历情况一览表

总人数	学　　历				
	研究生	大学本科	大学专科	中专	高中及以下
4186	58	1124	1343	1407	254

（阮亦欢）

8. 干部年龄结构情况一览表

总人数	年　　龄			
	35 岁及以下	36 至 45 岁	46 至 54 岁	55 岁及以上
4186	1565	1477	949	195

（阮亦欢）

9. 干部从业人员变动情况一览表

2006 年年底人数	2007 年增加人数	2007 年减少人数	2007 年年底人数
4478	178	470	4186

（阮亦欢）

10. 员工政治面貌情况一览表

项　目	人　数	所占百分比
员工总数	15767	100%
中共党员	8930	56.64%
共青团员	430	2.73%
民主党派	2	0.01%
群　众	6405	40.62%

（注：党、团员数字按广远劳动合同关系统计，不含代管单位）　　（蔡主清　谭　伟）

第四节　船舶总体情况

1. 广远营运船舶主要技术规范一览表

序号	代码	船名	英文船名	船旗	船　型	建造年月	建造国家	接船日期	船舶主要尺度(米)				航速(节)	总吨	净吨	总载重吨	标准箱位(TEU)	功率(千瓦)
									总长	型宽	型深	吃水						
1	0005	大　中	DAZHONG	巴拿马	杂货集装箱两用船	199806	日本	98/06/30	153.00	23.00	14.10	9.10	17.6	15300	6000	16957	685	6031
2	0006	大　华	DAHUA	巴拿马	杂货集装箱两用船	199807	日本	98/07/31	153.00	23.00	14.10	9.10	17.6	15300	6000	16957	685	6031
3	0007	大　富	DAFU	巴拿马	杂货集装箱两用船	199810	日本	98/10/30	153.00	23.00	14.10	9.10	17.6	15300	6000	16957	685	6031
4	0008	大　强	DAQIANG	巴拿马	杂货集装箱两用船	199811	日本	98/11/30	153.00	23.00	14.10	9.10	17.6	15300	6000	16957	685	6031
5	0012	乐　鼎	LEDING	中国	杂货集装箱两用船	199811	中国	98/12/02	169.00	25.20	14.10	9.98	17.6	15525	8765	21728		7550
6	0013	乐　盛	LESHENG	中国	杂货集装箱两用船	199901	中国	99/01/22	169.00	25.20	14.10	9.98	17.6	15525	8765	21728		7550
7	0014	乐　泰	LETAI	中国	杂货集装箱两用船	199903	中国	99/03/23	169.00	25.20	14.10	9.98	17.6	15525	8765	21728		7550
8	0015	乐　昌	LECHANG	中国	杂货集装箱两用船	199907	中国	99/07/23	169.00	25.20	14.10	9.98	17.6	15525	8765	21728		7550
9	0016	乐　宜	LEYI	中国	杂货集装箱两用船	200004	中国	00/05/19	182.67	26.20	14.70	10.00	14.0	19955	9412	28450	1089	6300
10	0017	乐　里	LELI	中国	杂货集装箱两用船	200009	中国	00/09/19	182.67	26.20	14.70	10.00	14.0	19955	9412	28450	1089	6300
11	0018	乐　从	LECONG	中国	杂货集装箱两用船	200012	中国	00/12/13	182.67	26.20	14.70	10.00	14.0	19955	9412	28450	1089	6300
12	0019	乐　和	LEHE	中国	杂货集装箱两用船	200102	中国	01/02/16	182.67	26.20	14.70	10.00	14.0	19955	9412	28450	1089	6300
13	0049	乐　民	LEMIN	中国	杂货集装箱两用船	199906	中国	99/06/30	169.00	25.20	14.10	9.98	17.6	15589	8766	21728		7550
14	0050	乐　业	LEYE	中国	杂货集装箱两用船	199912	中国	00/03/23	169.00	25.20	14.10	9.98	17.6	15589	8766	21728		7550
15	0051	乐　同	LETONG	中国	杂货集装箱两用船	200005	中国	00/06/26	169.00	25.20	14.10	10.00	17.6	15589	8766	21400		7550
16	0052	乐　荣	LERONG	中国	杂货集装箱两用船	199904	中国	99/04/28	169.00	25.20	14.10	9.98	17.6	15542	8589	21728		7550
17	0053	乐　山	LESHAN	中国	杂货集装箱两用船	199909	中国	99/09/16	169.00	25.20	14.10	9.98	17.6	15542	8589	21728		7550

续上表

序号	代码	船名	英文船名	船旗	船型	建造年月	建造国家	接船日期	船舶主要尺度(米)				航速(节)	总吨	净吨	总载重吨	标准箱位(TEU)	功率(千瓦)
									总长	型宽	型深	吃水						
18	0054	乐　锦	LEJIN	中国	杂货集装箱两用船	199911	中国	00/01/20	169.00	25.20	14.10	9.98	17.6	15542	8589	21728		7550
19	0215	桃　江	TAOJIANG	中国	普通杂货船	198501	中国	85/01/30	149.90	21.20	12.30	9.00	14.8	10456	6407	15510		5582
20	0216	碧　江	BIJIANG	中国	普通杂货船	198509	中国	85/09/25	149.90	21.20	12.30	9.00	14.8	10456	6407	15510		5520
21	0302	源　江	YUANJIANG	中国	杂货集装箱两用船	198105	英国	81/05/21	144.00	20.42	11.75	8.87	15.0	9182	6152	15200	44	5662
22	0313	甬　江	YONGJIANG	中国	杂货集装箱两用船	197803	德国	78/04/04	149.80	21.00	12.25	9.26	18.1	9792	6379	16270	263	6391
23	0314	闽　江	MINJIANG	中国	杂货集装箱两用船	197805	德国	78/05/16	149.80	21.06	12.25	9.26	18.1	9792	6379	16270	245	6391
24	0315	湘　江	XIANGJIANG	中国	杂货集装箱两用船	197802	德国	78/02/03	149.80	21.00	12.25	9.26	18.1	9792	6379	16270	247	6590
25	0333	永　盛	YONGSHENG	香港	杂货集装箱两用船	200209	罗马尼亚	06/07/17	159.99	23.70	11.95	8.42	14.3	14357	6985	19461	1226	7860
26	0351	安华江	ANHUAJIANG	中国	杂货集装箱两用船	198709	日本	87/09/18	145.50	21.00	13.10	9.46	15.9	10511	6280	17324	530	3972
27	0352	安宝江	ANBAOJIANG	中国	杂货集装箱两用船	198709	日本	87/09/18	145.50	21.00	13.10	9.46	15.9	10511	6280	17324	528	3972
28	0356	安康江	ANKANGJIANG	中国	杂货集装箱两用船	198504	日本	85/04/13	140.00	22.70	13.20	9.51	16.0	11495	6620	15852	292	6399
29	0357	安龙江	ANLONGJIANG	中国	杂货集装箱两用船	198506	日本	85/06/10	148.00	22.70	13.20	9.51	16.0	11495	6620	15865	322	6399
30	0358	安宁江	ANNINGJIANG	中国	杂货集装箱两用船	198508	日本	85/08/29	148.50	22.70	13.20	9.51	16.0	11505	6620	15838	322	6399
31	0361	安庆江	ANQINGJIANG	中国	杂货集装箱两用船	198512	中国	85/12/21	149.70	21.80	12.50	9.07	15.0	11115	6259	14913	232	6222
32	0363	安新江	ANXINJIANG	中国	杂货集装箱两用船	198606	中国	86/06/16	149.70	21.80	12.50	9.05	14.5	11115	6259	14913	232	9000
33	0364	安岳江	ANYUEJIANG	中国	杂货集装箱两用船	198612	中国	86/12/19	149.70	21.80	12.50	9.07	14.5	11115	6259	14913	232	6222
34	0365	安泽江	ANZEJIANG	中国	杂货集装箱两用船	198702	中国	87/03/01	149.70	21.80	12.50	9.00	16.5	11115	6259	14914	232	6222
35	0366	安广江	ANGUANGJIANG	中国	杂货集装箱两用船	198710	中国	87/11/05	149.70	21.80	12.50	9.07	14.5	11115	6259	14913	232	6222
36	0367	安顺江	ANSHUNJIANG	中国	杂货集装箱两用船	198712	中国	88/01/09	149.70	21.80	12.50	9.07	14.5	11115	6259	14913	232	6222
37	0368	安涛江	ANTAOJIANG	中国	杂货集装箱两用船	198006	德国	88/07/08	141.70	21.50	10.50	7.92	18.0	8267	5052	10800	590	4400
38	0369	安武江	ANWUJIANG	中国	杂货集装箱两用船	198004	德国	88/10/21	141.70	21.20	10.50	7.92	17.0	8267	5052	10800	590	4476
39	0401	赤峰口	CHIFENGKOU	中国	滚装船	198003	日本	80/03/28	146.50	22.70	15.00	9.18	15.3	13615	5407	13810		6693

续上表

序号	代码	船名	英文船名	船旗	船型	建造年月	建造国家	接船日期	船舶主要尺度(米)				航速(节)	总吨	净吨	总载重吨	标准箱位(TEU)	功率(千瓦)
									总长	型宽	型深	吃水						
40	0402	三江口	SANJIANGKOU	中国	滚装船	198006	日本	80/06/12	146.50	22.70	15.00	9.18	15.3	13615	5407	13826		6693
41	0403	关河口	GUANHEKOU	中国	滚装船	198009	日本	80/09/17	146.50	22.70	15.00	9.18	15.3	13615	5407	13798		6693
42	0407	富源口	FUYUANKOU	中国	汽车船	198209	日本	03/01/26	108.00	19.00	6.30	5.62	14.5	8553	2724	2796		4000
43	0408	富康口	FUKANGKOU	中国	汽车船	198301	日本	03/01/25	105.56	19.30	10.30	6.01	13.0	7551	3498	3516		4760
44	0409	富泉口	FUQUANKOU	中国	汽车船	198501	德国	04/08/30	160.50	20.75	12.35	6.73	14.0	8362	6022	9300		6600
45	0411	常发口	CHANGFAKOU	中国	汽车船	198503	日本	05/02/01	158.94	27.80	19.91	8.71	15.0	27267	8180	11678		6906
46	0412	富瀚口	FU HAN KOU	中国	汽车船	198601	丹麦	07/01/18	160.50	20.75	18.80	6.73	14.0	15373	6022	9300		6600
47	0434	发展之路	DEVELOPING ROAD	马耳他	子母船	197805	日本	91/03/11	134.50	34.20	7.50	5.18	10.0	10941	3282	13299		4413
48	0435	泰安口	TAIANKOU	中国	子母船	200105	中国	02/12/18	156.00	32.20	10.00	7.50	14.0	14184	4255	17550		9400
49	0436	康盛口	KANGSHENGKOU	中国	子母船	200202	中国	03/08/28	156.00	32.20	10.00	7.50	14.0	14184	4255	17550		9400
50	0555	西昌海	XICHANGHAI	巴拿马	木材船	199708	中国	97/08/29	165.72	26.00	13.90	9.82	14.5	18070	9485	27276		5845
51	0556	瑞昌海	RUICHANGHAI	巴拿马	木材船	199709	中国	97/11/18	165.72	26.00	13.90	9.82	14.5	18070	9485	27276		5845
52	0605	丹 阳	DANYANG	中国	普通杂货船	197712	中国	98/01/11	161.90	21.20	12.50	9.20	13.5	10610	5953	13640		9000
53	0637	宣 城	XUANCHENG	中国	普通杂货船	197707	日本	98/01/18	143.40	19.84	12.34	9.05	11.0	10150	5775	15112		3773
54	0639	晋 城	JINCHENG	中国	普通杂货船	197508	日本	98/01/08	147.70	22.86	13.00	9.61	16.5	11959	7525	18755	376	9400
55	0640	项 城	XIANGCHENG	中国	普通杂货船	197602	日本	97/09/30	147.70	22.85	13.00	9.63	15.5	11959	7525	18516	172	6909
56	0641	交 城	JIAOCHENG	中国	普通杂货船	197803	日本	97/12/25	148.16	22.00	12.50	8.89	16.8	10481	6990	16250	312	5880
57	0645	浦 城	PUCHENG	中国	普通杂货船	197701	德国	97/11/16	149.80	21.00	12.25	9.25	15.0	9979	6653	16070	208	6440
58	0648	安东江	ANDONGJIANG	中国	普通杂货船	197902	英国	03/09/14	144.00	20.42	11.75	8.86	13.0	9182	6152	15160		5670
59	0650	安阳江	ANYANGJIANG	中国	普通杂货船	198004	英国	03/11/17	144.00	20.42	11.75	8.86	13.0	9182	6152	15250		5670
60	0717	赤 云	CHIYUN	中国	普通杂货船	198308	中国	98/03/01	119.01	18.00	10.40	7.40	14.5	6472	2905	7126		3234
61	0725	大 田	DATIAN	中国	普通杂货船	197402	日本	97/12/11	154.00	22.00	12.00	9.08	12.0	11288	6157	14469		6102

续上表

序号	代码	船名	英文船名	船旗	船型	建造年月	建造国家	接船日期	船舶主要尺度（米）				航速（节）	总吨	净吨	总载重吨	标准箱位（TEU）	功率（千瓦）
									总长	型宽	型深	吃水						
62	0730	黄 山	HUANGSHAN	中国	普通杂货船	198201	西班牙	98/03/13	144.00	21.40	12.20	8.96	15.0	9445	6084	15631	251	5288
63	0731	华 山	HUASHAN	中国	普通杂货船	198210	西班牙	98/04/13	144.00	21.40	12.20	8.96	14.5	9445	6084	15635	327	5184
64	0732	庐 山	LUSHAN	中国	普通杂货船	198207	西班牙	98/01/09	144.00	21.20	12.20	8.96	14.5	9445	6084	15635	290	5182
65	0734	富阳山	FUYANGSHAN	中国	杂货集装箱两用船	198701	中国	97/10/29	162.00	23.00	14.00	9.20	15.0	13890	6233	17139	336	5618
66	0735	富文山	FUWENSHAN	中国	杂货集装箱两用船	198606	中国	98/02/08	162.00	23.00	14.00	9.20	15.0	13823	5826	17000	336	5619
67	0736	富清山	FUQINGSHAN	中国	杂货集装箱两用船	198904	中国	97/11/25	162.00	23.00	14.00	9.20	14.0	13823	5826	17139	336	5617
68	0737	富新山	FUXINSHAN	中国	杂货集装箱两用船	199006	中国	98/02/13	162.00	23.00	14.00	9.20	13.0	13823	5826	17258	336	5618
69	0738	富康山	FUKANGSHAN	中国	杂货集装箱两用船	198912	中国	98/02/12	162.00	23.00	14.00	9.20	15.0	13823	5826	17139	336	5615
70	0741	衡 山	HENGSHAN	中国	普通杂货船	198407	南斯拉夫	98/04/03	157.64	22.90	13.00	9.31	14.0	12448	6548	16670	518	5640
71	0742	凉 山	LIANGSHAN	中国	普通杂货船	198401	南斯拉夫	97/11/09	157.54	22.90	13.00	9.31	14.0	12448	6548	16670	610	5645
72	0743	松 山	SONGSHAN	中国	普通杂货船	198401	南斯拉夫	98/02/27	157.60	22.90	13.00	9.31	14.1	12448	6548	16670	610	5645
73	0744	丰安山	FENGANSHAN	中国	杂货集装箱两用船	198505	日本	98/04/18	156.00	24.70	13.45	9.61	15.0	13367	7286	18270	614	5290
74	0745	丰顺山	FENGSHUNSHAN	中国	杂货集装箱两用船	198501	日本	98/03/01	156.00	24.70	13.45	9.61	15.0	13367	7286	18277	614	4769
75	0746	丰康山	FENGKANGSHAN	中国	杂货集装箱两用船	198509	日本	97/12/04	156.00	24.70	13.45	9.61	15.0	13367	7286	18264	614	7200
76	0747	富源山	FUYUANSHAN	中国	杂货集装箱两用船	198511	日本	98/06/06	151.00	25.00	13.60	9.90	15.0	13482	7799	20225	604	5110
77	0748	富裕山	FUYUSHAN	中国	杂货集装箱两用船	198512	日本	97/11/27	151.00	25.00	13.60	9.82	15.0	13482	7799	20225	604	5111
78	0754	黄 云	HUANGYUN	中国	普通杂货船	198406	中国	03/07/12	119.01	18.00	10.40	7.40	14.5	6472	2905	7137		3235
79	0755	橙 云	CHENGYUN	中国	普通杂货船	198306	中国	03/07/12	119.01	18.00	10.40	7.40	15.0	6472	2905	7137		3235
80	0756	江宁关	JIANGNINGGUAN	中国	普通杂货船	198410	日本	03/06/25	103.50	16.40	8.50	6.76	13.0	4107	2059	5593		2580
81	0757	江埔关	JIANGPUGUAN	中国	普通杂货船	198411	日本	03/07/01	103.50	16.40	8.50	6.76	13.0	4107	2059	5593		2580
82	0758	山海关	SHANHAIGUAN	中国	普通杂货船	197703	日本	03/07/22	151.50	22.40	12.75	9.50	14.0	11920	7290	17325		5800
83	0759	江西关	JIANGXIGUAN	中国	普通杂货船	198501	日本	03/07/29	103.50	16.40	8.50	6.76	13.0	4107	2059	5593		2580

续上表

序号	代码	船名	英文船名	船旗	船型	建造年月	建造国家	接船日期	船舶主要尺度(米)				航速(节)	总吨	净吨	总载重吨	标准箱位(TEU)	功率(千瓦)
									总长	型宽	型深	吃水						
84	0760	居庸关	JUYONGGUAN	中国	普通杂货船	197611	日本	03/08/29	151.50	22.40	12.75	9.50	14.0	11610	5782	17401		5806
85	0761	嘉荫关	JIAYINGUAN	中国	木材船	198508	日本	03/06/28	109.60	17.80	9.00	7.15	14.0	4999	2725	7164		3499
86	0762	嘉禾关	JIAHEGUAN	中国	木材船	198503	日本	03/06/27	109.60	17.80	9.00	7.15	14.0	4997	2728	7110		3500
87	0763	嘉山关	JIASHANGUAN	中国	木材船	198505	日本	03/07/06	109.60	17.80	9.00	7.10	14.0	4999	2725	7149		3499
88	0765	白沙岭	BAISHALING	中国	木材船	198406	日本	03/07/11	174.00	26.00	14.80	10.65	13.5	18639	10508	30881		4192
89	0766	金沙岭	JINSHALING	巴拿马	木材船	199001	日本	05/10/20	169.03	27.20	13.60	9.74	13.5	16725	10435	28457		5162
90	0767	金牛岭	JINNIULING	巴拿马	木材船	199206	日本	06/01/18	169.00	27.00	13.60	9.74	13.5	16712	10435	28470		5733
91	0768	金达岭	JINDALING	巴拿马	木材船	199805	中国	98/05/01	169.00	27.20	13.60	9.71	14.0	17784	9924	28164		7100
92	0901	亚龙湾	YALONGWAN	香港	沥青船	200701	中国	07/01/08	106.84	17.60	10.10	6.45	14.0	5530	1659	6012		4440
93	0902	木兰湾	MULANWAN	香港	沥青船	200704	中国	07/04/24	106.92	17.63	10.10	6.58	13.5	5530	1659	6011		4440
94	0903	大鹏湾	DAPENGWAN	香港	沥青船	200708	中国	07/08/28	106.84	17.62	10.10	6.45	14.0	5530	1659	6011		4000
95	0907	月亮湾	YUELIANGWA	香港	沥青船	199906	中国	07/04/17	126.81	21.40	11.80	8.10	12.0	9020	2706	11048		4200
96	0967	安泰江	ANTAIJIANG	香港	沥青船	198512	中国	01/04/27	106.04	16.00	9.00	6.67	12.0	3951	1285	4926		2867
97	0968	安吉江	ANJIJIANG	中国	沥青船	198606	中国	01/04/21	106.04	16.00	9.00	6.67	12.0	3951	1285	4926		2238
98	0969	安达江	ANDAJIANG	中国	沥青船	198611	中国	86/11/08	106.04	16.00	9.00	6.67	13.0	3951	1285	4926		2205
99	0970	雅 江	YAJIANG	香港	沥青船	198512	中国	85/12/18	106.04	16.00	9.00	6.67	13.0	3951	1285	4926		2207
100	0971	洪 江	HONGJIANG	中国	沥青船	198412	中国	84/12/24	105.90	16.00	9.00	6.67	13.0	3951	1285	4926		2206
101	0972	涵 江	HANJIANG	香港	沥青船	198510	中国	85/10/12	106.04	16.00	9.00	6.67	13.0	3951	1285	4926		2205
102		毓骐海	YUQIHAI	中国	干散货船	198106	日本	81/06/15	224.50	32.20	17.70	12.86	13.0	35160	21218	65083		10584
103		桂 江	GUIJIANG	中国	普通杂货船	197709	日本	77/09/25	143.40	19.81	12.00	9.06	12.5	8751	5522	15200		4413
104		曲 江	QUJIANG	中国	普通杂货船	197710	日本	77/10/25	143.40	19.81	12.00	9.06	12.5	8751	5522	15200		3773
105		宝 江	BAOJIANG	中国	普通杂货船	198305	中国	84/01/27	105.90	16.00	9.00	6.50	13.0	4042	2033	5082		2870

续上表

序号	代码	船名	英文船名	船旗	船　型	建造年月	建造国家	接船日期	船舶主要尺度（米）				航速（节）	总吨	净吨	总载重吨	标准箱位（TEU）	功率（千瓦）
									总长	型宽	型深	吃水						
106		岱 江	DAIJIANG	中国	普通杂货船	198411	中国	84/11/16	105.96	16.00	9.00	6.70	10.5	4042	2033	5082		2208
107		富裕星	WEALTHSTAR	巴拿马	普通杂货船	199110	英国	91/10/15	158.87	22.80	13.40	9.96	13.5	12453	7389	16979		10200
108		牛郎星	ALTAIR SS	巴拿马	普通杂货船	197809	英国	78/09/25	149.08	21.00	12.25	9.26	12.3	10020	6487	16131		6440

（薛平）

2. 广远经营船舶船东、船籍、船级、主辅机型号一览表

序号	代码	船名	建造年月	船型	船东公司	船籍	船级 Class	呼号	营运耗油（吨/天）	主机型号	额定功率（kw）	辅机型号	辅机功率（kw）
1	0005	大　中	199806	重大件船	中远航运	巴拿马	LR	3FNK8	21.3	KAWASAKI MAN – B&W 5S5OMC	6031	WARTSILA 4L20	645
2	0006	大　华	199807	重大件船	中远航运	巴拿马	LR	3FPC8	21.3	KAWASAKI MAN – B&W 5S5OMC	6031	WARTSILA 4L20	645
3	0007	大　富	199810	重大件船	中远航运	巴拿马	LR	3FUL8	21.3	KAWASAKI MAN – B&W 5S5OMC	6031	WARTSILA 4L20	645
4	0008	大　强	199811	重大件船	中远航运	巴拿马	LR	3FWI8	21.3	KAWASAKI MAN – B&W 5S5OMC	6031	WARTSILA 4L20	645
5	0012	乐　鼎	199811	杂货集装箱两用船	广远	中国	CCS	BOUF	27.0	MAN – B&W 6S50MC	7550	4L 20	550
6	0013	乐　盛	199901	杂货集装箱两用船	中远航运	中国	CCS	BOUF	27.0	MAN – B&W 6S50MC	7550	4L 20	550
7	0014	乐　泰	199903	杂货集装箱两用船	广远	中国	CCS	BOQB	28.3	MAN B & W 6S50MC	7550	Warlsila 4L20C	540
8	0015	乐　昌	199907	杂货集装箱两用船	广远	中国	CCS	BOQC	30.0	MAN B & W 6S50MC	7550	Warlsila 4L20C	540
9	0016	乐　宜	200004	杂货集装箱两用船	中远航运	中国	CCS	BOKX	22.7	SULZER 5RTA48T	6300	WARTSILA 4L20	600

续上表

序号	代码	船名	建造年月	船型	船东公司	船籍	船级 Class	呼号	营运耗油（吨/天）	主机型号	额定功率（kw）	辅机型号	辅机功率（kw）
10	0017	乐 里	200009	杂货集装箱两用船	中远航运	中国	CCS	BOKW	22.7	SULZER 5RTA48T	6300	WARTSILA 4L20	600
11	0018	乐 从	200012	杂货集装箱两用船	中远航运	中国	CCS	BOKU	24.5	5RTA48	6300	4L20C	620
12	0019	乐 和	200102	杂货集装箱两用船	中远航运	中国	CCS	BOKV	24.0	SULZER 5RTA48T	6300	Warlsila 4L20	620
13	0049	乐 民	199906	杂货集装箱两用船	中远航运	中国	CCS	BOQF	27.0	MAN B & W 6S50MC	7550	Warlsila 4L20C	540
14	0050	乐 业	199912	杂货集装箱两用船	广远	中国	CCS	BOQE	28.0	MAN B & W 6S50MC	7550	Warlsila 4L20C	550
15	0051	乐 同	200005	杂货集装箱两用船	广远	中国	CCS	BOQD	28.5	MAN B & W 6S50MC – MK6	7550	Warlsila 4L20C	540
16	0052	乐 荣	199904	杂货集装箱两用船	中远航运	中国	CCS	BOQI	30.0	MAN B & W 6S50MC	7550	Warlsila 4L20C	540
17	0053	乐 山	199909	杂货集装箱两用船	广远	中国	CCS	BOQH	29 – 32	MAN B & W 6S50MC	7550	Warlsila 4L20C	540
18	0054	乐 锦	199911	杂货集装箱两用船	广远	中国	CCS	BOQG	28.5 – 29	MAN / B&W 6S50MC	7550	WARTSILA 4L20	540
19	0215	桃 江	198501	普通杂货船	中远航运	中国	CCS	BOUM	20.0	6RLA56	5582	6UL – UT	400
20	0216	碧 江	198509	普通杂货船	中远航运	中国	CCS	BOUN	19.0	6RLA56	5578	6UL – UT	400
21	0302	源 江	198105	杂货集装箱两用船	中远航运	中国	CCS	BOUE	17.0	SULZER 4RND 68M	5590	YANMAR 6UL – UT	350

续上表

序号	代码	船名	建造年月	船型	船东公司	船籍	船级 Class	呼号	营运耗油（吨/天）	主机型号	额定功率（kw）	辅机型号	辅机功率（kw）
22	0313	甬　江	197803	杂货集装箱两用船	中远航运	中国	CCS	BOVH	20.0	M. A. N16V 40/54A	8690	MAK 6M281AK	588
23	0314	闽　江	197805	杂货集装箱两用船	中远航运	中国	CCS	BOVI	20.0	M. A. N16V 40/54A	8690	MAK 6M281AK	588
24	0315	湘　江	197802	杂货集装箱两用船	中远航运	中国	CCS	BOVG	17.0	M. A. N16V 40/54A	8690	MAK 6M281AK	588
25	0333	永　盛	200209	杂货集装箱两用船	中远航运	香港	LR	VRCA4	30.0	MAN B&W 6S46MC－C	7860	6BDXC－750－100A	662×2
26	0351	安华江	198709	杂货集装箱两用船	中远航运	中国	CCS	BOAW	13.6	IHI SEMT PIELSTICK 10PC2－6V	3970	YANMAR 6UAL－ST	625
27	0352	安宝江	198709	杂货集装箱两用船	中远航运	中国	CCS	BOAX	14.0	PIELSTICK 10PC2－6V	3971	YANMAR 6UAL－ST	625
28	0356	安康江	198504	杂货集装箱两用船	中远航运	中国	CCS	BOUR	19.0	SULZER 5RTA58	6397	YANMAR T220L－UT	500
29	0357	安龙江	198506	杂货集装箱两用船	中远航运	中国	CCS	BOUS	18.0	SULZER 5RTA58	6395	YANMAR T220L－UT	610
30	0358	安宁江	198508	杂货集装箱两用船	中远航运	中国	CCS	BOUT	23.7	SULZER 5RTA58	6397	YANMAR T220L－UT	610
31	0361	安庆江	198512	杂货集装箱两用船	中远航运	中国	CCS	BOKA	20.5	YICHANG－SULZER 6RLB 56	6218	DAIHATSU 6DSB－22	550
32	0363	安新江	198606	杂货集装箱两用船	中远航运	中国	CCS	BOAR	20.5	YICHANG－SULZER 6RLB 56	6218	DAIHATSU 6DSB－22	550

续上表

序号	代码	船名	建造年月	船型	船东公司	船籍	船级 Class	呼号	营运耗油（吨/天）	主机型号	额定功率（kw）	辅机型号	辅机功率（kw）
33	0364	安岳江	198612	杂货集装箱两用船	中远航运	中国	CCS	BOAS	20.5	YICHANG – SULZER 6RLB 56	6218	DAIHATSU 6DSB – 22	550
34	0365	安泽江	198702	杂货集装箱两用船	中远航运	中国	CCS	BOAT	20.5	YICHANG – SULZER 6RLB 56	6218	DAIHATSU 6DSB – 22	550
35	0366	安广江	198710	杂货集装箱两用船	中远航运	中国	CCS	BOAU	21.0	YICHANG – SULZER 6RLB 56	6218	DAIHATSU 6DSB – 22	550
36	0367	安顺江	198712	杂货集装箱两用船	中远航运	中国	CCS	BOAV	20.0	YICHANG – SULZER 6RLB 56	6218	DAIHATSU 6DSB – 22	550
37	0368	安涛江	198006	杂货集装箱两用船	中远航运	中国	CCS	BOOF	25.0	MAN KSZ 52 / 105	4400	MAN 7L20 / 27	630
38	0369	安武江	198004	杂货集装箱两用船	中远航运	中国	CCS	BOOG	23.0	MAN KSZ 52 / 105	7943	MAN 7L20 / 27	590
39	0401	赤峰口	198003	滚装船	中远航运	中国	CCS	BOKL	15.0	14PC2 – 5 V	6691	6PSHTC – 26D	560
40	0402	三江口	198006	滚装船	中远航运	中国	CCS	BOQZ	15.0	PIELSTICK 14PC2 – 5	6023	DAIHATSU 6PSHTC – 26D	640
41	0403	关河口	198009	滚装船	中远航运	中国	CCS	BOYO	15.0	14PC2 – 5 V	6691	6PSHTC – 26D	560
42	0407	富源口	198209	汽车船	中远航运	中国	CCS	BOOH	9.0	HANSHIN 6EL – 44	2646	YANMAR 6MAL – HT	320
43	0408	富康口	198301	汽车船	中远航运	中国	CCS	BOOI	12.5	B&W 7L35MC	3183	YANMAR S185L – UT	310
44	0409	富泉口	198501	汽车船	中远航运	中国	CCS	BOON	16.0	MAK 8M552	4900	BENZ OM424A	310
45	0411	常发口	198503	汽车船	中远航运	中国	CCS	BOOR	21.0	NKK 6PC4 – 2L	6906	YANMAR 6T220L – UT	560
46	0412	富瀚口	198601	汽车船	中远航运	中国							
47	0434	发展之路	197805	半潜船	中远航运	马耳他	CCS	9HFE3	12.5	PIELSTIC 6PC2 – 2L	2205 × 2	DAIHATSU 6DS – 18	352

续上表

序号	代码	船名	建造年月	船型	船东公司	船籍	船级 Class	呼号	营运耗油（吨/天）	主机型号	额定功率（kw）	辅机型号	辅机功率（kw）
48	0435	泰安口	200105	半潜船	中远航运	中国	CCS	BOKD	49.0	WARTSILA9L32	4700×3	WARTSILA 6L20	1020
49	0436	康盛口	200202	半潜船	中远航运	中国	CCS	BOKF	49.0	WARTSILA9L32	4700×3	WARTSILA 6L20	1020
50	0555	西昌海	199708	木材船	广远	巴拿马	ABS	SFRC7	23.0	MAN－B&W 5L50MC MARK 5	5846	YANMAR M200L－X	485
51	0556	瑞昌海	199709	木材船	广远	巴拿马	ABS	SFSQ7	23.0	MAN－B&W 5L50MC MARK 5	5845	YANMAR M200L－X	485
52	0605	丹　阳	197712	普通杂货船	中远航运	中国	CCS	BOMS	18.0	6ESDZ 76/160	6615	SKL 8BVD36A1	425
53	0637	宣　城	197707	普通杂货船	中远航运	中国	CCS	BODY	14.0	12PC － 2V	3773	6PSHT6－18D	225
54	0639	晋　城	197508	普通杂货船	中远航运	中国	CCS	BOBC	17.0	B&W 7K62EF	9400	DAIHATSU 6P8HTB－26D	750
55	0640	项　城	197602	普通杂货船	中远航运	中国	CCS	BOBB	26.0	B&W 7K62EF	6918	6PSHT－26D	550
56	0641	交　城	197803	普通杂货船	中远航运	中国	CCS	BOBG	20.0	MITSUI B&W 6L5GF	6372	YANMAR 6MAL－HT5	390
57	0645	浦　城	197701	普通杂货船	中远航运	中国	CCS	BOMF	16.0	MAN 14V 40/54A	6440	6T23LH 4ED	552
58	0648	安东江	197902	普通杂货船	中远航运	中国	CCS	BOKE	16.0	SULZER 4RND68M	5594	ALLEN 4 BCS12－D	438
59	0650	安阳江	198004	普通杂货船	中远航运	中国	CCS	BOUO	17.0	SULZER 4RND68M	6848	PAXMAN－ 8RPH CZ MK7	350
60	0717	赤　云	198308	普通杂货船	中远航运	中国	CCS	BOHA	13.0	B&W 5L45GA	3235	6ML－HTS	280
61	0725	大　田	197402	普通杂货船	中远航运	中国	CCS	BOCB	13－15	B&W 6K62EF	6105	B&W 5T23HH	460
62	0730	黄　山	198201	普通杂货船	中远航运	中国	CCS	BORW	20.0	B&W 8K45GFCA	5288	F－3335DSIM	376
63	0731	华　山	198210	普通杂货船	中远航运	中国	CCS	BORY	20.0	B&W 8K45GFCA	5184	F－3335DSIM	441
64	0732	庐　山	198207	普通杂货船	中远航运	中国	CCS	BORX	20.0	B&W 8K45GFCA	5202	F－3335DSIM	376
65	0734	富阳山	198701	杂货集装箱两用船	中远航运	中国	CCS	BOHS	18.0	DALIAN－B&W 5L60MCE	5620	6PSHT6－26H	456
66	0735	富文山	198606	杂货集装箱两用船	中远航运	中国	CCS	BOHT	18.0	B&W5L60MCE	5619	6PSHT6－26H	456

续上表

序号	代码	船名	建造年月	船型	船东公司	船籍	船级 Class	呼号	营运耗油（吨/天）	主机型号	额定功率（kw）	辅机型号	辅机功率（kw）
67	0736	富清山	198904	杂货集装箱两用船	中远航运	中国	CCS	BOHU	20.0	B&W5L60MCE	5620	6PSHT6－26H	456
68	0737	富新山	199006	杂货集装箱两用船	中远航运	中国	CCS	BOHW	18.0	B&W5L60MCE	5617	6PSHT6－26H	550
69	0738	富康山	198912	杂货集装箱两用船	中远航运	中国	CCS	BOHV	20.4	B&W5L60MCE	5615	6PSHTB－26H	551
70	0741	衡　山	198407	普通杂货船	中远航运	中国	CCS	BOSM	15.5	SULZER 6RL B56	5640	MAN B&W 5T23CIH－2XBSOTS	440
71	0742	凉　山	198401	普通杂货船	中远航运	中国	CCS	BOSL	18.0	SULZER 6RL B56	5640	MAN B&W 5T23LH－2	530
72	0743	松　山	198401	普通杂货船	中远航运	中国	CCS	BOSN	20.0	SULZER 6RL B56	5640	MAN B&W 5T23LH－2	530
73	0744	丰安山	198505	杂货集装箱两用船	中远航运	中国	CCS	BOST	22.0	B&W 5L60MCE	5290	YANMAR M200L－ST	420
74	0745	丰顺山	198501	杂货集装箱两用船	中远航运	中国	CCS	BOSV	15.5	B&W 5L60MCE	5295	YANMAR M200L－ST	470
75	0746	丰康山	198509	杂货集装箱两用船	中远航运	中国	CCS	BOSU	16.5	B&W 5L60MCE	5295	YANMAR M200L－ST	463
76	0747	富源山	198511	杂货集装箱两用船	中远航运	中国	CCS	BOHL	18.0	B&W 5L60MCE	4908	6DL－20	440
77	0748	富裕山	198512	杂货集装箱两用船	中远航运	中国	CCS	BOHM	18.0	B&W 5L60MCE	5110	6DL－20	440
78	0754	黄　云	198406	普通杂货船	中远航运	中国	CCS	BOFF	11.0	B&W 5L45GA（D）	3235	6 ML－HTS	280
79	0755	橙　云	198306	普通杂货船	中远航运	中国	CCS	BOFG	11.0	B&W5L45GA	3235	6ML－ HTS	280
80	0756	江宁关	198410	普通杂货船	中远航运	中国	ZC	BOEG	10.0	B & W 6L35MC	2580	6ML－HTS	309

续上表

序号	代码	船名	建造年月	船型	船东公司	船籍	船级 Class	呼号	营运耗油（吨/天）	主机型号	额定功率（kw）	辅机型号	辅机功率（kw）
81	0757	江埔关	198411	普通杂货船	中远航运	中国	ZC	BOEH	10.0	B & W 6L35MC	2580	6ML－HTS	309
82	0758	山海关	197703	普通杂货船	中远航运	中国	ZC	BOEC	20.0	B & W 9K45GF	5292	6DS－18	441
83	0759	江西关	198501	普通杂货船	中远航运	中国	ZC	BOEI	10.0	B & W 6L35MC	2580	6ML－HTS	309
84	0760	居庸关	197611	普通杂货船	中远航运	中国	ZC	BOEE	20.0	B & W 9K45GF	5292	6DS－18	441
85	0761	嘉荫关	198508	木材船	中远远达	中国	ZC	BOEN	13.0	B&W7L35MC	3499	6DS－19A	353
86	0762	嘉禾关	198503	木材船	中远远达	中国	ZC	BOEL	13.0	B&W TL35MC	3499	6DS－19A	353
87	0763	嘉山关	198505	木材船	中远远达	中国	ZC	BOEM	13.0	B&W7L35MC	3499	6DS－19A	353
88	0765	白沙岭	198406	木材船	中远远达	中国	CCS	BOOM	17－18	B&W 4L60MC	7400	M200L－ST	440
89	0766	金沙岭	199001	木材船	广远	巴拿马	NK	3EDH9	20.0	B&W 5S50MC	5740	DAIHATRU 6DLB－19	220
90	0767	金牛岭	199206	木材船	广远	巴拿马	CCS	3ED05	21.8	MAN B&W 5S50MC	5736	DAIHATSU 6DL－19	750×2
91	0768	金达岭	199805	木材船	广远	巴拿马	CCS	3EKM3	26.0	SULZER RTA 52	7100	YARMAR 6M200L－EX	500
92	0901	亚龙湾	200701	沥青船	中远南方	香港	LR	VRCK5	15.5	YMD B&W 6S35MC	4440	6N18L－DV	400
93	0902	木兰湾	200704	沥青船	中远南方	香港	LR	VRCU4	15.5	YMD B&W 6S35MC	4440	6N18L－DV	400
94	0903	大鹏湾	200708	沥青船	中远南方	香港	LR	VRDC8	16.5	WARTSILA 8L32	4000	6N18L－DV	400
95	0907	月亮湾	199906	沥青船	中远南方	香港	CCS	VRCG7	15.5	MANB&W 6S35MC	4200	S185DL－ET	380
96	0967	安泰江	198512	沥青船	中远南方	香港	CCS	VRXA9	10.0	6PC2－5L	2207	6ML－HTS	280
97	0968	安吉江	198606	沥青船	中远南方	中国	CCS	BOKB	7.0	6PC2－5EL	2207	YANMAR6ML－HTS	309
98	0969	安达江	198611	沥青船	中远南方	中国	CCS	BOKL	7.0	6PC2－5L	2306	YANMAR 6ML－HT	309
99	0970	雅 江	198512	沥青船	中远南方	香港	CCS	VRXU9	8.0	6PC2－5L	2206	ANMAR 6ML HT	240
100	0971	洪 江	198412	沥青船	中远南方	中国	CCS	BOUQ	7.5	6PC2－5L	2205	6ML－HT	240

续上表

序号	代码	船名	建造年月	船型	船东公司	船籍	船级 Class	呼号	营运耗油（吨/天）	主机型号	额定功率（kw）	辅机型号	辅机功率（kw）
101	0972	涵　江	198510	沥青船	中远南方	香港	CCS	VRXX4	8.0	6PC2－5L400	2868	6ML－HT	280
102		宝　江	198312	普通杂货船	福建捷安	中国	CCS	BOQR	9.2	6PC2－5L	2865	6ML－HT	279
103		岱　江	198411	普通杂货船	福建捷安	香港	CCS	BOUP	8.0	6PC2－5L	2208	6ML－HT	280
104		桂　江	197709	普通杂货船	福建捷安	中国		BOUB	14.0	12PC2V	3827	6SHTC－20	820
105		曲　江	197710	普通杂货船	福建捷安	中国		BOUC	16.0	12PC2V	3827	6PSHTC－20	820
106		牛郎星	197809	普通杂货船	香港天星	巴拿马	HOYQ	HOYQ	10.5	MAN 14V 40/54A	6440	BURGEN－RSGB 6	550
107		富裕星	199110	普通杂货船	香港天星	巴拿马	3FHK5	3FHK5	26.0	MAN B&W 6DKPH67/170－7	9600	SULZER 5AL25D/750	504
108		毓骐海	198106	干散货船	广东省远洋	中国	CCS	BOKH	35.0	SULZER RND 76M	10584	DAIHATSU 6PSHTB－26D	3×500

（杨向葵）

3. 广远退役船舶主要技术规范一览表

序号	代码	船名	英文船名	船旗	船型	建造年月	建造国家	接船日期	船舶主要尺度（米）				航速（节）	总吨	净吨	总载重吨	标准箱位（TEU）	功率（千瓦）
									总长	型宽	型深	吃水						
1	0311	清江	QINGJIANG	中国	多用途	197809	英国	82/08/12	144.00	20.42	11.75	8.87	15.0	9182	6152	15290		5590
				退役时间	20070925		去向	中国环球租赁有限公司										
2	0308	平江	PINGJIANG	中国	多用途	197808	英国	82/01/11	144.00	20.42	11.75	8.87	13.0	9182	6152	15300		5593
				退役时间	20071009		去向	中国环球租赁有限公司										
3	0301	浑江	HUNJIANG	中国	多用途	198102	英国	81/02/06	144.75	20.42	11.75	8.87	15.0	9182	6152	15200	44	5590
				退役时间	20071030		去向	中国环球租赁有限公司										

（杨向葵）

4. 广远船舶主要通导设备一览表

中高频组合电台

型　号	生产国家	数量（台）	型　号	生产国家	数量（台）
SAILOR 2000	丹麦	3	SAILOR 4000	丹麦	4
FS2570	日本	5	FS1570	日本	3
JSS710	日本	8	JSS800	日本	51
JSS850	日本	3	ANRITSU	日本	2
TRP8000	丹麦	2	TRP9000	丹麦	17
合计：98					

甚高频无线电话

型　号	生产国家	数量（台）	型　号	生产国家	数量（台）
TRP3000	丹麦	8	RT2048	丹麦	58
RT4822	丹麦	4	RU224	日本	1
JHS31	日本	10	JHS32	日本	59
FM8500	日本	17	FM8800S	日本	2
			RT－5022	丹麦	4
合计：163					

卫星紧急无线电示位标

型　号	生产国家	数量（台）	型　号	生产国家	数量（台）
ACR	美国	1	JQE3A	日本	9
KANNAD406FH	法国	23	KANNAD406WH	法国	32
KANNAD406PRO	法国	17	MCMURDO	英国	5
TRON30S	挪威	6	TRON40S	挪威	4
E3	英国	5			
合计：102					

航行警告接收机

型　号	生产国家	数量（台）	型　号	生产国家	数量（台）
NAV5	丹麦	0	XH5123	丹麦	0
NCR300	日本	68	NCR333	日本	4
NX500	日本	27	NX700	日本	2
合计：101					

双向甚高频无线电话

型　号	生产国家	数量（台）	型　号	生产国家	数量（台）
AXIS150	英国	180	AXIS250	英国	24
JHS7	日本	36	RU207	日本	6
SP3110	丹麦	6	TRP9110	丹麦	12
SR102R	美国	31	FM－8	日本	0
TRON VHF	挪威	3	SP3300	英国	6
合计：304					

卫通船站（A、B、F、M）

型　号	生产国家	数量（台）	型　号	生产国家	数量（台）
F33	丹麦	25	F77	丹麦	23
MINI－M	丹麦	38	NEAR－B	挪威	4
FELCOM70	日本	1	FELCOM80	日本	8
JUE45A	日本	9	JUE310	日本	9
RSS402	日本	17	JUE3001B	英国	2
合计：136					

卫通 C 站

型　号	生产国家	数量（台）	型　号	生产国家	数量（台）
FELCOM11	日本	1	RSS406	日本	1
JUE75A	日本	7	JUE75C	日本	19
H2095B	丹麦	39	H2095C	丹麦	11
SCANSAT CG	丹麦	17	FELCOM15	日本	4
合计：99					

气象传真机

型　号	生产国家	数量（台）	型　号	生产国家	数量（台）
FAX207	日本	37	FAX208	日本	53
FAX210	日本	2	FAX220	日本	1
JAX315	日本	1	JAX90	日本	4
FAX408	日本	2			
合计：100					

全球定位系统（GPS）

型　号	生产国家	数量（台）	型　号	生产国家	数量（台）
GP31	日本	7	GP32	日本	3
GP50	日本	3	GP80	日本	88
GP90	日本	15	JLR4110	日本	17
JLR7700	日本	28	JLR6800	日本	7
KGP911	日本	10	KGP912	日本	9
MX200	美国	3	RAY389	美国	2
KGP913	日本	4	KGP930	日本	2
GP150	日本	3	GP82	日本	3
合计：204					

雷达应答器

型　号	生产国家	数量（台）	型　号	生产国家	数量（台）
JOTRON	挪威	13	RESCUER	法国	100
JQX20	日本	3	JQX30	日本	5
PATH FINDER	英国	2			
合计：123					

雷达

型　号	生产国家	数量（台）	型　号	生产国家	数量（台）
AR－G57	日本	1	AL－L52	日本	1
BR3440	日本	7	MASTER E	英国	5
FR1510	日本	0	FR1941	日本	0
FR2125	日本	3	FAR2822	日本	2
FAR2825	日本	9	FAR2827	日本	11
FAR2830	日本	1	MR1600	日本	19
MR1200	日本	5	BR300	日本	1
JMA625	日本	1	JMA6000	日本	1
JMA7000	日本	4	JMA8000	日本	10
JMA9000	日本	75	JMA9823	日本	2
JMA9923	日本	7	KH6000	英国	1
MM950	瑞典	5	ST－MK2	英国	5
MR1210S	日本	7			
合计：183					

电罗经

型　号	生产国家	数量（台）	型　号	生产国家	数量（台）
ANS－4	德国	22	ANS－12	德国	1
ANS－20	德国	4	ES11	日本	2
MK10	英国	1	MK37	美国	30
TG200	日本	4	TG3000	日本	1
TG5000	日本	23	TG6000	日本	8
CMZ300	日本	5	CMZ500	日本	11
TG8000	日本	2	GMZ500	日本	1
合计：115					

测深仪

型　号	生产国家	数量（台）	型　号	生产国家	数量（台）
ATLAS461	德国	2	ED162	英国	3
F850	日本	4	F851－SD	日本	23
FE680	日本	5	FE700	日本	9
FE800	日本	1	JFE570	日本	13
JFE582	日本	2	SIMRAD	英国	3
FE880	日本	28			
合计：93					

计程仪

型　号	生产国家	数量（台）	型　号	生产国家	数量（台）
DL－1	英国	1	DS70	日本	7
DS80	日本	29	EML112	日本	3
SRD301	美国	4	TD310	日本	4
TD501	日本	17	JLN－202	日本	1
合计：66					

船舶自动识别系统（AIS）

型　号	生产国家	数量（台）	型　号	生产国家	数量（台）
FA100	日本	70	JHS180	日本	24
TRA1000	日本	1	FA－150	日本	3
X－PACK DS	澳大利亚	1			
合计：99					

船舶保安报警系统（SSAS）

型　号	生产国家	数量（台）	型　号	生产国家	数量（台）
TT3000SSA	丹麦	97	CSSA MK－1	中国	2
FELCOM－16	日本	2			
合计：101					

（钱汉东）

5. 广远退役船舶船东、船籍、船级、主辅机型号一览表

序号	代码	船名	英文船名	船旗	船　型	建造年月	建造国家	接船日期	船舶主要尺度(米)				航速(节)	总吨	净吨	总载重吨	标准箱位(TEU)
									总长	型宽	型深	吃水					
1	0311	清江	QINGJIANG	中国	杂货集装箱两用船	197809	英国	82-08-12	144.75	20.42	11.75	8.87	15.0	9182	6152	15290	
2	0308	平江	PINGJIANG	中国	杂货集装箱两用船	197808	英国	82-01-11	144.75	20.42	11.75	8.87	13.0	9182	6152	15300	
3	0301	浑江	HUNJIANG	中国	杂货集装箱两用船	198102	英国	81-02-06	144.75	20.42	11.75	8.87	15.0	9182	6152	15200	44

	船东公司	船级 Class	呼号	营运耗油(吨/天)	主机型号	额定功率(kw)	辅机型号	辅机功率(kw)	退役时间	船龄(年)	去向
续1	中远航运	CCS	BOUL	13.0	SULZER 4RND 68M	5593	PAXMAN 8RPHCZ MK7	350	2007-09-25	29.0	中国环球租赁有限公司
续2	中远航运	CCS	BOUI	15.0	SULZER RND 68M	5594	PAXMAN 8RPHCZ MK7	412	2007-10-09	29.2	中国环球租赁有限公司
续3	中远航运	CCS	BOUD	17.0	SULZER 4RND 68M	5670	YANMAR 6UL-UT	447	2007-10-30	26.7	中国环球租赁有限公司

（杨向葵）

第五节　广远运输生产效率指标完成情况一览表

指标	计算单位	2007 年	2006 年	比上年增减	
				绝对数	相对数(%)
运量	万吨	1743.8	1440.2	303.6	21.1
周转量	亿吨海里	769.5	639.1	130.4	20.4
平均运距	海里	4413	4438	-25	-0.6
吨船产量	吨海里	39661	39329	332	0.8
营运率	%	97.6	97.9	-0.3	-0.3
航行率	%	57.5	59.3	-1.8	-3.0
平均航速	海里/天	286	290	-4	-1.4
载重量利用率	%	67.7	64	3.7	5.8
船舶总吨天	千吨天	546779	533974	12805	2.4
营运吨天	千吨天	531201	521755	9446	1.8
航行吨天	千吨天	315550	286283	29267	10.2
船舶吨位海里	千吨海里	90093356	82909731	7183625	8.7
平均使用船舶数	载重吨	2003066	1677068	325998	19.4
燃油单耗	千克/千吨海里	4.77	4.42	0.35	7.9
燃柴油消耗量	吨	430114	366776	63338	17.3
平均在港停时	天/艘次	3.73	3.7	0.03	0.8

（杨向葵）

第六节　广远经营主要航线一览表

航线	班/月	主要挂靠港口和地区
波斯湾线	2	新港、上海、卡拉奇、阿巴斯、迪拜、阿里山、达曼、科威特
孟加拉线	1	新港、上海、青岛、横滨、大阪、仁川、釜山、吉大港、仰光
美洲航线	2	上海、天津、大连、曼萨尼略、克萨尔（圣何塞）、阿卡胡特拉、圣洛伦索、科林托、卡尔德拉、瓜亚基尔、卡亚俄、圣安东尼奥
欧地航线	1	新港、大连、青岛、烟台、鹿特丹、安特卫普、不来梅、莫特里尔、土耳其
东南亚航线	1	新港、上海、青岛、新加坡、巴生、雅加达、泗水、胡志明市、科锡昌
红海航线	2	新港、苏丹、荷台达、吉达、阿咯巴、吉布提、亚丁、穆卡拉
非洲航线	2	新港、上海、南韩、日本、达累斯萨拉姆、拉各斯、欧尼港、特马

（薛平）

2007

2008年刊

广州远洋运输公司年鉴

GUANGZHOU OCEAN SHIPPING COMPANY YEARBOOK

第四章 企业管理

第一节 综 合 管 理

【总经理办公室简介】 总经办是协助广远领导贯彻执行上级指示和部署，协调各部门关系，确保广远经营管理和其他行政工作正常运转的综合性部门，主要职责是负责为广远领导决策提供各种信息，发挥参谋的作用；负责广远上传下达和综合协调工作，发挥桥梁作用；开展调查研究，掌握广远生产经营和安全质量情况，提出建议，草拟广远年度工作计划、目标，并组织实施；根据广远领导指示，组织召开企业综合性行政会议、庆典活动，组织实施和督促检查广远行政和生产经营各项会议决议的贯彻落实；负责对广远驻国内港口办事处的管理；负责广远的重大对外接待工作；负责广远信访综合管理工作；负责处理广远涉及的法律事务和有关法律问题；负责广远往来业务文电的接收、登记、编号、分发、流转、催办、审核、打印和归档，以及广远印章的保管和使用；负责广远的保密管理和对内、对外、对船舶机要通信工作；负责广远信件和报刊的订阅和收发；负责广远行政事务等后勤保障工作；负责对以广远名义参加的各类协会以及企业层面各种证件的管理；负责广远工商证照事务处理。2007 年 8 月，广远驻国内港口办事处的管理职能划归中远航运。

总经办下设文秘单元、法律单元、机要行政单元（对外保留机要室牌子）。

时任主任林旭东，主任助理张莲芳。文秘单元业务经理张维伟，法律单元业务经理周学茵，机要行政单元业务经理郑潮藩。员工 19 人。 （林海霞）

【总经办工作概况】 2007 年，总经办紧紧围绕广远安全、效益和稳定的中心工作，不断强化全局意识和服务观念，理顺管理渠道，增强内部凝聚力，加强精益管理，提高工作效率，确保各项工作的顺利进行。是年，总经办的主要工作：1. 积极参与广远的深化改革。总经办作为广远深化改革项目工作组的成员，积极参与研讨、撰写改革的相关报告，推进深化改革工作；积极筹备深化改革项目涉及的研究会、汇报会等会务组织工作。2. 总经办作为广远汽车船项目工作小组成员，积极参与该工作小组的研讨、报告撰写和《中远汽车船发展规划》的编制等工作。3. 总经办作为新广远大厦建设工程协调工作小组成员，积极参与该小组的各项工作，综合协调对新广远大厦的功能需求、面积需求等方面工作，促进该项目的开展。4. 积极协调，配合做好稳定工作，确保企业正常的办公秩序。总经办多次组织召开大楼安全管理协调会，对各项安全、保安工作进行周密安排与布置，确保大楼正常办公秩序。5. 认真收集整理信访信息，保持对外联系畅通无阻。每季度向中远集团信访办、广东省信访局、广东省处理信访突发问题及群体事件联席会议办公室上报《广远信访工作季度报表》和《广远不稳定问题排查季度报表》。6. 周密策划，按时完成《广州远洋运输公司年鉴》（2001～2005 年）编撰出版，并于 12 月底，完成《广州远洋运输公司年鉴》（2006 年）的编审工作。7. 做好各种行政会务组织及各项接待工作。

全程接待中远集团总裁魏家福到广远进行春节慰问活动，全程接待中远集团副总裁李建红到广远检查工作，全程接待中远集团总裁魏家福为组长的中共中央党校进修一班A班第六课题组一行；与舟山中远船务成功承办中远集团5000车位汽车船首制船开工典礼，策划和完成2007年有关工作会议会务组织和接待工作。8. 加强精益管理工作。成立精益管理组织机构，制定精益管理活动方案，两项精益管理活动入选广远精益管理亮点入围奖。9. 做好各项办文工作。完成上级与广远领导指示、会议要求的各项催办工作、文件把关工作、起草各类文稿工作、编发信息工作以及文件收发等工作。10. 加强礼品采购和发放管理。做到精心采购，降低成本，妥善保管，按章发放。11. 做好机要工作。机要通信设备处于良好状态，机要通信畅通无差错。12. 加强保密管理，加大保密检查力度。重点抓好保密要害部门部位、核心涉密人员执行各项保密制度，加强对国家秘密等密级文件的重点保护，确保安全；加强对涉密笔记本电脑、移动存储介质及复印机、打印机、传真机等保密工作，并定期检查各项规定的落实情况；做好广远OA办公自动化系统、数字平台、OUTLOOK网的保密监控工作。13. 做好收发管理工作。做到收发准确率100%。14. 加强车队管理工作。车队积极开展精益管理，在燃油费升价等不利因素影响下，节能减排，不仅节约了费用，而且做到车辆行驶安全无事故。15. 做好落实法律、法规的工作。总经办参与企业各项目小组，提供法律意见，确保国有资产不流失。全年修改50份合同，涉及金额人民币96111.42万元、美金56826.7万元，避免了损失，维护了企业利益。与此同时，加强了企业证照的管理，全年为广远本部及广远下属32家企业办理了工商年检、国际运输经营许可证、劳务经营许可证的延期。是年，总经办被中远集团评为办公室信息报送工作先进集体，机要室获广东省“2007年度全省机要部门机要工作先进单位”称号。

（林海霞）

【广远首部年鉴概况】 《广州远洋运输公司年鉴》（2001～2005年）（以下简称广远首部年鉴）由中远集团总裁魏家福作序，刊登彩照186幅，条目3000多条，1200千字。广远首部年鉴于2007年4月正式出版，在广远成立周年日4月27日举行首刊发行发布会。

广远首部年鉴系统、真实地记录了广远2001年至2005年第十个五年规划期间的经营管理、安全生产、党建、企业文化和精神文明建设等方面的史实。文内分五大部分（每年为一部分），内容有：特载、大事记、概况、经营管理、党群工作、船员公司、航运投资企业、岸上投资企业、驻国内港口办事处、先进集体、先进个人、广远非常设机构等。按常规，年鉴是一年一刊。为了全面总结“十五”期间广远深化改革、开拓创新、不断进取所取得的丰硕成果和宝贵经验，编纂组发扬创新精神，把2001～2005年的内容合编成一部；为了承上启下，继承传统，编纂组从广远的整体历史出发，重新整理了《广远1961～2000年的大事记》、《广远1958～2000年领导人名表》，撰写了《回眸征程　续写华章——广州远洋运输公司40年（1961～2000）的回顾》一文。

广远首部年鉴的编纂，得到同行的高

度评价。广东人民出版社方志编辑室负责人称：“广远五年的年鉴，在一个年度里完成编写出版，这在我室出版历史上也是头一次。无论是编纂的时效和彩照、文稿的质量，在我社近年出版的各种年鉴、方志之中，你们的年鉴均名列前茅。你们的年鉴内容准确翔实，资料丰富，印刷精良，属于年鉴中的精品，不愧是一部优秀的文化精品。” （林海霞）

【广远首部年鉴首刊发行发布会】 2007年4月27日，值广远45周年诞辰之际，广远在广州远洋宾馆国际会议厅举行了广远首部年鉴首刊发行发布会。参会的有广远年鉴编委会主任、总经理徐惠兴和党委书记刘书田，编委会副主任、副总经理傅伟，编委会委员翁继强、黄继忠、马宗梅、胡锦沛，广远本部、岸产事业部、船员公司、中远远达等单位负责人，广远年鉴编纂小组全体成员以及广远本部各单位的主要撰稿人。发布会由广远年鉴编委、党委副书记黄继忠主持。黄继忠说：“广远在改革发展进入最辉煌的年月，终于有了一部自己的年鉴，有了一部记录广远人创业的历史。广远首部年鉴是献给公司生日的一份具有特殊意义的大礼。这部年鉴长达100多万字，可称是‘鸿篇巨制’。它忠实地记载了广远从2001年至2005年五年改革发展的轨迹，弘扬了‘爱国奉献、振兴广远’的主旋律，是一部珍贵的文化作品。”广远年鉴执行副主编刘锐祥代表年鉴编撰组发言，其详细介绍了首部年鉴的写作过程，强调年鉴是各级领导、撰稿人员和编纂组辛勤劳动和集体智慧的结晶。

傅伟在首刊发行发布会致辞中高度概括了编纂广远年鉴有存史、教化、资政的重大意义，并对纂写2006年年鉴提出了明确要求。在发行发布会上，徐惠兴、刘书田、傅伟、翁继强、马宗梅、胡锦沛等广远领导为年鉴首刊签名留念，工作人员代表编委会向参加签名的广远领导赠书。年鉴编委林旭东、姚勇、谭力、池新旺、石立森、朱航员、符雄、尤扬斌、林耀强、龚艳平、王玉生、陈建钦等人上台为年鉴首刊签名留念，工作人员代表编委会给参加签名的编委赠书。 （林海霞）

【制定下发《年鉴行文规范》】 2007年4月29日，总经办修定《广远年鉴行文规范》，并经广远领导批准下发。该行文规范符合国家颁发的关于出版物行文方面的有关规定，符合广东省、广州市年鉴的行文规范，有利于提高广远年鉴的编写质量。 （张超文）

【广远首部年鉴获优秀QC成果奖】 2006年，编纂广远首部年鉴面临质量要求高（行业要求编辑差错率低于万分之五）、跨度大（从2001～2005年时跨五年，还要撰写历史回顾）、缺经验（编写人员大多没有写过年鉴）、机构改革变化大，原始资料流失严重、人员调动变化大，加上新人多（不熟悉原单位），时间紧（广远领导要求在企业成立45周年纪念日之前出版）等困难。为此，总经办运用精益管理理念，于11月1日成立了广远年鉴QC小组。该QC小组成员由年鉴编纂组主要成员组成，拟定攻关课题为《确保广远首部年鉴质量》。该QC小组活动的时间为2006年11月1日至2007年3月30日，其主要进行了下列活动：1. 通过现状调查，采取有效对策，确保撰写年鉴质量。2. 高标准、严要求，把好校对关。一般文稿校对5遍，重要文稿校对8遍，多人交叉校对。彩照选编达10次以上。3. 发扬艰苦奋斗精神打硬仗，确保年鉴按时出版。4. 实行流程优化，按规范运作。从阅稿、撰稿、编稿、初稿、统稿、送审、定稿7个阶段，严格把关，按广远领导要求在不到一年时间出版。出版后，各方对年鉴反映良好。是年，该QC小组荣获广远、中远集团、全国交通行业优秀QC成果奖。

（林海霞）

【《广州远洋运输公司年鉴》（2006年）概况】 为了继往开来，全面、准确、系统反映和总结广远2006年所取得的成就，推进企业的改革发展，2007年4月27日，广远下发《关于撰写广州远洋运输公司年鉴（2006年）的通知》，开始第二部年鉴的撰写。

2006年，是广远改革后发展极具重要的一年，经济效益连续三年创广远历史新高，安全生产形势保持稳定，党建、企业文化和精神文明建设等都取得显著成效。为此，广远荣获全国“五一劳动奖状”。广远2006年年鉴系统、真实地记录了这些史实，充分反映了2006年广远工作特色和广远人新的精神风貌。

广远2006年年鉴凝聚了各单位撰稿人辛勤劳动的汗水和心血。参加撰写的有40多个单位、160多人。撰稿人员爱岗敬业，恪尽职守，工作严谨，认真细致，深度挖掘，细化素材，精心撰写。广远2006年年鉴以不到一年的时间编纂出版，而且质量比广远首部年鉴有所提高。该年鉴指导思想明确，信息含量丰富，时代特色鲜明，内容翔实，材料系统，文字通顺。广远2006年年鉴出版后得到各方的好评。

（林海霞）

【广远领导春节期间慰问员工】 2007年春节期间，广远领导分别上船、下基层、到离退休人员家里进行慰问。

2月8日，广远总经理徐惠兴到天津新港召开在港船舶“乐泰”、“永盛”、“华山”、“三江口”轮4艘船舶的船长、政委、轮机长联席会议，传达广远职代会等会议精神，并向船员致以新春慰问。12～15日，徐惠兴分别慰问老员工张宗周、程琳苏、许恩霞。17日（大年三十）徐惠兴登上在广州黄埔船厂进行改造的“月亮湾”轮，向船员拜年。

2月8日，广远副总经理翁继强到上海向休假船员和广远驻上海办事处传达职代会等会议精神，并向与会人员拜年。同日，翁继强登上停靠在上海港的“大田”轮，对船员进行春节慰问，同时看望了患病的报务员沈惠明。15日，翁继强慰问了老员工周良俊、林秉中。

2月9日，广远副总经理傅伟慰问了住院治疗的老领导周志诚。

2月15日，广远党委书记刘书田一行慰问了广远老干部李增亭的遗孀周兰。17日，刘书田登上“富清山”轮，与船员欢聚一堂，共叙年话。

2月16日，广远党委副书记黄继忠来到已故员工周久瑜、刘虹家对其家属进行慰问。

2月16日，广远总会计师胡锦沛慰问了老员工王忠惠、吕臻。

2月17日，广远工会主席马宗梅看望了退休老领导王颂汤、程受煌、郑兰勋。

（张超文）

【制定"红树林"工程2007年推进计划】 2007年4月16日，广远制定下发了《广州远洋运输公司加强船员教育培训"红树林"工程2007年推进计划》，对实施船员教育培训"红树林"工程的内容、方法、步骤提出了明确要求，有力地推动了"红树林"工程的深入健康发展。

（张超文）

【制定"红树林"工程第一届船员技能竞赛选手培训、竞赛实施办法】 2007年7月26日，广远制定下发《广远"红树林"工程第一届船员技能竞赛选手培训、竞赛实施办法》，对船员技能竞赛选手选拔及培训、竞赛的要求作了明确规定。（张超文）

【广远领导班子分工调整】 因广远总会计师胡锦沛调离广远，2007年9月4日，广远对领导班子的分工进行了调整。总经理、党委副书记徐惠兴，法定代表人，全面负责企业行政工作，协助党委书记开展党务工作，与党委书记共管干部工作，主管企业发展规划、财务金融工作，主管财金部。党委书记、副总经理刘书田，全面负责企业党务工作，协助总经理开展行政工作，与总经理共管干部工作，协助总经理负责岸上产业的管理及发展规划工作，主管党委工作部、人力资源部/组织部、岸产事业部。副总经理、党委成员傅伟，协助总经理负责企业的资本运营、发展规划、改革重组、信息化建设、法律事务和综合管理工作，主管总经理办公室、发展部、汽车船项目部，兼任广远总法律顾问。副总经理、党委成员翁继强，协助总经理负责航运发展规划及航运投资企业的管理，协助总经理负责安全管理、治安保卫和船舶管理，协助总经理负责买造船工作，主管航安部及航运投资企业。党委副书记黄继忠，协助党委书记负责党委的日常工作，主管党委工作部的企业宣传职能、企业团委、人力资源部/组织部的离退休服务中心，兼任企业党校校长，协助总经理负责船员管理工作，主管船员公司。纪委书记、工会主席、党委成员马宗梅，协助党委书记负责纪检工作和工会工作，协助总经理负责监察、审计工作，主管监督部/审计部、企业工会。（张超文）

【制定船员管理改革方案】 2007年9月21日，广远制定下发《广远公司船员管理改革方案》。该方案进一步贯彻执行中远集团打造"百年中远"、"资本中远"的发展战略，有利于培养具有市场竞争意识和专业素质的船员队伍，增强企业核心竞争力。（张超文）

【召开经营管理委员会例会】 2007年5月14日，广远召开年度第一次经营管理委员会例会。中远集团运输部总经理袁小宁、研发中心副主任杨世成、运输部经理葛一川、高级主管余鹏到会指导。广远领导徐惠兴、傅伟、翁继强、黄继忠、马宗梅、胡锦沛，广远各部室、船员公司、岸产事业部、下属各航运公司负责人及有关人员参加了会议。会议总结分析了企业1~4月经营效益成本各项指标，对特种多用途船队发展租船经营、提高市场控制力、加强租船风险管理，打造特种运输系统集成者等问题进行研讨，对企业如何完成年度租船效益的奋斗目标，全面完成中远集团下达的各项任务提出了具体要求。

7月23日，广远召开年度第二次经营

管理委员会例会。会议由副总经理翁继强主持，参加会议人员有广远领导徐惠兴、刘书田、傅伟、黄继忠、马宗梅、胡锦沛，广远本部各部室、船员公司、岸产事业部、中远航运、中远远达、中远南方、省远洋负责人及有关人员。会议以“统一思想，细化方案，制定措施，努力完成在年中工作会上提出的各项生产经营任务”为主题，总结回顾了2007年上半年的经营生产工作情况，分析了下半年的航运市场形势，提出了进一步强化市场研究，发展规划，精益管理，成本控制以及提高工作效率和工作质量，排查不稳定因素等重点工作。

11月29日，广远召开年度第三次经营管理委员会例会。会议由副总经理翁继强主持，参加会议人员有广远领导徐惠兴、刘书田、傅伟、黄继忠、马宗梅，广远本部各部室、岸产事业部负责人，中远航运、中远远达、中远南方党政一把手、主管经营的副总经理，其他全资、控股航运企业和岸产企业的领导，合资合营企业广远方负责人。会议以“抢抓机遇，赢得市场，创新思路，加快发展”为主题，总结回顾了2007年的经营生产工作情况，分析了市场形势、经营面临的主要风险以及工作中存在的问题和不足，提出了未来三年总体发展目标、2008年工作思路和重点工作。

（周益桥）

【工作流程梳理】 2007年，广远业务流程梳理及计算机化（E化）工作基本完成。针对办事处及船员公司均归中远航运管理的情况，总经办对有关的流程逐个进行修改。11月中旬，梳理完毕，共梳理30多个工作流程。同时，对OA系统也进行了梳理。是年，通过流程梳理，使工作更加规范，精简了不必要的工作环节，提高了工作效率。（林海霞）

【精益管理工作】 2007年，总经办积极开展精益管理工作，成立精益管理组织机构，制定精益管理活动方案，用精细化管理方法和手段，抓好员工认真填写精益管理工作手册，仔细做好总经办精益管理自查报告，并在7～12月期间每月总结、上报一期“总经理办精益管理工作简报”。是年，总经办申报的《精益管理确保2001－2005年年鉴保质按时完成》、《精益公关接待工作》两个项目获得广远精益管理入围奖。（林海霞）

文秘管理

【文秘工作概况】 2007年，总经办文秘单元，做好各项办文工作。对广远领导指示、会议记录及文件及时催办，全年催办320项；按照国家和企业的公文处理办法，对广远领导所分管的部室呈阅、发文等文件把关1340份；起草各类文件、资料、函电、讲话稿、情况通报、工作简报、精益管理简报、汇报、会议纪要等共400份；编发《广远办公室工作信息》11期、《广远工作简报》8期、《情况通报》25期、《广远信息交流》19期，上报中远集团信息120条，采用52条；做好外来文件收发流转工作，共处理各种外来文件3640份、传真件1221份、OA文件1300份、机要交换收件536份；加强督办工作，提高执行能力，全年共下发和跟进《任务下达书》等督办任务600项；为了确保企业OA系统升级工作顺利进行，与信息中心一起在组织上、人员上精心安排，做好各项安全保障措施，新 OA 系统于 11 月 12 日正常运行；做好总经办的来信登记和处理工作，全年收到来信 108 封，每封都有记录，并会同有关部门及时处理；加强礼品的采购和发放管理，根据实际库存和使用效率制定合理的采购计划，避免库存积压，采购中实行货比三家，降低采购成本，全年共发放礼品 2000 多件。（林海霞）

【制定驻国内港口办事处划归中远航运管理的方案】 2007 年 7 月 24 日，总经办制定《广远驻国内港口办事处划归中远航运管理的方案》，并经广远领导批准下发。该方案规定了交接的有关事宜，着力于加强船舶港口现场管理工作。（张超文）

【制定原驻国内港口办事处招待所业务清理方案】 2007 年 8 月 17 日，总经办制定《广远原驻港口办事处招待所业务清理方案》，并经广远领导批准下发。该方案符合中远航运上市公司的规范管理要求，着眼于更好地为航运主业服务，以适应广远整体发展战略和广远价值最大化的需求。（张超文）

【制定车辆安全管理规定】 2007 年 8 月 17 日，总经办制定《广州远洋运输公司车辆安全管理规定》，并经广远领导批准下发。该规定进一步加强广远交通安全管理工作，规范了车辆安全管理。（张超文）

【承办会议与公关接待情况】 2007 年，广远总经办做了大量的承办会议与公关接待工作，主要有：全程接待中远集团总裁魏家福到广远进行春节慰问活动；全程接待以中远集团总裁魏家福为组长的中共中央党校进修一班 A 班第六课题组一行；与舟山中远船务共同承办中远集团 5000 车位汽车船首制船开工典礼；承办中远集团 2007 年度高级工程评审会议；承办中远－日邮高层峰会；安排和接待广远年鉴首刊号发行发布会、创新研讨会会务工作、中远职工文化月活动接待工作、中远船务投产仪式、中央巡视组、国资委考核组、中远集团安全检查小组、大连海事大学老领导、劳动部人员、中远西亚公司、保密会议人员、中远博鳌、中远欧洲公司、中远西非代表团等等。是年，总经办还组织广远年中工作会议、协助广远本部各种大型综合性会议的召开，如广远船员管理改革动员会，广远 2008 年工作务虚会，广远经营管理委员会第一、二、三次例会，广远 U 项目工作专题汇报会，协助安排中远航运等航运企业董事会会务工作，协助安排岸产企业、中远集团电视电话会议会务工作。（张敏仪　周益桥）

【承办中远集团 5000 车位汽车船首制船开工庆典仪式】 2007 年 10 月 28 日，广远承办了中远集团 5000 车位汽车船首制船开工庆典仪式。中远集团 5000 车位汽车船首制船在舟山中远船务工程有限公司开工建造。国家商务部副部长魏建国、浙江省政府副秘书长兼办公厅主任俞仲达、交通部浙江海事局局长徐国毅、中远集团党组书记张富生，广远总经理徐惠兴、书记刘书田、副总经理傅伟、副总经理翁继强，中远船务工程集团有限公司总经理王兴如、党委书记周协东，长安汽车、奇瑞汽车、中国重汽等 10 余家国内著名汽车企业高层，及地方政府和相关部门领导共 150 余

人出席了中远集团5000车位汽车船首制船开工典礼。广远的承办工作做到安排有序，热情服务，各方满意。（张敏仪）

【接待中共中央党校进修一班A班第六课题组成员】 2007年9月27～29日，以中远集团总裁魏家福为组长的中共中央党校进修一班A班第六课题组成员一行到广州、深圳、珠海调研，广远负责全程接待工作。中共中央党校进修一班A班第六课题组成员包括魏家福、西藏自治区人大常委会副主任多吉、南京陆军指挥学院政委田秉仁、中国民用航空总局副局长高宏峰、新疆维吾尔自治区政府副主席戴公兴、山西省高级人民法院院长左视忠、中央纪委驻科技部纪检组组长吴忠泽。中共中央党校进修一班A班第六课题组成员一行在粤调研期间参加了南沙港区二期工程建成投产仪式及南沙港区集装箱运输发展高峰论坛等系列活动。广远整个接待工作做到文明礼貌，服务周到，节约有效。

（张敏仪）

【加强对驻国内港口办事处管理和服务】 2007年，总经办向各相关单位和广远驻国内港口办事处征求相互间管理和服务的意见和建议，进一步改进和提高各办事处的管理、服务水平。同时协助广远主管领导组织驻国内港口办事处主任会议，召集相关单位共同分析解决各办事处在实际工作中遇到的问题和困难。（周益桥）

法律事务

【法律单元工作概况】 2007年，法律单元认真实施广远2005年颁布的《广远合同管理办法》、《广远诉讼及仲裁法律业务管理办法》、《广远法律咨询管理办法》。广远根据《中远集团企业总法律顾问制度实施指导意见》，设定总法律顾问的职责定位、任职条件、选任方式。9月4日，聘任副总经理傅伟为广远总法律顾问。至此，广远基本上实现中远集团提出的法律顾问室到位、总法律顾问到位、内部管理制度到位的要求。

是年，法律单元参与广远多种项目小组，提供法律意见，维护国有资产不流失；修改广远本部及下属的大量合同，维护企业利益；加强对企业证照管理，保证企业依法依规运转；办妥三件诉讼业务，组织《劳动合同法》培训。（周学茵）

【非诉讼法律业务】 2007年，法顾室起草、修改了55份合同，合同涉及金额为40多亿元。其中最具代表性的是参与了大量买造船项目工作，并审核相关合同、补充协议、附件、授权委托书等。是年，法顾室参加多个专项小组，包括华南医疗改制工作小组、确权项目小组、广远大厦项目小组、武夷山大酒店项目小组、湛供清理小组、缩短管理链条项目小组、货币分房小组、终止合同船员来访应急小组、四会水电站清理项目小组、风险管理工作小组等，就有关工作提出意见和建议。

（周学茵）

【工商证照及刻章业务】 2007年，法顾室为广远及下属32家企业办理了工商年检，办理了国际运输经营许可证、劳务经营许可证的延期。在处理工商突发事件中，比较突出的是解决了中远发展航运有限公司工商变更难题。（周学茵）

【诉讼法律业务】 2007年，广远随着合同风险监控的不断加强，企业的诉讼业务越来越少。是年，广远诉讼纠纷仅6件。这6件均属于劳动关系引起的纠纷（其中2件是劳动纠纷引起的行政诉讼），这显示出广远员工的维权意识不断提高。至年底，诉讼纠纷除3件和解结案外，其余仍在审理之中。（周学茵）

机要保密

【机要行政单元工作概况】 2007年，机要行政单元较好地完成各项任务。在机要工作方面，严格按照“确保机要设备安全，确保机要通信畅通”和“保密、迅速、准确”原则，认真、细致做好机要通信各种工作，保证机要通信、文件资料传递准确，确保万无一失；根据形势需要和上级要求，开展对广远及下属单位保密要害部门部位的保密检查与整改，加大对广远计算机网络和计算机信息的监控与管理力度，制定和完善保密管理工作规章制度，加强员工保密思想教育，全年未发生失泄密事件；协助广远年鉴编纂组完成2006年广远年鉴的收集、录入、编纂等工作。在行政管理工作方面，做好广远日常行政事务、后勤保障工作，积极主动与物业公司、远洋宾馆进行联系沟通，完成广远办公大楼物业管理、治安保卫、清洁卫生、员工食堂、单身宿舍清理与管理等相关工作；广远车队管理本着安全、优质、节能等宗旨，在确保行车安全、车况良好的前提下，用精益管理的方法与手段，大抓节能减排、降低成本工作，全年车辆行驶安全无事故，节能减排成绩显著。是年，广远机要通信工作被中共广东省委办公厅机要局评为“2007年度全省机要部门机要工作先进单位”。（郑潮藩）

【机要通信工作】 2007年，广远机要通信把提高安全畅通保障能力作为工作切入点，严格落实各项规章制度，加强各项检查，记录完整无缺陷。落实岗位责任制，严守工作岗位；加强管理，把好质量关，认真细致办理往来的文电信息，确保机要通信的安全与畅通。是年，完成自查上报机要通信设备工作；完成对机要人员的业务培训；加大对机要通信设备维护保养，全年维护保养通信设备121次，使设备处于良好的工作状态；全年共收发各类电报、资料3011份，共25249页，均无差错。

（郑潮藩 吴彩区）

【机要室被评为省机要工作先进单位】 2007年1月27日，经中共广东省委办公厅机要局考评，总经办机要室以保密安全好、优质服务好、管理工作好、业务技术好的业绩，荣获广东省“2007年度全省机要部门机要工作先进单位”称号。

（郑潮藩 吴彩区）

【保密工作】 2007年，广远保密管理工作认真贯彻落实中远集团保密委员会、广东省国家保密局《2007年度保密管理工作要点》，坚持以“积极防范，突出重点，确保国家、企业秘密安全”为方针，积极开展保密宣传普法教育，主要工作有：1. 强化规范管理，制订、转发了国家保密标准《国家秘密载体销毁与信息消除安全的保密要求》、《广远公司涉密人员及涉密场所手机使用管理规定》，进一步完善相应的保密管理制度和涉密设备的管理规定，杜绝泄密事件的发生。2. 加强涉密计算机的安全保密管理。请广东省保密局技术人员为广远本部及广远下属企业的涉密计算机安装上互联网实时监控软件、制定相应的操作规程，防止涉密计算机通过互联网泄露国家和企业秘密信息，对广远本部及下属企业的涉密计算机信息起到了有效的保护作用。3. 加强对保密要害部门部位和重点涉密单位的保密管理。对广远重点涉密单位、保密要害部门部位的规章制度、涉密文件资料的制作、管理、计算机信息系统的防护、秘密载体和办公自动化设备的管理等工作，进行细致、全面地对照检查，对不符合保密要求的，立即进行整改，并对工作流程重新进行疏理。通过自查、整改，消除隐患，提高保密防范能力和管理水平。4. 根据中远集团保密工作计划，广远作为组长单位，组织召开中远集团保密第三协作组会议，为协作组各成员单位搭建了一个保密管理经验交流、相互促进、共同提高的交流平台。5. 根据“五五”普法教育规划，积极开展保密宣传教育活动。在广远数字平台、广远内部局网保密知识之窗栏目上，宣传党和国家保密工作的方针政策、法律法规，共摘编12期保密知识，供广大员工阅览、学习。6. 积极开展保密宣传教育月活动。制订广远开展保密宣传教育月活动的具体措施，突出全员保密教育；组织广远领导、相关部门领导和重要涉密人员观看《广东省现代办公设备泄密窃密技术演示》保密教育片；针对广远下属各基层单位工作特点，组织员工观看《泄密代价》等保密案例教育片，增强企业领导干部和涉密人员的保密防范意识和企业全体员工的保密观念。7. 积极做好《广远保密工作信息》的报送、报道工作，及时反映广远保密管理工作开展情况，全年共编辑4期。（郑潮藩　许德茂）

【涉密计算机安装互联网监控软件】 2007年3月5日，广东省国家保密局派出技术人员来广远及广远下属单位的涉密计算机安装上互联网实时监控软件，从而防止涉密计算机通过互联网传递国家和企业秘密信息，对广远本部及下属企业的涉密计算机信息起到有效的保护作用。

（郑潮藩　许德茂）

【设立保密知识栏目】 2007年3月1日，根据广东省国家保密局要求，机要行政单元在广远信息中心的支持和帮助下，在广远数字平台上正式设立保密知识栏目，将广远保密知识之窗的保密知识和保密规章制度在广远数字平台上展示，供广远系统员工学习。（郑潮藩　许德茂）

【召开中远集团保密第三协作组会议】 2007年11月8～10日，根据中远集团保密工作计划，广远作为中远保密第三协作组首届组长单位，在广州组织召开了协作组13个成员单位参加的保密协作会议。会议对保密管理工作进行了经验交流、观摩学习、总结成绩、查找差距，为中远各单位保密管理工作起到了搭建交流平台，互相学习、互相促进、共同提高的目的。

（郑潮藩　许德茂）

【行政管理工作】 2007年，机要行政单元主要做了如下工作：加强进出办公大楼管理，下发《关于重申执行广远公司办公楼进出规定的通知》；组织、协调、续签广远与物业公司《广远办公大楼管理协议》、《广远本部员工食堂管理协议》；组织、协调船员公司划拨中远航运后，租用广远办公楼附楼和车辆协议书，签订广远与中远航运《广远房屋（办公楼）租赁合同》、《借用广远车辆协议书》；组织、协调广远驻国内港口办事处划拨中远航运后资产的转移、移交、报废、清理工作，完成广远与中远航运关于各办事处的《资产租赁协议》、《办公设备销售合同》；组织、协调、签订广远与物业公司《广远青龙坊单身宿舍承包经营合同书》，理顺员工租用青龙坊单身宿舍关系，进一步规范单身宿舍管理；完成广远前台接待及引导工作；做好收发工作，全年共收信件93010封、汇款单10090份；订阅、收发报纸和杂志96种14800份；交换机密文件、档案180件，未出现失泄密、差错、丢失、延误等事件；为船岸员工订购火车票139张。

（郑潮藩）

【车队管理工作】 2007年，机要行政单元在车队管理工作方面，重点是抓好各种规章制度的落实，做好对车辆的维护保养，开展精益管理活动，扩大自修、降低成本、提高服务质量等工作，确保全年行车安全，节约车辆使用费23万元。（郑潮藩）

第二节 航运管理与安全监督

【航运管理与安全监督部简介】 航安部于2004年9月27日成立。主要职责是负责对广远投资及控股航运企业实施行业管理和监督指导；负责航运综合业务管理；负责管理大客户；经广远领导授权，负责签署并管理与广远各下属航运企业之间租船合同；定期组织广远下属各航运企业召开经济成本分析会，分析企业经营形势，并提出建议；负责组织、协调广远相关航运企业研究和讨论生产经营中存在的突出问题；负责广远运输生产统计工作；负责按照省、市有关部门和中远集团的要求，上报有关广远航运经营的材料和统计报表；负责对广远投资及控股公司的安全管理活动，并对综合治安治理工作进行宏观指导和监督考核；负责广远安委会的日常事务工作；负责广远保卫、武装、交通战备工作。航安部对外保留保卫处、武装部的牌子和公章。

时任总经理石立森（1～9月）、翁继强（兼10月）、蔡梅江（11～12月），总经理助理周维民。员工10人。

（周维民）

【航安部工作概况】 航安部业务主要分为三个模块，即：广远投资控股企业安全监督管理、航运行业管理、航运综合业务管理（含行业管理、航运综合业务、运输生产统计、商务管理、大客户管理）、保卫/武装/交通战备。此外，还承担广远安委办、广远防抗台指挥协调小组、应急领导小组、节能减排工作小组（办公室）、安全长效管理工作小组的日常工作。2007年，该部按照广远的安全工作思路和部门的工作定位，协调岸产事业部共同抓好岸产企业的安全监督、指导和协调；协调广远党工部共同抓好安全文化建设和推广安全理念；通过编辑《安全经验分享》、安全征文等方式，构建安全“一把手”工程，推进安全执行力文化建设；通过建设“平安之旅”安全活动平台，把各种安全活动，如季节性安全工作、群众性安全工作、专项安全活动集中在一个平台开展，增加安全工作的系统性、连续性和规范性，安全工作效果显著。

航运管理的工作重点主要体现在三个方面：1．以运输生产统计分析和航运综合业务为基础，以经济成本分析会为基本载体，加强对广远投资控股航运企业生产经营态势进行分析，为企业领导决策提供参考，为航运企业生产经营提供服务；2．加强航运综合业务管理，组织力量开展港口使费控制、燃油风险控制、船期控制多项研究，制订方案，下发指导意见，跟踪实施结果；3．加强对大客户的管理，继续跟踪与中远集团签约的17家民族品牌汽车客户，协助中远航运和汽车船项目部维护客户，开拓市场。

是年，该部主管的治安保卫工作、交通战备和武装等工作，按照上级要求积极开展，分别被评为广东省“省级治安保卫重点单位先进保卫机构”、中远集团“交通战备先进单位”、“越秀区武装工作标兵单位”。（周维民）

【航运精益管理出成效】 2007年，广远以精益管理理念为指导，认真开展节约燃油、控制船期和港口使费的研究工作，出台指导性意见，取得实际成效。是年，广远每万元收入能耗比2005年底下降23.14%，平均在港停时与2006年同比基本持平。（周维民）

【航运统计工作】 2007年，广远的船舶运输生产统计工作，在保证数据质量的基础上按时完成运输生产统计报表及月度统计分析，上报中远集团财务部。是年，广远全年共收集汇总月度运输生产经营效益分析、内贸货物运输月报、租船货物运输月报、船舶代理委用情况季报、下季度预计租入租出船舶、生产周报、生产经营动态周报、船舶增减情况等150多份，上报中远集团运输部；同时，航安部还完成广东省、广州市、越秀区统计局、交通部综合规划司、广东省交通厅、广东省海洋与渔业局、国家发改委、广东省经贸委等政府部门布置的定期、不定期或年度统计调查表或相关材料共60余份；此外，航安部参与对运输生产总体情况、非生产性停时情况的分析，制作演示文稿PPT参加经济成本分析会，为企业领导及相关部门整理、提供有关生产经营的各种数据、材料上百次。（薛平）

【做好交通部重点联系运输企业统计工作】 2007年，交通部在全国范围内指定了240家代表性较强的运输企业作为部重点联系企业，广远是其中一家。航安部按交通部的要求通过安装《交通行业综合统计信息管理平台》软件，录入报表数据准确、按时填报月报、半年报和年报，全年共上报了28份统计调查表，配合交通部完成了统计调查任务。（杨向葵）

【协助信息中心开发出新的微机版统计系统】 从2007年初开始，航安部协助广远信息中心进行微机版统计系统的开发工作。微机版统计系统5月份开始正式运作。新开发出的微机版统计系统连接在广远数字平台中，用户只要登陆平台，就可以直接

使用。该系统自动化程度高，能实现统计原始数据、航次报告和耗油报告的自动录入，提高了工作效率。 （薛平）

【换领新的《统计从业资格证书》】 2007年，广东省统计局规定统计从业资格认定，必须将《统计上岗证》换发为《统计从业资格证书》，凡需换领新证书的人员，必须完成规定的统计专业进行继续教育。4～8月，航安部统计人员先后参加国家统计局培训学院广州分院举办的“马克威（MARKWAY）软件使用”和“统计调查报告写作”2门课程的学习，并通过全国考试，换领了新的《统计从业资格证书》。

（薛平）

【安全管理效果突出】 2007年，广远安全工作始终坚持以科学发展观和安全发展理念为指导，以安全促发展，以平安保和谐；始终坚持把安全生产作为压倒一切的工作，作为群众满意的工程来抓，正确处理安全与生产、安全与投入、安全与发展的关系；始终坚持以航行安全为核心，以“四大战役”（冬防、雾航、防台、沿海航行和进出港安全）为主线，以纠正习惯性违章为手段，着力解决安全工作中的重点、难点和热点问题，把握安全工作主动权；始终坚持推进广远特色安全文化建设，落实“一把手工程”，强化安全执行力文化建设，推进船员教育培训“红树林”工程，完善安全管理体系文件，坚持对“四重船舶”（重点人员、重点船舶、重点航区、重点货载）的跟踪，强调“五个早”（早研究、早动员、早布置、早检查、早落实）的工作方法，开展“平安之旅”创建活动，大力推进长效机制建设。

2007年，广远安全生产形势保持稳定，实现了连续安全年的目标，没有发生上报等级海损、机损、污染、重大货损等安全事故，船舶安全面100%，船舶防抗台成功率100%，船舶雾航和大风浪航行指导率100%。岸产企业无发生火灾、交通、食物中毒、盗抢及群体事件。

2007年，广远涌现出一批安全生产先进单位和先进集体，中远航运、中远远达、中远南方、省远洋、原船员公司、建设实业、海运服务、远洋大厦、远洋宾馆、物业公司等为广远2007年度安全生产先进单位；航安部、岸产事业部、工会、党工部等为广远2007年度安全生产先进集体。

（刘启清）

【召开安全生产工作会议】 2007年1月16日，广远召开安全生产工作会议，贯彻落实中远集团2007年安全工作会议精神，部署广远安全管理工作。职代会全体代表出席会议。在会上，广远副总经理翁继强作了题为《以安全促发展，平安构和谐，努力实现又一个安全年的目标》的安全工作报告。报告明确2007年安全工作的指导思想是深入贯彻落实中共十六届六中全会精神，始终坚持把安全生产作为压倒一切的工作，作为群众满意的工程来抓，以安全促发展，以平安构和谐，提出“一个目标”（杜绝重大海损和沉船事故，杜绝重大机损和污染事故，杜绝重大人身伤亡事故，最大限度地减少一般事故，力争全年不发生上报等级安全事故，继续保持安全总体稳定，实现“又一个安全年”的目标）；抓好“两个结合”（季节性重点安全工作与全年系统性安全工作有机结合，阶段性安全措施、安全活动与建设安全长效机制有机结合）、突出“三个要点”（航行安全为重点，老旧船管理为难点，人身安全为热点）、打好“四大战役”（冬防、雾航、防台、沿海航行和进出港安全）、关注“五个问题”（安全生产警惕性问题、安全工作连续性问题、安全工作系统性问题、安全工作针对性问题、安全生产有效性问题），强化“六项措施”（以科学发展观为指导，进一步落实安全生产责任制；以季节性安全生产为主线，进一步提高事故预控能力；以船员教育培训“红树林”工程为基础，进一步提高船岸员工队伍的安全素质；以纠正习惯性违章为手段，进一步增强执行力；以群众性活动为载体，开展广远公司“平安之旅”活动；以长效机制为目标，构建和谐安全文化），不断开创广远和谐稳定的新局面。

（刘启清）

【落实安全生产责任制】 2007年1月8日，广远召开第一个大调度会暨安委会例会。会议由广远副总经理翁继强主持。参加会议人员有：总经理徐惠兴，党委副书记黄继忠，总会计师胡锦沛，广远本部各部室、中远航运、中远远达、中远南方、船员公司、岸产事业部负责人及有关人员。会议结合广远实际，对2007年的安全工作提出初步设想。徐惠兴就安全工作作了讲话，并与有关单位签订2007年安全管理目标责任书。翁继强作小结，对2007年的安全工作提出了具体要求。（刘启清）

【召开安全专题办公会】 2007年4月26日，广远召开安全专题领导办公会。会议由广远总经理徐惠兴主持。参加会议的有：党委书记刘书田，副总经理傅伟、翁继强，党委副书记黄继忠，纪委书记、工会主席马宗梅，总会计师胡锦沛等广远领导，有航安部、中远航运、中远远达、中远南方、省远洋、中鞍航远、天星公司、福建捷安、中远营港、船员公司、岸产事业部、远洋宾馆、建设实业、供应公司、金桥学院、物业公司等单位负责人。会议由广远领导率领的4个慰问检查组分别介绍对31艘在港船舶以及12家岸产企业的慰问检查情况，研究解决慰问检查中发现的安全生产问题。徐惠兴、刘书田就如何做好广远近期安全重点工作做了具体部署。

（刘启清）

【召开安全例会暨第二季度安全工作会议】 2007年4月2日，广远召开4月份安全工作例会暨第二季度安全工作会议。会议由广远副总经理翁继强主持。参加会议的有中远集团刘庆生、高志成、张进；广远总经理徐惠兴，党委书记刘书田，副总经理傅伟，党委副书记黄继忠，纪委书记兼工会主席马宗梅，总会计师胡锦沛，广远本部各部室、中远航运、中远远达、船员公司、岸产事业部等单位领导及有关人员。会议由各单位有关负责人汇报落实中远集团安全工作紧急电视电话会议的情况和广远“平安之旅”安全活动开展的情况，通报春季安全自查和驾驶台纪律执行情况，以及安全生产存在的主要问题及应对措施等。在会上，中远集团安全督查组经理刘庆生介绍了中远集团进行安全督查的背景、目的和要求。徐惠兴、翁继强在会上作了讲话，就贯彻落实中远集团电视电话会议和有关文件精神，做好广远近期安全重点工作做了具体部署。会议重申：“广远安全工作没有老本，没有退路”。

（刘启清）

【召开海务安全管理座谈会】 2007年2月26日，广远召开海务安全管理座谈会。会议由航安部总经理石立森主持。参加人员有广远副总经理翁继强，航安部、中远航运、中远远达、中远南方、省远洋、福建捷安、船员公司等单位海务安全管理负责人、安全顾问以及公休船长和有关人员共19人。会议针对近期个别船舶发生的事故苗头，就落实总经理徐惠兴关于必须高度重视船舶引领安全，防止和减少引领事故，认真抓好春季安全生产的批示作出部署，并深入探讨防范引航事故，抓好冬春安全生产的措施、办法。（刘启清）

【召开岸产单位安全管理座谈会】 2007年5月28～29日，广远召开岸产单位安全管理座谈会。会议由航安部总经理石立森主持。参加会议人员有广远副总经理翁继强，岸产事业部党工委书记陈建钦，各岸产企业负责人及航安部有关人员。会议通报和分析了2006年岸产企业的安全生产情况及2007年1～5月份岸产企业的劳动安全情况；介绍了“4·18”工伤事故的经过、原因、教训及整改情况；金桥学院就如何建立安全管理制度、完善落实安全措施作了经验介绍。与会代表结合以上内容进行了交流和讨论。在座谈会上，翁继强、陈建钦作了讲话。会议期间，由广州市安监局资深安全专家对与会人员进行了为期一天的安全培训。（刘启清）

【召开安全生产月专题会】 2007年5月28日，广远召开“安全生产月”专题会议。会议由广远总经理徐惠兴主持。参加人员有中远航运、中远远达、船员公司安全工作主要负责人和主管领导，航安部、岸产事业部、党工部、工会主要负责人和有关人员。会议主要内容是贯彻落实广东省、广州市和中远集团《关于开展2007年“安全生产月”活动的通知》精神，研究部署广远“安全生产月”活动。会议宣布了广远开展“安全生产月”活动方案，徐惠兴就广远“安全生产月”活动提出了具体要求。（刘启清）

【开展安全生产隐患排查治理专项行动】 2007年6月15日，广远制定下发了《广远公司开展安全生产隐患排查治理专项行动方案》，并迅速开展了安全生产隐患排查治理专项行动。该活动分安排部署、自查自改、督促检查和“回头看”再检查等4个阶段进行。从6月份至年底，广远航运企业共排查安全隐患3923项，岸产企业共排查安全隐患548项，各单位对各种安全隐患均进行了有效的整改。全年广远老龄船舶安全投入29171万元，为历年之最。岸产企业用于教育培训、设备更新、维护保养等方面的安全投入费用达290.86万元。广远对安全生产有效的投入，为排查隐患、消除隐患提供了强有力的保障。

（刘启清）

【加强船舶现场管理】 2007年，航安部加强了船舶的现场管理，强化驻国内港口办事处的监督服务职能，对抵港船舶实施全面安全生产检查，监督指导船舶配载绑扎，对设备检查维修，联系港口业务，配合海事局进行航前检查，为船舶提供优质服务，及时消除隐患，确保船舶不带隐患

出航。（刘启清）

【开展“安全生产月”活动】 2007年6月，广远围绕“综合治理、保障平安、安全靠大家、平安每一天、我为安全做贡献”主题，在全企业范围内开展“安全生产月”活动。活动始终坚持把航行安全、老龄船安全、人身安全作为安全工作中的重中之重，把打好“两防”，杜绝发生上报等级安全事故作为攻坚目标，进一步强化“一把手”工程和安全执行力文化建设。通过一系列活动，员工安全意识明显提高，遵章守纪自觉性明显加强，各类事故大幅度下降，形成了人人“关爱生命，关注安全”的良好氛围。（刘启清）

【进行安全管理状况评估】 2007年，航安部根据《广远公司安全现状评估实施细则》，组织对广远下属各单位进行2007年安全管理工作全面考核评估，针对认定的风险提出改进措施，促进广远下属各单位安全生产责任制的落实。（刘启清）

【海务安全工作】 2007年，航安部的海务工作以科学发展观为指导，按照“早研究、早动员、早布置、早检查、早落实”的工作原则，坚持以季节性安全生产工作为主线，全力打好“四大战役”，进一步加强船舶尤其是“四重船舶”的动态跟踪管理，督促指导船舶落实防范措施，加强应急管理，完善应急预案体系，分别编写了海损、危险品运输、灾害性天气等专项应急预案，加强船岸互动，开展船岸联合应急演习，提高船岸管理人员应急处置能力，预防事故减少损失；依法依规监督，加强全球气象信息收集，及时下发有针对性的安全提示，监督、指导广远各投资控股航运公司做好相关防御工作。全年航安部和广远各投资控股航运公司共跟踪指导大风浪船舶264艘次，雾航船舶310艘次，进出港船舶1251艘次，电话跟踪指导船舶1100多艘次，中国沿海船舶跟踪率达100%。是年，广远全年无发生上报等级的海损事故，实现海损安全“零事故”。

（王涛）

【防抗台指挥协调小组工作概况】 2007年，广远防抗台指挥协调小组由广远副总经理翁继强任组长，航安部总经理石立森任副组长。该协调小组认真贯彻落实中远集团防抗台工作会议精神和有关防台的各项指示，坚持“以防为主，防抗结合，适时早避，留有余地”的16字方针，整合资源，形成合力，认真做好防台工作。每遇台风，该协调小组领导亲自指挥，各单位领导和职能部门周密部署，提前预控，科学防御，依靠全体船岸员工的集体智慧和力量，全年跟踪指导船舶防台抗台213艘次，防台跟踪覆盖率100%，成功率100%。（王涛）

【开展“平安之旅”活动】 2007年1月1日，广远启动了以“安全靠大家，平安每一天”为主题的“平安之旅”活动，把阶段性的、群众性的安全活动融入“平安之旅”活动之中，旨在使安全活动的成效得以固化、延续，好经验得以推广，以构建广远安全管理交流平台，丰富安全文化内涵，促进企业安全长效管理机制的建设。广远在“平安之旅”活动中，着重于探索事故规律，分析事故原因，汲取事故教训，将历年广远发生的安全事故筛选、整理、分析，每天在广远本部调度会上进行案例分享，并将所有的案例制作《安全经验分享》，编辑出版《安全一把手工作和安全执行力》小册子，下发各单位、各轮。同时，着重于安全基础建设，巩固和延续了2006年“员工行为安全自查”、“纠正习惯性违章”群众性安全活动中创造的好做法、好经验。结合2006年“安全生产月”、“隐患排查专项整治”、“船舶防碰撞防泄漏”等安全活动的深入开展，不断创新形式，丰富内容，夯实基础。同时，广远还大力加强安全文化建设，围绕“安全是一把手工程”和“安全执行力文化建设”的主题，在广大船岸员工中深入开展了安全生产管理征文活动，共收到征文108多篇，评选出34篇优秀征文，汇编成册出版。在“平安之旅”活动中，广远举行“我为安全做贡献”签名活动，组织对各主要单位负责人进行采访；组织“平安是福”巡回演讲117艘次，参加船员1395人次；组织船舶“亲情祝安全”活动28艘次，参加船员840人次、家属112人；利用《广州远洋》等各种宣传载体，宣传安全文化理念，报道安全生产形势，介绍安全生产经验，警示安全生产热点，营造良好的安全氛围，创建积极健康的安全文化，唱响安全生产的主旋律。是年，广远安全形势平稳，没有发生上等级事故。

（王涛　刘启清）

【机务安全管理工作】 2007年，广远机务安全管理工作认真贯彻中远集团制定的老龄船舶管理规定和要求，全面落实广远下达的安全管理目标和成本控制目标，紧紧围绕提高经济效益这个中心，抓住确保船舶安全、机务安全两条主线，以提高机务管理水平为突破口，认真对船舶的技术状况进行评估，船舶定期进行自查自纠，航安部机务主管定期进行检查考核，对船舶存在的缺陷进行分析，制定纠正措施，限期整改。是年，广远没有发生上等级的机损事故。

（钱汉东）

【PSC工作取得良好成效】 2007年，各备忘录地区相继开展了专项行动，国际公约更新生效的速度不断加快，国际上的港口国检查和控制越来越严格，检查范围及检查频度不断扩大。在此严峻形势下，航安部和广远属下的各航运公司以及船舶积极应对，找差距，找根源，抓落实，抓整改，总体保持较好的港口国检查记录。是年，广远所属各投资控股航运企业总受检船舶为296艘次，无缺陷批注201艘次，无缺陷批注率67.91%，无船舶滞留。

（钱汉东）

【采取措施做好PSC工作】 2007年，广远为做好PSC工作，采取了一系列有效措施：1. 加强自查自纠，深入开展隐患排查，将隐患消除在萌芽状态，消除在国内开航前。2. 抓好现场管理，协助船上解决实际困难。3. 加强岸基支持，搞好航修和坞修。对于一些船上无能力解决的大缺陷和重大缺陷，聘请中国船级社专家进行评估，安排进行厂修或坞修解决。4. 加强公约学习，有针对性地开展工作。根据船舶航次任务、挂靠港口，加强对不同地区港口国检查特点进行培训、演练，加强救生、消防演习的应急应变能力。5. 加强沟通，搞好船岸各部门之间的协调管理。广远属下各航运公司广泛开展信息交流工作，海务、机务、通导等管船人员与业务部门主管进行沟通，根据船舶的状况和当地港口国检查的特点，共同制定周密措施，做好港口国检查的迎检工作。同时，充分发挥中远海外网点现场管理的作用，及时将港口当局的检查通知船舶，协助船舶做好PSC受检准备工作，并与海外签订服务协议，使船舶现场的PSC检查增加一层保护，保证船舶顺利通过PSC检查。

（钱汉东）

【老龄船评估工作】 2007年，广远船舶船龄大、老龄船多，是机务管理工作的难点。广远下属各航运企业严格执行中远集团下发的《中远老龄船管理办法》，加大对老龄船的评估和投入力度。中远航运高度重视对老龄船技术状况的调查，全年对40余艘进厂修理的船舶进行了船舶船体结构状况的评估，充分利用船舶厂修的机会消除船舶存在的缺陷，尤其是消除船舶结构上存在的隐患和缺陷；对80余艘自营船舶进行技术状况评估，并按操作须知要求消除存在缺陷、制定风险预控措施。中远远达成立了以主管安全副总经理为组长、以机务监督员、海务监督员为组员的船舶安全评估小组，按照《安全状况评估细则》，以实事求是的科学态度，对老龄船的船体结构、关键设备、水密设备、电气设备和应急设备等进行全面检查，聘请CCS专家对老龄船进行检验、评估，为老龄船“会诊把脉”，并有针对性的制定整改措施，明确整改责任和时限，消除或降低风险等级。通过评估，从企业领导到主管人员对老龄船设备状况做到心中有数，提前做好维修保养，消除隐患，确保安全。

（钱汉东）

【加强对老龄船的日常管理】 2007年，航安部对老龄船的管理除了每年一次的安全评估外，重点放在日常管理上。对装载原木的船舶，每个航次卸空后都对货舱进行检查，发现问题及时解决，确保船舶适航适货；对装载沥青的船舶，每航次进行安全检查，加强日常管理，每半年对船体结构、水仓进行检查，一年内对船壳和压载水舱进行保养，有效地抑制了船体结构的腐蚀速度，确保船舶安全。

（钱汉东）

【防污染工作】 2007年，国际上对船舶防污染的要求日益严格，检查面越来越广，检查次数越来越密。在此情况下，广远各航运企业精心研究港口国对船舶防污染的要求、规定和检查尺度，有针对性地进行指导与跟踪监督，并把船舶防污染工作作为安全工作的重中之重来抓，采取各种有效预防措施：加强船岸员工防污染教育和培训，提高员工防污染意识和操作技能；及时传达国际上有关污染事故的经验教训，以引起船岸员工的重视；船舶定期组织溢油演习和训练，提高船员对发生油污事故的应急反应能力；加强船舶及设备的维护，确保船体结构强度和机电设备的正常运转，尤其是保证防污染设备完好；定期对船舶防污器材的状况、数量、存放地点进行核查，发现问题及时整改，确保防污器材完好和充足；严格按照安全质量管理体系的相关程序和须知，进行防污染操作和管理，确保在装卸货油、加装燃润油时采取相应防污染措施到位；严格按公约、法规和港口国主管当局的规定对污油水、垃圾等污染物进行处理和记录；加强对抵港船舶的防污染检查，重点检查油类记录簿、垃圾记录簿的记录，并及时提出要求。是年，广远没有发生上等级污染事故。

（钱汉东）

【节能减排工作】 2007年，广远响应国家和中远集团的号召，结合精益管理工作的开展，深入推进节能减排工作。6月，下发了关于落实“节能减排、科学发展”要求的指导意见，指导广远下属企业进行节能减排工作。年中，配合中远集团和交通部节能减排调研工作组，对广远下属企业的节能减排状况进行调研摸底，采集基础数据，认清广远节能减排工作的热点、难点所在。10月，制定节能减排工作方案，成立节能减排领导小组，下设工作小组；11月15日，召开节能减排工作小组全体会议，会后下发了会议纪要，制定节能减排工作联系制度、统计上报工作制度和奖惩工作制度，并且由航运和岸产专业小组分别撰写节能减排工作指导意见下发各单位船舶和岸产各企业，促进广远节能减排工作的开展。是年，广远节能减排工作取得丰硕成果，千吨海里油耗与2006年相比下降了7.9%，万元产值能耗下降了20%左右。（钱汉东）

【加强对“四重船舶”的管理】 2007年，航安部继续加强对“四重船舶”的管理，做到“五个到位”，即：认识到位、措施到位、跟踪到位、监督到位、保障到位，确保了船舶运输安全。（钱汉东）

【加强安全培训，推进“红树林”工程】 2007年，航安部加强人员安全培训工作，推进船员教育培训“红树林”工程建设。全年完成各类安全生产教育培训达9120人次，其中专业性培训240人次，基础培训366人次，派前培训6752人次；海校航海模拟器培训631人；排查不合格船员重新培训13人；提升优秀干部船员516人。

（钱汉东）

【加强应急计划管理，提高处理突发事件的能力】 2007年，广远在做好安全工作、防范安全事故发生的同时，面对航运企业高风险的现实，针对已经识别的安全风险，建立应急计划，提高处理突发事件的能力。是年，广远主要抓了4个方面的工作：1. 认真落实《国务院办公厅转发安全监管总局等部门关于加强企业应急管理工作意见的通知》精神，完善应急预案体系，从实战出发，加强演练，提高应急能力。2. 按照中远集团的部署，修改完善广远应急预案体系和应急管理体制、机制，细化各种突发事故应急预案11个，同时进行相关预案的演练。3. 加强安全保卫工作。广远下属各航运公司认真做好《国际保安规则》履约工作，加强船舶保安保卫，船舶认真落实各项措施，ISPS专项检查全部无缺陷通过，无发生海盗袭击事件。4. 落实广远党代会、职代会期间的保卫工作计划和应急方案，确保会议期间的稳定、安全；加强内部不安定隐患排查，妥善处理内部矛盾采取果断措施有效预防群体性事件的发生，保持企业良好秩序；加强基层单位安全保卫工作的监督指导，对12个基层单位共9次的安全保卫工作检查。

（钱汉东）

【航运企业节能减排见成效】 2007年，广远所属航运企业节能减排取得可喜成绩。中远航运结合精益管理工作，把恢复船舶航行使用单台辅机作为重点攻关，基本上解决了老旧船不能辅机单机运行的问题，并且在航运管理、机务管理、加装燃油和设备的技术改造方面取得可喜的成果，节约了可观的能源和费用；中远南方想方设法降低号称“耗油小老虎的小‘江’字号”的机油消耗，改善分油机工况，摸索出一套降低滑油消耗的方法，并通过对小“江”字号的透平进行调查探究，选择合适的喷嘴环、定期对柴油机喷油定时进行检查调整，确保准确的喷油定时，提高扫气压力，保证了燃烧质量，大大改善主机的燃烧工况，达到减少燃油消耗，降低缸套磨损，实现节能减排的目的；中远远达对航行长江内河的船舶改烧重油进行攻关并获得突破，既节约了能源也节约了费用，实现了节能减排的目标。（钱汉东）

【使用“士帕能”节油装置效果明显】 从2006年7月份起，航安部对珠海亚门节能产品有限公司生产的“士帕能”节油装置实际节油效果，进行了长达一年多的不间断跟踪调查。经过长时间观察和了解后，确认“士帕能”节油装置在柴油发电机组上确有明显节油效果。航安部在越洋船务进行了一次实船检测，平均节油率为3.0%。（钱汉东）

【劳动安全工作概况】 2007年，广远加强了劳动安全工作，针对船舶和岸产企业劳动安全工作中存在的突出问题和薄弱环节先后召开了“岸产企业劳动安全座谈会”、“冬季安全研讨会”等专题会议，研究劳动安全工作的规律和特点，对造成事故的主要原因进行深入的剖析，结合中远集团“员工安全行为”自查活动制订针对性措施，动员各方面力量，抓好整改落实，扭转劳动安全事故较多的被动局面。是年，广远发生工伤事故15起，与2006年同比持平。其中，工伤死亡事故1起，与2006年持平；重伤2起；轻伤12起，比2006年减少2起。（任乃星）

【加强员工劳动安全培训】 2007年，广远坚持以人为本，把全面提高员工综合素质作为减少事故的根本措施，加大了对员工的安全、技能的教育、培训投入。是年，广远采取送院校培训、派前培训、基础培训等多种形式，对陆地职工安全培训2.6万人次，对船员安全培训1.5万人次，各船舶对新船员和首次任职的干部船员开展“结对子”、指定人员“一帮一”等形式多样的“以老带新”活动，坚持现场培训，强化了岗位培训效果。（任乃星）

【保卫工作】 2007年，广远的保卫工作紧紧围绕“预防为主、保障安全”的工作方针，加大“监督、检查、指导、服务”的工作力度，配合有关部门，加强防范暴力恐怖破坏活动，做好多名解除劳动合同人员上访事宜，有效防范了矛盾激化；认真落实节假日的安全检查布置，全年组织对岸产企业检查9次，全年共有280多艘次船舶受ISPS检查，均无缺陷通过；船舶在离港前查获外国人偷渡事件7起24人；开展安全评估，隐患排查、整改的专项治理，及时消除隐患；加强治安保卫信息收集、整理，转发保卫工作简报、信息11期，做好治安保卫情况月报工作；举办保卫干部业务培训，研讨当前治安保卫工作，部署、督促各单位完善保卫工作制度、措施、预案；组织开展广远本部的消防演习，做好年度治安保卫工作考核；协助公安和有关部门做好案件和事故的调查；办理出境人员通行证、护照的审报工作。广远全年没有发生内部员工刑事犯罪，没有发生火灾、爆炸、毒品走私、组织偷渡、恐怖事件、海盗袭击等重大刑事案件，确保了企业内部持续稳定。

是年，广远认真落实国防后备力量队伍的组织整顿，积极开展民兵预备役队伍政治教育和军事训练，做好地方与军事专业对口人员及有关国防实力等调查、登记、统计，积极开展拥军优属活动，认真完成上级布置的学术研讨和调研活动，加强基础建设，提高正规化建设水平。

（温锐波　伍英华）

【参加越秀区治安联防活动】　2007年，广远按照广州市警备区的部署和越秀区人民武装部下达的任务，抽调5名民兵参加越秀区机动治安联防队。广远抽调的5名民兵于1月11～20日、2月6～15日分别在越秀区辖区路上巡逻执勤，协助公安机关维护秩序，处置突发事件。

（温锐波　伍英华）

【组织学习《公安机关监督检查企业事业单位内部治安保卫工作规定》业务培训】2007年10月1日，国家正式施行《公安机关监督检查企业事业单位内部治安保卫工作规定》（以下简称《规定》）。广远为贯彻落实《规定》，进一步做好内部治安保卫工作，于8月21～23日在上川远洋酒店举办岸产、航运企业专、兼职保卫干部、主管领导座谈会及业务培训，参加培训人员23人，培训的主要内容为学习《规定》，讨论修改《广远公司治安保卫工作实施细则》，并部署各单位健全治安保卫机构，完善各项工作制度及预案，认真落实各项防范措施。主管领导广远副总经理翁继强在座谈会上讲了话。座谈会还邀请了广东省军区司令部动员处、广州市消防局有关领导到会进行指导。

（温锐波　伍英华）

【治安综合治理工作】　2007年，广远执行中共中央、国务院《关于进一步加强社会治安综合治理的意见》，主要做了6项工作：1. 按照“谁主管、谁负责”的原则，推进治安责任制的落实；2. 认真落实各项防范措施，及时消除隐患和不安全因素；3. 发挥党、工、团的作用，形成齐抓共管的局面；4. 重视搞好与社区的关系，开展治安联防活动；5. 加大宣传教育力度，增强广大员工的法纪观念和防范意识；6. 完善处置突发事件预案，及时、妥善处理在深化改革中出现的问题，严密做好上访事件的防控工作。是年，广远无发生重大治安事件和重大刑事案件，保障了内部的良好秩序和治安稳定。　（伍英华）

【治安保卫工作获奖励】　2007年，广远治安保卫工作获得多项奖励：武装部被广州市越秀区人民武装部评为2007年度武装工作标兵单位，伍英华被评为武装工作先进个人；保卫处被广东省公安厅评为“省级治安保卫重点单位先进保卫机构”，温锐波被评为“省级治安保卫重点单位优秀保卫处长”，伍英华被评为“省级治安保卫重点单位优秀专职保卫人员”。

（伍英华）

【召开船舶碰撞、避让安全及船舶紧急应

急处置学术会议】 2007 年 6 月 5 ~ 7 日，中国航海学会航海船舶驾驶专业委员会在黄山市召开“船舶碰撞、避让安全及船舶紧急应急处置”学术研讨会，会议由广远下属单位中远航运承办。来自中远集团、广远、中远集运、大连海事大学、青岛船员学院、大连舰艇指挥学院及中国船东渔业互保协会等 15 个单位的专家、学者和代表出席会议。研讨会主要对典型碰撞案例进行分析，对商船与渔船的避让、避让安全的理论与实践、船舶火灾应急处理及船舶油污等进行了研讨。 （刘启清）

【召开船舶航泊安全新经验技术学术研讨会】 2007 年 10 月 19 ~ 22 日，中国航海学会航海船舶驾驶专业委员会在大连海事大学航海学院召开“船舶航泊安全新经验技术”学术研讨会。会上宣读论文 15 篇，其中有船舶航线的选择和航行安全、船舶航行安全全自动化、船舶导航与航行安全及船舶在复杂环境中安全航行方法等。

（刘启清）

【出版航海论文集】 2007 年，中国航海学会航海船舶驾驶专业委员会出版了《船舶碰撞与应急处置》、《船舶避让与安全操作》和《船舶航泊新经验新技术》（上、下册）等论文集。论文集由广远副总经理翁继强、航安部总经理石立森担任主编。

（刘启清）

【推荐航海优秀论文】 2007 年，中国航海学会航海船舶驾驶专业委员会对航海论文进行了评选，并对优秀论文进行了推荐。经航海专家、顾问对全年 181 篇论文进行评议，评出 2007 年优秀论文 9 篇，并推荐《船舶动力导数的 CFD 方法求取》、《船舶溢油卫星影像处理技术》等 9 篇论文参加中国航海学会 2007 年学术年会。

（刘启清）

【广远安全工作经验总结】 2007 年 12 月，广远对 2007 年的安全工作进行全面总结，主要经验有：1. 安全工作必须牢固树立“安全第一”的指导思想。广远以科学发展观和安全发展理念为指导，坚持把安全生产作为压倒一切的工作，作为群众满意的工程来抓，正确地处理安全与生产、安全与投入、安全与发展的关系，以安全促发展，以平安构和谐。2. 安全工作必须始终坚持“预防为主”的工作方针。广远按照“早研究、早动员、早布置、早检查、早落实”的要求，以航行安全为核心，以“四大战役”为主线，以纠正习惯性违章为手段，不断研究新规律、解决新问题、牢牢把握安全生产的主动权。3. 安全工作必须着力创新“标本兼治”的工作思路。广远的安全工作做到硬件投入和软件管理相结合，日常管理与长效机制相结合；一手抓体系文件的持续改进，一手抓船员素质的强化训练；不断提高船岸员工风险识别的能力、事故预防预控能力及应急应变能力，提高安全管理的综合水平。4. 安全工作必须大力推进“综合治理”的安全文化。广远坚持推进广远特色的安全文化建设，落实“一把手工程”，强化安全执行力文化建设，推进“红树林”工程培训，完善安全管理体系文件，坚持“四重”船舶的跟踪，强调“五个早”的工作方法，开展“平安之旅”创建活动，实现全员安全、船舶安全。 （刘启清）

航运经营管理

【航运经营管理概况】 广远的航运经营业务是由广远属下的各航运公司具体负责，广远本部的职能部门航安部负责宏观指导。2007 年，BDI 指数屡创新高后开始下滑，燃油价格一路飙升，经营成本大幅上升，国际航运竞争剧烈，美元贬值和人民币持续升值，给广远所属的航运企业的经营带来了较大的压力。

2007 年，广远对船队定位进行战略性的调整，从“以特种船为主的杂货船队”调整为“特种船为主的多用途船队”，新造了一批船舶，对船队结构进行了实质性的调整；坚持以固定航线为依托的经营策略，打造精品航线，按照中远集团对租船 4 个转变的要求，积极开展租船业务；对各类船队采取有效的管理措施，提高经营水平：对多用途船（含杂货船）加强维修保养，开拓班轮航线，对半潜船把握市场高位，稳定客户，稳定货源；对重吊船大力开发市场，管理到位；对木材船把握高位，外拓市场，内抓管理，调整结构；对沥青船加强市场调研，实行品牌经营；对汽车船履行合作协议，创新经营手段。是年，广远航运主业由于加强了经营管理，经济效益又创历史新高。实现“经营效益最大化、企业价值最大化、回报股东最大化。”（刘锐祥）

【船队概况】 2007 年，广远已拥有强大的船队，拥有多用途船队（含杂货船）、特种船队（含滚装船、大吊船、半潜船）沥青船队、木材船队、汽车船队等。

中远航运拥有和控制船舶 82 艘，其中半潜船 3 艘，多用途船（含杂货船）67 艘，汽车船 5 艘，重吊船 4 艘，滚装船 3 艘，平均船龄 20.7 年，总载重吨为 133 万吨。

中远远达拥有专业木材/散装货两用船 9 艘，总载重吨为 19.19 万吨。

中远南方拥有沥青船 10 艘，总载重吨为 5.8671 万吨。

天星公司拥有杂货船 2 艘，载重吨为 3.3 万吨。

省远洋拥有散装船 1 艘，载重吨为 6.5 万吨。

福建捷安拥有杂货船 4 艘，总载重吨为 4 万吨。

中鞍航运拥有杂货船 2 艘，总载重吨为 2.8 万吨。

中远营港拥有两艘半冷藏船舶 2 艘，总载重吨为 2.3 万吨。

越洋船务拥有散装船 3 艘，总载重吨为 12.4 万吨。（刘锐祥）

【船舶技术情况简介】 2007 年，广远拥有船舶的种类繁多，船舶除了部分老旧的杂货船外，船舶设备总体是先进的，尤其是特种船具有世界一流的最先进水平。下面列举 6 艘有代表性的、不同类型的船舶作为广远船舶技术情况简介。

一是杂货船“安龙江”轮。该轮有 20 多年船龄，适用多用途货载（包括大件货物 - 单件 50t 以下、袋装货、散装谷物、煤/矿、部分危险品等）其中 no1 货舱专设左右危险品舱。并联/单吊电动克令负荷 50/25T 保持正常，同时具有集装箱适装性：甲板 142TEU / 货舱内 150TEU。

船　名	总载重吨	包装仓容	型长/宽	总吨/净吨	夏季吃水	吊杆能力	营运航速	建造年份
安龙江	15852	21223 立方米	149/22.7 米	11495 /6620	9.514 米	25 吨 ×4	14 节	1985

二是沥青船“安吉江”轮。该轮原来是一艘杂货船，2001 年 5 月，广远将其改造为沥青运输专用船，航行区域包括：远东、东南亚、地中海、南美的加勒比海等。

船　名	型长	型宽	型深	吃水	营运航速	总吨位	净吨位	总载重吨	建造年份
安吉江	106M	16M	9M	6.67M	12Kt	3951	1285	4926	1985

三是木材船“金沙岭”轮。该轮是一艘木材/散装多用途船。属小灵便型船的一种。目前，该轮主要投放于中国—西非木材运输航线。该轮共有 5 个货舱，船舱口大，舱内无梁柱及其他妨碍装卸的设施。船舱及甲板上均可装载木材。甲板装有 4 部安全起重负荷为 30 吨的重型克令吊，克令设备性能良好、安全可靠性高，装卸速率快。船舶吃水及克令吊的配置，可以使该轮灵活适应基础设施及装备都较为不足的西非港口。船舶两舷设有装载甲板木材用固定及移动立柱，NO1 舱立柱高度 7 米，NO2－5 舱立柱高度 8 米。船舶适货能力强，除木材外，还可装载包装件杂货、散装矿砂谷物、重大件以及危险品等货物。货舱总包装舱容 37549.55 M^3，谷物散装舱容 35788.99 M^3，甲板木材最大装载量可达 19646 立方米。驾驶台配备 GMDSS 组合电台、卫通 F33 及 MINI－M 船站、自动避碰雷达、GPS 定位仪、电子海图系统等各种先进通信导航设备；船舶结构性能良好抗风性能强，可航行于无限航区。

总载重吨	型长	型宽	型深	夏季吃水	营运速度	建造年份
28457	169M	27.2M	13.6M	9.745M	13.7Kt	1990 年 1 月

四是重吊船“大华”轮。该轮是目前广远，也是我国国内唯一的 4 艘重吊船之一（其余 3 艘为“大中”、“大富”、“大强”轮），具有起吊能力并吊 500 吨的克令吊两台和起吊能力 30 吨的克令吊一台并具有超长超宽的长 68 米、宽 18 米的货舱，适用于装载如核电设施成套设备大型超重设备。该轮舱盖为液压折叠，马力为 8200 千瓦。

船　名	总载重吨	包装仓容	型长/宽	总吨/净吨	夏季吃水	吊杆能力	营运航速	建造年份
大华	16957	21223 立方米	153/23 米	14021/5417	9.12 米	250 吨 ×2	15 节	1998

五是汽车船“富源口”轮。该轮是目前国内最年轻、承运能力最大、硬件设备最好的汽车运输船。（国内有 8 艘汽车专用运输船，船龄都在 29～30 年以上，船舶装

运能力都在500辆/艘以下。）

“富源口”轮船舱高度是根据各种车辆的高度而设计，适货性能极强。船尾有可伸缩的双节跳板。两舷艉跳板分别可承受25吨位和10吨以下的大小车辆，船舱共有6层装车甲板。该轮放下船艉跳板，船舶便与码头相连，车辆可通过跳板爬进大船的嘴巴进入第5层甲板，再从第5层甲板的上下坡道分转各层，每层甲板可装车辆85辆至179辆不等。该轮船舱的特点是，根据车辆不同高度，货舱设计高度分别有1.7米~2.8米不等，适货性能极强。第5层舱高度为2.8米，是全船最高的货舱，舱内视觉宽敞，同时，第6层装车甲板后段高度可以按需调节，使5层舱的装高度可达4.1米，以适应装运大型卡车的需要。

船　名	型　长	型　宽	营运航速	总吨量	可装运汽车
富源口	108M	19M	14.50海里/小时	8，553T	850辆

六是新型半潜船“泰安口”轮。该轮是广远的一艘高科技特种船，被称为世界半潜船“全能冠军”和“亚洲第一船”。2002年11月底建成，同年12月18日投入营运。

船舶规范

船　名	型长	型宽	型深	吃水	营运航速	夏季载重吨	半潜吃水	甲板面积	甲板负荷	建造年月
泰安口	156.00M	36.00M	10.00M	7.50M	13.5海里/小时	20373T	19M	126×36.38M	$18t/m^2$	2001/05

船舶动力

主电推动马达：4700KW/155RPM X2　全回转形式

前侧推马达：800KW/1740RPM　X2

主发电机：4050KW　X3

辅发电机：900KW　X1

船舶特点

“泰安口”轮采用全新的设计理念，具有很高的科技含量，船舶装备了世界上先进的自动定位系统和高自动化驾驶控制系统，不少高新技术是第一次在大型远洋船舶中应用。

“泰安口”轮装置的SSP电力推进系统、IMAC55集中自动控制系统、DP动态定位系统等均达到目前国际一流水平。该轮采用SSP电力推进系统驱动较为轻巧的螺旋桨，在远洋船舶使用还是国际首列。SSP电力推进系统——合推进和方向控制一体，没有传统的舵叶。该系统由主发电机供6600V中压电给2套SSP-5（SIMAR DRIVE CYCLO FOR SIEMENS SCHOTTEL PROPULSOR SSP-5）电力推动马达，驱动较为轻巧的螺旋桨来实现推动船舶行驶，运转中，螺旋桨可以360度回转。航行时，船舶通过操纵螺旋桨回旋的角度实现控制船舶前进方向；船舶可以在极小的回旋半径和范围内灵活操纵，可以自行离靠码头和灵巧地潜装潜卸货物。

“泰安口”轮装置的4台AERZEN 3183 M3/h X 4低压大排量螺杆式空压机组

成，对全船中43个压载水舱和2个浮箱的压载水进行控制，其中37个压载水舱使用了该系统，另外6个压载水舱和2个浮箱采用泵浦装置。

"泰安口"轮IMAC55集中自动控制系统和采用工业自动化的现场总线Profibus，应用了很多前沿信息技术和自动控制技术，采用光纤通讯，被称为"数字化"船舶，监测警报点多达4000多个，自动化程度很高。

泰安口中压电力系统配有主发电机SIEMENS 6600V/Y，455A52OOKVA 60HZ CON 0.75，720RPM。

船舶适货范围

"泰安口"轮主要装载大型成套设备，超宽、超高、尖端技术产品，滚装/滚卸、潜装/潜卸大型成套设备，海上、海洋工程项目设备和各类船舰等。如，大型集装箱桥吊总成，大型超高超宽的巨型设备总成，预制大型桥梁，海上石油勘探设备的平台、钻井架等海洋工程设备，海上旅馆、游船、挖泥船等。

由于"泰安口"轮的高科技含量代表着当今国际的领先水平，船舶具备海上石油开采平台、重大型构件等海上工程设备和超大型货物的运输能力，因而有着世界半潜船"全能冠军"和"亚洲第一船"之美誉。（刘锐祥）

【船队结构调整】 2007年，广远根据经营的一些船舶船龄大，设备老化，影响经营安全和长足发展的实际，加大力度，悉心调整船舶结构，采取"买、造、租、退"相结合的策略，不断改善船队结构，增强企业核心竞争力。中远航运造船小组成员跑遍国内所有造船厂调研，在船台十分紧俏的情况下，继2006年签订4艘2.7万吨多用途船建造合同后，于2007年5月又签订了8艘2.8万吨多用途船建造合同，10月再签订2艘5万吨半潜船建造合同。与此同时，中远航运抓住时机，积极推进老旧船的退役工作，在2006年退役7艘老旧船的基础上，2007年又退役3艘，使船队结构调整有了实质性的进展。

（刘锐祥）

【多用途和杂货船实施定期定线的班轮策略】 2007年，中远航运通过加大班轮运力的投入，保持稳定的班轮密度，为客户提供便捷安全、高效、优质的服务。在同航线、同货物品种的众多竞争对手中树立独特的品牌和无可替代的差异化服务，取得了客户的信赖，其中一些货主愿意在高于他人运价的情况下，把货物交给中远航运承运。（李斌）

【悉心耕耘租入船】 2007年，广远各航运企业把租入船经营作为一项重要的工作来抓。中远航运租入船工作小组根据企业经营的总体部署和租船计划，紧紧盯住国际租船市场和国际运输市场的变化，具体跟踪、考评意向船舶，根据企业的航线布局和订单需求，租入经营。全年共租入船舶29艘55.6万载重吨，去掉管理费用和财务费用，实现净利润1152万元。中远远达租入船舶31艘，132.5万载重吨，完成货运量237.8万吨，收入同比增长654.72%，租入船已成为中远远达新的创效项目。

（廖再文）

【加强疏港抓现场】 2007年，由于国内外的一些港口设施滞后于航运的发展，造成船舶滞港。广远属下各航运公司为及时解决船舶压港，减少船舶候港和装卸时间，提高船舶周转率，采取走出去和请进来的办法双向疏港和狠抓现场管理，从而有效地提高了船舶经营效益。中远航运高管和业务人员先后到古巴、巴西、印度、苏丹、尼日利亚、卢旺达等港口进行疏港。广远各航运企业通过加强疏港，既与港方保持和发展了良好的关系促进港航双赢，又有效地开展现场管理指导船舶多装快跑，取得较好的效果。（廖再文）

【加强航运客户管理】 2007 年，广远各航运企业均把客户管理作为航运管理的重要环节，加大了力度，各航运企业通过出差人员提交的报告对客户（包括货主、租船人、货代、经纪、代理或者相应的合作伙伴等）进行分类登记、信息分析、跟踪拜访、投诉处理、满意度调查等基本情况进行统一管理和维护，形成客户管理流程，实现客户资源共享。各航运企业的管理人员定期进行客户情况分析，对客户提出的问题及时细致回答、消除客户的各种疑虑，解决客户提出的各种难题，不断提高客户服务水平。同时在优化客户管理流程的同时，与老客户、重大客户保持了更为密切的关系，与新客户建立了良好的互动关系，将客户管理转化为企业的经营资源，促进了企业的经营。确保了企业的优质品牌，争取到高价货源。中远航运建立起客户的高层互访，有力促进与客户的良好关系，增加互信度。全方位的优质服务更加紧密了中远航运与中石油、中石化、哈尔滨电站、中水电、国机集团、东方电气集团等国有超大型企业的关系，牢固确立了中远航运船队与这些专业公司的紧密战略合作伙伴地位。广远通过加强航运客户的管理，使利润客户群稳步增长，并确保了所经营航线的市场份额，大大增强了企业抗御航运风险的能力。（刘锐祥）

【汽车船队经营管理】 中远日邮是中远航运控股的汽车船运输公司。2007 年，中远日邮在中远航运整体发展战略的指引下，创新经营手段和经营思路，大力拓展汽车船运输市场。8 月 6 日，“常发口”轮第 18 航次在上海加装国产小车、皮卡及拖车、大巴等各类高车共 1922 辆开往地中海地区。对这次“常发口”轮的装载，中远航运加强了航运管理，从船舶调度、运力分配、货源组织到船舶的配载、装船全部由中远航运自己操作，做到管理精细，安全优质。这标志着中远日邮首次在国际航线上实施自营国轮国运，既为落实 2006 年 8 月 17 日中远集团与 17 家中国汽车厂商签订战略合作协议迈出重要一步，又为振兴民族汽车品牌出口向纵深方向发展作出了努力。是年，中远航运租入 6 艘汽车船经营，与自营 5 艘汽车船一道，共完成了 120 个航次（其中 15 个租舱位航次）承运 91229 辆整车的运输任务，取得了良好的经营效益，利润 5416 万元。（廖再文）

【中远航运打造精品航线】 2007 年，中远航运利用规模优势、技术优势、品牌优势和服务优势全力打造精品班轮航线，大大提高了市场占有率。

一是远东——孟加拉航区的件杂货班轮运输。中远航运在日本市场该航区件杂货班轮运输的市场占有率约为 50%；在韩国市场该航区件杂货班轮运输的市场占有率约为 60%；在中国市场该航区件杂货班轮运输的市场占有率约为 100%。

二是远东——非洲航区的件杂货班轮运输。中远航运在日本市场该航区件杂货班轮运输的市场占有率约为85%；在韩国市场该航区件杂货班轮运输的市场占有率约为50%；在中国市场该航区件杂货班轮运输的市场占有率约为30%。南非市场回程班轮运输的市场占有率约为40%。

三是中国——美洲航线。中远航运在中国出口南美西市场的占有率约在35% -40%；在中国出口加勒比市场的占有率约在45% -50%；南美回程鱼粉运输的市场占有率约为90%；巴西回程石材运输的市场占有率约为50%。

四是中国——波湾、红海航线。中远航运在中国出口该航区件杂货班轮运输的市场占有率均约为70%；该回程航线的市场占有率约40%左右。

五是远东——欧洲、地中海航线。中远航运在远东——欧洲杂货船市场出口市场的占有率均约为30%；欧洲—远东杂货船市场进口市场的占有率均约为20%。

（李斌）

【中远远达开拓西非航线】 2007年前，西非航线受制于积载时间长、装港效率低、出口商高度垄断、圆木远途运输对船况损伤大等诸多原因，中远集团内的木材船运输一直未涉入该市场。2006年，中远远达为开辟新的利润增长区，在深度市场调研和准确判断市场的基础上，做出进军西非木材运输市场的经营决策。2006年底，中远远达以期租方式尝试进入西非市场，取得了良好经营效益。2007年，中远远达充分利用广远内部资源解决了中国—西非双向货物平衡问题，将4艘2.8万载重吨的自有船陆续投入到西非航线，此外还在市场上租入了2艘木材船投入西非航线。中远远达全年共完成13个航次西非木材运输任务，实现利润3900万元，船舶期租水平高达40000美元/天。经过一年的运作，中远远达在西非航线的品牌效应逐步显现，市场份额逐步扩大，影响力进一步跃升。

（曾艳萍）

【中远南方开辟新航线】 2007年，中远南方随着沥青船队规模的不断壮大，中远南方积极开辟新航线。该公司在原有的东南亚、加勒比海、澳大利亚、新西兰航线的基础上，新开辟了泰国、新加坡至澳大利亚南部高纬度航线；泰国、新加坡至东非航线；东非至西非航线；中东、海湾航线和欧洲、地中海、北非航线。该公司沥青船队已从区域航线向全球航线拓展，扩大了市场影响，为沥青船队的又好又快发展、打造沥青运输系统集成者做好航线布局，取得了较好的成效。（蒲大同）

2007年广远船舶一览表

船　型	船　　名
干散货船	毓骐海
滚装船	赤峰口　三江口　关河口
沥青船	亚龙湾　木兰湾　大鹏湾　月亮湾　安泰江　安吉江　安达江　雅　江　洪　江　涵　江　福宁湾
木材船	西昌海　瑞昌海　嘉荫关　嘉禾关　嘉山关　白沙岭　金沙岭　金牛岭　金达岭

续上表

船 型	船 名
普通杂货船	安东江 安阳江 宝 江 碧 江 橙 云 赤 云 大 田 岱 江 丹 阳 富裕星
	桂 江 衡 山 华 山 黄 山 黄 云 江宁关 江埔关 江西关 交 城 晋 城
	居庸关 庐 山 牛郎星 浦 城 曲 江 山海关 桃 江 项 城 宣 城
汽车船	富源口 富康口 富泉口 常发口 富瀚口轮
杂货集装箱两用船	大 中 大 华 大 富 大 强 乐 鼎 乐 盛 乐 泰 乐 昌 乐 宜 乐 里
	乐 从 乐 和 乐 民 乐 业 乐 同 乐 荣 乐 山 乐 锦 源 江 甬 江
	闽 江 湘 江 永 盛 安华江 安宝江 安康江 安龙江 安宁江 安庆江 安新江
	安岳江 安泽江 安广江 安顺江 安涛江 安武江 富阳山 富文山 富清山 富新山
	富康山 丰安山 丰顺山 丰康山 富源山 富裕山 凉 山 松 山
子母船	发展之路 泰安口 康盛口

（薛平）

2007 年广远船型吨位结构表

总载重吨（吨）		干散货船	滚装船	沥青船	木材船	普通杂货船	汽车船	杂货集装箱两用船	子母船	合计	艘数比重%
5000 以下	艘数			6			2			8	7.4
	DWT			29589			6312			35901	
	平均船龄			22.1			25.1			22.8	
5000－10000	艘数			3	3	8	2			16	14.8
	DWT			18034	21423	48343	18600			106400	
	平均船龄			0.7	22.7	23.7	22.5			19.0	
10000－15000	艘数		3	1		2	1	8	1	16	14.8
	DWT		41434	11048		28109	11678	111079	13299	216647	
	平均船龄		27.6	8.5		32.0	22.8	22.7	29.6	24.3	
15000－20000	艘数					19		24	1	44	40.7
	DWT					307940		407328	17550	732818	
	平均船龄					27.7		20.2	5.9	23.1	
20000－25000	艘数							12	1	13	12.0
	DWT							257402	20620	278022	
	平均船龄							10.7	6.6	10.4	
25000 以上	艘数	1			6			4		11	10.2
	DWT	65083			170524			113800		349407	
	平均船龄	26.6			14.6			7.2		13.0	
合计	艘数	1	3	10	9	29	5	48	3	108	100.0
	DWT	65083	41434	58671	191947	384392	36590	889609	51469	1719195	
	平均船龄	26.6	27.6	14.3	17.3	26.9	23.6	17.2	14.0	20.1	

（薛平）

广远货物分类流向（合计）一览表

货物流向	序号	合计	货物分类（吨）																				
			煤炭及制品	石油天然气及其制品	其中：原油	其中：沥青	金属矿石	钢铁	矿建材料	水泥	木材	非金属矿	其中：磷矿	化肥及农药	盐	粮食	机电设备	化工原料	有色金属	医药轻工	其中：日用工业品	农林牧渔	其中：棉花	其他
甲	乙	A	B	C	D	E	F	G	H	I	J	K	L	M	N	O	P	Q	R	S	T	U	V	W
合　计	01	17304707	2389827	889119	0	882819	5006575	2628492	332405	87757	723777	135785	0	1460322	0	720658	1090189	768557	30105	203027	0	441328	0	396784
出　口	02	4838714	97914	0	0	0	45283	1933530	126998	2507	52799	24427	0	621979	0	142911	802180	728389	50	1686	0	1104	0	256957
进　口	03	6592341	417394	552494	0	546194	4367771	34682	173796	0	452654	60512	0	163550	0	81559	9137	32967	0	0	0	220422	0	25403
第三地	04	4640526	746567	336625	0	336625	593521	645573	31611	85250	218324	50846	0	674793	0	466188	218405	7201	30055	201341	0	219802	0	114424
沿　海	05	1233126	1127952	0	0	0	0	14707	0	0	0	0	0	0	0	30000	60467	0	0	0	0	0	0	0
内　河	06	0	0	0	0	0	0	0	0	0	0	0	0	0	0	0	0	0	0	0	0	0	0	0

（薛平）

第三节　发展规划投资管理

【发展战略与投资运营部简介】　发展部是广远战略发展与策划、投资决策管理、企业研发和综合管理的职能部门，主要职责是负责广远发展战略、产业发展规划、资本运作、投资公司管理、项目决策管理、经营管理指标考核、企业环境研究管理、科研管理等事务以及广远本部的企业管理工作；负责企业管理相关数据统计、分析、评估；负责主持广远船舶更新改造和船舶买卖等可行性研究；负责组织广远航运经营的市场营销策划；负责广远资本运营策划和投融资项目的实施；负责广远投资者关系管理、广远信息披露；负责广远各投资航运企业的董事会管理工作。管理信息技术中心。

2007年，发展部机构设置有企业管理单元、资本运营投资单元、发展规划单元3个管理职能部门。

时任总经理谭力，总经理助理张庆华。员工19人（其中返聘1人）。（王平）

【发展部工作概况】　2007年，发展部按照中远集团“十一五”发展规划和广远确定的工作思路，围绕广远深化体制改革，在新投资项目的立项、优化股权结构、股权重组、岸产企业改制等方面开展相关工作；主动配合中远航运着手分离转债工作；组织开展福建捷安和福建东方海运公司的合并重组工作；开展缩短管理链条、优化股权结构工作；理顺天星公司股权、优化天星公司对外投资股权结构、配合岸产事业部完成相关岸产企业的股权优化等工作；配合完成GPS罗经项目有关退出的善后工作；完成威海鸿霞股权转让收尾工作；组织理顺武夷山大酒店股权投资项目；配合汽车船项目部开展有关工作；对广远回购中航各小非所持股权、化解单船公司风险问题进行基础性分析工作；完成2007年度广远投资计划的分解、下达工作，以及月度投资计划完成情况的汇总；规范企业经营管理，加强广远各投资航运企业的管理和考核，定期向中远集团报送《广远经营业绩责任书》的完成情况；完成相关企业责任书的制订和签订，完成3家全资企业、1家控股企业、广远岸产事业部和原船员公司的《企业负责人年度经营业绩考核责任书》的制订和签订；下达中远航运、中鞍航运、福建捷安的年度生产经营指标；完善和履行董事会监督机制，根据各董事会经营状况，加强董事会日常监督、管理工作；召开广远投资航运企业董事会会议12次，并对董事会决议执行情况进行跟踪、提名更换董事人选；组织广远各有关部门对业务流程进行梳理和E化工作，对全部业务流程进行了4次较大的修改，完成业务流程246个，内容修改量达8000条/次以上，涉及广远本部8个部门近200个工作岗位；按照中远集团“十一五”发展规划，适度发展汽车专用船、沥青船等特种船队的发展方向，制定上报《广远2007年船队发展调整计划》；买造船工作根据市场变化，适时调整经营策略，使船队结构趋于合理；加强航运信息库、研发信息库、企业信息库建设；加强科技创新及管理工作等；按照工作部署和工作计划，研发工作紧紧围绕广远现有船队的经营、新进入市场的开发、广远发展战略、租船经营等方面进行市场调研；加强对件杂货市场的分析、加强木材船和沥青船以及租船的研究；配合汽车船项目部进行汽车船的宏观市场研究；跟踪水泥贸易市场的动态和市场机遇；开展战略研究课题；实现可持续发展研究；组建各细分市场研究小组，落实人员，分工负责，全面覆盖广远各业务领域的市场研发工作；完成10个专题研究课题；撰写编发《竞争对手研究之RICKMERS LINIE》、《竞争对手研究之BELUGA》、《竞争对手研究之TBS》、《竞争对手研究之GEARBULK》、《竞争对手研究之SAL》、《项目货运市场升温，重件运输船备受青睐》、《汽车船改装调研情况汇报》、《近期国际油价走势》、《广远公司经营业绩与BDI的相关性分析报告》、《我司主营船队经营业绩与BDI之相关性分析》、《水泥船项目研究专题报告》、《短期干散货市场分析》、《租船市场风险控制分析》、《中远远达高端市场研究》、《张家港木材进口情况汇总》、《西非诸国未来木材出口政策探讨》、《二季度航运市场走势分析》、《2007年上半年杂货市场回顾和下半年市场展望》、《8月份航运市场走势分析》、《FFA市场的剖析》、《小灵便型船舶租金探索》、《竞争对手分析——2007年太平洋航运年报解读》、《沥青市场2006年回顾及2007年展望》、《沥青船运力变化及动态追踪》、《煤焦油沥青运输市场分析报告》等专题研究报告；撰写《跨越式发展，2010年广远收入达百》报告，给广远下属各航运公司和有关领导参阅，并在广远务虚会上进行了汇报；编发上报《杂货运价走势及市场综述》12期、《决策参考》29期、《国际航运资讯》45期；每月编写《精益管理简报》上报中远集团和下发广远下属各公司；完成《国际干散货指数》的收集、编写和发布，包括BDI、BCI、BPI、BSI等指数、原油和燃油价格等日常指数的更新，并将最新的指数录入“宏观信息基础数据库”；每日整理编写主要租家的租船成交纪录，每周汇总呈交有关领导和各航运公司；加强“广远研发信息网”日常维护，完成日常信息的收集、发布、更新和录入“宏观信息基础数据库”等工作；收集和积累各相关信息资料，参与相关专题研究，将有关信息资料及时更新和录入“宏观信息基础数据库”，给企业领导和经营管理部门提供相关信息；协助维护广远信息网，做好航运经贸动态信息的日常更新和维护。

是年，发展部被评为广远先进集体。总经理谭力、业务经理谢小梅被评为广远先进个人。（王平）

资本运营

【资本运营投资单元简介】 资本运营投资单元主要负责编制及实施广远的资本运营方案，通过对资本的组织、筹划、管理和运作以实现资本最大限度的增值以及对项目开发、论证、申报及实施过程的跟踪管理和投资项目清算审查等工作；负责广远资产重组、上市、兼并、收购、出售等资本运营管理；负责广远新增项目投资计划编制、项目论证；负责清理广远存量资产；负责跟踪、操作中远航运资本运作；制订广远资本运营中长期工作计划。时任业务经理任鑫。员工5人。（任鑫）

【资本运营投资单元工作概况】 2007年，资本运营投资单元围绕深化广远改革，在新投资项目的立项、优化股权结构、股权重组、岸产企业改制等方面开展相关工作，取得了一定成效。会同相关成员完成了广远资产、人员摸底，初步设想分析、立项等工作；参与了船员公司管理体制改革项目，使广远船员定向转移至中远航运；组织开展实施广远全面风险管理工作；配合完成中远航运着手分离转债工作；组织开展福建捷安和福建东方海运公司的合并重组、立项等工作；完成理顺天星公司股权工作、优化天星公司对外投资股权结构工作，实现广远境外投资平台完全规范化；成功将中远南方持有的中远远达10%的股权无偿划拨回广远；配合岸产事业部完成相关岸产企业的股权优化工作；配合完成了GPS罗经项目有关退出的善后工作；完成了威海鸿霞股权转让收尾工作；配合汽车船项目部完成了有关的资金需求申请、情况汇报以及有关股权合作等工作；对广远回购中航各小非所持股权、化解单船公司风险问题进行基础性分析；完成2007年度广远投资计划的分解、下达工作，以及月度投资计划完成情况的汇总、上报。此外，资本运营单元完成广远境外直接投资经营活动统计工作；配合相关部门完成中远监事会监督检查工作；完成中远集团京外用地调查统计工作；完成广远2007年《企业负责人经营业绩责任书》自查考核评分上报工作；每月定期向中远集团报送广远《企业负责人经营业绩责任书》的完成情况。 （王平 谭任经）

【深化体制改革项目】 2007年初，随着广远深化体制改革工作的开展，资本运营投资单元会同相关成员完成了广远资产、人员摸底，初步设想分析、立项等工作，立项工作获得中远集团审批同意并启动实施。为配合广远深化体制改革项目，广远成立了土地确权工作小组，资本运营投资单元会同相关部门对广远历史划拨用地情况进行摸底清查，着手实施相关土地产权完善工作；参与船员公司管理体制改革项目，使广远船员定向顺利转移至中远航运；为配合后续项目的开展，组织开展实施广远全面风险管理工作。 （王平）

【成立广远土地确权工作小组】 2007年5月，为了深化体制改革，广远成立了土地确权工作小组。该小组的工作职责是负责清理明确广远历史划拨用地及房产情况，对未确权的土地房产申请确权，并办理划拨用地及房产的有偿出让手续，以确保广远土地（房产）的资产合法性和完整性。

该项工作的领导小组组长为徐惠兴，副组长为傅伟、胡锦沛。工作小组组长为谭力，副组长为王玉生、张清强。

（任鑫）

【船员管理改革项目】 2007年7～9月，广远为把握资本市场和航运市场的双重向好的有利时机，深化企业管理体制改革，促进广远健康、协调和可持续发展，实施船员管理改革，由中远航运向广远定向招募船员。资本运营投资单元参与了船员管理改革项目整体运作。9月30日，广远6212名船员、101名船员管理人员、船员租赁业务、相关财务系统、信息系统顺利、平稳转移到中远航运。10月1日，中远航运新的船员管理部正式运营。（任鑫）

【配合中远航运分离转债工作】 2007年，为了把握市场机遇，中远航运拟发行分离转债进行再融资。资本运营投资单元对广远参与配售进行了分析并上报中远集团，获得中远集团批复。12月，中远航运发行分离转债获得证监会审批通过。

（任鑫）

【福建海运合作项目】 2007年，为了贯彻中远集团和福建省的战略合作协议，资本运营投资单元组织开展福建捷安和福建东方海运公司的合并重组工作，立项请示上报中远集团，并进行持续的沟通工作。

（王平）

【理顺天星公司股权】 为了发挥天星公司境外买造船及投融资平台的作用，2007年1月，资本运营投资单元向中远集团上报了理顺天星公司股权关系的请示，着手解决个人代持股权问题。4月底，广远取得商务部及中远集团批复，同意理顺天星公司的投资法律关系，将天星公司的职工代持股份直接转让给广远持有，使之在法律和投资关系上真正成为广远在香港的全资子公司。同时，商务部还向天星公司颁发了境外投资批准证书。6月，天星公司完成所有境外注册登记变更，并在广东省外汇管理局补办了外汇登记，实现广远境外投资平台完全规范化。 （任鑫）

【优化天星公司对外投资股权结构】 2007年3月，根据中远集团2007年精益管理精神和相关规定，资本运营投资单元负责拟定“天星及其子公司股权变更方案”，缩短天星公司管理链条，拟将天星公司的全资子公司鹏业国际有限公司、新贸航业有限公司持有的境内公司股权直接转让给天星公司持有，同时出售鹏业公司名下物业，并在完成上述工作后，注销鹏业国际和新贸航业公司，缩短天星公司的管理链条。该方案于7月上报给中远集团，并于当月取得中远集团的同意批复。

（任鑫）

【中远远达股权无偿划拨工作】 2007年7月，资本运营投资单元根据中远集团2007年精益管理精神和相关规定，为了消除内部交叉持股，向中远集团上报了股权无偿划拨方案，将中远南方持有的中远远达10%的股权无偿划拨回广远，使中远远达成为广远100%的全资子公司。该方案于7月获得中远集团批复同意，并完成了中远远达的工商变更登记。 （任鑫）

【配合岸产事业部完成相关岸产企业的股权优化】 2007年，资本运营投资单元配合岸产事业部完成新利服装有限公司（以下简称新利公司）、海南鸿光物业公司、松涛企业公司、湛江供应公司的清算上报及后续处理工作；协助完成华南医疗股权转让工作；配合完成无偿划转建设实业持有海运服务、物业公司股权的工作。此外，资本运营投资单元协助岸产事业部处理酒店管理公司的股权收购工作，并推进建设实业合作置地、退出沈阳颐和丽园股权项目、江林水电站股权捐赠项目。

（任鑫）

【GPS罗经项目退出工作】 2007年4月，资本运营投资单元配合岸产事业部完善GPS罗项目的可行性研究报告，并将该项目再次上报中远集团。中远集团批复不同意对该项目成立新公司也不对其新增投资。为此，广远决定退出 GPS 罗经项目，发展部配合完成了有关退出的善后工作。

（任鑫）

【完成威海鸿霞股权转让收尾工作】 关于威海鸿霞股权转让收尾问题，2006 年签署了股权转让协议。2007 年初，广远取得威海当地政府部门“同意进行股权转让”的批复文件。资本运营投资单元协助买方完成了工商变更等相应手续，使该项目圆满完成。（王平）

【对武夷山大酒店股权投资问题进行调研】 2007 年，资本运营投资单元牵头协同相关部门对武夷山大酒店进行了调研，并根据调研情况配合相关职能部门出具改善意见。

（王平）

【配合汽车船项目部开展有关工作】 2007 年 1～7 月，资本运营投资单元配合汽车船项目部完成了汽车船项目发展资金需求申请、项目发展方向研究、与汽车生产厂商合资组建船队可行性研究等工作。

（任鑫）

【制定广远 2008 年度投资计划】 2007 年 4 月 6 日，资本运营投资单元根据中远集团批准广远 2007 年投资计划进行分解、下达。11 月 7 日，对广远 2007 年度投资计划进行调整。每月定期对投资计划完成情况进行汇总分析。12 月 3 日，制定出 2008 年投资建议计划上报中远集团。

（谭任经）

【企业管理单元简介】 企业管理单元主要工作职责是负责广远各投资航运企业的管理及考核，通过建立及修订考核体系实现对各投资航运企业的经营绩效考核评价；负责广远各投资及控股航运企业的船队结构调整工作，制订和修订 5 年规划及年度计划，推进各项船舶投资和处置工作；负责广远经营管理委员会的日常工作；负责广远信息库的建立和维护，搭建企业信息交流平台；负责广远企业管理的基础工作，包括 QC 管理、计量管理、综合统计、科技工作、全球契约可持续发展工作。时任业务经理谢小梅。员工 5 人。

（谢小梅）

企业经营管理

【企业管理单元工作概况】 2007 年，企业管理单元为了规范企业经营管理，加强了广远各投资航运企业的管理和考核，定期向中远集团报送广远《经营业绩责任书》的完成情况；完成相关企业责任书的制订和签订；根据各董事会经营状况，完善和履行董事会监督机制，加强了对董事会的日常监督、管理工作；召开广远投资航运企业董事会议 13 次，并对董事会决议执行情况进行跟踪、提名更换董事人选等；组织广远各有关部门对业务工作流程进行了梳理和 E 化工作；加强企业信息库建设；按照中远集团“十一五”发展规划，适度发展汽车专用船、沥青船等特种船队的发展方向，制定了《广远 2007 年船队发展调整计划》上报中远集团并得到批准；对买造船工作，以经济效益为中心，根据市场变化，适时调整经营策略，使船队结构趋于合理。（王平）

【业务流程梳理及E化工作】 2007年，企业管理单元为了规范企业经营管理，按照计算机化（E化）的要求，对全部业务流程进行了4次较大的修改，完成了广远本部8个部室业务流程梳理及E化工作；所完成的业务流程E化系统共计246个业务流程，完成业务流程内容修改量达8000条/次以上，涉及广远本部8个部门近200个工作岗位，并对广远各部室指派的责任人进行了4次较大的集中培训。下半年，企业管理单元根据广远管理体制变化的需要（船员公司并入中远航运），又集中对已经投入使用的业务流程进行了一次较大的改动，修改量约占全部业务流程的三分之一。E化后的业务流程系统作为广远“综合数字平台”（广远的门户网站）上的一个重要内容，提供给全体员工试用。

（王曙民　王平）

【完成责任书签订】 2007年，企业管理单元完成三家全资企业、一家控股企业、广远岸产事业部和原船员公司的《企业负责人年度经营业绩考核责任书》的制订和签订，下达了中远航运、中鞍航远、福建捷安的年度生产经营指标。同时根据广远领导指示，在责任书指标体系中增加了对租船必保指标和攻坚指标的下达。

（徐磊　王平）

【董事会日常管理】 2007年，企业管理单元根据各董事会经营状况，完善和履行董事会监督机制，加强对董事会的日常管理工作，处理广远各投资航运公司董事会提交给广远董事通讯审签的董事会决议、提交董事审议的议案以及各投资航运公司总经理提交的需要其董事长双签的日常生产经营中的重要事项报告。是年，召开广远投资航运企业董事会议13次，并对董事会决议执行情况进行跟踪、提名更换董事人选。

（徐磊　王平）

【企业信息库建设】 2007年，企业管理单元加强了对企业信息库的建设，企业信息库系统已在试用，部分数据由其他相关部门相继输入，通过召开会议和培训等形式推荐给岸产事业部试用。

（王曙民　徐磊）

【制定《广远2007年船队发展调整计划》】 2007年，企业管理单元按照中远集团“十一五”发展规划，适度发展汽车专用船、沥青船等特种船队，制定了《广远2007年船队发展调整计划》。《广远2007年船队发展调整计划》明确提出买造船工作以经济效益为中心，根据市场变化，适时调整经营策略，使船队结构趋于合理。以上计划得到中远集团批准，中远集团并同意广远买新造船16艘、二手船2艘、营运出售船3艘、退役船3艘。

（肖庆平　王平）

【买造船完成项目】 2007年，按《广远2007年船队发展调整计划》完成的项目有：二手船购买项目——中远日邮购买汽车船“富瀚口”轮；中远远达购买28000吨木材船“金达岭”轮；新造船合同签订项目——中远航运与黄海船厂签订4+4艘28000吨级多用途船建造合同，中远航运与广船签订2艘50000吨半潜船建造合同，广远与中远船务签订4艘5000RT汽车船合同，中远远达与黄埔船厂签订4艘28000吨级木材船建造合同，中远南方与黄埔船厂签订 2 +2 艘 5900 吨沥青船建造合同，香港天星公司签订购买 2 艘 9300 吨，由宜昌船厂建造的多用途船。新造船接船项目——2007 年新接 3 艘 5900 吨沥青船。（肖庆平　王平）

【完成企业调查统计报表上报工作】 2007 年，企业管理单元根据《国家统计局关于开展非制造业采购经理调查的通知》、《企业景气和采购经理调查制度》要求，在 2007 年内完成了《企业景气调查问卷》的 2006 年年报和 2007 年各季度的定时报表的报送任务，同时完成了《非制造业采购经理调查问卷》的 2006 年年报、2007 年的月份定时报表的报送任务。鉴于报表工作完成出色，获得广州市统计局企业调查队颁发的《2007 年度广州市企业调查先进单位》荣誉证书。（黎清）

【完成资产投资统计工作】 2007 年，企业管理单元根据广州市统计局 2006 年统计年报和 2007 年定期报表的《固定资产投资统计报表制度》要求，按时完成广远 2007 年度固定资产投资统计（月、季和 2006 年报）报送越秀区统计局的纸面数据报表工作任务。（黎清）

【企业协会联络工作】 2007 年，企业管理单元根据中国交通企业管理协会、广东省质量协会、广东省企业联合会、广东省企业家协会和广州市质量协会等协会的要求，在 2007 年内完成了以上各协会的联络和保持了广远会员义务权利及企业通报相关信息等联系工作。广东省企业联合会和广东省企业家协会副秘书长于 11 月带队访问广远总经理徐惠兴，12 月 5 日，该会发来《关于新增副会长的任职通知》称：广州远洋运输公司由原来的“常务理事单位”提升为“副会长单位”，广远总经理徐惠兴任该会第八届理事会副会长。（黎清）

QC 管理

【QC 小组活动管理工作】 2007 年，企业 QC 小组管理单元组织广远注册的 QC 小组活动骨干组员、广远 QC 评审组成员、各单位 QC 推进员代表共 62 人，进行了专题培训；对注册登记的小组，除现场指导外还利用信件等方法进行跟踪指导超 60 多人次，发放 QC 培训材料 120 多份；组织派出 10 人次参加交通部、广东省和广州市级诊断师培训以充实 QC 诊断师队伍，参培人员通过考试，并获得培训及格证书；组织带队参加市、省、国家级 QC 成果发表、交流、工作代表会议 6 场次。（黎清）

【QC 小组活动成果评审及材料申报】 2007 年，企业管理单元组织广远 QC 成果进行了评审及申报：年内注册活动的 QC 小组共 33 个，收集小组活动成果材料 25 篇。对收集的成果材料提出修改的反馈意见，并组织广远级年度 QC 成果评审，在评选出广远级 QC 成果 22 个材料的基础上，申报中远集团级 QC 成果材料 12 个，申报省级成果材料 4 个，市级成果材料 8 个，申报报省、市 QC 活动优秀推进者材料共 5 篇。（黎清）

【QC 小组活动获得佳绩】 2007 年度，广远 QC 小组活动获得各级别优秀 QC 成果奖名次有：广远级 22 个，广州市级 8 个，中远集团级 8 个，广东省级 7 个，交通部级 5 个，国优 QC 小组 1 个。获省级 QC 优秀推进员 2 名：谭力、尤扬斌；市级 QC 优秀推进员 3 名：张筱玲、廖东明、黎清。年度 QC 活动创经济效益 100 多万元，减少消耗 1800 多万元，同时在提高管理水平、客户满意度、精神文明建设等项目中也获得了一批无形成果。

广远 QC 小组活动 2007 年获广州市、中远集团级以上优秀成果名单表

获奖级别	小组名称	课题名称	组长姓名	备注
集团级	远达安技部供油改造项目 QC 小组	三艘“嘉”字号轮用重油进出港	曾远祥、洪旭日	
市、省级	广远船员管理公司驾报合一 QC 小组	推进实施“驾报合一”工程	周伟民、周连柏 尤天福	
市级	船员管理公司业务部 QC 小组	追讨 xx 公司拖欠租金	崔一立	
集团、交通部级	南方沥青安全 QC 小组	提高船舶靠离码头的安全系数	蒋野林	
集团、市、省、部级	信息中心应用部 QC 小组	缩短用户操作时间	张筱玲、梁碧泰	
集团、市、省部、国优	信息中心软件事业部 QC 小组	研发信息化规范船舶管理方法	杨　涛	
集团、市级	保险中心药费报销 QC 小组	提高药费审核效率	邝占罗	
市、省级	远洋大厦工程部 QC 小组	降低空调冷却系统耗电量	温武伦、田新民	
集团、部级	广远总经理办 QC 小组	确保 < 年鉴 > 编写质量	林旭东、张莲芳 刘锐祥	
集团、省级	广州中远船务公司焊工培训 QC 小组	降低焊工考证平均费用	廖明东	
集团、市、省、部级	广州中远船务公司实在 QC 小组	空冷器一次实验合格	邹少东	
市、省级	信息中心应用部活力 QC 小组	实现服务器的数据移植	张筱玲、梁碧泰	
市级	张筱玲、廖明东、黎　清	优秀 QC 活动推进者		
省级	尤扬斌、谭　力	优秀 QC 活动推进者		

（黎清）

【3 艘“‘嘉’字号轮用重油进出港”QC 小组成果】 中远远达安技部 QC 小组活动时间为 2005 年 8 月—2006 年 12 月，活动 12 次，出勤率 100%。该 QC 小组由主管安全副总经理直接领导，成员由安技部的机务主管、海务主管、油料主管、质量体系主管组成，研究课题为：“3 艘‘嘉’字号轮用重油进出港”。3 艘“嘉”字号木

材船，主要经营东南亚—长江沿岸的木材运输任务，长期使用轻油进出长江，致使燃油费用居高不下。该 QC 小组活动的目的是通过开展活动，对 5M1E 进行调查分析，并对存在的不足实施纠正、改进，从而达到船舶使用重油进出长江。经过一段时间的持续改进后，在确保安全的前提下，对“嘉禾关”轮“使用重油进出长江”进行一个回合的实际检验，取得圆满成功。期间，节省燃油费用 3781.2 美元。试验成功后，逐步向另 2 艘“嘉”字号推广实施。通过探索、实践，加深了对机电设备的了解，进一步提高实际技术管理水平，最终达到并超过预期目标：3 艘“嘉”字号船全部使用重油进出长江。全年度共节省燃油费用 90749 美元。该 QC 小组课题获 2007 年度中远集团级优秀成果奖。

（黎清　韩苑君）

【“推进实施驾报合一工程”QC 小组成果】 该 QC 小组成立于 2005 年 12 月 16 日。小组成员由船员公司副总经理、助理、部门经理和培训主管组成。研究课题为“推进实施驾报合一工程”。该 QC 小组对课题研究采取了以下措施：1. 制定统一的“驾报合一”月度培训计划；2. 由通导公司专业老师傅进行为期一个月的报务员专业理论和实操脱产培训；3. 各调配部门根据培训期满后经船舶领导和在船报务员考核鉴定，业务技能达到“驾报合一”要求者报航运公司审核批准；4. 航运公司审核批准后，船舶取消报务员职务，实施“驾报合一”，航运公司和船员公司同时备案。该 QC 小组课题获 2007 年度中远集团级、广州市、广东省级优秀成果奖。

（黎清　尤天福）

【“追讨租金”QC 小组成果】 为维护广远利益不受损害，船员公司领导对拖欠租金催收工作高度重视，成立了“追讨租金”QC 小组，负责追讨拖欠款项。该 QC 小组通过研究对策，采取法律手段，追回了部分租金 360 万 +80 万 +65 万元和 2006 年新产生的 82.2 万元拖欠租金。于 2006 年 7 月 27 日，追回多年拖欠广远数百万元的租金和滞纳金，完成了小组活动目标。该 QC 小组课题获 2007 年度广州市级优秀成果奖。（黎清　崔一立）

【“提高船舶靠离码头的安全系数”QC 小组成果】 该 QC 小组成立于 2006 年 7 月，小组成员由中远南方海务主管和“安达江”轮船长、“安吉江”轮船长、二副 4 人组成。中远南方海务主管随船实地调查船舶靠离泊操纵过程中险情多发的原因，寻找解决措施。通过仔细研查，收集了大量的港口航道资料，并利用软件“POWERPOINT”为平台设计整理，采取动态演示与静态信息结合的方式，达到图文并茂的效果，集成了完整的《东加勒比海诸港靠离泊安全操纵演示图集》。通过该 QC 小组及航行加勒比海航区船舶上船员的共同努力，大大降低了航行在加勒比海航区船舶的靠离泊操纵的险情发生率，有效提高了船舶的安全系数，达到了小组活动目标。该 QC 小组课题获 2007 年度中远集团、交通部级优秀成果奖。（黎清　蒋野林）

【“缩短用户操作时间”QC 小组成果】 该 QC 小组成立于 2005 年 1 月，共活动 11 次，出勤率为 100%。该 QC 小组活动主要针对广远航运系统使用 10 多年的产品，在大型计算机上运行，操作系统类似 DOS，使用效率低，用户操作时间长等问题进行研讨，寻找缩短用户操作时间的有效途径。该QC小组设定目标值为用户操作时间由原来超过300秒缩短为60秒内。经过该QC小组成员仔细调查、全面分析，找出了旧系统效率低的主要原因，并制定了对策，成功地开发了WINDOWS平台IE界面的新航运系统，大大缩短了用户操作时间，完成了活动目标。该QC小组课题获中远集团、广州市、广东省、交通部级优秀成果奖。（黎清　朱玉峰）

【“研发信息化规范船舶管理方法”QC小组成果】 该QC小组成立于2005年9月，活动时间2006年9月—2007年1月，成员8人，共活动20次。该小组采用创新型方式展开：选择课题、提出方案、确定最佳方案、对策实施、巩固措施和推广应用6大过程。在对策实施过程中，又将整个实施过程分为了数个子过程。经过活动，成功开发出“船舶管理系统”，将所有船舶管理的相关事务整合为一个整体流程，使100%的管理工作严格按照有关规定的流程执行，同时将所有的资料纳入信息化管理，在短时间为企业经营提供数据支持，完成了该QC小组课题目标。该小组课题获2007年度中远集团、广州市、广东省、交通部、国家级优秀成果奖。

（黎清　王粤宁）

【“提高药费审核效率”QC小组成果】 该QC小组活动时间为2006年7月—2007年2月，出勤率100%。该QC小组通过现状调查，将药费审核从人/日均审核10～12份提高到人/日16～18份作为课题的目标。该QC小组根据课题要求进行原因分析，制定对策并加以具体实施。经过半年多的QC活动，医疗费用结算周期由25个工作日缩短到10个工作日，达到了该QC小组活动的预期目标。该小组课题获2007年度中远集团、广州市级优秀成果奖。

（黎清　邝占罗）

【“降低空调冷却系统耗电量”QC小组成果】 该QC小组成立于2006年8月，活动时间为2006年9月—2007年3月，活动10次，出勤率100%。该QC小组成员工程部经理、主管及生产骨干9人组成。该QC小组把降低空调冷却系统耗电量作为课题目标。2006年11月20日—2007年2月28日对活动效果进行检查，实现小冷却系统替代大冷却系统的目的。带热回收空调简易冷却系统从2006年11月20日—2007年3月10日，累计运行1176小时，每小时节电34.5kw. h，按1.0元/度计算价，共节电40572元，达到了该QC小组课题设定的目标。该小组课题获2007年度广州市、广东省级优秀成果奖。

（黎清　田新民）

【“确保《年鉴》编写质量”QC小组成果】 该QC小组于2006年11月1日成立，活动从2006年11月—2007年3月，历时5个月。该QC小组针对《年鉴》编写涉及面广、时间跨度大、单位变化多、资料丢失严重等问题，力求使《年鉴》具有真实性、准确性、完整性。2006年11月，该QC小组首先对各单位提供的资料进行了抽样调查。从2001～2005年的原稿中各抽取50份进行分类统计，发现差错率高达16%。为了确保《年鉴》差错率在0.2%的目标，该QC小组采取打电话给单位补充要项、查资料、实地调查、多人检查、多次检查、严格把关；对一般文稿校对5遍，重要稿校对8遍；指定专人负责，弥补不足；没把握时，就集体研究，尽可能提供行文依据，统一行文等措施，使差错率降低至目标值，完成了课题目标。该QC小组课题获2007年度中远集团、交通部级优秀成果奖。　（黎清　刘锐祥）

【“降低焊工考证平均费用”QC小组成果】　该QC小组成立于2006年初，小组成员由广州中远船务公司质量部、人力资源部和生产车间组成，一共6人。根据修造船行业的标准和规范的要求，从事船舶修理的电焊工必须持有船级社的相应资格证书，方能从事相关的焊接工作。焊工考证是中远船务每年的主要培训内容之一，以往焊工考证平均费用过高。该QC小组把“降低焊工考证平均费用”作为研究的课题，对培训费用偏高的主要问题采取相应的措施，使每个证书的平均费用降低了550元，全年节约培训费用12.1万元，达到了该QC小组活动目标。该QC小组课题获2007年度中远集团、广东省级优秀成果奖。　（黎清　廖明东）

【“空冷器一次实验合格”QC小组成果】　该QC小组成立于2006年初，小组成员5名，研究课题是“空气冷却器一次试验合格”。此次活动从2006年7月开始，活动时间120天。该QC小组通过研究找到造成主机空冷器漏气的主要原因，采取了针对性的措施，在有限的试验时间内确认不漏气，避免了不必要的返工，减少了船舶主动漏气而导致船东的不满。此次活动取得了满意的效果，同时也巩固了广州中远船务公司的质量信誉。该QC小组课题获2007年度中远集团、广州市、广东省、交通部级优秀成果奖。（黎清　廖明东）

【“实现服务器的数据移植”QC小组成果】　该QC小组成立于2005年9月，由10人组成、小组活动11次。2005年，该QC小组对大型计算机保存的数据情况进行调查，研究将大型计算机保存数据移植到微机的可能，并制定了移植大型计算机保存的100万条数据（主要是航运系统的数据）到微机的目标。从2006年10月份开始，该QC小组成员根据调查结果和相关部门沟通情况投入到数据移植的研究。在12月份完成移植工具方法的开发，然后组织成员试用工具，并根据试用发现问题进行完善。2007年1月正式运行，将100万条数据移植到微机中。随后该QC小组成员检查移植效果，并确认数据移植成功。大型计算机保存的数据成功的移植到微机，意味着广远即将告别大型计算机时代。该QC小组课题获2007年度广州市、广东省级优秀成果奖。　（黎清　朱王峰）

【试行科技创新】　2007年，广远科技创新工作的重点是节能减排、降耗增效。从2006年7月份起，企业管理单元对珠海亚门节能产品有限公司生产的“士帕能”节油装置实际节油效果，进行了长达一年多时间的不间断跟踪调查和在不同类型、功率柴油发电机组上进行的节油效果台架检测，以及在越洋船务所属“越秀海”轮（载重吨4.5万吨）主机上进行的实船检测，结果显示平均节油率为3.0%，且主机运行工况得到改善。鉴于该装置节油效果明显、安全性能可靠、节能减排效果好及操作简单、使用方便的效果情况，企业管理单元在广远所属“白沙岭”和“月亮湾”轮上进行试点运行，以便在取得经验后逐步扩大推广使用范围，扩大节油效果，全面减少燃油消耗，降低企业经营成本。

（王曙民）

【“全球契约可持续发展”工作】 2007年，按照中远集团要求，发展部牵头筹建广远“全球契约可持续发展”机构，组织相关人员参加中远集团组织的全球契约培训约40人次；收集、整理、统计大量全球契约报告资料、数据以及素材，填写和上报中远集团。（王曙民 王平）

发展规划

【发展规划单元简介】 发展规划单元的工作职责主要是负责组织并参与对广远经营管理密切相关的国内外政策、经济、贸易、航运市场及岸上产业相关的信息进行分析、研究；协助广远有关部门进行可行性专题研究，为企业领导和有关部门的经营决策提供参考依据；负责广远发展战略委员会的日常工作；负责对广远的结构调整、航运企业的重大结构调整、项目开发、企业改革等调研规划；负责对广远船队结构调整、发展工作机构、组织制定船队结构调整、发展研究项目工作纲要和工作计划；负责广远发展工作机构与广远有关下属企业沟通、交流，共同设计、制定其发展战略；负责中远集团技术中心广远分中心工作；负责航运市场信息与研究系统共享平台、广远研发信息网的维护工作。时任业务经理刘晓阳。员工7人。

（王平）

【发展规划单元工作概况】 2007年，发展规划单元根据广远船队经营情况，进行市场调研等细分市场专题研究，研发工作紧紧围绕广远现有船队的经营、新进入市场的开发、广远发展战略、租船经营等方面进行；加强对件杂货市场的分析，加强木材船和沥青船，以及租船的研究；配合汽车船项目部进行汽车船的宏观市场研究；跟踪水泥贸易市场的动态和市场机遇；开展战略研究课题；如何实现可持续发展进行研究等，组建各细分市场研究小组，落实人员，分工负责，全面覆盖广远各业务领域的市场研发工作。发展规划单元全年完成10个专题研究课题：多用途船项目研究、沥青船项目研究、木材船项目研究、水泥船项目研究、BDI指数相关性研究、燃油市场研究、汽车船改装研究、特种杂货综合运价指数的设计、战略发展研究；全年编发不定期刊物《决策参考》29期，超过年计划15期；根据中远集团要求，研究分析杂货运价和市场走势，按月上报中远集团研发中心《杂货运价走势及市场综述》12期；编发定期刊物《国际航运资讯》45期；加强对“广远研发信息网”日常维护，做好信息收集、发布和信息网的更新、维护等工作；完成年鉴编撰工作；组织专题研讨汇报会和撰写制作各会议材料报告、PPT等；开阔研究工作思路，组织外出学习和专题调研；根据外部分析、内部资源的分析，进一步修订了广远“十一五”发展规划，明确广远及下属各单位战略目标以及实现战略目标的发展策略；做好开展精益管理工作，精益管理成果、成效显著，成绩突出，得到中远集团高度肯定，荣获中远集团颁发奖牌。

（王平）

【多用途船项目研究】 2007 年，发展规划单元以竞争对手研究为重点，对多用途船主要竞争对手的发展战略、经营策略、最新动态等进行跟踪研究，完成系列研究分析报告，包括《竞争对手研究之 RICKMERS LINIE》、《竞争对手研究之 BELUGA》、《竞争对手研究之 TBS》、《竞争对手研究之 GEARBULK》以及《竞争对手研究之 SAL》。发展规划单元通过与竞争对手的对比分析以及与航运经营人员的共同探讨，认清对手和自己的优劣势，寻找对手的可借鉴之处并从中发现多用途重吊船市场的特点和发展规律，对广远航运经营部门起到很好的参考作用。与此同时，发展规划单元对多用途船当前整个市场形势和发展趋势进行分析归纳，完成研究报告《项目货运市场升温，重件运输船备受青睐》。发展规划单元以上述研究为基础，逐步建立起竞争对手档案和市场分析系统，不断完善广远的研究体系，给企业领导作经营决策提供参考。（王平）

【沥青船项目研究】 2007 年，发展规划单元与中远南方密切配合，通过研讨确定煤焦油沥青市场研究为重点内容之一，与航运经营人员一起对煤焦油沥青进出口情况、市场运力情况以及船舶技术等方面进行调研，通过走访港口、拜访客户、实地考察船舶等方式了解市场情况，完成了《煤焦油沥青运输市场分析报告》。同时，对石油沥青市场进行跟踪研究，为航运经营单位提供有关沥青船舶运力、船舶订单、竞争对手等信息以及相关市场分析报告，完成《沥青市场 2006 年回顾及 2007 年展望》以及《沥青船运力变化及动态追踪》2 个研究项目。（王平）

【木材船项目研究】 2007 年，发展规划单元研发人员根据木材船航运市场情况，对木材船项目专题进行研究，共完成 11 篇《决策参考》，分别为：《短期干散货市场分析》、《租船市场风险控制分析》、《中远远达高端市场研究》、《张家港木材进口情况汇总》、《西非诸国未来木材出口政策探讨》、《二季度航运市场走势分析》、《2007 年上半年杂货市场回顾和下半年市场展望》、《8 月份航运市场走势分析》、《FFA 市场的剖析》、《小灵便型船舶租金探索》、《竞争对手分析——2007 年太平洋航运年报解读》等。这 11 篇《决策参考》及时给企业领导提供信息，有利于企业领导对木材船的运输作出正确决策。（王平）

【水泥船项目研究】 2007 年，发展规划单元研发人员赴上海进行水泥船装卸技术、水泥船改装情况、客户市场等调研，通过组织专题水泥船研讨会，对调研情况进行了分析，完成了《水泥船项目研究专题报告》，供企业领导决策参考。（王平）

【BDI 指数相关性研究】 2007 年，发展规划单元为跟踪研究航运市场走势与广远船队经营情况的关系，运用数理统计方法深入研究分析广远经营业绩与 BDI 指数的相关关系，完成决策参考《广远主营船队经营业绩与 BDI 之相关性分析》，加强了对 BDI 的动态跟踪和分析预测。通过对广远近年的实际经营数据与 BDI 的相关性的全面分析，拟文《广远公司经营业绩与 BDI 的相关性分析报告》，并上报中远集团。该分析报告总结了广远船队应在细分市场上发展，降低航运周期性风险的战略思路。（王平）

【燃油市场研究】 2007年7月以来，国际油价不断攀升，开始步入了新一轮的上涨周期，7月初，国际油价突破72美元，之后国际油价又不断上涨，到了11月中更是突破96美元。由于燃油成本在航运企业的总成本中占有很大比重，约占40%。发展规划单元根据广远领导指示，组织相关人员，围绕2007年上半年国际油价的走势及下半年国际油价的预测，通过收集材料、积累信息，细致分析，撰写了《近期国际油价走势》，提供给广远领导及航运相关人员参考。 （陈文基）

【汽车船改装研究】 2007年3月，发展规划单元研发人员走访了天津新港船厂、中远船务上海经营总部等地，对国内汽车船改装情况进行调研，将调研情况整理成《汽车船改装调研情况汇报》研究报告，并根据汽车船项目部的要求，对滚装船改装成纯汽车船的可行性进行了分析，提交专题报告，供企业领导参考。（王平）

【特种杂货综合运价指数的设计】 航运业最大的风险就是航运市场周期性变化带来的风险。2007年，发展规划单元通过对BDI指数与广远经营业绩的相关度分析，得出如下结果：广远主力打造“特”字号船队已经降低了BDI指数的相关度，说明广远严格执行中远集团在“周期性向可持续性转变”方面取得了长足的进步；BDI指数不能很好的反映特种杂货市场存在的风险，因此不能准确评价广远的经营业绩。为此，发展规划单元又进一步对广远的历史资料进行分析，并参考其他航运运价指数的计算原理，设计了特种杂货综合运价指数。 （王平）

【协助中远集团完成每月大调度会汇报材料】 2007年，发展规划单元根据中远集团要求，研究分析杂货运价和市场走势，按月上报中远集团研发中心《杂货运价走势及市场综述》。全年共上报12期。

（王平）

【为各经营单位提供信息咨询服务】 2007年，发展规划单元根据各种渠道收集有效信息，协助木材船、水泥船和汽车船项目的发展进行细分市场，做到广开信息渠道，根据需要不定期开展特定内容的研究，为相关经营单位提供海关数据、关键市场信息等。 （王平）

【组织专题会议和撰写各种会议材料】 2007年，发展规划单元根据广远航运经营管理情况，成功组织了汽车船专题汇报会、租船经营专题研讨会、航运经营管理人员座谈会、广远经营管理委员会会议及经济成本分析会、FFA知识培训等会议。同时，撰写各种相关会议材料，内容包括：年中航运市场研讨会材料及PPT；年终航运市场研讨会广远的发言材料及PPT；广远每月经济成本分析会发展部的发言稿及PPT等。7月，中远集团副总裁张良莅临广远指导汽车船工作，发展规划单元准备了专题报告发言材料并制作PPT；广远邀请中远集团有关领导参加广远租船经营专题研讨会议，发展规划单元负责准备材料并制作PPT。 （王平）

【组织专题调研】 2007年4月，发展规划单元组织研发人员赴天津，学习中散公司的市场研究和租船经验；赴张家港调研，了解木材进出口和木材船运力情况；参加

FFA知识学习培训等。研究人员通过学习和调研，掌握更多的航运专业知识、了解更多的航运市场信息渠道，开阔了研究工作思路，提高了工作效率。（王平）

【开展战略发展研究】 2007年，发展规划单元根据广远的战略思想和工作思路，配合广远实现未来发展目标，通过组织广远下属各航运公司共同研究，撰写了《跨越式发展，2010年广远收入达百》的报告，并下发给广远下属各航运公司和部门长参阅，主要内容在2007年广远务虚会报告中进行了汇报。（王平）

【修订广远“十一五”发展规划】 2007年，广远外部环境和内部情况发生了很大的变化，广远原定的“十一五”发展规划的修订范围和幅度以及一些内容相应须改变。发展规划单元根据外部环境分析和内部资源的分析，在原来的基础上进一步修订了广远的战略目标（包括广远下属公司的战略目标）以及广远实现战略目标的发展策略。（王平）

【年鉴编撰工作】 2007年，发展规划单元为了全面、准确、系统反映和总结发展部在物质文明、精神文明方面所取得的成效，推进广远深化体制改革和发展，认真收集、整理资料，并在发展部领导和各有关人员的支持和协助下，按时保质完成了发展部2006年年鉴的编撰工作。

（王平）

【编发《决策参考》】 2007年，发展规划单元编发不定期刊物《决策参考》为广远领导和航运经营管理部门提供参考服务。全年编发《决策参考》29期，超过年初计划15期。（王平）

【编发《国际航运资讯》】 2007年发展规划单元编辑定期刊物《国际航运资讯》为广远领导及有关部门人员提供信息参考。每周定编1期，全年共编辑了45期，完成年初计划总数。（王平）

【编发《国际干散货指数》】 2007年，发展规划单元完成《国际干散货指数》的收集、编写和发布，其中，包括BDI、BCI、BPI、BSI、BHSI等指数、原油和燃油价格等的收集、录入、绘图等；每天收集最新的波罗的海和燃油指数，在当天调度会上报告；把BDI、BCI、BPI、BSI和布伦特原油价格曲线图分别制作成图片，加上短评通过电子邮件发给广远领导及广远下属航运相关人员；并把BDI、BCI、BPI、BSI和布伦特原油价格曲线图录入广远研发网，作为查找参考资料；每日整理编写主要租家的租船成交纪录，每周汇总后呈交有关人员。（陈文基）

【“广远研发信息网”日常维护】 2007年，发展规划单元加强对各渠道信息的收集和维护，注意日常收集汇编相关资料，每周定期或不定期的上报广远总经理办公室；认真做好每天的信息收集、发布等工作，收集和积累各相关信息资料，参与相关专题研究，将有关信息资料及时更新和录入宏观信息基础数据库，给有关领导和经营管理部门提供参考资料；协助维护广远信息网，做好航运经贸动态信息的发布工作，每工作日进行更新、维护；日常指数更新：BDI指数和燃油、原油指数更新，并将最新的指数更新录入宏观数据库中。

（王平）

【开展“精益管理年”工作概况】 2007年，广远按照中远集团统一部署，以全面流程管理为手段，以降本增效和流程优化为目标，缩短管理链条，完善企业架构，继续全面深入推进“精益管理年”活动，全年共创建“精益亮点”149项，可直接计算的精益效益已达1.1亿元。通过开展精益管理活动，广远外拓市场，内降成本，在航运主业运输成本受油价上涨等不利因素影响的情况下，实现运输净利润比2006年有大幅度增加，成本增长率大大低于效益增长率，为广远收入和利润屡创新高作出了贡献。“精益管理年”活动给广远带来了实实在在的成效，经营业绩创新高，员工的观念发生新的变化，增收节支、已成为人们的自觉行动，提升了广远的经营管理水平和核心竞争力，使企业的发展焕发了新的活力。

是年，广远在精益管理方面所取得的成绩得到了中远集团的高度肯定，为广远颁发了“杰出贡献奖”、“最佳应用奖”、“优秀成果奖”等奖牌。 （王平）

【推进“精益管理年”活动持续有效开展】 2007年，广远通过大力宣传和完善措施推进“精益管理年”活动持续有效开展。1.召开了精益管理工作总结暨经验交流会，对经验和成果进行了总结，并全面部署了第二个“精益管理年”活动，通过再宣传、再发动、再推进，掀起了新一轮活动热潮；2.策划和组织开展了三个主题实践活动，扎实推动“精益管理年”活动，通过开展“平安之旅”活动，夯实精益管理创效的基础；通过大力实施“红树林”工程，为精益管理活动培养精益型人才队伍；通过开展“三服务一促进”活动转变提高人员工作作风。3.全员参与，查找浪费，优化组织管理。使广远缩短管理链条、优化股权结构、减少亏损企业、优化业务流程、实施扁平化管理作为推行精益管理的成果。4.精益改善，建立长效机制，向精益管理要效益。对活动中所形成的优秀的工作制度加以优化和固化，建立起精益管理的长效机制；组织开展了“精益改善”活动，发现影响效率和质量关键问题，进行持续改进，进一步改善服务质量，提高工作效率。 （王平）

【进一步扩大精益管理成果】 2007年，广远开展精益管理，进一步扩大了成果，主要表现在：1.租船经营突飞猛进，规模与利润创历史新高。租船企业是广远2007年“精益管理年”活动的重中之重。是年，广远的租入船舶保证了年初租船利润指标的实现，而且突破了广远租入船的历史记录。2.管理链条进一步缩短，组织架构得到优化。广远以清晰股权结构、优化组织架构为着力点，继续深入推行精益管理，深入查找并消除管理链条中的无效环节和浪费现象。理顺“亚龙湾”、“月亮湾”轮等6家单船公司以及天星公司的股权投资关系；开展了中远远达等4家公司的消除交叉持股、香港鹏业国际公司等5家公司的清算注销以及海运公司等3家境内公司的扭亏工作；启动了2起扶贫小额股权投资的清理工作。3.抓船期力度继续加大，有效遏制了在港停时上升势头。广远将抓船期作为“精益管理年”活动的重点，下属各航运公司高管高度重视，采取

有效措施，加强与国内各港口方的沟通，改善合作关系，努力降低在港停时。在各方面共同努力下，从8月份开始，船舶在港停时明显下降，遏制了上半年船舶在港停时大幅度上升的势头。4. 与大客户战略合作关系进一步巩固。在市场运价不断上涨情况下，广远精打细算，灵活应对COA合同，加强了战略客户的关系维护，优先保障大客户的运输货量，争取高回报COA；把握好合同签订技巧，较好地控制着在市场走高情况下执行COA航次和利润风险。5. 节能减排，控制燃油风险上升到战略高度。节能减排是广远把节能减排工作与精益管理活动有机结合，认真研究制订方案，着重抓落实，以燃油控制为重点，大力做好燃油节约工作，取得了明显成效。全年节约润滑油费用300万元；对21艘老旧船辅机进行检修维护，改善工况，由双辅机航行改为单辅机航行，年节约燃油成本1600万元。6. 港口使费管理水平进一步提高；广远对使费全程实行精益管理，以岗位为基础，深入挖掘各流程使费节省的潜力，控制使费开支。全年共节省使费开支697万元，成功拒付、追回不合理收费共计370万元，总共节约1067万元。

（王平）

第四节 财务管理

【财金结算部简介】 财金部是负责对公司资金管理、会计核算管理、财务核算管理、公司经营过程实施财务监督、协调和指导的专职管理部门。财金部的主要职责是严格遵守国家财务工作规定和公司规章制度，认真履行其工作职责，行为向主管领导负责；组织编制公司收入、成本、利润、资金、费用等有关的财务预算；定期检查、监督、考核计划的执行情况，结合经营实际，及时调整和控制预算的实施；负责制定公司财务、会计核算管理制度。建立健全公司财务管理、会计核算、稽核等有关制度，督促各项制度的实施和执行；负责按规定进行成本核算；定期编制年、季、月度种类财务会计报表，搞好年度会计决算工作；负责编写财务分析及经济活动分析报告，提出经营活动中产生的问题，提出经济报警和风险控制措施，参与公司生产经营决策；负责固定资产管理；办理固定资产的购建、转移、报废等财务审核手续，正确计提折旧，定期组织盘点，做到账、卡、物相符；负责投资项目分析、风险测算；负责对投资控股企业实施财务委派制度，按照广远财务委派负责人管理办法，对财务委派负责人的选拔、考核和日常管理等权限范围内的职责进行管理；负责资金的调度管理，合理、有计划地调度占用资金；负责办理现金收支和银行结算业务，及时登记现金和银行存款日记账，保管库存现金，保管好有关印章、空白收据、空白支票；负责会计凭证、会计档案、会计文件的收集、汇编、保管。

财金部机构设置有会计核算业务单元、资金管理业务单元、财务管理业务单元等3个管理职能部门。

现任总经理池新旺，总经理助理邓伟荣。会计核算业务经理陈小华（1~7月），张美琴（8~12月），资金管理业务经理邓

玲（1～7月），财务管理业务经理何进伸（1～7月）、林曦（8～12月）。员工19人。（邓伟荣　林盛鹏）

【财金部工作概况】　2007年，财金部坚持贯彻广远2007年工作总思路和发展战略，抓好财务管理工作，取得显著成效。

广远从2007年1月1日起执行新的《企业会计准则》，财金部从会计政策的统一、财务信息系统的设置、学习培训等进行准备，在广远系统顺利执行新会计准则；保证企业资金正常周转；配合相关部门开展买造船工作，开拓多种融资渠道，成功进行了新购置和新造船舶的融资工作，保证企业船队调整的正常进行；积极参与船员管理体制改革；制定相关财务制度，完善财务工作；参与企业主辅分离、改制分流工作；做好资产评估备案工作；做好企业产权登记相关工作；表彰2006年度企业决算优秀单位；制定相关的财务制度，完善内控制度；关注人民币升值，提前做好预测，降低风险；加强培训，提高财务人员素质；转变思路，灵活运用不同方式，充分用好各种资源开展税务筹划工作，争取合理合法减免相关税费等。

（邓伟荣　林盛鹏）

【成功融资购买“金达岭”轮】　2007年，财金部与银行保持密切联系，参照2006年购买购入“金沙岭”轮和“金牛岭”轮融资条款，成功为“金达岭”轮的购入融资。（邓伟荣　林盛鹏）

【开拓8艘木材船融资项目】　2007年，广远与福建马尾船厂及黄埔船厂签订了“井岗山”、“武夷山”、“太行山”、“昆仑山”轮及“金广岭”、“金远岭”、“金兴岭”、“金旺岭”轮等8艘木材船造船合同，财金部积极筹措资金，有力推动了项目的实施。（邓伟荣　林盛鹏）

【做好住房货币补贴工作】　广远住房货币补贴项目牵涉面广、情况复杂，广远选定中国农业银行为承办行并开设住房货币补贴账户。2006年，广远办理了第一批符合条件的人员的住房补贴。2007年，财金部继续与中国农业银行合作，并与中远集团财务部密切联系，加强沟通，每月报送资金计划，及时足额拨入员工账户内。至年底，完成3274人的住房货币补贴资金支付工作。（邓伟荣　林盛鹏）

【续办《财金简讯》周刊】　2007年，为了丰富广大财务人员的知识面，财金部续办《财金简讯》周刊。为了传递财金最新信息，宣传财金最新法规，瞄准财金市场行情，财金部组织部分员工认真搜集资料、捕捉与航运相关的经济信息、政策和会计相关的新知识，精心编辑排版，认真审核校对，按时推出电子版《财金简讯》，并及时利用电子邮件第一时间传递给广远所有财务人员和广远领导。《财金简讯》自创办以来，至2007年底制作了150期。由于其信息含量大，针对性强，信息及时有效，受到广远领导和基层财务人员的好评。

（邓伟荣　林盛鹏）

【加强财会队伍建设】　2007年，财金部注重人才培养，组织委派财务负责人参加中远集团组织的国家总会学习班学习，使委派财务负责人业务技能有所提升；同时，加强对财会人员的专业技能和知识培训，着重对《企业会计准则》、《企业财务通则》进行培训，收到了良好效果。

（邓伟荣　林盛鹏）

【驻中远监事会对广远进行例行检查】 2007 年 3 月 6～16 日，国资委监事会主席高怀忠在中远集团总会计师孙月英和资产管理室经理胡海兵的陪同下，率国资委驻中远集团监事会第 44 办事处人员开始对广远进行实地监督检查。财金部积极做好接受检查的相关工作，并向检查组提供了大量的资料。该检查组听取了广远关于经营管理情况和财务工作情况的汇报，并对广远的经营管理和财务状况进行检查，与广远主要领导、主要部门负责人谈话。在检查过程中，该检查组对广远生产经营现场进行实地考察，专程参观检查了广远停靠在海南的汽车船，对停靠在黄埔港的“松山”轮进行现场实地检查，对该轮的生产情况和船员的生活情况进行了了解和指导，并对广远正在黄埔船厂改造的沥青船“月亮湾”轮进行了实地考察。

（邓伟荣　林盛鹏）

资金管理

【资金管理单元简介】 资金管理单元主要负责广远及下属资金管理、银行账户管理、资金结算、融资管理、广远本部行政费用日常核算管理、工资发放、航运财务核算与管理等工作。时任资金管理业务经理邓玲（1～7 月）。员工 8 人。

（邓伟荣　林盛鹏）

【资金管理单元工作概况】 2007 年，资金管理单元严格执行“三重一大”中对资金管理方面的要求，把资金管理作为日常财务管理的核心，以提高资金使用效率为出发点，加强现金流量分析预测，将现金流量管理贯穿于企业管理的各个环节，加快款项的回收，高度重视企业的支付风险和资产流动性风险，根据广远整体发展规划，开拓多种融资渠道，做好广远系统的资金集中管理，加强资金统一调度；密切关注汇率和利率的变化趋势，减少财务费用开支；加强银行与企业的联系，推行委贷业务，利用不同的贷款组合降低企业的资金成本；严格执行按全面预算管理制度制定的各项计划、指标。

（邓伟荣　林盛鹏）

【统筹资金，做好资金调头】 2007 年，财金部为广远利益最大化为出发点，对广远系统内的资金进行统筹安排和调度，挖潜利用，合法依规提高资金的使用效率，充分发挥广远整体资金优势，提高整体资金使用效率，降低资金使用成本，提高资金效益。同时充分利用授信额度打时间差，做好资金调头，节约财务费用。财金部在统筹运用资金方面注重提高资金使用率，平时多关注资金使用及贷款情况，在资金许可的情况下，将 2005 年年底贷入的人民币，分次提前归还，在需要时又重新贷出。这一举措有效提高资金使用率，并节约财务费用。（邓伟荣　林盛鹏）

【转变结算方式，节约财务费用】 中国银行从 2006 年 8 月 1 日起对当天提现金累计超过 5 万元部分加收手续费。2007 年，财金部为降低费用，对广远现金收支情况进行分析，提出应对措施，严格控制现金提取与支出，把好现金支出关，对于业务往来等尽量采取银行支票结算，从而有效节约财务费用支出。

（邓伟荣　林盛鹏）

【防范人民币升值风险】　2007 年，财金部积极跟踪市场，密切关注汇率和利率的变化趋势，提高预警机制，提高资金使用效率，防范人民币升值的负面影响，加快结汇，减少人民币债务，在金融机构允许范围内放缓美元债务还款速度，人民币升值为广远带来较好的汇兑收益。

（邓伟荣　林盛鹏）

【贯彻落实《中远集团非集装箱船舶境外港口使费结算办法（试行）》】　2007 年，财金部根据《中远集团非集装箱船舶境外港口使费结算办法（试行）》的要求，及时与中远集团海外代理联系，并采取集中汇付定额备用金，由广远统一结算的模式。根据业务需求适当高速定额备用金，对于较少靠泊的港口代理取消或收回了原预付备用金。　（林曦）

【开展外汇资金集中管理工作】　2007 年，财金部按照中远集团《关于全面开展中远集团外汇集中管理工作的通知》要求，认真做好外汇资金集中管理工作，制定相应措施，实行外汇资金集中管理。

（邓伟荣　林盛鹏）

【设置网银账户查询授权】　2007 年，财金部根据中远集团《关于完善财务网银系统账户查询功能的通知》，加强资金管理，按照程序设置相关的资金查询账号。

（邓伟荣　林盛鹏）

【规模费用报销的管理】　2007 年，财金部整理并修订了费用报销管理办法，出台《关于费用报销的补充规定》，完善了费用报销管理制度。　（林曦）

【加强出纳工作管理】　2007 年，广远实行深化改革，船员划归中远航运管理，出纳职能转回广远财金部。财金部及时制订了《广州远洋运输公司出纳工作管理（暂行）办法》，对出纳工作的职责、操作办法、程序进行了规定，对广远及下属企业的出纳工作管理具有指导意义。

（林曦）

综合财务

【财务管理单元简介】　财务管理单元主要负责财务管理工作和综合事务，包括财务快报、财务预算、经济活动分析、委派财务负责人管理、财务人员培训、OA 文书管理、资产评估、财务风险管理、企业产权登记，以及综合事务管理等工作。时任业务经理何进伸（1 ~7 月）、林曦（8 ~12 月）。员工 4 人。

（邓伟荣　林盛鹏）

【财务管理单元工作概况】　2007 年，财务管理单元完成以下主要工作：对广远本部及投资企业的投资项目进行财务监督和审核；对投资企业财务委派负责人进行日常管理和协调；完成广远本部固定资产投资计划和固定资产清查的管理工作，对在建工程和固定资产进行相关监督管理，协助广远其他职能部门推进企业重组后的相关项目小组工作；协助广远相关部门进行资本运营；编制财务快报和经济分析；完成企业的预算管理编制工作；完成广远所属投资企业产权登记换证工作，解决了产权证的历史遗留问题，为后续国有资产管理奠定了基础；协助投资项目完成相关资产评估工作和备案工作，在中远集团“主辅分离”战略思想指导下，参与岸产改制工作，对改制成本和改制效益进行财务测算和分析；参与广远主辅分离、改制分流工作，配合有关部门，加强对委派财务负责人的业务管理。（邓伟荣　林盛鹏）

【加强预算管理】　2007 年，财金部将预算管理列为重点工作，完善与加强预算管理，在不断总结经验的同时，采取更符合实际的方法和手段，推进全面预算管理，将重点放在具体的日常管理中，实行过程预算控制，为企业降本增效服务。根据广远预算委员会的统一部署，完成 2007 年预算的编制、调整和执行工作。年终根据预算执行情况进行业绩考核，为绩效挂钩提供重要依据。（林曦）

【编制广远 2008 年财务预算】　2007 年，财金部根据中远集团对 2008 年预算的指导意见和要求，并结合广远的实际情况，对广远 2008 年预算编制工作进行了积极有效的组织和准备，对各单位、各部门的预算提出了切实可行的指导、监督和及时跟踪管理，完成 2008 年财务预算的编报工作，并经广远预算管理委员会的讨论通过。

（邓伟荣　林盛鹏）

【加强财务审核，减少不合理费用支出】
2007 年，财金部对专项费用的支出，认真履行财务审核的职能。严格遵照财务相关制度，对每一笔费用的支出仔细审核，严格把关，对不合理、不合规的费用支出不予登记入账。财金部通过加强财务审核，使各种支出合理有效，并将费用控制在预算范围之内，达到了降本增效的目的。

（邓伟荣　林盛鹏）

【配合有关部门完成“大型船舶操纵模拟器”固定资产的购置工作】　2007 年，财金部积极配合广远有关部门按照 2006 年投资调整计划购置“大型船舶操纵模拟器”完成采购招投标程序，并按合同要求支付“大型船舶操纵模拟器”设备款项。

（邓伟荣　林盛鹏）

【办理华南医疗资产评估备案的申请】
2007 年，广远参照国务院颁布的《企业国有资产监督管理暂行条例》、《企业国有产权转让管理暂行办法》和中远集团总公司颁布的《中远集团国有资产评估管理办法（试行）》等相关政策要求，对华南医疗进行改制。委托中通诚评估有限公司对华南医疗的整体资产进行评估，将评估结果于 4 月 13 日上报中远集团备案，并于 7 月 10 日获得中远集团备案通过。

（邓伟荣　林盛鹏）

【协助船员公司和各办事处改革】　2007 年，根据广远整体发展战略，船员公司和驻国内港口各办事处顺利划归中远航运，各驻国内港口办事处原有的招待所按照广远领导办公会统一要求停止营业。财金部积极配合，将招待所的资产整理列出清单，移交物业公司代为管理，并协助船员公司做好有关财务的划转工作。

（邓伟荣、林盛鹏）

【资产调整折旧】 2007年，中远集团按照新的《企业会计准则》要求，对中远系统的资产折旧进行调整。财金部积极配合中远集团的整体部署，派员参加中远集团的资产调整和SAP2007项目组工作，完成广远资产折旧年限的调整，使广远的资产折旧情况，符合新《企业会计准则》和中远集团统一要求。

8月20日，广远参加中远集团在大连进行新《企业会计准则》财务调整集中处理的工作，按照中远集团统一部署和要求，先对非船舶资产进行财务调整，调整固定资产的折旧年限和残值率。由于广远的资产数量多且复杂，经中远集团指导、帮助和精心测算、调整，到8月底完成中远集团的统一要求，将船舶资产调整书面上报中远集团，并得到中远集团同意批复。

（邓伟荣　林盛鹏）

【进行《企业会计准则》培训】 2007年，财金部组织财务人员集中讨论、研究新的《企业会计准则》，收集相关资料形成了《广州远洋执行新企业会计准则指引（讨论稿）》。同时，特别聘请华南理工大学和暨南大学会计系权威教授对广远系统内各单位所有财务人员就新《企业会计准则》进行系统、全面的培训，培训课程主要针对新《企业会计准则》中涉及广远系统各单位业务的内容（如长期股权投资、固定资产、职工薪酬等）。参加培训人员178人，除广远系统财务人员外，还包括人事薪酬、工会福利、及战略发展等相关岗位的其他业务领域人员。此次培训不仅对整个广远系统新会计准则转换的实施和推进起到了促进作用，并且有助于广远及下属各单位广大财务人员全面掌握会计新准则、新制度，提高业务操作水平。

（邓伟荣　林盛鹏）

【进行《企业财务通则》培训】 国家新的《企业财务通则》于2007年1月1日起实施。为了使企业的管理人员及财务人员及时掌握财务政策的更新变化。6月14日，财金部和人力资源部/组织部联合举办《企业财务通则》培训。广远领导、广远本部各部门负责人、各下属单位的党政一把手和广远所有财务人员共230人参加了培训学习。培训邀请了华南理工大学资深教授授课，讲解了新旧财务制度的差异、变化等，加深了参加培训人员对新财务制度的了解，有利于加强财务制度建设和提高企业财务管理水平。

（邓伟荣　林盛鹏　钟新勇）

【下达2007年行政经费及福利费支出计划的通知】 2007年，财金部根据中远集团下达给广远的2007年利润总额必保目标及奋斗目标的经营管理任务，充分考虑航运市场的走势和客户的开拓情况等各种因素影响，结合2006年实际情况，并根据各部室（中心）上报的2007年计划，编制了2007年度经费预算，并经广远领导办公会审定通过，下发广远各部室，明确规定各部室（中心）各项成本费用开支应实事求是，贯彻精益管理的思想，实现降本增效；各部室（中心）的年度指标实行总额考核，业务招待费实行专项控制；年末根据各部室（中心）各自指标完成情况作为2007年业绩考核和绩效评价的重要依据。

（邓伟荣　林盛鹏）

【固定资产清查】 财金部根据《广州远

洋运输公司固定资产管理办法》的要求，为了核实固定资产的数量、质量、性能以及归属部门，保证固定资产账、卡、物相符，并结合每年的固定资产清查工作，于2007年11月29日下发《关于开展2007年固定资产清查的通知》，各单位按文件要求进行固定资产自查盘点。财金部会同广远监督部/审计部、发展部、岸产事业部等部门进行了联合检查，有效保障了固定资产安全，提高了资产的使用质量。

（邓伟荣　林盛鹏）

会计核算

【会计核算单元简介】 会计核算单元主要负责广远会计核算管理和税务管理工作，主要包括会计制度与会计政策的制定、会计基础工作的规范管理、下属企业会计检查与指导、各项税费的计缴与筹划、会计决算管理、会计报表的编制与审核、下属企业决算的审核与批复、会计信息系统日常管理、会计档案管理等工作。时任业务经理陈小华（1～7月）、张美琴（8～12月）。员工5人。（张美琴）

【会计核算单元工作概况】 2007年，会计核算单元执行新《企业会计准则》，其主要工作如下：完成了2006年度广远年终决算工作、汇算清缴工作、《企业年度工作报告》填报工作；部署2007年广远年终决算工作及2007年汇算清缴工作、《企业年度工作报告》填报工作；加强与税务等政府主管部门的公关工作，合理、合法、科学地进行税务筹划工作；聘请勤正税务师事务所进行专项调查，协调有关部门进行房产权属调查工作；进一步规范广远下属企业的财务核算工作；参与缩短管理链条的有关工作；检查广远下属企业会计工作；单船广远会计核算模式的跟踪；参加广远全面风险控制工作小组等。

（张美琴）

【做好新《企业会计准则》的转换工作】 中远集团规定中远集团境内企业自2007年1月1日开始全面执行新《企业会计准则》。为保证新《企业会计准则》的顺利实施，做好新《企业会计准则》和现行《企业会计准则》、《企业会计制度》（即原会计制度）过渡衔接工作。财金部完成了新《企业会计准则》年初的调整工作、参加中远集团举办的新《企业会计准则》的各项培训，对广远下属企业财务人员进行新《企业会计准则》的培训，加强规范日常会计核算行为的管理，加强内控制度建设工作、加强财务信息系统建设等。

（张美琴）

【做好税务筹划，减少税费负担】 2007年，财金部为适应广远主业重组导致收入、资产结构变化的新情况，加强税务筹划力度。认真仔细地分析广远的重组交易行为、现行税赋构成等，在主业重组，船舶买卖环节实施了增值税税赋筹划工作；结合企业实际情况，针对各税种的课税依据实施了堤围费、营业税、房产税等的筹划工作；针对企业设立地的税收政策差异，实施所得税税差筹划等。是年，财金部在税务筹划工作上取得了卓越的成果，在依法足额纳税的前提下，为企业节约了数千万元税金，同时为企业生产经营和深化改革营造了良好的税务环境。（张美琴）

【对海洋厂的会计检查】　2007年，广远为了规范下属企业内部业务流程的控制，规避企业的经营风险，规范及完善广远系统内部会计核算的制度，由财金部与岸产事业部企划室、财务室于7月4日~6日派出会计稽核小组对海洋厂的经营管理、内控及制度建设等方面进行一次全面的检查，从经营模式对财务核算影响、部门职责、采购、仓库管理及销售环节、成本核算、增值税等方面入手，对各方面存在的问题提出了专业意见，促进了海洋厂的规范管理。　（张美琴）

【对金桥学院的会计检查】　财金部稽查小组根据广远内部财务检查制度（试行）的有关规定，于2007年10月15~19日对金桥学院进行了为期5天的财务检查，检查主要针对2005年度、2006年度、2007年度1~6月的会计核算内容进行了重点检查，检查内容包括对该时间段的账簿和部分会计凭证的抽查，检查形式包括对金桥学院校本部进行实地账务检查，及对天河校区，番禺新、旧校区进行走访询问等。稽查小组对金桥学院的资金管理、财务制度执行情况、内控管理等方面提出了整改建议，促进了金桥学院的财务管理。

（张美琴）

【做好2006年年终决算工作】　广远为做好2006年年终决算工作，除2006年11月召开广远系统2006年度年终决算工作会议，布置相关决算工作任务安排外，于2007年1~3月加大力度做好广远内部往来对账等相关决算工作，于3月中旬将2006年度决算报表及相关文档说明上报中远集团财务部。　（邓伟荣　林盛鹏）

【做好2007年年终决算工作部署】　2007年，财金部按照中远集团决算会议精神做好2007年决算准备工作：1. 按照国资委和中远集团关于做好决算备案工作的相关通知，统计广远投资项目，严格按照《新企业会计准则》的规定，确定符合决算合并范围的投资单位，并进行报备；2. 召开广远系统2007年度决算布置会，传达中远集团决算会的精神及解释中远集团关键的决算文件，听取下属各家企业在实际工作中存在的疑难问题，并给予了具体解答；3. 制定《企业年度工作报告》编写分工明细，以财金部牵头，联合广远机关各部室完成该报告的编写及相关资料收集工作；4. 开展广远系统账销案存管理销案工作，要求各企业清理清产核资时账销案存资产，将符合《国资委账销案存管理规定》中销案条件的资产进行销案；5. 布置广远内部交易核对工作，确保广远系统内部的关联交易的信息、数据一致性；6. 为了加强广远下属企业财务数据分析的可比性，进一步统一规范广远系统固定资产折旧管理，制定并下发了《关于统一广远系统折旧政策的通知》，对广远合并范围内各级企业在册固定资产、投资性房地产的折旧年限、残值进行了统一；7. 与会计师事务所、税审事务所沟通，结合广远系统投资框架及各企业的实际情况，敲定年终税务审计、决算审计时间；8. 根据广远本部账务处理进度、结合以往决算经验，制定《广远2007年度会计决算总体计划表》，把决算工作落实到财金部各个业务单元，落实到每个责任人；9. 完成投资性房地产信息系统转换工作；10. 检查SAP账务处理，对发现的错账、漏账及时更正和补记工作；11. 核对各项投资情况，及时跟踪华南医疗股权转让进度、广远系统内部股权无偿划拨的进度，确保投资处理、股权转换资料齐备的情况下及时进行账务处理；12. 协同资金结算业务单元清理广远本部长期挂账的应收运使费、对于确实无法收入的款项全额计提坏账准备；对于长期无投资收益的投资项目进行核实，按新《企业会计准则》提取投资减值准备；13. 完成2007年度所有账务处理，完成SAP结账工作。

（邓伟荣 林盛鹏）

第五节 人力资源管理

【人力资源部/组织部简介】 人力资源部/组织部接受广远党委和行政的双重领导，行政职能向总经理负责，组织工作向党委负责。主要职能是负责人力资源的总体规划、广远管理权限内员工的招聘、调配、培训、培养及绩效考核；管理广远劳动用工合同、劳动工资、员工外派、退休审核、机构设置、职能分配和编制制定工作；组织制订并实施企业员工岗位目标绩效考核制度和本部奖励制度；管理广远本部内退、待岗、下岗人员；负责党的组织建设和统战工作。管理离退休服务中心、劳动保险统筹中心、档案管理中心3个挂靠中心。

时任总经理、组织部部长黎光葵，总经理助理郑深恩。员工41人。

（吴思）

【人力资源部/组织部工作概况】 2007年，人力资源部/组织部以及挂靠的3个中心按照广远赋予的各种职责，开展员工招聘、培训、绩效考核、劳资管理、劳动关系处理等工作，同时处理人事管理的日常工作，做好档案管理、社会保险和离退休人员的管理服务工作；组织完成管理范围员工的考核工作，制订《广远公司中层领导人员后备人选管理暂行办法》，印发《从船员中选拔优秀人才调岸培训管理暂行办法》，组织进行第二批中远集团三个三百人才推荐工作，推荐援藏后备干部人选和江西省远洋运输公司副总经理人选；开展广远航运人才调研和广远人力资源现状调研工作；加强对海员证、因公护照、因公港澳通行证的管理工作；抓好员工的培训，继续组织MBA学位班的教学管理工作；积极参与企业的重大改革，参与广远驻国内港口办事处、办事处招待所和船员管理体制的改革工作，参与船员劳动关系的变更工作；做好《劳动合同法》的学习培训与贯彻落实准备工作，参与广远风险调研工作，参与华南医疗、湛江供应公司的改制工作；制订船员工资改革方案，确保船员工资制度的有效落实；编制并上报广远2007年工资总额计划；对岸产企业工资总额使用情况进行调控，完成2006年广远各单位工资总额的核定和清算工作。

2007年，人力资源部/组织部完成国务院国资委对广远党建检查调研汇报工作、完成船舶党建工作情况调研，协助中远集团完成企业党建调研。表彰了2006～2007年度优秀党员、优秀党务工作者、先进党支部；组织各单位召开民主生活会，组织广远2007年度领导班子述廉议廉会议；完成对加强党员经常性教育等四个长效机制文件检查情况的总结。

2007年，人力资源部/组织部抓好社会保险和计划生育管理工作，完成2007年离退休人员基本养老金正常调整工作，对广远退休人员2852人参加北京地方基本医疗保险视同缴费年限认定工作，进行上海地区船员农转非家属参加社保的工作，对保险关系转移、工亡职工供养亲属待遇历史遗留问题进行清理，继续进行数字化档案管理中心建设，档案中心被中远集团评为档案工作先进集体，在广东省档案局组织的档案管理检查评估中，被评为优秀等级，并被推荐参加“国家技能人才培育突出贡献奖”的评审；做好离退休人员管理和服务工作。是年，人力资源部/组织部获广远先进集体称号。（吴思）

【成立广远加强船员教育培训“红树林”工程工作小组办公室】 广远加强船员教育培训“红树林”工程时间跨度长、涉及单位广、参与人员多，工程任务艰巨，为了进一步加强组织领导，保证“红树林”工程稳步推进、健康发展，不断引向深入，广远于2007年4月3日成立企业加强船员教育培训“红树林”工程工作小组办公室，并为此下发了相关通知，对办公室的职责作了明确规定。（吴思）

【明确广远大厦管理工作领导小组职责】 为了保障广远大厦建设项目规范管理，确保项目顺利实施，广远成立了广远大厦管理工作领导小组。鉴于广远大厦建设项目采用开发模式建设，与固定资产投资的管理模式不同，并且项目已进入正式房地产经营开发阶段。广远为了加强管理，于2007年8月16日下发了《关于明确广远大厦管理工作领导小组职责的通知》。该通知对管理工作领导小组的职责作了明确规定，并根据广远大厦建设项目进度情况，原开发I1－4地块专项工作小组、广远大厦建设工程协调工作小组同时撤销。（吴思）

【成立广远实施全球契约相关工作机构】 2007年，广远为使企业“履行全球契约，实施可持续发展战略”的工作顺利、高效地进行，于9月17日成立“履行全球契约，实施可持续发展战略”相关工作机构：广远“履行全球契约，实施可持续发展战略”领导小组、广远“履行全球契约，实施可持续发展战略”工作小组、广远“履行全球契约，实施可持续发展战略”协调办公室。（吴思）

【成立工亡职工供养亲属待遇清理和工伤评残清理工作小组】 2007年，广远为维护企业的和谐与稳定，做好历史遗留问题的清理，根据广远排除风险的工作要求，针对企业以往因工死亡职工亲属和职工工伤待遇存在的问题，于12月17日分别成立工亡职工供养亲属待遇清理和职工工伤伤残等级评审清理2个专项工作小组。2个小组均设在保险中心。（吴思）

员工管理

【员工管理单元简介】 员工管理单元主要职责是负责贯彻国家和中远集团的人力资源政策，负责广远人力资源的总体规划、管理权限内员工的招聘、调配、培训、培养及绩效考核，为企业的发展配备恰当的人才；负责各类人才队伍的培养，建立与完善企业员工培训与发展体系，制订年度培训计划，并对培训计划的实施进行跟踪、效果评估和监督，管理企业劳动用工合同、劳动年审、员工外派、机构设置、职能分配和编制制定工作，协调劳动关系管理；管理广远本部内退、待岗、下岗人员。时任业务经理吴思。员工6人。（吴思）

【员工管理单元工作概况】 2007年，员工管理单元认真做好人力资源管理工作，努力提升管理水平。组织完成广远驻国内港口办事处的考核和聘任工作；组织实施聘期满考核工作，并对派出航运企业员工进行考核；积极推进广远本部全面绩效管理，组织广远本部员工的聘期满绩效考核和年度考核；完善干部公开选择任用机制，制订《广远公司中层领导人员后备人选管理暂行办法》，印发《从船员中选拔优秀人才调岸培训管理暂行办法》，组织进行第2批中远集团“三个三百”人才推荐工作，推荐援藏后备干部人选和江西省远洋运输公司副总经理人选；开展广远航运人才调研和广远人力资源现状调研；加强对员工的管理，组织进行岗位评估工作，设立岸产运营总监，对因公护照、因公港澳通行证进行清理和回收，规范因私出境证件的管理，做好海员证的相关管理工作，继续做好货币分房员工职务及工龄的审核工作；抓好员工培训，继续组织MBA学位班的教学管理工作；积极参与企业的重大改革，参与广远驻国内港口办事处的改革、办事处招待所的改革和船员管理体制的改革，参与船员劳动关系的变更工作；重视劳动关系的管理，做好《劳动合同法》的学习培训与贯彻落实工作，参与广远风险调研工作，参与华南医疗、湛江供应公司的改制工作；做好内退员工的管理；完成广远各类人事信息的动态更新。

（吴思）

【基层领导班子成员聘期满考核】 2007年12月，广远成立联合考核小组对船员公司、岸产事业部、航运企业的领导班子及其成员进行聘期满考核。考核按照考核动员、班子成员述职、民主测评、个别谈话、意见汇总、结果反馈和考核报告的程序进行，共考核了4个领导班子、4个派出负责人，共20名领导，参与考核的员工达262人次。对基层领导班子成员聘期满的考核，为广远下一轮对基层领导班子成员的聘任提供了依据。（金占涛）

【广远本部员工聘期满考核】 2007年12月，广远成立联合考核小组，对广远本部的所有员工进行聘期满考核，其中业务经理及以下员工的考核由各部门直接组织。各部门总经理及总经理助理的考核，由联合考核小组负责实施，并依据述职报告发放考核表、个别谈话、上级考核、结果汇总等程序进行。共考核部门总经理8人、部门总经理助理8人、业务经理33人、一般员工149人、专职监事4人。评出“聘期满绩效考核优秀员工”共37名，其中部门负责人3名，业务经理层级6名、一般员工28名；评出“年度绩效考核优秀员工”业务经理层级9名、一般员工14名。

（全占涛）

【对派出航运企业员工考核】 2007年12月，为加强对派出航运企业员工的管理，广远成立联合考核小组，对广远派往福建捷安、省远洋、中远营港、越洋船务的员工进行绩效考核。福建捷安和中远营港的合作股东也同时派出人员参与考核。考核按照考核动员、负责人述职、民主测评、个别谈话、结果反馈和考核报告的程序进行，共考核4个单位，考核了派出负责人4人、派出员工18人。（全占涛）

【制订广远中层领导人员后备人选管理暂行办法】 为加强广远中层领导人员队伍建设，建设一支政治坚定、业务熟悉、开拓务实、作风过硬、结构合理、数量充实的中层领导人员后备人选队伍，规范中层领导人员后备人员的管理，2007年5月，广远党委下发了《广远公司中层领导人员后备人选管理暂行办法》。该《办法》从适用范围、组织领导、选拔原则及条件、选拔程序、培养、任用、管理等方面规范了中层领导人员后备人选的管理。

（吴思）

【制订优秀船员调岸培训管理办法】 为促进广远的发展，拓宽人才培养渠道，充实广远管理及技术人才库，2007年1月，广远下发了《从船员中选拔优秀人才调岸培训管理暂行办法》。该《办法》包括了选拔范围、培训方式、选拔程序、培训管理、培训内容、培训考核、培训要求、薪酬等方面内容，规范了调岸培训工作。

（吴思）

【岸产企业领导班子调整】 2007年6月，广远调整了金桥学院、通导公司、物业公司、大富酒店、远洋大厦、供应公司等单位领导班子的部分成员。（吴思）

【中层管理岗位公开招聘】 2007年，广远继续推行中层管理岗位公开招聘工作，进一步完善干部公开选择任用机制，对财金部财务管理业务经理、监督部业务经理助理等岗位进行了公开招聘工作，共有7人次报名应聘，其中有2名员工分别聘任到财金部业务经理和监督部业务经理助理的岗位上。（吴思）

【选派援藏干部】 2007年6月，广远根据中远集团相关文件的要求，开展了援藏干部的选派活动。按照组织动员、自愿报名、初步筛选、身体检查、确定人选的程序进行。最后确定了1名上报中远集团的援藏干部人选，1名援藏干部的后备人员。

（吴思）

【选派江西远洋副总经理】 2007年9月，根据中远集团的相关文件要求，广远选派了1名员工担任江西省远洋运输公司副总经理职务。（吴思）

【推荐中国海员建设工会全国委员会委员候选人】 2007年11月，广远纪委书记兼工会主席马宗梅被推荐为中国海员建设工会第二届全国委员会委员候选人。

（吴思）

【第二批“三个三百”人才推荐工作】 2007年11月，广远按照“公开、平等、竞争、择优”的原则，通过自下而上、层层选拔、优中择优的程序，将业绩突出、综合能力强、发展潜力大的121名员工推荐为中远集团第2批“三个三百”人才人选，其中，经营管理人才50人，专业技术人才13人，政工人才18人，船长人才18人，轮机长人才15人，政委人才9人。

（吴思）

【开展航运经营人才专题调研】 2007年，为满足主营运输业务发展需要，培养出一支结构合理、符合航运市场素质要求的航运经营人才队伍，员工管理单元开展了航运经营人才专题调研，并撰写了《广远公司航运经营人才专题调研报告》。

（阮亦欢）

【开展科技人才队伍情况调研】 2007年，为配合国务院国资委到中远集团进行科技人才队伍状况调研工作，根据中远集团的有关要求，员工管理单元开展了科技人才队伍情况调研，并撰写了《广远公司科技人才队伍调研情况报告》上报中远集团。

（阮亦欢）

【开展人力资源队伍状况分析】 2007年，为适应企业战略发展需要，建立起一支满足企业发展要求的人力资源队伍，促进广远健康、和谐、可持续发展，员工管理单元对广远现有人力资源队伍现状进行了分析，并撰写了《广远公司人力资源队伍分析专题报告》。 （阮亦欢）

【广远驻国内港口办事处改革】 2007年7月，广远实施对驻国内港口办事处改革，办事处成建制划归中远航运，改革中涉及的23名员工全部进入中远航运。

（吴思）

【船员管理体制改革】 2007年9月，广远为做强做优中远航运，培养具有市场竞争意识和专业素质的船员队伍，增强核心竞争力，促进广远和中远航运健康、和谐、可持续发展，实施了船员管理改革：由中远航运向广远定向招募船员及相关管理人员。在船员管理改革中，陆地101名船员管理人员通过竞聘进入中远航运，6212名适岗船员划归中远航运，其中包括广远自有船员4610人、协作船员1444人、外聘船员158人。改革后，尚有1307名船员留在广远。 （吴思）

【调整公司非常设机构】 2007年，为适应企业机构改革和人员变动的需要，确保各项工作正常运作，广远对非常设机构进行了调整，新成立的机构有：加强船员教育培训“红树林”工程工作办公室、广远维护稳定及突发事件应急处置工作领导小组和工作小组，广远“履行全球契约，实施可持续发展战略”领导小组与工作小组和协调办公室、广远大厦管理工作领导小组和广远大厦监督工作领导小组。撤销了集中处理信访突出问题及群体性专项工作小组和治安综合治理领导小组。

（吴思）

【设立岸产企业运营总监】 2007年10月，为了促进企业的改革发展，加强对岸产企业的管理，广远设立了岸产企业运营总监职位，负责广远岸产事业部和岸上产

业的管理和督导。（吴思）

【设置总法律顾问】 2007年9月，广远根据中远集团相关文件的要求，设立了总法律顾问一职，同时聘任广远副总经理傅伟为广远总法律顾问。（吴思）

【参与湛江供应公司的改制工作】 2007年10月，员工管理单元参与了湛江供应公司的企业改制工作。对原湛江供应公司进行清算，员工分流安置到供应公司、物业公司和广远本部。其中，广远本部分流安置了11名内退员工。（吴思）

【广远风险管理之人事风险调研】 2007年11月，广远启动全面风险管理工作，对广远本部及各投资企业进行全面的风险清查。人力资源部/组织部在全面风险调研的基础上，提交了《广远人事风险调研报告》。（吴思）

【加强对海员证的管理】 2007年，广远共出具海员证批件25份、政审批件25份，合计向广东海事局申办海员证3098人次。8~9月，员工管理单元通过对陆地人员持有海员证情况进行清理，做到了规范管理。同时，为陆地随船人员办理临时海员证4本。10月，圆满完成广东海事局、中远集团对广远的海员证的管理检查。

（金占涛）

【加强因私出国（境）管理工作】 2007年，根据中共广东省纪委、广东省委组织部、省公安厅、省人事厅印发的《关于进一步加强国家工作人员因私出国（境）管理工作的通知》提出的对国家工作人员因私出国（境）的管理工作新要求，广远下发了《关于加强因私出国（境）管理工作的通知》，对企业备案人员的因私出国（境）作了新规定。与此同时，将所有备案人员因私出国（境）证件回收到企业进行统一管理，共回收因私护照40本，因私港澳通行证35本。（阮亦欢）

【新员工招聘】 2007年，广远共招聘新员工178名，其中1名为社会招聘，其余为高等院校毕业生。在招聘的高校毕业生中，水上专业毕业生172名。

（阮亦欢）

【调整内部退养生活费】 2007年11月，广远将职工内部退养生活费标准，由原来的1500元/人调整为1800元/人。

（吴思）

【精益管理】 2007年，人力资源部/组织部推进精益管理工作，各单元模块进行精益管理的自我检查，提出提高工作效率和改进服务质量的措施。在精益管理工作中，将残疾人年审工作作为“精益亮点”汇报，并获得广远2007年度精益管理项目“星光奖”。（金占涛）

【员工培训】 2007年，人力资源部/组织部完成了广远2007年度培训计划，完成组织培训821人次，员工个培92人次；与财金部合作组织完成了《企业财务通则》的专题培训；完成广远各单位432名专业技术人员继续教育证书审核，给29名新聘任专业技术人员发放继续教育证书；完成中远集团4期“三个三百”人才培训班人员选派任务；对4个培训机构讲课水平及培

训质量进行现场听课和评估；组织完成《劳动合同法》的培训工作；继续组织MBA班的培训工作。（钟新勇）

【举办《劳动合同法》培训班】 为了更好地贯彻2008年1月1日实施的《劳动合同法》，2007年9月，人力资源部/组织部专门组织了新《劳动合同法》培训班。广远机关各部门及各基层单位的领导和工会、人事管理、法律等从业员工145人参加培训。培训班聘请国家劳动和社会保障部劳动法研究室主任王文珍等专家讲课。

（钟新勇）

【举办新《劳动合同法》操作实务培训班】 为了进一步贯彻执行好新《劳动合同法》，提高企业人事管理人员的政策理解、工作水平、处事能力和人事管理工作质量，2007年12月，人力资源部/组织部举办了《劳动合同法》操作实务培训班。有76人参加培训班学习。培训班根据新《劳动合同法》的条款和规定，结合企业具体工作进行学习、研讨。（钟新勇）

【完成企业劳动年审】 2007年，广远按照《广东省分散按比例安排残疾人就业办法的规定》的要求，安排残疾人就业113人，完成了企业按比例安排残疾人就业的工作，通过残疾人分散按比例就业年审。人力资源部/组织部总经理黎光葵被广东省人民政府残疾人工作委员会评为“2007年度驻穗中央、省属单位按比例安排残疾人就业工作先进个人”。（赵卫）

【解除及终止劳动合同】 2007年，广远解除或终止劳动合同人员154人，其中解除劳动合同125人（个人提出124人，协议解除1人），终止劳动合同29人。

（赵卫）

薪酬管理

【薪酬管理单元简介】 薪酬管理单元负责贯彻执行国家和中远集团薪酬福利政策，实施对船员公司、岸产事业部、广远航运投资及控股企业（岸上投资及控股企业由岸产事业部负责）工资总额的确定、使用、宏观调控和检查监督的重要职责；促进完善员工福利制度，调动员工的工作积极性，合理调控以上各单位间的薪酬水平，审定上述各单位经营者年度的激励机制和奖惩制度，包括核定年薪标准、特殊贡献奖励以及补充养老保险、股票期权等长效激励，努力实现广远的战略发展目标。薪酬管理单元同时承担劳动统计报表、广远本部工资政策制定、发放及管理的管理职责。时任业务经理张丛。员工2人。

（张丛）

【薪酬管理单元工作概况】 2007年，薪酬管理单元根据中远集团《关于完善中远集团远洋船员工资管理的指导意见》，结合企业实际情况，制定并组织实施了《广州远洋运输公司完善远洋船员工资管理方案》；为广远航运全资及控股企业董事会决策提供工资分配方面的理论帮助与数据支持，先后为中远航运、中远远达、中远南方、中远营港等单位的广远方董事提供建议或意见；为推进租入船经营工作的迅速开展，制定并组织实施了《广州远洋运输公司租船经营激励实施办法（试行）》，促进租入船经营工作的迅速开展；完成劳动工资统计、广远本部员工工资发放等日常工作；按照广远有关基层单位企业负责人年薪的文件规定和考核结果，兑现基层单位企业负责人2006年度的年薪。

（张丛）

【完善船员工资管理】 2007年，薪酬管理单元根据中远集团《关于完善中远集团远洋船员工资管理的指导意见》，结合企业实际情况，制定并组织实施了《广州远洋运输公司完善远洋船员工资管理方案》（以下简称管理方案），并于2007年1月1日起实施。《管理方案》以建立“国际化、市场化、显性化、简单化”的远洋船员工资管理体系为目标，从企业实际情况出发，贯彻按劳分配与按生产要素分配相结合、效率优先，兼顾公平的原则，以岗位能力素质要求、工作责任、工作环境、劳动强度为分配要素，参考国际劳务市场工资水平，努力使远洋船员工资管理体系做到：国际化、市场化、显性化、简单化，以贴近国际惯例，兼顾国家的政策要求和企业的实际情况；适度提升远洋船员的待遇水平，解决远洋船员工资待遇的吸引力问题。该《管理方案》的实施，促进了船员队伍的稳定和建设。（张丛）

【2006年度个税申报】 2007年，薪酬管理单元与广远财金部密切配合，为员工提供收入统计数据查询，协助年收入达到个税申报标准的员工做好2006年度个税申报工作。（张丛）

【加强劳动工资管理】 2007年，薪酬管理单元向中远集团人力资源部上报了《广远公司2007年度工资总额计划》，统筹安排广远系统内各单位工资总额使用计划，并进行统一管理。是年，广远由于加强了劳动工资管理，各单位工资总额使用合理、有序，有力地保障了生产经营的开展。

（张丛）

【调整船员工资管理模式】 从2007年10月1日开始，中远航运定向招募广远船员。被定向招募船员自2007年10月1日起工资转由中远航运发放。薪酬管理单元克服工作任务重，难度大，时间紧等困难，经过精心组织，按时完成船员工资划转工作。

（张丛）

【调整广远本部员工薪点值】 2007年，广远效益再创历史新高，安全形势保持基本稳定。广远党委和企业领导为了让广大员工共享改革发展的成果，经广远领导办公会批准，自2007年10月1日起，适当提高了广远本部员工薪点值。（张丛）

【承办中远集团工资总额核定工作会议】 2007年，薪酬管理单元承办了中远集团在广州召开的《中远集团2007年度工资总额核定工作会议》。中远集团人力资源部领导、境内各直属航运企业人力资源部负责人及劳资管理主管共28人参加了会议。会议由中远集团核定中远集团境内各直属航运企业2007年度工资总额，并对今后工资总额管理发展进行座谈。薪酬管理单元贯彻精益管理理念，精心组织会议接待工作，做到服务热情周到，节约有效。

（张丛）

【调查2004～2006年企业职工内部收入分配】 2007年，国务院财政部为贯彻落实中共中央提出的完善收入分配制度，规范收入分配秩序的决策精神，研究制定规范国有企业管理者收入及垄断行业收入分配等改革方案，对中央企业经营管理者收入和职工内部收入分配状况进行专题调查。广远根据中远集团的统一部署，完成了相关工作：按工效挂钩口径填报并上报了26家单位2004~2006年的《企业基本情况表》、《企业职工（含经营管理者）内部收入分配情况表》、《企业职工内部收入分配来源、发放情况表》、《企业经营管理者（高层管理人员）收入分配情况表》等。（陈慧华）

【完成中远航运招募船员及船员管理部相关的统计】 2007年10月，薪酬管理单元完成船员及原船员公司机关人数划拨统计，完成原船员公司本部人员1~10月份收入统计工作。（陈慧华）

【固定资产管理工作】 2007年，薪酬管理单元根据广远的安排，完成填报《中远集团2007年投资调整计划》和《中远集团2008年投资建议计划》及2007年固定资产清查工作。（陈慧华）

【工资日常管理】 2007年，薪酬管理单元加强工资日常管理，按时完成日常工资动态变动审核1056条、工资关系调入调出办理74件，开具收入证明65件；完成退养、待岗职工工资标准的重新核定工作、广远本部年功保险的计算工作；完成2006年度突出贡献奖的材料收集、初审建议工作；完成查核档案工资等历史资料32件，完成广远本部退休员工24人档案工资核定工作。（张丛）

【加强工资宏观管理】 2007年，薪酬管理单元加强工资宏观管理，做了大量工作：为广远各投资及控股企业广远方董事提供企业分配管理方面的信息支持与决策参考，对部分企业的分配制度提出了修改意见；编制并上报广远2007年工资总额计划；对岸产企业工资总额使用情况进行监控；完成2006年各单位工资总额的核定和清算工作；完成2006年度劳动工资年报和工挂报表的填报及月、季劳资统计报表填报工作；完成人力资源部/组织部相关的《中远集团2007年投资调整计划》和《中远集团2008年投资建议计划》工作。（张丛）

【完成地方劳动综合统计报表】 2007年，广远按广州市统计局的要求，遵循在地统计的原则，按在地统计过渡期统计报表继续实行“双轨制”报送的要求，广远作为主管单位，收集审核汇总所属基层单位的季度、年度劳资报表报送到广州市统计局，及督促所属基层单位向所在区统计局报送季度、年度劳资报表，完成广州市布置的劳动工资统计报表上报工作。（陈慧华）

【完成劳资统计报表】 2007年，薪酬管理单元完成中远集团布置的劳资统计工作，完成劳动工资统计年报表统计、工效挂钩清算、人工成本统计及季度报表等上报工作。（陈慧华）

【参加市统计局会议】 2007年，在广州市统计局举办的3期经济分析会上，薪酬管理单元劳资主办均在会上介绍了本企业人员、工资总额、人均收入等情况。（陈慧华）

【完成地方劳资统计报表网上报送工作】 2007年9月，薪酬管理单元劳资主办参加广州市统计局举办的《广州市宏观经济数据库采集平台》培训。会后按要求进行录入报表数据下载等转换操作，并通知所属单位做好相关工作，完成了地方劳资统计报表网上报送工作。 （陈慧华）

档案管理

【档案管理中心简介】 档案管理中心（以下简称档案中心）主要职责是负责为广远系统单位提供人事档案、文书档案、行业业务档案、技术档案管理、职称管理、户口管理等服务工作。同时，开拓人力资源开发与服务的新功能和新市场，逐步采取承包制形式（向广远租赁场地、库房、设备，向委托方收取管理费、服务费等）走向内部独立核算。

2007年，档案中心档案库存共有117015卷（件），其中文书档案5221卷、6644件，基建档案370盒，会计档案24132卷，船技档案268盒，航运档案4680卷，声像档案160盒，照片档案1966张，旧印模447个，缩微档案3456张，实物档案267件，基层单位档案19206卷，保卫档案1852卷，干部人事档案15797卷，户籍档案28214件，职称档案4335卷。档案机读目录案卷级2337条，文件级260744条。

时任主任徐鹰。员工13人（5人返聘）。 （徐鹰）

【档案中心工作概况】 2007年，档案中心做了大量工作，取得了优异成绩：1. 档案管理。组织召开2007年广远档案工作会议，提供档案利用2371/11705卷件/人次；移交转递111卷干部人事档案，完成1168卷退休及其他人员档案的转库工作；接收归档文件3149/1771卷/件，干部人事档案141卷；整理文书档案等3149/2889卷/件，人事档案1418卷；完成3149/4112卷/件各种材料的归档工作；销毁航运业务档案984卷；扫描档案259167/2720598卷/页，复查档案1698635页次；新建档案110册并入库。2. 职称管理。组织召开政工、教师、工程系列评审会，工人技师评审会，整理上报中远集团职称材料63份；组织答辩会20次；组织技能鉴定2次，共32人，通过率100%；办理全日制正规院校毕业生专业技术职务初次认定32人；核对高级职称名单2000人次；组织全国职称报考104人，将考试用书、准考证、资格证书、评审表等均及时全部发放到个人。3. 户籍管理。办理入户213人，迁出户口170人，死亡注销户口28人，注销粮食198份，查核户口资料有错误的45份，审核上报家属、小孩转户的材料16份；办理第二代居民身份证513份，办理临时身份证12份；办理2007届大学生照相78人；核查员工身份证与社保、人事库资料是否一致755份。

是年，档案中心被中远集团评为“档案工作先进集体”。档案中心在广东省档案局组织的档案管理检查评估中，被评为优秀等级。档案中心是中远系统唯一被推荐参加“国家技能人才培育突出贡献奖”的单位。档案中心主任徐鹰被中远集团评为“档案工作先进个人”。陈献平荣获广远优秀共产党员称号。《创新思维，精益办证》专题工作被评为2007年度广远级优秀QC成果。

【档案管理工作硬件设施升级换代】 2007年，档案中心改善档案管理硬件设施，加强档案管理硬件设施建设，促进档案管理工作硬件设施升级换代：新购档案柜75个，抽湿机3台，电脑3台，打印机4台，复印机1台，空气消毒机3台，数码相机1台。通过硬件设施升级换代，进一步提高了档案管理的技术含量，增强了档案的“八防”（防盗、防火、防光、防潮、防尘、防高温、防虫、防鼠）能力，为建设数字化档案管理中心打下良好基础。

（甘光荣）

【档案整理工作】 2007年，档案中心抓好档案业务基础工作，确保文书、科技档案归档质量 。档案中心从文件的收集入手，严格执行档案资料规范化、标准化要求，对当年的文件、合同、协议、纪要进行分类整理，归档立卷，保证了档案资料的完整、准确。是年，接收归档文件3149/1771卷/件，整理文书档案等3149/2889卷/件，销毁航运业务档案984卷；扫描档案259167/2720598卷/页，复查档案1698635页次；接收1艘新船技术档案，共26盒，1516份，并进行了盖档号章、起钉、重新装订、目录英译中、电脑录入、上架排列等整理工作。接收会计档案2993卷（册）；基建档案2卷137份，整理编目录入扫描2卷、137份；接收整理了照片档案4卷166张；全宗档案42卷387份；证书产权档案3卷60份；实物档案218件。

（甘光荣）

【档案库房管理】 2007年，档案中心每天对档案库房进行检查，放置防虫防蛀药；全年进行库房、通风、抽湿、清洁2180次，进行档案库房温湿度调节登记2062次；全年档案库房远程管理达96次5760公里。

（甘光荣）

【档案管理人员培训工作】 2007年，档案中心重视员工思想观念更新，坚持业务技术培训先行，培训工作做到“五个结合”：1.“走出去”与“请进来”相结合。组织员工到上级主管部门和广东省先期开展档案信息化建设先进单位观摩学习；聘请专家进行企业信息化、岗位流程再造等短期培训，为档案管理人员拓宽视野和提高业务技能奠定了良好的基础；2. 专职与兼职培训相结合。先后组织114人次参加广东省、广州市举办的各类培训班，为全面提升专、兼职档案管理人员专业素质发挥了重要作用；3. 实施岗位轮训与现场培训相结合。抽调基层档案管理人员36人到档案中心轮训；在年度档案管理检查评比中，坚持检查、指导并重，提高了基层档案管理人员解决实际问题的能力；4. 培训领导与培训员工相结合。档案中心先后对6名新任职的广远机关部门长、基层单位办公室主任等主管档案工作的领导进行培训，对基层13名新任兼职档案管理工作人员进行上岗前培训，促进了档案管理的规范化，确保了档案归档高质、高效；5. 坚持检查中学与受检中学相结合。档案中心先后派出18人次参加协作组对兄弟单位的检查；接待协作组检查、参观32人次。通过双向交流，学习经验，查找差距，提高了档案工作整体管理水平。

（徐鹰）

【档案编研工作】 2007年，档案中心续编了《广远大事记》、《广远公司组织沿革》、《历届领导任职时间》、《机关干部任免名单》、《处分人员名单》、《历年船舶发生重大事件登记表》、《广远公司各基层、办事处成立情况》、《广远之最》等基础数字汇编。以广远编写人员为主编纂了《广东省志（水运志）》关于广远部分资料。（甘光荣）

【数字化档案管理中心建设】 2007年，档案中心积极推进数字化档案管理中心建设，坚持高标准、高起点，采用标准规范的应用软件；与清华紫光联手，筹建系统基本框架、软件的选用与开发、高速网络系统的建立；安装好设备、软件，积极稳步推进档案的扫描加工工作。是年，档案中心扫描档案259167/2720598卷/页，复查档案1698635页次。（徐鹰）

【科技、文书档案利用情况】 2007年，档案中心充分发挥档案利用中的服务工作，重视做好档案利用工作中的服务性职能。全年共借用档案1596卷次2983件次，11705人次。为协助广远处理广州远洋湛江供贸公司地块产权问题，派出档案人员多次往返湛江、北京两地有关部门查找档案，提供1974～2007年580卷档案（其中湛江查到可用档案12卷，25份文件，83页；北京查到可用档案文件11份，208页），为处理该地块起到凭证依据作用；是年，档案中心利用档案直接或间接产生效益达5272万元（其中船舶减少停时8.5天238万元；土地确权增值4400万元；追收账款471万元；报建出租增值163万元）。（甘光荣）

【人事档案管理】 2007年，档案中心接收人事档案32份，完成2462份归档材料入库工作，转出转递人事档案91份。按国家一级标准重新整理人事档案，完成1538卷。10月份，档案中心开始对人事档案进行扫描，为档案的数字化管理打基础，扫描人事档案2936卷。是年，借阅、查阅人事档案共1326份，退休职工档案改号转库1168份。（黄旭刚）

【技师培训鉴定管理】 2007年，档案中心组织10位专家研究编写广远技师题库，分水手专业、机工专业。广远题库内容全面，题目规范、标准，适用性、可操作性强，受到中远集团、青岛船员学院的高度评价。是年，完成技师培训和鉴定32人，鉴定成绩合格为32人，其中，有水手长17名、机工长15名。召开广远技师评审会，评议通过41人，推荐其参加中远集团技师评审，其中，有水手长22名、机工长19名，参加船舶水手高级技师破格评审1人。（徐鹰）

【专业技术职务任职资格管理】 2007年，档案中心办理全日制正规院校大中专毕业生专业技术职务任职资格初次认定32人；组织人员参加职称全国统考94人，其中，48人取得各系列专业技术职务任职资格；评审通过高级船长7人、高级轮机长3人、助理政工师1人、政工员1人、工程师6人、高级讲师1人、讲师5人、助教1人。同时，组织人员参加专业技术职务答辩14人，办理人员执业资格注册6人。是年，档案中心修改专业技术职务人员信息库1500人次，办理专业技术职务任职资格证书179本。（徐鹰）

【户口管理】 户口管理主要职责是办理

集体户口迁入、迁出，死亡户口注销，员工结婚、离婚、户口项目变更及身份证办理等事务的处理。2007年，广远户口管理工作如下：集体户管理6870人；随父母迁入户口7人；大学生入户206人；开具广州市外迁移户籍证明78份，迁出户口170份，寄出户口68份；办理身份证525份，寄、发出身份证980份；借户口登记结婚98人次、借户口办理离婚手续2人次、借户口办理因私护照919人次、借户口办理购买房子210份（次）；死亡注销户口28份；到公安部门查核姓名、年龄有错的45人；两证为一人的委托书9份；查核户口历史资料86份；查阅复印集体户人员人事档案86份；上报公安部门办理更改错名、错年龄、错号码的84份。（陈献平）

劳动保险统筹管理

【劳动保险统筹中心简介】 劳动保险统筹中心（以下简称保险中心）主要职责是负责广远、广远下属全资子公司在职和退休人员、合资了公司中广远派出员工的基本养老保险、基本医疗保险、工伤保险、生育保险、失业保险等社会保险业务，并兼管企业内部的补充养老保险业务和计划生育管理工作。2005年，保险中心受北京社会保险管理中心委托，设立北京中远社会保险管理中心广州分中心（简称广州分中心，与保险中心为一套人员两块牌子）。2007年，保险中心管理参保单位共30个，包括非广远系统单位的有中国船舶燃料供应公司的广州公司和湛江公司。参保单位分布在广东、海南、福建、湖南、辽宁等地。参保人员1.5万人，其中退休人员0.8万人。保险中心办公室设在广远本部附二楼211室，药费报销设在广远本部附二楼的结算大厅。

时任主任叶勇，主任助理邝占罗。员工15人。（叶勇）

【保险中心工作概况】 2007年，保险中心主要做了如下工作：在基本养老保险方面，进行养老保险费的征集和上缴、养老金的计算和代发放、养老保险关系的终止或转移等；根据地方政府现行养老保险政策及时进行离退休人员基本养老金待遇调整，提高离退休人员基本养老金待遇水平。在基本医疗保险方面，贯彻落实北京市和中远集团有关医疗保险改革的各项政策和规定，执行北京市基本医疗保险政策和待遇标准；做好中远系统在广州地区报销医疗费用的参保单位和职工的医疗保险日常管理和服务工作，包括医疗保险费的征集和上缴，参保人参保登记和动态变更、定点医院更改等个人基本信息修改、参保人员医疗费用的审核与结算工作；做好广远系统各航运公司船舶购药费用、船员在国外就医的国外医疗费用（500美元以下免赔部分）、船员上船体检费用的审核与结算工作。在工伤保险方面，审核与报销工伤职工治疗工伤的医疗费用并根据中远集团职工工伤保险待遇计算的有关文件规定，对广远2007年度被评定工伤残疾等级的职工计发工伤保险待遇；根据《调整中远集团工伤职工及工亡人员供养直系亲属工伤保险定期待遇的通知》，调整因工致残及工亡职工供养直系亲属的工伤保险定期待遇。在生育保险方面，审核与报销女职工产前检查和生育的医疗费用并按照中远集团职工生育保险待遇申报审批制度的规定，对广远生育女职工落实生育保险待遇、计发生育保险待遇。在失业保险方面，根据广州市有关失业保险文件规定，确定职工失业保险缴费基数、征集上缴失业保险费和为失业人员申办失业待遇。

（邝占罗）

【调整中远驻粤单位离退休人员养老金】2007年2月，保险中心根据《关于调整中远驻广东地区单位离退休人员基本养老金的通知》，执行粤社保函［2007］24号文规定，对2006年6月底前离退休的6180人调整养老待遇：离休110元，退休100元。调整后，平均基本养老金水平从2372.87元增长到2473.06元，增幅为4%。同时，按《关于调整驻粤单位离休干部及退老工人1～2月生活补贴发放时间的通知》执行粤社保函［2007］35号文规定，离休干部增发的1～2个月生活补贴时间由每年7月调整为每年1月份，2006年7月—2007年6月的生活补贴以2006年7月调整后的基本养老金为基数计发（实际发放额扣去按原标准已发放部分）。

（陈卓驹）

【增加省属企业离休干部生活补贴】2007年6月，保险中心执行中共广东省委老干部局《关于从2006年7月起增加省属企业离休干部生活补贴的通知》规定，按照企业离休干部养老金待遇与省直机关同职级离休干部离休费拉平办法，离休干部从2006年7月1日起增加离休费，具体标准：正局1220元，副局940元，正处670元，副处490元，科级及以下职务350元，并按就高不就低原则补发2006年7月—2007年6月期间的离休费差额。调整后，广远105名离休干部人均离休费从4702.42增加到5275.55元；离休费差额人均从184.02元增加到602.99元。

（陈卓驹）

【对离退休人员基本养老金进行调整】2007年9月，保险中心根据《关于对中远广东调整政策单位离退休人员基本养老金进行调整的通知》执行粤社保函［2007］208号文件规定，对2007年6月底前离退休的7154人调整养老待遇：退休人均82元，离休（退休老工人）164元。在此基础上，每满1年缴费年限再增加2元，正副高级职称分别再增加60元、50元（两项均取最高值），满80周岁再加50元。从2007年7月1日，满80周岁后，每月增50元。

（陈卓驹）

【做好2007年度职工缴费工资基数采集】2007年，保险中心按中远劳险函［2007］12号文通知，执行北京市社会保险基金管理中心《关于做好2007年度职工缴费工资基数采集工作的通知》的规定：参保人员2007年度职工缴费工资的统计区间为2006年1月1日—12月31日，单位财务实际支付的工资收入和船员外派劳务收入；2007年度养老保险缴费比例不变，单位为20%、个人为8%；参保单位按参保人员缴费工资基数之和的9%按月提取和缴纳基本医疗保险费，其中，5%在职工福利费中列支，4%在“管理费用——劳动保险费”中列支；参保人员以本人缴费工资基数的2%按月缴纳基本医疗保险费并转入其个人账户；参保人员及退休人员个人按每月3元标准缴纳大额医疗费用互助金；职工个人缴费由单位按月从其工资中代扣代缴，退休人员缴费由中远集团劳险中心在其个人账户中抵扣；补充医疗保险费由参保单位按参保人员缴费工资基数之和的4%按月提取和缴纳，资金列支渠道为“管理费用——劳动保险费”；工伤、生育保险基金单位提取比例仍为0.8%和0.2%。（李小平）

【中远驻粤单位养老保险缴费基数有关问题】 2007年，保险中心根据中远劳险函［2007］32号文通知，执行北京市社会保险基金管理中心《关于转发2006年广东省各市职工平均工资情况的通知》的规定：2006年广东省在岗职工平均工资为26186元，月平均工资为2182元；2007年7月至2008年6月的养老保险缴费基数封顶值为6546元，保底值为1309元。

（李小平）

【医疗保险参保登记与基本信息维护】 2007年，保险中心的医疗保险参保人员动态变更：新增参保登记181人、在职转退休474人、终止合同38人、系统内调动77人、死亡40人。个人信息变更：更改姓名、身份证号码、住址共2753人次，更改定点医院549人次，变更报销地区83人，医疗卡注资1093人次。（邝占罗）

【开展QC小组活动】 2007年，保险中心针对使用没有商品名的广东药品目录审核药费工作效率低的问题，以“提高药费审核工作效率”为课题开展QC活动，找出主要原因是审核药费的药品目录中通用名与商品名不相匹配，并制定改进措施和具体实施办法，采用通用名与商品名相匹配的药品目录来审核药费。活动前审核单据10—12份/日，活动后审核单据16—18份/日，药费审核的工作效率提高了50%；日常的医疗费用报销在10个工作日内完成，年底医疗费用报销高峰期亦不超过25个工作日完成一个医疗费用报销周期，达到了QC小组活动的预期目标。是年，药费报销QC小组被评为中远集团和广州市优质质量管理小组。（邝占罗）

【医疗费用报销】 2007年，保险中心完成全年医疗费用收单、录入、审核结算4585人次，医疗费用29152810元，报销金额19681945元。其中门诊报销2773人次，医疗费用8715558元，报销金额4694433元；住院报销1591人次，医疗费用12590498元，报销金额8771865元；三特病（恶性肿瘤放射治疗和化学治疗、肾透析、肾移植）报销215人次，医疗费用7845753元，报销金额6215646元；计划生育6人次，医疗费用3961元，报销金额3955元。（邝占罗）

【在船医疗】 2007年，保险中心全年审核结算广远系统各航运公司在船医疗费用，其中，船舶购药329艘次，结算船舶购药费990993元；国外就医55人次，国外就医医疗费85729元；上船体检1995人次，体检费用413057元。船舶购药费990993元、国外就医医疗费85729元、上船体检费用280411元，共135万元，费用在“在船医疗包干费用”中列支。（邝占罗）

【调整住院大额医疗保险费用个人负担比例】 2007年，中远集团为减轻住院人员（含三特病）大额医疗保险费用负担，自2007年1月起对中远集团住院人员大额医疗保险费用报销比例进行调整：住院大额医疗保险属个人支付30%的部分，在职参保个人负担比例由15%调整为5%，退休人员个人负担比例由13.5%调整为3%，调整个人负担比例增加的费用由中远集团企业补充医疗保险基金负担。根据中远集团《关于调整住院大额医疗保险费用补充医疗保险个人负担比例的通知》，保险中心按照文件要求认真对2007年住院大额医疗保险费用报销情况进行清理，共清理出2007年度住院医疗费用超出基本医疗保险基金最高支付限额（70000元）并进入住院大额医疗保险费用报销的有59人（在职13人，退休46人）。59人补报销款额237289.87元，其中，补款1000—5000元的有34人、5000—10000元的有12人、10000元以上的有5人。（邝占罗）

【工伤（亡）认定、评残、因病劳动能力鉴定】 2007年，广远劳动鉴定委员会先后2次召开会议，认定船员工伤8人、工伤残疾等级初评13人、因病丧失劳动能力鉴定1人。上述鉴定得到中远集团职工劳动能力鉴定及伤残评审委员会2007年度评审会议复审通过和北京市劳动鉴定中心认定。（杨树沛）

【工伤保险待遇计发】 2007年，广远年享受工伤保险待遇共计334人次。其中，按月计发了1名工伤职工的工伤护理费；按月计发了10名伤残职工的定期伤残津贴费。保险中心每月一次向中远集团呈报工伤职工医疗费，全年办理职工工伤医疗费42人次；共发放16人的供养亲属抚恤金。（杨树沛）

【调整定期工伤保险待遇】 2007年，保险中心根据《关于中远集团2007年调整工伤职工及工亡人员供养亲属工伤保险定期待遇的通知》精神，自2007年7月1日起对因工致残及工亡职工供养直系亲属的工伤保险定期待遇进行调整：1. 对2006年12月31日以前，按月领取伤残津贴（不包括已经办理退休手续后按月领取基本养老金的伤残一至六级工伤职工）、生活护理费的工伤职工以及按月领取供养亲属抚恤金的工亡职工供养亲属进行调整。调整标准：伤残津贴每人每月在原待遇基础上增加，分别为：伤残一级250元；伤残二级240元；伤残三级230元；伤残四级220元；伤残五级、六级180元。2. 按月领取伤残津贴五级、六级的工伤职工，每人每月在原待遇基础上增加180元。广远符合调整条件的有7人。3. 工伤护理费、供养亲属抚恤金以单位所在地2005年职工社会平均工资为基数，按中远统筹［1998］0328号文规定的核发比例进行调整。工伤职工岑维满的工伤护理费由原1128元/月，调整为1210.8元/月；供养直系亲属享受抚恤金的16人中有8人按核发比例进行了调整。4. 调整的待遇标准自2007年7月1日起执行。按调整后的计算办法计算抚恤待遇，2007年计发定期伤残抚恤金147259.26元、工伤护理费14032.8元、供养亲属定期抚恤金479762.56元；全额报销符合规定的工伤医疗费322481.1元、残疾辅助器具费2919元。全年共支付工伤保险基金966454.71元。（杨树沛）

【生育保险】 2007年，保险中心按照《关于进一步完善中远集团职工生育保险待遇申报审批制度的通知》和《关于调整中远集团职工生育津贴计算办法的通知》

规定，对4名生育女工落实生育保险待遇，共计发生育保险基金53417.5元，其中，产前检查费7675.11元、生育费10190.1元、生育保险津贴71282.71元。

（杨树沛）

【调整职工失业保险缴费基数】 2007年，保险中心根据广州市有关失业保险文件规定，调整职工2007年度（2007.7.1—2008.6.30）失业保险缴费基数：以职工本人2006年全年实发工资性收入的月平均工资数，确定失业保险缴费基数并按广州市2006年职工月平均工资3027元的300%封顶和60%保底，封顶值为9081元，保底值为1816元。单位缴纳失业保险费为职工个人缴费基数的2%，个人缴纳失业保险费为职工个人缴费基数的1%，农合工个人部分免缴。 （林仕东）

【职工因公交通意外伤害保险参保】 根据中远集团《承担因公交通意外伤害保险责任确认书》的通知确认：林盛鹏等166名在职员工经中远劳险中心审核确认参保并由中远集团备案，理赔给付责任从2007年6月30日零时起，由中远集团按照《中远集团员工因公交通意外伤害保险管理暂行办法》执行。徐臣涛等105名在职员工经中远劳险中心审核确认参保并由中远集团备案，理赔给付责任从2007年9月26日零时起，由中远集团按照《中远集团员工因公交通意外伤害保险管理暂行办法》执行。 （林仕东）

【企业年金启动工作】 2007年，保险中心按照国资委和中远集团要求，对原补充养老金进行认真清理，及时上报清理结果，并配合中远集团做好企业年金启动工作，加大人员培训力度，搜集相关资料，初步制定企业年金方案。 （李小平）

【计划生育管理】 2007年，广远通过积极指导和帮助船员调配部门计生兼职人员，对6000多名船员进行了计生验证审理。11月，对广远本部职工进行计划生育验证工作，不断完善职工家庭生育情况资料数据库。全年未发现职工违反计划生育情况，计划生育率达100%，完成广远与华乐街签订的计划生育管理目标；办理职工各类计划生育手续证明51人次（不含船员）；组织116名女职工进行妇科常见病的普查普治工作，补充“广东省已婚育龄妇女生殖健康档案卡”数据。是年，广远落实独生子女父母和无子女职工退休优待政策，共核发17人一次性奖励或生活补贴179289元（不含船员）。 （陈瑞芬）

离退休职工管理

【离退休服务中心简介】 离退休服务中心（以下简称离退休中心）隶属人力资源部/组织部，主要职责是负责广远本部离退休人员的管理服务工作。2007年，广远离退休服务中心的主要工作为：“三委一室”（离退休服务中心党工委、离退休管委会、广远关工委和离退休活动室）的管理，以及离退休人员的宣传教育、待遇落实、日常服务等。其工作流程为：接纳谈话、建档造册、学习教育、开展活动、督促有关待遇的改善与落实、发放福利待遇款项、组织体检和疗养、探访慰问、来访接待、信函答复、后事处理等。截至2007年12月31日，离退休服务中心管辖的离退休人员总数7267名，其中离休干部104人（含代管1人）。

时任主任谢汉波。员工8人。

（胡伟民）

【离退休中心工作概况】 2007年，离退休中心注重管理，完善服务，坚持广州离休干部的联系走访工作；老人节给139名高龄老人送温暖；慰问广州住院病号259人次、转业、复退伤残军人32人次、离休干部遗孀50人。走访慰问了沈阳、大连、青岛、汕头等地离退休人员共75人。对生活困难的离退休人员给予及时补助566人次；办理住院借款314人次。在外出活动方面："三·八"节组织离退休女职工302人到广州雕塑公园活动；组织离休干部130人次到东莞粤晖园、广州云溪生态公园活动；组织19名离休老干部（含家属）参加华东五市等地健康疗养；组织11名原广远老领导往港澳参观活动；组织120名老同志重阳节登广州白云山等。在福利性费用发放方面：发放春节慰问金6541人；劳模（先进）春节慰问金38人；起义（北归）船员生活补贴27人；防暑高温费6966人；中秋慰问金7129人；书报费7191人；秋游活动费6147人；新办退休纪念品费831人；生日费6561人；未参加外地疗养的离休干部营养费88人；老干活动证费122人。在医疗保健方面：组织广州及外地共4930人进行体检；2次对离休干部巡诊药费审核；举办保健讲座2次；办理救助卡727个；协办离退休人员医疗救助申报手续等。此外，还完成以下工作：对24批1155份离退休人员的《住房货币分配申请表》及《住房差额货币补贴申请表》进行了审核；按中共广东省委组织部规定对离退休干部待遇、级别等情况进行核查，并填报相关报表7份83人次；完成上级下达的2项调研任务及1份征文；离退休中心党工委所作《拓宽思路，积极探索，切实加强离退休干部党支部建设》的经验介绍受到中共广东省委老干部局的好评；全年共接收退休人员840人，协助办理59名病故离退休人员的后事。

（胡伟民）

【举办离退休人员春节团拜会】 2007年1月30日，离退休中心在广州远洋宾馆星河厅举办有广州地区离退休管委会主任、党支部书记及离退休人员代表共50人参加的广远离退休人员2007年春节团拜会。广远总经理徐惠兴致辞，党委书记刘书田、副书记黄继忠参加了团拜会。

（胡伟民）

【走访慰问离退休人员】 2007年，离退休中心坚持以各种形式走访慰问离退休人员。其中，赴外地走访慰问了75位离退休人员；在元旦、春节、中秋节等重大节日，离退休服务中心组织或陪同广远领导或人力资源部/组织部重点探望离退休老领导、劳模、广远创始人、原香港招商局起义船员、孤寡老人、特困户和离休干部的遗属等582人次；在老人节期间，给139名高龄老人送温暖；全年探望住院病人289人次。 （胡伟民）

【组织离退休人员体检】 2007年3月，离退休中心组织广州离退休人员1523人分别到广州军区联勤部门诊部和广远门诊进行体检。8月起，组织安排外地离退休人员在居住地体检，全年体检人数共4930

人。　　　　　　　　　　（胡伟民）

【明确离退休人员管理范围与外地管委会工作重新定位】　2007 年，广远驻国内港口办事处和船员公司先后划归中远航运。离退休中心顺应广远改革的需要，及时调整工作思路并采取相应措施：1. 根据驻国内港口办事处职能的转变，重点对上海、大连、青岛等管委会工作重新定位，重设组织架构，理顺关系，服务工作贴近社区；2. 在船员公司划归中远航运后，按广远规定明确界定了离退休服务中心对离退休人员的管理范围，修改了部分工作流程，协调了工作关系，保证了管理服务工作持续有序进行。　　　　　　　　（胡伟民）

【开展精益管理活动】　2007 年，离退休中心从实际出发，开展精益管理活动，收到较好成效：1. 在给离退休人员发放福利待遇费用时，将以往的邮政汇款改为银行转账的方式，全年节约汇费 19242.7 元；2. 注意减少公务用车，尽量使用公共交通工具，降低了管理服务成本；3. 筛选出最佳方案组织各种离退休人员活动，少花钱多办事，费用控制在预算范围内；4. 以网络服务和管委会协助的方法，处理外地人员后事，节省行政差旅费支出。

（胡伟民）

【参与广远住房货币分配审核工作】　自 2006 年 7 月起，广远正式启动了住房货币补贴工作。离退休中心负责对所辖离退休人员填报的《广州远洋运输公司员工住房货币分配申请表》及《广州远洋运输公司员工住房差额货币补贴申请表》中“职务”、“级别”、“参加工作时间”、“来广远时间”、“离退休时间”等项目进行审核。2007 年共审核 24 批次 1155 份表格。

（胡伟民）

【离退休党建工作】　2007 年，离退休中心党工委加强离退休党建工作：1. 加强组织建设，提高党员素质。完成了离退休服务中心党工委委员的调整和广州 18 个党支部的换届工作。调整后的离退休服务中心党工委由谢汉波、王金良、潘万财、朱光烈、杨亚芬 5 人组成，谢汉波任书记。大沙地党支部改为党总支。对调整后的支部书记进行业务培训，并选派 1 名支部书记到中共广东省委培训班进行系统学习。2. 以纪念中共建党 86 周年为契机，开展“保本色、争先进、创和谐”的主题活动。在“七一”期间表彰了 4 个先进党支部、21 名优秀党员、2 名优秀党务工作者、30 名党员。完成民主评议党员 2120 名；组织 82 位老党员到黄花岗公园进行爱国主义教育。3. 向下属各党支部发放党员“七一”座谈费和下拨支部活动经费。4. 12 月 5 日，对大沙地党总支进行“学习中共十七大精神与党建工作”为主题的现场调研活动，实地检查、了解该党总支的工作开展情况。5. 继续推进外地退休党员组织关系属地化管理，全年共办妥转移党组织关系

605 人。（胡伟民）

【关工委工作】 2007 年，广远关心下一代工作委员会（简称关工委）按照年度工作计划，完成了各 2 级关工委所在宿舍区的在校中小学生基本情况调查；开展了以“八荣八耻”和“社会、学校、家庭教育相结合”为内容的活动，先后组织了 70 多名中小学生参与了“广州青少年集邮夏令营”、“广东省青少年邮局研讨会”；组织了 40 名高中生参观南海神庙和黄埔军校。（胡伟民）

【加强离退休管理服务工作的调研、总结与探索】 2007 年，离退休中心与中心党工委根据上级的要求并结合开展服务管理工作的需要，撰写了一批调研、总结与探讨的材料。其中，在 5 月完成了由中共中央组织部下达的《关于“双高期”离休干部管理服务问题研究》调研文章，着重对处于高龄期、高发病期的离休干部从政治上关心、生活上照顾、服务上体贴三个方面进行了分析研究。7 月提交的《拓宽思路，积极探索，切实加强离退休干部党支部建设》一文，从组织设置，制度完善，党员管理，党支部发挥作用等方面，总结及探讨了新形势下做好老干部党支部工作的思路、途径和举措，受到中共广东省委老干部局好评并获邀作专题经验介绍。撰写的《浅谈“三教”紧密结合、良性互动的理论和实践》一文就家庭、学校、社会三种教育之间的关系及其相互作用从理论和实践的结合上作了多层次的探讨，该文被推荐在 12 月举行的广东省直属机关关心下一代工作委员会（简称省直关工委）“青少年‘三教’结合研讨会”上作交流，广远在推进“三教”紧密结合，良性互动上发挥关工委的作用方面的做法得到了省关工委和省直关工委领导的肯定。（胡伟民）

第六节 汽车船项目管理

【汽车船项目部简介】 广远汽车船项目部由国家商务部、发改委倡导，在中远集团和广远领导重视和安排下，于 2006 年 12 月 18 日正式挂牌成立。汽车船项目部主要职能是跟进和落实中远汽车船发展规划，进行汽车船买卖、新造、租赁等业务的操作和调研，开发汽车船客户资源，为中国民族汽车厂商解决运输出口瓶颈问题，担负着国家、中远集团交给广远的光荣而艰巨的任务。

时任总经理陈新川。员工 16 人（1 人兼职）。（张新伟）

【汽车船项目部工作概况】 2007 年，汽车船项目部根据《中远汽车船发展规划》和 2007 年初制订的工作计划，积极推进汽车船项目各项工作，按进度完成各项任务，取得较好的业绩。是年，汽车船项目部主要围绕汽车船新造船、客户维护、租船及培训人员、制定工作流程、规范内部管理等开展工作；市场人员负责收集汽车厂商的出口资料，寻找和挖掘国内潜在的汽车客户，与汽车厂商建立良好的关系，提供国内民族企业运输出口相关的支持和服务；机务人员负责与设计院、船厂设计规格书，

汽车船设备的技术谈判，审图，监造船；负责跟踪市场上的二手船，进行租、买二手船，监造船体进程。（张新伟）

【市场营销人员到位】 2007年3月1日，在广远船员公司的大力支持下，由汽车船项目部会同广远各相关部门挑选了6名市场营销人员参加相关岗前培训。

（张新伟）

【选派员工赴日本NYK总部交流】 2007年3～4月，根据中远与NYK谈判协商计划，广远分别派出2批员工到日本NYK总部交流学习汽车船业务、安全管理、船舶管理等业务工作。（张新伟）

【联合开发5000RT PCTC汽车船】 2007年，汽车船项目部与上海船舶设计院联合开发5000RT PCTC汽车船。从1～4月与上海船舶设计院、中远船务、日本NYK船级社等单位一起反复研究、更改新造汽车船的技术规格书，并于4月6日签订技术规格书和厂商设备表。（张新伟）

【商务部召开汽车运输业务会议】 2007年5月9日，商务部在北京召开汽车运输业务会议。中远集团、广远有关领导和人员与19家汽车厂商就汽车海运方面各自存在的相关问题进行探讨，并通报了各自的信息。汽车船项目部汇报了目前的发展战略规划。此次会议除原有的17家战略客户外，还增加了上海汽车工业（集团）总公司和陕西汽车集团有限责任公司2家国内重要的汽车厂商。（张新伟）

【签订新造船合同】 2007年6月6日，汽车船项目部在上海与中远船务签订了《5000PCTC新造船合同》。（张新伟）

【客户维护工作】 汽车船项目部为了更好地贯彻落实广远总经理徐惠兴关于“维护客户并对市场进行有效摸底”的指示精神，从2007年7月1日起，派出准市场营销人员全面拜访中国主要出口汽车企业，了解客户需求，对市场情况进行全面摸底，同时与相关业务人员建立关系，做好汽车船市场的开拓工作。通过拜访，与客户建立了联系机制，为开展实质性经营业务打下坚实的基础。（张新伟）

【中远集团召开汽车船发展协调会】 2007年8月15日，中远集团运输部在北京召开汽车船项目部发展协调会，处理解决汽车船项目部在发展过程中出现的实际问题。汽车船项目部派员参加，并就有关问题和中远集团相关部门进行了协调。

（张新伟）

【中远集团首艘5000车位汽车船开工】 2007年10月28日，中远集团5000车位汽车船首制船在舟山中远船务工程有限公司开工建造。该系列船舶的建造，是中远集团积极贯彻落实国家汽车产业发展政策的重要举措，标志着中远已进入快速发展汽车船队的实质性阶段。国家商务部副部长魏建国、浙江省政府副秘书长兼办公厅主任俞仲达、浙江海事局局长徐国毅、中远集团党组书记张富生，广远总经理徐惠兴、党委书记刘书田、副总经理傅伟、翁继强，中远船务总经理王兴如、党委书记周协东，长安汽车、奇瑞汽车、中国重汽等10余家国内著名汽车企业高层、及地方政府和相关部门领导共150余人出席了中远集团首艘5000车位汽车船开工典礼。

（张新伟）

【推进租入船工作】 2007年，汽车船项目部积极跟踪市场上租船信息，与众多船舶经纪保持密切来往。11月6日Ray shipping船东Danny先生和Barry经纪公司常先生拜访汽车船项目部，双方就其新造汽车船的租用、国际新造船技术和市场等问题交换意见，并根据11月9日广远总经理徐惠兴、党委书记刘书田的改用融资租赁方式租用汽车船指示要求，与船东进行沟通，探讨可行性。（张新伟）

【继续加强客户维护和市场研究工作】 2007年12月，汽车船项目部组织市场营销人员参观了第五届广州国际汽车展和亚洲工程机械展，了解主流车型及其内销出口情况，同时在展会期间拜会了相关汽车及工程机械生产厂家，双方对彼此的情况做了简短介绍，并就合作前景等进行了探讨。参观后，市场营销人员对此次活动作了相应总结，并将资料整理归档。

（张新伟）

【加强市场分析和研究工作】 2007年，汽车船项目部在与客户不断加强联系的基础上，认真分析市场形势和竞争对手动态，通过分析情况整理出相关资料。全年共编发了3期《汽车船市场情况月报》和2期《汽车船竞争对手动态月报》，供企业领导决策参考。（张新伟）

【众多汽车厂商来广远拜访】 2007年，自汽车船项目部派出市场营销人员拜访客户之后，与汽车厂商建立比较紧密的联系，许多汽车厂商与广远的合作愿意不断加大，纷纷主动到汽车船项目部来拜访，探讨双方合作的前景。是年，江西昌河、重庆力帆、徐工集团等企业负责出口业务的领导分别前来拜访，有的企业提出进行资本合作的意愿，并与广远发展部探讨了合作的可能性。（张新伟）

【加强业务人员培训】 由于广远没有从事过汽车船业务的人员，从机关和船员中抽调到汽车船项目部的人都没有相关的经历和经验。为此，2007年，汽车船项目部加强人员的培训。先后组织几批次的人员，分别到广州中货、中远航运、NYKCOS等单位和部门学习航运业务、市场营销、货运代理业务、船舶代理业务、汽车船业务；同时派出2批人员专门赴日本NYK总部，1人到新加坡NYK管理公司学习汽车船的经营管理、汽车船操作业务、质量控制等。通过培训使业务人员逐渐掌握相关的业务知识和技能。（张新伟）

【建章立制】 汽车船项目部是一个新成立的单位，为了规范内部管理，2007年，进行了建章立制工作，制订了岗位职责，工作流程，不断完善内部管理规定。

（张新伟）

第七节 信息技术管理

【信息技术中心简介】 信息中心于2001年8月6日成立，是广远信息化及通信管理职能部门，属于企业内部核算单位。信息中心主要职责是负责参与和配合广远的信息系统建设规划的制定并负责实施；负责广远信息系统和网络通信的开发、建设和维护；负责和确保广远船岸通信畅通稳定；授权负责广远计算机、通信等设备及有关设施的统一管理（包括软硬件引进、开发和维护）；在优先服务广远的前提下，在经营范围内以广州远洋电脑系统公司的身份自主开展对外经营。

信息中心设置应用开发部、市场拓展与软件事业部、通信管理与船舶资讯部、系统运行部、综合管理部5个部门。

时任副主任杨涛（主持工作）、张筱玲、刘韶昶。员工46人。（杨涛）

【信息中心工作概况】 2007年，信息中心坚决贯彻广远的整体发展战略，以信息化建设为手段，大力发展信息技术，全面实践精益管理，加快推进系统集成，通过信息化带动管理的现代化，提升企业的核心竞争力，引领广远走进信息化管理时代。在信息化建设方面，信息中心配合广远的整体发展战略，全力协助广远船员公司改革工作，做优做强中远航运；用信息化手段帮助广远下属航运公司提升管理水平，努力打造航运管理IT精品；信息领航，全面部署船舶管理系统，规范航运企业船舶管理；大力推进广远信息系统集成，打造广州远洋数字平台；完成广远OA办公自动化系统升级改造工作，提高公文管理水平；完成手机邮件系统安装和推广工作；配合广远的货币分房进程，完善了货币补贴系统，确保货币分房工作的顺利完成。在计算机和通信管理方面，坚持“技术创新，优质服务”，做好广远计算机软硬件系统日常维护，确保网络、通信畅通，将广远主干网络升级到千兆网络。在对外经营方面，加强了市场营销和市场拓展的工作，完成了船舶报文发送系统在中远集运的推广工作，在中远集运60艘船舶部署了报文发送系统；完成了中远南方网络工程，包括网络系统的整体设计方案、网络工程的实施、网络系统的迁移等工作；完成天星公司航运管理系统的现场培训和系统实施工作。是年，广远被评为“2007年度中国企业信息化500强”；8月，信息中心应用开发部QC小组被广东省质量协会、广东省总工会、共青团广东省委员会、广东省科学技术协会评为“广东省优秀质量管理小组”；软件事业部QC小组被中国交通企业管理协会、交通行业优秀企业管理成果评审委员会评为全国优秀质量管理小组；

10月，信息中心通信部被广远机关工会授予2006~2007年度巾帼文明岗称号；12月，信息中心工会被广远机关工会授予2006~2007年度先进部室工会称号。

（杨涛）

【荣获“2007年度中国企业信息化500强”】 2007年，广远在实施企业信息化过程中，大力发展信息技术，全面实践精益管理，加快推进系统集成。通过信息化带动管理的现代化，提升企业的核心竞争力，信息化建设取得优异成绩。12月，广远被CECA国家信息化测评中心评为“2007年度中国企业信息化500强”，标志着广远在信息化管理方面迈向了一个新台阶。（杨涛）

【QC项目取得新突破，获得国优称号】2007年，信息中心在2006年QC活动取得丰硕成果的基础上，更上一层楼，取得了QC活动的新突破。5月，应用开发部的QC成果“减少用户操作时间”和“实现大机数据移植”参加了广州市质量协会举办的QC成果发布会，2个项目同获广州市优秀成果奖。2项成果推荐参加广东省QC成果评选，也一同被评为省优秀成果。应用开发部QC小组还被评为2007交通行业质量优秀管理小组；由软件事业部开展的“研发以信息化规范船舶管理的方法”QC活动参加了成果发布，该QC小组被评为全国优秀质量管理小组。

（庄逸川　朱玉锋　王粤宁）

【精益管理再创佳绩】2007年，信息中心继续开展精益管理活动，在提高工作效率、提升服务质量、提高内部管理水平、实现降本增效等方面涌现出了更多更好的优秀成果。其中，《扬帆万里，信息领航，利用信息化手段，规范船舶管理》获得广远“精益亮点”活动星光奖；《打造数字平台，推动航运企业管理水平》、《引入先进制度，深化内部管理》、《推进数据整合，全面提升公积金管理水平》、《构建船岸桥梁，科学管理船舶管事账》等工程获得“精益亮点”入围奖。（庄逸川）

【安全工作】2007年，信息中心为使安全工作落到实处，成立了安全工作检查小组和安全工作监督小组，定时巡查总机房和办公室区域，对3大机房（总机房、计算机房、电传机房）及安全重点部位进行安全检查和评估，不放过任何安全隐患。对采用最新的管理软件系统，创新网络管理，强化网络安全，确保了广远的网络信息安全。是年，信息中心保证了3大机房及计算机设备系统正常运行，全年无任何事故，被广远评为“青年安全生产示范岗”。（庄逸川）

【应用开发部简介】应用开发部是广远计算机应用软件的研发和日常维护工作的主管部门，主要职责是负责广远应用系统的开发，提出建议，并进行可行性分析；负责与广远业务部门共同进行业务需求调研；负责组建项目开发组，进行系统设计、开发、测试、培训、投产及验收等工作；负责按《应用开发规范》编写软件开发项目中的各阶段开发文档，包括系统分析书、系统设计书、程序说明书、测试报告、操作说明书、维护说明书、用户操作手册、系统开发的技术报告；负责对广远投产的应用系统进行维护和功能扩充，确保系统正常运作和数据安全。时任经理张筱玲（兼），副经理梁璧泰。员工10人。

（张筱玲）

【应用部工作概况】 2007年，应用开发部配合广远对船员公司的改革，完成了涉及船员业务的多个信息系统的改造工作，为中远航运面向广远定向招募船员的工作提供了有力的保障；完成了因船员工资改革所带来的信息系统的大量修改工作，修改的难度、复杂度及工作量都是历次船员工改之最；配合信息中心对所有的OA办公自动化升级作了大量的工作，顺利完成了系统的升级工作；完成了中远航运下属天津中远航运、中远航运香港公司、中远日邮的航运管理系统的建设；完成了中远远达、天津中远航运、中远航运香港公司、中远日邮的财务数据接口工作；根据广远信息化的整体规划，完成了广远本部航运管理系统与主机调度系统的并行工作，如期停止了主机调度系统的使用；完成了主机系统1991～2007年数据的下载工作，保证了关闭主机的工作按时进行；根据税局关于公积金计税方法新的规定，适时对员工的公积金计税的信息系统进行了修改；针对广远公积金需求的多样性，重新开发了网络版公积金管理系统，停用了原来使用多年的单机版公积金管理系统；在保证广远信息系统开发与维护的正常进行的前提下，帮助青远完成了主机数据下载工作及主机数据查询系统；配合中远航运进行中远船员信息系统的评估工作；规范JAVA开发，完成了浪潮平台软件的培训工作；完成了航运管理系统计算机软件著作权的登记申请工作。是年，应用开发部的QC成果获得多项奖励。 （张筱玲）

【完成广远OA办公自动化系统升级改造工作】 广远于2002年1月引进了办公自动化软件，实现了办公无纸化操作，成为广远信息化建设中的一个里程碑。但随着时间的推移，旧的办公自动化系统已不适应企业的飞速发展。2007年，根据业务工作的需求，广远领导做出了OA办公升级的决定。由信息中心提出方案，并会同总经办，专门成立了OA升级项目统筹小组、测试小组及实施小组，保障升级改造工作正常进行。经过几个月的准备，11月12日，信息中心与总经办密切配合，正式启用新办公自动化系统。升级后的OA协同办公系统除了保留旧系统的原有功能外，新增加了PDA、手机短信模块的功能，并解决了以前不能在外网处理公文的问题。在升级改造过程中，信息中心员工不辞劳苦，辛勤工作，为OA项目的平稳、有序过渡到新系统奠定了坚实的基础，保证了广远的公文安全可靠的使用。

（张小强）

【完成船员划分项目（U项目）】 2007年，根据广远改革计划，广远船员将划入中远航运。为此，有关船员管理的一切系统需要改造。8月15日，信息中心成立了信息管理系统改造工作小组，在9月底按时完成了船员调配管理、人事管理、劳资管理、工资管理、公积金管理、船员业绩管理等几个系统的改造工作，为10月1日中远航运船员管理部的正常运行，提供了有力的技术保障。 （梁璧泰）

【完成船员工资工改项目】 2007年，信息中心承担船员工资改革相关信息系统的改造工作。这次船员工资改革工作，无论是时间跨度、力度、难度，还是复杂性，都是广远历史以来最大的。广远从4月开始，到11月完成全部的自营船舶的船员工资改革。这期间，信息中心分别改造了“船员调配管理系统”、“劳资管理系统”、“工资管理系统”，使船员在12月按时领到新工资。（梁壁泰）

【协助中远航运及下属公司航运管理系统建设】 2007年2月，信息中心根据中远航运的要求，对其下属天津中远航运、中远航运香港公司、中远日邮进行航运管理系统建设。5月，项目结束。至此，3家航运公司的航运系统与母公司中远航运的航运系统连为一体，调度数据互为贯通，并且统一了SAP财务接口的输出路径。

（张筱玲）

【广远本部航运管理系统与主机系统的并行】 广远航运主业重组后，广远下属各航运企业分别搭建各自的航运管理信息平台。为了集中各下属企业的航运数据，提高广远本部航运业务的管理水平，提高工作效率，信息中心以新的航运管理系统代替原有的主机系统，并于3月至5月，与原有的主机系统并行使用。在并行使用期间，信息中心完成了主机系统与新系统的数据转换，实现历史数据完整转换，同时数据同步录入，系统运行稳定、数据准确。原主机系统于6月停止使用。

（张晓航）

【设计开发网络版公积金系统】 广远自1995年职工开始缴纳公积金以来，一直使用建设银行提供的单机版公积金管理软件。随着信息技术的快速发展，这套管理软件已无法适应广远的改革发展以及公积金业务的变化需要。2006年底，信息中心重新开发设计一套新的公积金系统。该系统根据广远的管理特点，针对广远船员的管理特性，加强了对公积金的管理，使操作流程更清晰、更简便、查询更快捷。该系统于2007年8月开始试运行，10月正式投入使用。（杨小桦）

【中远远达、中远航运及下属公司的财务接口】 2007年5月，为配合新财务准则的实施，信息中心为中远远达、中远航运及其下属天津中远航运、中远航运香港公司、中远日邮完成了从航运管理系统到财务系统的数据接口的输出工作。

（张筱玲）

【广远主机数据下载】 2007年初，广远拟定信息化的整体规划方案，对运行多年的主机系统关闭，为此需要对广远主机系统的数据库进行数据移行。信息中心从3月1日起，经过半年的不懈努力，在9月15日成功将广远主机1991年至2007年的调度、财务数据正确地读取并完整地存储在微型计算机系统数据库中。

（何旭健）

【承担青远主机数据移行项目】 2007年5月，应用开发部受青岛远洋运输公司的委托，承担将青远主机财务管理系统的历史数据下载到NT服务器的工作，并在微机平台上开发了查询财务管理历史数据的查询系统。8月，应用开发部完成了该项目工作的实施及安装。（刘爱华）

【公积金计税算法修改】 2007年6月，

广州市调整公积金计税，并于7月实施。应用开发部组织工资管理系统、公积金管理系统的维护人员对算法进行研究，并提出了在工资和公积金管理系统的实施方案。7月，广远正式启用修改后的公积金计税算法。（朱玉锋）

【浪潮平台培训】 2007年，信息中心为了更好地适应外部环境，提高JAVA开发水平，引进了浪潮基于JAVA技术的Loushang开发平台，并进行了为期10天的半脱产培训，参加人员18人。培训内容为Loushang平台开发环境的搭建，BSP、BMP和MDA的开发流程，培训取得了良好的效果。（张晓航）

【中远船员信息系统评估】 2007年10月，广远船员公司改革进入中远航运公司。中远航运针对新的船员管理业务，提出对中远船员信息系统进行评估，以确认该系统是否能满足中远航运的业务需求。信息中心为此做了大量的前期准备工作，在运行环境、系统安装配置、业务技术等各方面积极配合业务人员的试用。

（周志权）

【市场拓展与软件事业部简介】 市场拓展与软件事业部（以下简称软件事业部）是信息中心开展对外经营业务的主管部门，主要职责是负责广远本部之外的航运信息化项目的开发，以及对外市场的产品战略发展路线的制定；负责对外经营、市场开拓、客户管理和服务、售前技术支持、对外项目管理等。时任经理张帆。员工6人。

（张帆）

【软件事业部工作概况】 2007年，软件事业部的工作重点是对广远本部之外的项目开发及服务工作，主要完成了中远集团科研项目船舶报文发送系统英文版的开发工作，并在中远集运的60艘船舶进行了实施；为强化船舶管理的科学性，加快中远南方船舶管理系统的推广实施工作，并进行了系统应用的跟踪；为适应中远财务制度的改革，进行财务系统适应新准则改造开发工作，共对10家公司进行了实施；完成福建捷安航运管理信息化工作，解决福建捷安长久以来信息管理后进的问题；完成了天星公司航运管理信息化工作，为其与国内各航运公司的沟通提供了便利；完成中远集团调度系统改造工作，解决了该系统长期存在的问题，进一步满足中远集团宏观管理的需求；参与了厦门远洋运输公司航运系统改造开发工作；完成了深圳鹏星船务公司机务系统开发及实施工作；“研发以信息化规范船舶管理的方法”QC成果发布，并获得全国优秀质量管理小组称号；为配合中远散运新航运系统上线，为其开发了上报中远集团航运新接口；为天津中远航运实施了航运财务管理系统；配合财务系统升级，为省远洋、中发航运、中远鞍钢、中远南方、越洋船务进行了调度系统及商务系统的升级工作；配合中远航运、广远及厦远新航运系统B/S版本的上线，对上报中远集团的航运接口进行了改造开发；继续中远集团“中远船舶动态自动跟踪系统”的推广工作，重点在青远进行推广。是年，软件事业部还完成了中远集团、省远洋、越洋船务、中航投资有限公司、中远日邮、中发航运、中鞍航运、香港寰宇船务公司、福建捷安、中远南方等16家公司的软件应用系统的日常维护工作。是年，软件事业部在完成各类开发及维护工作同时，进行市场开拓，为香港友航船务公司、长江航运船务公司、中波公司等多家公司进行了系统演示，并进行了商务洽谈。（张帆）

【开发“中远集团船舶报文自动发送系统英文版”】 2007年1月，信息中心与中远集团科技处签订了“中远集团船舶报文自动发送系统英文版”的开发合同，并进行了开发工作。该系统的开发工作过程中遇到了专业英语翻译的困难，开发人员通过多次前往中远集运认真调研、请航运专家多次修订翻译稿等工作，于5月份完成了该系统的开发工作，并于6月份通过了中远专家组的验收。截至12月，该系统在中远集运60艘船舶上进行了安装使用。（张帆）

【推广“船舶管理系统微机版软件”】 2006年，信息中心开发完成了“船舶管理系统微机版”。2007年，软件事业部为配合中远南方提高管理力度、加强船舶管理人员对船舶保养、备件物料采购管理的实时性及准确性，多次派人上船进行系统实施及培训，加速系统的推广。截至12月，该系统在中远南方的10艘船舶上进行了实施与应用，效果良好。（张朝辉）

【对中远集团调度系统实施改造】 随着中远调规的调整、船舶发送及接收系统和上报调度接口系统的改造升级，以进一步提高宏观管理水平，中远集团需要对调度系统进行系统改造。2007年1～4月，软件事业部完成了该改造工作，并对中远集团的调度系统进行了系统实施。（张帆）

【协助福建捷安实施航运管理信息化】 2007年前，福建捷安在信息化管理方面一直处于后进的状态，财务没有实现电算化，财务人员手工工作量非常大，航运数据也无法共享，重复工作繁多。2007年，福建捷安请求信息中心协助解决。4月，软件事业部派信息化项目组前往福建捷安，为其实施了航运调度系统、航运财务系统、航运商务系统，使福建捷安实现了管理信息化，提升了管理水平，减少了管理人员繁杂的手工工作量。（张帆）

【财务系统适应新准则改造】 2007年，随着国家财务制度新准则的发布，广远下属各家航运公司都对航运财务系统提出了新的系统需求及新的算法修改要求。6月开始，软件事业部对财务系统进行适应新准则的改造。该改造工作时间紧、精确性高。软件事业部开发人员加班加点，密切配合各航运公司财务工作人员的工作，按时按要求地完成了系统的改造工作，并对中远日邮、中发航运、天津中远航运、福建捷安等10家公司进行了实施。（虞笑晖）

【完成深圳鹏星船务公司机务管理系统】 2007年6月，软件事业部完成了深圳鹏星公司机务管理系统的开发工作，并派项目组前往现场与用户培训。该系统大幅提高了深圳鹏星公司的管理水平，获得用户好评。（马城）

【协助天星公司实现航运管理信息化】

2007年10~12月，软件事业部2次派出项目组前往天星公司进行航运系统（包括了航运调度系统、航运财务系统、航运商务系统）实施及用户培训，并对系统环境进行了优化，强化了天星公司与广远、中远南方的信息联系及数据共享。

（张帆）

【开发中远散运上报航运接口】 2007年，中远散运新航运经营系统上线，其上报中远集团航运接口工作由软件事业部负责。中远散运新系统采用了DB2的数据库技术，对于本部门是个新领域，故请软件事业部进行解决。软件事业部项目组克服种种困难，按时于12月完成了该接口的开发工作。（张帆）

【航运系统升级工作】 2007年，软件事业部汇总了中远系统各家航运船务公司在航运系统使用过程中提出的问题，对航运系统的调度系统、商务系统及与财务的接口进行了改造与完善，并对省远洋、中远鞍钢、越洋船务、中发营运、中远南方进行了免费升级实施，该项服务获得了广大用户的好评。（陈奕）

【动态自动跟踪系统的继续推广】 2007年，软件事业部继续配合中远集团调度处对"中远船舶动态自动跟踪系统"进行推广，重点推广单位为青远。通过长期的跟进及实地考察，截至2007年12月，该系统在青远15艘船舶进行了使用。

（张帆）

【系统运行部简介】 系统运行部（以下简称运维部），是广远计算机硬件管理和日常维护的主管部门，主要职责是负责广远计算机系统运行管理、机关通讯设备维修管理、数据网络运行管理、网络及计算机系统技术的研发；负责计算机供电系统管理以及计算机主机房、通讯主机房等的值班管理。时任经理陈维宣，副经理杜笑洋。员工12名。（陈维宣）

【运维部工作概况】 2007年，运维部为新成立的中远航运船员管理部安装了新的数据库和应用服务器，并将所有原船员公司的电脑转换为中远航运的域管理，同时将所有原船员公司的电子邮件转为使用中远航运的电子邮件。由于旧的防垃圾邮件系统的过滤效果不够理想，信息中心将防垃圾邮件系统进行更新，经过比较和测试最终选择了SurfControl公司的防垃圾邮件设备，将防垃圾邮件的效果提升到较好的水平。运维部为配合OA系统升级，安装调试了新的OA服务器，将所有旧的OA历史数据转换到新的OA系统，新的OA系统速度比以前有了明显的提高，并且可以通过因特网直接处理公文，方便了出差人员的公文处理；完成手机邮件系统的安装，并实现通过手机处理OA公文，为广远领导和员工出差时处理业务提供了方便和帮助；完成中远南方新办公楼的网络信息系统工程，其中包括网络系统的整体设计方案、网络工程的实施、网络系统的迁移等工作；对新引进的IBM RS600小型机570进行硬件、系统的安装，并完成将微机SQL数据库迁移到小型机Unix平台上Oracle数据库的研究和测试，完成WebSphere的研究和测试。是年，由于广远用户PC上的木马病毒程序越来越多，技术人员经常需要花费较多的时间和精力在查杀木马程序、恢复电脑正常上面。对此运维部进行集体讨论分析，收集常用的木马清除程序，并将特定木马病毒的查杀方法进行记录，通过各种措施，提高了木马病毒的处理效率。此外，运维部还完成包括数据库服务器COSCOGZS03在内多个服务器的硬件和软件升级工作，升级以后系统的性能大为改善。（陈维宣）

【通信管理与船舶资讯部简介】 通信管理与船舶资讯部（以下简称通信部）是广远通信设备管理和日常维护的主管部门，主要职责是负责广远在通信业务技术和相关设备规范、标准、制度的贯彻实施；负责协调广远所属各航运企业通信现场管理及相关业务；负责广远本部日常通信服务和值班管理（含电传、电话、船岸通讯）；负责船舶遇险、紧急的通讯协调和指导工作；负责通讯新技术推广应用工作；负责广远本部通讯费用的审核与统计。时任副经理曾宪民（主持工作）。员工12人。（曾宪民）

【通信部工作概况】 2007年，通信部坚持“技术创新，优质服务”方针，认真履行和发挥通信管理职能作用，在广远船舶信息化建设和机关、船岸通信工作过程中，为广大用户提供优质服务，电报发送投递质量实现无差错；努力提高自身业务水平，对机务员、话务员进行了业务培训；完成了新电话交换机的安装并启动新总机线路切换工作，开通了加拿大北方电讯CS1000M－SG（OPT61C）程控电话交换机，为广远提供新的通信服务；将原总机配线架2700对线路复接到新总机的配线架上，并对正在使用的548部分机及106部直线电话在新旧配线架的线路进行检测，确保了切换到新配线架后，新总机电话接通率达98%以上；对新总机的功能进行了检测及验收，增加一条网通数字中继30路话音电路，接入总机，实现网通60条DID直接拨入总机，同时将原广州电信60路模拟中继改为数字中继。随着新的电话交换机开通使用，对广远本部、中远远达、汽车船项目部更换新型来电显示话机300部。是年，通信部采购、安装和调试华为视频会议系统8036型，更换了2000年购买的原华为8020系统。新的视频会议系统适用性广，除可用于ISDN语言/数据传输外，也可用于IP传输，传输的可靠性更高，功能更强大。（曾宪民）

【做好降本节支工作】 2007年，通信部经过对广远通信网的不断改造和引入各电信运营商的竞争机制，使广远在电信资费上掌握了主动权，大大节省了通讯费用。是年，增加一条网通专线仅月租费用就减少开支6000元，全年节省7.2万元。广远2007年通信费比2006年少支出7.3万元。（曾宪民）

【开展文明窗口活动】 2007年，通信部深入开展文明窗口活动，落实服务承诺，狠抓服务质量。通信部在完成日常业务和管理工作的同时，把文明窗口建没工作中落实承诺服务作为常抓不懈的一项重要工作，有针对性地召开经理及管理人员会议，分折落实承诺服务存在的问题，做好现场管理和督促工作，把服务工作做好，切实做到领导满意、员工满意、自己满意。通信部全年为广远职工交缴住宅、手机费用1152人/次；为职工办理固话、手机等业

务156人/次；为船员及家属办理单边带电话业务20人次。该部对电话转接和电报收发投递工作进行了抽查，抽查结果表明，整个服务质量符合服务承诺标准，得到用户的肯定。是年，通信部被广远评为2006~2007年度巾帼文明岗。 （曾宪民）

【综合管理部简介】 综合管理部（以下简称综合部）是信息中心的日常事务及财务综合管理部门，主要职责是负责广远大型计算机设备MA商务管理、电脑公司财务管理、安全管理、承包实施监管、计算机易耗品管理、固定资产管理、后勤管理、生产统计、办公室日常行政管理、文件保管及归档等；负责了解人员管理方面的情况，并向信息中心领导汇报或提出建议，同时负责建设、完善、推广信息中心的内部信息管理平台。时任经理庄逸川，财务经理胡洁容。员工6人。 （庄逸川）

【综合部工作概况】 2007年，综合部协调信息中心各部门之间的工作关系，加强和改进管理工作，做好后勤服务工作，确保了信息中心内部事务及各项工作的正常运行；完善落实管理办法及相关制度；做好计算机设备等资产投资计划和计算机设备维修计划的控制和实施；做好信息系统各类合同及文件的保管和归档工作；做好相关软件产品的版权申报工作；利用国家对高科技研发项目的扶持政策，负责申请免征技术性收入营业税。 （庄逸川）

【广远航运管理系统申报版权】 为了更有效地保护好具有自主开发版权的软件产品，信息中心于2007年4月向国家版权局提出了“航运管理系统”计算机软件著作权的登记申请，同时为申请做了相应的准备工作，并于10月获得批准。计算机软件著作权登记证书编号：软著登字第081490号；登记号：2007SR15495；软件名称：航运管理系统V1.0；著作权人：广州远洋电脑系统公司；权利取得方式：原始取得；权利范围：全部权利；首次发表日期：2006年7月5日；国家版权局登记时间：2007年10月11日。

（张筱玲 庄逸川）

【高科技项目免税申请】 2007年，综合部充分利用国家对高科技研发项目的扶持政策，积极申请免征技术性收入营业税。经广东省科学技术厅主管部门及主管税务局批准，免征了科研项目技术性收入营业税累计达1.8万元。 （庄逸川）

【打造航运管理IT精品】 2007年，信息中心将新开发的系统与原有的航运信息平台进行了整合，形成了与航运公司流程管理相配套的集船岸信息一体化的完整的航运管理系统，用信息化手段帮助广远航运公司提升管理水平。是年，该系统在中远航运（含天津中远航运、中远航运香港公司、中远日邮）和中远远达正式上线。航运管理系统的实施，集中了航运业务的所有需求，突出了航运业务的流程管理，并通过信息化规范航运公司的业务流程，提高了管理水平，用户可以在该系统中一气呵成地完成自己的工作流程，充分解决了信息孤岛、数据不共享、用户重复输入的问题，为各航运公司收集信息、统计数据、经营决策分析奠定了基础。

航运管理系统是信息中心采用Java新技术精心打造的，整个系统突出了“新颖、美观、全面、便捷”的特性，堪称航运业中的IT精品，它完善了广远及投资企业的航运管理平台，符合航运公司体系文件中对业务流程的各种规定，还提供了各类相关软件的接口，有效地整合了信息资源，既帮助管理人员分析拓展航运市场、高效地开展客户服务，又极大地推动了航运企业的管理水平。（庄逸川）

【打造广州远洋数字平台】 2007年2月，信息中心集合了OA、工资查询、养老统筹查询、安全管理系统、业务流程、航运管理系统、投资企业管理、研发信息网等功能于一体的广州远洋数字平台正式开始运行。该平台的上线，改变了过去系统过多、使用繁杂的情形，用户只需要登陆数字平台，就可以直接使用广远常用的应用系统（有权限控制），方便了员工的办公需求。此外，数字平台还包含了广远（含航运企业、岸产企业）各类新闻、企业文化，提供了常用的网址、企业邮箱、通讯录、备忘录等功能。广州远洋数字平台的实施，将广远职工可能使用到的信息系统做了有效的集成和整合，形成一个统一的数字平台，推动了广远管理的信息化、智能化和科学化。（庄逸川）

第五章

党群工作

第一节 党委工作

【中共广州远洋运输公司委员会简介】 中共广州远洋运输公司委员会（以下简称广远党委）隶属中远集团党组，挂靠广东省直属机关工作委员会（以下简称省直工委），实行双重领导。2007年1～8月，广远党委领导班子由刘书田、徐惠兴、黄继忠、傅伟、马宗梅、翁继强、胡锦沛等7人组成。8月起，胡锦沛因工作调动不再担任广远党委委员。

广远党委下设党委工作部、人力资源部/组织部、纪委等工作部门。广远本部及所属党委9个，党工委2个，党总支12个，党支部243个，党员5654人。

时任党委书记刘书田，党委副书记徐惠兴、黄继忠，纪委书记马宗梅。

（曾晓平）

【党委工作概况】 2007年，广远党委在省直工委和中远集团党组的正确领导下，坚持以邓小平理论和“三个代表”重要思想为指导，全面贯彻落实科学发展观，大力加强和改进党建和思想政治工作，着力维护和谐稳定发展的大好形势，较好地发挥了党组织的政治核心作用，为企业顺利推进深化改革、安全生产保持稳定、经营效益连续四年创历史新高，提供了强有力的政治保障。是年，广远党委重点抓了6项工作：1. 积极组织学习、宣传、贯彻中国共产党第十七次全国代表大会精神，深入贯彻落实科学发展观，认真抓好各级党委理论中心组学习和政研会建设，掀起学习贯彻中共十七大精神热潮，思想政治理论建设取得新成效。2. 创新思路，抓好企业党建工作，积极推进保持共产党员先进性长效机制建设，深入开展“三服务一促进”党建主题活动，加强对基层党组织和党员队伍建设的指导监督，创新实施的“送学上船”、“党员远程教育”等党建新经验获得中共中央、中共广东省委高度评价，推动远洋特色党建光荣传统实现新的历史突破。3. 突出重点，加强领导干部作风建设和员工队伍素质建设，继续深化“四好领导班子”创建活动，扎实开展“三个三百”人才工程建设和职工素质工程建设，深入推进“红树林”工程，党员干部群众呈现崭新风貌。4. 服务大局，抓好宣传思想政治工作和企业文化建设，围绕深入改革、创新经营、安全生产及打造“资本广远”等一系列中心工作，扎实开展思想政治工作，全面推进以爱国主义为核心的企业文化建设，着力加强先进典型培育工作，促进企业两个文明建设取得新进展。5. 完善制度，抓党风教育和廉洁建设，突出抓好各级领导人员廉洁从业教育，不断健全惩防腐败体系各项制度，大力强化企业监督审计和效能监察工作，推动企业惩防腐败体系建设，形成全方位、多层次、整体推进的工作新格局。6. 立足和谐，抓群众工作，充分发挥工会、共青团等群众组织在构建和谐企业中的桥梁纽带和青年先锋作用，召开第七次船员家属代表大会，深入开展各种群众性的安全生产活动、青年创新创效活动和职工文体活动等，推动和谐企业建设不断开创新局面。

（曾晓平）

【全面加强各级党委理论中心组学习】 2007年，广远党委理论中心组以学习贯彻科学发展观为主线，全年共组织5次（扩大）集体学习、12次个人自学、6次网上学习和专题讨论活动，重点学习了中共十六届六中全会、中纪委七次全会精神、中共中央总书记胡锦涛关于加强领导干部作风建设的重要讲话和在中央党校的重要讲话精神等，分7个专题系统学习科学发展观重大战略思想，全面掌握科学发展观的核心本质、基本要求和根本方法。广远下属各级党组织也加强理论中心组学习，各级党员领导干部坚持以科学发展观统领工作全局，切实用中共十七大精神武装头脑、指导实践、推动工作，企业思想政治理论建设取得了较好的成效。（曾晓平）

【创新思路抓党建工作，远洋党建传统实现新突破】 2007年，广远党委认真贯彻落实中共中央关于加强党员经常性教育等四个先进性长效机制建设文件，解放思想，改革创新，加强和改进企业党建工作。是年，中央企业巡视组、国资委党建局、中远集团党组先后到广远进行党建调研。广远党委创新开展党员远程教育的经验，被省直工委推荐参加中共广东省委组织部“固本强基”创新成果评比；广远党委在保持共产党员先进性教育活动中创新实施的“送学上船”做法，被作为国有企业党建工作典型经验，写入中共中央办公厅印发的正式文件，在全党上下推广介绍，远洋党建光荣传统实现了新的突破。

（曾晓平）

【加强基层党组织和党员队伍建设】 2007年，广远党委认真按照中共中央和上级组织的部署，完成广东省直机关党代会、广东省第十次党代会和中共十七大代表的推选工作。广远党委书记刘书田、船舶政委肖健池当选省直机关党代会代表，刘书田当选广东省第十次党代会代表。是年，广远党委指导物业公司、离退休服务中心、船员公司等单位完成党组织调整和成建制转移工作，补充和调整一批基层党组织主要负责人。广远全年发展新党员260名，转正预备党员182名，培养入党积极分子786名。“七一”前夕，广远党委表彰了2个先进基层党组织、29个先进党支部、100名优秀共产党员和25名优秀党务工作者。（曾晓平）

【以强化作风为重点，加强领导班子建设】 2007年，广远党委坚持把加强作风建设作为深化“四好领导班子”创建活动的突出主题，认真贯彻落实中纪委七次全会精神，组织各级领导班子召开以加强作风建设为主题的专题民主生活会，举行以廉洁从业为主题的述廉议廉专题会，按照国有企业领导人员廉洁从业若干要求，在各级领导班子中，深入开展作风建设自查自纠和整改提高活动，全面抓好各级党员领导干部的思想作风、学风、工作作风、领导作风和生活作风建设。是年，广远各级领导班子整体呈现廉洁、为民、务实的崭新风貌。

（曾晓平）

【以提高能力为重点，加强干部教育培训】 2007年，广远党委制定了《广远公司中层领导人员后备人选管理办法》，全年选送13名中层以上干部参加中共广东省委党校培训，选派9名优秀管理骨干参加中远集团“三个三百”人才工程培训班，组织2期共70多名船舶政委参加船舶政委轮训班。对下属14个基层单位领导班子进行调整交流，择优提拔一批青年骨干进入各级领导班子，并按中远集团部署，选拔确定1名援藏干部后备人选和1名备选后备人选，选拔推荐1名江西省远洋运输公司副总经理人选。 （曾晓平）

【以增强素质为重点，加强职工队伍建设】 2007年，广远党委深入推进加强船员教育培训“红树林”工程，扎实推进职工素质工程建设。全年共举办60多个综合培训班及业务学习班，培训船员1744人次，培训陆地职工913人次；组织50多名职工参加中远集团职称评审，其中，2名职工取得高级会计师任职资格，4名职工取得高级政工师任职资格。 （曾晓平）

【围绕深化改革，加强思想政治工作】 2007年，在广远实施的驻国内港口办事处改革、船员管理制度改革、船员工资改革中，广远党委认真部署，多次召开动员大会和座谈会，组织撰写宣传提纲，加大改革宣传教育力度，积极宣传改革创新的必要性，引导职工解放思想，转变观念，打破不适应市场经济的传统思维定势，理解、支持和积极投身改革。同时，各级党组织做好深入细致的思想政治工作，深入了解职工的思想动态，对改革中出现的矛盾和问题，及时化解疏导，为改革营造良好的环境，保证各项改革的顺利进行。

（曾晓平）

【结合中心工作，加强思想政治教育】 2007年，广远党委坚持思想教育与企业生产经营、安全生产、精益管理等工作相结合，结合开展“平安之旅”、“精益管理年”等群众创建活动，大力加强思想教育和形势宣传，引导员工牢固树立安全生产、科学发展的思想，不断增强竞争意识和服务意识，自觉实践系统集成和精益管理理念，踊跃参与节能减排和降本增效活动，为确保企业圆满完成2007年各项工作创造良好的内部环境。 （曾晓平）

【党委工作部简介】 党委工作部（以下简称党工部）是广远党委党务工作的日常办事机构及团员青年工作的专业管理部门，主要职责是负责监督广远党委决议、决定的贯彻执行；管理文秘、日常事务；负责机关党委工作和广远共青团工作；负责广远思想政治工作、精神文明建设、企业文化建设；负责职工思想政治理论研究会工作；负责广远内部宣传和对外企业形象宣传；协助做好业务宣传工作；负责编辑出版《广州远洋》杂志。

时任部长姚勇，部长助理章晓彤。员工11名。 （章晓彤）

【党工部工作概况】 2007年，党工部在广远党委的正确领导下，认真履行各项工作职能，较好地完成各项工作任务：1. 认真做好日常党务管理工作。起草下发各类正式文件38份，审核登记党群部室公文128份，收发各类公文915份，呈送企业领导传阅的纸质文件467份次，送各部室传阅的文件280份次，未发生任何文件丢失和泄密。编辑上报《广远党务工作信息》13期，上报中远集团党组党务信息系统各类信息及经验材料67条，采纳57条，其中3条信息被作为典型经验被中远集团《党组工作信息》刊载。处理各类信访来信来电及上门信访18次，协助做好重点人员的信访工作。组织召开企业2007年党委工作会议、“三服务一促进”实践活动动员大会、领导干部作风建设专题民主生活会、纪念中国共产党建党86周年暨表彰大会等一系列重要会议。做好迎接上级党建调研组的组织协调工作和材料准备工作，牵头组织迎接中央企业第一巡视组、国资委党建局、中远集团党组等上级党建调研组的调研汇报会议。2. 组织开展主题实践活动，进一步巩固和扩大保持共产党员先进性教育活动成果。完成推荐广远参加中共第十七次党代会、中共广东省党代会、省直工委党代会代表候选人工作，协助企业党委书记刘书田做好参加中共广东省党代会相关工作。认真开展“三服务一促进”党建主题实践活动，承担活动领导小组办公室工作职能，负责实践活动的具体组织实施工作。巩固和扩大保持共产党员先进性教育活动成果，在广远党委指导下，推进建立健全加强党员经常性教育等四个先进性长效机制工作，并深入开展理论总结和创新探索工作，成效显著：牵头实施的《党员远程教育》成果被省直工委推荐参加中共广东省委组织部“固本强基”工程创新成果评比；总结上报的“送学上船”经验受到中共中央充分肯定，并被写进中共中央正式文件，下发全党推广介绍；扎实推进机关党建工作，召开机关党委专题民主生活会，组织开展机关党委纪律教育学习活动，开展机关党委“创先争优”评比及表彰活动，发展新党员2人，预备党员转正5人，接转组织关系52人次。3. 深入学习贯彻中共十七大精神。以学习贯彻中共十七大精神和科学发展观为主要内容，认真抓好党委理论中心组学习活动。深入开展党建思想政治理论研究工作，组织撰写了一批优秀党建论文，其中3篇论文分别被中远集团政研会评为获奖论文和优秀论文。以实施加强船员教育培训“红树林”工程为契机，围绕企业推进实施船员管理改革，组织编写《广远船员管理改革宣传提纲》、《远洋船员思想政治教育读本》，深入开展思想政治工作，确保生产安全和改革期间的思想稳定。以加强先进典型培育为重点，深入推进“三学一创”活动和精神文明建设，制定《关于加强先进典型培育工作的实施意见》，并推出“中远集团十大杰出青年”蔡连财等一批新典型。4. 坚持正确舆论导向，为促进企业又好又快发展营造良好氛围。深入传达贯彻中共十七大精神；紧扣企业安全、效益、稳定等中心工作，加强宣传教育工作力度，开辟“平安之旅”专栏，立体式、多层次开展安全宣传，推进安全文化建设。围绕推进实施精益管理、全面风险管理等重点工作，开展持续性的跟踪宣传报道，营造船岸员工和谐发展、科学创效的良好氛围。围绕实施船员教育培训“红树林”工程和开展“三服务一促进”主题实践活动等，先后拍摄编辑43部录像片，加强思想政治宣传和形势任务教育，增强船岸员工的主人翁意识和企业归属感。5. 制定企业文化建设“十一五”规划，推进企业文化建设。出台了《广州远洋运输公司企业文化建设“十一五”规划》，并召开相关推进实施座谈会。积极参与中远集团的中国航海文化研究，承担了“航海文化的价值观念”课题研究，完成了初稿。从CI要求的角度对广远新办公大楼的内部布置提出建议；协助职能部门出版《精益管理优秀案例汇编》、《安全案例分享》等小册子，刻制安全教育光碟、制作企业文化挂画和安全文化挂历等。6. 坚持党建带团建，充分发挥共青团组织生力军和突击队的作用。围绕团员青年思想政治教育主线，开展各种主题实践活动和青年喜闻乐见的文体活动，努力创建“学习型、服务型、创新型”团组织，充分发挥了团组织服务企业、服务青年的作用。　（曾晓平）

【新闻媒体对广远的重要报道】　2007 年，广远的宣传报导工作重点是以专题的形式对外宣传广远，内容包括安全生产、经营管理、党建活动等，在各社会报刊杂志刊发宣传广远的稿件 90 余篇。其中，《中国远洋报》以《“平安之旅”保平安》、《广远公司全方位加强春季安全管理》为题，大篇幅报道了广远创新企业安全文化建设，加强安全管理的情况，以《岗位练兵 岗位成才》、《以培训高素质船员为己任》为题，报道了广远开展的加强船员教育培训“红树林”工程；以《广远深入开展“三服务一促进”实践活动》、《服务一线船员促进和谐发展》为题，报道了广远开展“三服务一促进”主题实践活动，构建和谐企业的情况；以《劳动者是最美丽的》、《学就学扎实 做就做最好》为题，分别报道了“全国五一劳动奖章”获得者刘志爽、“中远集团十大杰出青年”蔡连财的先进事迹；以《创新经营 优化管理》、《加大租船经营力度 着力打造精品航线》为题，报道了广远通过精益管理、加大租船经营等举措，经济效益连续 4 年创新高。《中国交通报》以《中远首艘万吨级沥青船成功首航》、《广远“亚龙湾”轮成功首航》为题，报道了广远沥青船队不断壮大发展史实。《中国远洋航务》杂志在第 10 期特别制作了一个“行者无疆之特种船驶来”的专题，对广远进行专门报道。该专题包括了《特种船驶来》、《起于高兮 行于无疆》、《特种船的航迹》、《半潜船仿真航行》、《这份轻举不了的感动——“泰安口”轮船员首次自行完成平台加固口述纪实》、《飞扬的青春风采——记中远集团十大杰出青年蔡连财》、《占尽先机 领跑全球》、《我的未来不是梦》、《透明的沥青》、《如琢如磨终成器——记广州远洋“红树林”工程》共 10 篇文章，大篇幅、多层次、全方位地对广远的经营生产、人才队伍建设、典型人物等进行了报道，扩大了广远的社会影响和知名度。　（王雷）

【国资委党建局党建检查组到广远调研检查】　2007 年 3 月 21 日，国资委党建局党建检查组一行 3 人莅临广远，对广远党委贯彻落实《关于加强党员经常性教育的意见》等四个长效机制文件的有关情况进行调研检查指导。检查组认真听取了广远党委书记刘书田所作的《广远党委贯彻落实四个先进性长效机制文件自查情况总结》汇报，并查看了广远党委会记录和广远党委建立健全先进性长效机制相关制度。检查组对广远在创新加强党员自主学习教育、扎实做好服务职工群众等方面的工作表示满意，要求广远进一步创新形式，总结经验，在加强党员网络自主学习教育等方面，为中央企业党建工作创造更多好的经验和做法。　（曾晓平）

【中央纪委、中央组织部第一企业巡视组到广远巡视检查】　2007 年 4 月 23 日，中共中央纪律检查委员会、中共中央组织部第一企业巡视组一行3人在巡视组副组长、国资委党建工作局局长冯爱勤的带领下，莅临广远进行为期2天的巡视检查，中远集团党组纪检组组长李云鹏陪同巡视。巡视期间，巡视组与广远领导班子成员进行了谈话，并召开座谈会，征求对中远集团领导班子、广远领导班子在贯彻落实科学发展观、执行民主集中制、贯彻执行党风廉政建设责任制、加强企业反腐倡廉工作、领导干部的选拔任用、企业改革和发展以及维护职工合法权益7个方面情况的意见。巡视组对广远党委的工作给予了充分肯定。（曾晓平）

【召开2007年度党员领导干部专题民主生活会】 2007年5月23日，广远召开2007年度党员领导干部专题民主生活会，党委领导班子成员徐惠兴、黄继忠、傅伟、马宗梅、翁继强、胡锦沛参加会议。党委书记刘书田因参加中共广东省第十次党代会请假，向会议提交书面发言并请班子成员代为宣读。中远集团党组纪检组组长李云鹏、中远集团党组工作部副部长辛加和、中远集团监督部副总经理李西贝、中远集团组织部经理薛晓蓓到会指导。

广远党员领导干部民主生活会贯彻落实中纪委七次全会精神，总结回顾近年来广远领导干部作风建设情况，重点剖析党委班子成员在思想作风、学风、工作作风、领导作风和生活作风建设等方面存在的问题和不足，提出相应的整改措施。李云鹏在讲话中对广远多年来为中远集团作出的重要贡献给予充分肯定，对今后的工作提出要求，勉励广远领导班子进一步加强作风建设，用心工作，继续为中远的发展、为中国航运事业发展作出新的贡献。

（曾晓平）

【“送学上船”经验受到中央办公厅党建检查组高度评价】 2007年6月8日，中共中央办公厅党建检查组在检查中远集团贯彻落实保持共产党员先进性四个长效机制文件情况期间，召开了中远集团部分直属单位座谈会，听取了广远党委等4个基层单位的党建工作情况汇报。广远党委书记刘书田专题介绍了广远党委在加强船舶党建和船员党员教育管理工作方面的经验和做法，主要内容为：1. 坚持加强船舶党建工作“三个不动摇”，即坚持“支部建在船上”不动摇，坚持配备船舶政委制度不动摇，坚持开展船舶思想政治工作不动摇；2. 坚持加强船员党员教育管理“三个不放松”，即坚持加强在船船员党员教育不放松，坚持加强公休船员党员教育不放松，坚持加强协作船员和外聘党员教育不放松。检查组对广远党委创新加强船舶党建和船员党员教育工作给予了高度评价，特别肯定广远党委创新开辟的“送学上船”党建工作模式，并将“送学上船”作为中央企业党建工作典型经验，写入中共中央办公厅印发的正式文件，在全党上下推广。

（曾晓平）

【公文处理工作】 2007年，党工部认真做好党委公文处理工作，全年起草、下发各类各种文件、材料和党政领导讲话稿89份；审核党群部室公文128份，收发各类文件915份，没有发生文件失密和文件丢失事件。（曾晓平）

【信息调研工作】 2007年，党工部按照中共中央关于加强党的执政能力建设和保持共产党员先进性建设的战略部署，围绕深化改革、打造“资本广远”等中心工作，大力加强信息收集和整理工作，深入开展船舶党建和企业文化调研活动，为党委决策提供重要参考依据。全年共编辑上报13期《广远党务工作信息》，上报各类信息67条，采纳57条，其中3条被作为典型经验被中远集团《党组工作简报》采纳。在充分调研基础上起草的党建工作汇报材料、维稳工作汇报材料及企业文化建设材料等受到企业党委和上级组织的充分肯定与高度评价。（曾晓平）

【信访接待工作】 2007年，党工部认真贯彻广远党委构建和谐企业的要求，继续秉承“热情、依法、负责、奉献”信访工作方针，扎实做好员工群众信访接待工作，全年共处理18起员工信访，接待员工来访7批次，接听员工来电信访30多次，并均予妥善处理，为构建和谐广远、维护企业稳定创造良好条件。（曾晓平）

【会议安排工作】 2007年，党工部扎实做好广远党委相关会议工作的组织策划和安排工作，先后协助组织召开广远2007年党委工作会议、“三服务一促进”实践活动动员大会、领导干部作风建设专题民主生活会、纪念中国共产党建党86周年暨表彰大会、领导干部述职述廉会议等一系列重要会议；牵头组织迎接中央企业第一巡视组、国资委党建局、中远集团党组等上级党建调研组的调研汇报会议，协助做好广远党委领导参加中远集团政研会常务理事会及政研会会员大会等参会准备工作。

（曾晓平）

【开展“三服务一促进”主题实践活动】 2007年，广远党委按照中共广东省委、省直工委统一部署，在各级党组织和广大党员中广泛开展了以服务基层、服务群众、服务大局，促进企业和谐为主要内容的“三服务一促进”主题实践活动。该主题实践活动，是保持共产党员先进性教育活动和以“三个走在前面”为主题的排头兵实践活动的深化和发展。广远成立了“三服务一促进”主题实践活动领导小组，制定了《广远公司“三服务一促进”主题实践活动方案》。活动分为思想动员、具体实施、总结评比三个阶段。各级党组织按照广远党委部署，广泛开展推动发展行动、春风送暖行动、优质服务行动、基层维稳行动、和谐创建行动，取得显著成效，促进了广远的科学发展与和谐稳定。是年，在省直工委“三服务一促进”主题实践活动评选中，中远航运船舶管理部、中远航运船员管理部三处经理李锐源分别被评为“优质服务排头兵”，广远党工部党支部被评为“和谐创建排头兵”。（陈成进）

【完成《远洋船员思想教育读本》编印发船】 2007年，根据《广州远洋运输公司加强船员教育培训“红树林”工程船员思想教育实施方案》要求，广远党委工作部和船员公司党委一起组织编写《远洋船员思想教育读本》一书，从10月19日起陆续发船。该书分为《光辉业绩》、《爱国奉献》、《理想信念》、《构建和谐》、《企业文化》、《职业道德》、《安全生产》、《知荣明耻》、《遵纪守法》、《文明礼仪》等10个专题，内容丰富，比较贴近船舶实际和船员思想实际，是一本专门用于船员思想政治教育的教材。

（梁树添　陈进成）

【大力加强先进典型培育工作】 2007年8月31日，广远党委制定下发了《关于加强先进典型培育工作的实施意见》（以下简称《实施意见》），对做好新时期先进典型培育工作进行全面部署。《实施意见》指出，新时期先进典型培育工作的目标任务是：力争推出一个在中央企业系统具有一定影响的先进典型（集体或个人），确保推出一个在中远集团系统具有较大影响的先进典型（集体或个人），抓紧培育一个在广远具有重大影响的先进典型群体（包括基层领导班子、学习"华铜海"先进船舶、文明示范窗口，企业领导人员、经营管理人员、党务工作人员、船岸一线员工等方面的先进单位和个人），大力树立一批在各基层单位具有示范带动作用的先进典型（包括安全生产、精益管理、优质服务、教育培训、构建和谐和党建思想政治工作等方面的先进部门和个人）。《实施意见》还对做好先进典型的培育工作提出具体要求。（陈成进）

【做好船员管理改革宣传工作】 2007年9月，广远决定实施船员管理改革，由中远航运组建自有船员队伍并向广远定向招募合格适岗的船员，进一步做强做优中远航运，推动广远航运主业健康、协调和可持续发展。为了做好改革中的思想稳定工作，广远于9月21日召开船员管理改革动员大会，广远党委下发了《广远公司船员管理改革宣传提纲》（以下简称《宣传提纲》）。《宣传提纲》明确提出中远航运组建船员队伍并向广远定向招募合格适岗船员，是实施打造"资本广远"战略的先决条件，对于做大、做强、做优中远航运，实现广远的科学发展、协调发展和可持续发展具有重要意义。《宣传提纲》要求船员提高思想认识，树立全局意识、竞争意识、责任意识，共同努力做好改革工作。

（陈成进）

【认真学习宣传贯彻中共十七大精神】 2007年10月15日，中国共产党第十七次全国代表大会胜利召开，广远党委认真组织广大党员和员工收听收看大会盛况。24日，广远举行学习贯彻中共十七大精神动员会，党委书记刘书田作了学习动员讲话。11月21日，广远党委下发《关于认真学习贯彻党的十七大精神的通知》，对学习贯彻中共十七大精神进行全面部署。与此同时，下发了《公司中层以上干部学习贯彻党的十七大精神轮训工作计划》，选派人员参加上级组织的专题学习班。通过中心组学习、党团活动、员工大会等形式，并以《广州远洋》、网络宣传平台为重要阵地，持续深入地宣传中共十七大精神。在企业宣传网站平台设立了"学习宣传贯彻中共十七大精神"专题网页和"学习动态"、"会议精神"等学习专栏，开展学习宣传活动。此外，广远党委还积极利用对外媒体宣传企业学习贯彻中共十七大精神的情况，在《中国远洋报》刊发了企业相关稿件4篇，广远对外网页刊发了相关新闻3篇。（陈成进）

【广远政研会受广东省委、中远集团党组表彰】 2007年，广远党委扎实开展党建思想政治理论研究工作。下发《关于做好2007年党建思想政治工作研究的通知》，研究确定了28个参考课题，结合学习贯彻中共十七大精神和落实科学发展观，深入开展政研活动，取得一批具有前瞻性、指导性的研究成果。广远党委2次在中远集团政研会常委理事会和年会上作专题发言，受到中远集团领导和与会者的肯定。9月13日，广远政研会被评为广东省思想政治工作研究先进单位，广远党工部部长姚勇被评为广东省思想政治工作研究先进工作者，广远党委副书记黄继忠撰写的《论社会主义市场经济与社会主义道德的相容性及非相容性》论文获得一等奖。11月，在中远集团政研会六届二次会员大会上，广远政研会被评为中远集团党建思想政治工作研究先进单位，广远党工部部长姚勇被评为中远集团党建思想政治工作研究先进工作者，广远政研会选送的3篇论文被评为中远集团优秀政研论文。（陈成进）

【开展“三学一创”活动概况】 2007年，广远广泛深入开展学创活动，精神文明建设与物质文明建设取得新的成效。经广远“三学一创”活动领导小组评审，评出双文明建设先进单位4个、学习“华铜海”先进船舶14艘、优质服务外派集体标兵4个、文明示范窗口3个。

是年，广远学创活动呈现出3个主要特点：1. 学创活动的认识不断深化。各单位针对船员管理体制改革、船员工资制度改革的新形势，不断完善学创活动管理机制，确保学创活动顺利开展；通过上船检查指导等途径，深入搞好思想发动，引导广大员工不断深化对学创活动重要性的认识；充分运用《广州远洋》杂志、宣传网络平台、内部刊物等媒体，及时宣传报道学创活动的新鲜经验和做法，调动广大员工参与学创活动的积极性。2. 学创活动的内涵不断丰富。各单位紧密结合企业中心工作开展学创活动，把学创活动与生产经营紧密结合，把学创活动渗透到生产经营、企业管理的各个环节，为广远生产经营效益连创新高发挥了重要作用；把学创活动与安全工作紧密结合，大力开展“百日安全无事故”、“安全生产月”、“员工行为安全自查”、“亲情祝安全”等安全主题活动，抓好季节性安全工作，夯实安全工作基础，保持了广远安全形势基本稳定；把学创活动与加强船员教育培训“红树林”工程紧密结合，注重抓好船员思想教育和业务技能培训，组织开展新老船员“传帮带”，取得了显著成效；把学创活动与党建主题实践活动紧密结合，广泛开展“争当安全生产、优质服务排头兵”、“三服务一促进”等主题实践活动，进一步拓展学创活动的内涵，推动学创活动向纵深发展。3. 学创活动的基础不断夯实。广远学创活动的基础进一步牢固，呈现出你追我赶的发展态势，涌现出一批新的学创活动典型；“泰安口”、“康盛口”、“白沙岭”轮等船舶连续3年被评为学习“华铜海”先进船舶，“大华”、“乐里”、“西昌海”轮等船舶连续5年被评为学习“华铜海”先进船舶，涌现出“永盛”、“安泰江”、“亚龙湾”轮等一批新的先进船舶和《广州远洋》编辑部、远洋大厦保安部等新的文明示范窗口。（陈成进）

【机关党委简介】 机关党委是广远本部党的组织机构，主要职责是负责广远本部机关党的建设、思想政治工作和精神文明建设，根据广远党委的中心工作，制定机关党组织的工作计划；负责机关党员的教育、管理和监督；负责审批下属党支部的换届、改选和党组织的发展工作。

2007年机关党委有党支部12个，党员228名。机关党委由朱航员、林旭东、姚勇、谭力、黎光葵5位委员组成。机关纪委由石立森、池新旺、郑深恩、姚勇4位委员组成。时任机关党委副书记、机关纪委书记姚勇（广远党工部部长兼）。

（张穗莎）

【机关党委工作概况】 2007年，机关党委结合企业实际，深入学习贯彻中共十七大精神，开展“三服务一促进”主题实践活动及纪律教育学习月活动；继续推进机关党建工作信息化建设，认真做好党费收缴、新党员发展和党组织关系接转等日常管理工作，完成2007年党内统计等各项工作；6月，撤销中远发展航运有限公司党支部。是年，机关党委派出5人参加省直支部书记培训班学习，发展2名新党员，批准5名预备党员转正，接转组织关系52人次，收党费83310.70元，上缴党费66648.56元。

（张穗莎）

【开展创先争优评比活动】 2007年，机关党委开展“创先争优”活动，做好先进党组织、优秀共产党员的评选工作。“七一”前夕，评选表彰机关先进党支部2个，优秀党员15人，优秀党务工作者4人，颁发了奖牌、证书及奖金。

（张穗莎）

【召开机关党委民主生活会】 2007年7月27日，机关党委召开2007年度党员领导干部民主生活会。会议由机关党委副书记姚勇主持，机关党委委员黎光葵、朱航员、谭力参加了会议，林旭东因出差请假递交了书面发言。会上，与会人员围绕会议主题，结合一年来自身思想、学习、工作、生活、作风等方面的情况进行发言，严肃认真地开展了批评与自我批评。会议总结了机关党委一年来的工作，分析了机关党建工作中存在的问题与不足，并对征集到的党员群众的意见和建议进行了研讨。广远党委副书记黄继忠到会并作了讲话，充分肯定机关党委一年来的工作成绩，并就进一步做好机关党委各项工作提出具体要求。

（张穗莎）

企业党校

【中共广州远洋运输公司委员会党校简介】 中共广州远洋运输公司委员会党校（以下简称广远党校），筹建于1990年初，并于当年6月30日正式挂牌成立。校址设在金桥学院内。广远党校主要担负广远船岸党员干部培训任务，培训对象为广远机关和基层中层以上人员，中级专业技术职称以上党员干部，船舶政委，党员船长、轮机长、大副，以及广远机关、船舶、岸上基层党支部书记、入党积极分子。

现任校长黄继忠（广远党委副书记兼），副校长姚锦池（金桥学院党委书记兼，1～7月），副校长凌保平（金桥学院党委书记兼，7～12月）。员工4人。

（叶国梁）

【广远党校工作概况】 2007年，广远党校根据广远党委的工作安排，完成了2期船舶政委轮训任务，为学员提供教学、教务管理、住宿、伙食安排等服务。

【举办2007年上半年政委轮训班】 广远

党委根据广远船员公司的培训计划，于2007年5月14～28日，开办了1期船舶政委轮训班，共有33名船舶政委参加。广远党校按照要求和教学计划，积极主动做好接待、教学、教务管理和后勤工作，为培训船员提供服务。政委轮训班主要课程有：现代企业管理知识、领导艺术、加强船舶党支部和领导班子建设、船舶纪检监察工作、企业文化、现代信息技术与船舶信息化建设、杜邦安全理念与现代安全管理、船舶安全生产、《劳动法》、船舶突发事件的应急处置、中远党支部日常工作和船舶党员教育工作、发展党员程序及注意事项、船员思想政治工作与船舶管理、船舶工会工作和团支部工作等。（叶国梁）

【举办2007年下半年政委轮训班】 广远党委根据中远航运船员管理部的培训计划，于2007年11月12～25日，开办了1期船舶政委轮训班，参加学习班培训的有34名船舶政委和9名政委苗子。政委轮训班主要课程有：中共十七大文件、现代企业管理及中远航运全面流程管理、企业文化建设、船舶信息报送、加强船舶党支部和领导班子建设、船舶安全管理、ISPS规则及应急处置、中远集团船员管理条例及船员调配管理、船舶党建和发展船员新党员工作程序及要求、现代信息、技术与船舶信息化建设、管理心理学、涉外商务礼仪，以及如何当好船舶政委、船舶保卫工作和突发事件应急处理等。（叶国梁）

组织党建工作

【组织考核单元简介】 组织部组织考核单元的主要职责是负责管理指导广远党委所属单位、船舶的组织建设、党务管理和广远的统战工作，参与对广远本部和基层单位领导班子的考核。时任经理谭伟（1～5月）、周佐成（5～12月）。员工2人。

（周佐成）

【组织模块管理工作概况】 2007年，组织部完成向中共中央组织部汇报企业党组织落实四个长效机制情况汇报，其“送学上船”的做法被写进中共中央组织部文件；先后配合国务院国资委、中远集团党组完成对企业党建工作调研；成立工作组，完成对船舶党建工作调研；指导物业公司成立党的基层委员会，指导东海大厦成立党支部，完成原船员公司党委划归中远航运党委管理工作；为中远集团和广远党委民主生活会征求群众意见，组织指导17个广远基层单位召开2007年度党员领导干部民主生活会，通报讲评会议情况；组织召开广远党委领导班子述职述廉会议；积极开展创建“四好领导班子”活动，评选出14个符合“四好”条件的领导班子；完成表彰2006～2007年度优秀党员、优秀党务工作者、先进党支部工作；总结通报发展党员工作和党费管理工作情况，完成年度党内统计报表；全年发展新党员314名，转出党员组织关系665名（其中移交地方党组织属地化管理的退休党员617名），转进党员组织关系97人；参加船员公司从部队自主择业干部中招聘船舶政委、从船员中选拔政委苗子和培训工作。认真开展统战工作，企业统战工作经验总结材料受到中共广东省委统战部和中远集团党组的好评。（周佐成）

【2007年广远党员基本情况统计】 2007

年12月，组织部对2007年度广远党委直属党组织（含代管单位）党员基本状况等进行了统计。

2007年度党员（含代管）基本情况统计表

项　目		党员人数	其中在岗职工人数
总　计		5654	3005
其中	预备党员	426	403
	女	337	185
	少数民族	47	29
年龄	35岁以下	1095	1015
	36岁至45岁	962	933
	46岁至54岁	1088	839
	55岁至59岁	1293	217
	60岁以上	1216	1
入党时间	1937年7月6日以前	0	0
	1937年7月7日至1945年9月2日	10	0
	1945年9月3日至1949年9月	41	0
	1949年10月至1966年4月	538	0
	1966年5月至1976年10月	1902	380
	1976年11月至2002年10月	2053	1567
	2002年11月以后	1110	1058
学历	研究生	65	59
	大学本科	975	769
	大学专科	1279	950
	中专	1039	600
	高中	850	463
	初中及以下	1446	164

（蔡主清）

【广远党委直属党组织概况】 截至2007年底，广远党委下属党委8个（含代管）：其中二级党委7个：广远本部机关党委、中远航运党委、中远远达党委、供应公司党委、金桥学院党委、物业公司党委、广州中远船务工程公司党委（代管）；三级党委1个：中远航运船员管理部党委。下属党工委2个：岸产事业部党工委、离退休服务中心党工委。下属党总支12个：其中二级党总支9个：中远南方党总支、通导公司党总支、建设实业党总支、海运公司党总支、华南医疗党总支、远洋宾馆党总支、远洋大厦党总支、大富酒店党总支、招商局集团广州办事处党总支（代管）；其中三级党总支2个：大沙地离退休党总支、广州中远船务中兴公司党总支（代管）。下属党支部243个：岸上114个（含代管17个，离退休支部19个），船舶129个（其中自营船舶106个，外派船舶23个）。（周佐成）

【基层党组织变动情况】 2007年，广远基层党组织的数量和情况有新的变动，2007年比2006年减少党支部29个。其中，岸上减少6个，中远航运船员部减少23个船舶党支部。物业公司党总支改为党委。（周佐成）

【开展创建“四好领导班子”活动】 2007年，广远党委坚持开展以“政治素质好、经营业绩好、团结协作好、作风形象好”为主要内容的“四好领导班子”创建活动，并把这项活动作为在新形势下加强基层单位领导班子建设、发挥党的政治核心作用的有效措施。广远党委领导班子被中远集团评为“四好领导班子”。11个基层单位被确定为广远2007年度“四好领导班子”达标单位。（周佐成）

【组织召开基层单位民主生活会】 2007年第二季度，广远有17个基层单位（含代管）召开了2007年度党员领导干部民主生活会，58名党员领导干部参加了民主生活会。各单位党组织和领导班子成员对民主生活会高度重视，会议准备充分，广泛征求群众意见，会议主题鲜明，气氛和谐，程序规范，交流了思想，促进了团结。广远党委书记刘书田、总经理徐惠兴等7名领导分别参加了17个单位的民主生活会。广远纪委、组织部、岸产事业部党工委分别派人参加了各个单位的民主生活会，并进行指导监督。（周佐成）

【基层党组织换届选举】 2007年，物业公司党总支、东海大厦党支部进行选举工作，选出新的领导班子，建立健全了组织。（周佐成）

【刘书田当选中共广东省第十次党代会代表】 2007年4月，经广远党委及基层党组织和党员认真酝酿、公示和考察，推选广远党委书记刘书田为中共广东省第十次党代表大会代表。5月21～25日，刘书田代表广远9000名党员参加了中共广东省第十次党代表大会。（周佐成）

【徐惠兴当选广东省政协委员】 2007年12月，经广远推荐，广东省政协选举，广远总经理徐惠兴当选为政协广东省第十届委员会委员。（周佐成）

【党员发展工作】 2007年，广远各级党组织遵照中共中央组织部“坚持标准，保证质量，改善结构，慎重发展”的发展方针，加大发展党员工作力度，重点发展有文化、有理想的优秀青年、干部船员入党。

组织部制订了《广州远洋运输公司2007～2010年发展党员工作规划》，并认真加以实施。全年共发展党员314名，其中，35岁以下229名，占发展总数的72.93%；大专以上文化程度169名，占发展总数的53.82%；生产一线282名（其中发展船员党员269名），占发展总数的89.49%。

2007年度广远发展党员情况表

项目	发展党员数				年龄			学　历			岗位		入党积极分子	申请入党人数	非党员职工数
	总数	女	少数民族	较2006年增加%	25岁以下	26岁至35岁	36岁以上	大专以上	中专高中	初中及以下	生产一线	其中船员			
总计（人）	315	17	2	24. 50	105	125	85	170	142	3	282	269	775	971	10113

（蔡主清）

【加强党员队伍建设】 2007年，广远组织部加强党员队伍建设，主要做了如下工作：完成了对加强党员经常性教育等四个长效机制文件检查情况的总结；完成2007～2010年发展党员工作规划；发展党员260名、预备党员转正182名、转出党员665名，转入97名；完成中共广东省第十次党代会和中共十七大代表推选工作；完成表彰2006～2007年度优秀党员、优秀党务工作者、先进党支部工作；完成党员主题活动教育情况汇报；对基层单位党务工作人员进行业务培训；向中共广东省委统战部、中远集团党组组织部上报了各领域领军人物材料及报表；进一步清理了挂靠党员；按照党章规定，及时处理不履行党员义务、不按时交纳党费、不参加组织生活等不合格党员10名，其中自行脱党或党内除名5名，取消预备党员资格4名，退党除名1名，保持了党的纪律的严肃性和党员队伍的纯洁性。（周佐成）

【党费收缴管理情况】 2007年年底，广远党委系统（含代管单位）5654名党员共交纳党费112.9万元，广远党委按70%比例上交中共广东省直工委59.9万元（根据中组部规定，离退休党支部按50%留用党费，各基层党组织按20%比例留用党费）。是年，党员人均每月交纳党费13.94元，比2006年的12.76元/月增长9.25%。

（周佐成）

第二节 纪委工作

【中共广州远洋运输公司纪律检查委员会简介】 中共广州远洋运输公司纪律检查委员会（以下简称广远纪委）是在广远党委领导下的纪律检查机关，其业务受中远集团党组纪检组及广东省纪委派驻省经贸委纪检组双重领导。广远纪委主要职能是围绕广远中心工作，协助广远党委抓好党风建设和反腐败工作，维护党的纪律、国家法律法规和企业规章制度，保证党和国家的路线方针政策的贯彻落实以及广远的健康发展。

时任纪委书记马宗梅，纪委副书记朱航员。纪委委员马宗梅、朱航员、黎光葵、姚勇、林耀强、陈建钦、赖奕光。广远纪委的工作机构为监督部/审计部，对外保留检查室、审理室和审计室的牌子。

监督部/审计部的主要职能是开展党风教育和反腐倡廉教育，增强广大党员的党性观念，提高各级管理人员的廉洁从业意识和遵纪守法自觉性，构筑拒腐防变的思想道德防线；发挥组织协调作用，完善各项反腐倡廉制度，健全企业内部监督控制机制，提高企业经营管理的制度化水平；开展监督检查、效能监察和审计监督，发挥专职监事的监督作用，协调合资合营单位建立健全监事会并发挥监事会职能作用，贯彻落实党的路线方针政策和企业规章制度，促进企业依法依规经营和管理水平、运营效率的提高，以及管理人员的廉洁从业，确保国有资产的保值增值；做好信访举报、案件检查和审理工作，维护党员和员工的合法权益，对违反党纪政纪行为进行调查处理，营造企业和谐稳定的内部环境。

时任监督部/审计部总经理朱航员（兼），监督部/审计部总经理助理佟文华。员工15人（另有专职监事4人，不列入部门编制）。 （佘松亮）

【纪检监察审计工作概况】 2007年，广远纪委按照上级纪检监察机关和广远党委的部署要求，认真贯彻落实中央纪委六次、七次全会和中远集团2007年纪检监察审计工作会议精神，围绕企业的改革发展，积极推进惩防腐败体系建设，务实有效地抓好纪检监察审计各项工作。是年，广远纪委协助党委，从加强党的执政能力建设、贯彻落实科学发展观的高度，把构建惩防体系作为源头上预防腐败，促进企业健康可持续发展，打造“百年广远”、“和谐广远”的一项长期性系统工程来抓，列入企业发展战略目标，与企业的改革发展同规划、同考核、同推进。广远纪委根据形势任务、上级要求、存在问题和员工的思想动态制定反腐倡廉教育计划，以广东省纪委部署的纪律教育学习月活动为契机抓好学习贯彻中共十七大精神、党纪法规和企业纪律培训、传达贯彻中纪委“八项禁令”、廉洁从业谈话、网络廉洁文化宣传和学习观看典型案例等各项反腐倡廉教育，增强党员干部尤其是领导人员的廉洁从业意识和法纪观念；协调和督导各职能部门和广远各投资单位将生产经营管理中涉及权力运作的管理制度纳入惩防体系加以修订完善，通过设置审批权限、分权制约和阳光操作，规范企业领导干部和管理人员的用权行为。是年，新建、修订企业党建、领导决策、经营管理、廉洁从业等各项制度共177个；广泛深入开展对广远各级领导人员廉洁从业情况、“三重一大”制度执行情况的监督检查，对贯彻落实中纪委“八项禁令”情况、严禁“小金库”、治理商业贿赂以及不良资产管理的情况进行专项检查，加强对广远合资合营、上市公司监督和新建广州远洋大厦重点工程建设项目的效能监察，促进企业规范经营和增收节支。全年共检查单位23个，进行141项监督检查，并提出落实整改建议，督促各单位建立和完善各类规章制度28项。

2007年，监督部/审计部除按计划开展日常审计，还顺利完成了中远集团布置的审计任务，包括对广远财务内控制度审计、各项经济责任审计及投资效益审计、开展广州远洋大厦审计监督工作，撰写审计论文；配合中远集团监督部开展对大远工程建设项目和中远航运船舶机务管理的审计，以及对大远机务管理审计的复查工作；参加中远集团审计培训会议并撰写汇报资料等。全年共完成经济责任审计6项，财务审计2项，专项效益审计2项，内控审计1项；完成船舶机务费用审计1，075项，审计金额9，937万元，审计核减额131万元；完成日常基建审计102项，审计金额8，473.15万元，审计核减额721.82万元；提出审计问题及建议71条，落实审计建议70条，督促各单位完善规章制度5项。

是年，专职监事以广远利益最大化为原则，贯彻广远的投资意图，发挥现场监管作用，维护广远的合法权益。同时，促进所派驻企业重大决策、重要项目安排、重要人事任免、大额度资金调度使用的进一步规范。

（佘松亮　池锡锋　张乐平）

纪检监察

【召开纪检监察审计工作会议】　2007年2月6日，广远纪委组织召开广远2007年纪检监察审计工作会议，会议由广远党委副书记黄继忠主持。广远领导，广远本部各部室、各全资控股企业的业务经理以上管理人员和参股企业广远派出负责人共217人参加了会议。广东省纪委派驻省经贸委纪检组组长毕志坚和监察室主任吴育莲莅临会议指导。会议传达了中央纪委七次全会、广东省纪委七次全会和中远集团2007年纪检监察审计工作会议精神，学习贯彻中共中央总书记胡锦涛在中央纪委第七次全会上的重要讲话，总结广远2006年纪检监察审计工作，研究部署2007年的党风建设和反腐倡廉工作。会上，广远纪委书记马宗梅作了题为《深入推进惩防体系建设为广远持续健康和谐发展提供有力保证》的工作报告。广远党委书记刘书田、总经理徐惠兴和毕志坚分别作了讲话。

（佘松亮）

【召开中远集团（广州片）纪检监察工作有关情况通报会议】 受中远集团党组纪检组组长李云鹏的委托，广远纪委书记马宗梅于2007年5月29日在广远本部办公楼召开了“中远集团（广州片）纪检监察工作有关情况通报会议”。广远党委书记刘书田和副书记黄继忠，以及中远集团各驻穗单位的党政一把手、纪委书记，广远本部各部门长，广远岸产事业部及所属各岸产单位、船员公司、广州地区各航运单位的党政一把手、纪委书记、财务总监（经理），广州地区各合资合营公司广远派出负责人，专职监事和监督部全体人员共90人参加了会议。马宗梅通报了2007年1月以来中远集团中货系统发生的2起案件情况，传达中远集团领导和党组纪检组的指示要求，并结合广远实际，从落实党风建设责任制、推进惩防体系建设、加强监督管理和履行廉洁承诺杜绝账外账、“小金库”等方面提出了具体贯彻要求。

会议当天，广远纪委把马宗梅在通报会议上的讲话材料传真到广州以外2家航运公司的党政一把手、纪委书记、财务负责人和3家合资合营公司的广远派出负责人，情况通报覆盖面达100%。

（佘松亮）

【召开传达贯彻中远集团2007年直属单位纪委书记年中工作汇报会精神专题会】 2007年9月20日，广远纪委在广远光华厅组织召开传达贯彻中远集团2007年直属单位纪委书记年中工作汇报会精神专题会议。广远纪委委员、各直属单位纪检监察负责人（联系人）以及广远本部纪检监察审计人员、专职监事共23人参加会议。会上，广远纪委副书记朱航员传达了中远集团总裁魏家福、党组书记张富生、党组纪检组组长李云鹏和中纪委主任强卫东在中远集团2007年直属单位纪委书记年中工作汇报会上的讲话精神。广远纪委书记马宗梅在会上作了讲话，对如何贯彻中远集团年中纪委书记工作汇报会精神，进一步明确工作思路，推进广远党风建设和反腐倡廉工作提出了要求。

（佘松亮）

【推进惩治和预防腐败体系建设】 按照中远集团贯彻落实中共中央《建立健全教育、制度、监督并重的惩治和预防腐败体系实施纲要》的工作部署，广远纪委分别于2007年上半年和下半年组织召开广远惩防体系工作领导小组、工作小组会议，对2007年广远构建惩防体系工作进行研究布置，并通过深入基层单位调研、开展监督检查和约请工作交流、电话沟通等形式，督促指导广远本部各职能部门和各投资企业推进惩防体系建设。11～12月，广远纪委结合落实党风建设责任制情况的检查，对广远各全资、控股单位惩防体系工作进行检查评估。是年，广远的惩防体系框架基本建立，教育、制度、监督工作水平和预防腐败能力有了进一步提高。

（佘松亮）

【开展纪律教育月活动】 2007年7～9月，广远纪委按照广东省纪委的统一部署和要求，布置开展以“加强作风建设，勤政廉政为民”为主题的纪律教育学习月系列活动。在开展活动中，订购发放学习教育书籍105本、警示专题电教片60盒，组织广远本部党员干部观看了《底线失守的代价》电教片。广远各直属单位党组织结合企业实际开展多种形式的教育活动，重点组织观看《贪途末路》、《廉洁治家警示录》、《底线失守的代价》、《赌之害》等4部专题教育片，结合业务学习组织《企业财务通则》、《劳动合同法》等法律法规培训辅导，对照《国有企业领导人员廉洁从业若干规定（试行）》、中纪委提出的“四大纪律”和“八项要求”、《中远集团企业纪律》等规定开展自查自纠，提高各级领导人员和重点管理人员的廉洁从业和依法经营的自觉性。（佘松亮）

【开展廉洁从业谈话教育】 2007年，广远领导对8名新任职的中层以上管理人员进行廉洁从业谈话。6月，广远总经理徐惠兴和纪委书记马宗梅2次利用公休日对23个单位的47名党政一把手、财务负责人和派出的合资合营单位负责人进行廉洁从业谈话，结合对中远集团系统内违法违纪案件的剖析，提出了廉洁从业、依法经营的要求。广远本部各部门和各直属单位领导人员按照党风责任制分工，开展对所管辖党员干部的廉洁从业谈话，及时给予提醒和激励。是年，广远所属单位共进行廉洁从业谈话322人次。被谈话人员对严禁设置账外账和“小金库”等问题都郑重作出了书面承诺。（佘松亮）

【开展网络廉洁宣传教育】 2007年，广远纪委利用内部网络廉洁教育网页，广泛开展廉洁文化宣传教育，引导广大党员干部和员工，树立正确的价值取向和荣辱观，增强“廉洁从业、诚实守信、干净干事、清白做人”廉洁核心理念和自重、自省、自警、自励意识。廉洁教育网页设党纪条规、纪检监察杂志、廉政之窗、格言警句、廉政歌曲、廉洁视频教育等6个栏目。网络全年更新宣传资料370多条，及时报道国际、国内反腐败工作形势、动态和广远纪检监察工作情况，宣传党风廉政建设的政策规定及领导讲话、先进事迹和反面典型案例，刊登国内外反腐倡廉理论研讨文章，努力营造廉荣贪耻的廉洁文化氛围。

（佘松亮）

【多层级实行廉洁从业承诺】 2007年，广远纪委督促广远各部门、各单位继续抓好新员工和新任职领导人员廉洁从业承诺书的签订工作，中层以上管理人员100%签订了廉洁自律和不设“小金库”的承诺书，岸上员工和在船船员100%签订了廉洁从业承诺书。此外，广州远洋大厦建设项目有关领导和员工共70人与广远党委签订了廉洁承诺书，承诺在广州远洋大厦项目建设过程中，严格遵守党纪党规、国家法律法规和中远集团、广远企业纪律，严格依法依规操作，个人如发生违法违纪行为，即引咎辞职和接受组织处理与处分。

（佘松亮）

【开展对各级领导人员廉洁从业情况的监督检查】 2007年，广远纪委在广远各直属单位自查的基础上组织专项抽查，重点检查各级领导人员贯彻落实《国有企业领导人员廉洁从业若干规定（试行）》情况、党风建设责任制落实情况、执行中远集团《企业纪律》情况、签订和履行《廉洁从业承诺书》情况以及报告个人重大事项和述职述廉情况等，对于有错误倾向、苗头和不良反映的监督对象，及时给予诫勉或提醒谈话。6月，广远各级党组织按照中共广东省委、纪委和中远集团党组纪检组的布置要求，组织全体党员认真学习《中共中央纪委关于严格禁止利用职务上的便利谋取不正当利益的若干规定》（以下简称《若干规定》），对照条文内容和政策界限，深入开展自查自纠。广远本部各部室总经理助理以上人员和基层领导班子成员，包括已退休3年内的领导人员填写了《关于落实〈若干规定〉情况登记表》。各级党组织贯彻落实《若干规定》和上级文件精神态度坚决，行动迅速，组织严密。广远纪委对广州地区6个基层单位进行专项检查，没有发现《若干规定》所禁止的行为。（佘松亮）

【加强对企业生产经营管理的监督检查】 2007年，广远纪委将强化各级经营管理人员的执行力，保证政令畅通作为效能监察的一项重要内容，重点加强对要害部门、关键业务岗位执行“三重一大”制度情况的监督检查。及时发现在重大决策、重大项目安排、重要人事任免和大额度资金调动使用，以及基建项目、物资采购、合同管理等方面存在的问题，提出整改意见和建议，并跟踪督促落实，进一步完善制度，堵塞管理漏洞，促进规范经营，使企业内部控制和防范风险能力得到增强。是年，共检查14个重大项目、96名中层以上管理人员的任免、65笔共13356.11万元的大额度资金调动和使用情况。（佘松亮）

【加强对合资、合营和上市公司的监督检查】 2007年，广远纪委严格按照中远集团《关于进一步加强中远集团合资、合营和上市公司监督管理的意见》的规定要求，对广远17家合资、合营和上市公司修改公司章程，建立监事会和党组织的情况，生产经营合规性，以及委派到合资、合营和上市公司的工作人员履职情况开展了监督检查。其中，发现福建捷安受让福建省武夷山交通大酒店股权操作中存在违规问题，并发出《监察通知书》，提出整改意见和建议，限期整改，维护了广远出资人的利益。（佘松亮）

【加强对广州远洋大厦建设工程项目的监督检查】 广州远洋大厦建设项目是广远2007～2010年的重要建设项目。广远纪委将之列为2007年监督的重点。为保障该项目的顺利实施，打造健康、阳光、价廉、质优的精品工程，广远成立了该项目管理领导小组和监督领导小组，以及效能监察和审计监督2个专项工作小组，定期召开领导小组会议听取具体监督工作汇报，协调解决工作中的问题；制定了《广州远洋大厦建设项目监督工作实施方案》，督促和指导建设实业制订《招投标操作程序》、《采购管理办法》、《合同管理办法》等10个工作管理制度；加强了项目工程招标全过程和施工现场的监督，保证了广州远洋大厦建设工程合法合规操作及顺利进行。（佘松亮）

【开展对不良资产管理的效能监察】 2007年，监督部/审计部和广远财金部组成联合检查组深入华南医疗、供应公司等5个下属企业，围绕不良资产管理责任是否落实、制度是否健全、不良资产处置工作是否规范、不良资产过错责任是否得到追究等方面内容，对各单位不良资产管理情况开展专项效能监察，进一步规范不良资产处置工作，提高了不良资产管理效能。该检查组对华南医疗价值共12.81万元的报废资产和供应公司价值为11.73万元的报废冷藏设备的处置提出拍卖等监督意见，并对拍卖现场进行监督，防止了国有资产的流失。（佘松亮）

【加强对企业改制和产权转让的监督】2007年，广远纪委根据国资委和中远集团有关政策、规定，加强对企业改制、产权转让的监督检查，坚持派人参加企业改制、产权转让工作小组，参与有关方案的研究，对华南医疗改制和转让过程的各个环节进行有效监控，维护企业和员工利益，防止国有资产的流失。（佘松亮）

【做好信访举报和案件查办工作】2007年，广远纪委严格按照程序规定受理、调查群众来信和上级转来举报信件，维护党员和员工群众的合法权益，同时以查促纠，以查促改，以查促建，堵塞管理漏洞。全年共受理信访举报6件，了结6件，了结率100%；初核件2件，办结2件，办结率100%。广远纪委加强与司法部门和国家有关部门沟通联系和密切配合，力求在查处威海鸿霞公司吴尽等历史遗留案件工作取得进展。在广远纪委的努力配合下，广州越秀区检察院于6月份将涉嫌贪污和挪用公款畏罪潜逃近7年的原广远员工唐其芳抓获归案。年底，广远纪委全额追回原航贸公司魏运培案件的64万元违纪款。

是年，广远纪委根据举报，与金桥学院纪委组成联合调查组，对金桥学院原招生办主任赖逊荣和原院长谢朝东涉嫌违法违纪问题展开调查，在初步核实的基础上对赖逊荣作出解除聘任、调离招生办和通报批评的处理。12月中旬，广州市海珠区检察院介入调查赖逊荣、谢朝东案件，并以涉嫌行贿和受贿先后将其2人依法逮捕，广远纪委配合检察机关对案件展开深入调查。（佘松亮）

【抓好商业贿赂专项治理工作】2007年，广远纪委认真贯彻落实中央纪委、国资委和中远集团治理商业贿赂的有关要求，进一步加大组织协调和监督检查的力度。7月，组织召开了广远治理商业贿赂领导小组会议，对商业贿赂的性质、特征，佣金、折扣、回扣三者的法律界限，以及专项治理工作进行认真分析、研究和部署。在各单位针对企业易发商业贿赂的重点部位和薄弱环节认真开展自查自纠的基础上，广远纪委成立专项检查评估小组，深入广远11个航运和岸产单位进行现场摸底排查，纠正了不规范操作的行为，与基层单位领导和业务人员面对面探讨防范商业贿赂的对策。广远纪委在检查中，发现许多自觉抵制诱惑的突出事例（如中远南方在新办公楼装修过程中，党总支书记顾卫东及时识破建筑商以40万元贿赂谋取承包工程的企图，并严词拒绝建筑商强行塞给的1万元红包），对这些突出典型事例进行了宣传，促进商业贿赂专项治理工作的顺利进行。（佘松亮）

【清查“小金库”工作】2007年，广远纪委将彻底清查“小金库”作为防范商业贿赂一项重要措施，按照中远集团《关于重申严禁设立“小金库”的紧急通知》，部署广远各全资和控股企业开展自查自纠，认真填报《中远集团关于预防设置账外账、“小金库”的报告表》，并组织了监督检查，没有发现设立“小金库”的情况。对金桥学院财务管理和资金违规操作问题，

提出整改意见，并跟踪督促落实。对此，金桥学院主要领导在该学院党委会上作了深刻检查。　　　　（佘松亮）

【加强纪检监察审计人员的自身建设】2007年，广远纪委采取各种有效措施，加强纪委人员的自身建设。一是加强政治学习。监督部/审计部党支部组织党员和入党积极分子收看中共十七大召开盛况，将从廉洁教育网页和中共十七大专题网页下载的教育资料发到每位员工邮箱，提出自学要求，并组织了多次中共十七大文件的学习，对学习情况进行抽查、提问和研讨，进一步加深对中共十七大文件精神的理解，提高纪委工作人员的政治理论水平。二是开展精益管理活动。按照广远精益管理工作的部署要求，动员和组织各岗位人员想方设法节水、节电、节省用纸，节省旅差费、招待费，严格将各项行政费用控制在指标之内。同时向广远本部其他职能部门、各基层单位发出精益改善征求建议信，针对反馈所提出的建议，制订改进措施，并认真落实整改。通过开展精益活动，提高纪委工作人员的素质和工作效率，改进工作作风。纪委工作人员提高了业务学习自觉性，增强工作计划性、协调性，按照办文、办案、办事的时限要求完成各项工作任务，办公时间不做与工作无关事情，不早退，不迟到，接待来访人员、对外联络和与基层联系工作，做到谦虚谨慎、热情周到。三是抓好业务培训工作。广远纪委除自己组织员工培训外，11月初，利用协助承办中远集团举办纪检监察信访业务培训班之机，组织广远31名专、兼职纪检监察干部参加中远集团信访举报业务学习，并对提高纪委书记（纪检监察负责人）履职能力进行培训。此外，按年度培训计划安排参加中纪委、中远集团、中国内部审计协会、中央企业联合会、省直纪工委等组织的各项纪检监察审计业务培训共41人次，还派员赴中远南方进行航运财务实习。是年，广远纪委通过开展各项业务培训，进一步拓展纪委工作人员的知识面，提高纪检监察审计专业技术水平，增强履行检查监督职责的能力。　　　　（佘松亮）

审计监督

【调整审计重点，推进管理审计】　2007年，监督部/审计部根据中远集团监督部的审计任务布置及广远合资公司负责人变动的情况，调整工作计划及重点，对广远以前实行多种经营时合资的江林水电站、阳山大理石厂进行投资效益审计，摸清企业状况，将情况报告广远领导并建议相关部门进行清理整顿；结合经济责任审计，着重开展资金、内控方面的专项审计工作，如对远洋宾馆总经理进行任中经济责任审计的同时，针对其资金管理状况进行专项审计；加强境外企业、合资合营企业的审计监管工作，对天星公司、中鞍航运、中远营港分别进行财务收支或离任经济责任审计；完成中远集团监督部布置的同级审计任务，对广远财务管理内控制度情况进行审计。同时根据广远对下属公司改制及完善组织架构的要求，参加对华南医疗、广东江林水电站、湛江供应公司及湛江霞山招待所等企业的改制清算工作。是年，监督部/审计部通过开展管理审计，促进企业管理水平的提高和内控机制的建立健全，增强企业的风险防范能力。（张乐平）

【加强机务修船费用审计、参与项目调研】 2007年，监督部/审计部加强对船舶修理（改装）全过程的管理制度调查审计，完成对中远南方“月亮湾”轮改造审计、“安达江”轮修船审计、中远远达“金牛岭”轮修船审计、参加了广远关于福建捷安水泥船改装调研。监督部/审计部着重审查在实际运作过程中是否严格执行有关规章制度，分析存在的问题是否属于制度性缺失，进而提出审计建议，督促被审单位完善制度，从根源上解决问题，从而促进被审企业船舶机务管理水平的提高，有效防范项目投资风险，发挥内部审计监督工作的保障服务作用。 （张乐平）

【开展基本建设项目全过程审计】 2007年，监督部/审计部以风险为导向开展基建审计工作，对重大工程项目和工程关键环节提出管理建议书，对设计管理、招投标管理、合同管理、重大设计变更管理、工程质量管理、工程安全管理、工程进度管理、工程竣工验收管理、工程结算管理和财务决算管理等提出合理化建议，努力提高审计服务质量，协助建设单位规避成本控制、项目运作和人员腐败等方面的风险。是年，监督部/审计部完成对天星公司办公室装修工程，远洋大厦三楼会议厅改造工程、供应公司维修改造工程、东海大厦装修工程、远洋宾馆大堂及相关场所装修工程的审计，并参与广州远洋大厦监督方案的制定和配套管理制度的审核，加强对广州远洋大厦项目招标和施工现场、中远南方办公室装修及上海江苏路宿舍招标的监督。此外，抽调审计人员参加中远集团组织的对大远机务管理审计的复查以及财务管理大检查。 （张乐平）

监 事 管 理

【依法维护广远出资人利益】 2007年，为保证广远投资企业健康、协调和可持续发展，维护广远出资人的合法权益，监督部/审计部以股东的名义向有关投资企业提出修改《公司章程》、完善投资企业资金管理办法等内容的议案共7项，促使投资企业逐步完善《公司章程》、管理规章制度和监督机构。同时，明确提出广远的派出监事必须坚决贯彻广远的投资意图，尤其是担任监事会主席或召集人的监事，必须履行监事的工作职责，运用《公司法》所赋予的监督职权，确保广远投资资产的保值增值。 （池锡锋）

【编发信息简报】 为帮助广远派出监事学习监事业务知识，了解掌握广远及中远集团有关监事业务管理的信息与动态，依法履行监事职责，监督部/审计部从2007年11月起，不定期地向广远各派出监事编发《广远监事业务与管理》信息简报，并以此为平台开展监事工作研讨和工作经验交流。 （池锡锋）

【加强对派驻企业的监督】 2007年，监督部/审计部所管辖各专职监事通过参加派驻单位的领导办公会、经济分析会、员工座谈会以及到生产现场了解掌握经营活动的实情，加强对所派驻企业的监督，参与广远组织的各项监督检查工作，促进派驻企业的规范经营。 （池锡锋）

【做好信息反馈工作】 2007年，广远派驻各岸产投资企业的专职监事在履行监督职责的基础上，每季度将岸产投资企业生产经营管理的实际情况写成汇报材料，报告广远领导和广远各相关职能部门。是年，各专职监事上报《广远岸产投资企业情况汇报材料》约5.6万字。材料中除了反映广远各岸产投资企业的正常运作情况外，还对存在问题提出解决的建议和意见，为广远领导提供管理决策参考。

（池锡锋）

第三节 工 会 工 作

【中国海员工会广州远洋运输公司委员会简介】 中国海员工会广州远洋运输公司委员会（以下简称广远工会），隶属于中国远洋运输集团工会，同时属广东省海员工会属地化管理。广远工会在广远党委和上级工会的领导下，贯彻执行党的路线方针政策，依照《工会法》开展工作，其主要职责是履行工会组织维护、参与、建设、教育四大职能，搞好民主管理、民主监督，积极组织职工参政议政，切实代表和维护职工民主权利；负责广远职代会、工代会的组织筹备以及闭会期间的日常工作；负责组织对职工进行思想政治、道德法制等教育，协助有关部门普及科学文化知识；负责组织职工开展群众性的劳动竞赛、合理化建议活动；监督检查国家有关劳动保护、安全技术、职工卫生等法律、法规、条例的贯彻执行情况，维护职工的合法权益；组织会员广泛开展健康有益的文体活动，积极配合有关部门搞好职工的生活福利，负责困难职工的帮扶工作，帮助困难职工解决实际困难；根据实际情况积极开展建设“职工之家”活动，增强企业凝聚力和向心力；指导和参与做好职工工伤、死亡事故的调查和善后处理工作，以及劳动争议调解工作；负责广远工会的组织建设，充分发挥广远基层工会组织的作用，发展工会会员，努力建设“四有”职工队伍。

广远工会管辖16个基层工会，广远工会委员21人，常委9人，经审委员3人。2007年有会员13610人，其中女会员300人。广远工会设办公室。

时任工会主席马宗梅，副主席符雄。员工5人。

（蔡兆聪）

【广远工会工作概况】 2007年，广远工会以“三个代表”重要思想和中共十六届六中全会、十七大精神为指导，全面树立和落实科学发展观，突出“和谐”、“发展”两大主题，紧紧围绕实现“双百（年创百亿效益，打造百年中远）”和创建“和谐广远”目标，以落实“组织起来，切实维权”工作方针为重点，以实施“全面维权工程”为手段，充分发挥工会组织在维护职工合法权益、组织职工参与企业民主管理、民主监督等方面的作用，为广远健康、协调和可持续发展做出新的贡献。是年，广远两个文明建设取得了好成绩，荣获“全国厂务公开民主管理先进单位”、“全国模范劳动关系和谐企业”等光荣称号，广远工会在广东省海员工会考评中被授予优秀单位，广远“泰安口”轮被评为

"全国学习型先进班组"称号。

（蔡兆聪）

综合协调

【办公室简介】 办公室主要职责是负责广远工会文秘、督办、协调、信息、信访、调研、财务等工作；负责组织召开广远工会工作会、工会全委会、工会常委会、年度（年中）工会总结会议；负责汇集整理有关信息和编辑出版《广远工会信息》刊物，为企业和工会领导决策提供参考意见和依据；负责广远工会对外来公文和广远、基层工会公文的接收、流转、管理和归档；协调工会内外、上下之间的各种工作关系，确保各项工作顺利进行；负责指导广远基层工会工作，帮助新建企业组建工会组织和日常工会组织建设工作；负责广远职工代表大会、工会会员代表大会的筹备，指导广远基层工会召开职工（代表）大会和工会会员（代表）大会的工作；负责筹备召开广远职工代表团团长联席会议；负责企业民主管理、厂（船）务公开的日常工作和开展调研活动；组织职工代表对职工（代表）大会决议的落实和集体合同履行情况的巡视检查；指导广远基层工会开展创建"职工之家"活动；负责协调广远本部有关部门对职工进行宣传教育，开展职工文化体育工作，推进职工素质工程建设；负责组织职工开展劳动竞赛、合理化建议、岗位技术练兵活动；指导检查广远基层单位、船舶开展工会劳动保护工作；参与调查处理职工工伤、死亡事故；组织评选企业年度先进集体和个人；实施送温暖工程，关心企业职工生活，对困难职工进行各种帮扶、补助；组织安排企业职工进行疗休养活动；会同广远有关部门处理职工工亡善后工作；指导、检查、督促广远女工委工作。时任办公室主任蔡兆聪。员工4人。

（蔡兆聪）

【办公室工作概况】 2007年，办公室制订下发了《广州远洋运输公司工会2007年工作要点》，对广远工会全年的工作进行了部署；协助做好广远十二届三次职代会、八届二次工代会的秘书组、会务组的各项工作和有关大会筹备工作，做好有关报告的撰写、汇总、校审工作和上级领导、特邀代表的接待工作，做好大会期间各主席团会议记录和各代表团联络员的协调工作，协调组织大会期间讨论审议的有关文件、报告和决议的起草工作。深化厂务公开工作，取得显著成效。是年，工会办公室编辑出版《广远工会信息》6期、《工会工作信息》电子版11期和《工会工作快讯》电子版5期。

（蔡兆聪）

【广远荣获"全国模范劳动关系和谐企业"光荣称号】 广远多年来，特别是2007年以来，一直坚持以人为本、依法治企的原则，以构建和谐广远为目标，坚持"严格管理，真诚关心"的原则，在物质和精神上维护船岸职工的合法权益，营造和谐的企业氛围，增强了企业的凝聚力和向心力，推动了企业的和谐发展，企业物质文明建设和精神文明建设取得了显著成绩，开创了和谐广远的新局面。2007年11月16日，广东省总工会党组成员、纪检组组长肖建葵率队莅临广远，并代表上级机关向广远颁发了"全国模范劳动关系和谐企业"牌匾。"全国模范劳动关系和谐企业"是由全国总工会、劳动和社会保障部、企业联合会/企业家协会联合颁发的，旨在表扬和鼓励依法保障职工合法权益，做到与职工互利、双赢的企业的荣誉称号。该荣誉是对广远“构建和谐劳动关系，打造高素质职工队伍”工作的充分肯定，进一步增强了广远的凝聚力和社会美誉度，激励职工与企业共谋发展，共同分享改革成果。

（米军喜）

【广远机关工会召开2006～2007年度总结表彰大会】 2007年12月21日，广远机关工会召开2006～2007年总结表彰大会。广远工会主席马宗梅、副主席兼机关工会主席符雄，广远机关党委副书记、党工部部长姚勇以及机关工会主席、副主席、委员，各部室工会主席、工会委员40人参加了会议。会上，符雄对2006～2007年两年的机关工会工作进行了全面总结，对2008年工作进行了全面部署；发展部、人力资源部、组织部工会和财金部工会在会上作了经验交流发言；姚勇结合广远本部实际，就机关工会如何调动职工积极性，促进企业科学发展、构建和谐企业等方面提出了要求。会议还表彰了一批工会工作先进集体和先进个人。马宗梅在会上通报了2007年广远生产经营、安全管理情况，分析了当前工会工作面临的形势，并对下一步机关工会工作提出了具体要求。（米军喜）

【广远机关工会表彰一批工会工作先进集体和个人】 2007年12月，为激励广大工会会员奋发进取，建功立业，广远机关工会表彰了一批工会工作先进集体和个人，授予总经办工会、人力资源部/组织部工会、信息中心工会“先进部室工会”称号；授予党工部宣传工会小组、广远工会办公室小组、财金部会计工会小组、航安部安全管理工会小组、岸产事业部组织人事工会小组、发展部研发规划工会小组、房改办补差补贴工会小组、汽车项目部市场营销工会小组、监督部/审计部工会小组“先进工会小组”称号；授予林树元、周筱颖、谢志达、黄宜振、谭任经、董穗、杨向葵、侯小梅、赵卫、陈嫦兰、杨树沛、杨小桦、梁玉春、陶宏江、张新伟等15名工会会员“优秀工会积极分子”称号。

（米军喜）

【广远工会财务工作】 2007年以来，广远工会财务人员严格执行财务制度，遵纪守法，根据有关政策法规和上级工会的要求，按照“统筹兼顾、量入为出、收支平衡、略有节余”的原则，严格执行相关的财务核审批制度，切实做到收好、管好、用好工会经费，紧紧围绕企业安全、效益这个中心，把有限的资源用于维护职工利益、开展民主管理、职工素质工程建设、职工文体活动、劳动保护、群众性安全活动和为职工办好事、办实事等方面，提高职工队伍的综合素质，增强企业的凝聚力和向心力，为促进广远健康协调发展、增创效益作出了贡献。（蔡兆聪）

民主管理

【召开第十二届三次职代会、八届二次工代会】 2007年1月21～22日，广远召开第十二届三次职代会、第八届二次工代会暨思想政治工作会、2007年工作会、安全生产工作会。206名正式代表、16名特邀代表、22名列席代表参加了会议。中远集团副总裁、工会主席许立荣，工会副主席陈永生，广东省直工委副书记温业其，企工处调研员尹长金，广东省总工会党组成员、纪检组组长肖建葵，广东省海员工会主席卢晓露，广州市交通委员会副主任叶波等领导莅临大会并作了讲话，对大会的胜利召开表示热烈的祝贺，对广远2006年工作给予充分肯定。中远系统各兄弟公司、广远部分船舶和船员家属联络站向大会发来了热情洋溢的贺电，预祝大会圆满成功，希望广远再创辉煌。会议传达了中远集团2007年工作会、安全工作会精神，并结合广远的实际提出了贯彻意见。会议对广远2006年的经营管理、安全工作、思想政治工作以及2005～2006年的工会工作等方面情况进行了回顾总结，并实事求是地指出了存在的问题和不足，对2007年工作进行了全面的部署。会议审议通过了广远总经理徐惠兴作的《工作报告》、总会计师胡锦沛作的《财务工作报告》、工会主席马宗梅作的《工会工作报告》、工会经审委主任江日胜作的《工会经费审查报告》，听取了党委书记刘书田的《思想政治工作报告》、副总经理翁继强作的《安全工作报告》、副总经理傅伟作的《职工提案工作报告》。审议通过了广远新一轮《集体合同》文本，签订了《集体合同》。广远总经理徐惠兴和工会主席马宗梅分别代表广远企业方和职工方在会上续签了企业新一轮《集体合同》。会议按照中远集团工会职代会民主评议领导干部的最新规定，对广远领导班子和领导成员进行了民主评议；表彰了一批双文明建设先进单位、先进集体、文明示范窗口和先进个人。会议还向广远全体船岸职工发出了《倡议书》。 （米军喜）

【广远工会召开八届六次全委会暨2007年工作会】 2007年3月24日，广远工会召开八届六次全委会暨2007年工作会。广远工会第八届工会委员、经审委全体委员，船员公司工会主席、副主席，各全资及控股企业工会主要负责人共24人参加了会议。会议回顾总结了2006年工会工作，部署了2007年工会工作，交流了工会工作经验，表彰奖励了广远2006年度达标模范工会和达标先进工会。会议认为，2006年，广远工会在上级工会和广远党委的正确领导和关心支持下，紧紧按照年初确定的工作任务和工作思路，取得了较好的成绩，为广远的健康、协调和可持续发展做出了新的贡献。会议明确了2007年工会重点工作。广东省总工会党组成员、纪检组组长肖建葵和广东省海员工会主席卢晓露分别在会上讲了话，充分肯定2006年广远工会取得的成绩，称赞广远工会工作是广东省总工会、省海员工会工作的排头兵，尤其是“工会建在船上”在省总工会、省海员系统都是叫得响的品牌，把全总“组织起来，切实维权”工会工作方针切切实实地落到了实处，肖建葵、卢晓露分别对广远工会下一步工作提出了意见和建议。在会上，广远工会主席马宗梅对做好2007年工会工作提出了具体要求。 （米军喜）

【广远荣获“全国厂务公开民主管理工作先进单位”称号】 2007年，广远工会继续深入贯彻中共中央办公厅、国务院办公厅关于厂务公开的通知精神和《广东省厂务公开条例》规定，把厂务公开作为企业管理的重要制度和企业决策、管理过程的重要环节；继续将厂务公开纳入企业监督管理综合检查考核体系，列为企业考核和评先表彰的重要条件，加强对厂务公开制度落实情况的监督检查，促进了厂（船）务公开的经常化、规范化、信息化，增强厂（船）务公开的实效性。9月，全国厂务公开协调小组授予广远“全国厂务公开民主管理先进单位”称号。这是继2006年广远获得“全国五一劳动奖状”后又一个全国性的光荣称号。（米军喜）

【召开第十二届职代会第六次联席会】 2007年5月25日，广远召开工会第十二届职代会第六次联席会。广远第十二届职代会代表团团长、副团长，各专门委员会负责人、广远工会第八届委员会委员以及部分职工代表共36人参加了会议。会议审议通过了《广州远洋运输公司完善远洋船职工资管理方案》（以下简称《方案》）。会议认为该《方案》符合国家法律、法规的有关规定，符合按劳分配与按生产要素分配相结合和效率优先、兼顾公平的原则，贴近远洋运输行业的国际惯例，充分考虑广远船队特点，以岗位能力素质要求、工作责任、工作环境、劳动强度为分配要素建立船职工资管理体系，工资管理体现了劳动力市场的价格规律，在工资结构和工资水平上逐步实现了与国际惯例接轨。会议决定广远相关职能部门要进一步修改完善《方案》，并切实做好有关工作，确保薪酬制度改革的顺利推进，确实维护船员的合法权益，保持船员队伍的稳定。

（米军喜）

【广东省厂务公开调研检查组到广远检查工作】 2007年12月13日，以广东省纪委副书记梁万里为组长的广东省厂务公开调研检查组一行5人莅临广远检查指导厂务公开工作。检查组在广远召开了厂务公开情况汇报会。广远副总经理翁继强，党委副书记黄继忠、纪委书记兼工会主席马宗梅以及广远党群口负责人，中远远达党委、工会负责人参加了汇报会。会上，马宗梅从广远近年来开展厂务公开工作的总体情况、主要做法、主要成绩、工作体会、遇到的难点以及下一步深化厂务公开工作的设想等6个方面进行了专题汇报。梁万里对广远厂务公开民主管理工作给予了高度评价，指出广远民主管理取得如此好的成绩，主要经验体现在领导高度重视、结合广远实际、用制度管人、效果明显。黄继忠代表广远领导班子在汇报会上表示，检查组既充分肯定了广远的经验，又实事求是地指出了存在的缺点与不足，这是对广远人的鼓舞，更是对广远人的关怀和鞭策。会后，检查组还视察了广远下属的中远远达厂务公开民主管理工作情况，听取了该公司领导的工作汇报，参观了“职工之家”、海图室和职工休息室，并与部分职工进行了交流座谈。（米军喜）

【职代会代表巡视团深入基层巡视检查】 2007年11月15～25日，由广远工会牵头组织的广远第十二届三次职代会代表巡视团一行13人，对航运企业、岸产企业以及部分船舶进行了巡视检查，主要检查各单位职代会决议落实情况、职代会立案答复的职工提案的落实情况和职工对企业改制的情况反映等。在巡视过程中，巡视团成员认真听取了受检单位、船舶领导的汇报，和部分职工进行了深入的交谈，并对受检单位未能落实决议的项目，提出了具体整改措施和完成时限。巡视团向广远党委专题汇报了巡视检查总体情况，并与广远相

关部门就受巡视单位普遍反映的问题进行沟通探讨。（米军喜）

组织宣传

【举行2007年迎春团拜会】 2007年2月13日，广远在远洋宾馆国际会议厅隆重举行广远2007年迎春团拜会。广远领导、本部各部室、中远远达、船员公司全体职工，广州地区各全资和控股企业领导班子及工会主席，参股企业广远方派出的主要负责人，共400多人参加了迎春团拜会。团拜会上，广远总经理徐惠兴、党委书记刘书田代表广远领导班子向远航在世界各地的船员弟兄、向广远全体船岸职工、离退休老同志及家属拜年，祝大家新年快乐，身体健康，合家欢乐！随后，进行了春节文艺汇演。（米军喜）

【继续深入开展“亲情祝安全”慰问活动】 2007年年初，广远工会下发了《关于继续深入开展“亲情祝安全”慰问活动的通知》，决定继续深入开展以“祝你平安，保我幸福”为主题的“亲情祝安全”慰问活动。是年，广远共有29艘船舶和7个船员家属站开展了此项活动。在活动中坚持了五个原则：1. 以从实际出发，准确把握慰问活动时机，维护船舶正常生产秩序为原则；2. 以突出亲情祝安全鲜明主题，增强亲情感染力和慰问活动实效性为原则；3. 以增强全员安全意识和责任感，促进船员落实安全体系和岗位安全责任为原则；4. 以增进船员与家属沟通，力求广大船员家属对企业安全的理解和支持为原则；5. 以正面引导为主，增强船员做好安全工作自信心和积极性为原则。在开展活动的机制上，“亲情祝安全”慰问由试行的阶段性活动转为一项长期开展的活动，开展活动的范围也由仅限于在靠国内港口船舶上开展，扩大到靠国内港口船舶和船员居住较集中的、有船员家属站地区。在活动中，有的船舶和船员家属站对活动开展的形式、方法和内容进行创新，增强了“亲情祝安全”活动的影响力。（米军喜）

【召开文体协会第五届五次理事会】 2007年3月15日，广远文体协会召开第五届五次文体协会理事会。文体协会第五届理事会理事、各分会会长共18人参加了会议。广远工会主席马宗梅参加会议并作了讲话。会上，广远文体协会常务副会长、工会副主席符雄向理事会汇报了广远文体协会2006年工作情况，对文体协会2007年的工作和开展庆祝广远成立46周年系列文体活动进行了部署。会议认为，2006年文体协会为丰富职工文化生活、保障职工身心健康、陶冶职工思想情操、促进企业文化和精神文明建设等方面发挥了较好的作用，主要表现在：健全组织，强化管理，进一步发挥协会理事模范带头作用，保证了各类文体活动的有效开展；积极参与，精心策划，圆满完成广远45周年大庆的各项活动；相互促进，共同提高，进一步增强了企业的凝聚力；扩大交流，积极宣传，进一步提高了广远的知名度。会议还审议通过了2007年文体协会各分会活动经费的下拨方案，表彰了集邮收藏分会和篮球分会2个先进分会和22名优秀会员。

（米军喜）

【广远工会工作论文获奖】 2007年1月10日，广东工人运动学会通报了2006年度广东省工运理论政策研究优秀论文评选情况。广远工会推荐参加评选的3篇工会工作论文均获得表彰。其中，中远航运论文《股份制企业工会工作探索》获得一等奖；船员公司工会主席戴世华撰写的《如何做好船舶工会劳动保护监督工作》获得三等奖；通导公司党总支书记、工会主席朱克洪撰写的《坚持以人为本，构建和谐企业》获得优秀奖。（米军喜）

【《航海者之歌》被评为广东省优秀厂歌、行业歌曲】 2007年，由广远职工米军喜作词、许耀启作曲的歌曲《航海者之歌》，在广东省总工会举办的分别在全国和广东省范围内开展征集优秀工人歌曲和厂歌、行业歌曲活动中，经过专家评选，在参赛的近400首歌曲中脱颖而出，获评为本次活动15首广东省优秀厂歌、行业歌曲之一。（米军喜）

【表彰奖励达标模范工会、达标先进工会】 2007年3月24日，广远工会为鼓励先进，树立典型，推动工会工作整体水平的提升，对各单位工会工作情况及自查、自评情况进行了全面的检查考核，授予中远远达工会、远洋宾馆工会为广远2006年度达标模范工会，授予船员公司工会、中远航运工会、通导公司工会、物业公司工会为广远2006年度达标先进工会，并给予了表彰和奖励。（米军喜）

【广远举办企业成立46周年庆祝大会】 2007年4月27日，广远在远洋宾馆国际会议厅隆重举行广远成立46周年庆祝大会。大会由广远党委书记刘书田主持，总经理徐惠兴致辞。徐惠兴代表广远党委和领导班子向航行于世界各地的广大船员、全体船员家属、离退休老同志及广大职工表示亲切的慰问和衷心的感谢。徐惠兴在致辞中指出，广远46年来所取得的每一点成绩、每一个进步，都得益于几代广远人的无私付出，得益于广大船岸职工的默默奉献和努力拼搏，也得益于广大职工家属一直以来的理解和支持。庆祝会上举行了激动人心的庆祝仪式，伴随着悠扬的《祝你生日快乐》歌声，46名船员唱着生日歌，手捧点燃的46支蜡烛缓缓走上舞台，全场船岸职工一起唱起优美的生日歌曲，祝贺广远46岁华诞。庆祝会上，广远领导还向在广远工作满40年、30年、20年的职工代表颁发了荣誉证书和纪念章。

（米军喜）

【开展庆祝中远、广远成立46周年系列活动】 为了给中远、广远46周年华诞增添喜庆氛围，广远工会充分发挥企业文体协会的作用，从3月底到4月27日期间，各分会相继组织开展了以庆祝中远、广远成立46周年为主题的系列文体活动，部分活动还邀请中远驻穗单位和海员系统单位参加。庆典系列活动除广远工会组织的羽毛球团体赛、青年杯篮球邀请赛、足球赛等比赛外，登山分会4月19日组织会员开展登山活动；体育舞蹈分会于20日举办了职工舞会；海洋文学分会出版了第13期《海洋文学》；27日，书法摄影分会邀请广东省著名书画家到国际会议厅现场挥毫助兴；集邮收藏分会组织了邮品、收藏品展览和猜谜奖邮品等活动。（米军喜）

【举办职工歌咏比赛】 为加强企业文化建设，丰富职工文化生活，增强企业凝聚力，培养和锻炼企业职工文艺骨干，带动群众性文艺活动的深入开展，进一步激发职工团结拼搏、努力进取的团队精神，广远工会在2007年4月广远成立46周年庆典期间，举办了广远职工歌咏比赛。歌咏比赛以“歌颂党的丰功伟绩，赞美广远火热生活，弘扬广远优良传统，促进广远和谐稳定”为主题，以宣传中远集团、广远改革发展的大好形势为主旋律，歌咏比赛以基层工会为单位组队参加，歌咏比赛形式主要为大合唱，在表演方式上鼓励创新，如歌舞表演、舞台造型等活泼形式。4月23日，来自广远本部、各基层单位的13支合唱队参加了职工歌咏比赛初赛，共有8支队伍进入了决赛。在27日总决赛中，经过紧张激烈的竞争，广远本部代表队获得一等奖；建设实业、中远航运代表队获得二等奖；物业公司、远洋宾馆、船员公司船员代表队获得三等奖。船员公司、远洋宾馆被授予优秀组织奖。此次歌咏比赛不仅参加人数多，参加演唱的职工近400人，是广远近年来参与人数最多、氛围最为热烈的一次文艺活动，充分体现了群众性和广泛性，而且各参赛队的合唱水平普遍较高，表现形式有所创新。

（米军喜）

【“泰安口”轮被评为全国学习型先进班组】 2007年，由中华全国总工会、中央文明办、国家发改委、教育部、科技部、国防科工委、人事部、劳动和社会保障部、国资委、全国工商联等组成的全国“创建学习型组织，争做知识型职工”领导小组表彰了一批“创争”活动先进集体、先进个人，广远“泰安口”轮被授予“全国学习型先进班组”光荣称号。（米军喜）

【组织职工、船员代表参加广东省“劳动者之歌”演出】 2007年4月22日，广远工会和船员公司组织了110名职工、船员到中山纪念堂参加中共广东省委宣传部和省总工会主办的庆祝“五一”暨“劳动者之歌”文艺晚会演出。参加晚会的船员和兄弟单位的演员们一起以“歌新时代工人豪情，唱劳动者炽热心声”为主题，演唱了全国“劳动者之歌”征歌入选的部分歌曲，和广东省行业企业歌曲评选的部分优秀歌曲。广远米军喜和萨出日丽领唱了《广远之歌》，台上台下互为联动，气氛异常活跃。演出受到与会领导和观众的热烈欢迎。晚会前，广远船员受到广东省总工会党组成员、纪检组组长肖建葵，省海员工会主席卢晓露的亲切接见。

（米军喜）

【广远工会承办中远集团2007年职工文化月活动开幕式暨乒乓球总决赛】 2007年9月4～6日，由中远集团工会主办，广远工会承办的中远集团2007年职工文化月活动开幕式暨乒乓球总决赛在广州举行。广东省总工会党组成员、纪检组组长肖建葵，省海员工会主席卢晓露，中远集团工会副主席陈永生，广远党委书记刘书田、纪委书记兼工会主席马宗梅，中远职工艺术总监、中波公司总经理孙敏，中远集团各二级单位工会主席、中远驻穗单位工会主席，以及参赛人员共150多人参加了开幕式。开幕式由马宗梅主持，肖建葵、刘书田、陈永生分别致辞。中远集团总裁魏家福、党组书记张富生分别为中远集团职工文化月活动题词。参加本次乒乓球总决赛的代表队共15支、86名运动员，角逐男子团体、女子团体、男女混双，男子单打和女子单打等5大比赛项目。广远代表队经过3天的顽强拼搏，获得男子单打冠军和季军、男子团体亚军、混合双打季军、女子单打第四和第五名的好成绩，为广远增添了光彩。在中远集团职工文化月活动的书法摄影展评比中，广远职工黄国扬获摄影一等奖，马宗梅、黄森民、印大为、刘浩全分别获隶书、草书、国画和摄影优秀奖；在歌唱比赛中，白涛、管升、贺媲丹、吴娟、林斌分别获得歌唱比赛优秀奖。在中远集团2007年职工文化月活动中，广远还荣获中远集团职工文化月活动“精神文明奖”、“特别贡献奖”和乒乓球总决赛单项“优秀组织奖”等奖项。（米军喜）

【广远职工在广东省职工书画摄影活动中获奖】 2007年9月27日，由广远工会选送的黄森民、黄桥伙、刘小苑、郭兆洪、苏耀滔、许梅亮、姜保民等人的8件作品，在参加以《共建共享和谐广东》为主题的“中金岭南杯”书画摄影作品评选活动中，分别荣获1个铜奖、7个优秀奖，这些获奖作品还参加了广州、深圳、香港三地巡回展览并在全省各工人文化宫展出。

（米军喜）

【举办工会干部专题培训班】 2007年11月30日，广远举办了一期以学习贯彻《劳动合同法》为专题的工会干部学习培训班。广远工会主席马宗梅，广远工会委员、专职工会干部、本部各部室工会主席、广州地区广远各全资和控股企业工会委员以及分管工会工作的领导，共60多人参加了培训。培训班特邀企业管理博士、国家人事部首届人才测评师、国家人事部人力资源管理经济师王贵军前来授课。马宗梅在培训班上对广大工会干部提出了要求。

（米军喜）

生产劳保和“送温暖”活动

【中国海员建设工会主席吴子恒到广远慰问】 2007年2月4日，中国海员建设工会主席吴子恒到广远进行春节慰问活动。吴子恒看望了广远老领导，给老同志拜年，祝老同志家庭幸福、身体健康。

（米军喜）

【开展船员技能竞赛活动】 2007年8月16日，广远“红树林”工程首届船员技能竞赛暨广东省“海员杯”选手选拔赛在金桥学院举行。广东省总工会经济工作部部长张东升、广东省海员工会办公室主任王德澍等领导莅临现场，观看了比赛并进行了指导。来自8支代表队的59名参赛选手在比赛中发扬更高、更优、更强的竞技精神，顽强拼搏，奋力争先，共角逐出打绳结、插钢丝、撇缆等6个单项奖和机工、水手2个综合奖。经过角逐，栗金伟荣获水手技能综合一等奖，姜茂印荣获轮机技能综合一等奖；张存良、吴禄伟荣获水手技能综合二等奖，鲁崇秀、谭海华荣获轮机技能综合二等奖；侯其禄、张红卫、夏天荣获水手技能综合三等奖；刘海波、陈文明、刘金智荣获轮机技能综合三等奖；谭海华等6名船员分别获得单项技能第一名。（米军喜）

【广远在广东省首届“海员杯”船舶水手技能大赛中获佳绩】 2007年10月12日，由广东省总工会、省劳动和社会保障厅、省经济贸易委员会、省科学技术厅主办，广东省海员工会、省海事局承办的广东省首届“海员杯”船舶水手技能大赛在省海事局仑头航测基地隆重举行。来自省海员系统13家单位的65名选手，参加了船舶水手工艺的钢丝缆绳插接、打绳结、抛撇缆绳3个项目的理论知识和实际操作比赛。广东省总工会党组副书记、常务副主席陈文杰，党组成员、纪检组组长肖建葵，党组成员、巡视员廖文正等省总工会领导，省劳动和社会保障厅、省科学技术厅相关职能部门负责人，省海员工会以及省海员系统单位党政领导、工会主席莅临现场指导和观摩比赛。广远参赛的吴禄伟、张红卫、栗金伟、夏天、马朝辉5名选手在比赛中表现突出，取得了优异的成绩，夺取了团体总分第一名并包揽了3个单项的第一名，其中，吴禄伟以总分267.41高分夺得了广东省首届“海员杯”船舶水手技能大赛总分第一名，并以84.5分夺得撇缆绳项目的第一名；张红卫以3分09秒、98.67分夺得插钢丝第一名，栗金伟夺得第二名；夏天以1分08秒、93.54分夺得打绳结第一名，马朝辉、栗金伟分别夺得第二、第三名。广远被授予优秀组织奖。根据比赛奖励规定，吴禄伟被授予“广东省职工经济技术创新能手”和“广东省技术能手”称号，并被广东省总工会授予“广东省五一劳动奖章”。（米军喜）

【马宗梅慰问教职工】 2007年教师节前夕，广远纪委书记兼工会主席马宗梅率慰问组到金桥学院和天河幼儿园，向默默耕耘在教育战线的教师们表示慰问，为教师们送去节日的问候和亲切的关怀。在金桥学院，马宗梅还为金桥学院评出的“博学善教、良师益友”教师代表颁发了奖状和奖金；在天河幼儿园，马宗梅看望了正在上课的教师们，并表示节日的祝贺。

（米军喜）

【开展“送温暖”活动】 2007年，广远工会继续发挥“三项基金”的作用，做好帮扶工作和经常性的“送温暖”工作。全年困难补助1390人次，发放补助款407240元；发放17人希望工程助学金9797元；发放34人高教助学金56055元。在元旦、春节期间，广远领导和有关部室负责人奔赴各地慰问到港船舶以及劳动模范、离退休老职工、患病船员、困难职工，共慰问到港船舶58艘次，慰问职工1755人/次，其中，特困、困难职工1100多人，劳模先进69人，离退休人员569人，发放慰问金178万元，为农民工返乡购买车票40多张。（黄宜振）

【召开帮扶中心领导小组会议】 2007年10月31日，根据《广州远洋运输公司困难职工帮扶中心工作制度》规定，广远召开帮扶中心领导小组会议，会议审核了2007年企业帮扶工作，通过5名困难职工子女的高教助学申请、4名特困职工给予每月定期补助申请和给予3名困难职工一次性5000元特困补助。（黄宜振）

【开展“送温暖、献爱心”社会捐助活动】 2007年，广东省部分地区连续遭受暴雨、洪涝等自然灾害的袭击，群众的生命财产遭受较大损失，灾区许多群众面临着缺衣少被等生活困难。为切实帮助灾区群众安全顺利过冬，广远响应广东省委办公厅、省政府办公厅的号召，积极开展“送温暖、献爱心”社会捐助活动，共向灾区人

民捐献了14.35万元。（黄宜振）

女工工作

【女工委员会简介】 广远女工委是在同级工会领导下的具有民主性、代表性的女职工组织，根据女职工的特点和意愿开展工作。女工委的主要职责是团结、带领广远女职工发扬工人阶级主人翁精神，在开创广远各项事业中建功立业；维护女职工在政治、经济、文化、生活和家庭等方面的合法权益，与一切歧视、虐待、侮辱、迫害女职工的行为作斗争；监督、协助行政贯彻执行有关女职工保护的政策、法规，建立健全女职工特殊权益保护制度和措施；密切联系广大女职工，收集反映女职工的意见和要求，维护女职工的合法权益。

时任女工委员会主任符雄，副主任李惠霞。（蔡兆聪）

【女工委员会工作概况】 2007年，广远按照中远集团关于深入开展“巾帼建功”活动的要求，紧紧围绕企业的工作思路和中心任务，结合女职工工作特点，广泛深入开展女职工“学习成才、岗位立功”等主题活动，在加强组织建设、提高女职工素质、维护女职工合法权益，发挥广大女职工的积极性等方面取得了较好成效，为广远的可持续发展发挥了积极作用。

（蔡兆聪）

【广远召开“巾帼建功”活动总结表彰暨女工工作会】 2007年10月20日，广远工会召开“巾帼建功”活动总结表彰暨女工工作会。会议对2006～2007年来广远女工工作、开展“巾帼建功”活动情况进行认真总结，对下一步女工工作和“巾帼建功”活动进行全面的部署，并表彰了一批“巾帼建功”活动先进集体和先进个人。中远航运航运经营部商务组、中远远达财务部、船员公司财务部、信息中心通信部、物业公司黄埔酒店客房部、金桥学院外语系、供应公司财金部、通导公司综合管理部、建设实业营销部、远洋宾馆前台、远洋大厦前台接待等11个集体被评为“巾帼文明岗”；李惠霞、黄晓晖、吴翠萍、盛开薇、黄琴、张筱玲、谢小梅、吴思、柳芳、林静、吴卫锋、钟丽然、邓林闻、夏芙芸、罗雪英、林海英、牛渝萍、林斐馨、蔡少玲、陶燕琼、王孜孜、邓伟、何双艳、万卫华、李纯、邬岚、刘西平等27名女职工被评为“巾帼建功标兵”。

（米军喜）

【广远机关女工委举办“喜迎十七大”及《妇女权益保障法》知识活动】 2007年11月，广远机关女工委为了进一步加强女职工的法律意识，迎接中共第十七次代表大会的胜利召开，举办了一期“喜迎十七大”及《妇女权益保障法》知识有奖问答抽奖活动。参加此次活动的女职工共63人，占女职工总数的93%。（米军喜）

【马宗梅获“南粤女职工之友”荣誉称号】 2007年2月25日，在广东省总工会庆“三八”表彰会上，广远纪委书记兼工会主席马宗梅被广东省总工会授予“南粤女职工之友”荣誉称号。（米军喜）

【广远3名职工受到广东省海员工会的表彰】 2007年，广东省海员工会表彰了一批女职工工作先进个人，广远系统职工王叶红、李惠霞、洪舸分别被授予广东省海员系统先进女职工工作者、先进女职工和女职工之友称号。（米军喜）

家属工作

【广远船员家属工作概况】 广远历来重视船员家属工作，积极将船员家属的首创精神纳入企业追求理念。自1985年广远成立第一批船员家属站以来，船员家属工作蓬勃发展，到2007年年底，广远船员家属站发展到91个，工作人员共169人，构建了覆盖全国70多个城市和广大乡村的船员家属工作网络。各船员家属站普遍建立了船员家有红白事必访、船员及家属姐妹有病必访、船员家有要事必访的“三必访”制度，船员家庭“档案本、登记表”和船员家庭“红白喜事理事会”制度，在帮助解决诸如儿女入学、就业、生病住院等具体困难和帮忙处理红白喜事方面发挥积极作用，形成了富有广远特色的船员家属工作传统。船员家属站在广大船员家属工作者和船员家属们的共同努力下，充分发挥其服务平台的作用，为构筑船员温馨港湾，稳定航运主业后方，服务企业生产经营，增强企业凝聚力等方面起着不可或缺的重大作用，作出了历史性贡献。20多年来，广远无论机构如何改革，航运主业多么艰难，企业领导班子如何调整，广远船员家属工作不但没有削减，反而得到了进一步加强和完善，前后召开了七次船员家属代表大会，制定和实施了《广州远洋运输公司船员家属联络站工作实施细则》，总结了多名优秀船员家属的先进事迹录入中远集团《海嫂的故事》、《我也是中远人》和《和谐家园温馨港湾》等宣传纪录片和书籍，并利用各种宣传工具广泛宣传优秀船员家属的先进事迹，使广大船员家属首创活动上升到企业的制度层面得到保障。

（米军喜）

【广远召开第七次船员家属代表大会】 2007年7月6日，广远第七次船员家属代表大会在广州隆重举行。来自全国各地90多个船员家属站的105名船员家属代表，以及广州地区部分休假船员、广远下属船员公司、航运企业代表共170多人参加了会议。上级工会领导和广远领导对船员家属代表大会的召开非常重视和关心，广东省总工会党组成员、副主席、省妇联副主席王丽华，广东省总工会党组成员、纪检组组长肖建葵，广东省海员工会主席卢晓露，中远集团工会生产劳保部部长郑伦莅临大会并作了指示，广远领导班子出席了大会，广远纪委书记兼工会主席马宗梅作了题为《以人为本，构建和谐，开拓船员家属工作新局面》的工作报告。广远总经理徐惠兴和党委书记刘书田在会上作了讲话，分别对过去几年来的船员家属站、船员家属工作给予了充分的肯定。会议总结回顾了广远过去几年船员家属工作情况，实事求是地指出了存在的问题，对下一步的船员家属工作做了具体的部署，6名船员家属代表在会上介绍了如何做好船员家属站工作和船员家属工作的经验。会议还审议通过了《广远船员家属联络站工作实施细则》，向广大船员家属发出了《倡议书》，表彰了一批先进船员家属联络站、优秀家属工作者和优秀船员家属。

（米军喜）

【编写《和谐家园　温馨港湾》一书】　2007 年 9 月，广远工会和船员公司工会根据广远船员家属代表大会的宗旨和主要内容，共同编写了一本反映广远船员家属工作的书籍——《和谐家园　温馨港湾》，全书共分四大部分：第一部分为《领导关怀》，刊登了各级领导在船员家属代表大会的讲话和一些会议文件，反映了上级领导和广远领导对船员家属工作的高度重视，对船员及家属的真诚关心和爱护；第二部分为《温馨家园》，刊载了 12 个船员家属站及船员家属工作者的典型材料；第三部分为《海嫂风采》，收集了 26 名优秀船员家属事迹；第四部分为《新的希望》，刊载了广远表彰决定，船舶、船员家属站给家代会的贺电、贺信和大会倡议书。《和谐家园　温馨港湾》一书的出版，受到了广大读者的热烈欢迎和好评。

（米军喜）

【《工人日报》发表文章盛赞广远船员家属工作】　2007 年 9 月 25 日，《工人日报》分别在第一、第四版面刊登文章，报导了广远船员家属工作情况。第一版面标题为《职工家属首创精神纳入企业追求理念—广远公司为前方船员构建和谐后方》，文章主要介绍了广远自成立以来，针对船员远航在外，家庭遭灾难、遇困境时，其船员家属的力量有限，广远将船员家属互助行动，通过企业大力支持的有效引导，转变为有序的、有组织的企业行为，纳入企业追求理念，在船员家属相对集中的地区成立船员家属联络站，系统地开展团结互相活动等方面的情况。第四版面标题为《和谐家园温馨港湾——记广州远洋运输公司船员家属工作》，文章主要介绍了广远是如何成立船员家属站，如何指导船员家属站开展工作，以及各船员家属站是如何围绕中心开展工作，稳定后方、服务前方，以及在工作中出现的好人好事。

（米军喜）

【徐文凤等 4 人荣获“2007 年全国优秀海员家属”称号】　2007 年 7 月 11 日，中国海员建设工会全国委员会和交通部精神文明建设办公室联合发出表彰全国优秀海员家属的决定，广远丹东船员家属站站长徐文凤、广东兴宁船员家属站站长廖育珍、广东肇庆船员家属站站长陈桂平和青岛船员家属站站长崔钦枰被评选为 2007 年全国优秀海员家属。表彰决定对海员家属的奉献给予了高度的评价，认为作为中国航运事业的一个特殊群体，海员家属付出了她们所能奉献的一切，不仅为广大海员解除了后顾之忧，更在稳定海员队伍、促进航运发展上，发挥了不可替代的特殊作用。

（米军喜）

第四节　共青团工作

【共青团广州远洋运输公司委员会简介】 共青团广州远洋运输公司委员会（以下简称广远团委）在广远党委和上级团组织领导下，负责广远和代管单位（中远在穗单位）共青团工作。

2007年，广远有35岁以下职工4011人，28岁以下职工2456人，职工团员430人，院校学生团员3063人。广远团委所辖机关、基层、船舶团委6个、总支10个、支部254个（其中船舶团支部123个）。在上述团组织中，院校团组织总数为126个。广远团委的主要职能是在广远党委工作部的领导下，全面贯彻落实党的路线方针政策和广远党委、上级团组织的指示、决定；制订广远共青团工作方针和工作计划，并组织贯彻执行；加强团的组织建设，督促落实团内生活的各项制度，组织召开广远团代会，指导下属各级团组织的换届选举工作，协助有关部门配备好各级团组织的专、兼职团干部，做好团员的发展、推优等工作，依时收缴团费，按照有关规定控制团费和活动经费的使用调拨；做好团员青年思想政治工作，组织学习培训，不断提高团员青年的思想素质和业务素质，提高团干部的组织能力和领导能力；团结带领广大团员青年深入开展"创建青年文明号，争当青年岗位能手"、"创建青年安全生产示范岗"、"青年创新创效"及"创建五四红旗团委"等主题活动，并进行总结表彰；深入基层船舶调查研究，及时准确把握和反映团员青年的思想和要求；结合企业和青年的特点，开展有益身心的文体活动，活跃团员青年文化生活。是年，广远13个先进青年集体、23名青年先进个人分别获团省委、省直团工委和中远集团团委表彰，其中，陈小华获"全国交通行业青年岗位能手"称号，蔡连财获"中远集团十大杰出青年"称号，"泰安口"轮加宽改造项目获得首届中央企业青年创新奖优秀奖。

时任团委书记王茜。　　（王茜）

【团委工作概况】 2007年，广远共青团工作坚持"服务创新、求实发展"的工作理念，围绕企业总体工作思路和"十一五"规划的各项目标任务，抓紧团员青年思想政治教育主线，认真开展"我与祖国共奋进"、"以一流业绩喜迎党的十七大"等主题活动，组织团员青年参观中共"三大"旧址；进一步深化"青年文明号、青年安全生产示范岗、青年创新创效"等品牌活动，在配合做好"中远集团十大杰出青年"评选活动基础上，组织开展了"广远十大杰出青年"评选活动，大力培育青年先进典型，一批先进青年集体和青年个人获上级团组织表彰；积极组织参与省直机关举办的"服务基层、联系群众、促进和谐"青年志愿服务日活动，组织开展了中远广州地区"青年杯"篮球赛等青年喜闻乐见的文体活动，努力创建"学习型、服务型、创新型"团组织，充分发挥了团组织服务企业、服务青年的作用。

（王茜）

【举办"新广远、新青年、新风采"形象

展示大赛】 为进一步深化“与祖国共奋进、与企业同发展”和“社会主义荣辱观”主题教育活动，激励广大团员青年弘扬与时俱进、开拓创新的时代精神，以饱满的热情和百倍的努力，积极投身到企业改革发展的各项工作中去，广远团委在2007年“五四”期间举办了“新广远、新青年、新风采”形象展示大赛。来自广远本部、基层单位、船舶的20名选手参加了预赛，并从中选拔出10名选手进行了决赛。决赛于5月18日在远洋宾馆国际会议厅举行。共青团广东省委副书记曾颖如，广东省直团工委副书记饶东成，广远总经理徐惠兴、党委书记刘书田等领导以及200名团员青年、员工现场观看了决赛。决赛中，选手们通过自我介绍、主题演讲、情境问答、才艺表演等环节，充分展示了广远团员青年崇高的理想追求、奋发有为的良好风貌和朝气蓬勃的青春风采。经过激烈角逐，来自岸产事业部、中远航运、船舶及广远本部的选手分别获得前6名，2名选手分别获得最佳才智奖和最佳表演艺术奖。（王茜）

【开展“以一流业绩喜迎党的十七大”主题活动】 为进一步贯彻落实中远集团团委《关于开展“以一流业绩喜迎党的十七大”主题活动的通知》精神，积极营造喜迎中共十七大召开浓厚氛围，广远团委于2007年9月19日召开了团委扩大会议，结合工作实际和青年特点，制定下发活动实施计划，并于10月11日举办了“喜迎十七大，和谐促成长”为主题的青年课堂，组织参观了“三大旧址”。通过形式多样的主题活动，进一步动员和组织广大团员青年深入学习中共中央总书记胡锦涛在中央党校重要讲话精神，统一思想、振奋精神，立足本职岗位，以饱满的热情和良好的精神面貌，创造优异的成绩，以实际行动迎接中共十七大胜利召开。（王茜）

【开展青年“金点子”征集活动】 为了进一步深化“青年创新创效”活动，引导广大团员青年增强创新意识，提高创新能力，投身创新实践，在全力实现企业年度目标和各项工作任务中更好地发挥生力军作用，广远团委于2007年9～11月在团员青年中开展了青年“金点子”征集活动。活动期间，各级团组织认真组织团员青年开展以广远工作会议精神及安全、效益为主题的学习活动，并发动团员青年根据本单位、本岗位的实际，围绕精益管理，降本增效，市场开拓，安全文化建设，就服务、管理、技术、营销创新及共青团活动DIY方案等方面踊跃提出合理化建议。广大团员青年本着对企业高度负责的主人翁精神，积极投入到本次活动中去，纷纷建言献策。在短短2个多月的活动中，共收到来自本部、基层和船舶团员青年的“建言献策”建议71条，其中涉及安全生产的共43条。广远团委在分类转送有关部门进行答复和审理后，会同有关部门进行了评选，共评出优秀“金点子”一等奖2个、二等奖4个、三等奖6个，优秀组织单位2个。（王茜）

【蔡连财当选第三届中远集团“十大杰出青年”】 2007年9月14日，第三届中远集团“十大杰出青年”揭晓暨表彰大会在海南博鳌隆重召开。会上揭晓了第三届中远集团“十大杰出青年”名单，并分别对10位当选者进行了现场访谈。广远船长蔡连财当选第三届中远集团“十大杰出青年”并接受了现场采访。

蔡连财从集美航海学院毕业到广远工作后，以高度的事业心与责任感，努力践行“服务客户最优，回报股东最大”的中远价值观，在工作中积极主动、爱岗敬业、勤于学习、锐意进取，从一名实习生成长为远洋船长。特别是在“泰安口”、“康盛口”轮这2艘技术含量相当高的新型半潜船工作期间，蔡连财发奋学习新知识，刻苦钻研新业务，迅速掌握了现代化半潜船的配载和操作技术，多次圆满完成国家的重要运输任务和其他高难度任务。

（王茜）

【举办青年课堂】 为了积极营造喜迎中共十七大召开浓厚氛围，结合《广远团委“以一流业绩喜迎党的十七大”主题活动实施方案》和年初工作计划，广远团委于2007年10月11日举办了“喜迎十七大，和谐促成长”为主题的青年课堂。广远团委委员、各基层团委（总支）书记及团员青年骨干共43人参加了学习培训。培训聘请了广东省青年干部学院老师授课。授课老师回顾了中国共产党的历届党代会和中共十六大以来取得的成就，分析了当前国际形势，并就团员青年应以怎样的境界和姿态迎接中共十七大进行了重点辅导。通过学习培训，团员青年对党的理论知识和历史进程有了更深刻的理解，纷纷表示要胸怀远大理想，立足本职工作，创造优异成绩迎接中共十七大。（王茜）

【召开团员青年学习中共十七大精神座谈会】 2007年12月6日，广远团委召开团员青年学习中共十七大精神座谈会。广远团委委员、各级团组织负责人及部分团员青年代表共23人参加了会议。广远党工部部长姚勇应邀参加了座谈。座谈会上，姚勇结合当前国内外形势和企业的改革发展，对中共十七大报告进行了解读和学习辅导，对各级团组织进一步学习贯彻中共十七大精神提出了要求。与会团员青年在会上纷纷作了发言，交流本单位开展学习活动所取得的成绩，畅谈个人的学习体会。

（王茜）

【举办庆祝广远成立46周年“青年杯”篮球邀请赛】 2007年4月10～20日，广远团委和广远篮球协会共同举办庆祝广远成立46周年“青年杯”篮球邀请赛。本次比赛经广泛动员，广远联队、金桥学院队、广州中货队、广州中远物流队、广州中远船务队等中远系统广州地区的单位均组队应邀参加了比赛。广州海事局等单位也应邀参加了比赛。本次比赛，邀请了由金桥学院女子舞蹈表演队组成的篮球宝贝拉拉队，在比赛中穿插了精彩的舞蹈表演，调动了比赛现场的活动氛围。这次篮球邀请赛成为广远各文体协会为广远46周年庆典系列活动的一大亮点。（王茜）

【参加省直片区“青春·感动”新年晚会】 为庆祝2008年元旦，丰富青年文化生活，增进省直机关片区团组织之间的交流，拓展团员青年的社交网络，充分展示青年人的活力和朝气，2007年12月28日晚，广远团委组织广远21名团员青年参加了省直片区举办的“青春·感动”青年迎新联欢晚会，与来自省直第六片区单位150名青年代表进行了联欢活动，展示了广远团员青年的时代风采。（王茜）

第六章

广州远洋船员管理公司

【广州远洋船员管理公司简介】　2007年9月前，船员公司主要职能是负责执行质量管理体系，提供合格船员，确保船舶正常营运，并协助船东对机损、海损事故的调查处理；负责船员成本控制；负责船员的日常管理工作；负责船员资源的总体规划；负责船员的招聘、调配、培训、培养、考证、办证、退休、退养和绩效考核工作；负责对外开展船员劳务合作，向船东提供优质服务；负责推进企业文化建设、船舶党建工作、学创活动和精神文明建设。至9月底，船员公司管理的船员7000多人，在船船员4000多人，全套船员服务的船舶140艘。

2007年1～9月，船员公司下设办公室、质量办公室、船员管理一部、船员管理二部、人力资源部、财务部、党委工作部、工会、劳务一部、劳务二部、业务部、外派财务部等12个部门。时任总经理兼党委副书记尤扬斌，党委书记兼副总经理林耀强，副总经理梁伟民、周伟民，党委副书记兼纪委书记易宝森，工会主席戴世华，财务总监李惠霞。员工105人。

9月21日，广远进行船员管理体制改革，船员公司机关人员及在职船员被中远航运定向集体招募。10月1日，船员公司机关人员及在职船员进入中远航运船员管理部，并开始正式运作。　（葛晓红）

【船员公司工作概况】　2007年1～9月，船员公司紧紧围绕“安全、效益、稳定”这个中心，以加强船员教育培训“红树林”工程为主线，努力提高机关员工和船员队伍整体素质，创新经营，精益管理，促进企业建设，维护船舶安全稳定，提高船员公司的综合效益。

在安全管理方面，船员公司坚持安全工作是重中之重，突出预防为主，教育为先，编发了18期《船员公司简报》，编写了2期安全工作专刊，共约20万字；编写了3期派前教育提纲，对3061名船员进行了派前安全生产教育、职业道德教育、遵章守纪教育；编辑制作了“平安是福”安全教育光碟300张，对112艘次船舶、4130人次船员进行宣讲；实行安全防线前移，加强安全工作指导，机关共派出117人次到国内各港口对187艘次船舶进行考核检查；对436名驾驶员、轮机员进行季节性安全教育指导和特别提示；先后在广州、天津、青岛、大连、上海等地组织公休船员10期共600多人次参加学习培训；对735艘次航行沿海船舶进行安全提示；向外派船舶下发通电27份，指导1260艘次船舶做好防台、防恐等安全工作。1～9月船员公司安全生产基本保持平稳，工伤事故减少，沿海航行的船舶安全面达100%。

在船员培训方面，船员公司认真落实加强船员教育培训“红树林”工程实施方案，努力打造高素质的船员队伍；抓好312名新船员岗前教育培训，合格率100%，确保了新船员尽快适岗；举办105期培训班，培训3017人次；继续推进“驾报合一”和“机电合一”工作，培训“驾报合一”船员534人、“机电合一”船员87人，合格率为100%；实施“驾报合一”船舶52艘，“机电合一”船舶15艘；加强技能培训，对1253名驾驶员进行航海模拟器培训，进一步提高驾驶员的实操技能。通过各种培训，提高了船员业务技能，参加全国船长资格考试合格率为93.3%，全国轮机长资格考试合格率为100%；5名船员选手参加广东省首届“海员杯”船舶水手技能大赛，取得优异成绩。在培训工作中，把科学培养和提升高级船员相结合，对拟提升的高级船员，与船东共同加强考核，从注重数量向注重素质转变，提升高级船员401人，解决了高级船员退休后的缺额问题；根据国际航运市场高级船员资源紧缺的状况，积极推行在外派船中直接安排船员上船接任高一级职务，同时利用散派高级船员的平台，储备和培养后备人才队伍，保证航运主业发展对高级船员的需求；加快船员队伍调整，将船长、政委、轮机长、电机员4种职务船员的退休年龄从56周岁调整到55岁，加快了船员退休步伐，办理船员退休657人，其中干部船员281人，普通船员376人；做好船员的退养工作，办理退养441人，其中干部船员167人，普通船员274人。通过对船员队伍的调整，使船员队伍进一步年轻化、知识化，结构日趋合理。

在精益管理方面，船员公司深入开展“精益管理年”活动。按照广远的统一部署，制定了《2007年精益管理活动方案》和《“精益改善”方案》，并组织开展活动，运用精益管理的理念，对岗位职责进行分析，对影响工作的相关因素进行了梳理整改，推出了《推进船员相片电子化管理》、《精益管理在计划生育管理岗位中的运用》2个亮点；有10个QC活动项目获得年度广远级优秀QC成果，其中“推进实施‘驾报合一’工程”QC活动获得广东省、广州市优秀QC成果奖；结合中远集团船员工资改革的实施，加强与船东沟通协调，使新签订的船员劳务合同租金有所提高，有效地化解因船员工改带来的人工成本增长等相关难题；挖掘人力潜力，保证主营船队船员资源，坚持每周船员调配例会制度，选配好班子，坚持“板块管理、合理流动”的调配原则，并按照广远“十一五”船队发展规划，及时调整外派策略，对船东租金、船况等情况进行综合评估，对中发、越洋船务等境内外部分船东的15艘船舶予以关约，撤离船员282人；派出船员完成13艘船舶的交接任务。

在加强党建和思想政治工作方面，船员公司党委和船舶开展“三服务一促进”活动，召开活动动员会，制定开展活动方案，船舶通过服务船东、服务租家、服务货主，促进企业党的建设和船舶的全面建设，有25个党支部、25名党务工作者和140多名党员分别获得广远党委和船员公司党委表彰；抓好创建“四好领导班子”活动，抓好船舶政委队伍建设，从高级船员中选拔了10名政委苗子，轮训政委33人；坚持政委上船前谈话制度，对政委谈话185人次，并与政委签定目标责任书，增强船舶政委的责任感；抓好船员思想政治工作，购买和刻录历史教育VCD光碟500多张发船，组织编印《远洋船员思想政治教育》手册，为船舶日常思想政治教育提供教材；加大力度抓好发展船员党员工作，每半年通报一次船舶党支部建设情况，有力推动船舶党建工作，1～9月，发展新党员172名，预备党员转正126名。

在企业文化建设方面，船员公司党委先后配合广远进行贯彻落实“四项长效机制”、“惩防体系实施意见”、船舶党建、船舶安全保卫、“三学一创”等调研，完成各种汇报材料，党建成果得到上级党组织的好评；下工夫抓典型，及时在《船员公司简报》上报道船员为船东、货主、租家提供优质服务情况，突出抓好“安龙江”、“泰安口”、“康盛口”、“白沙岭”、“永盛”轮等船舶和船长蔡连财的典型培育和宣传，纪委坚持一年一度的廉政谈话制度，机关员工和在船船员 100% 签订了《廉洁从业承诺书》，部门经理助理以上管理人员 100% 签订不违反财经制度和不设置“账外账”、“小金库”承诺；坚持效能监察工作自查监督，7 月接受广远监督部效能监察工作检查，获得好评。

在工会、共青团建设方面，船员公司工会主动为员工排忧解难。元旦春节、国庆、中秋节期间组织慰问到港船舶、慰问患病船员、困难船员，及时为困难船员发放困难补助。1～9 月慰问患病船员 145 人次；认真做好船员家属工作，加强对 76 个船员家属站的管理和指导，协助广远工会组织召开了船员家属代表大会；1～9 月接待船员及船员家属来访 1726 人次，处理来信 1360 封；结合船舶实际，开展“降本增效，安全在我身边”、“岗位练兵，技能竞赛”、“亲情祝安全”等活动，有力地促进了船舶建设；在机关组建篮球、乒乓球、羽毛球等文体协会并经常开展文体活动，在船舶开展歌咏比赛，促进船员的身心健康；加强船员劳动保护实施，举办 3 期船舶劳保检查员培训班，培训人数 84 人。加强共青团建设，团委在团员青年中深入开展社会主义荣辱观教育，先后向到港船舶团支部赠送学习书籍，采取“送学上船”等多种形式，引导青年船员树立社会主义荣辱观，抓好青年主题活动，努力做好新招的航海院校党员、班干部的跟踪管理工作，努力挖掘培养先进团员青年典型，其中，有 12 名团员青年获得广东省、省直工委、中远集团等上级团组织表彰。

（黄森民）

【船员驾驭“亚龙湾”轮首航成功】 2007 年 1 月 8 日，船员公司外派船员正式接入新造沥青船——“亚龙湾”轮。接船后，船员抢时间接收物料，夜以继日熟悉设备。9 日 11 时，“亚龙湾”轮离开宁波北仑港锚地开始处女航，与风浪搏击 42 个小时后，于 11 日 9 时靠上韩国蔚山港的 SK 码头，一次性通过检查官的严格检查。船在韩国蔚山港装货，船长、大副、三管轮一直坚守装货现场，密切关注和记录装货的各种原始数据。12 日 9 时 35 分，“亚龙湾”轮离开蔚山港直驶卸货港宁波，于 14 日 8 时 15 分安全抵达宁波锚地，获得首航成功。（沈利　黄森民）

【“乐从”轮船员抢修舵机成功】 2007 年 1 月 9 日，“乐从”轮值班驾驶员发现航向有些偏差，自动舵没有正常压舵角，一方面立即将正在使用中的舵机 NO. 2 伺服油泵转换为 NO. 1 伺服油泵，使自动舵恢复正常；一方面及时通知轮机部人员进行检查。轮机长闻讯后及时对油泵系统进行仔细的检查，拆下油泵马达后发现马达与油泵之间的考必令严重磨损，星型塑料弹性垫与金属带动轮都已磨掉。船上没有考必令备件，轮机长就带领大管轮、机工长一起自行加工备件。经安装试验，自动舵和手动操舵功能恢复了正常。10 日，轮机长又组织船员修复 NO. 1 伺服油泵系统，消除了事故隐患。（刘小苑　黄森民）

【自主择业政委及政委苗子岗前培训结业】 2007 年 1 月 26 日，广远第三期部队自主择业政委英语强化培训班和政委苗子岗位培训班在青岛船员学院培训结业，参加培训的 13 名部队转业干部以及 8 名政委苗子通过了考试，合格率为100%。

（沈利　黄森民）

【中远集团总裁魏家福莅临船员公司春节团拜会】　2007年2月13日，中远集团总裁魏家福带领中远集团工会副主席陈永生、安监部总经理陈正杰、党工部副部长辛加和、总裁办秘书室副经理刘祥浩组成中远集团春节慰问组，在广远总经理徐惠兴、党委书记刘书田等领导的陪同下，莅临船员公司春节团拜会，向战斗在生产第一线的全体船员和广大员工进行慰问。在团拜会上，魏家福作了热情洋溢的讲话。魏家福首先向为广远和中远船队不断发展作出杰出贡献的所有辛勤工作在海上的船员致以最亲切的慰问，向广远在岸上的管理人员和所有船员家属及其子女、父母表示衷心的感谢！魏家福说，中远发展46年，每一年、每一步都写上了广远的发展。广远是中远的摇篮，输送了大批人才，比如交通部副部长刘松金、洪善祥和很多其他公司的总经理、副总经理，海外公司总经理，都是广远培养出来的人才。20世纪70年代，广远先后拨出船舶和人才成立了天远、青远、大远，都是从广远分出去的，今天都长大了，都创造了较高的利润。魏家福说：“1997年中远航运体制改革，广远说没有出路了，留下了废铜烂铁。1999年，我提出只有航运主业才能救广远，广远总经理徐惠兴和书记刘书田坚定地按这个思路做。2006年，广远在徐惠兴、刘书田为首的班子领导下，在1万多名船岸职工的共同努力下，创造了广远历史上新的辉煌，利润再次超过历史最高水平！广远人了不得！这就是大无畏的精神，这就是中远摇篮的精神，这也就是中远人的精神。中远集团没有忘记中远的摇篮，2001年，中远集团把上市公司的第一个指标交给了广远，使广远航运走出了低谷，2006年广远利润创历史新高，大部分来自中远航运，体现了中远航运上市的正确。广远这几年的观念转变了，领导班子思想统一了，整个队伍和谐了，2007年广远领导心中已经有了更高的目标”。魏家福在讲话中强调：“广远的班子是中远集团信得过的班子，广远的队伍是中远集团信得过的队伍，广远是中远的摇篮，输送了那么多的人才，同志们要为工作和生活在广远感到自豪和荣幸，昂首挺胸站在中国的航运市场上，站在国际航运市场上，中远人要么不做，要做就做第一！”魏家福在会上还传达了中共中央、国务院对中远集团高度的关注、关心、爱护和支持。魏家福说：“政治局常委、国家副主席曾庆红2月11日晚上到中远集团总部，代表中共中央、国务院向中远全体船岸职工表示新年问候。我们要把中央领导的指示和关怀化作实际的动力，2007年再打一个漂亮仗，争取实现第四个百亿效益年，也让我们在职的职工享受更好的福利待遇，以再次体现中共中央、国务院对中远广大职工的亲切关怀。”在团拜会上，魏家福还与员工亲切握手，亲热问候。当与一位因工伤而断了手指的轮机长握手时，他细心地留意到了该轮机长手上的伤痕，紧紧握住轮机长的手动情地说：“这是一双为远洋运输事业作出无私奉献的手啊！”　（沈利　黄森民）

【陈正杰慰问“金牛岭”、“月亮湾”轮船员】　2007年2月14日，中远集团安监部总经理陈正杰到中船黄埔造船厂分别慰问了中远远达“金牛岭”轮和中远南方

"月亮湾"轮船员。

（赵秀捷 黄森民）

【船员公司党政领导带队慰问困难船员】 2007年春节期间，船员公司总经理尤扬斌和党委书记林耀强带领慰问组向广州地区困难船员送上慰问品和温馨的祝福。慰问组向患病在院治疗或在家休养的船员介绍了企业2006年经营业绩创历史新高的好消息，介绍了广远科学发展、协调发展、可持续发展的美好前景。

（赵秀捷 黄森民）

【广远总经理徐惠兴慰问"月亮湾"轮船员】 2007年2月17日（农历大年三十），广远总经理徐惠兴登上了在广州黄埔船厂的"月亮湾"轮，向节日期间坚守在生产第一线的全体船员致以节日亲切问候。徐惠兴在慰问会上向船员们通报了企业在2006年所取得的可喜成绩，发表了热情洋溢的讲话，对"月亮湾"轮的船员进行勉励。 （练锦荣 黄森民）

【广远党委书记刘书田慰问"富清山"轮船员】 2007年2月17日（农历大年三十），广远党委书记刘书田登上停靠在黄埔港的"富清山"轮。刘书田向"富清山"轮船员们介绍了2006年广远在经营上所取得的辉煌成绩，希望船员们在自己的岗位上努力拼搏，确保安全，努力完成2007年效益目标和各项工作任务，为再创广远历史新的辉煌做贡献。

（彭九军 黄森民）

【高怀忠一行上"松山"轮检查工作】 2007年3月6日，国务院驻中远集团监事会主席高怀忠一行6人，在中远集团总会计师孙月英、广远总经理徐惠兴、中远航运CEO姜立军和船员公司副总经理梁伟民等陪同下，到广州黄埔港登上"松山"轮检查工作并对全体船员亲切慰问。"松山"轮船长曹桂贤陪同检查组参观了驾驶台和机舱。高怀忠在参观过程中询问了船舶的设备情况、航行情况、安全生产情况和船员生活工作情况，当得知"松山"轮已是23年船龄时，高怀忠说："能把一艘23年的老龄船维护保养得这么好，确实不容易，说明船员服务到家了。"当得知船员在家休假一般才得到350元、最高500元，扣完各种规费就所剩无几的情况后，他感叹地说："船员工资确实应该涨一涨了。"在检查期间，徐惠兴向高怀忠介绍了广远的船员员工是最优秀的，并感谢高主席对广大船员的关怀！徐惠兴说，2007年中远集团在国资委的大力支持下，船员要涨工资了，不仅要涨，而且涨幅比较大，希望广大船员在保证安全的前提下，缩短营运周期，扩大自修，降低成本。曹桂贤代表船员感谢领导的关心，并保证带领全体船员苦练内功，确保安全，优质服务，用实际行动构建和谐船舶，促进船舶建设再上新台阶。 （彭九军 黄森民）

【天津海事局领导参观检查"安龙江"轮】 2007年3月3日，天津海事局副局长黄河一行13人，登上停靠在天津新港的"安龙江"轮参观检查。"安龙江"轮船长梁满权向黄河等人介绍了该轮在执行体系文件、安全生产、教育培训等方面的工作情况。黄河听得非常认真，并不时插话了解情况，当得知"安龙江"轮航行22年没发生过等级以上的安全事故时，表示高度赞赏。

黄河一行对"安龙江"轮的各项工作给予充分肯定，对该轮良好的船风船貌和高素质的船员队伍给予高度赞扬。

（李春华　黄森民）

【召开船员人力资源调配管理研讨会】 2007年3月15日，船员公司召开2007年船员人力资源调配研讨会。会议由船员公司总经理尤扬斌主持。党委书记林耀强、副总经理梁伟民、周伟民以及总经理助理、人事部及各船员调配部门经理参加了会议。会上，尤扬斌作了讲话，人事部对船员各职务的配备情况进行了详细分析，各调配部门经理根据船员配备情况进行研究协商。该研讨会对船员人力资源调配管理要树立"观念一致、加强沟通、合理搭配、跟踪管理、资源共享、发挥优势"的理念达成了共识。（黄森民）

【船长、轮机长参加全国资格统考】 2007年1月30日，全国船长、轮机长第42期统一考试在上海海事大学举行。船员公司共有59名船员参加了考试，其中，船长30人，轮机长29人。根据海事局公布的全国船长、轮机长第42期统一考试成绩显示：船员公司的船长通过考试28人、轮机长通过考试29人，考试通过率为97%。

（罗小光　黄森民）

【召开"红树林"工程推进工作研讨会】 2007年3月29日，广远召开加强船员教育培训"红树林"工程推进工作研讨会。参加研讨会的有船员公司、各航运公司和金桥学院等单位的主管领导和相关人员共22人。研讨会由广远党委副书记黄继忠主持。研讨会重点研究了如何推进"红树林"工程深入扎实开展，确保船舶安全运输生产等问题。会议决定成立"红树林"工程工作小组办公室，并确定了工作职责。该办公室设在船员公司质量办。

（周连柏　黄森民）

【开展安全慰问检查活动】 2007年4月，船员公司认真落实广远《关于开展安全慰问检查的通知》精神，船员公司总经理尤扬斌、党委书记林耀强等4名领导参加由广远领导带队的华北、华东和华南慰问检查工作组分赴国内各港口，对67艘到港船舶进行安全慰问检查。通过慰问检查，促进了船舶的安全生产。（黄森民）

【编辑出版《汽车船安全管理培训教材》】 2007年，船员公司为配合广远汽车运输船队的发展，培养一支高素质的汽车船船员队伍，组织人员参考国内外专业文献，收集大量技术资料，编写了《汽车船安全管理培训教材》。这本教材共分十一章，内容包括《汽车船概况》、《汽车船操作》、《汽车船装卸操纵》、《汽车绑扎加固的操作和注意事项》、《汽车船在大风浪中的操纵》、《汽车船的特殊设备》、《汽车船车辆舱有害气体通风与通风系统的管理》、《汽车船消防管理》、《液压系统的管理和维护》、《机舱管理和案例分析》等。这本教材大部分理论知识和操作方法来自于汽车船运输专家、资深船长、资深轮机长的实践经验，具有通俗易懂、实用性、指导性强的特点。广远党委副书记黄继忠为该书作序，船员公司总经理尤扬斌、党委书记林耀强、副总经理梁伟民以及周连柏、尤天福、吴如松、张重阳等人参加了编写和审核工作。（周连柏　黄森民）

【通过质量验证年度审核】　2007年4月12～13日，中国船级社质量认证公司派出3名审核员对船员公司、劳务公司进行年度质量管理体系运行监督审核，审核结果：无书面不符合项目，质量管理体系运行有效。（周连柏　黄森民）

【中远集团副总裁张良慰问“安康江”轮船员】　2007年5月1日，中远集团副总裁张良一行9人，在天津港上“安康江”轮慰问船员和检查指导工作。张良代表中远集团领导向生产在第一线的“安康江”轮全体船员致以节日的问候，听取了该轮船长孙锡波的汇报，并对船舶设备、安全管理等方面进行检查。张良对船上的安全管理工作给予了充分的肯定，并对该轮今后的工作提出了新的要求。（黄森民）

【“岱江”轮开展“亲情祝安全”活动】　2007年“五一”期间，几位海嫂不约而同从四面八方来到停靠在深圳赤湾港的“岱江”轮探望亲人。该轮领导把握时机，组织开展“亲情祝安全”活动。5月5日晚，船员们集中在大台，与海嫂们共同举行“亲情祝安全”活动。在活动中，船舶领导介绍了船上安全管理、船员生活和工作等情况后，海嫂们对船上安全工作表示满意，对亲人在船上工作表示放心。海嫂们深情地对在座的船员说：“你们在船上工作，安全与健康无时不牵动着我们家属的心，亲人能平平安安，就是我们最大的心愿。”海嫂们朴实、真切的言语，震撼着在场的每一位船员。船员们纷纷谈感想、表决心：一定要高度重视安全生产，落实各项规章制度，扎扎实实做好安全工作，确保船舶安全，决不辜负海艘们的期望，让亲人们放心。（练锦荣　黄森民）

【QC活动取得优异成果】　2007年，船员公司有11个QC成果参加广远QC成果发布。其中“加快船员机电生培养”、“做好船员上船教育工作”、“指导船舶减少偷渡案件”、“推进和实施高级船员职务提升工程”、“减少境外换班成本”、“开展油轮知识培训”、“提高公文处理质量效率”、“二合一节约邮费”等9个项目获得广远优秀QC成果奖；“追回拖欠租金”项目获得广州市优秀QC成果奖；“推进实施‘驾报合一’工程”项目获得广东省、广州市优秀QC成果奖。（邱进宗）

【国新办记者在拉各斯港采访“白沙岭”轮】　2007年5月11日，国务院新闻办公室五洲传播摄影组在尼日利亚拉各斯港登上正在卸货的“白沙岭”轮进行采访。陪同摄影组上船的有中远西非公司总经理卫其明，GMT代理公司总经理赵小芬。记者上船之前，已从岸上各个不同角度对该轮崭新的全貌进行了拍摄。上船后，记者又马不停蹄地到驾驶台、甲板、货舱进行现场采访拍摄，全程记录了船舶全貌、COSCO标志、驾驶台操作、货物装卸、甲板设备、梯口值班以及船员与工人亲切交流的各种景象。在采访中，卫其明介绍了COSCO在国际航运市场中的突出地位和影响力以及投入到西非航线的运输能力；“白沙岭”轮政委介绍了船舶两个文明建设的情况以及创建和谐船舶所取得的成绩。国新办记者对“白沙岭”轮船员的精神风貌和船舶的全面建设给予了高度评价。

（练锦荣　黄森民）

【外派“隆安城”轮船员紧急避险】 2007年5月24日13时，厦门远洋运输公司“隆安城”轮抵达塞得港系浮筒排队过苏伊士运河。在“隆安城”轮上工作的是船员公司全套外派船员。25日1时，船长林为元感到船体有些震动，马上跑到驾驶台，看见一艘大型集装箱船正从该轮右舷通过，林为元马上意识到船舶将发生危险。不出所料，值班驾驶员随即报告，船艏3根大缆已断了2根。此时，该轮与后面一油轮HANJIN SINGAPORE相距不到30米，由于该轮船艉缆和油轮的艏缆同系在一个浮筒上，油轮的艏缆被拉断1根后，向该轮船艉靠近。如果船位不能及时控制向后移的话，必将发生碰撞。在这紧急关头，林为元当机立断，沉着指挥，立即通知机舱紧急备车并转到驾控，亲自操纵驾控主机，适当使用主机，以微速前进的车速稳住船位。同时通知甲板部船员以最快速度赶到船艏和船艉，与带缆艇配合重新系缆。由于该轮应急处置及时，船员应变能力强，避免了一场碰撞事故的发生（当时HANJIN SINGAPORE轮因断缆与另1艘过河船发生了擦碰事故）。

（练锦荣　黄森民）

【广远总经理徐惠兴对“安龙江”轮进行安全检查】 2007年6月20日，广远总经理徐惠兴带领机务、海务主管登上停泊在上海闵南修船厂修理的“安龙江”轮进行安全检查。徐惠兴首先向“安龙江”轮全体船员表示亲切的问候，随后由机务、海务主管分头对该轮机舱、甲板进行检查。船长梁满权向徐惠兴等人详细汇报了船舶安全生产情况，政委胡春来、轮机长王润德分别就船舶党支部建设和如何抓好年轻船员的“传、帮、带”等船舶建设情况作了汇报。徐惠兴听了汇报后非常高兴，对“安龙江”轮的工作给予了充分肯定，同时对王润德十几年如一日，兢兢业业、无私奉献和在培养年轻船员上所做的工作，给予高度的赞扬，并对“安龙江”轮的工作提出了新的要求。

（李春华　黄森民）

【广远副总经理翁继强到“安阳江”轮检查指导安全工作】 2007年6月13日，广远副总经理翁继强在上海张华滨港区上“安阳江”轮检查指导安全工作。翁继强在听取了该轮领导关于开展“安全生产月”活动的情况汇报后，认真地询问和查看了船舶开展活动的落实情况和具体做法，仔细阅读了该轮的“安全生产月”活动方案，对该轮开展“安全生产月”活动给予了充分的肯定，并就如何进一步抓好安全工作提出了具体要求。

（刘小苑　黄森民）

【中国驻拉各斯新任总领事郭崑慰问“乐盛”轮】 2007年7月1日，中国驻尼日利亚拉各斯总领事馆新任总领事郭崑等一行10人，在中远西非公司总经理卫其明、GMT代理公司总经理赵小芬陪同下，登上停靠在拉各斯APPA码头卸货的“乐盛”轮进行慰问。慰问中，郭崑详细询问了中远航运经营发展情况、“乐盛”轮运输生产情况及船员海上生活情况等，并感谢船员为增强中尼两国人民友谊，为促进祖国外贸发展事业奉献力量。随后，郭崑一行还参观了船舶，询问了船舶设备情况、航行和安全生产情况，对整洁的船舶环境、良好的船貌和船员精神风貌赞不绝口。

（李春华　黄森民）

【参加海事局船员证件信息系统培训班】 2007年7月19日，根据中国海事局办理船员证件的相关要求，船员公司举办中国海事局船员证件信息系统相关操作培训班，船员调配部门20人参加培训。培训主要内容有：在信息系统中如何申办船员出境证明、构建更新船员的基本信息库、如何用电子文档申报海员证等。通过培训，提高了办理船员证件的工作效率。

（杨荣浩　黄森民）

【26名船长被评为"安全诚信船长"】 2007年，中国海事局评选"安全诚信船长"。船员公司船长林罗德、陈力、汪再添、陈月异、杨德钦、王成杰、王成宝、徐德奇、李立辉、艾宝松、方子钦、陈建军、韩连文、涂兴华、于忠、陶建平、黄成好、张埃贵、苏志鸿、赵兴俊、陈治国、廖新炽、卞礼铿、程建良、陈德华、薛福成等26人荣获"安全诚信船长"称号。

（黄森民　周连柏）

【上海海事大学领导前来调研】 2007年7月16日，上海海事大学继续教育学院党总支书记郝夕文带领调研组到船员公司进行调研。该调研组召开座谈会，就企业对航海院校毕业生在专业技能、职业稳定性、职业道德、语言以及身心素质的评价、要求与期望；企业对各层次"海船高级船员"在数量方面的需求程度；企业对"海船高级船员"转岗、转行的看法等问题进行调研。在座谈会上，与会人员围绕调研课题畅所欲言，并结合企业实际对航海院校提出许多合理化建议。

（陈衡　黄森民）

【广远副总经理翁继强与船员代表座谈】 2007年8月29日，船员公司根据广远副总经理翁继强提议，组织来自中远航运、中远远达、中远南方等航运公司的船长、政委、轮机长、大副等52名高级船员代表座谈交流。座谈会上，翁继强与船员面对面地进行了互动对话，对船员代表提出的问题和意见给予当面解答，同时对今后的船员管理工作提出了殷切希望和具体要求。

（黄森民）

船员管理

【召开船员管理工作研讨会】 2007年9月15日，船员公司召开船员管理工作研讨会。船员公司领导及高级主管以上人员共40人参加了会议。会上，各部门汇报了1～8月份的主要工作情况，船员公司总经理尤扬斌全面分析、总结了船员公司2007年以来所出现的工作亮点、存在问题，部署了下一步工作；党委书记林耀强就今后如何加强船员管理工作提出了具体要求。

（黄森民）

【船员管理一部简介】 船员管理一部主要职责是负责制定本部船员调配计划，熟悉并掌握船员岗位技能总体情况；负责船员调配工作，与船东保持良好沟通，提供合格、持证、健康船员；负责船员思想教育工作和船舶党支部建设，负责指导船舶开展学创活动，并协助有关职能部门处理相关事宜；负责对不服从调配船员的调查，并提出处理意见；负责船员的使用、教育、考核；负责船员的任职、培训、提升、奖惩、辞退的呈报工作以及审核船员续签、终止、解除劳动合同等工作；船员管理一部管理中远航运45艘船舶的2167名船员的调配管理工作。时任经理林光桂，经理助理徐琦武。员工11人。（刘小苑）

【船员管理一部工作概况】 2007年1～9月，船员管理一部按照船东关于船员租赁合同的规定，为船东提供健康、持证、合格的船员。1～9月份，完成船员调配956人次，办理退休手续125人，办理退养手续96人；组织"驾报合一"培训205人，在"富源山"、"黄云"、"华山"、"安新江"、"江宁关"、"江西关"、"交城"、"山海关"、"安涛江"轮实施"驾报合一"；对51艘次船舶956名船员进行"平安是福"宣讲；对86艘次航行沿海船舶进行安全提示；认真实施"红树林"工程，加强船员思想教育和技能培训，提高船员队伍的整体素质，上船前培训教育956人，其中船长23人、政委12人、轮机长10人；"乐和"轮等13艘船舶被国家海事局评为"诚信船舶"，卞礼铿等9名船长被国家海事局评为"诚信船长"；选派7名水手长（水手）、5名机工长（机工）参加广远举办的"红树林"工程首届船员技能竞赛暨广东省首届"海员杯"竞赛，其中，1人获得广远"红树林"工程首届船员技能竞赛单项第一名，3人获得综合三等奖，1人获得广东省首届"海员杯"竞赛单项第一名；有10名协作船员参加水手长、机工长培训班；提升干部船员135人；现场考核船舶51艘次，其中优秀18艘次，占船舶总数的35.2%，良好33艘次，占船舶总数的64.8%。加强船舶党建工作，发展党员67人，预备党员转正50人；真诚关心船员、家属，慰问船员和家属8人次，为船员补缴住房公积金32人次，共28万元；为解决电机员紧张局面，成立了"加强电机员培养的QC小组"，共提升电机员18人，培养"机电合一"轮机员20人，该QC小组获得广远"优秀质量管理小组"称号。（刘小苑）

【13艘船舶被评为"安全诚信船舶"】 中国海事局评选出2007年度"安全诚信船舶"。经由资深船长、轮机长和验船师组成的评审委员会评审，"丰安山"、"乐泰"、"安庆江"、"安泽江"、"乐和"、"乐从"、"碧江"、"乐宜"、"乐里"、"桃江"、"安新江"、"富源山"、"安岳江"轮等13艘船舶荣获"安全诚信船舶"称号。（刘小苑）

【"安武江"轮想方设法抢船期】 2007年9月，"安武江"轮第502航次分别在天津新港、上海港装载长25米的钢轨4000根、近10000立方米的电厂设备共5443吨前往印尼苏门答腊岛的勿拉湾港、实武牙港和潘姜港卸。其时适逢伊斯兰教"斋月"节，各港卸货效率低。为了抢船期，该轮充分做好卸货的前期准备工作，在不到一天时间内，完成了勿拉湾港和实武牙港的1880吨/4000立方米的卸货任务。20日，该轮靠泊潘姜港，代理告知：所靠泊位只安排4天时间，到期若货未卸完须到外锚地等待重新安排泊位（据了解，其他船在该港卸相同数量的钢轨所花时间最少7天，最多近10天）。为了在4天限期内完货，船长加强与租家、收货人和当地代理沟通。港方应船长要求增派了接货卡车，并将部分货物直接卸在港口堆场，使卸货速度从第一天的14车增加到了第二天的22车。但照此进度，仍无法在期限内完货。为此，船长建议在收货堆场增派叉车卸货，每部叉车增派司机，做到司机休息而叉车连续工作，既可提高卸货速度，又可大大缩短卡车从船边到货物堆场的周转时间。港方采纳了船长的建议，从而提高了卸货速度，从每天卸22车增加到每天卸39车。24日，该轮终于在限期内完货，节约了3天船期。（刘小苑）

【“乐同”轮船员创新货载记录】 2007年8月，中远航运安排“乐同”轮第60航次在烟台装运花岗岩16055吨，上海加载设备5614吨/16970立方米。该轮的装载量为历史之最。为了确保货物全部装船，在烟台港装货时，船长、大副精心配载，船员们在现场认真监装，将16055吨石料全部装入了底舱，并在第1、3、4舱底舱的石料上空出了1.8米高的舱容，为上海装运设备货作了充分准备。27日，该轮靠泊上海港。船长、大副先配一些重杂货，让工人先填装第1、3、4舱底舱石料上面的空位，然后到码头堆场全面丈量核实和熟悉2546件设备货物的形状、尺寸，逐件进行配载。在装货中，驾驶员现场监装，船长、大副24小时轮流值班，始终不离装货现场，根据舱位合理调拨和搭配货件，严格把好舱容关，指导工人大货套小货，粗管套细管，几件锥形漏斗在舱内精心叠加装载，对工人没按船上的配载要求装船的，坚决要求卸岸重新搭配装船，使每一寸舱容都得到最大限度的利用。30日，16970方设备悉数装船，创造了“乐同”轮的装货新记录。（刘小苑）

【“乐从”轮船员自卸高速环保火车】 2007年7月12日，“乐从”轮满载自韩国马山港首运的高速环保火车头及车厢，提前抵达爱尔兰沃特福德港引水站，计划13日一早靠泊卸货并赶17时的潮水完货离港。但由于装载的车辆，每辆车长23.5米、重51吨，舱内货物间距仅约30厘米，而该轮舱口长仅24.8米，卸货作业非常困难，且货物价值昂贵，必须确保安全。13日，代理突然告知：港口不愿承担风险，提出如果由港口派操车手，必须由船东投保货物卸货保险，出现货损也要由船东负责。在此情况下，船员若不自卸，船舶就要改靠大港才能卸货。当时，船期紧迫，船舶再不进港，就无法按时离港，则白白损失2天船期；船舶如果改港，但因收货人已安排2部汽车吊和1辆平板车等候接应，日本租家也已派专人到港负责技术指导，这样货主、租家的损失更大，同时也影响船东声誉。在这种情况下，“乐从”轮为了争取船期和维护船东信誉，征得船东同意，由船上组织自卸。该轮严密组织，船长沉着指挥，大伙齐心协力，奋战了16个小时，将全部火车头及车厢安全卸下，并提前1小时完货起航。“乐从”轮成功自卸列车，为船东节省了可观的投保及卸

货费用。　　　　　　　　　　（刘小苑）

【“乐同”轮船员在斯基克达港回收吊带】 2007年，“乐同”轮第57航次在阿尔及利亚的斯基克达港卸钢管。为加快卸货速度，业务部门在装钢管时就用吊带把钢管一吊吊绑好，以便装卸货。但吊带费用高，船东要求所有钢丝吊带全部回收。如雇人回收，则要花费一大笔外汇。“乐同”轮为了节约费用，安排船员在船边理货并监督回收。所卸钢管用拖车运至500米外的堆场，吊带的回收率非常低。船长、政委、大副到堆场调查，发现当地工人工资低，有的工人则偷吊带卖，每偷一条吊带可卖4美元。司机、工人都打吊带的主意，吊带在卡车回船途中就被卸下偷走。为了堵塞漏洞，“乐同”轮领导决定派船员直接到货物堆场进行回收。船员在现场把吊带一根根集中起来，回收到一定数量后再由专人跟车押送回船，并全部盘好入库。在10天的卸货过程中，“乐同”轮船员共回收吊带1000多条，为船东节约了近万美元的费用。　　　　　　　　　　（刘小苑）

【“乐泰”轮船员精确计算、现场核准，避免4次倒货】 2007年4月，“乐泰”轮第58航次在西班牙南部港口MOTRIL装载18000吨散装天青石后，又接到承运由西班牙BILBAO往上海的16套风车发电设备的任务。风车发电设备在运输途中的事故时有发生，而之前有的公司由于船上丈量舱口围间距毛尺寸长度与货物实际长度只宽裕5厘米而不敢接货。为确保运输任务的完成，“乐泰”轮船长、大副两次现场丈量舱口围间距。货单所报风车风叶长度是30.75米，而该轮第3舱NO.2桅房至NO.3桅房之间的毛尺码长度只有30.80米。减去桅房壁照明灯和通风筒踏板等距离，两桅房间的净尺码长度只有30.35米。船长提出暂时割除桅房照明灯及通风筒踏板来满足第3舱舱盖上装15套风叶的配载方案。在“乐泰”轮开往BILBAO港受载的途中，港口船长来电称：风叶包装净长度在码头实际丈量是31米，原先的配载方案必须修改。船上第二方案：即在第3舱桅房以外左右各装3套，中间斜装3套，这样第3舱舱盖上只能装9套，其余7套需装在第2舱舱盖。但第2舱LOW HOLD散货上面以及二层柜舱容都准备在下一港口土耳其装设备往沙特。按这方案在下面的两个装卸港口需要进行4次装卸倒货，既造成下一港口舱容紧张，又要多开支一笔倒货的费用。4月24日22时许，“乐泰”轮靠妥BILBAO港码头，船长、大副不顾疲劳，赶到码头货物堆场对即将装船的设备进行核对和丈量，发现16套风车的巨型风叶两头是用很厚的塑料纸及泡沫包装，风叶本身的实际长度是30.65米。第3舱舱盖上装15套风车叶的配载方案是可行。25日，“乐泰”轮在船方、港口船长和港方工人的紧密配合下，15套风车叶设备毫厘不差地装上了第3舱舱盖。10厘米上下的长度在其他货物装载中是微不足道，但在“乐泰”轮却得到充分利用，避免了因倒货浪费的人力财力。　（刘小苑）

【“乐锦”轮船员创装载纪录】 2007年，“乐锦”轮第53航次从天津、上海装钢管、设备到土耳其的ISDEMIR、利比亚的TRIPOLI和英国的LIVERPOOL卸。计划在天津港先装载钢管11164吨、设备8581立方米后，再到上海港加载8500立方米，货运量相当大。在天津装货期间，该轮就全力监装为上海加载留舱容，10.42×3.20×2.99方的活动房子在No.4舱盖上横向装2个堆装了2层，高度达到6.20米，装完留下绑扎通道后，宽度几乎与船宽差不多。3月7日晚，船抵上海张华浜港后得知货物增加到9500立方米，除少部分木箱和钢板外，其他全部为裸装。该轮船长、大副和港口船长到货场看货物后，制定出一个精细、大胆的方案：1. No.1 T/D和No.3 T/D四周装完木箱后，中间位置装高度相近的裸装设备，铺垫后再平装钢板，在钢板上再装尺码相对较小、重量相对较轻的设备，尽力装到舱口平；2. 甲板上、桅房两侧空间、舱口前后只要能装上货的地方全部利用起来；3. No.4舱盖活动房子上铺垫后再加吊臂，No.3舱盖天津装的钻塔上包扎铺垫后再装钢结构；4. No.1和No.3舱盖两边加钢管立柱，以增加钢结构堆装高度。大副并对货物的承压能力、船舶稳性等逐一进行计算和核对，确认没问题后才开始装船。"乐锦"轮船员经过2昼夜的严格监装和绑扎，9日，终于将货物悉数装船，舱盖上货物堆装高度达到8.12米。该轮此次装货创下了小"乐"字号船舶装载的新纪录，为企业增收运费100万元。 （刘小苑）

【船员管理二部简介】 船员管理二部主要职责是负责制定本部船员调配计划，熟悉并掌握船员岗位技能总体情况；负责船员调配工作，与船东保持良好沟通，提供合格、持证、健康船员；负责船员思想教育工作和船舶党支部建设，对党支部、领导班子实施考核；负责指导船舶开展学创活动，并协助有关职能部门处理相关事宜；负责对不服从调配船员的调查，并提出处理意见；负责船员的使用、教育、考核；负责船员任职、培训、提升、奖惩、辞退呈报工作；负责审核船员续签、终止、解除劳动合同工作；负责接待船员及家属来信来访等工作。船员管理二部负责外派中远航运42套船员的调配管理工作。时任经理陆润洪，经理助理李国才。员工11人。

（李春华）

【船员管理二部工作概况】 2007年1～9月，船员管理二部认真执行《中远集团船员调配工作标准》和船员公司质量体系文件的规定，按照调配程序，选好船员，配强班子，加强管理，重点指导，全力为船东排忧解难，热情为船东优质服务。1～9月，完成船员换班133艘次，换班船员1181人次。其中在国外换班15艘次，换班船员143人次；对派上船的全部船员进行了派船前培训教育；组织432名船员观看"平安是福"教育录像片；对48名船长、26名政委、18名轮机长进行上船前谈话，并签订责任书；认真做好船员队伍结构调整工作，加快年轻船员培养，全面提高船员队伍综合素质，选派船员参加各种培训班62个班次，培训船员534人次，其中考船长13人、考大副20人、考轮机长10人、考大管轮24人，提升其他干部船员114人；为船员办理各种证书1286本，督促船员办理因私护照336本，回收因公护照212本；办理退休70人，办理退养手续90人。加强跟踪管理，对抵国内港口船舶检查考核，协助船东加大对重点航线、重点港口和重点船舶及重点人员的跟踪管理力度，尤其是对劳动安全保护工作进行预控，船员工伤事故明显减少。派出36人次到现场检查考核船舶78艘次，对抵国内船舶检查考核率达100%；着重抓好船舶政委队伍建设，加强对新政委的业务培训和指导，加强船员党员的管理，发展党员67名，预备党员转正43名；积极开展精益管理活动，坚持运用精益管理理念，立足岗位，深挖潜能，争创效益；创新船员相片管理流程，实现了船员相片电子版的规范化管理，有效地降低重复冲晒照片使费和控制办证资料出错率，保证了船员证书申办资料准确率达到100%。是年，船员相片管理被评为广远精益管理亮点项目，船员管理二部党支部被广远党委评为“先进党支部”，被船员公司评为“安全生产先进集体”，《指导船舶减少偷渡案件》和《做好船员上船教育工作》2项QC活动项目获广远奖励。（李春华）

【“泰安口”轮船员安全装卸2个钻油平台】 2007年6月，“泰安口”轮在美国装载2个钻油平台，平台宽达92.5米，最大横摇4.8度货物即会进水。该轮航行途中克服北大西洋、亚丁湾和北阿拉伯海3至4米的涌浪，谨慎驾驶、确保船货安全抵达目的地。7月21日，“泰安口”轮经过5个多小时的潜卸作业，钻油平台在阿联酋的舍尔杰港（SHARJAH）卸下。

（李春华）

【“永盛”轮船员精打细算完成装载任务】 2007年，“永盛”轮第8航次在连云港装5026吨纸板，后到上海加载10071吨/20147立方米车辆、设备，再到大连加载2936.8立方米/81个集装箱前往红海。由于货种多而贵重，装载要求特别高。“永盛”轮最大运量只有19960吨，舱容只有2.7万多立方米，却要承载16742吨/30233立方米货，实打实算货物超出额定舱容，再加上装运设备的亏舱，要悉数装完货物难度非常大。为了把货装好创高效益，该轮成立了以船长、大副、水手长为主要成员的协装小组，专门解决在装载过程的疑难问题，船长、大副反复修改配载图。在装货过程中，船员们见缝插针，把能叠装的货改为堆装，挤出百多立方米舱容，把较贵重的设备全装在大舱内。尽管甲板上、舱盖上装满了车辆和大件，但仍然有200多立方汽车吊臂支架和1部重型设备车无法找到合适位置，1部价格高昂的、车身超长、设备先进的大型工程车没有装船。为了完成装货任务，船长动员船员们把汽车吊臂支架叠在NO.3舱盖的货件上，形成重大件背轻大件的双层甲板货格局，并将3舱后用于承放舱盖框架的空隙进行清理，把NO.1舱的一块闲置的舱盖移到后面做座板，再将工程车放在舱盖上，最终把大型工程车也装上了船。

（李春华）

【“康盛口”轮船员优质服务创佳绩】 2007年，“康盛口”轮22航次在韩国马山、蔚山港装载7个超大件发电设备到印度西卡港卸。为保证抵港即能卸货，船长申屠启伟主动与船东和货主代表商议，把割焊、解绑工作全部承担下来。为按时完成保质割焊、解绑工作任务，开航后，船上成立了气割组、气刨组、等离子切割组进行培训和演练，使每个船员至少掌握一种割焊技能。船舶靠西卡港前，船上根据卸货计划，提前对先卸的2个大件进行集中割焊解绑，保证了靠港就能卸货。在卸货过程中，全体船员紧跟卸货进度，通宵达旦地在甲板上割焊、解绑，提前2天安全、优质的完成运输生产任务。

（李春华）

【"安龙江"轮船员再创佳绩】 2007年，"安龙江"轮162航次任务是先在上海港装9161.2吨钢材，后去日本大阪和横滨装约5200立方米设备和车辆，再去大连装危险品，最后去天津装约5000立方米设备及车辆。装货5个港口，卸货也是5个港口。由于装卸港口多，货物品种繁多复杂，配载难度相当大。接受任务后，船长、大副加班加点配载货物，研究设备货物的尺寸、重量，特别是对超大超重货物，多次下舱丈量配载。由于日本设备货物不能装甲板，又不能叠装，只能装在二层柜，造成舱容非常紧张。船上经过多次修改和仔细测算，决定在底舱钢材货物上装日本设备、大件，这样虽能充分利用舱容，勉强装下日本2个港的设备。但这种装载办法，给绑扎带来难度，并且在上海装货时，必须按配载计划执行，不允许有任何差错。为此，船长、大副和驾驶员在上海装钢材时，一直坚守在货舱，严格监督工人按计划平装舱底，以保证日本港口装大件的空间，使日本2港口的货物顺利装船。"安龙江"轮在大连加载完后，去天津装设备和车辆。由于设备车辆多达5000立方米，仅能在甲板和舱盖装载，为了充分利用甲板面积，船员们将平挂车和半挂车进行叠装两层，然后在上面加装体积小、重量轻的小卡车，三舱两边甲板装三层螺纹钢，再在上面装卡车。由于该轮严密配载，保证了全部货物悉数装船。 （李春华）

劳务外派

【劳务公司简介】 2005年9月8日，广远组建了广州远洋劳务合作有限公司（以下简称劳务公司），由船员公司按"对外法人化，对内一体化"的模式进行管理。劳务公司的经营管理人员由船员公司外派部和各职能部门人员组成，实现"一套人马，两块牌子"。对外劳务公司是经营船员劳务的独立法人实体，原船员公司劳务外派的部分职能划归劳务公司，12月1日，劳务公司的注册资本达到国家规定的劳务外派要求。股东为广远和海运公司。2006年1月，广远根据船员劳务经营情况，对劳务公司机构、人员进行调整，取消原设置的劳务一部、劳务二部、业务部、财务部、综合部5个职能管理部门，重新列入7名兼职人员：总经理、副总经理、财务总监、调配主管、行政主管、法律主管、财务主管。劳务公司于2006年1月开始正式运作。

劳务公司主要职责是负责船员日常调配、管理、思想政治、办证工作；负责企业财务管理、会计核算、资金管理；负责船员工资与奖金发放；负责行政、福利等费用的核算、公积金管理；财务预决算、财务分析等工作；负责行政文秘、劳动用工、工资福利、质量管理体系等管理工作；负责省远洋"毓骐海"轮船员管理工作。时任总经理林耀强（兼），副总经理黄春生（兼），财务总监蔡国俊（兼）。

（葛晓红）

【劳务公司工作概况】 2007年1～9月，劳务公司向省远洋"毓骐海"轮派出船员。该轮在船29名船员，共派船员60人次。按照船员公司质量管理体系的要求，劳务公司对船员进行了“平安是福”的教育和相关的培训教育。船员按照船东的ISM体系做好各项工作，确保安全生产，PSC、ISPS检查顺利通过。该轮无论国内外都坚持自引自靠，小心谨慎，安全驾驶，确保船舶安全。（葛晓红）

【外派劳务一部简介】 外派劳务一部主要职责是负责制定该部船员调配计划，熟悉并掌握船员岗位技能总体情况；负责船员调配工作，与船东保持良好沟通，提供合格、持证、健康船员；负责船员思想工作和船舶党支部建设，指导全套船舶开展学创（优质服务）活动，组织对党支部、领导班子实施考核；负责接待和处理船员及家属来信来访工作，并协助有关职能部门处理相关事宜；负责对不服从调配和中途遣返船员的调查，并提出处理意见；负责船员的使用、上船前教育、在船管理考核；负责船员任职、提升、奖惩、辞退呈报工作；负责审核船员续签、终止、解除劳动合同等工作。外派劳务一部主要负责外派香港、台湾地区、日本、德国等境外航运公司和个别境内管理公司的船舶，主要船东有：香远、友航、惠博、信荣、德国公司、骏辉、东荣、协荣、奥林特、江苏国际、连云港悦洋、上海新华洋、深远劳务、中坦等14家公司，调配船员27个全套外派班子、8个大半套或半套外派班子，以及散派高级船员120人。外派劳务一部管理船员1135人，其中，在船船员658人。时任经理黄春生。员工11人。（李耀祥）

【外派劳务一部工作概况】 2007年1～9月，外派劳务一部认真贯彻劳务公司“名牌战略，质量取胜”外派指导思想，做到严格管理，真诚关心，搞好船员调配管理工作，调配船员721人次，上船检查考核16艘次，考核船员368名；对25艘船舶443人次进行“平安是福”宣讲；对16艘次航行沿海船舶进行安全提示；调派89名驾驶员参加避碰考试；调派326名船员参加各类培训班23期；调派船舶领导参加例会9次、35人；调派49名船长、41名政委、46名轮机长到广州进行上船前谈话教育；调派船员参加“驾报合一”培训班5期共34人；提升高级船员83人，办理退休47人，办理退养71人；慰问患病船员7人次，接待船员及家属来访26人次，处理来信137封；办理船员各种证件872本；向36艘次船舶发报提醒做好防恐怖、防海盗、防偷渡等工作；发展党员20人、办理预备党员转正9人；接入新船全套班子1艘，关约船12艘；调拨业务技术、综合素质好的236名船员到其他3个船员管理部门。（李耀祥）

【11个全套外派班子关约】 2007年，由于船员调配周转困难，经船员公司提出及与香远公司商量达成一致意见，外派香远板块的船员陆续关约。1～9月先后关约11个全套班子。为了做到交出安全，交出风格，交出水平，交出良好的船容船貌，每次交船，外派劳务一部都派专人到现场指导。经过广大外派船员的不懈努力，关约的船舶中有7艘船舶被香远评上二级A（优秀）等级；有5艘获得美国海岸自卫队USCG颁发的“21世纪优质船舶”；有2艘获得中国海事局颁发的“安全诚信船

舶”荣誉证书。（李耀祥）

【外派劳务二部简介】 外派劳务二部主要职责是负责制定本部船员调配计划，熟悉并掌握船员岗位技能总体情况；负责外派船员调配工作，与船东保持良好沟通，提供合格、持证、健康船员；负责外派船员思想工作和外派船舶党支部建设，指导外派船舶开展优质服务活动，组织对船舶党支部、领导班子实施考核；负责接待来访船员及家属，并协助职能部门处理相关事宜；负责对不服从调配船员的调查，并提出处理意见；负责外派船员的使用、教育、考核工作；负责船员任职、培训、提升、奖惩、辞退呈报工作；负责审核船员续签、终止、解除劳动合同等工作。外派劳务二部负责外派船员34个全套班子，其中中远远达9个、中远南方10个、中发航运1个、中鞍航运2个、厦远5个、福建捷安2个、省远洋1个、香港天星2个、青岛金海盛1个、越洋船务1个。截至9月30日，关约3个（“富宁山”、“花都海”、“东泰葆润”轮）、交出2个（“富裕星”、“牛郎星”轮）。管理船员1372人，其中，在船船员786人。时任经理助理李锐源（主持工作）。员工8人。

（练锦荣）

【外派劳务二部工作概况】 2007年1～9月，外派劳务二部认真贯彻船员公司“名牌战略，质量取胜”外派指导思想，严格遵循中远集团关于船员调配的原则，按照船东关于船员租赁合同的规定，结合部门实际，克服困难、科学搭配、严格把关，优化组合选派班子，为船东提供健康、持证、合格的船员，完成船员调配992人次，没有发生因调配原因而耽误船期的现象；积极推进“红树林”工程，认真抓好船员教育培训工作，选派908人参加知识更新、“驾通合一”、强化英语培训，提升高级船员172人；坚持对船员派前办班教育以及主要干部船员上船前谈话等制度，强化船员安全意识和服从、服务意识，对船员进行派前办班教育992人次，船长、政委、轮机长上船前谈话92人次；加强船舶现场管理，分别对抵国内天津、上海、张家港等46艘船舶进行检查考核；完成“富宁山”、“花都海”、“东泰葆润”、“富裕星”、“牛郎星”轮等5艘船舶关约或移交工作；完成“金达岭”、“木兰湾”、“大鹏湾”轮等3艘船舶接船工作；加强与船东沟通，了解船舶动态，及时对沿海航行船舶进行安全提示，提出具体要求，对航行治安形势严峻的海域和停靠治安复杂港口的船舶，及时提醒做好保安工作，落实防海盗、防偷渡、防偷盗等措施；办理各种证件1624本，办理退休、退养手续202人；抓好船舶党支部建设，发展党员50人，预备党员转正32人。是年，劳务外派二部所派出船员的船舶安全稳定，实现“六无”，外派“毓骐海”、“金沙岭”轮党支部被广远党委评为“先进党支部”。

（练锦荣）

【完成“木兰湾”、“大鹏湾”“金达岭”轮接船任务】 2007年3月25日，中远南方“木兰湾”轮由宁波浙江造船厂制造竣工，劳务二部派出廖新炽船长等12名船员参加新船试航工作。4月23日，又派出8名船员抵宁波浙江造船厂接船。5月23日，劳务二部派出23名船员抵达加蓬奥文多港。29日上“CLINPPER LABRADOR”

轮进行接船（接船后船名改为“金达岭”轮）。7月26日，“金达岭”轮安全抵达扬州港，顺利完成了首航任务。8月26日，劳务二部派出20名船员在宁波北仑接入中远南方新造的沥青船“大鹏湾”轮。28日，“大鹏湾”轮正式投入运营。

（练锦荣）

【中国船级社记者采访”白沙岭”轮】 2007年3月8日，中国船级社2名记者登上停泊在天津港的“白沙岭”轮，现场观摩采访了中国海事局对该轮进行的安全检查和中国船级社进行的起货设备检验。记者随检查官分别到驾驶台、二氧化碳间以及甲板等处进行观摩。采访结束时，2名记者愉快地向船长和船员们道别说：“贵轮的船风船貌和船员安全意识给我们留下了深刻的印象，不枉此行，祝贺船舶安全检查无缺陷通过。” （练锦荣）

【“嘉禾关”轮无缺陷通过PSC检查】 2007年7月24日，中远集团驻新西兰航运代表冯一飞给船东写来表扬信，高度赞扬“嘉禾关”轮在船长吴来兴带领下，奋力拼搏，使一艘23年的老龄船焕然一新，在新西兰LYTTELTON港经过PSC严格检查，以无缺陷顺利通过。表扬信写道：“贵公司嘉禾关轮本航次在新西兰LYTTELTON港顺利通过NZMSA的PSC检查，无缺陷通过！可喜可贺！检查官从9时开始检查，大约10时结束。由于贵公司从上到下都很重视PSC检查，在船长吴来兴的领导下，船员们在航行中按照公司的指令和我们传真过来的注意事项做了大量的自纠自查工作，从船舶文件的保管登记到机械设备的维修保养，从应急设备的快速启动，到通导设备的正常运转，一向以认真挑剔闻名的NZMSA检查官居然挑不出缺陷。这位从1967年就上船工作的退役轮机长对COSCO的船员能把一艘23年海龄的老船保养的这么好的状况一直赞叹不已，检查报告上自然是无缺陷。我本来对嘉禾关轮这次再来新西兰港口也有担心，因为去年在这里检查时有过好几个缺陷。没想到一年多过去了，还是同一艘船，状况居然比去年更好了。我本人也是轮机长出身的老中远，到新西兰后协助PSC检查7年了，可以说是阅历颇丰。像嘉禾关轮这样的老龄船，能越‘活’越年轻，也是不多见。看来，COSCO FAR－REACHING SHIPPING的管理水平和船员素质都是一流的。” （练锦荣）

【“白沙岭”轮连续4次无缺陷通过PSC检查】 2007年，外派中远远达“白沙岭”轮的船员，为了确保港口国检查顺利通过，根据广远船舶管理检查指南、PSC检查程序、ISPS检查指南（试行）、公约法规和港口国检查的有关要求，采取主管人员查、部门查、船舶查相结合的措施，认真组织船员自查自纠，发现问题及时整改，保证设备正常运转，保持良好船貌，完善台账记录，强化消防、救生、保安应急演练，充分做好PSC/ISPS准备工作。该轮分别于3月8日在天津港接受中国海事局安全检查；4月24日在赤道几内亚巴塔港接受PSC检查；5月26日在加蓬港欧文多接受PSC检查；9月10日在澳大利亚达尔文接受PSC检查。以上4次港口国检查均无缺陷通过。 （练锦荣）

【“金牛岭”轮船员抢时间备舱受赞扬】

2007年，“金牛岭”轮第14航次由印尼装煤开往新西兰TAURANGA港卸货。航行中租家指令15航次在新西兰卸货后到GISBORNE港装原木，再回TAURANGA港加载，要求抵装港前必须备好5个货舱，并接受验舱检查，大舱要以装粮标准备好，做到清洁、干燥、无味、无残留货物。从TAURANGA到GISBORNE只有208海里，船舶航速13海里/小时，航行时间只需16小时。在时间紧、工作量大、验舱标准高、要求严的情况下，船员们团结一致，奋力拼搏，连续奋战了10小时之久，按时保质将5个货舱整理得干干净净。验舱员对货舱逐一检查后，竖起大拇指说：“OK!”。当货主代表得知船员通宵加班备舱时，多次竖起大拇指赞扬说：“你们真了不起！在这么短的时间，把货舱搞得如此干净明亮，难以想象，简直是无法相信和估量中国船员的能力。”租家致电船上称赞说：“你们服务好，信誉好，船员职业道德是一流的，为我公司赢得了船期，非常感谢。” （练锦荣）

人力资源管理

【人力资源部简介】 人力资源部主要职责是负责船员公司船岸人力资源规划、管理制度的主管部门。主要职责是负责船员公司人力资源规划，策划招收院校毕业生、招聘协作船员工作；负责船员任免、考核、奖惩、劳动用工合同、劳务船员协议；负责机关员工和船员薪酬、福利制度；负责员工统计分析；负责船员培训和船员证件申办等管理工作；负责办理船员退休、退养。时任经理陈衡，经理助理方智英。员工13人。 （方智英）

【人力资源部工作概况】 2007年1～9月，人力资源部拟订2007年度航海类专业毕业生招聘计划和协作船员招募计划，全面深入推进“红树林”工程，按实际需求编制年度船员培训计划，实施船员培训共105期，培训项目34个，培训船员共2974人次；合理调整船员队伍结构，办理船员退休629人，其中高级船员281人，普通船员348人；办理船员内部退养431人，其中高级船员164人，普通船员267人；办理农民合同工高级船员变更劳动合同手续102人，办理船员续签劳动合同41人，办理终止劳动合同7人，办理船员解除劳动合同80人，退回并终止使用协作船员100人；完善船员公司人力资源管理制度、薪酬、福利制度，制定广远船员工资管理方案，审核确认各类人事、劳资动态22204人次，业绩工资、各类奖金发放审核39982人次，完成上报各类报表99份，数据量约10300个；继续贯彻落实协作船员工资发放及增购社会保险项目的工作，完成河南、陕西2个船员劳务协作中心补充签订《工资发放协议》和《年度社会保险缴纳费用标准确认表》；明确了协作船员岗位工资和业绩工资由协作中心发放，所属协作船员的社会保险项目在原有的基础上增购医疗（含大病统筹）、工伤、失业等项目，解决了协作船员就医、工伤、失业等社会保险的后顾之忧，规避了船员劳务用工的法律风险；办理各种证件5461本，从江苏、浙江、山东、辽宁、上海海事局迁回130名船员值班证办证资料和22人GMDSS证书考试档案资料。

（方智英）

【人力资源管理】 2007年1～9月，人力资源部拟订2008年度招聘航海类专业毕业生81名的计划，呈报企业领导批准，并向中远集团和各航海院校报送招生计划；抓好协作船员的招募工作，在广东河源、河南、湖南长沙、四川南充、山东惠民、山东临朐、江西九江、河北盐山等8个协作中心招募船员共304人；根据中远集团《关于完善中远集团远洋船员工资管理的指导意见》，结合船员公司的实际情况草拟广远船员工资管理方案；根据安全生产需要，安排船员参加"三个三百"、保安员培训、油轮培训、大型船操纵培训、驾驶台班组管理培训、技能测试、机师培训等项目的培训共1081人，考试及格率为100%；与船员公司签订就业协议的2007届院校毕业生94名，实际与船员公司签订劳动合同为78人。（方智英）

【新招聘的协作船员基本技能暨专项培训班开学】 2007年9月4日，广远在广州海员学校举行2007年协作船员海员基本技能暨专项培训班开学典礼。参加培训的有从湖南、河北、山东、河南、四川、江西、广东等7省8个船员协作中心新招聘的289名学员。广远党委副书记黄继忠参加了开学典礼并作了讲话。（方智英）

财务管理

【财务部简介】 财务部主要职责是负责编制船员公司年度财务收支计划、行政费用计划和福利费计划，并对计划进行跟踪管理工作；负责船员公司每月财务快报的编制和报送、每月进行经济成本分析；完成船员公司行政费用和福利费使用进度表的编制和上报；负责日常会计核算和成本控制工作、船员租金回收工作、行政费用报销工作、住房公积金管理工作、工资核算与发放工作、船员旅费报销工作及现金出纳工作；参与船员公司的各项经济活动，并履行管理和监督职能。时任经理李惠霞（兼）、经理助理王瑜。员工9人。

（李惠霞）

【财务部工作概况】 2007年1～9月，财务部坚持开展"文明窗口"服务活动，加强制度化建设，强化员工服务船员意识和履行服务承诺，细化财务管理和核算制度；进一步规范财务部的工作流程，加强体系文件执行力度，做好现金出纳、船员差旅费报销、公积金管理、行政费用报销和工资核算与发放工作，提高财务部的服务水平；为船员报销换班费、体检费、新船员上岗培训费5170人次，360万元；为船员补储公积金3717人次，总额1724万元；做好船员工资管理、外派劳务核算等各项工作；加强工资核算的动态审核，相应配合人事、船管部门工作，提高工作质量和财务管理水平；开展QC活动和精益管理活动，并获得广远QC活动奖励和精益管理活动奖励。是年，财务部被评为广远"巾帼文明岗"。（李惠霞）

【加强财务管理制度化和信息化建设】 2007年1～9月，财务部对部门业务流程进行梳理、规范和精简，并配合广远信息中心开发网络版的公积金管理系统，使信息系统进一步规范日常业务。5～8月，进行系统测试，网络版系统更加规范化，提高了工作效率；强化责任意识，银行对账和会计凭证的错误率降低为零，因人事动态不及时造成多缴、漏缴公积金的情况大幅减少；集体支取的材料整理摆脱了手工记录阶段，新系统可以随时查询船员需要增补的材料、补办的相关手续、当前的支取进度以及预计到账的时间，从而满足了财务部的服务需求，提高了工作质量。

（李惠霞）

【加强成本控制，提高劳务租金收入】 2007年，财务部根据2006年船员公司经济成本的预测和分析，结合2007年企业的实际情况及市场变化因素、银行汇率波动预测，对2007年的租金收入、成本支出进行测算、跟踪和分析，尤其是对大额支出的费用作进一步的监控，采取各种措施，有效控制成本支出，使船员公司租金收入与2006年1～9月同比大幅增加；财务部每月通过月度快报的形式，及时、准确地向广远反映劳务收入、成本费用情况，为领导决策提供参考数据；对各船东的租金回收情况及时跟踪，加强与船东的沟通工作，对未能及时汇付租金的船东及时配合相关部门进行催收，保证了广远现金流的顺畅。1～9月租金回收率达95.5%。

（李惠霞）

【规范财务运作】 2007年，财务部按中远集团《协作船员管理办法》，为解决目前船员公司在协作船员工资发放问题上所带来的规费、税务等问题，积极配合人事部门，与各地的船员协作中心进行沟通，协助船员协作中心解决协作船员的社保、个税优惠政策问题以及基地的差额纳税问题，并制定了相关的财务操作规定和流程。从8月起，实行成熟一个推出一个的做法。到9月份，湖南长沙，江西九江，山东惠民、临朐，广东河源，四川南充，河北盐山，陕西等协作中心解决了当地协作船员的社保问题，并发放了协作船员工资，理顺和解决船员协作中心历史遗留问题。

（李惠霞）

综合管理

【办公室简介】 办公室主要职责是负责船员公司行政口文秘、印章管理；起草船员公司工作计划总结以及有关汇报材料；负责船员公司行政口发文管理；拟定船员公司企业管理、发展规划和指定相关规章制度；收集整理船员公司安全管理、船员调配、教育培训、劳务外派以及财务管理等工作信息数据，并向船员公司领导、广远、中远集团以及政府主管部门等进行汇报反馈；组织召开船员公司调度会、领导办公会和各种行政管理会议，做好会议记录以及起草会议纪要；负责信访、船东等客户接待，策划外派工作交流会；负责船员计划生育管理；负责信件、报刊、杂志的征订收发以及邮费结算；负责车队车辆使用管理；负责船员公司内部协调和外部沟通；负责固定资产管理申报采购、员工办公环境管理、办公家具维修、节假日和大堂值班管理以及其他行政事务工作。时任主任黄森民，主任助理邱进宗。员工6人。

（黄森民）

【办公室工作概况】 2007年1～9月，办公室积极协助船员公司领导做好会议管理和信息材料工作，组织召开调度会、领导碰头会、总经理办公会、船员管理工作研讨会和接待上级调研、座谈等大小会议295次；收集、整理、编写船舶动态、船员管理等信息材料1250多份；起草年度工作计划、总结、专项汇报、调度会议材料等文件资料230份；加强船员计划生育管理，对农合工转变为合同制船员的计划生育情况建立档案及电脑数据管理，1～9月寄发独生子女父母和无子女职工退休一次性优待奖励金425人，450万余元，准确率达100%；查出19人不符合优待奖励金条件，拒付20万多元；积极开展精益管理活动，共上报亮点项目13个，其中，办公室申报了3个，《精益管理在计划生育管理岗位中的运用》项目得到广远表扬并作为典型例子推荐；加强行政管理，制定《会议室管理办法》、《船员因公午餐管理办法》等制度，做好环境的维护和改造，联系附加安装14台分体空调设备，做好办公用品采购、发放和电脑、复印机、打印机等办公设备的维护保养以及费用核算工作；加强车辆使用管理，严格按照用车流程，派出1529车次为船员管理工作服务，安全行车60380公里；开进出港证明255份，船员出境证明1310人次，办理海员证、适岗证书、海员服务本、健康证书、荣誉证书的盖印8700多人次；邮寄出特快专递邮件共2079件、普通邮件共3423件；收发各类报刊杂志共33种合计12686份次，分理从国内外寄回邮件共27324件；认真做好船员服装的预算、订购、统计、补充、盘点、清查等管理工作，做好固定资产管理工作，及时进行维修保养或登记报废上报，做好文件收发、传阅、督办等处理和文件立卷、归档，没有出现丢失或泄密问题。办公室/财务部党支部被船员公司党委评为2006～2007年度先进党支部。

（黄森民）

【召开船员管理工作研讨会】 2007年2月3日，船员公司召开船员管理工作研讨会。参加会议的有船员公司领导班子成员、总经理助理、技术顾问，各部门经理以及助理，船员管理部门主管等管理人员共35人。会议由船员公司副总经理梁伟民主持，12个部门分别汇报了2006年的工作亮点、存在问题和2007年工作打算，船员公司总经理尤扬斌、党委书记林耀强在会上作了讲话。

（黄森民）

【质量办公室简介】 质量办公室是船员公司体系文件的维护、培训、内审和持续改进的主管部门，主要职责是负责建立、维护质量管理体系，负责船员公司质量管理体系的日常管理及相关教育培训，监督船员公司质量管理体系的有效运行，组织、参与船员公司的内部审核和管理评审，对发生的事故、不合格情况，监督各部门实施纠正措施并验证其有效性。时任主任周连柏、副主任尤天福。员工9人。

（李春华）

【质量办公室工作概况】 2007年1～9月，质量办公室对2967名船员进行上船前培训和教育，实现船员派前培训和教育率100%，其中，船长132人、轮机长41人、驾驶员、轮机员310人，从外地调来广州作上船前谈话；开展“平安是福”人身安全宣讲69艘次，参加船员862人次；按照中远集团的统一部署，对336名上船前驾驶员进行《避碰规则》考试，考试不合格者不派船，严格把好驾驶员派出质量关；认真组织驾驶员航模训练，参加训练425人，其中船长84人；积极推进“红树林”工程，制定2007年推进计划，召开工作研讨会，并深入船舶现场组织船员召开座谈会，帮助船舶深入开展船员在船教育培训，总结工作经验，查找问题和不足，提出合理化建议；协助举办“红树林”工程第一届船员技能竞赛暨广东省“海员杯”选拔赛；为船舶发放《中华人民共和国船员条例》；质量管理体系无缺陷通过外审；开展QC小组活动，《推进和实施“驾报合一”工程》QC成果获广东省优秀QC成果奖。（周连柏）

【完善船员公司应急预案】　2007年，质量办公室完善了船员公司应急预案，并于5月15日发布实施，该预案共有9个，包括：突发事件/事故综合应急预案、海上运输海损事件应急预案、海上运输机损事件应急预案、海上运输污染事件应急预案、海上危险品运输突发事件应急预案、海上运输治安保卫突发事件应急预案、灾害性天气突发事件应急预案、陆地处置治安突发事件应急预案、陆地发生火灾爆炸突发事件应急预案。（周连柏）

【业务部简介】　业务部的主要职责是负责实施船员公司《质量手册》，按照企业质量体系程序和规定在本部门开展管理活动，通过履行部门岗位职能，确保质量管理体系的有效运行；负责船员公司国内外船员劳务市场开拓，进行劳务业务洽谈；负责船员劳务合同的起草、修订、评审、保管和归档工作；负责对客户满意度调查、外派船东交流会等形式了解客户需求；建立和完善船东、客户档案，维护客户关系；协助财务部进行船员租金催收；负责汇总各调配部门提供的外派船员人数进行统计，适时向上级主管部门、中远集团、广州市对外贸易经济合作局上报数据；负责外聘船员的招收、合同签订、数据统计上报。时任经理崔一立，经理助理崔健。员工4人。（崔一立）

【业务部工作概况】　2007年1～9月，业务部认真履行质量管理体系相关文件及员工岗位职责，于4月份无缺陷通过外审验证；结合中远集团船员工资改革的情况，加强与船东就船员租赁合同租金额进行洽谈，诚心与船东沟通。至9月底，与4家船东续签合同，涉及船舶102艘，提高了租金额度，有效地化解了船员工资改革产生的相关难题；依据船东资信、船舶安全系数、合同租金水平等项目，对合作船东进行整合评估，将8家船东共15艘船舶给予关约，撤出船员282人；加强船员租金回收，以此选定的QC活动内容，成功追讨回顺峰公司所拖欠的全部租金；对保持长期合作的15家劳务中介公司，进行甄别筛选，保留了5家具备相当规模、信誉可靠的中介公司，确保外聘船员的质量。

（崔一立）

党委工作

【中共广州远洋船员管理公司委员会简介】中共广州远洋船员管理公司委员会（以下简称船员公司党委）的主要职责是负责宣传贯彻执行党的路线方针政策，参与企业重大问题决策，负责船员公司党的建设和党员队伍建设以及思想政治工作和企业文化及精神文明建设，领导工会、共青团等群众组织。船员公司党委所属党支部151个，其中机关10个、船舶141个。党员2308名，其中机关党员90名，船舶党员2218名。

时任党委书记林耀强，党委副书记尤扬斌、易宝森。（易宝森）

【船员公司党委工作概况】 2007年1～9月，船员公司党委以开展“三服务一促进”主题实践活动和实施“红树林”工程为契机，以抓企业领导班子和船舶领导班子建设为龙头，紧紧围绕广远改革发展战略，狠抓党的建设和思想政治工作，促进了船舶安全生产、企业精益管理、船员队伍建设和两个文明建设。船员公司党委分别组织机关、船舶开展“三服务一促进”主题实践活动，完成2006～2007年度党内表彰，购买和刻录历史教育VCD光碟500多张发船，开展爱国主义教育，组织人员编写《远洋船员思想政治教育手册》，编写派前教育提纲，坚持日常思想政治教育，按“红树林”工程实施方案要求，抓好主题教育；坚持每季度召开一次党委会，1～9月，组织中心组集体学习10次；6月份，召开党员领导干部民主生活会，加强船舶领导班子建设，党委班子成员与船舶领导班子谈话252人次；选拔政委苗子10人，举办了2期有55名在职政委和10名政委苗子参加的政委培训班；配合广远党委、纪委完成贯彻落实先进性教育四个长效机制、惩防体系实施纲要、中纪委［2007］7号文件、船舶党建、船舶安全保卫和“三学一创”活动等6项大的调研工作，在船舶党建调研中，组织了4次船员座谈会，完成中远集团船岸员工问卷调研；做好2006年度船舶“四好领导班子”审批认定和通报表扬工作，抓好船舶发展党员工作，1～9月，发展船员党员172名，预备党员转正126名；加强宣传报道工作，每月编写2期《船员公司简报》，共18期，向中远集团、广远呈报《船员管理信息》6期；抓好中远集团2007年政研会常务理事会精神贯彻落实；依法依规进行处理以往解除或终止劳动合同的船员集体来访事件和个别船员上访事件，维护了企业的稳定；加强船舶、船员先进典型培育，新典型蔡连财被评为中远集团“十大杰出青年”；加强对工会、共青团组织的领导，工会组织5名船员选手参加广东省首届“海员杯”船舶水手技能大赛，取得优异成绩。（易宝森）

【举行“三服务一促进”主题实践活动动员会】 2007年3月27日，船员公司举行“三服务一促进”主题实践活动动员大会。会议由船员公司党委副书记易宝森主持。船员公司全体员工和广州地区公休的船长、政委、轮机长、大副、大管轮共120多人参加了动员会。会上，党委书记林耀强作了讲话，阐述了开展“三服务一促进”主题实践活动的重要意义，并对开展活动进行部署，提出具体要求。总经理尤扬斌结合开展“三服务一促进”主题实践活动，就如何抓好船舶安全生产提出了要求。（沈利）

【举行“红树林”工程第一期政委轮训班开学典礼】 2007年5月15日，船员公司举行加强船员教育培训“红树林”工程第一期政委轮训班开学典礼。广远党委书记刘书田、副书记黄继忠，船员公司总经理尤扬斌、党委书记林耀强以及经理助理以上管理人员和政工主管共35人出席了开学典礼。在开学典礼上，刘书田传达了中远集团政研会2007年常务理事会精神，强调政委轮训的重大意义，并提出“坚持四个贯穿始终”的要求，即：坚持深化认识，把统一思想、增强信心贯穿始终；坚持研究探索，把船舶思想政治工作创新贯穿始终；坚持联系实际，把大力发扬马克思主义学风贯穿始终；坚持按需施教，把提高能力素质贯穿始终。该轮训班有32名学员参加，为期15天。（沈利）

【召开“红树林”工程现场观摩暨座谈会】 2007年7月10日，广远在中鞍航运“鞍山”轮召开“红树林”工程现场观摩暨座谈会。广远副总经理翁继强、党委副书记黄继忠，中鞍航运总经理邱波，以及船员公司总经理尤扬斌、党委书记林耀强等广远“红树林”工作小组成员参加了会议。在座谈会上，中鞍航运首先汇报了“红树林”工程的进展情况，“鞍山”轮船长介绍了该轮开展“红树林”工程活动的情况，船员代表（协作船员）田朝辉畅谈了“传帮带”的切身体会。与会的广远“红树林”工程工作小组成员对中鞍航运和“鞍山”轮开展“红树林”工程的情况进行了点评。（沈利）

【开展党员纪律教育学习活动】 2007年7月18日，船员公司党委组织中心组成员和机关全体党员80人进行学习。在学习会上，船员公司党委书记林耀强传达了《关于2007年开展纪律教育学习月活动的意见》精神，并就开展这一活动提出了具体要求。在学习会上，全体与会人员观看了反腐警示录影片《贪途末路——卢万里受贿案警示录》。通过学习，广大党员加深了对腐化堕落危害性的认识，进一步增强了反腐倡廉的决心和信心。（沈利）

【召开船舶思想政治工作研讨会】 2007年9月18日，船员公司召开以加强船员思想政治工作、努力构建和谐船舶、和谐企业为主题的船舶思想政治工作研讨会。广远党委副书记黄继忠、党工部部长姚勇、人力资源部/组织部部长黎光葵，船员公司总经理尤扬斌、党委书记林耀强及班子成员、机关各部门负责人和政工管理人员，以及广州地区休假的船长、政委参加了会议。研讨会由尤扬斌主持，林耀强在会上总结了船员公司成立三年来开展政研工作的情况，论文一等奖获得者劳务二部政委李范斌、论文二等奖获得者人事部罗小光，分别以“当好船舶政委，构建和谐船舶”、“构造和谐企业需要公平的劳动关系”为题进行了论文交流。在研讨会上，黄继忠提出，要进一步树立党建思想工作也是生产力的观念，要进一步提高政研队伍的素质，要进一步提高政研工作的水平。要求党务工作者要做到“三多”（多思考、多深入、多动手），投入更多时间和精力开展研究，拿出更多更好的研究成果，不断提高政研工作的水平。（沈利）

【党委工作部简介】 党委工作部（以下简称党工部）主要职责是负责船员公司党委、纪委的日常工作和文秘工作；负责党建、团建工作，搞好党员、团员的教育、管理；负责企业作风廉政建设、宣传工作、企业形象、品牌推介等；负责船员政治思想教育以及违法违纪船员查处工作；负责精神文明建设和指导船舶开展学创活动；负责对外宣传报道工作和机关安全保卫工作。时任主任易宝森（兼）、主任助理沈利。员工5人。（沈利）

【党工部工作概况】 2007年1~9月，党工部按照“红树林”工程实施方案要求，认真抓好思想教育工作，编发了18期《船员公司简报》，编写了3期派前教育提纲，编辑制作了“平安是福”安全教育光碟300多张，购买和刻录历史教育VCD光碟500多张发船，组织编写了《远洋船员思想政治教育手册》，撰写了2期安全教育专题简报，编写1期船员管理改革宣传提纲，为船舶提供了内容丰富的思想教育材料；配合广远党委、纪委完成贯彻落实先进性教育“四个长效机制”、惩防体系实施纲要、“中纪委［2007］7号文件”、船舶党建、船舶安全保卫和“三学一创”活动等6项大的调研工作，在船舶党建调研中，组织4次船员座谈会、完成中远集团船岸员工问卷调研，向所有船舶发出问卷调研，保证调研工作顺利完成；组织召开“三服务一促进”活动动员会，制定并印发活动方案，促进活动有序地开展，编写了4期活动简报；积极参与实施“红树林”工程，协助制订工程推进计划，编写了4期“红树林”工程简报，配合工会做好“红树林”工程的技能竞赛活动的筹备工作和宣传报道工作；完成了船员公司2006年年鉴统稿工作；抓好船舶党建工作，汇总整理2006年船舶创建“四好领导班子”情况并给予通报，编发2期船舶党员管理通报，有力推动了船舶党支部发展船员党员工作，发展船员新党员172名，预备党员转正126名；完成广远、船员公司2006~2007年度的25个党支部、25名优秀党务工作者和140多名优秀党员的党内表彰工作；组织了“红树林”工程第一期政委轮训班；专人跟踪收集统计，狠抓廉洁从业承诺书的签订，保证了在船船员100%签订了承诺书；做好“中纪委［2007］7号文件”的贯彻落实，及时组织机关党员学习中纪委［2007］7号文件，并向船舶发传真、电子邮件，督促船员管理部门向公休船员打电话，保证教育落实覆盖面达到上级的要求；组织召开了纪律教育月活动动员会，组织员工观看了2次反腐倡廉教育影碟，促进了员工廉洁从业；调查处理13名违章违规或安全事故责任人；积极配合其他部门工作，先后抽调5人次约4个月时间协助广远编写年鉴、开展安全慰问检查活动、撰写家属代表会材料和“红树林”各种会议材料、领导讲话等；团委先后向“安岳江”、“源江”和“居庸关”轮团支部赠送学习书籍，并与广大青年船员座谈，组织2007年新招收航海院校毕业生代表座谈会，指导船舶政委组织好团支部活动。 （易宝森）

纪委工作

【中共广州远洋船员管理公司纪律检查委员会简介】 中共广州远洋船员管理公司纪律检查委员会（以下简称船员公司纪委）的主要职责是负责检查党的路线方针政策和决议在船员公司的执行情况，协助船员公司党委加强党风建设和组织协调反腐败工作；负责对船员公司党员进行遵守纪律教育，对党员领导干部行使权力监督，检查和处理党的组织和党员违纪违规案件，受理党员的控告和申诉。时任纪委书记易宝森。 （易宝森）

【船员公司纪委工作概况】 2007年1~9月，船员公司纪委把学习贯彻落实中共中央《建立健全教育、制度、监督并重的惩治和预防腐败体系实施纲要》作为工作重点，对《广远贯彻落实中远集团构建惩防体系〈实施意见〉任务分解表》与船员公司有关的任务进行分解，并落实到部门和个人，保证了分解任务的完成；先后制定了《船员公司管理人员廉政谈话实施细则》、《船员公司领导班子述职述廉制度》、《领导干部监督管理办法党委工作制度》等惩防制度；抓好全员廉洁从业承诺制度落实，机关员工和在船船员《承诺书》签订率达100%，有力地促进了广大员工廉洁从业；抓好《中纪发［2007］7号》、《国资党委纪检［2007］96号》、《粤纪发电［2007］5号》、《中远党组［2007］41号》等文件的传达贯彻，机关人员参加学习达到100%，船员党员覆盖面达到99.03%；抓好船员公司领导班子全体成员对照《规定》自查工作，所有班子成员填报了《落实〈中共中央纪委关于严格禁止利用职务上的便利谋取不正当利益的若干规定〉(以下简称《规定》)情况登记表》，没有任何违反《规定》的行为，经理助理以上管理人员都作出了不设账外资金“小金库”，并保证遵守公司财经制度和党纪国法的承诺；纪委充分发挥职能作用，使纪检工作紧紧围绕安全、稳定、效益中心任务，服务于企业的改革发展，把纪检工作融入经营、管理的全过程，对照金桥学院财务管理问题进行了自查，有力地促进了财务管理工作进一步规范；抓好纪律学习教育月活动，组织召开活动动员会，组织党员、员工进行纪律教育，所有的党员、员工都参加了学习反腐倡廉文件，观看反面案例影碟；抓好廉洁谈话，船员公司领导班子对部门经理、经理助理及重点人员进行廉洁谈话18人次，抓好船舶班子上船前谈话，船舶领导凡经广州上船的，船员公司领导或船员管理部门经理都对船舶领导进行谈话，1～9月，共计与船舶领导谈话542人次；认真开展效能自查工作，围绕建设节约型企业，结合精益管理，查高级船员提拔程序，查调配船员行为，查办公用品采购，查船员外派劳务合同签订，查协作船员、外聘船员使用协议，查货币资金支出的授权批准手续，查支付款项印章的保管和票据的保管，查“小金库”、账外账等情况，努力促进企业效能的提高，7月，接受广远监督部效能检查，获得好评；配合广远纪委完成“惩防体系实施意见”贯彻落实情况等调研工作；调查处理13名违章违规或安全事故责任人，做到了事实清楚，证据确凿，处理恰当，归档及时。1～9月，船员公司没有发生任何腐败案件和腐败行为。（易宝森）

工会工作

【中国海员建设工会广州远洋船员管理公司委员会简介】 中国海员建设工会广州远洋船员管理公司委员会（以下简称船员公司工会）主要职责是依法维护船员公司员工合法权益，落实员工各项福利和劳保待遇；健全工会基层组织，有效发挥基层工会组织的作用；组织开展宣传教育和文化体育活动；组织员工开展岗位练兵技术比武和合理化建议活动；做好工会信息工作；关心员工生活，负责做好对困难员工的各类补助工作；负责工伤、航病人员的处理工作；负责船员伤亡的善后处理和接待家属工作；做好职工家庭纠纷的协调工作；做好工会财务工作，按时收缴、使用工会费。时任工会主席戴世华，副主席段

腊春。员工 10 人。（刘志建）

【船员公司工会工作概况】 2007 年 1～9 月，船员公司工会协助办理船员退休 332 人，办理船员退养 81 人，接收各部办理退养船员 331 人；做好元旦春节、国庆中秋期间的慰问活动，组织慰问抵广州港船舶以及委托广远驻国内港口办事处慰问到港船舶 98 艘；组织船舶开展“安全在我身边，降本增效从我做起”活动和岗位练兵活动；组织完成年度先进评比工作；为船员发放疗养费共计 507.9 万元；慰问住院、危重船员 145 人次；为 136 名船员办理、寄发供养直系亲属的劳保诊疗证工作；为 1297 名船员申报、寄发生活困难补助费 785698 元；为 96 名船员办理亲属申报、寄发丧葬费 66240 元；完成向广远离退中心移交退休船员劳保档案 375 份；做好对船员家属联络站日常工作的具体指导，在原有 91 个船员家属站的基础上，重新划分或组建了覆盖全国 70 多座城市的船员家属工作站 76 个，完善了船员家属站工作网络，充分发挥了船员家属站现场解决船员家庭困难的作用；做好 5 名病故船员的善后处理及家属的安抚解释工作，发放抚恤金 37 万元；做好困难船员家庭子女义务教育和高教助学金的申报工作，发放希望工程助学金 17 人次，金额 9797 元；发放高教助学金 34 人次，金额 5.6 万元；为船舶工会主席发放津贴 130 人次；处理船员信件 1260 余件，接待船员和船员家属来访 1108 人次；协助广远工会筹备“公司员工春节团拜会”活动；组织船员公司 2007 年迎春联欢团拜会；协助广远工会做好庆祝广远成立 46 周年各项庆典活动；4 月底，组织 100 名船员参加广东省委宣传部、广东省总工会主办的庆祝“五一”国际劳动节暨“劳动者之歌”文艺晚会；组织协助广远工会组织召开第七次船员家属代表大会，并协助编写出版《和谐家园　温馨港湾》一书，促进了船员家属站的工作；加强对船舶劳保检查员的管理和检查考核，充分发挥船舶水手长、机工长在船舶劳动保护现场监督检查的作用，工伤事故有所减少；举办 3 期船舶劳保检查员培训班，培训人数 84 人，为船舶工会劳动保护监督检查员发放工作津贴 288 人次；组织开展“亲情祝安全”活动，在广州、上海、天津、大连等国内多个港口的 28 艘船舶开展讲安全、促安全活动。（刘志建）

【开展歌咏比赛活动】 2007 年 4 月，船员公司工会为积极配合广远成立 46 周年系列庆祝活动，下发了《关于举办船员管理公司 2007 年船舶歌咏比赛的通知》，成立了歌咏比赛工作小组，具体负责实施，在船舶各轮开展以“热爱祖国，歌唱远洋，让广远歌声响遍五洲四海”为主题的歌咏比赛活动。各轮工会积极响应，并将本船刻录好歌咏比赛的光碟寄送到船员公司工会。歌咏比赛工作小组评选出 17 艘优秀船舶。通过歌咏比赛活动，既活跃了船员文化生活，增强了船舶团队精神，又促进了船员之间的团结友谊和身心健康。

（刘志建）

共青团工作

【共青团广州远洋船员管理公司委员会简介】 共青团广州远洋船员管理公司委员会（以下简称船员公司团委）主要职责是按照船员公司党委和上级团组织的指示、

决定，全面负责船员公司共青团的工作；负责制订船员公司共青团工作计划，并组织贯彻执行；负责船员公司团组织工作的检查指导总结和评比表彰；负责团的组织建设，指导船舶团支部开展工作；负责组织团员学习培训，提高团员青年的整体素质，提高团干部的工作能力；负责团员的发展、推优、超龄离团、组织关系接转、团员证管理、团员登记统计及对犯错误团员进行处理工作；负责收缴团费，按照有关规定控制团费和活动经费的使用调拨，并做好收支记账工作；负责组织带领广大团员青年深入开展“创建青年文明号，争当青年岗位能手”、“青年创新创效”及“创建五四红旗团组织”等主题活动；负责对基层、船舶调查研究，准确把握和反映团员青年的思想和要求，结合企业和青年的特点，开展各种有益于团员青年身心健康的文体活动。

2007年10月，广远船员管理体制实行改革，船员公司团委转变为共青团中远航运船员管理部委员会，延续原来的职能。时任团委书记沈利（兼）。（沈利）

【团委工作概况】 2007年1～9月，船员公司团委坚持“党建带团建”的工作思路，针对新形势青年船员的特点，积极引导青年坚定理想信念，争取成为党的得力助手和可靠后备军。据统计，35岁以下的青年中，有161名被吸收为预备党员，还有211人向党组织递交了入党申请书；组织青年船员开展创建“青年文明号”、争创“青年岗位能手”、“创新创效”活动，围绕船舶建设，积极开展以“降本增效”、“科技攻关”、“安全生产，青年当先”等为主要内容的劳动竞赛活动，积极创建青年安全示范岗。1～9月，船员公司涌现了一批先进团组织和优秀团员：“乐里”、“康富”、“大华”、“安宁江”轮被评为广远2006年度青年文明号；“安泰江”、“西昌海”轮被评为广远2006年度青年安全生产示范岗；所英钦、李汉林、容晃育、詹雄辉、余方元、冯剑群、李明、朱东辉、石永国、赵杰、孙中晖、王金伟、张玉龙、李阳和李春林被评为广远2006年度青年岗位能手；“月亮湾”轮被命名为2006年度广东省直机关青年文明号；黄启垣被授予广东省直机关青年岗位能手称号；“白沙岭”轮团支部、“乐和”轮团支部被评为2005～2006年度中远集团五四红旗团支部；孟凡、袁永海被评为2005～2006年度中远集团优秀共青团员；沈利、吴冠翀被评为2005～2006年度中远集团优秀共青团干部。（沈利）

【团委被评为2005～2006年度中远集团五四红旗团委】 2005～2006年，船员公司团委积极贯彻上级团组织和船员公司党委的指示精神，加强理论学习，提高自身素质，以服务青年为宗旨，通过开展青年岗位能手、青年创新创效、创建青年文明号等活动，教育引导广大青年船员忠于祖国、热爱远洋，培养青年爱岗敬业精神，充分发挥共青团生力军和突击队的作用，为实现广远可持续发展、实现中远“双百”目标作出了应有的贡献。2007年，团委被评为2005～2006年度中远集团五四红旗团委。（沈利）

第七章 航运投资企业

第一节　中远航运股份有限公司

【中远航运股份有限公司简介】　中远航运成立于1999年12月8日，由广远作为主发起人，联合海运公司、中国广州外轮代理公司（以下简称广州外代）、深圳远洋运输股份有限公司（以下简称深远）和广州中远国际货运有限公司（以下简称广州中货）共同发起，设立的股份有限公司。

该公司设立时的股本为23000万元，其中广远以其所属主要从事远洋特种运输的25艘船舶经评估确认后的经营性净资产29095.09万元出资，海运公司以现金850万元出资，广州外代以现金350万元出资，深远以现金300万元出资，广州中货以现金200万元出资。经国家财政部以财管字［1999］348号文批准，各发起人投入该公司的净资产及现金共计30795.09万元，同意按1：0.7469比例折为股本23000万股（每股面值1元），分别由广远持有21731万股，占总股本的94.48%；广州外代持有261万股，占总股本的1.13%。上述股权性质均界定为国有法人股。海运公司持有635万股，占总股本的2.76%；深远持有224万股，占总股本的0.97%；广州中货持有149万股，占总股本的0.65%。上述股权性质均界定为法人股。未折股部分779509万元计入“资本公积”。

该公司于2002年4月3日向社会公众发行人民币普通股13，000万股。4月18日，该公司A股股票（名称：中远航运，代码：600428）在上海证券交易所挂牌上市。

2007年，中远航运注册资金65520万元，拥有和控制重吊船、半潜船、滚装船、多用途船和杂货船82艘，平均船龄20.7年，总载重133万载重吨。中远航运以特种杂货远洋运输和沿海运输为主业，以杂货远洋运输市场中超长、超重、超大件、不适箱以及有特殊运载、装卸要求的货载运输为主要细分市场，向客户提供定期和非定期班轮运输服务。该公司主要经营远东—东南亚、远东—孟加拉、远东—波斯湾、远东—地中海、远东—欧洲、远东—美洲、远东—非洲等航线，形成全球范围的特种杂货远洋运输经营网络。

中远航运下设总经理办公室、人力资源部、投资发展部、财务资金部、安全质量部、航运经营部、船舶管理部、船员管理部和驻大连、天津、青岛、上海、宁波、厦门、湛江办事处以及驻连云港代表处，后天津办事处和上海办事处分别改制为天津中远航运和中远航运上海分公司。

中远航运设董事会、监事会。时任董事长许立荣，副董事长兼党委书记徐惠兴，董事刘书田、傅伟、姜立军、郭京，独立董事周守华、杨赞、谭劲松。监事会主席马宗梅，监事翁继强、黄继忠、胡锦沛，内部职工监事洪建春、吴淼泳、方志伟。首席执行官姜立军，党委副书记兼常务副总经理赖奕光，首席运营官郭京，副总经理杜俊明、郭福祥，副总经理兼财务总监林敬伟，董事会秘书薛俊东，首席执行官助理董宇航。机关员工346人，船员4556人。　（朱红）

【中远航运工作概述】 2007年，中远航运在中远集团和全体股东的关心和支持下，在董事会的正确决策下，坚持以股东价值为根本目标，以效益为中心，以市场需求为经营导向，以客户满意为服务宗旨，不断提高经营管理水平和可持续发展能力，进一步增强核心竞争优势，在企业高管班子和全体船岸员工的共同努力下，企业克服了国际航运市场波动、人民币升值和高油价等不利因素的影响，抓住了航运市场和资本市场都处于历史高位的良好机遇，围绕主线，抓住重点，实行生产经营和资本经营并重，加强管理和促进发展并重，在企业变革发展、船队调整、资本运作、业务开拓和企业党建等方面取得了良好成绩和历史性突破，概括为八个“新”：

1. 经济效益屡创新高。中远航运在提高自有船舶经营效益的基础上租入船经营取得新的进步，在高油价的压力下，各船型的经营水平都有较大幅度的提高。中远航运以特种船经营为主，坚持定期定线的班轮航线策略，加大班轮运力的投入，保持稳定班轮密度；为客户提供便捷、安全、高效的服务，在众多竞争对手中树立独特的品牌和无可替代的差异性服务；适时提高运价并加强运费回收；进一步加大租船力度，并通过建造新船增加船队运力。全年实现主营业务收入53.25亿元，利润总额14.70亿元，净利润10.74亿元，超额完成了董事会制定的指标。（详见附表）

2. 安全管理水平有新进步。中远航运坚持以员工安全培训为重点的基础管理，下大力气抓好航行安全、老龄船管理、防止船舶污染海洋环境、船舶保安和人身安全等工作。广泛开展“太平斧”行动、“安全生产月”活动、“红树林”工程、“隐患排查专项行动”等安全活动，提高了员工的安全意识、安全技能和安全管理能力。全年跟踪指导船舶安全进出港口684艘次，对新船长和进出新港口的船长培训指导138人次，跟踪指导大风浪航行船舶128艘次，雾航船舶210艘次，防抗台风25个，防抗台成功率100%。全年没有发生上等级的安全事故、污染事故、无PSC滞留船舶。企业在管理船舶近100艘，平均船龄超过了20年的情况下，保持了安全生产形势的基本稳定。该公司综合管理体系日臻完善，连续三年安全管理体系活动审核无缺陷通过，创造中国自实施安全管理体系以来的最好记录。

3. 船队结构调整有新突破。5月，签订了8艘2.8万吨重吊多用途船的建造合同，10月又签订了2艘5万吨半潜船建造合同，连同2006年11月签订的4艘2.7万吨多用途船建造合同，共造新船14艘45万吨，投资额达43亿元。这种发展速度和规模，在中远航运历史上是从来没有过的，从而加快了船队结构调整，为改善中远航运船队结构打下良好的基础。

4. 资本运作取得新成绩。中远航运通过发行分离交易可转债的方案，为船舶发展筹措资金，利用地区优惠政策，发展壮大中远航运香港公司和天津中远航运，构筑不同业务、不同地区的发展平台。中远航运除发展中远航运香港公司和天津中远航运为新的资本运作和经营平台外，成功注册上海分公司，为完成海内、海外的扇面布局搭建了一个重要支点，初步形成了以本部为中心，经营能力遍及香港、天津、上海等重要港口城市的经营网络和融资平台，完成了在中国北部沿海布局的重要步骤，为企业进一步发展壮大奠定了坚实的基础。

5. 员工队伍建设有新发展。2007年8月，中远航运设立驻国内港口办事处，加强对船舶和船员的现场管理，从船舶和高校招聘了一批优秀人才充实机关管理队伍，特别是通过定向招募组建自有船员队伍，解决了影响企业可持续发展的人力资源的瓶颈问题，改革平稳推进，并通过规范化、流程化、制度化和人性化的管理，充分激励和调动船员，努力打造一支高素质的船员队伍，得到了资本市场、广大投资者和船岸员工的一致认可。中远航运实施“人才强企”战略，加强关键人才的培养与储备，在半潜船经营管理人才、港口船长、高级船员等重要人才的选拔与培养上做了细致的规划和部署，促进员工队伍建设。

6. 精益管理有新成效。中远航运开展“精益管理年”活动，以岗位为基础，优化各项流程，控制成本开支，努力实现降本增效；研究人民币升值规避风险，运用税务筹划合理避税；积极主动与代理、装卸公司、理货公司等商谈、签订费用优惠协议32份；与NYK船舶管理公司双向学习交流，不断提高管理水平；按照上级统一部署，制定节能减排实施方案，全面推进节能减排工作；科学设计航线，合理安排挂靠港顺序，减少空驶；掌握各港口油价的情况，精心选择加油港口。中远航运船岸员工积极参加精益管理，创造“精益亮点”58个项目，创造经济效益超过1亿元。中远航运被中远集团授予“最佳应用奖”，航运经营部“全流程精益管理使费”项目被授予优秀成果奖。

7. 党建和思想政治工作有新加强。中远航运大力加强领导班子建设，通过中心组学习、民主生活会，学习党的理论知识，不断提高领导干部思想政治素养；推进廉政制度建设，按照体系文件的要求，积极构建《中远航运惩治和预防腐败体系》，建立反腐败的长效机制，受到中远集团惩防体系检查组的高度赞扬和好评。该公司工会、共青团积极组织开展各种业余文体活动和技术创新等活动，并取得显著成效。

8. 企业治理和资本市场形象有新提高。中远航运企业治理、信息披露和投资者关系管理工作获得了投资者和监管部门的充分肯定，获得了一系列的荣誉。中远航远在“第三届中国上市公司董事会金圆桌奖”活动中荣获“优秀董事会”奖，在30家获此奖项的上市公司中排名第一，并先后获得2006年中国上市公司绩优榜100强、第三届“漂亮50——中国未来十年成长性蓝筹上市公司”、中国上市公司价值百强第13名、2006年度中证百强、2006年成长性百强子榜、2006年度中国最佳投资者关系管理百强、最佳大型公司奖和最佳沟通奖等荣誉称号。“大华”轮荣获广东省政府“2007年度广东省文明单位”的荣誉称号、大连办事处荣获大连市“外地驻连先进办事处”的荣誉称号。

（徐波）

中远航运主要会计数据和财务指标

附表

主要会计数据	2007 年	2006 年		本年比上年增减（%）	2005 年
		调整后	调整前		
营业收入(元)	5,325,194,827.63	3,850,755,461.30	3,850,755,461.30	38.29%	3,741,927,100.48
利润总额(元)	1,469,650,088.30	841,890,558.83	841,890,558.83	74.57%	1,034,981,130.22
归属于上市公司股东的净利润(元)	1,073,882,788.01	582,714,342.29	615,426,339.00	84.29%	685,067,944.57
归属于上市公司股东的扣除非经常性损益的净利润(元)	986,647,306.46	543,682,548.18	576,394,544.89	81.47%	685,110,633.61
基本每股收益(元)	1.64	0.89	0.94	84.29%	1.05
稀释每股收益(元)	1.64	0.89	0.94	84.29%	1.05
扣除非经常性损益后的基本每股收益(元)	1.51	0.83	0.88	81.47%	1.05
全面摊薄净资产收益率(%)	32.17%	22.74%	23.65%	增加 9.43 个百分点	32.29%
加权平均净资产收益率(%)	36.17%	24.82%	26.04%	增加 11.35 个百分点	33.76%
扣除非经常性损益后全面摊薄净资产收益率(%)	29.56%	21.21%	22.15%	增加 8.35 个百分点	32.29%
扣除非经常性损益后的加权平均净资产收益率(%)	33.73%	23.36%	24.59%	增加 10.37 个百分点	33.76%
经营活动产生的现金流量净额(元)	1,304,721,833.88	735,017,879.99	742,473,007.73	77.51%	1,060,284,677.83
每股经营活动产生的现金流量净额(元)	1.99	1.12	1.13	77.51%	1.62
	2007 年末	2006 年		本年末比上年末增减（%）	2005 年末
		调整后	调整前		
总资产(元)	5,003,744,444.05	4,187,649,758.33	4,186,992,295.76	19.49%	3,820,646,152.63
所有者权益(或股东权益)(元)	3,338,117,730.37	2,563,022,651.37	2,602,116,991.78	30.24%	2,121,582,948.33
归属于上市公司股东的每股净资产(元)	5.09	3.91	3.97	30.24%	3.24

综合工作

【总经理办公室简介】 总经理办公室（以下简称总经理办）是中远航运综合协调工作的主管部门，主要职责是负责草拟中远航运的工作计划、总结以及经营管理等方面的文件；负责中远航运会议的协调，组织安排党委会、高管人员办公会和其他专题会议，组织实施和督促检查会议决议的贯彻落实；负责中远航运电话、传真、邮政往来文件和公用邮件的收发、登记、流转工作；负责中远航运发文的审核、登记和印发工作；负责报刊书籍的订阅和收发；负责高管人员的行政、文书工作；负责中远航运日常接待和信访工作；负责中远航运机要、保密工作；负责中远航运文书、科技、基建档案和其他声像资料的管理工作；负责中远航运宣传报道、业务广告宣传工作，编辑《中远航运》和《中远航运简讯》工作；负责中远航运党建工作、思想政治工作、精神文明建设和企业文化建设；负责中远航运党委、纪委日常事务性工作并负责指导共青团工作；负责中远航运工商登记、组织机构代码登记、国际水运许可证年审、变更等事务管理；负责中远航运物业管理和后勤保障工作；负责中远航运岸基办公设备、办公用品、礼品和物业易耗品的采购、管理工作；负责中远航运车辆管理工作；负责清洁工、保安员、外驻工管理；负责企业精益管理工作；负责驻国内港口办事处（代表）的行政管理工作。时任总经理吴杰，副总经理孙雄。员工12人。 （朱红）

【总经理办工作概况】 2007年，总经理办组织策划新春联欢晚会、中远集团新春团拜会、中层以上管理人员培训班、学习贯彻中共十七大专题党课、精益管理主题党日活动、党员领导干部民主生活会、天津中远航运开业、2艘50000吨半潜船造船合同签字仪式，协助投资发展部召开董事会、监事会、股东大会。接待国资委驻中远监事会、中国证监会、广东证监局、交通部体系审核组、中远集团总裁魏家福及中远集团各部门等到中远航运参观访问、慰问和调研巡查人员50批300人次等活动。接受中远集团党建工作、档案工作、机要工作调研和检查；处理外来文件956件，归档各类纸质档案256卷、电子档案82盘、实物档案10件，提供档案利用1991卷、2138份、508人次。认真做好宣传工作，以《中远航运》、《中远航运简讯》、《中远航运工作周报》和网站为平台，加大对企业改革发展、经营管理、安全、稳定、职业道德、先进典型的宣传教育工作。出版《中远航运》6期，编辑《中远航运简讯》34期，《中远航运工作周报》46期，对外宣传稿件140篇次。积极做好中远集团信息报送工作，被中远集团及国资委等上级单位采用的信息数名列中远系统前茅。完成广远2006年年鉴中远航运部分，约37000字。廖再文被评为中远航运2006～2007年度优秀党务工作者，李斌被评为2007年度中远航运优秀员工，吴翠萍被评为2006年度广远青年岗位能手，前台被认定为广东省直属机关青年文明号，2个项目入选企业精益管理优秀项目。

（徐波）

【800KVA双回路电力改造工程通过验收】 中远航运2004年9月搬迁至广州五羊新

城江月路13号颐景轩住宅楼裙楼2－3楼办公，办公人数近200人，在广州电荒的2004～2007年中，该大楼曾多次遭拉闸限电和检修停电，致使计算机不间断电源（UPS）只能提供5个小时的弱电补充，严重影响了企业正常工作。对此，中远航运决定实施800KVA双回路电力改造工程。该工程于7月获批施工，并正式特批由杨箕取电点改为明月一路，缩短铺设管线2000米，按平均每米1300元费用计算，仅此节约工程造价260万元。竣工验收、投产后防御拉闸限电和检修停电获成功，为企业安全生产提供有力保障，同时也开创广州市第一个非甲级写字楼的双回路电力改造项目的先河。（吴杰）

【中远航运驻休斯敦首席代表出席总领事馆新年招待会】 2007年1月2日，中国驻美国休斯敦总领事馆总领事华锦洲夫妇在官邸设宴招待驻休斯敦中资机构负责人，中远航运驻休斯敦首席代表吴小明应邀出席了宴会。中国驻休斯敦总领事馆工作人员以及中远、中海、中石化、中化工、中房等中资企业驻休斯敦的有关负责人共20多人参加了宴会。在宴会上，与会人员回顾了2006年在总领事馆和商务处的领导和支持下，驻休斯敦中资机构相互沟通、相互促进的良好合作情况，并表达了进一步加强联系、共同促进、顺利开展工作的良好愿望。（吴杰）

【首席执行官姜立军应邀出席“会计与治理”论坛并演讲】 2007年1月4日，中远航运首席执行官姜立军应中山大学管理学院邀请，作为嘉宾参加由中山大学管理学院会计系和香港城市大学会计系联合举办的“会计与治理”国际研讨会之公司治理实务论坛，并作题为“中远航运公司治理经验交流”的演讲，受到与会者的好评。（朱红）

【中远集团财金部到中远航运调研】 2007年1月9日，中远集团财金部总经理丰金华一行5人，到中远航运调研新《企业会计准则》实施工作。中远航运首席执行官姜立军、副总经理兼财务总监林敬伟向丰金华一行汇报了有关财务工作和SAP项目运作情况。丰金华对该公司的财务工作和执行新《企业会计准则》所作的工作给予了充分肯定。（朱红）

【中远航运与CCS广州联合举行船舶管理研讨会】 2007年1月20日，中远航运与中国船级社广州分社联合举行船舶管理研讨会。中国船级社广州分社副总经理尹翔，中国船级社深圳分社总经理陈林龙，中远航运常务副总经理赖奕光、副总经理郭福祥等，广州、深圳船级分社有关领导，广州、深圳船级分社有关船舶PSC检查负责人和中远航运船舶技术管理人员共40多人参加了研讨会。研讨会由郭福祥主持，赖奕光发表讲话。

在研讨会上，中远航运船舶管理部副总经理刘建华作了《中远航运船队港口国、船旗国检查情况报告》的专题发言。中国船级社广州分社CCS广州分社入级处刘志勇作了《2006年CCS级船舶PSC检查的报告》。与会人员并就中远航运船队在PSC检查中可能遇到的问题及应采取什么相应对策进行深入探讨，共同研究如何进一步做好船舶PSC检查工作，为中远航运船舶正常经营管理保驾护航进行交流。

（朱红）

【中国驻亚历山大总领事慰问“乐民”轮】 2007年1月31日，中国驻埃及亚历山大总领事詹京保一行3人登上停靠亚力山大港口码头的“乐民”轮慰问船员。詹京保一行听取了船舶领导的汇报，并参观船舶。詹京保对“乐民”轮船员的精神风貌和船舶的环境给予高度评价，为中远航运的发展前景感到骄傲，为“乐民”轮对中埃商务往来做出的贡献表示感谢。詹京保并转达了中国驻埃及大使馆大使吴思科对全体船员的亲切问候。（朱红）

【国家安监总局领导上“富康山”轮检查指导】 2007年2月4日，由国家安全管理监督总局协调司副司长施卫祖、中国职业健康协会孟昭聚、国家安监总局研究中心处长陈武、安监总局政法司副研究员赵歌今等5人组成的国务院安委会办公室督查组，在中远集团、中远散运、中远航运有关人员的陪同下，登上正在天津新港靠泊装货的“富康山”轮进行安全检查指导。该督查组详细了解船舶安全生产以及船舶执行防污染、ISPS国际公约等方面的情况，对船上工作给予高度评价，并对船舶今后工作作了指示。（朱红）

【中远西亚公司代表团到访】 2007年2月5日，中远西亚公司总经理赵伟及中东地区部分中远代理公司、迪拜港高层一行6人到中远航运访问。该公司首席执行官姜立军、副总经理杜俊明以及航运部、中远日邮相关人员参加了座谈，与客人就波斯湾和红海地区的代理服务、船东需求等方面进行了交流。（朱红）

【徐惠兴一行拜会天津港领导】 2007年2月8日，广远总经理、中远航运副董事长徐惠兴和中远航运首席运营官郭京、副总经理杜俊明等一行6人拜会天津港务局局长于汝民，就广远所属各航运公司船舶在该港口压港问题进行了探讨与交流。

（张秀河）

【拉各斯客人来访】 2007年2月9日，尼日利亚拉各斯港务局PORT & CARGO HANDLING SERVICES LTD总裁Dr. Taiwo Afolabi到中远航运访问。中远航运首席运营官郭京等会见了客人，并与客人进行了友好交谈。郭京代表CEO姜立军等高管对客人的到访表示热烈欢迎，对其一直以来给中远航运船舶在LAGOS港装卸货物的支持表示感谢。Dr. Taiwo Afolabi表示，将一如既往地支持中远航运，并期望以后双方更紧密地合作。（吴杰）

【许立荣任中远航运董事长】 2007年2月10日，在中远航运第三届董事会第十次会议上，中远集团副总裁兼工会主席许立荣当选为中远航运第四任董事长。许立荣于2006年11月出任中远集团副总裁兼工会主席。许立荣是上海海运学院工商管理硕士、高级工程师，历任上海远洋运输公司（以下简称上远）船长、船舶管理一处副处长、上远货运公司总经理、上远副总经理、上海航运交易所总裁、中远集装箱运输有限公司总经理等职。许立荣曾任上海市第十二届人大代表、常委、预算委员会副主任，中共上海第八次党代会代表，兼任中国船东协会副会长，中国海事仲裁委员会专家咨询委员、仲裁员，上海市交通运输协会副理事长，上海市航海学会副理事长，中国航海学会《航海技术》编委会主编等社会职务。中远航运前任董事长马泽华调中海集团任党组书记。

（朱红）

【举行2007新年联谊会】 2007年2月10日，中远航运在珠江宾馆长江宫举办2007“福猪轩安”新年联谊会。中远航运新一任董事长许立荣致辞。广远总经理、中远航运副董事长徐惠兴代表广远和大股东对中远航运取得的优异成绩表示感谢。中远航运首席执行官姜立军致祝酒辞。在联谊会上，企业员工自编、自导、自演了一台精彩的节目；中远航运对2006年度优秀员工进行了表彰，并向2006年度退休员工颁发了纪念品。（朱红）

【中远集团总裁魏家福率中远集团慰问团莅临中远航运团拜】 2007年2月14日，中远集团总裁魏家福率领中远集团慰问团莅临中远航运进行春节团拜慰问。魏家福在团拜会上作了讲话，充分肯定中远航运2006年生产经营和资本运作所取得的优异成绩，描绘了中远航运特种船队未来发展的蓝图，并希望中远航运全体员工在企业高管带领下，为中远事业的发展，为打造资本中远做出新的、更大的贡献。除中远航运员工外，广远领导、各部室负责人，各航运企业、岸产单位班子成员也参加了团拜会。（吴杰）

【许立荣当选为广东上市公司协会副会长】 2007年3月16日，在广州东方宾馆召开的广东上市公司协会第二届会员大会第一次会议上，中远集团副总裁、中远航运董事长许立荣获全票当选为广东上市公司协会副会长。（廖再文）

【首席运营官郭京会见安哥拉卢安达港务局客人】 2007年3月23日，中远航运首席运营官郭京会见了安哥拉卢安达港务局官员Leonel Da Rocha Pinto一行，双方就友好合作和进一步扩大港航业务交换了意见。（朱红）

【中远集团安全督查组到中远航运调研】 2007年4月3日，中远集团安全督查组刘庆生一行3人到中远航运，就如何做好春季航行安全、老旧船管理工作进行了调研，并与中远航运副总经理郭福祥和船舶管理人员进行了现场交流。（朱红）

【荣获“优秀董事会”奖】 2007年4月7日，《董事会》杂志在上海举行“第三届中国上市公司董事会金圆桌奖”颁奖典礼。中远航运荣获“优秀董事会”奖，并在30家获此奖项的上市公司中排名第一。

（朱红）

【中远欧洲有限公司总裁杨斌到访】 2007年4月20日，中远欧洲有限公司总裁杨斌一行到中远航运访问。中远航运首席执行官姜立军、首席运营官郭京、副总经理杜俊明会见了杨斌一行。双方就有关船舶融资及代理工作进行了交流，并就进一步开展有关业务交换了意见。

（朱红）

【中远集团副总裁张良“五一”慰问船员】 2007年5月1日，中远集团副总裁张良来

到天津港，慰问中远航运在港船舶“安新江”轮和“安康江”轮。张良代表中远集团总裁魏家福、党组书记张富生，对节日期间坚守在生产第一线的广大船员表示感谢，并向船员致以节日的亲切问候，同时叮嘱船舶领导一定要做好安全工作，认真落实中远集团对安全工作的要求，以良好的安全形势促进中远集团健康、和谐、可持续发展。陪同张良来船慰问的有中远散运总经理许遵武、党委书记魏卿以及中远集团安全监督部副总经理李荣平、船长贺建生等。（朱红）

【中央组织部第一企业巡视组领导上“乐里”轮视察】 2007 年 5 月 10 日，中央纪委、中央组织部第一企业巡视组一行 13 人，在组长冯爱勤的带领下，到停靠在天津港的中远航运“乐里”轮视察和指导工作。该巡视组由中央纪委、中央组织部、中央审计署和国资委等有关领导和人员组成。中远散运总经理许遵武、中远集团人力资源部经理薛晓蓓、中远航运副总经理郭福祥等陪同视察。（廖再文）

【中远博鳌有限公司领导到访】 2007 年 5 月 17 日，中远博鳌有限公司总经理倪强、党委书记吕占雄、副总经理陆俊山等一行 12 人到中远航运参观访问。中远航运首席执行官姜立军、常务副总经理赖奕光向客人介绍了中远航运基本情况并与客人进行工作交流。（朱红）

【镇江港港务集团总裁戴永胜到访】 2007 年 5 月 25 日，镇江港港务集团有限公司总裁戴永胜一行 4 人到中远航运参观访问。中远航运副总经理杜俊明、航运经营部副总经理陈楚明等向客人介绍了企业的生产经营情况，双方就如何进一步加强合作进行探讨。（朱红）

【王叶红被评为广东省海员系统工会先进女职工工作者】 2007 年 5 月，中远航运船舶管理部业务副经理王叶红被广东省海员工会授予“2006 年度广东省海员系统工会先进女职工工作者”荣誉证书。

王叶红主要从事船舶通信导航、信息技术应用等技术工作，为企业在船岸新技术应用和降本增效方面做出了突出贡献。由其主持的中远科技研发项目《船岸数据通信省费系统》曾获得交通部科技进步三等奖，其撰写的《ICT 在中远船队信息化建设中的运用》论文获得了全国学术年会优秀论文奖、中远集团青年创新创效一等奖，由其任组长的 QC 小组多个课题项目获得了全国、交通部、广东省和中远集团优秀成果奖。王叶红在创新业务工作的同时，致力于协助中远航运工会开展各项活动，特别是在丰富女工生活、维护女职工权益方面做了很多工作，受到企业领导和全体女职工的好评。（李斌）

【天津外代总经理张国栋到访】 2007 年 5 月 31 日，天津外轮代理有限公司总经理张国栋一行 4 人到中远航运参观访问。中远航运首席执行官姜立军、首席运营官郭京、副总经理杜俊明及航运经营部副总经理陈楚明等与客人进行了会谈。双方对多年的友好合作给予充分肯定，并就进一步增强合作进行了交流。（朱红）

【“乐宜”轮成功解决在芬兰某港口受阻事件】 2007 年 6 月 1 日，“乐宜”轮在芬兰某港成功获得了法院批准的禁止令，禁止芬兰海员工会抵制“乐宜”轮的行为。“乐宜”轮于4日圆满完成了既定的装载任务开航。至此，“乐宜”轮在芬兰受阻事件以芬兰赫尔辛基地方法院一审胜诉和对方不再上诉以及租家如期支付租金而告终。中远航运在芬兰完成了一次“不可能完成的任务”，再次证明了中远航运全体船岸员工在“同舟共济、荣辱与共”精神感召下的强大实力。（朱红）

【首席执行官姜立军出席广东上市公司研讨会】 2007年6月7日，中远航运首席执行官姜立军应邀出席广东上市公司协会举办的“关于董监事和高管人员责任与风险管理研讨会”。姜立军作为唯一的一家上市公司代表在会上作了发言，介绍了中远航运企业治理以及利用流程加强管理和内部控制等情况，受到与会人员的好评。研讨会是广东上市公司协会举办的“加强上市公司治理专项活动”的系列培训之一。（朱红）

【中国驻休斯敦总领事馆商务参赞慰问“泰安口”轮】 2007年6月7日，中国驻美国休斯敦总领事馆商务参赞尧文良在中远航运驻美国休斯敦首席代表吴小明和休斯敦SEAMARK总经理白子雨的陪同下，专程前往美国德州的FREEPORT，慰问中远航运半潜船“泰安口”轮。尧文良一登上“泰安口”轮就兴奋地说：“我们又踏上了祖国的领土！”在船舶政委的陪同下，尧文良参观了船舶驾驶台、机舱、船员房间，并对中国自己建造和拥有这样先进的船舶大为赞叹。中午，尧文良在船员餐厅就餐，体验船员生活。就餐期间，尧文良专门向船舶领导和在场的船员转达了总领事乔红的问候，代表总领事向大家表示问候。尧文良在与船舶领导座谈时，询问了半潜船的运输方式和经营特点，了解船员的海上生活，尧文良感叹道，“中远每一艘船就是我们国家‘浮动的国土’，都是我们祖国移动的大使馆”。尧文良还高度赞扬中远船员所具备的良好素质和展现的精神风貌，表示将把看到和听到的这一切向总领事报告，向总领事馆的同事们宣传。（朱红）

【中远集团纪检督导组前来中远航运检查指导工作】 2007年6月8日，中远集团纪检督导组一行4人，在组长孙军的带领下，莅临中远航运检查指导贯彻落实中央构建惩防体系《实施纲要》和中远集团《实施意见》等相关工作。该督导组分成2组：一组听取中远航运纪委书记陆启扬构建“惩防体系”相关情况汇报，另一组对“惩防体系”构建过程中所形成的文件记录进行检查。该督导组通过“听、查、问、督”等方式，对中远航运惩防体系构建情况进行全方位的检查，对中远航运体系文件构建的特点和成绩给予肯定，同时提出进一步改进的意见和建议。（李斌）

【中远检查调研组检查安全工作】 2007年6月12日，中远集团安监部总经理陈正杰率中远检查调研组一行4人到中远航运检查调研安全工作。该检查调研组听取中远航运安全工作汇报，并针对汇报的重点对有关文件记录进行了检查。该检查调研组对中远航运的安全情况及其现状表示满意。（朱红）

【镇江市副市长陈建设会见徐惠兴】 2007年6月22日，江苏省镇江市副市长陈建设在镇江市一泉国宾馆会见了前往镇江港考察的广远总经理、中远航运副董事长徐惠兴一行。会见中，陈建设介绍了镇江港的基本情况及镇江近年来的发展。徐惠兴介绍了广远和中远航运的基本情况。徐惠兴表示，目前许多港口热衷于发展集装箱码头，杂货码头在不断萎缩，而镇江港在这方面有着自身的优势和中远航运有许多合作的机会。中远航运将有越来越多的船到镇江港来，双方的业务交流与合作将更加密切。（朱红）

【中国驻拉各斯总领事慰问“乐盛”轮】 2007年7月1日，中国驻尼日利亚拉各斯总领事馆总领事郭崑等一行10人，在中远西非公司总经理卫其明陪同下，登上停靠在拉各斯APAPA码头卸货的“乐盛”轮慰问船员。郭崑详细询问中远航运的经营发展、“乐盛”轮的运输生产及船员的海上生活等情况，并感谢船员兄弟为增强中尼两国人民友谊、为促进中国外贸发展所做的奉献。郭崑还兴致勃勃地参观了船舶，对船舶整洁的环境、船员良好的精神风貌赞不绝口。（朱红）

【举办“科学发展 和谐企业”主题党日活动】 2007年7月7日，中远航运党委举办“科学发展 和谐企业”主题党日活动。参加活动的有党员、要求入党积极分子和群众150人，活动内容丰富，形式别开生面。活动中，员工提出了许多合理化建议，显示了该公司党员和员工群众对企业的热爱和关注。（朱红）

【拉各斯港ENL公司执行主席拜访中远航运】 2007年7月13日，尼日利亚拉各斯港ENL公司的执行主席Haastrup及其夫人专程到中远航运访问，与中远航运首席运营官郭京、副总经理杜俊明、航运经营部副总经理陈楚明以及西非组业务人员进行了会谈。双方就拉各斯港的业务合作进行了探讨，并表示要进一步加强合作，共同为今后中非贸易的发展做出贡献。

（朱红）

【社会知名人士汪中求、刘兴旺到访】 2007年7月17日，著名企业管理咨询师、《细节决定成败》作者汪中求和《可以平凡不能平庸》作者刘兴旺到中远航运参观访问。中远航运常务副总经理赖奕光向客人介绍了中远航运特种船经营和流程管理的情况，总经理办、人力资源部、工会的有关负责人就企业管理等问题与客人进行了交流。（吴杰）

【中国船级社营运入级检验处官员到访】 2007年7月20日，中国船级社营运入级检验处副处长田伟到中远航运访问。中远航运常务副总经理赖奕光向田伟介绍了企业船舶管理情况，并对中国船级社长期以来提供的优质服务表示感谢。双方就今后保持合作关系、促进共同发展等进行了交流。（朱红）

【加强与国外船舶管理技术交流】 2007年，中远航运为学习和借鉴国外同行先进的船舶管理理念，加强与国外船舶管理技术交流。2月1日，日本邮船株式会社汽车船公司质量控制部经理裕泽（Sawa）到中远航运审核安全管理体系和进行船舶管理技术交流；5月23日，中远航运邀请NYK SHIPMANAGE－MENT PTE LTD总运营官（COO）Hemant Pathania前来进行船舶管理和技术交流等；7月15～20日，该公司副总经理郭福祥率领安全质量部总经理钟森运、船舶管理部副总经理刘建华、洪颖和汽车船安全质量经理陈少林等6人前往新加坡NYK SHIP MANAGEMENT PTE LTD（日本邮船船舶管理有限公司）参观学习。郭福祥一行参观学习回来后，于31日专门举行了赴NYK船舶管理公司学习考察报告会。（廖再文）

【中远集团党建课题组前来调研】 2007年7月31日，中远集团组织部部长高平率领党建课题组一行6人到中远航运对股份制企业党建工作进行调研。该课题组采用谈话、调查问卷等形式，就上市公司党组织建设问题进行考察调研。中远航运党委副书记赖奕光、首席执行官姜立军分别向调研组汇报了中远航运党建基本情况。

（朱红）

【中远控股（新加坡）董事长马贵川慰问船员】 2007年8月12日，中远控股（新加坡）有限公司董事长马贵川，在驻孟加拉代表童建桑的陪同下，来到在吉大港卸货的"晋城"、"富文山"轮慰问船员。马贵川给船员送来了礼物，向船员问寒问暖，关心船员的工作、学习和生活，并介绍了中远集团正努力为船员待遇与国际海员待遇接轨和享受国际海员免税待遇做了多方面的工作。船员们听了马贵川的介绍后感到欢欣鼓舞。（刘建军）

【荣获投资者管理三项奖励】 2007年8月11日，在北京钓鱼台国宾馆举行的"2007中国投资者关系管理年会暨2006年度中国A股上市公司最佳投资者关系管理评选"中，中远航运荣获"2006年度中国投资者关系管理百强"、"最佳大型公司奖"和"最佳沟通奖"三项奖励。

（朱红）

【拟发行10.5亿元分离交易可转债并获证监会发审委审核通过】 为了抓住资本市场的有利机遇，筹集低成本资金，促进中远航运船队的发展战略目标，中远航运董事会2007年8月17日发布公告，拟发行不超过10.5亿元分离交易可转债，募集资金主要用于投资建造2艘5万吨半潜船和4艘2.7万吨多用途船。12月28日，中远航运发行分离交易可转债项目顺利通过中国证监会发行审核委员会的审核，为该司自2002年首次公开发行股票后，再次利用资本市场进行融资迈出了关键的一步。

（朱红）

【广东证监局检查组对中远航运进行检查】 2007年9月4～5日，广东证监局局长侯外林率领的上市公司治理检查组前来中远航运进行为期2天的工作检查。该治理检查组通过检查，对中远航运的企业管理、企业治理情况表示赞赏。在检查期间，广东证监局和中远航运双方还就企业日常经营管理、精益管理等方面的问题进行充分交流。（朱红）

【设立船员管理部】 2007年9月13日，中远航运董事会发布公告，自2007年10月1日起，该公司设立船员管理部，并向

广远定向招募船员，组建自有船员队伍。

（朱红）

【通过 SMS 现场审核】 2007 年 9 月 15 ~18 日，中国交通部海事局安全管理体系（SMS）审核组对中远航运安全管理体系进行了年度审核。18 日，中远航运顺利通过安全管理体系（SMS）的现场审核。至此，中远航运已连续 3 年安全管理体系活动无缺陷通过国家海事局的年度审核，创造了中国自实施安全管理体系以来的最好记录。

（朱红）

【“康盛口”轮船长出席新加坡“世界海事日”庆祝酒会】 2007 年 9 月 18 日，“康盛口”轮船长申屠启伟应邀出席了在新加坡滨海南驳船码头浮动餐馆举行的“9·30”世界海事日庆祝酒会。这次活动由新加坡海事及港务管理局（MPA）、新加坡航海协会（SMOU）和新加坡海员组织（SOS）联合举办，新加坡海港局局长郑林兴（准将）和国家发展部政务部长傅海燕到会致辞，并与来自世界各地的 20 多名船长们亲切交谈，并向出席酒会的申屠启伟赠送礼物。在出席活动的 20 多位船长中，申屠启伟是唯一一位中国籍船长。

（朱红）

【中远集团党组书记张富生慰问“安东江”轮船员】 2007 年 10 月 4 日，中远集团党组书记张富生、党工部部长傅向阳、安全监督部总经理陈正杰一行在广远总经理徐惠兴和中远集运党委书记吴树雄、工会主席房迪坤等陪同下，在上海港关港码头慰问“安东江”轮船员。张富生一行听取了“安东江”轮船长刘丁鹓、政委张绪明工作汇报后作了讲话。张富生首先代表中远集团总裁魏家福和中远集团党组对“安东江”轮船员和中远全系统船员及家属表示节日的问候，对广远的工作，对广远广大船员的工作表示充分肯定，并向船员们提出了殷切希望。随后，徐惠兴在讲话中感谢中远集团领导对“安东江”轮的慰问和对船舶工作的肯定，并表示一定将中远集团领导的指示要求传达贯彻到企业的各项工作中去。吴树雄即兴讲了话：“我们来到兄弟公司‘安东江’轮，在这样一艘具有 28 年的老龄船上，看到了船员精神状态非常好，船舶运行得很正常，这都说明‘华铜海’精神在‘安东江’轮得到了发扬光大，这是很值得中远集运学习的。我们要把广远的经验带回去，进一步开展比学赶帮超活动，进一步提升我们中远集运的管理水平”。（刘小苑）

【首席执行官姜立军会见厦远领导】 2007 年 10 月 19 日，中远航运首席执行官姜立军会见了厦远总经理王鲁军和人事部总经理叶宫茂，并征询客人对租赁中远航运船员的意见。（朱红）

【举行学习贯彻中共十七大精神专题党课】 2007 年 11 月 6 日，中远航运党委组织学习贯彻中共十七大精神专题党课。参加听党课的有中远航运机关党员、入党积极分子和全体岸基员工 260 多人。党课邀请中共广东省委党校教授王庆利作《发展中国特色社会主义的政治宣言和行动纲领》的专题辅导。（朱红）

【签订 2 艘 50000 吨半潜船造船合同】 2007 年 10 月 30 日，中远集团 2 艘 50000

吨半潜船造船合同签字仪式在北京远洋大厦举行。中远航运首席执行官姜立军、广州广船国际股份有限公司总经理韩广德、中国船舶工业贸易公司副总经理陆锡华分别代表买卖船双方和建造方在合同上签字。中远集团副总裁、中远航运董事长许立荣，中国船舶工业集团公司副总经理谭作钧等见证了合同签字仪式。2 艘 50000 吨半潜船的订造，进一步壮大中远特种船队实力，为中远航运占领国际海洋工程运输高端领域增添了利器。（朱红）

【常务副总经理赖奕光会见厦远党委书记赵孝和】 2007 年 11 月 16 日，中远航运常务副总经理、党委副书记赖奕光会见厦远党委书记赵孝和及人力资源部副总经理邵水明，双方就船员劳务合作交流了经验与信息。（朱红）

【中远集团运输部总经理袁小宇前来检查指导工作】 2007 年 12 月 7 日，中远集团运输部总经理袁小宇一行前来中远航运检查指导工作。袁小宇听取了中远航运首席执行官姜立军关于该司特种船经营和发展的情况汇报，双方就中远航运未来船队结构调整与发展等问题交流了意见。

（朱红）

【首席执行官姜立军会见中远船务集团领导】 2007 年 12 月 11 日，中远航运首席执行官姜立军和常务副总经理赖奕光会见了中远船务集团党委书记周协东一行，双方就修、造船的合作问题交换了意见。

（朱红）

【新航运管理系统投入运行】 2007 年，中远航运新的航运管理系统正式投入运行。新的航运管理系统是根据“以岗位为基础，以流程为主线”管理理念研发的一套系统，囊括了货盘管理、货载管理、船舶调度、船舶动态、商务管理、生产统计、保赔管理等与航运业务密切相关的所有要素，同时与航运信息平台、OCEANVIEW、中远航运网站、SAP 等相关系统产生数据联系，为企业提供了一个操作简便、实用有效、图形兼有的航运信息管理的综合平台，真正实现船岸信息一体化。

（孙雄）

【经营业绩创历史之最】 2007 年，中远航运实现营业收入 53.25 亿元，与 2006 年同比增长 38.29%；净利润 10.74 亿元，与 2006 年同比增长 84.29%；每股收益 1.64 元，每股净资产 5.09 元，扣除非经常性损益后的加权平均净资产收益率达 33.73%，比 2006 年增加 10.37 个百分点；分配预案为每 10 股派 7 元（含税）。在油价高企、汇率变动等负面因素困扰下，中远航运依然取得历史最好经营业绩，净利润与 2006 年同比增长超过八成，投资者获得每 10 股派 7 元（含税、预案）的礼包。

（李斌）

【完善企业治理】 2007 年，中远航运根据新颁布的法律、法规和企业实际情况需要，修订《关联交易准则》、《募集资金管理办法》、《信息披露制度》、《企业董事、监事和高级管理人员所持公司股份及变动管理规则》等规章制度，发挥股东大会、董事会、监事会的决策、监督、审计、控制、考核的职能，维护好企业正常经营秩序；进一步完善企业信息披露制度和信息披露内部管理规定，加强员工的行为规范，做好信息披露工作，不断增强企业的透明度，切实保护全体股东特别是中小股东的切身利益。与此同时，中远航运按照中国证监会《关于开展加强上市公司治理专项活动有关事项的通知》要求，于10月完成专项治理活动，全面深入检查和评估企业治理情况，检验企业内控制度的有效性，对企业各项规章制度进行梳理和修订，认真听取社会公众、上海证券交易所和广东证监局等各方对企业治理的建议和意见，制定并认真落实各项整改措施。是年，中远航运公司治理水平再上新台阶。

（廖再文）

【加强流程管理】 2007年，随着企业的发展和业务的延伸，中远航运进一步完善了138项相关操作须知等综合管理体系文件，使流程管理始终与企业发展和业务延伸并驾齐驱，确保经营管理各项工作的畅顺开展。为检验流程管理持续改进的效果和新制定流程管理的功效，中远航运年内进行2次岸基综合管理内审活动，保证了流程管理的持续有效运行。（廖再文）

【深化精益管理】 2007年，中远航运继续开展以岗位为基础，优化各管理流程，控制成本开支，努力实现降本增效的精益管理工作。研究人民币升值规避风险，运用税务筹划合理避税；积极与代理、装卸公司、理货公司等商谈、签订费用优惠协议促进经营和创效；与NYK船舶管理公司双向学习交流，不断提高管理水平。按照中远集团的统一部署，制定节能减排实施方案，全面推进节能减排工作。

（廖再文）

航运经营

【航运经营部简介】 航运经营部是中远航运的生产经营、调度管理和航运市场开发、维护的主管部门，主要职责是负责贯彻执行国际和中国政府主管部门有关运输生产的政策和法规，负责该公司船舶运输生产、船舶调度等业务；组织制订、完善和贯彻执行该公司航运生产经营的规章制度；根据该公司下达的利润指标、生产指标、安全经营指标，拟定生产计划并组织实施；对该公司航运生产及管理状况进行分析，组织研究和总结各航线的经营情况，提出经营对策；负责市场调研和业务拓展，拜访客户，广揽货源；负责对企业所属船舶的指挥调度，根据货源和市场情况，优化运力投放，合理安排航线和货载，保证货运质量和安全，提高经济效益；负责组织落实运费回收和港口使费的审核工作；负责该公司船舶保险、货物理赔业务工作，协同各有关部门解决保险、理赔案件；负责指导船舶货物的装卸工作、督促船舶改进货运质量，调查处理货损事故；当船舶发生紧急情况（遇险或遇难）时，及时向企业有关领导报告，并在应急领导小组的指挥下，按《机关应急部署和程序》对船舶实施应急措施；参加应急领导小组工作，做好各种紧急情况的反应；指导和监督船舶进行安全运输生产，做好货运质量工作，对危及船舶和人员安全的货物运输有否决权；对可能危及船舶安全的设备有严重问题的船舶提出停航或改变用途、退役的建议；对危及人身安全的船岸设备、设施、生产场地等提出修理、整改以至停工或停产处理的建议和意见；对发生各类事故的有关责任人员提出处理建议。时任总经理郭京（兼），常务副总经理杜俊明（兼），副总经理陈楚明、何海。员工68人。

（李斌）

【航运经营部工作概况】 2007年，航运经营部认真履行中远航运“以固定航线为依托，完善核心班轮航线”的经营模式，利用规模优势、技术优势、品牌优势和服务优势，全力打造核心精品班轮航线。航运经营部继续巩固现有固定航线市场的竞争优势，不断提高市场占有率，加大宏观经贸、航运发展趋势和新兴市场的研究工作，不断开拓印度、非洲等新市场，通过对船舶、货源的统筹安排，实现企业整体效益最大化，积极开展租船业务，通过各种措施努力提高运输收入；加强精益管理，内部挖潜，降低企业生产经营成本；充分利用新索具实现甲板货安全叠装满载，创造了较好的经济效益。（李斌）

【生产质量指标完成情况】 2007年，中远航运拥有和控制包括半潜船、多用途船、汽车船、重吊船、滚装船和杂货船共82艘，平均船龄20.7年，总载重吨133万吨，全年完成航次855个，比2006年减少2个，降幅0.2%；完成运量913.6万吨，比2006年增加13.2万吨，增长1.5%；完成周转量506.34亿吨海里，比2006年增加49.14亿吨海里，增长10.7%；载重量利用率为64.7%，比2006年增加3.4个百分点；营运率96.8%，与2006年减0.7个百分点；燃油单耗为7.46千克/千吨海里，与2006年相比增加0.06千克/千吨海里。

是年，该公司实现营业收入53.25亿元，比2006年增加38.2%；实现营业利润1,356,783,408.12元，比2006年增加73.09%；实现净利润1,073,882,788.01元，比2006年增加84.29%。（李斌）

【半潜船经营概况】 2007年，中远航运拥有3艘半潜船，5.15万载重吨。2艘新型半潜船主要承运钻井平台、大型储油平台等海上工程设施，合同订单充足，运价水平稳中有升。是年，半潜船队实现营业收入3.45亿元，主营利润1.82亿元，占船队主营利润11.36%。（李斌）

【新型半潜船“泰安口”轮首次同载2个平台】 2007年6月12日，中远航运半潜船“泰安口”轮经过数小时的潜装作业，在美国Freeport港将2个钻井平台装上了甲板。这是中远航运新型半潜船首次同时装载2个平台，再次向业界展现了该司在全球高端特种运输市场的实力。平台超重、超大，几乎占据了“泰安口”轮4000多平方米的甲板；平台与平台、平台与船艏以及后部浮箱的间距均十分狭小，稍有不慎就可能发生碰撞，特别是后一个平台的潜装作业只能使用单向绞车，在定位上操作十分困难。船岸人员迎难而上，精心设计、谨慎操作、相互配合，克服难点。货物起浮后，经有关人员检验，潜装定位达到设计要求。货主及相关人员对“泰安口”轮船员熟练的操作技能表示敬佩。（李斌）

【半潜船“泰安口”轮第26航次实现最佳经济效益】 2007年7～9月，“泰安口”轮第26航次从阿联酋的加沙港装运9555吨超重货物去埃及的SHARJAH港，创造

运输收入3906万元，实现当年半潜船单航次最佳经济效益。（李斌）

【“康盛口”轮创单航次装载货物最重记录】 2007年11月17日，“康盛口”轮第24航次在香港ma wan锚地装6艘集装箱驳船，总重达14688吨，创下了新型半潜船自投入营运以来单航次装载货物最重记录。（付绍洪）

【重吊船经营概况】 2007年，中远航运拥有4艘重吊船，6.78万载重吨。随着中国、印度等发展中国家经济的快速发展，在基础设施建设和重化工业加快发展的带动下，机械设备、重大件运输市场快速发展。是年，中远航运重吊船运价稳步上扬，为企业创造了较好的经营效益，全年实现营业收入2.57亿元，实现主营利润1.57亿元，占船队主营利润9.80%。

（李斌）

【重吊船“大强”轮第65航次实现最佳效益】 2007年7～11月，“大强”轮第65航次从英国的纽卡斯尔装运3043吨机械设备到尼日利亚的拉各斯港，创造运输收入2167万元，实现当年重吊船单航次最佳经济效益。（李斌）

【汽车船经营概况】 2007年，中远航运拥有5艘汽车船，3.66万载重吨。随着国内汽车销售稳步上升，国际整车运输市场需求旺盛。中远航运为了满足市场需求，在国内加强与其他汽车船公司合作，为一汽丰田、海南马自达等重要客户提供班轮服务；在国外积极开辟新航线（中国－东非航线、中国－地中海航线等），与汽车厂家签订长期运输协议，收到很好效果。是年，中远航运汽车船共承运91801辆整车，首次在国际航线上自营实现国车国运，实现批量运输国内进口汽车零的突破，实现营业收入4.58亿元，实现利润5416万元，占船队主营利润3.37%。（李斌）

【汽车船首次成功向地中海实施国车国运】 2007年8月6日，中远航运“常发口”轮第18航次在上海加装1922辆国产小汽车、皮卡及拖车、大巴等，开往地中海。“常发口”轮18航次安排从船舶调度、运力分配、货源组织到船舶配载、装船全部由中远航运自己操作。这是中远航运首次在国际航线自营实施国车国运。（李斌）

【汽车船“常发口”轮第18航次实现最佳效益】 2007年7～10月，“常发口”轮从日本的名古屋、横滨和中国的上海港出发装运3275辆轿车前往阿联酋、印度等地，创造运输收入2010万元，实现当年汽车船单航次最佳经济效益。（李斌）

【多用途船、杂货船经营概况】 2007年，中远航运拥有和控制67艘多用途船、杂货船，113.25万载重吨。中远航运多用途和杂货船具有规模优势，航线布局广，方便为同一客户提供全球范围的运输服务。是年，中远航运多用途船和杂货船在自有运力整体减少的情况下，通过合理的运力调配、及时的运价调整和严格的成本控制，取得了良好的经营业绩，实现营业收入40.17亿元，占营业收入76.69%；实现利润11.76亿元，占船队主营利润73.29%。

（李斌）

【“乐从”轮自卸列车抢船期】 2007年7月13日，“乐从”轮第44航次装载3个火车头、3个火车厢（每辆车长23.5米、重51吨，价值200万美元）抵爱尔兰沃特福德港。由于舱内货物间距仅约30厘米，舱口长24.8米，卸货作业不仅非常困难，而且极易发生货损。爱尔兰沃特福德港没有卸过这么贵重和相距如此紧凑的货物，怕担风险，不予卸货。在此情况下，如不及时卸货，不仅难以保证在当天17时高潮完货离港，且第二天又值周末，当地工人不工作，这样就要损失两天船期。此时，货主已安排车辆拉货，租家也从日本派专人到港负责技术指导。为了抢船期，“乐从”轮主动提出由船员自卸，得到主管部门批准。船舶领导向船员进行了紧急动员并明确分工，同时通知工头卸货，要求港方提供吊具和派遣工人协助。船员们细心将火车平稳地吊至舱口位置。火车离前后舱盖的平均距离只有60厘米，在极其有限的空间内，稍有不慎，则可能发生擦碰，造成货损。为此，在卸货过程中，关键是火车转出舱口位置时，必须控制好火车与前后舱盖的距离。对此，船长精心指挥，水手长平稳操作，慢慢地把火车移出了舱口并缓缓上升，前后位置恰到好处，火车徐徐出了舱口。在大家的密切配合下，6个火车头、车厢终于完好无损地卸到码头，保证了船舶按时开航。 （李斌）

【多用途船“乐和”轮第57航次实现最佳经济效益】 2007年7～9月，“乐和”轮第57航次从天津新港、连云港、上海等港口出发，装运21239吨钢材设备到达地中海、欧洲等地港口，创造运输收入2732万元，实现当年多用途船单航次最佳经济效益。 （李斌）

【滚装船经营概况】 2007年，中远航运拥有3艘滚装船，4.14万载重吨。中远航运充分发挥滚装船的优势，将其投入到机械设备和重型汽车运输，创造了良好的经济效益。是年，滚装船队实现营业收入1.61亿元，实现主营利润3493万元。 （李斌）

【滚装船“三江口”轮第216航次实现最佳经济效益】 2007年10～12月，“三江口”轮第216航次从天津新港装运11880吨化工品及钢材等货物。前往达曼，创造运输收入1107万元，实现当年滚装船单航次最佳经济效益。 （李斌）

船舶管理

【船舶管理部简介】 船舶管理部是中远航运控制及代管船舶的设备技术、安全管理和岸基技术管理、物料备件管理和润油料的管理以及岸基技术支持管理的主管部门，主要职责是负责所管理船舶的航海、劳动安全技术指导和跟踪管理；负责船舶机电、通导、航海设备技术的维护、修理和船舶设备技术改良改造、更新以及船舶设备技术状况跟踪；负责船舶买卖、新造船舶技术拟定、鉴定和建造技术监督；负责船舶备件、物料、燃油、润油的采购和管理跟踪；指导船员做好船舶设备维护、维修和安全管理，确保船舶处于良好技术状态；指导船员做好船舶防污和保护海洋环境；负责收集国内外船舶管理的公约法规、安全管理规范、标准，防止污染海洋，以及国际先进船舶管理技术资料等，提出

相应的管理和改进船舶管理、技术改造、技术创新的意见和建议。时任总经理赖奕光（兼），常务副总经理郭福祥（兼），副总经理（海务）张建浩、副总经理（机务）刘建华、副总经理（技术管理）洪颖。员工62人。（廖冉文）

【船舶管理工作概况】 2007年，中远航运根据老旧船多，承运的货物杂，航线广、区域复杂的特点，通过强化安全体系功能，提高安全管理的执行力，认真贯彻落实中远集团、广远公司的安全生产工作要求，下大力气抓船舶安全经营管理。坚持以员工安全、健康和职业发展的人性化管理；坚持以员工安全培训为重点的基础管理；坚持自查为主，以跟踪、监督、检查、整改为着力点的现场管理抓好船舶安全管理；通过“太平斧”、“安全生产月”活动，和开展“红树林”工程、“开展排查专项行动”等形式提高员工的安全意识、安全技能和安全管理能力，提高设备的完好率，促进船舶航行安全、老龄船管理、船舶保安和人身安全等工作。

在海务管理方面，布置和组织船舶先后开展了“太平斧”系列的“0701春季安全生产活动”、“0702安全生产月活动”、“0703防抗台安全活动”、“0704冬季安全生产活动”；开展代号为“天网行动”的培训需求调查专项活动，与CCS专家举行莲花山船舶管理研讨会，海务举行冬季安全研讨会，组织“引水员在船安全”，“劳动保护安全”的网上培训；建立和完善了《航行资料》、《TPC培训考试系统》、岸基船舶应急资料库等；认真做好老旧船管理，根据各类船型的结构和船龄特点给予重点管理，对航行特殊航区重点货物船舶、特殊要求货物船舶、超老龄船舶等始终实行跟踪管理和指导；海务人员跟踪全球气象和船舶动态，根据不同的天气情况实施个性化指导；海务人员全年上船现场检查指导船舶249艘次，解决海务、人事、培训等问题1966项；全年对新船长和进出新港口的船长培训指导165人次；用电子邮件、电话跟踪和开航前指导中国沿海、国际事故多发和复杂航区等海域航行和进出港口船舶819次，跟踪指导大风浪航行船舶153艘次，雾航船舶252艘次；根据安全管理体系运行的要求，举行“舵机失灵”、“恶劣天气”船岸应急演习。是年，西北太平洋共生成台风25个，中远航运受影响船舶186艘次，船舶管理人员自始至终跟踪台风动态，对可能受影响的船舶指导，防抗台成功率达100%。中远航运全年没有发生上等级的海损、污染事故，无PSC滞留现象。

在机务管理方面，完成厂修船舶48艘，“清江”、“平江”、“浑江”轮3艘船舶退役；参与船队结构调整项目小组的工作，对新造船舶进行审图、选厂；根据老龄船安全风险大的特点，机务人员对老龄船进行安全和技术评估，结合落实操作须知要求消除存在缺陷，制定风险预控措施，全年完成评估船舶89艘，完成坞修评估38艘，完成预计的年度计划；现场检查船舶254艘次，解决船舶设备缺陷2093项；船舶接受PSC检查250艘次，其中无缺陷批注167艘次，占受检船舶的66.8%。是年，中远航运船舶油耗7.46千克/千吨海里；机务10项费用控制在±10%。在船队老龄船舶增加、技术状况差、维修设备多、航经的航区复杂、全年气候多变、船舶经营任务重、安全压力大的情况下，船舶管理部为船队提供了良好技术指导和安全经营的保障，使船队机务管理无上等级污染、机损事故，无PSC滞留船舶，全年的营运率达到97%。（廖再文）

【科学指导船舶航行】 2007年，中远航运海务管理人员认真指导船舶制定航次航行计划，科学设计航线，做好航次测算，选择合理、安全、经济航线，减少空驶，充分利用风、流等气象有利因素提高航速，减少航行时间。全年审核各航线船舶航行计划2000多份，使跨印度洋航行船舶往返节约1天船期，跨太平洋航行船舶往返节约2天船期。此外，还认真指导船舶合理安排挂港顺序，减少挂港数量；合理使用经济航速，调配航线运力；指导船舶合理积载，使船舶的纵倾系数有利于船舶的航速，降低油耗；指导船舶防抗台风，在确保安全的前提下，尽可能避免不必要的绕航，既节约了船期，又减少了油耗。

（廖再文）

【研究应用节能技术】 2007年，中远航运认真落实《节能工作实施方案》，推进船舶节能技术应用，跟踪新节能技术，有选择地在试点船舶使用并进行可行性研究。对以往适合安装螺旋桨导流罩的船舶跟踪螺旋桨增加推进效率的情况进行总结，以推进改进技术；在对以往10艘进行螺旋桨削边的船舶跟踪改善主机工况情况的同时，给1艘船舶进行螺旋桨削边；给6艘船舶加装了燃油研磨机，有效地提高燃油利用效率；对4艘船舶进行气缸油柜扩容，增大气缸油柜的容量，灵活地根据油价选择加油港口和加油数量，降低润滑油的成本。此外，根据半潜船航行及营运区域特点，在“泰安口”轮试用具有防海生物特性的无锡自抛光防污漆（SEAQUANTUM ULTRA），并跟踪其使用效果。

（廖再文）

【加强设备维护降低油耗】 2007年，中远航运机务人员对89艘船舶设备进行了技术评估，有针对性地制定维修保养计划，指导船员正确开展设备维护保养工作，加强对主辅机的维护和保养，提高设备完好率和机械效率，以降低船舶的能耗；针对老旧船辅机工况不良、使用双辅机航行的现状，加大辅机维修投入，改善辅机工况。是年，中远航运为了降低油耗，有21艘船舶完成了改双辅机为单辅机工作运行，每艘船舶每天可节省200～500千克轻油。此外，机务人员还指导船舶合理用油，进出港主机尽量使用重油。中远航运船舶全年共节省轻油1000吨，节约燃油成本1600万元。（廖再文）

【严把采购环节，节约成本开支】 2007年，中远航运严把采购环节，节约成本开支。1. 推荐船舶备件国产化。经过精益核实，国产备件只需进口备件30%的价格，精益跟踪船舶设备技术和使用消耗情况，在机务技术人员的配合和指导下，逐渐推荐船舶使用国产备件比例达到了33%，有效地节约了备件费用开支。2. 精心安排加油。油料采购人员根据不同的港口油价不同的情况，选择油价便宜的港口。中远航运燃油采购平均比市场低3美元/吨，润滑油采购节约费用约300万元。3. 根据船舶航行区域及舱容，针对市场提价信息，在年底前提前采购部份润、燃油，采购部分节省了7%的价差。（廖再文）

【黄秀文、吴必忠协助完成"泰安口"、"康盛口"轮艉轴轴封的抢修工程】 中远航运机务主管黄秀文和业务经理吴必忠为了协助解决"泰安口"轮更换艉轴轴封的技术难题，于2007年1月1日赶到停靠在新加坡的"泰安口"轮，经过48小时的连续抢修，成功更换艉轴轴封，保证了运输合同的顺利执行。2月，"康盛口"轮需要进行左前SSP轴封的抢修工程。12日，黄秀文和吴必忠又赶到停靠在新加坡锚地的"康盛口"轮，与轮机部人员一齐奋战3天，完成该轮左前SSP轴封更换工程。黄秀文、吴必忠因协助船舶抢修工作卓有见树，荣获"中远航运2007年度荣誉金章"。（廖再文）

【"泰安口"轮成功抗击强风暴】 2007年3月2日，"泰安口"轮在烟台莱佛士造船厂码头，顺利装载海洋石油开采生产储油运输平台FPSO后，停留在码头进行电焊加固。3～4日，遭遇了1969年以来渤海湾和莱州湾地区最强的一次温带风暴潮袭击。2天来，不少船舶经受不住风暴袭击造成重大损失，停在锚地的一艘马来西亚万吨船舶被强风刮断缆绳，导致搁浅。在莱佛士造船厂码头正在建造的一艘DOCKWISE新船艉缆绳全被刮断，导致该船艉部失控，造成了严重损失。"泰安口"轮装载的是高附加值超大型货物，高50多米，直径64米，自重10185吨，在船与货物受风面积超过2000平方米，船舶艏艉缆绳和钢丝缆先后被吹断23根。在强风暴袭击面前，"泰安口"轮全体船员团结一致，充分发挥船舶先进设备的功能，与特大风暴进行顽强的搏斗。在中远航运岸基的协调指挥和港口的积极配合下，"泰安口"轮成功地抗击了罕见风暴的袭击，保证了船舶、货物和人员的安全。6日，负责装载这个石油开采生产储油运输平台的英国Noble Denton技术咨询公司监督Nigel Groves船长专门给中远航运和"泰安口"轮船长发邮件高度赞扬"泰安口"轮船长和全体船员："一切都要归功于'泰安口'轮船长和全体船员。你们在寒冷、恶劣的环境下通宵达旦地连续奋战，终于保证了船舶和货物的安全，没有任何损失。你们的工作展现了中远船员精湛的船艺和良好素养。对此，我表示赞赏和钦佩。"

（廖再文）

【"泰安口"轮加宽改造工程获中央企业青年创新奖】 2007年5月29日，"中国铝业杯"首届中央企业青年创新奖评选活动表彰大会在北京人民大会堂举行，"泰安口"轮加宽改造工程项目获得优秀奖。该项目的负责人邹雄出席了表彰大会并上台领奖。（廖再文）

【开展安全生产月活动】 2007年6月，中远航运贯彻落实中远集团和广远《关于开展2007年"全国安全生产月"活动》的通知精神，组织开展"安全生产月"活动。活动期间，船岸紧紧围绕"综合治理，保障平安"的主题，制定"安全生产月"活动方案，落实安全生产责任制，提高安全意识，增强员工安全责任心，提高员工遵守安全规章制度和劳动纪律的自觉性，强化船舶的自查和岸基的检查功能，加强安全执行力文化建设。同时，船舶按照《船舶管理检查表》进行全面的自查外，中远航运高管和海务、机务人员先后30多人次对17艘船舶进行检查督导，查出并协助船舶整改缺陷254项；海务、机务人员分工跟踪船舶，协助船舶解决疑难问题，促进船舶的安全经营和技术管理，并且加大了海上航行指导的力度，跟踪大风浪船舶9艘次，雾航船舶19艘次，进出港船舶64艘次，指导船长工作22人次。其间，印度洋发生7～9级的西南风8天，海务主管跟踪指导“富泉口”轮安全在印度洋航行；好望角发生8～10级的大风5天，海务主管指导空载的“乐山”轮滞航待大风过后安全通过好望角，保证了船舶航行安全。中远航运开展的“安全生产月”活动，以“托起安全之舟、展开‘平安之旅’”的示范作用，既促进抓好安全管理工作，又有效地促进了全年的安全生产稳定。（廖再文）

【“宣城”轮成功防抗飓风】 2007年11月15日，印度洋上的飓风“锡德”风速每小时240公里，强度超14级，造成孟加拉南部地区1万多人死亡，数百万人无家可归，孟加拉国政府称其为“民族灾难”。11月11日，“宣城”轮抵达孟加拉国吉大港卸货，在卸货期间经历了此飓风。“宣城”轮在中远航运的指挥下，全体船员精心应对，巧妙周旋，经过船岸的共同努力，成功抗击了“锡德”飓风，保证了船舶、人员和货物完好无损。（廖再文）

【16艘船舶获“安全诚信船舶”】 2007年，中远航运的“丰安山”、“乐泰”、“安庆江”、“安泽江”、“丰康山”、“富文山”、“乐和”、“乐从”、“碧江”、“乐宜”、“乐里”、“安宝江”、“桃江”、“安新江”、“富源山”、“安岳江”轮等16艘船舶，获得国家海事局授予的“安全诚信船舶”称号。其中“安新江”、“富源山”、“碧江”、“桃江”、“乐宜”、“乐里”、“乐从”、“乐和”轮等8艘船舶从2003年起连续保持此项荣誉。（廖再文）

【“大华”轮荣获“广东省文明单位”】 2007年，“大华”轮被中共广东省委、广东省政府授予“2007年度广东省文明单位”称号。（廖再文）

【“泰安口”轮被授予“2006年度全国学习型先进班组”】 2007年，中华全国总工会、中央文明办、国家发改委、教育部、科技部、国防科工委、人事部、劳动和社会保障部、国资委、全国工商联等10部委组成的全国“创建学习型组织、争做知识型职工”领导小组，联合表彰一批“创争”活动先进集体、先进个人。其中，“泰安口”轮被授予“2006年度全国学习型先进班组”光荣称号。（廖再文）

【“安龙江”、“大华”轮荣获广东省省直“精神文明创建活动先进单位”称号】 2007年，“安龙江”、“大华”轮荣获“2005～2007年度广东省直属机关精神文明创建先进单位”称号。（廖再文）

【“大田”轮老船创新效】 “大田”轮是一艘34年船龄的老旧船。2007年，船员在船长宫向和的带领下，爱岗敬业，协作奉献，使老船焕发出新的活力。该轮加强对主机保养维修，调整排气阀，改善工况，使主机提高了转速15转，从而加快了船速，有效地降低了营运成本；船舶消防、救生、防污染等各类应急设备完好率始终保持100%，各类机械设备始终处于良好

状态。是年，该轮挂靠港口35次，安全航行4.7万海里，装卸货物8.2万吨，未发生货损、货差。其中，“大田”轮有一航次吊装卸233吨的特大件，创10年来“大田”轮的新记录。（廖再文）

【“松山”轮提高主机转速】 “松山”轮是一艘23年船龄的老龄船。3年来，由于缸套磨损大，导致缸套、缸头漏水；由于扫气箱、油头座漏气等原因，造成主机转速老在121转/分左右徘徊。2007年，“松山”轮第65航次，轮机长雷如信在中远航运机务主管人员的指导下，利用锚泊、靠泊的时机，对主机吊缸检查、精心维修保养，更换零部件，增强透平的自然供风和压力等，经过提高燃油加热温度，调整和均衡各缸爆炸压力，调整油头喷油提前角和启阀压力等。经过多次的调整、试验、测主机示功图检查，恢复了部分主要功能。在返航装载13700多吨满载货物的情况下，主机转速提高到130.5转/分，各缸爆炸压力均在98公斤左右，排烟温度在400℃左右，扫气压力为0.85公斤，透平运转轻松，其他各项热功参数达到了良好状况。

（廖再文）

安全质量管理

【安全质量部简介】 安全质量部是中远航运安全（综合）管理体系的维护、有效运行、持续改进和DOC以及船舶SMC、ISSC审核认证以及船舶机务、通导、物料和备件费用的审计，船舶年度安全管理及“三学一创”活动考核的主管部门，主要职责是负责维护中远航运的安全（综合）管理和船舶保安体系的有效运行和体系文件的不断完善；负责检查、监督岸基和船舶执行公司安全（综合）管理体系、船舶保安方针的情况；负责协助新进船舶建立健全安全管理体系和保安体系，包括组织内外审核和认证，以及取得认证后的维护；负责组织公司安全（综合）管理体系有效性评价和管理复查工作；负责在计划时间内组织实施岸基安全（综合）管理体系的内部审核、外部认证审核；负责在计划时间内组织实施船舶安全管理体系和船舶保安体系的内部审核、外部认证审核；负责维护和管理与安全（综合）管理体系相关的法定证书；负责协助指定人员和保安员收集安全管理体系和船舶保安体系运行的信息并提出改进建议；负责监督和验证“不合格、事故和险情”纠正措施的实施结果；负责控制安全（综合）管理体系和船舶保安计划文件的签发、修改和持有；负责新聘员工的体系培训与岸基员工进行体系熟悉的培训；协助人力资源部对船员进行体系熟悉培训；负责对船舶的修理、通导、物料和备件的费用进行审计，对不合理费用的支出提出建议和改进意见；负责推动船舶开展“三学一创”活动。时任总经理钟森运（兼企业指定人员），副总经理陈望权（兼企业保安员）。员工9人。

（廖再文）

【安全质量部工作概况】 2007年，安全质量部加强对船岸安全（综合）管理体系活动的监督和指导，维护企业安全（综合）管理体系及89艘船舶安全/保安体系的有效运行和得到持续有效的改进。通过不同形式对企业岸基安全（综合）管理活动进行2次内审，以安全管理体系活动无缺陷记录通过海事局的年度审核。完善企业综合管理体系文件，全年除结合企业改革和发展需要，对新建立的机构和新进企业员工编写结构和人员的管理职责文件外，修改原有相关操作须知 138 个。有效维护公司 DOC 和整个船队船舶的 SMC 和保安证书的有效性。完成 6 艘新接代管船和 2 艘更换船旗船舶的 ISM 和 ISSC 认证审核。完成 32 艘船舶 ISM 中间审核、28 艘船舶保安中间审核、3 艘船舶 ISM 换证审核和 1 艘船舶保安换证审核。组织内审员对所管理的 92 艘船舶（包括退役船）进行了 ISM 和船舶保安内审。对 413 艘次船舶进行了保安报警系统外部测试。完成了 22 艘船舶《操作规程》的编写整理。对 168 项船舶报告的不合格/事故或险情的纠正、验证、关闭。对 124 名岸基新聘人员和 3480 名船员进行体系熟悉培训，其中，660 人通过考核发给证书。对船舶政委进行船舶保安培训和保安工作谈话 76 人次。派出 112 人次赴国内港口进行船舶 ISM 体系活动和船舶保安工作进行检查、指导和培训。是年，接受 3 家代表货主的第二方管理审核，取得良好效果。全面梳理船岸使用的报表记录，并刻成光盘发船，实现无纸化报表目标；编写以中远航运为框架的船员劳务输出管理体系文件，通过 CCS 的审核，取得 ISO9001 证书，为企业申办船员劳务输出执照创造条件。通过现场调研，与船员管理部共同梳理，确定船员管理的工作流程目录。完成中远集团下达的“全球契约社会责任可持续发展综合管理体系”项目相关数据的采集分析。配合航运业务竞标需要，翻译 40 万字资料；全年共编写船舶保安信息 12 期，收集世界港口保安资料并刻成光碟发船，为船队在世界各港接受并通过保安检查奠定基础。通过防线前移，单船跟踪等方式，将偷渡分子有效拒绝在船舶之外，全年在国内外港口离港前检查查获 24 名偷渡分子，保持在国内外港口无发生潜船偷渡事件的记录。指导 73 艘次船舶在国外港口提高保安等级应对措施，全年无发生任何船舶保安事件。完成船舶备件、物料、通导和修船专项审计 747 份，共涉及金额 6547.5 万元，其中，经过审计减付金额 52.1 万元。（廖再文）

【代管 24 艘船舶安全管理工作】 2007 年，中远航运先后代管中远营港、新里程公司、富泉公司和中远日邮 24 艘船舶安全管理工作。其标志着中远航运的代管船舶业务全面展开并日臻成熟。（廖再文）

【35 艘船舶评为一级船舶】 2007 年，中远航运对 2007 年经营管理的船舶进行综合管理评定，“泰安口”、“康盛口”、“永盛”、“乐和”、“乐锦”、“乐里”、“乐同”、“乐从”、“乐宜”、“乐鼎”、“富清山”、“安泽江”、“安华江”、“大华”、“大中”、“丰安山”、“富裕山”、“松山”、“庐山”、“湘江”、“发展之路”、“闽江”、“宣城”、“安龙江”、“安宁江”、“居庸关”、“大田”、“乐泰”、“大富”、“乐盛”、“富康山”、“丰康山”、“桃江”、“黄山”、“三江口”轮等 35 艘船舶，被评为 2007 年度一级（先进）船舶。其中，“泰安口”、“永盛”、“乐宜”、“乐和”、“大华”、“乐里”、“康盛口”、“大中”、“安宁江”、“安龙江”轮等 10 艘船舶被广远评为学习“华铜海”先进船舶。

（廖再文）

【钟森运荣获中远航运荣誉金章】 2007

年，中远航运安全质量部总经理钟森运，坚持原则，领导有方，持续改进，使中远航运连续3年以“免开不符合”的成绩通过安全管理体系审核，为中远航运争得荣誉，为中远航运船舶的安全营运提供有效的体系保障。为此，钟森运荣获“中远航运2007年度荣誉金章”。（廖再文）

财金管理

【财务资金部简介】 财务资金部是中远航运的财务管理、融资管理、资本运作、资产管理的主管部门，主要职责是负责承办公司资产产权界定、登记、变更等管理和固定资产产权管理工作；负责编制财务预、决算，平衡收支；负责核收运费、租金、使费、备用金支付；负责企业生产经营财务等有关数据统计和分析，相关经济效益财务指标分析、成本监控；负责监督和反馈各项财金制度的执行情况并根据该公司实际情况向董事会提出修订会计制度和财务管理制度办法的建议；负责核算经营成果，为投资者、各监管部门提供合法准确的各类财务信息；负责资金运作，合理调配运用资金，平衡收支，为经营生产提供足够的财务资源；负责各项固定资产的管理和核算，按监管部门的要求办理资产产权界定、登记、变更、清产核资等工作，协同各部门定期盘点各类固定资产，做到账实、账卡相符；负责财务管理工作，统计和分析生产经营有关的数据，为生产经营提供正确的决策依据；负责税收筹划工作，依法纳税，合法节税；协同有关部门加强运费催收管理，提供运费挂账的相关信息，降低坏账，提高资金周转效率；负责协同相关部门开展资本运作工作，对投资项目进行财务分析；负责指导和监督投资控股企业的财务管理，及时反馈各项投资项目的投资效果，参与项目后评估工作；负责组织和实施内部审计工作，及时监督和反馈经营管理过程中出现的异常情况。时任总经理黄晓晖，副总经理戎文莹、邓自云、李惠霞。员工35人。

（洪建春）

【财务资金部工作概况】 2007年，财务资金部加强会计基础工作，提高会计信息质量，完成新旧会计准则的转换，按新准则要求修订、完善了《中远航运会计制度》和《中远航运财务制度》，并通过企业董事会和股东大会审议实施；评估执行新准则给企业造成的影响；率先按新准则要求披露会计信息；以精益管理为指导，细化成本核算；加强信息系统管理，提高工作效率和质量，各投资公司SAP财务系统顺利上线，实现航运信息平台与SAP财务系统的有效对接；推动财务管理工作，强化资金运作管理，为企业良性快速发展提供保障；加强财务风险管理，重点控制人民币升值风险；加强税务筹划管理，促进经济效益的提高；通过子公司实施资本运作，持续提升企业价值；以全面流程管理为指导，建立健全财务治理结构。

（洪建春）

【评估执行新准则避免不利影响】 2007年，按照新准则要求，中远航运需按完工百分比法确认收入，并改变船舶等固定资产的残值确认方法以及改变所得税核算方法，及时针对各项会计政策的改变给企业会计核算和经营业绩带来的影响进行评估，全面把握执行新准则，避免给经营管理造

成的不利影响。（洪建春）

【率先按新准则要求披露会计信息】2007年，中远航运在披露2006年企业年报的同时，披露了经会计师事务所审阅的《执行新会计准则对公司整体效益的影响专项报告》，并根据上市公司的监管需要，率先在中远集团内部完成并披露了首次执行日新旧会计报表的转换。（洪建春）

【加强信息系统管理，提高工作效率】2007年，中远航运为更好地发挥SAP的功能，提高管理效率，财务资金部成立专项小组，在中远集团SAP项目顾问的支持下，与各投资公司财务负责人高度协作，实现3家投资公司的SAP系统上线工作，使企业财务信息系统得到整合，为进一步加强投资、控股公司的财务管理提供支持。为提高财务人员工作效率和账务处理质量，财务资金部逐步实现船舶机务费用与SAP的接口、船舶管事账的开发及与SAP的接口。企业航运信息平台正式运行后，财务资金部组织企业有关部门，对运费、使费实现与SAP的接口核算，降低财务人员做账的工作量。（洪建春）

【协调中远航运香港公司签订4艘船舶贷款合同】2007年，美国次级债危机爆发，各外资银行资金严重短缺，各中资银行在年末阶段收紧银根。这两方面的因素对中远航运香港公司正在洽谈4艘船舶贷款合同产生较大影响。财务资金部即介入谈判的有关工作，协同中远航运香港公司与银行谈判，经过艰苦努力，多方协同，11月，终于与中国银行香港分行签订了贷款合同，且获得了相当优惠的利率。（洪建春）

【加强财务风险管理，重点控制人民币升值风险】2006年9月以来，人民币开始加速升值。至2007年累计升值超过5%，且未来人民币升值压力越来越大。2007年，财务资金部对前期防范人民币升值风险的措施进行评估，在市场环境发生变化的情况下，及时调整防范人民币升值的措施，从12月份开始，对该公司本部、天津中远航运、中远日邮采纳“收汇即结，利用银行贷款对外支付”的策略来控制人民币升值给企业带来的风险，取得了较好成效。（洪建春）

【加强税务筹划，提高经济效益】2007年，中远航运着力研究利用船舶的会计折旧和税务折旧政策的差异进行税务筹划工作。在年初，借新会计准则实施之机，及时将该方案向税局进行备案，享受递延纳税的收益。是年，中远航运租船业务逐步开展，为实现企业价值最大化目标，财务资金部与业务部门就税务问题进行充分沟通，将税务筹划理念渗透至业务之中，并通过利用中远航运香港公司良好的税务环境开展租船业务，以及对租船的经营模式进行优化，为企业节约大量税赋。（洪建春）

【夯实中远航运香港公司发展平台】2007年，中远航运为进一步发挥中远航运香港公司得天独厚的投资平台优势，财务资金部组织策划对中远航运香港公司增资5，000万美元并借款2000万美元的方案，并在年中先后获得中远集团、国家相关部门的审批得以顺利实施，优化了中远航运香港公司的资本结构，充分发挥企业整体的资金优势和资金杠杆作用；同时，在各中外资银行银根收紧的不利条件下，通过与银行多轮磋商，于11月，签订4艘船舶8848万美元的贷款合同，进一步保证了中远航运香港公司新造船舶的资金来源，为中远航运香港公司的良性快速发展和实现企业船队结构调整战略奠定基础。

（洪建春）

【天津中远航运如期开业】 2007年，天津中远航运如期开业，各项投资款全部到位。中远航运及中远航运香港公司并通过注入2艘盈利能力较强的半潜船及转换7艘小“乐”字号船租船人主体，实现该公司的良好运作。是年，天津中远航运实现盈利1.2亿元。（洪建春）

【建立健全财务管理流程】 2007年，财务资金建立健全财务管理流程做了大量的工作，主要有：1. 为规范驻国内港口办事处账务处理，控制财务风险，制定了《办事处财务管理办法》，对驻国内各港口办事处资金管理和各项费用支付的程序予以规范。2. 中远航运成立船员管理部并招募船员后，带来了大量繁琐的船员财务管理业务。为此，财务资金部认真学习控股股东、中远集团相关公司的船员管理、财务核算模式的经验，并结合中远航运的实际加强管理，从减少管理链条，提高管理效率，降低管理成本的原则出发，改进系统内原船舶管事账向各船东报账为统一通过企业报账的模式，减少了船员各类费用单证反复报账传递的现象，受到系统内各船东的支持和赞赏。与此同时，制定、修改《船舶管事账核算规定》、《船员差旅费核算管理办法》、《利用银行卡发放船员工资的通知》、《广远船员个人收入所得税代扣代缴管理办法》、《船员业务收支表编制及说明》等规定。3. 根据《企业会计制度》、《企业财务通则》以及企业业务的变化，对企业工会经费、福利费开支范围进行了规范。4. 制定了《中远航运财务报表编制指南》来规范公司月度、季度、年度财务报表及相关配套报表的编制和报送时效。5. 制定了《租入船（新福运）财务操作流程》规范租船业务的开展。

（洪建春）

资 本 运 作

【投资发展部简介】 投资发展部是中远航运战略规划与市场研究、生产经营统计分析、资本运营和投融资项目策划及实施、投资者关系管理和信息披露以及“三会”（董事会、监事会、股东大会）日常事务的主管部门，主要职责是负责中远航运发展战略规划、产业发展规划以及项目决策管理的工作；宏观经济环境、航运市场环境、资本市场信息的收集、整理、分析和预测；航运生产经营相关数据的统计、分析与评估；主持船舶更新改造和船舶买卖工作的可行性研究；投资管理和控股公司的归档管理；资本运营策划和投融资项目的策划、实施；投资者关系管理、信息披露、“三会”（董事会、监事会、股东大会）的日常事务以及与证券监管部门的沟通；对外宣传相关内容的审核及对证券媒体的宣传工作；日常法律事务。时任总经理董宇航。员工8人。（孙雄）

【投资发展部工作概况】 2007年，投资发展部抓住航运市场和资本市场的机遇，推动企业进一步发展，推进10.5亿元分离交易可转换公司债券项目；推进完成增资中远航运香港公司5000万美元工作；发挥天津中远航运生产经营和资本运作的平台作用；推进企业船队结构的调整，签署2艘5万吨半潜船和8艘2.8万吨多用途船建造合同；组织召开了11次董事会、4次监事会、1次年度股东大会和2次临时股东大会，完成2006年度报告、2007年各期定期报告的编制和审批工作；建立健全企业法人治理制度；完善统计基础工作，改革统计分析体系；加强为航运经营和资本运作服务的市场信息研究；不断探索和改进上市公司的法律体系；推进企业治理专项活动；加强投资者关系管理工作，向有关机构和券商进行沟通，获得投资者的广泛支持。 （孙雄）

【推进企业发展布局】 2007年4月18日，天津中远航运在天津滨海新区正式开业。中远航运继成立境外中远航运香港公司后，再次拥有了国内新的资本运作和经营平台。天津中远航运成立后，积极推进后续运作，完成“泰安口”、“康盛口”轮和7艘小“乐”字号船舶资产的陆续注入并投入营运。中远航运并办妥天津中远航运从事国际运输和国际货物运输代理的资格，逐步完善天津中远航运董事会相关运作制度。10月12日，中远航运成立上海分公司，为完成海内、海外的扇面布局搭建了一个重要支点。至此，中远航运初步形成了以本部为中心，经营能力遍及香港、天津、上海等重要港口城市的经营网络和融资平台，为企业的进一步发展壮大奠定了坚实的基础。 （孙雄）

【推进企业治理专项活动】 2007年4月，中远航运按照中国证监会《关于开展加强上市公司治理专项活动有关事项的通知》要求，启动企业治理专项治理活动，并相继完成自我检查、社会公众评议及广东证监局现场检查、落实整改三个阶段的全部内容。该公司以一贯良好的治理状况，获得了监管部门和社会各界的好评。中远航运通过该项为期5个月的专项治理活动，全面、深入检查和评估企业治理情况，检验内控制度的完整性和有效性，对企业的各项规章制度进行梳理和修订，认真听取社会公众、上海证券交易所和广东证监局等各方对治理的建议和意见，制定并认真落实各项整改措施，使企业治理水平再上新台阶。 （孙雄）

【资本市场连获殊荣】 2007年，中远航运在资本市场先后荣获由《董事会》杂志评选的“优秀董事会金圆桌”奖；入选第三届《新财经》“中国漂亮50”；入选由证券时报和中联集团联合主办的“2006年度中国上市公司价值百强”第十三名；入选由《中国证券报》与亚商咨询联合主办的“2006年度中证百强”；入选2007中国投资者关系管理年会暨2006年度中国A股上市公司最佳投资者关系管理评选的“2006年度中国最佳投资者关系管理百强”、“最佳大型公司奖”和“最佳沟通奖”。

（孙雄）

【推进分离交易可转换公司债券项目】 2007年，中远航运抓住航运市场有利时机，筹集资金发展船队、促进企业船队结构的调整，全力以赴推进发行分离交易可转换企业债券的再融资项目，经中远航运第三届董事会第十五次会议、第三届董事会第十八次会议、2007 年第二次临时股东大会审议，同意发行认股权和债券分离交易的可转换债券及相关事项。发行分离交易可转债 1050 万张，募集资金总额为 10.5 亿元，期限为 6 年，票面年利率 0.8%，同时，每张分离交易可转债获得 4.9 份认股权证，本次分离出的认股权证总量为 5145 万份，存续期 18 个月。本次分离交易可转债发行的募集资金和其所附认股权证由于持有人行权后所募集的资金，将用于投资建造 2 艘 5 万吨半潜船和用于中远航运香港公司投资建造 4 艘 2.7 万吨多用途船项目。（孙雄）

【增资中远航运香港公司 5000 万美元】 2007 年，中远航运为解决中远航运香港公司建造 12 艘多用途船的资金需求，经国家商务部和发展改革委员会等部门批准，向中远航运香港公司增资 5000 万美元项目。年底，增资资金到位。此次增资后，中远航运对中远航运香港公司的投资总额为 6,280 万美元。（孙雄）

【推进企业船队结构调整】 2007 年，中远航运对船队结构进行了调整。1. 造船项目。5 月 23 日，以中远航运香港公司为投资主体，与山东省黄海造船有限公司签订了 8 艘 2.8 万吨多用途船建造合同；10 月 30 日，与中船贸易、广船国际签订了 2 艘 5 万吨半潜船建造合同。2. 推进老旧船评估、退役工作。先后将“清江”、“平江”、“浑江”轮等 3 艘老旧船退役。3. 购入二手船，中远日邮以自有资金 250 万美元从国际市场购入二手汽车船“富瀚口”轮 。（孙雄）

【做好统计分析及有关信息工作】 2007 年，投资发展部组织、协调、督促相关业务人员共同完成企业运输生产统计年报和运输生产统计月报，定期完成运输生产周报、月度沿海、月度租船等统计报表，并视情进行不定期经济分析。同时理顺跨部门和控股公司的管理沟通，完成租入船运作流程及统计口径等相关问题的讨论和执行。（孙雄）

【做好市场信息研究工作】 2007 年，中远航运对航运市场的持续跟踪分析机制和相关信息研究体系，在原有基础上提高了相关研究信息和报告的质量，进一步贴近企业经营实际和市场。中远航运为更好地了解和掌握竞争对手在目前市场行情下的战略举措，详细研究了 RICKMERSE、DOCKWISE、BELUGA、TBS、GEARBULK、BBC、APC、SAL 等经营发展情况和战略取向，并建立起竞争对手数据库；为了更好地了解和掌握航运市场的动态，成立了 FFA 研究小组，并对 FFA 的现状、趋势以及对中远航运未来市场的影响多次进行深入研究，同时为企业未来参与 FFA 交易的开展准备性工作；持续跟踪和研究与企业经营战略有关的国内外经济事件以及政策趋向，例如分析国内的经济政策、铁矿石涨价、出口退税、国际油价以及美国次级债危机对航运的影响，并形成相关的研究报告，供企业领导、经营人员参考。（孙雄）

董事会、监事会、股东大会

【召开第三届董事会第九次会议】 2007年1月8日，中远航运发出通知：第三届董事会第九次会议以书面通讯表决的形式进行。全体董事于12日前以书面通讯方式进行表决，审议通过《关于提名许立荣为中远航运第三届董事会董事候选人的议案》、《关于修订中远航运相关制度的议案》、《关于召开中远航运2007年第一次临时股东大会的通知》。 (孙雄)

【召开第三届董事会第十次会议】 2007年2月10日，中远航运召开第三届董事会第十次会议。会议由副董事长徐惠兴主持。会议以书面记名表决的方式审议通过《关于选举中远航运第三届董事会董事长的议案》，与会董事一致选举许立荣为中远航运第三届董事会董事长。 (孙雄)

【召开第三届董事会第十一次会议】 2007年3月17日，中远航运召开第三届董事会第十一次会议，董事长许立荣主持会议。企业部分高管列席会议。大会以书面记名表决的方式逐项审议并形成了8项决议：审议通过首席执行官《中远航运2006年度工作报告》的议案、《中远航运2006年度董事会工作报告》的议案、《中远航运2006年度财务决算报告》的议案、《中远航运2006年度利润分配预案》的议案、《中远航运2006年年度报告及摘要》的议案、《聘请中远航运2007年度审计师的议案》、《修订中远航运会计制度及会计估计变更的议案》、《召开中远航运2006年年度股东大会的议案》。 (孙雄)

【召开第三届董事会第十二次会议】 2007年4月13日，中远航运发出通知：第三届第十二次董事会以书面通讯表决的方式召开。9位董事于19日前以书面通讯方式进行表决，一致审议通过《关于审议中远航运2007年第一季度报告全文及正文的议案》。 (孙雄)

【召开第三届董事会第十三次会议】 2007年5月19日，中远航运召开第三届董事会第十三次会议。董事长许立荣因工作原因未能出席会议，书面委托副董事长徐惠兴参加会议并行使表决权；独立董事周守华、杨赞因工作原因未能参加会议，书面委托独立董事谭劲松参加会议并行使表决权。会议由徐惠兴主持。大会以书面记名表决的方式审议通过《关于审议中远航运（香港）投资发展有限公司投资建造8艘2.8万载重吨多用途船的议案》。 (孙雄)

【召开第三届董事会第十四次会议】 2007年6月21日，中远航运发出通知：第三届董事会第十四次会议以书面通讯表决的形式进行。全体董事于27日前以书面通讯方式进行表决，审议通过《中远航运“加强上市公司治理专项活动”自查报告和整改计划》的议案、《中远航运股份有限公司信息披露制度》的议案、《中远航运股份有限公司董事、监事和高级管理人员所持本公司股份及其变动管理规则》的议案。 (孙雄)

【召开第三届董事会第十五次会议】 2007年8月11日，中远航运召开第三届董事会第十五次会议。会议由董事长许立

荣主持。企业大部分高管列席会议。会议以书面记名表决的方式逐项审议并通过9项决议：《中远航运2007年半年度报告全文及摘要》的议案、《关于中远航运（香港）投资发展有限公司新造船项目贷款的议案》、《关于中远航运与中国银行等签署授信额度协议的议案》、《关于天津中远航运有限公司为“康盛口”轮运输合同提供履约担保的议案》、《关于公司符合发行认股权和债券分离交易的可转换公司债券条件的议案》、《关于公司拟发行认股权和债券分离交易的可转换公司债券发行方案的议案》、《关于公司本次发行认股权和债券分离交易的可转换公司债券募集资金投资项目可行性的议案》、《关于公司董事会关于前次募集资金使用情况说明的议案》；审议通过《关于召开中远航运2007年第二次临时股东大会的议案》。（孙雄）

【召开第三届董事会第十六次会议】 2007年9月6日，中远航运发出通知：第三届董事会第十六次会议以书面通讯表决的形式进行。全体董事于13日前以书面通讯方式进行表决，一致审议通过《关于设立船员管理部及组建自有船员队伍的议案》、《关于向中远远达等航运公司出租船员的关联交易的议案》。（孙雄）

【召开第三届董事会第十七次会议】 2007年10月22日，中远航运发出通知：第三届董事会第十七次会议以书面通讯表决的形式进行。全体董事于30日前以书面通讯方式进行表决，一致审议通过《中远航运2007年第三季度报告全文和正文的议案》、《中远航运治理专项活动整改报告》的议案、《修订中远航运“公司章程”的议案》。（孙雄）

【召开第三届董事会第十八次会议】 2007年11月23日，中远航运发出通知：第三届董事会第十八次会议以书面通讯表决的形式进行。全体董事于27日前以书面通讯方式进行表决，审议通过《调整公司拟发行认股权和债券分离交易的可转换公司债券募集资金使用安排的议案》、《调整企业拟发行认股权和债券分离交易的可转换企业债券募集资金投资项目可行性的议案》。（孙雄）

【召开第三届董事会第十九次会议】 2007年12月22日，中远航运召开第三届董事会第十九次会议。会议由董事长许立荣主持。大会以书面记名表决的方式逐项审议通过《关于提高向中远航运（香港）投资发展有限公司境外借款额度的议案》、《关于天津中远航运有限公司为“泰安口”轮运输合同提供履约担保的议案》、《关于调整中远航运固定资产会计估计的议案》。（孙雄）

【召开第三届监事会第六次会议】 2007年3月15日，中远航运召开第三届监事会第六次会议。会议由监事会主席马宗梅主持。大会以书面记名表决方式逐项审议并通过7项决议：审议通过首席执行官《中远航运2006年度工作报告》的议案、《中远航运2006年度监事会工作报告》的议案、《中远航运2006年度财务决算报告》的议案、《中远航运2006年度利润分配预案》的议案、《中远航运2006年年度报告及摘要》的议案、《聘请中远航运2007年度审计师的议案》、《中远航运相关会计政

策及会计估计变更的议案》。（孙雄）

【召开第三届监事会第七次会议】 2007年4月13日，中远航运发出通知，召开第三届第七次监事会以书面通讯表决的形式进行。7位监事于19日前以书面通讯方式进行表决，一致审议通过《关于审议中远航运2007年第一季度报告全文及正文的议案》。（孙雄）

【召开第三届监事会第八次会议】 2007年8月10日，中远航运召开第三届监事会第八次会议。会议由监事会主席马宗梅主持。企业部分高管列席会议。大会以书面记名表决方式逐项审议并通过9项议案：关于审议《中远航运2007年半年度报告全文及摘要》的议案、《关于公司符合发行认股权和债券分离交易的可转换公司债券条件的议案》、《关于公司拟发行认股权和债券分离交易的可转换公司债券发行方案的议案》、《关于公司本次发行认股权和债券分离交易的可转换公司债券募集资金投资项目可行性的议案》、《公司关于前次募集资金使用情况说明的议案》。

（孙雄）

【召开第三届监事会第九次会议】 2007年10月22日，中远航运发出通知：第三届监事会第九次会议以书面通讯表决的形式进行。7位监事于30日前以书面通讯方式进行表决，一致审议通过《中远航运2007年第三季度报告全文及正文的议案》；审议通过《中远航运公司治理专项活动整改报告的议案》。（孙雄）

【召开2006年度股东大会】 2007年6月13日，中远航运召开2006年度股东大会，出席本次会议的股东及授权委托代表4人，代表股数347538110股，占该公司有表决权股份总数的53.04%。大会由副董事长徐惠兴主持。中远航运部分董事、监事和高管人员出席了会议。大会以书面记名投票表决的方式逐项审议并通过9项普通决议：《中远航运2006年度董事会工作报告》的议案、《中远航运2006年度监事会工作报告》的议案、《中远航运2006年度财务决算报告》的议案、《中远航运2006年度利润分配预案》的议案、《中远航运2006年度报告及摘要》的议案、《聘请中远航运2007年度审计师》的议案、修订《中远航运股份有限公司财务管理办法》的议案、修订《中远航运股份有限公司会计制度》的议案、《中远航运（香港）投资发展有限公司投资建造8艘2.8万载重吨多用途船的议案》。大会以书面记名投票表决的方式审议并通过修订《中远航运“公司章程”的草案》的特别决议。

（孙雄）

【召开2007年第一次临时股东大会】 2007年2月10日，中远航运召开2007年第一次临时股东大会。出席会议有股东及授权委托代表5人，代表股数344,949,932股，占有表决权股份总数52.65%。大会由副董事长徐惠兴主持。中远航运部分董事、监事和高管人员出席了会议。以书面记名投票表决的方式逐项审议并通过《关于选举许立荣为中远航运第三届董事会董事》的议案和《关于审议修订中远航运相关制度》的议案。（孙雄）

【召开2007年第二次临时股东大会】

2007年9月3日，中远航运召开2007年第二次临时股东大会。本次股东大会采取现场投票和网络投票相结合的方式，网络投票时间为9月3日09：30～15：00时。参加本次会议的股东及授权委托代表共230人，代表股份450447215股，占中远航运有表决权股份总数68.75%，其中出席现场会议的股东及股东代表共15人，代表股份388477076股，占有表决权股份总数59.29%，参加网络投票的股东人数215人，代表股份61970139股，占有表决权股份总数9.46%。大会由副董事长徐惠兴主持。监事和高管出席了会议。大会以书面记名投票表决的方式逐项审议通过《关于公司拟发行认股权和债券分离交易的可转换公司债券发行方案的议案》的特别议案；逐项审议并通过《关于公司本次发行认股权和债券分离交易的可转换公司债券募集资金投资项目可行性的议案》、《公司董事会关于前次募集资金使用情况说明的议案》等2项普通议案。（孙雄）

人力资源管理

【人力资源部简介】 人力资源部是中远航运人力资源规划、开发与管理，为企业战略目标的实施和长远发展提供人力资源支持的主管部门，主要职责是负责人力资源的战略规划，为企业重大人事决策提供建议和信息支持；企业组织结构设置和调整、各岗位职能的设计和优化工作；建设和管理人力资源管理信息系统；机关员工和船员的招聘与录用、培训与开发以及劳动关系管理；建立、完善和执行激励机制；制定、修改、完善和组织实施绩效管理体系和企业薪酬福利制度，及员工、船员的各项社会保险统筹管理；船员调配管理工作；员工计划生育工作；行政监察；定期收集和整理同行业和相关行业人力资源管理的最新信息，为改进和优化企业人力资源管理提供必要的信息支持。时任总经理陈昆，副总经理陆启扬。员工21人。

（徐波）

【人力资源部工作概况】 2007年，人力资源部围绕企业中心工作任务，根据企业的发展要求，为加强员工队伍的建设，保证运输发展的要求，向各大定向院校择优选聘了8名应届毕业生；加强船员调岸工作，其中大副1人、船长3人分别任港口船长及业务调度；实施《中远航运公司员工住房货币补贴方案》；完成企业组建驻国内港口办事处的各项人事工作；依照新的《劳动合同法》修改企业劳动合同条例，完成183名岸基员工《劳动合同》的续签工作；定向集体招聘广远船员和船员管理人员，组建船员管理部，制定《船员管理部职责》、《船员管理部员工岗位职责》、《船员岗位职责》以及《船员专用劳动合同》，开展《船员劳动合同》的签订工作；为确保航运经营的正常进行，组织船员换班400余次，共计3500余人次；组织431期船员培训，共计3717人次。其中，船员上岗前（船员提升、新聘）培训154期，共154人次；新船长、轮机长上岗前培训2期，共53人次；船员上船前培训275期。是年，中远航运为完善企业绩效考核机制，按各岗位制定新的绩效考核体系并顺利实施完成全体员工共195个岗位的绩效考核工作。（徐波）

【完成集体招聘船员和船员管理人员】

2007年，中远航运定向集体招聘广远船员4594人，船员管理人员102人。此次集体招聘涉及人数多，情况复杂，人事主管部门按照企业的部署，顺利完成各环节的工作：制定《船员管理机构设置方案》、《船员管理人员竞聘上岗实施方案》、《船员招聘实施方案》；对船员管理部各层级岗位任职人员进行聘任；对新聘人员当月实行新的工资制度；对船员管理机构新聘人员劳动关系进行转换，全部重新签订3年固定期限的劳动合同。（徐波）

【完善企业激励体系】 2007年，中远航运组织实施新的船员工资方案，并做好全年的补发工作。为做好宣传解释工作，专门印制《船员薪酬福利手册》，建立并实施员工补充养老保险计划；按照董事会的要求，对股权激励计划的可行性进行初步研究；对员工住房公积金等福利政策进行梳理，实施员工货币分房。（徐波）

【做好员工招聘工作】 2007年，中远航运按照年度员工招聘计划，择优选聘了8名应届毕业生和4名船员到机关任职。同时，组织第一次招聘船员工作。鉴于航运市场处于高位，国内外的航运公司对航海类高校毕业生的争夺异常激烈，中远航运为了做好招聘工作，专门成立了项目小组，制订招聘方案策划、宣传公关、面试挑选等规定，较好地完成了招聘任务。

（徐波）

【梳理机关员工劳动关系】 2007年，中远航运对企业现有人员配置进行了梳理。机关员工重新签订了3年期劳动合同，妥善处理2名员工的辞职和2名员工合同期满后劳动关系的终止工作。（徐波）

【推进员工培训工作】 2007年，中远航运积极推进员工培训工作，制定全年培训计划，并按计划实施，重点抓好新聘员工的岗前培训和各业务单元的业务培训。是年，组织431期船员培训，共计3717人次，其中船员上岗前（船员提升、新聘）培训154期，共154人次；新船长、轮机长上岗前培训2期，共53人次；船员上船前培训275期。（徐波）

船员管理

【船员管理部简介】 2007年9月15日，中远航运为解决影响企业可持续发展的瓶颈问题，以及进一步为航运主业的快速发展夯实人力资源基础，增设船员管理部并组建和发展自有船员队伍。为了做好组建工作，中远航运制定了《中远航运股份有限公司船员管理机构设置实施方案》、《中远航运股份有限公司船员管理部及新增机构竞聘上岗实施办法》和《中远航运股份有限公司定向招募船员实施办法》。中远航运通过集体招聘（招募）的方式，将原广远船员管理公司的102名机关人员招聘到船员管理部，并招募了6167名船员（其中，原广远自有船员4594人，协作船员1424人，外聘船员149人）组建自有船员队伍。船员管理部下设船员一处、二处、三处和业务管理处、党委工作处、综合管理处共6个处，保留党委、纪委、工会和团委组织机构和成员；原广远船员公司的人力资源部和财务部分别划归中远航运的人力资源部和财务资金部，分别增设了船员人事处和船员财务处，原广远船员公司的其他职能划归中远航运相关部门。10月1日，中远航运船员管理部正式运作。

船员管理部主要职责是负责中远航运船员的调配、任免、考核、奖惩等日常管理；代表中远航运组织开展对外劳务合作及相关业务；开展船员的政治思想工作和工会工作和共青团工作，指导船舶党支部建设和各种群众性活动的开展；协同相关部门进行船员队伍建设的规划与实施；协同开展船员的招聘、教育培训工作；协同进行船员薪酬福利、劳保管理等工作。时任总经理兼党委副书记尤扬斌，党委书记兼副总经理林耀强，副总经理梁伟民、周伟民，党委副书记兼纪委书记易宝森，工会主席戴世华。员工69人。

（邱进宗）

【船员管理部工作概况】 2007年10月1日，船员管理部正式开始运作。按照新的工作职责，结合中远航运现代企业制度和流程管理要求，建立、健全和完善各种规章制度，理顺船员管理职能和工作流程；把维护船岸员工队伍稳定作为第四季度的工作重点，结合船员管理改革的新形势，编发船员管理改革和船员工资改革宣传提纲，加大改革宣传教育力度，加强船员派前教育培训，编写教育提纲，指定人员跟踪派前教育，确保派前教育率达到95%以上，并协同人力资源部推进船员转签劳动合同工作，保证船岸员工队伍的稳定；抓好船员调配，确保船舶正常营运和安全生产，加快外派船员队伍结构调整，逐渐缩小外派船员规模，第四季度外派香港远洋船舶的船员移交了5套外派班子；继续推进加强船员教育培训“红树林”工程实施，完成《远洋船员思想教育读本》的编印并陆续发船；10月，组织船员参加广东省首届“海员杯”船舶水手技能大赛，取得优异成绩；加强党建工作，完成船员管理部各处党支部调整和支委改选工作，抓好中共十七大精神学习贯彻，编写10期中共十七大精神学习资料发船，召开船员学习贯彻中共十七大精神动员会，推动中共十七大精神在船舶的贯彻落实；认真做好“三服务一促进”主题实践活动的总结和评议工作，完成了《2005～2007年党员发展规划》总结工作；组织完成在职船舶政委第二期轮训工作和11名政委苗子选拔、培训工作，向中远集团组织部呈报3份事迹材料，向广远政研会报送7篇论文；做好宣传报道工作，及时撰写有关船员、船舶的报道稿件供《中远航运》杂志刊登，对外报道了船舶学习贯彻中共十七大精神情况和中远航运救治“碧江”轮病号船员的情况，完成制作招生宣传广告和VCD光碟，协同人力资源部招聘2008年航海大专院校毕业生，签署就业协议172人；跟踪签订船员劳务合同和租金催收工作，确保租金及时到位。（邱进宗）

【船员管理部通过ISO体系外审】 2007年10月29～30日，中国船级社质量认证公司审核组对船员管理部劳务输出进行审核。船员管理部充分准备、积极配合。该审核组经过2天认真、细致的审核，认为船员管理部的船员劳务输出符合ISO体系要求，体系运行有效，同意认证通过。

（邱进宗）

【“乐同”轮获得货主好评】 2007年，“乐同”轮第60航次承运中设国际商务运输代理有限责任公司出口至土耳其的IS-

DEMIP 港 14000 多立方米的大型设备，该轮船员克服困难，圆满完成任务。货主对船员们的敬业精神和认真负责的工作态度表示钦佩和感谢，并特向机关发来表扬“乐同”轮的感谢信。（黄森民）

【颁发《中远航运船员薪酬福利手册》】 2007 年，中远航运坚持“以人为本”，维护船员的知情权，让船员及家属较好地掌握与自己关系密切的企业政策、管理制度，更好地理解和支持企业工作，于 11 月 1 日（船员管理部成立一个月）颁发了《中远航运船员薪酬福利手册》（以下简称《手册》）下发给所有船员。同时，颁布《中远航运船员工资管理方案（试行）》。《手册》主要内容包括船员薪酬的在航工资、待派工资、特殊情况下的工资及有关待遇、中长期激励机制、薪酬支付方式，基本养老保险、参保范围和内容、养老金领取、医疗保险、工伤保险、生育保险、失业保险及住房公积金等内容。《手册》中的《热点问题解答》，着重解答船员关心的热点、难点而又是船员切身利益息息相关的问题。如，岗位工资如何确定、业绩工资如何确定、医疗保险有哪些内容、船员在船期间如何就医、基本养老保险的缴费标准如何、如何才能领取养老金、为什么要参加失业保险、工伤保险，待遇有哪些、如何才能支取住房公积金等问题。

（廖再文）

【“乐业”轮查获 2 名偷渡者】 2007 年 11 月 2 日，“乐业”轮抵尼日利亚的拉各斯港。船舶在港期间，根据《船舶保安计划》要求，严格执行船舶保安各项措施。16 日 4 时，船舶在离港前进行全船的安全大检查，查出 2 名偷渡者并立即驱赶其下船。（黄森民）

【“康耀”轮救起一遇险印尼渔民】 2007 年 11 月 9 日，中远航运全套外派香港远洋的“康耀”轮在马来西亚柔佛市沿海锚泊待命。船员们正利用这个空隙进行维修保养工作。电机员柳堡森等突然发现有人在海面上挣扎和呼救，立即向船舶领导报告。政委、船长立即组织船员施放救生艇进行救助。当时海上浪大、流急，落水者在海水中浮沉不定、时隐时现。“康耀”轮船员克服困难，将遇险者救上小艇，并对身体虚弱的遇险者进行了精心护理，使其恢复体能。该遇险者是一名印度尼西亚渔民，船翻落水后在海上漂流了 3 个多小时。“康耀”轮将其救起来后，及时联系当地搜救中心。当天晚上，该渔民被搜救中心接走，其临走时一再感激“康耀”轮船员的救命之恩。（黄森民）

【中远集团派人对船员管理工作进行调研】 2007 年 12 月 13～14 日，中远集团人力资源部船员管理室经理秦江平带领调研组到中远航运进行船员管理工作调研。该调研组听取了船员管理部工作情况汇报，并就船员管理工作等有关问题与船员管理部进行了研讨。（黄森民）

【船员一处简介】 2007 年 10 月 1 日，原广远船员公司船员管理一部转制为中远航运船员管理部船员一处（以下简称船员一处）并正式运作。船员一处主要职责是负责制定本处船员调配计划，熟悉并掌握船员岗位技能总体情况；船员调配管理工作，为船舶选派合格、持证、健康船员；船员思想政治工作和船舶党支部建设；接待来访的船员及家属，并协助职能部门处理相关事宜；对违纪船员的调查，并提出处理意见；船员的使用、教育、考核工作；承办并上报船员任职、培训、提升、奖惩、辞退以及审核续签、终止、解除劳动合同等工作。船员一处负责中远航运45艘船舶、2239名船员的调配管理工作。时任经理林光桂，副经理徐琦武。员工11人。

（刘小苑）

【船员一处工作概况】　2007年10月1日至年底，船员一处完成船员调配393人次，办理退休手续14人，办理退养手续15人；对28艘次航行沿海船舶进行安全提示，有效地促进了船舶的安全生产；实施船员教育培训“红树林”工程，传达中共十七大精神，宣传船员管理改革和船员工资改革的重要意义，做好船员队伍稳定工作，并提出船舶冬季安全管理工作要求，上船前培训教育393人次，其中船长9人、政委8人、轮机长6人；提升干部船员23人；现场考核船舶16艘次，其中优秀6艘次、占考核船舶总数的37.5%，良好10艘次、占考核船舶总数的62.5%；加强船舶党建工作，发展党员17人，预备党员转正8人。（刘小苑）

【采取紧急措施救治危病船员】　2007年10月21日，“碧江”轮航行在南美海岸。船上电工龙贵光突然感到不适，一时无法说话。该轮船医诊断为急性脑血管疾病，情况非常紧急。船上即向中远航运报告。中远航运CEO姜立军、党委副书记兼常务副总经理赖奕光得知此事后，高度重视，立即指示不惜一切代价进行救治。船舶调度周小勇按照高管要求，提前和智利代理联系，请求协助。智利移民局深为中远航运救人心切的诚意所打动，打破常规同意在引水站将龙贵光接下船治疗。27日，中远代理、查卡布科港港长、智利海军代表和三名医护人员在引水站登上了“碧江”轮，观察龙贵光的病情，船上随即派人将龙贵光送进当地的医院接受治疗。经医生诊断，龙贵光为左脑区域动脉梗塞，导致肢体麻木和语言障碍。由于及时采取措施送医院救治，龙贵光病情得到控制。为确保治疗效果，中远航运高管提出将龙贵光送到智利首都最好的医院治疗。11月2日，龙贵光病情初步稳定，即转入智利首都圣地亚哥的德国医院治疗。中国驻智利大使馆特聘请了一名华人翻译全天候协助治疗沟通。在医院的精心治疗下，龙贵光的病情逐步稳定、好转。6日，龙贵光在2名船员的陪护下，于18日抵达广州接受后续治疗。（刘小苑）

【船岸协力抢救患病船员林永川】　2007年11月3日，“乐山”轮航行在莫桑比克海峡马达加斯加西北沿海海域。船上一水林永川出现头痛、发冷、四肢乏力、高烧等症状。4日，病情进一步加重，经船医诊治，不见缓解。6日，林永川持续高烧，四肢乏力、头痛、抽搐，出现病危状态。船医当即报告船长林煌章：病人情况危急。船长、政委决定：一方面立即报告中远航运，请求岸基支援；一方面准备附近海区沿岸港口的有关海图等资料，以备随时靠港。为了救治船员，中远航运决定船舶挂靠就近港口送岸医治。7日，主管非洲航线的船长梁志海电话通知“乐山”轮更改航向，全速驶往190海里外的马达加斯加的安齐拉纳纳港。与此同时，中远航运派人到广州医学院第一附属医院请求医疗援助，并在医院通过卫通电话由该院感染科主任曾文铤与船医对病人进行电话会诊，指导治疗，为病人离船救治赢得了宝贵时间。梁志海与中远非洲总代理、当地港口代理、中国援马医疗队、中国驻马达加斯加大使馆联系，请求中国驻马大使馆安排直升飞机接病人离船救治。8 日 6 时许，一架由中远航运租用的直升飞机载着林永川由马达加斯加的安齐拉纳纳港飞往 800 多公里外的马达加斯加首都塔那那利佛。9 时许，病人被救护车送往马首都条件最好的医院，并安排中方医疗专家共同治疗。经过几天的救治，林永川通过越洋电话向中远航运报告，身体已基本恢复正常。18 日，林永川从塔那那利佛安全抵达广州继续治疗。（刘小苑）

【船员二处简介】 2007 年 10 月 1 日，原广远船员公司船员管理二部改制为中远航运船员管理部船员二处（以下简称船员二处）并正式运作。主要职责是负责制定本处船员调配计划，熟悉并掌握船员岗位技能总体情况；船员调配管理工作，为船舶选派合格、持证、健康船员；船员思想政治工作和船舶党支部建设；接待来访船员及家属，并协助职能部门处理相关事宜；对违纪船员的调查，并提出处理意见；船员的使用、教育、考核工作；承办并上报船员任职、培训、提升、奖惩、辞退以及审核续签、终止、解除劳动合同等工作。船员二处负责中远航运 41 艘船舶、1855 名船员（不含外聘工）的调配管理工作。时任经理陆润洪，副经理李国才。员工 11 人。（李春华）

【船员二处工作概况】 2007 年 10 月 1 日至年底，船员二处认真执行《中远集团船员调配工作标准》和中远航运质量体系文件，按照调配程序，选好船员，配强班子，加强教育，重点指导，完成船员换班 27 艘次，其中，在国外换班 3 艘次，换班船员 110 人；坚持“安全第一，预防为主”方针，以船员管理改革及开展船员培训教育“红树林”工程活动为契机，加大船员派前培训教育力度，强化安全意识，举办船员上船前教育培训班 22 班次，参加学习的船员 110 人；与船长、政委、轮机长上船前谈话 35 人（其中，船长 16 人、政委 11 人、轮机长 8 人）；认真做好船员队伍结构调整工作，加快年轻船员培养，全面提高船员队伍综合素质，选派船员参加各种培训班 8 班次，培训船员 72 人次，其中考船长 9 人、考大副 8 人、考轮机长 6 人、考大管轮 12 人，提升其他干部船员 37 人；“驾通合一”培训 23 人，船舶保安培训 10 人，办理各种证书 233 本，办理退休 12 人，办理退养手续 7 人；加强跟踪管理，对抵国内港口船舶检查考核，加大对重点航线、重点港口、重点船舶及重点人员的跟踪监控力度，对劳动安全保护工作进行预控，避免发生人员伤亡事故，其中，电报提醒 113 艘次，电话提醒 116 艘次；认真做好思想政治工作和宣传教育工作，推荐选拔船舶政委苗子 2 名，选派 8 名船舶政委、2 名政委苗子参加政委轮训班；发展党员 13 名，预备党员转正 9 名。是年，船员二处 QC 小组 2 项活动课题获得广远的表彰奖励。（李春华）

【“大西洋商人”轮 2 次成功防范海盗袭击】 2007 年 11 月，“大西洋商人”轮执行红海苏丹港运输生产任务。该轮针对索马里海域海盗活动猖獗的特点，周密组织安排防盗巡逻。3 日，该轮航行至距索马里海岸 260 海里处，发现 2 艘小艇飞快靠近，船长立即拉响防海盗警报，政委组织船员按照防海盗应急部署，迅速展开防海盗行动。船员们用铁棍、高压水枪、啤酒瓶等工具阻止海盗登船。海盗见无机可乘，便匆匆离去。约 1 个半小时后，该轮又发现有 7 艘小艇以每小时 20 节速度逼近并企图登轮。船上驾驶台再次拉响防海盗警报，船员们立即携带工具，迅速按照防海盗应急部署再次展开防海盗行动。船员们与海盗相持了 1 个多小时，海盗见无机可乘，只好离去。该轮先后在索马里海域 2 次遭遇海盗艇的威胁，由于准备充分，防御得当，避免了海盗袭击事件的发生，保证了船员生命、船舶和货物的安全。

（李春华）

【船员三处简介】 2007 年 10 月 1 日，原广远船员公司劳务外派一部、二部改制为中远航运船员管理部船员三处并正式运作（以下简称船员三处）。主要职责是负责制定本处船员调配计划，熟悉并掌握船员岗位技能总体情况；负责船员调配管理工作，为船舶选派合格、持证、健康船员；负责船员思想政治工作和船舶党支部建设；接待来访船员及家属，并协助职能部门处理相关事宜；对违纪船员的调查，并提出处理意见；负责船员的使用、教育、考核工作；承办并上报船员任职、培训、提升、奖惩、辞退以及审核续签、终止、解除劳动合同等工作。船员三处负责中远航运自营船以外的 11 家合作船东、45 艘（其中全套 44 艘、半套 1 艘）船舶的 2058 名船员的调配管理工作。时任经理李锐源，副经理黄春生、崔健。员工 18 人。

（练锦荣）

【船员三处工作概况】 2007 年 10 月 1 日至年底，船员三处完成修改、完善部门体系文件；按照配好配强班子原则，科学搭配、严格把关，为外派船舶提供持证、健康、合格的船员；坚持对船员派前办班教育以及主要干部船员上船前谈话等，强化船员安全意识和服从、服务意识；配合相关部门做好船员岗前培训工作，实施船员教育培训“红树林”工程；加强船舶现场管理，分别对抵国内港口的船舶进行检查考核；完成“嘉强”、“高强”、“劳拉塔”、“康富”、“志强”、“欢乐”轮等 6 艘船舶外派工作移交任务；接收“福宁湾”轮外派任务；抓好船员管理改革和船员工资改革的宣传工作，保证了船员队伍的稳定；认真指导船舶党支部学习贯彻中共十七大精神，加强船舶党建工作，发展党员 17 名、预备党员转正 9 名。是年，船员三处所属外派船舶安全生产和综合治理均取得优异成绩。（练锦荣）

【业务管理处简介】 2007 年 9 月，广远对船员管理进行改革，原船员公司办公室、业务部合并为中远航运船员管理部业务管理处（以下简称业务管理处），10 月 1 日新机构正式运作。主要职责是负责劳务业务洽谈、管理，客户关系维护，租赁合同管理工作；负责船员租金的催收工作；负责相关数据汇总和上报工作；负责船员管理行政事务日常工作和文秘工作；办理船员出境证明、后勤管理、计划生育管理；负责船员、船舶邮件的收发工作；负责船员劳务政策研究、信息收集等工作；受中远航运总经办的委托负责船员管理中的车辆使用调配管理工作；负责船员管理部的重要会务和日常行政事务等后勤管理工作。时任经理邱进宗，副经理黄森民。员工8人。（黄森民）

【业务管理处工作概况】 2007年10月1日，业务管理处正式运作。业务管理处按照其工作职能要求，建立包括工作职责、工作须知、管理规定等在内的体系文件，以及开展相应的工作；与散货、杂货、木材、沥青、汽车类型共计23家船东继续签订船员外派租赁合同，建立和完善各项规章制度，编写《岸基船员劳务市场及客户管理操作须知》、《岸基船东满意度调查操作须知》、《船岸船员计划生育管理规定》、《海员出境证明管理办法》、《岸基公司劳务输出资格证书管理规定》等须知和管理规定等体系文件25个；完成2007年船员管理工作总结和2008年工作计划、2007年船员管理部安全管理工作总结与评估；完成12期工作信息编写与上报工作；完成12期船舶港口动态信息编写公布工作；完成船员管理部梯间走廊等办公环境的改造装修工程以及监理工作；完善企业文化建设工作，做好办公用品采购、发放管理和电脑、复印机、打印机等办公设备的维护保养以及费用核算工作；按国家计划生育管理条例和企业有关规定，及时审核船员计划生育退休一次性奖励金发放，办理船员计划生育手续53人次，完成独生子女或无子女退休职工优待奖励金动态122人，计135万余元，船员年度计划生育审验证212名，计划生育没有发生违规问题；加强车辆使用管理，严格用车流程，切实做好安全管理工作，公务派车685车次，安全行车7380公里；完成2006年文件、材料、整理、立卷、归档工作；处理OA文件共63份；完成密件、机密件呈报、传阅共8份，做到安全无误；做好9523封国内外信件、报纸、杂志的收发工作；办理船员各种证书盖印共1152人次；办理船舶船员出境证明书185份326人次；完成2007年精益管理活动的总结上报工作；积极协助船员调配部门做好船员管理相关工作以及有关信息反馈、情况上报等工作。

（黄森民）

【党委工作处简介】 2007年10月1日，随着广远船员公司体制改革，原船员公司党委工作部改制为中远航运船员管理部党委工作处（以下简称党委工作处）。主要职责是：负责船员管理部党委、纪委、团委日常工作和文秘工作；负责船员思想政治教育、职业道德教育、爱国主义教育、企业文化宣传，以及违法、违纪船员等查处工作；负责党团组织建设，指导船舶党支部工作、党员教育工作；负责指导、督促船舶开展两个文明建设。时任主任易宝森（兼），副主任沈利。员工6人。

（沈利）

【党委工作处工作概况】 2007年10月1日，党委工作处正式运作。党委工作处按照现代企业制度和中远航运流程管理的要求，认真建立健全体系文件和工作须知，完成船员管理部各处党支部调整和支委改选工作；抓好中共十七大精神学习贯彻，编发10期中共十七大精神学习资料发船，召开船员学习贯彻中共十七大精神动员会，有力地促进中共十七大精神在船舶的贯彻落实；认真组织、完成“三服务一促进”主题实践活动的总结和评议工作；编发船员管理改革和船员工资改革宣传提纲，加大改革宣传教育力度，确保船员队伍稳定；组织完成在职政委第二期轮训工作和11名政委苗子选拔、培训工作，向中远集团组织部呈报3份事迹材料，向广远政研会报送了7篇论文；做好宣传报道工作，撰写9期《中远航运简讯》的船舶、船员稿件和第四季度派前教育提纲，对外报道了船舶学习贯彻中共十七大精神情况和中远航运救治“碧江”轮病号船员的情况；完成制作招生宣传广告和VCD光碟；发展船员党员47人，预备党员转正26人。

（沈利）

【召开宣传船员管理改革会议】　为了做好船员管理改革的思想工作，2007年10月19日，船员管理部召开广州地区休假的高级船员会议，31人与会。在会上，船员管理部总经理尤扬斌作了动员讲话，阐述船员管理改革的重大意义，强调每一个船员都要积极投身到改革之中，无论怎样改革，船舶安全工作仍然是重中之重，务必抓紧抓好。船员管理部党委书记林耀强传达了船员管理改革方案，要求船员服从大局、支持改革、参与改革，希望与会船员在改革中发挥骨干作用，为稳定船员队伍多做贡献。（梁树添）

【召开船员学习贯彻中共十七大精神动员会】　2007年10月31日，船员管理部党委在广州海员学校召开船员学习贯彻中共十七大精神动员会。参加动员会的有广州地区休假船员和在广州海校学习培训的船员共98人。动员会由船员管理部副总经理梁伟民主持。船员管理部党委书记林耀强传达中远集团总裁魏家福、党组书记张富生在中远集团传达贯彻中共十七大精神会议上的讲话精神，并结合船舶实际对学习贯彻中共十七大精神提出要求。

（梁树添）

【举办2007年第二期船舶政委轮训班】
2007年11月12～25日，船员管理部在广远党校举办2007年第二期船舶政委轮训班。参加这期船舶政委轮训班的共有33名在职政委和11名政委苗子。中远航运党委副书记、常务副总经理赖奕光，船员管理部党委书记林耀强参加轮训班的开学典礼。培训班开设“传达中共十七大精神”、“党建理论”、“领导班子建设”、“现代企业管理及中远航运全面流程管理”、“发展规划与远景”、“怎样当好船舶政委”、“思想工作”、“安全管理”、“企业文化”、“工会、共青团工作”、“法律法规”等专题。轮训班学习内容丰富，切合实际。通过学习，有效提高政委们的业务能力，增强政委们做好工作的信心和决心。（梁树添）

【团委组织开展“金点子”活动】　2007年第四季度，船员管理部团委按照广远团委和中远航运团委的要求，在船舶团支部

中开展“金点子”活动。各轮团支部积极响应船员管理部团委号召，紧密结合实际，以安全生产、提高效益、节能降耗为中心，提出了很多好的意见和建议。（沈利）

【综合管理处简介】 2007年10月1日，原广远船员公司工会改制为中远航运船员管理部综合管理处（以下简称综合管理处）。主要职责是负责工会工作和船员调配部门以外的船员管理工作；负责船舶工会主席、劳动保护检查员的考核、指导工作；负责船舶的民主管理以及船务公开等工作的组织实施；组织船舶开展“安全在我身边，降本增效从我做起”及开展“岗位练兵”等各项活动；组织船舶开展创先争优活动并做好各项评先工作；组织船舶开展各种文体活动；劳动争议的调解工作；工会经费管理；管理船员家属联络站和核发各项经费工作，以及船员、家属的接待、信访、慰问工作；负责内部退养、病号和不适岗船员管理，以及工伤、病号、伤残船员的跟踪管理；工伤死亡船员的善后处理等。时任经理段腊春、副经理崔一立。员工9人。（刘志建）

【综合管理处工作概况】 2007年10月1日，综合管理处正式运作。综合管理处按照现代企业制度和中远航运流程管理的要求，从建立健全规章制度，规范工作程序入手，先后建立和完善了操作须知18份；组织船舶开展岗位练兵活动，选拔优秀水手进行强化训练并参加广东省首届“海员杯”船舶水手技能大赛，取得优异成绩；做好新托管船员的清理工作，恢复了9人派船，15人解除劳动关系；协助办理船员退养、退休工作；接收各调配部门退养、伤病及借用船员；对船舶工会主席、劳保检查员进行考核，按绩效发放津贴；为船员办理、寄发供养直系亲属劳保诊疗证工作；为船员申报、寄发生活困难补助费；为船员办理亲属申报、寄发丧葬费；对工伤死亡船员抚恤对象寄发调查信；组织船舶开展岗位练兵活动；组织年度先进评比工作；为船员发放疗养费；对船员家属联络站工作进行具体指导，发放家属联络站管理费；做好病故船员和协助做好在船死亡船员的善后处理工作；做好困难船员家庭子女申报和发放希望工程助学金、高教助学金的工作；收缴船舶工会费；做好船员和家属的来信来访工作；核销船舶文体活动费等工作。（刘志建）

大连办事处

【大连办事处简介】 大连办事处2007年8月1日前隶属广远管理。2007年8月1日后划归中远航运，隶属中远航运总经理办管理，更名为“中远航运股份有限公司驻大连办事处”（以下简称大连办事处），成为中远航运派出机构，代表中远航运处理中远航运在辽宁地区的工作事务，主要职责是负责中远航运抵葫芦岛港、锦州港、营口鲅鱼圈港、丹东港、大连及周边港口的船舶现场管理工作，对船舶进行安全检查、督促和布置其他工作；负责与港口及有关部门的沟通，做好疏港抓船期工作；为船舶和船员提供优质服务；妥善处理船上突发事件；协助中远航运和广远有关部门对家居大连地区的船员、家属以及物业进行管理；完成中远航运交办的事宜。时任主任许明顺。员工5人。（许明顺）

【大连办事处工作概况】 2007年，中远航运及广远所属各航运公司船舶抵靠辖区港口计65艘次（中鞍航运船舶和广远外派船舶36艘次不计在内），船舶在港平均停时为1.742天/艘次，与2006年同比减少0.358天/艘次，下降17%，比原广远下达降低4%的工作指标超额完成13%；船舶在港非生产性停时为0.18天/艘次；节省船期约25天，按本年市场租金水平计算，可创收逾40万美元；全年共接待上下船船员255人次，办理应急体检和防疫注射18人次，接送到船探亲船员家属63人次；看望慰问患病船员及家属42人次，协助处理、照料因工受伤住院船员4人；节日慰问特困户船员11户次、慰问船舶8艘次；抵港船舶现场安全督导60艘次，协同中远航运及广远所属航运公司船舶安全检查12艘次，陪同中远集团督导员安全检查船舶16艘次，协调海事局安全检查船舶8艘次；协助处理船舶在港应急事件1起；完成15艘次危险品装运任务，安全率达100%；转运船舶备件、代购或转递航海图书58票次，协助安排通导设备修理17项次；安排船舶借支130万元；协助广远出售房改房14套，回笼资金逾20万元；协助广远物业公司对大连船员住宅维修多起；审核、协助船员办理住房货币补贴补差登记表450余份、签署意见书300余份；为船员转签中远航远劳动合同120份；接待中远航运、广远各下属公司和下属航运公司各类来连出差人员48人次，安排会议活动4次；1~7月召集驻地退休人员活动6批次、600余人，组织休假船员和船员家属联络站传达学习广远工作会议精神2次、130人，上船传达14艘次。是年，大连办事处被广远党委评为2006~2007年度“先进党支部”，被广远工会授予“先进家属联络总站”，被大连市政府授予“外地驻连先进单位”并通报表彰。（许明顺）

【统筹协调抓船期】 2007年2月12日，中远航运“三江口”、“关河口”轮同日抵达大连港装运出口火车厢。由于“关河口”轮克令吊有故障，须修理调试后才能作业，作业区出于泊位紧张等原因，不同意“关河口”轮靠泊修理。大连办事处考虑“关河口”轮老旧船起重设备修理难度大，在锚地修理交通不方便，并要支付高额拖轮交通费用。为此，大连办事处领导到港务局总调协调。在港方大力支持和协助下，“关河口”轮当日傍晚靠泊修理。在装货过程中，“三江口”轮和“关河口”轮2艘船克令吊均出现故障，一时无法解决备件更换问题，势必造成工班待时，影响船期。在中远航运机务主管的指导下，该办事处在现场协助船舶采取交替使用克令吊可用部件，使2轮加快了装货进度，节省了3~4天船期。（许明顺）

【协助中远远达船舶快速卸货】 2007年大年除夕，中远远达“白沙岭”轮在鲅鱼圈港卸矿砂已近完货阶段。按港口惯例除夕夜工人放假不安排作业，这势必影响船期。大连办事处积极与港口调度部门协调，获得港方支持，安排工人破例抢卸，使该轮于大年初一早上顺利完货开航。6月24日，中远远达租入船“ELTANIN”轮到大连港卸散矿4.6万吨。由于该轮每天要付出昂贵的租金，中远远达请大连办事处与港口协调沟通。得到港方的大力支持，港方同意在矿砂码头指定泊位一时无法空出的情况下，安排在一个非外轮泊位卸货，使该轮抵港直靠。在卸货过程中，由于矿砂中混有部分大块矿石，造成卸货机械传送带漏斗卡死，卸货速度慢，预计一周内难以卸完。大连办事处又协助中远远达请求港口让船移泊到大连港改用岸吊抓斗卸货，得到港口支持，使船舶顺利完货开航，避免了巨额租金损失。（许明顺）

【协助广远物业公司维修船员住房】 位于大连市西麓街14－18号船员住宅楼由于楼顶防水层老化，雨雪天气顶层家家漏水，给船员家庭造成很大的苦恼。2007年，大连办事处积极协助广远物业公司对该楼顶部进行了永久性的大修，并于6月底雨季来临之前竣工。（许明顺）

【成立中远航运大连办事处】 2007年8月1日，中远航运成立中远航运驻大连办事处。大连市政府办公厅于8月31日正式批准。9月，新成立的大连办事处与广远离退休管理中心对大连地区退休船员日常管理工作进行了交接；与广远物业公司对大连地区公司房产和管理工作进行移交。上述交接顺利，平稳过渡。（许明顺）

【宣传改革精神，推进船员劳动合同转签工作】 2007年10月1日开始，原属广远劳动关系的船员转到中远航运。部分船员及家属不甚了解此次改革的重大意义，产生诸多顾虑和疑惑。大连办事处为配合快速推进此项工作的进程，大力开展宣传工作，并组织船员家属联络站对休假船员进行宣传、讲解，耐心听取意见并解答各种询问，并主动派人到抵港船舶对船员做宣传工作。至年末，该办事处共协助中远航运人事部门转签船员劳动合同103份。

（许明顺）

【履行对船舶现场安全督导职责】 2007年，大连办事处主任许明顺兼任船舶安全生产现场督导员，负责抵港船舶现场安全检查督导工作。全年对抵港船舶58艘次进行检查督导，并积极协调配合广远所属航运公司、上级机关、海事部门的安全检查，有力地促进了抵港船舶在港期间的安全生产。（许明顺）

天津办事处

【天津办事处简介】 天津办事处2007年8月1日前隶属广远管理。8月1日后隶属中远航运总经理办管理，更名为“中远航运股份有限公司驻天津办事处”（以下简称天津办事处），成为中远航运派出机构，代表中远航运处理在天津、华北地区的工作事务。主要职责是对中远航运抵天津、华北各港口的船舶进行现场管理，对船舶进行安全检查、督促和布置其他工作；与港口及有关部门的沟通，做好船舶疏港抓船期工作；为船舶和船员提供优质服务；妥善处理船上突发事件；协助中远航运和广远有关部门对家居天津地区的船员、家属及物业进行管理；完成中远航运交办的其他事宜。时任主任张秀河。员工5人。

（张秀河）

【天津办事处工作概况】 2007年，天津办事处积极推进精益管理理念，认真贯彻“以人为本，共建和谐”的指导思想，始终坚持“安全第一，防止污染，以人为本，持续发展”安全管理方针，抓现场管理，加大疏港力度，指导并协助船上工作，解决和处理好船上提出的问题，协调处理好口岸各单位的工作关系，及时解决处理好船员换班事宜，高效优质地为船舶服务。

（张秀河）

【加强沟通，减少船舶在港停时】 2007年1~6月，广远船舶在天津港非生产停泊时间较长，其主要原因：一是天津地区经常有大雾天气，海事局常因有雾而封航道；二是可用的杂货码头仅有17个（其中，有6个在没有散矿船的情况下才可使用），而私营船队迅速兴起，竞争加剧；三是天津港年吞吐量指标已提高到每年3亿吨，广远货物港口占有率太低，对天津港指标的完成无足轻重；四是广远运输的货物主要是设备和大件货物，装船时需要装船辅助设备，有的大件吊装时需外租吊装设备；五是装运危险品货物需执行相关规定，靠泊时要受到不同程度的影响。以上原因造成船舶平均在港停时10.54天。为了减少船舶在港停时，天津办事处专门进行研究，并加大疏港力度，对港口有关部门进行不定期拜访，加强沟通交流，取得港方的支持和配合，想尽办法加快船舶货物的装卸。通过天津办事处、港方和船舶的努力，中远航运和广远下属航运公司7~12月份抵天津港船舶平均在港停时减少为4.3904天。没有发生因货物装载问题和办事处现场管理责任而延误船期的现象。

（张秀河）

【成立中远航运天津办事处】 2007年8月1日，中远航运成立中远航运天津办事处，并聘任相关人员，代表中远航运处理华北地区船舶及船员事务。天津办事处实行规范管理，执行中远航运《国内港口办事处管理规定》、《国内港口办事处公章管理规定》、《港口办事处证照管理规定》、《港口办事处接待客人管理规定》、《港口办事处员工管理规定》、《港口办事处标识管理规定》、《国内港口车辆管理规定》、《港口办事处船舶航运现场管理规定》、《办事处船舶安全现场管理规定》、《港口办事处财务管理规定》。（张秀河）

【首席执行官姜立军与天津办事处职工座谈】 2007年10月31日，中远航运首席执行官姜立军到天津办事处看望天津办事处员工，与员工们进行亲切交谈。姜立军深入了解员工生活状况，了解办事处现场管理情况，关切地询问现场工作存在哪些问题，需要企业给予哪些方面的支持，并勉励员工们要尽职尽责，全面完成企业交办的各项任务。（张秀河）

【加强航运现场管理】 2007年，中远航运和广远所属各航运公司船舶挂靠天津辖区（天津、秦皇岛、京唐、黄骅、唐山港）船舶共计291艘次，其中，天津港挂靠装卸货物船舶共234艘次，出口货物装运量达171万吨，进口货物运量达32万吨。天津办事处工作人员抓紧船期，协助做好抵港船舶配载工作，提高装卸速度。船舶平均在港总停时为6.2863天，船舶生产平均在港停时为2.9564天，船舶平均非生产停时3.3206天。（张秀河）

【加强船舶现场安全管理】 2007年，天津办事处对中远航运及广远下属各航运公司83艘来港船舶进行安全检查，重点是对照检查安全隐患排查工作的落实情况及关于做好冬季安全生产工作专项督察的学习、培训、落实情况，把老龄或超老龄船舶作为工作的重点进行布置。全年，天津办事处陪同北京督察组检查船舶42艘次，陪同海事局检查船舶9艘次，协助船舶办理卫生及除鼠证书9艘次，协助办理保安体系外审船舶8艘次，协助送船海图资料777张册。（张秀河）

【热心为船员办实事】 2007年，天津办事处工作人员热心为船员做好事、办实事。全年接送船员办理上下船手续2000余人次，500多批次，为企业节约费用30多万元；协助在船船员办理体检400多人次，组织接班船员岗前培训686人次，办理船员转签劳动合同151人次。（张秀河）

青岛办事处

【青岛办事处简介】 青岛办事处2007年8月1日前隶属广远。8月1日后划归中远航运，隶属中远航运总经理办管理，更名为“中远航运股份有限公司驻青岛办事处”（以下简称青岛办事处）成为中远航运派出机构，代表中远航运处理中远航运在山东地区的工作事务。主要职责是负责中远航运抵威海、石臼、蓬莱、龙口、烟台、岚山、日照、青岛港的船舶现场管理工作；对船舶安全生产进行检查、督促和布置工作；负责与港口及有关部门的沟通，做好疏港抓船期工作；为船舶和船员提供优质服务；妥善处理船上突发事件；协助中远航运和广远有关部门对家居青岛地区的船员、家属及物业进行管理；完成中远航运交办的其他事宜。时任办事处主任毛洪泉。员工3人。（毛洪泉）

【青岛办事处工作概况】 2007年，青岛办事处较好地完成现场管理工作。全年抵达青岛所辖港口的中远航运及广远所属各航运公司船舶共80艘次，其中，中远航运68艘次，中远远达7艘次，中远南方沥青5艘次。装卸货量共76.63万计费吨，船舶平均在港总停时3.87天。1～7月，青岛办事处对船舶安全检查10艘次，陪同广远华北安全检查组检查4艘次，陪同中远集团督导员检查2艘次，陪同海事局检查1艘次，并及时向抵港船舶传达落实安全通电、安全会议纪要和领导的重要讲话等。8月至年底，按中远航运体系文件和办事处职责，协助船舶安全主管人员全面做好各项安全工作。全年接待交接班船员161人次，办理出入境手续173人次，接待探亲船员家属21人次，提供船舶借支190万元，代发船员工资215万元，对到青岛船员学院学习的32名船员进行了开班教育，给船舶取送备件、资料、信件等，做到快捷、安全。在党建和精神文明建设方面，坚持健全党的组织，成立了青岛办事处党小组，组织员工学习中共十七大精神。

（毛洪泉）

【春节前夕慰问船员】 2007年2月16日（农历腊月二十九日），青岛办事处主任毛洪泉代表企业领导慰问刚刚抵达西霞口船厂进行岁修的“平江”轮和停靠在烟台莱佛士造船厂的“泰安口”轮船员，并送上春节慰问品。毛洪泉还分别向2轮船员传达了2007年广远职代会精神。

（毛洪泉）

【协助举办“亲情祝安全”活动】 2007年4月18日，青岛办事处受广远船员公司党委委托召集家居青岛船员开会，由广远船员公司党委书记林耀强与到会者进行座谈。船员家属站站长、船长、轮机长家属共10名船员家属代表参会。会上，林耀强通报了安全生产和开展“亲情祝安全”活动的情况，并就进一步开展这一活动作了安排。青岛办事处主任毛洪泉就青岛小组进行“亲情祝安全”活动的内容和形式做了介绍。座谈中，船员家属代表从远洋运输特点和亲情出发，畅所欲言，为船舶的安全生产出谋划策，有的船员家属代表在会上还满怀激情地写下了“安全心语”，寄往广远工会和《广州远洋》编辑部。

（张志耘）

【细心为船员服务】 2007年6月17日，“富阳山”轮抵青岛装货，有部分船员换班。接班医生宋延浩18日下午抵青岛办事处报到，青岛办事处检查证件时发现宋延浩《海员证》、《服务簿》等证件未带。经询本人称：已由广远寄往青岛。青岛办事处工作人员恐怕不落实，担心船舶因证件不齐，影响船期，即与广远调配部门人员联系，得知宋延浩是外聘深圳公司船员，证件不在广远。青岛办事处工作人员不厌其烦地与深圳公司联系，得知宋延浩的证件已寄往老家徐州市。于是，又与宋延浩老家联系，并告知立即用快件寄青岛办事处。次日18时收到宋延浩老家所寄证件，随即办妥有关手续将宋延浩送上“富阳山”轮。（刘建全）

【协助中远远达租入船卸货疏港】 2007年6月，岚山港压港严重。21日，中远远达要求青岛办事处派人去岚山港协助为租入船“DIGNITYT”轮疏港。22日，青岛办事处主任毛洪泉和中远远达业务员余峥前往岚山港，拜访岚山港主管生产领导，说明租入船“DIGNITYT”轮到该港卸镍矿6.2万吨，时间紧，任务重，费用高，请求协助。得到对方的理解和支持。港方在压港严重的情况下，安排23日抵达岚山港的“DIGNITYT”轮直接靠卸，并且安排好工班加快卸货速度。在港船的通力合作下，该轮仅用了72小时即卸货完毕，创造了岚山港单船日卸镍矿之最。（毛洪泉）

【协助做好会务接待工作】 2007年8月11~12日，中远航运第三届董事会第十五次会议在威海金海湾国际饭店召开。青岛办事处提前数天派人抵达威海，积极协助中远航运投资发展部做了许多周到、细致、热情的接待服务工作，受到与会者的好评。

（毛洪泉）

【首席执行官姜立军到青岛办事处检查工作】 2007年8月14日，中远航运首席执行官姜立军到青岛办事处检查工作，和青岛办事处员工亲切交谈，认真了解青岛办事处员工的工作、学习和生活情况，详细介绍了中远航运的运作机制和扁平化管理模式，并对办事处的工作提出了要求和希望。（毛洪泉）

【拜访烟台港调度部门】 2007年9月15~16日，青岛办事处主任毛洪泉陪同中远航运经营部欧洲线人员毛新民前往烟台，拜访了烟台港务集团调度室领导，以及货主、代理公司人员等，宾主双方就确保船舶抵烟台港直靠、及时备货、服务质量等事宜进行了交流。通过交流，加强相互间的友谊、理解与合作，维护了客户关系，有力促进了船舶在烟台港的卸货工作。

（毛洪泉）

连云港代表处

【连云港代表处简介】 连云港代表2007年8月1日前隶属广远。8月1日后划归中远航运，隶属中远航运总经理办管理，成立“中远航运股份有限公司驻连云港代表处（以下简称连云港代表处），成为中远航运派出机构，代表中远航运处理中远航运在连云港地区的工作事务。主要职责是负责为中远航运抵港船舶进行现场管理工作；对船舶安全生产进行检查、督促和布置工作，与港口及有关部门的沟通，做好疏港抓船期工作；为船舶和船员提供优质服务；妥善处理船上突发事件；完成中远航运交办的其他事宜。时任连云港代表处代表钱春林。（钱春林）

【连云港代表处工作概况】 2007年，连云港代表处按广远、中远航运的部署，较好地完成了各项现场管理工作。全年抵达连云港的船舶共74艘次（其中，中远航运67艘次，其他公司及外派船7艘次），装卸货量共69.01万计费吨，船舶平均在港总停时2.78天。检查和跟踪检查船舶39艘次，督导抵港船舶安全率达100%，抵港船舶的安全生产面达100%。是年，连云港代表处及时向抵港船舶传达落实安全通电、安全会议纪要等。8月份以后按中远航运体系文件和办事处职责，协助船舶安全主管人员全面做好各项安全工作。全年接待船员换班共42艘次，占抵港船舶74艘次的56.8%；办理上下船船员手续，接送上下船船员共529人次，接待、第一时间送上船船员家属达36人次；为接班船员办上船前教育学习班39期；送船舶邮件、资料、备件55艘次，共211件，占抵港船舶74艘次的74.3%，无一件差错；专提专送船舶借资20艘次，占抵港船27%，借资额达421.05万元，无任何差错。（钱春林）

【成立中远航运驻连云港代表处】 2007年9月，中远航运拟在连云港设立代表处，须在当地办理注册手续。当时连云港市政府对于新的外地驻连云港市机构审批条例还没有下达，其时属于停延办理时间。为此，连云港代表钱春林专门拜访连云港市政府有关部门和人员，请求协助。得到连云港市政府有关领导的同意，进行“特事特办”，准予中远航运连云港代表处登记和发证。（钱春林）

【“安庆江”轮船员任开儒伤亡事故现场会】 2007年3月21日，中远航运“安庆江”轮原一水任开儒由于违章操作，被缆桩打中头部，当场不幸死亡。广远领导对此不幸事故高度重视，决定在“安庆江”轮抵国内首港，组织一次“伤亡事故现场会”。4月16日，“安庆江”轮靠泊连云港，广远即在船上召开工伤事故现场会。现场会由广远安全慰问检查组负责组织领导，驻连云港代表钱春林负责安排和主持会议。安全慰问检查组领导、船员公司党委书记林耀强，青岛办事处主任毛洪泉，安全慰问检查组成员王雷、曾远新、庄则平，“安庆江”轮所有非值班人员、准备接班船员、连云港市在家公休船员参加了事故现场会。（钱春林）

【马宗梅春节慰问船员】　2007年2月11～12日，正逢春节期间，广远纪委书记兼工会主席马宗梅和工会办公室主任蔡兆聪到靠港的“晋城”轮慰问船员。马宗梅等人还慰问了连云港困难船员郭三石。

（钱春林）

【港航协作创港口卸镍矿记录】　2007年5月3日16时，中远远达租入船M/V NAVIOS HIOS（娜维斯）轮抵达连云港。该轮是在市场租金较高位时租入的，为了抓船期、节约租金成本，在船舶抵港前，连云港代表与有关部门进行沟通、协调，在连云港港口集团相关部门的支持下，事先做好了泊位、货场等生产环节的安排。中远远达派出副总经理刘海平和业务经理胡冠雄又于3日专程拜访港口相关单位，并得到多方协助。“娜维斯”轮在连云港港口集团新陆桥港务公司的积极配合下，用了不到3天的时间卸完5.2万m/t的粘性红土镍矿，创连云港港口卸该种货量1.8万吨/天的最高记录。　（钱春林）

【协助“项城”轮处理突发事件】　2007年9月16日11时35分，“项城”轮靠妥连云港63泊位，港方安排4个工班作业。刚作业不久，船员突然发现船艉露出水面车叶较严重卷边，立刻向船长报告。船上当时考虑若不及时修理，装完货后修理更困难，甚至无法开航。中远航运机务主管指示，必须抓紧时间修复。连云港代表钱春林闻讯后，紧急联系港方，撤下2个工班，只装1、2舱，使船艉翘起便于抢修，并督促航修厂抢施工进度。这次突发事故虽耽搁重点舱装货18.5小时，但在船岸的共同努力下，不仅把损失时间降到最低限，且保障了船舶航行安全。　（钱春林）

【协助船舶抗台】　2007年9月18日19时到20日12时50分，停泊在连云港的“项城”轮受13号台风“韦帕”影响。船舶根据台风路径情况，决定在原泊位抗台。在此期间，驻连云港代表钱春林始终与船长保持密切联系，协助抗台。在上级的正确指导和船员的共同努力下，“项城”轮成功地抗击了9级以上大风，保证了船舶安全无损。　（钱春林）

【协助船舶装货】　2007年9月18日，中远航运“项城”轮，在连云港装载汽车，由港口船长梁姚兴具体负责指挥协调。由于任务比较艰巨，驻连云港代表钱春林积极配合梁姚兴工作，一起前往调度室、装货工班组协调装货、吊具等事宜，充分利用面积、车与车的安全间距，与港方和船员共同努力，按计划将76辆大客车装妥，又监督船员绑扎，使“项城”轮于21日按时开航。　（钱春林）

上海办事处

【上海办事处简介】　上海办事处2007年8月1日前属广远管理。8月1日后划归中远航运，隶属中远航运总经理办管理，更名为“中远航运股份有限公司驻上海办事处”（以下简称上海办事处），成为中远航运派出机构，代表中远航运处理中远航运在上海和长江内江苏省各港口（除连云港外）以及浙江省的乍浦港地区的工作事务。主要职能是负责中远航运抵上述港口船舶的现场管理工作，对船舶进行安全检查、督促和布置工作；与港口及有关部门的沟通，做好疏港抓船期工作；为船舶和船员提供优质服务；妥善处理船上突发事件；协助中远航运和广远有关部门对家居上海地区的船员、家属和船员家属站以及中远航运交办的其他事宜。时任上海办事处负责人徐宝兴。员工3人。

（徐宝兴）

【上海办事处工作概况】 2007年，上海办事处服务船舶325艘次，为161艘船舶进行安全督导；陪同上级领导对18艘船舶进行工作检查和现场慰问，陪同中远集团安全督导员对31艘船舶进行安全检查；陪同PSC、CCS对25艘船舶进行安全检查；协助处理7艘船舶海事，为207艘船舶送船舶备件及资料；为172艘船舶的换班船员进行岗前培训；接送上下船船员1957人，接送船员家属85人；接待、陪同船员急诊住院4名；为101人办理了临时登轮证；代表企业与339名船员签订了劳动合同；为船舶送船舶备用金1072万元；发放上海地区船员工资810万元；为来往上海地区公休船员报销差旅费40万元，为各船公司代垫款28万元。 （徐宝兴）

【成立上海办事处】 2007年8月1日，中远航运成立上海办事处，并聘任相关人员。上海办事处从机制、结构、人员配备以及任务目标都发生了变化，编制压缩了，人员精简到3人，工作量增加了。办事处员工积极转换角色，调整心态，很快适应新的工作。 （徐宝兴）

【协助救治"富源口"轮船员】 2007年6月7日，"富源口"轮船员张计划在船突感腹部剧痛。上海办事处得知这一消息后，连夜把其接下船，安置在办事处招待所。7日清晨，上海办事处人员送张计划去医院就诊。经检查，诊断为急性阑尾炎，需立即动手术。上海办事处立即为其办理住院手续，准备好住院所需物品。张计划的手术整整做了4个小时，办事处人员也整整等候了4个小时。张计划在医院住院7天，上海办事处经常前往看望、慰问。出院后，上海办事处又妥善地安排其回家休养。

（徐宝兴）

【协助"嘉山关"轮抓船期】 2007年6月，正是上海黄梅雨季节，许多船舶因下雨，无法装卸，而在锚地等泊。21日，"嘉山关"轮抵上海港装货。宝山港务公司码头停靠了一艘装运钢材的外轮，"嘉山关"轮一时无法靠泊。上海办事处获此信息后，为了抓船期，立即赶往现场，与宝山港领导进行沟通协商，最后港方同意外轮离港后，让"嘉山关"轮优先靠泊装货，为企业争取了船期。 （徐宝兴）

【协助办理中远航运上海分公司注册手续】 2007年9月，上海办事处具体承办中远航运上海分公司在上海注册的手续。在经办过程中，上海办事处协助解决了两个难题：一是原广远驻上海办事处的办公地址为上海海宁路55号6楼，按上海市工商局相关文件规定，居民住宅区禁止注册公司。后经过多方努力，乍浦街道同意免费提供的办公大楼地点作为中远航运上海分公司的注册地点。二是上海市工商局在受理申请材料时，发现上海已有几家启用了"中远"字号的公司，如果中远航运上海分公司再启用"中远航运"，则可能会产生相关法律纠纷。当地工商局需要中远集团出具书面说明。这需要时日，影响工作。上海办事处多次与有关部门协商，说明情况，使上海工商局对中远系统有一定的了解，同意由中远航运出具书面说明后即可办理。中远航运上海分公司的注册工作在中远航运总经理办的大力支持协助下，顺利办妥工商、税务登记以及银行开户许可证等手续。（徐宝兴）

【协助“大田”轮抓船期】 2007年11月28日，“大田”轮停靠宝山港，待装215吨重大件货物。船舶重吊突然出现故障，一时难以修复。港务公司调度打电话给上海办事处，提出要把船移到锚地，等待重吊修好后再返靠装货。如果这样，势必影响船期。上海办事处负责人徐宝兴闻讯后立即赶到船上，了解重吊修理情况，一方面督促船上想办法加紧修理；一方面到港务公司进行协商，请求“大田”轮不移离码头，以减少船期损失。得到港务公司领导同意，“大田”轮在码头修好重吊装货按时离港，节约了船期。（徐宝兴）

【上海边防总站授予上海办事处“绿牌诚信”单位】 2007年，上海办事处因办事诚信，被中华人民共和国上海出入境边防检查总站授予“绿牌诚信”单位。“绿牌”表示上海办事处工作人员在上海边防系统上船免予检查，对船员上船可以给予以自查为主的方便和优惠政策。（张永红）

宁波办事处

【宁波办事处简介】 宁波办事处2007年8月1日前隶属广远。8月1日后划归中远航运，隶属中远航运总经理办管理，更名为“中远航运股份有限公司驻宁波办事处”（以下简称宁波办事处），成为中远航运派出机构，代表中远航运处理在浙江省沿海港口宁波、镇海、北仑、舟山、海门、温州地区的工作事务。主要职责是负责中远航运抵上述地区船舶的现场管理工作；对船舶安全生产进行检查、督促和布置工作；负责与港口及有关部门的沟通，做好疏港抓船期工作；为船舶和船员提供优质服务；妥善处理船上突发事件；协助中远航运和广远有关部门对宁波地区的船员、家属以及物业进行管理；完成中远航运交办的其他事宜。时任主任石晓平。

（石晓平）

【宁波办事处工作概况】 2007年，宁波办事处抓好船舶现场管理、热心为船员服务。全年中远航运及广远下属航运公司到港船舶41艘次（其中修船10艘次），船舶在港停时平均为1.53天；安排接送船员换班274人次；送船舶备用金170万元；接待中远航运、广远下属各航运公司来港人员40人次，船员家属12人次；协助船舶抓船期，完成了年初广远领导提出的把船舶在港总停时下降4%的目标。

（石晓平）

【协助“平安海”轮抓船期】 2007年4月21日，中远南方租船“平安海”轮在宁波卸完货后因为有小修项目，计划在19时修好，可以赶次日1时30分的潮水离港。而港口安排在第二天中午的潮水离港。这样要耽误12个小时的船期。宁波办事处获此信息后，即与港方联系，进行协调，取得港方的支持，使船舶按原计划开航。

（石晓平）

【成立中远航运驻宁波办事处】 2007年8月1日，中远航运成立中远航运驻宁波办事处。经报宁波市政府国内经济合作办公室批准，在8月28日领取编号为20708号的驻甬办事机构登记证。办公地址设在：浙江省宁波市人民路75号玛瑙大厦B座9楼。 （石晓平）

厦门办事处

【厦门办事处简介】 2007年8月1日前隶属广远。8月1日后划归中远航运，隶属中远航运总经理办管理，更名为“中远航运股份有限公司驻厦门办事处”（以下简称厦门办事处），成为中远航运派出机构，代表中远航运处理中远航运在福建地区的工作事务。主要职责是负责中远航运抵厦门、三都澳、福州马尾、莆田秀屿、泉州肖厝、后渚、石湖、深沪、漳州、东山等港的船舶现场管理，对船舶进行安全检查、督导和布置任务；与港口及有关部门的沟通，做好疏港抓船期工作；为船舶和船员提供优质服务；妥善处理船上突发事件；协助中远航运和广远有关部门对厦门地区的船员、家属及物业进行管理；完成中远航运交办的事宜。时任主任官雄。

（官雄）

【厦门办事处工作概况】 2007年，厦门办事处在人员少、工作多的情况下，克服种种困难，积极做好船舶现场管理、服务、船舶安全督导、船员上下船接送等工作。中远航运和广远所属航运公司抵港船舶全年为48艘次，船舶在港停时平均为1.16天，安排接送船员452人次，送船舶备用金383.5万元，对船舶进行安全督导检查的船舶40艘次。协助船舶抓紧船期，完成了年初广远领导提出把在港总停时下降4%的目标。 （官雄）

【成立中远航运驻厦门办事处】 2007年8月1日，中远航运成立中远航运驻厦门办事处。厦门办事处经厦门市外贸局批准，9月18日重新注册。 （官雄）

【协助“丹阳”轮抓船期】 2007年8月2日，“丹阳”轮靠泊厦门海沧码头，5日20时装货完毕。因海沧码头一般情况下无夜航，港方拟定该轮6日6时开航。这样则要耽搁10小时船期。经厦门办事处多方面联系，取得港方支持，同意该轮夜航。“丹阳”轮于5日21时开航，节约船期10小时。 （官雄）

【协助“木兰湾”轮抓船期】 2007年8月15日，中远南方“木兰湾”轮在福州港卸货。时值“圣帕”台风即将来临，为避免“圣帕”台风的影响，中远南方要求“木兰湾”轮17日8时必须离开福州港。为了抓船期，厦门办事处人员连夜赶到福州港，联系港口有关部门，进行多方协商，取得港方的支持。在港方的协助下，船舶加快了卸货速度，终于使“木兰湾”轮在17日6时40分离港，避过了“圣帕”台风对该轮影响，并节约3天船期。

（官雄）

湛江办事处

【湛江办事处简介】 湛江办事处2007年8月1日前隶属广远。8月1日后划归中远航运，隶属中远航运总经理办管理，更名为“中远航运股份有限公司驻湛江办事处”（以下简称湛江办事处），成为中远航运派出机构，代表中远航运处理中远航运在湛江及广西、海南地区的工作事务。主要职责是负责中远航运抵湛江、水东、北海、钦州、防城、海口的船舶现场管理工作，对船舶安全生产进行检查、督促和布置工作；做好疏港抓船期工作；为船舶和船员提供优质服务；妥善处理船上突发事件；协助中远航运和广远有关部门对湛江地区的船员、家属以及物业进行管理；完成中远航运交办的事宜。时任主任黄华强。员工3人。（黄华强）

【湛江办事处工作概况】 2007年，湛江办事处所做的主要工作是抓船期。是年，中远航运及广远所属航运公司抵港船舶共102艘/次，平均在港停泊3.17天/艘次，配合有关方面对抵港船舶进行了安全检查，检查率达100%；接待上下船船员276人，接待船员家属41人；探望患病船员12人/次。全年在港船舶安全无事故。

（黄华强）

【协助“橙云”轮抢船期】 2007年8月31日8时，“橙云”轮抵北海港卸货。北海港仅有4个泊位，其中一个为客轮专用，如果同时几艘船舶抵港，势必造成压港。“橙云”轮抵港时，北海港正值压港。为此，湛江办事处提前派人前往疏港。在疏港过程中，了解到靠在3号泊位作业的船舶于18时开航，当时锚地共有3艘船舶，最早的一艘是8月28日抵港，另一艘船舶也在争夺NO3泊位。湛江办事处积极和港方协调，请求帮助。得到港方的支持，给予优先安排，使“橙云”轮当天靠上3号泊位作业。（黄华强）

【协助“乐昌”轮抢船期】 “乐昌”轮原预计2007年9月29日9时抵防城港。湛江办事处事先派人前往疏港，港方同意9月28日9号泊位空出后，将泊位留给“乐昌”轮。不巧“乐昌”轮9月28日航行途中主机突然发生故障，预计10月1日上午才能抵防城港。此时，锚地有6艘船舶等靠。港方称9号泊位不可能给予保留。湛江办事处又前往与港方联系，请求给予协助，得到港方的支持。港方对泊位作了重新安排，将16号泊位留给“乐昌”轮，“乐昌”轮于10月1日13时抵达防城港，直接靠上16号泊位作业。（黄华强）

【协助“庐山”轮抓船期】 2007年12月1日，“庐山”轮抵靠湛江港装货。其时正遇上湛江港压港，已有9艘船舶在锚地排队等泊。湛江办事处与港方积极协商，向港方反映说明“庐山”轮在湛江港装的货物不多，停泊时间较短，请求港方给予优先靠泊，快装快离。港方同意一有泊位空出，即让“庐山”轮靠泊，条件是必须尽快装货，尽快离泊。2日，3号泊位空出，“庐山”轮于2日2时30分靠妥，迅速完货，船舶于2日19时开航。“庐山”轮在港方、湛江办事处、船方的密切配合、共同努力下，靠泊及时，尽快装货，尽早开航，节省了船期。（黄华强）

第二节　中远远达航运有限公司

【中远远达航运有限公司简介】　中远远达原名深圳市蛇口远达航运企业有限公司（简称蛇口远达），成立于1989年7月21日，是由广远与招商局蛇口港务公司（简称招商港务）为利用深圳的特区优势和广远航运管理上的实力，合资组建而成。注册资本300万元，注册地为深圳市蛇口。第一任董事长张胜来，第一任总经理周景林。

1989年12月26日，蛇口远达正式运营。蛇口远达成立之初，广远以“嘉玉海”、“江都”轮折价450万美元投入，占股权的90%；招商港务以现金50万美元投入，占企业股权的10%。从1995年3月10日起，原股东招商港务退出蛇口远达经营管理。2003年5月23日，招商港务将所持有的蛇口远达10%的股权全部转让给广远全资子公司海南船务企业有限公司（现中远南方）。2005年5月16日，企业名称由原“深圳市蛇口航运企业有限公司”变更为“中远远达航运有限公司”，注册资本由原300万元变更为5，800万元。蛇口远达增资后，原股东比例维持不变。2007年10月17日，为简化股权关系，中远远达股东会决定，以2006年12月31日经审计的账面余额为基准，将中远南方持有的中远远达10%股权无偿划拨回广远。至此，该公司成为广远全资子公司，企业类型相应变更为有限责任公司（法人独资）。

中远远达成立之初，拥有“嘉玉海”、“江都”轮2艘船舶。2003年，中远集团实施船舶资产重组，中远远达被首次定位为木材船专业运输公司，并从大连远洋运输公司陆续购入“嘉禾关”轮等4艘木材船，总载重吨52，340吨。2004年9月27日，在广远资产重组改革的大背景下，中远远达重组成立，其成为中远集团专业木材运输船队的定位也进一步明晰。同时，中远远达开始经营国际船舶管理业务，经营管理或安全代管广远及相关船公司船舶共10余艘。

2007年，中远远达拥有“嘉禾关”、“嘉山关”、“嘉荫关”、“白沙岭”轮等专业木材/散杂货两用船4艘，受委托经营管理广远木材/散杂货两用船5艘，总载重吨19.19万吨。主要从事国际木材及散杂货运输经营，主营中国－东南亚、中国－澳新、中国—西非等航线的木材运输。同时，该公司开展国际船舶管理业务，接受委托管理船舶2艘；经营租船业务，当年租入船舶31艘，总载重吨132.5万吨。

中远远达下设业务部、安技部、办公室、财务部4个职能部门。

中远远达设董事会、监事会。时任董事长徐惠兴，董事翁继强、何伟杰、赵寿春、池新旺。监事会主席佟文华，监事谭力、邓伟荣。时任总经理兼党委副书记赵寿春，党委书记兼副总经理龚艳平，副总经理刘海平、曾远祥，财务总监黄雁。员工36人。　（曾艳萍）

【中远远达工作概况】　2007年，中远远达在广远和企业董事会的领导下，按照广远总体部署，认真落实“保安全、增效益、强管理”的工作思路，围绕“安全、效益、发展”三条主线，把握高位，外拓市场，内抓管理，调整结构，高效推进各项工作，全面完成董事会下达的各项任务，效益达到历史最好水平。

2007年，中远远达拥有和控制船舶38艘，完成货运量444.8万吨，为年度考核指标187%，与2006年同比增长75.14%；完成货运周转量为年度考核指标212%，与2006年同比增长71.45%；租船利润总额为年度必保指标的383%，攻坚指标的192%，与2006年同比增长655%；利润总额为年度必保指标的327%，攻坚指标的264%，与2006年同比增长565%。

是年，中远远达及其所属“白沙岭”轮同获广东省直属机关“2005～2007年度文明单位”称号；“西昌海”轮获“2007年全国水运系统安全优秀船舶”称号；企业党委获“广远2006～2007年度先进基层党组织”称号，第一党支部获“广远2006～2007年度先进党支部”称号；中远远达荣获广远“双文明建设先进单位”、“安全生产先进单位”称号；领导班子被广远认定为“四好领导班子”；企业荣获广远精益管理“银河奖”；1个项目获中远集团精益管理“优秀成果奖”；2个项目获广远“星光奖”；“白沙岭”、“西昌海”轮被中远集团评为“华铜海”式船舶、广远优秀船舶；中远远达供油改造QC小组所属“嘉字号船改用重油进出长江”QC项目获得2006～2007年度中远集团、广远级优秀成果奖；财务部获得广远2006～2007年度“巾帼文明岗”称号，黄琴获得广远2006～2007年度“巾帼建功标兵”称号。

（曾艳萍）

航运管理

【业务部简介】 业务部主要职责是负责中远远达市场营销策划、市场开发与研究、客户关系管理、揽货并签订运输合同（含租船业务）、运输生产任务的调度和指挥、航运综合业务、使费运费管理、保险理赔法律事务业务。时任经理刘海平（兼），副经理胡冠雄。员工10人。

（曾艳萍）

【业务部工作概况】 2007年，业务部加大租船工作力度，加强市场开发，创新经营，使各项航运指标比2006年有较大幅度增长。是年，业务部坚持市场调研与经营决策相结合，充分发挥自营船队创效能力，自营船平均租金水平与2006年同比增长75%；积极开拓西非木材运输市场，全年投入船舶8艘次，其中自营船6艘次，租入船2艘次，完成8个航次的运输任务；深化主攻“三重”（重点市场、重点货源、重点客户）的核心营销策略，巩固战略合作关系，基础货源稳定，签订COA合同货164.3万吨，提高运营效果；通过抓船期，提高船速，缩短修船期，避免安全事故和偷渡事件延误船期等，从而加快船舶周转，提高营运效率，船舶在港停时平均为3.99

天。坚持“从拥有向控制转变”，抓住市场机遇，精心做好租船经营，提高新的创效份额，租入船创效取得新突破，全年共租入船舶31艘，载重吨132.5万吨，与2006年同比增加12艘，运力增长2.67倍，完成货运量237.8万吨，实现利润占船队总利润的33.93%，与2006年同比增长654.72%，租入船已成为中远远达新的创效力量。（曾艳萍）

【拓宽租船形式，挖掘利润空间】 2007年，中远远达大力拓展租船形式，有效挖掘利润空间，在统筹考虑市场需求和自身运力基础上，尝试以多种形式、多种身份参与市场活动：1. 以COA合同货为货源依托的定期租船；2. 为弥补承载的COA运力差额或把握市场机会，适时从市场租入船舶的单航次租船；3. 程租租船（即以船东身份与发货人/租家签订运输合同，再以租家身份与原船东签订除运价外都和与发货人/租家相同的运输合同）从中赚取运费差价。如“LONG AN CHENG”、“YONG AN CHENG”轮2船共6个航次即为该种形式；4. 客串经纪从中收取佣金。5. 依据实时货源情况，灵活运用返租手段获取效益最大化。如“RYONG NAM2”轮第7航次和“HAE UN”轮第7航次以略高于成本的价钱返租给原船东1个期租航次，结束后于东南亚交船给中远远达承运印尼铁矿，既避开了南下的风险，又赚取了北上的利润。（洪照道）

【以租入船补充西非航线运力投入】 中远远达2006年度新开辟的西非航线，迅速成为2007年的主力航线。2007年，中远远达为拓展企业在该航线的市场份额，在投入可控自营运力外，首次在市场租入木材船“NEW LEGEND FORTURE”轮和“ATLANTIS PRIDE”轮投入该航线运营。航线运力的补充，有效稳定了中远远达与木材大客户的合作关系，提高了公司在西非木材运输航线的市场份额。

（洪照道）

【租入“SEALINK MAJESTY”轮】 2007年11月15日，中远远达从市场租入载重吨17.8万吨，总长299.55米，船宽47.5米的超大型散装船“SEALINK MAJESTY”轮。该轮船型属好望角型，其载重吨、船宽、总长等各项参数均创下广远租船记录。（洪照道）

【实现运费回收率100%】 2007年，中远远达自有及租入船舶共完成170个航次任务，运费、租金与滞期费实现100%完全回收，超出年初预定的98%运费回收率目标。这是该公司自2004年9月企业重组以来，连续第3年实现运费回收率99.5%以上，有效保证了企业效益的实现。

中远远达的运费回收，实施流程关键点控制，具体体现在6个方面：一是流程有效。中远远达在制定流程时，将整个航运经营各个流程关联起来，将运费回收的前控制点设为揽货流程的合同评审环节；将各流程的风险评估集中到部门每周研讨例会，或紧急研讨会议上，确保对各项目来自相关岗位、后续流程的全方位评估；对难以收回的运费、滞期费通过后期的法律诉讼或理赔程序使其得到保障。二是责任清晰。中远远达对每一笔租金、运费收入的责任人，皆清晰可辨。三是运费回收人员参与合同评审。四是统筹分析，分类管理。中远远达商务人员每天密切跟踪船舶动态，抓住工作重点先急后慢，分类管理。核查应收运费有无到账；哪些船租金到期，哪些船该收运费，哪些航次需进行结算。分类有序，科学管理，有效保证运费回收工作的效率与效力。五是无缝连接，平滑流程。中远远达在催收运费、滞期费过程中做到及时、准确和连续。对各项费用的催收工作一直保持严密的连续性，避免了挂账、纠纷，甚至坏账的风险，做到及时结清航次尾数，确保当期应收的费用当期全部回收。六是加强法律控制。中远远达通过参与合同评审与具体条款确定，对某些争议项目的运费回收成功率大为增加。有效的法律手段进行诉讼或追讨，做到有理有据，有理有节，运费回收率达100%。（曾艳萍　黄琴）

【船舶保险得到全额赔付】　2007年，中远远达船舶保险提赔案件得到全额赔付，赔付率100%。这是自2004年9月中远远达重组成立以来，连续第4年圆满实现该指标。4年来，该公司船舶无大海事海难发生，船舶单损保险案件共33单，均在收到发票的5个工作日内向保险公司提交索赔。全部案件在扣除合同约定免赔额后，均100%得以赔付，无任何拒赔、少赔案件。仅此项为企业索回修理费用93万美元，降低了航运风险和成本。（陈琳）

【强化从业人员防损意识】　2007年，中远远达针对租船业务量剧增的情况，采取各种有效措施，强化对从业人员尤其是业务人员的防损意识，丰富防损知识，提高航运风险防范能力，积极申请加入BIMCO MEMBERSHIP，以最大可能了解租家背景，学习最新租约条款、法律法规，提高业务人员的风险防范意识与安全意识；深入了解租家背景，提前规避与信誉度差的租家/船东合作可能出现的风险；强化业务人员法律风险防范意识，有效把握租金水平及租约中其他相对隐性的条款，在实现企业利益最大化的同时，最大限度地降低营运风险。（陈琳）

【张家港港务集团总裁赵建华来访】
2007年12月2～3日，张家港港务集团总裁赵建华一行4人来访。张家港口岸目前是全国最大的海运进口木材集散地和交易地，木材海运进口量、交易量占全国木材交易量的1/4。是年，中远远达船舶挂靠张家港港口19艘次，货种均为木材。赵建华一行来访，表达了加强合作、互惠互利的良好意愿。中远远达与赵建华一行就装卸效率、有效疏港等细节进行了深入探讨，对关键问题达成一致意见，从而进一步拓展未来的合作空间。（曾艳萍）

【中远澳洲公司总裁刘昌龙一行来访】
2007年3月15日，中远澳洲公司总裁刘昌龙、副总裁刘枫和五星船务代理有限公司总经理刘宇彤一行来访，与中远远达就澳洲木材船运输市场开拓、澳洲COA合同执行、木材船租赁等事宜进行友好磋商，并就下一步如何深化合作达成了共识。
（曾艳萍）

【江西省远洋运输公司总经理赵建岐一行来访】　2007年12月6日，江西省远洋运输公司总经理赵建岐、副总经理余峥等一行3人来访。江西省远洋公司的船舶多为木材、杂货船，与中远远达在业务上有较好的合作空间。赵建岐一行与中远远达领导班子认真探讨了在木材运输领域加强沟通、拓展合作空间等方面的意向，双方均表达了寻求互利互惠合作的良好意愿。

（曾艳萍）

船舶管理

【安技部简介】 安技部主要职责是负责中远远达船舶管理和成本控制、企业管理体系（包括 ISO9001：2000 国际标准、ISM 规则、ISPS 规则的要求）的编制及监管与维护、海务监督和机务监督、船舶技术改造、PSC 检查、环境保护与防污染、通讯导航管理和备件物料、燃润油供应、热工技术指导，货运质量管理与监督；负责中远远达船员租赁、考核工作，保证船舶正常营运；负责中远远达安全质量办公室日常工作。时任经理曾远祥（兼），副经理杨合武。员工 11 人。（曾艳萍）

【安技部工作概况】 2007 年，安技部坚持“安全第一，预防为主”方针，严格执行安全质量管理体系，着力整改安全薄弱环节，使船队安全形势保持稳定，安全面达 100%，防抗台成功率 100%，没有发生上等级的安全事故。是年，安技部深入开展“员工行为安全”自查、“全国安全生产月”和“船舶防碰撞防泄漏”专项整治等主题活动，查找深层次薄弱环节，从严进行缺陷整改和消除隐患；开展各种竞赛活动，推进安全文化建设，提高安全风险辨识和控制能力，增强船员遵章守纪、严格按规程操作的意识和行为；开展船舶现场检查，全年检查船舶 18 艘次；以防碰撞为重点抓航行安全，对雾航、大风浪、防抗台、进出港等复杂海域航行的 316 艘次船舶，实施全程跟踪、监控和指导，保证船舶航行安全；排查安全隐患和薄弱环节，对查出的缺陷，逐项予以整改；加强船舶设备维修保养和安全投入，以船体结构为安全重点，抓好船舶尤其是老龄船的安全管理；以“四机一炉”（即主机、辅机、锚机、舵机和锅炉）、消防救生、甲板设备等为重点，提高日常维修保养水平，增加安全维护投入 3203 万元；加强港口国检查预检指导监督，船舶接受港口国检查 37 艘次，其中无缺陷批注 31 艘次，占 83.74%，与 2006 年同比上升 3.3%；强化细化船员安全培训，大力推进“红树林”工程，以在船培训为重点，以船员安全意识、责任意识和安全技能为主要内容，实施航前培训与在船培训相结合、集中培训与个别培训相结合，全年培训船员 640 人次，提升优秀干部船员 18 人。

（曾艳萍）

【被评为深圳港籍安全管理 A 等级公司】 根据深圳海事局《关于印发〈2007 年度深圳港籍船舶质量报告〉的通知》（深海事［2008］22 号），中远远达被评为深圳辖区 A 等级船公司。深圳港籍航运公司安全管理评级是依据 2007 年 2 月 1 日正式实施的《深圳港籍船舶质量综合管理办法》，按照船公司及其所属船舶在评级年度内的安全管理记录、PSC 或 FSC 检查结果、事故发生情况等数据，对港籍内所有船公司在 A—E 等级内进行综合评定。中远远达是 2007 年度受评 51 家船公司中仅有的 3 家 A 等级船公司之一。（曾艳萍）

【纠正习惯性违章】 2007 年，中远远达开展“纠正习惯性违章”活动，制定措施，广泛发动船员发现平时工作中存在的违章、违反劳动纪律的不规范行为，并将典型的习惯性违章行为，进行总结并刻录成光盘发放至各轮对照纠正、学习。同时，制定《船员绩效考核办法》，将船员违章行为与各项奖金挂钩，为船舶领导督查、奖惩船员日常安全行为提供有力依据。是年，中远远达通过采取各项措施，船员安全意识不断增强，遵章守规的自觉性不断提高，习惯性违章现象明显减少。

（陈长清）

【全面推进造船计划】 2007 年，中远远达全面推进造船计划。6 月 5 日，中远远达与福建省马尾造船股份有限公司签订 4 艘 DWT32000 木材/散货船建造合同，计划于2008 年 3 月开工。6 月 28 日，中远远达与中国船舶工业集团公司黄埔造船厂签订 4 艘 DWT32000 散装/木材船，于 10 月 10 日开工建造；12 月 14 日，中远远达与中国船舶工业集团公司黄埔造船厂后续追加的 2 艘同类型船也开工建造。

（陈长清 洪旭日）

【海务管理实现 3 个 100%】 2007 年，中远远达采取有力措施，全年指挥船舶防抗台 35 艘次，航行成功率 100%；雾航 32 艘次，成功率 100%；沿海航行、进出港及冬季寒潮大风成功率 100%。

（田永刚）

【制定 8 项应急预案】 2007 年，中远远达为了加大安全管理力度，制定 8 项应急预案，并于 8 月 1 日发布运行。8 项应急预案分别为：《突发事件/事故综合应急预案》、《机损事件专项应急预案》、《危险品化学品运输专项应急预案》、《灾害性天气突发事件应急预案》、《海损事件专项应急预案》、《保卫事件专项应急预案》、《船舶油污事件专项应急预案》、《公共卫生突发事件应急预案》。

（田永刚）

【船舶恶劣海域航行无事故】 2007 年，中远远达在恶劣海域航行船舶 17 艘次，其中，好望角海域 14 艘次，合恩角海域 3 艘次，均做到有针对性跟踪，及时提供气象信息，根据天气海况、船况、货载、人员配备等情况提出指导建议，督促落实有关规章制度，保证了船舶在恶劣海域航行的安全。

（田永刚）

【船舶推广使用 GPS 罗经仪】 2007 年，中远远达为保障船舶安全，加大了设备投入，在船舶安装使用新型集成 GPS 罗经仪（型号 IGC－800）。2 月，首次在“金牛岭”轮安装试用，经过 4 个多月的试用取得了良好效果，随后又在“西昌海”、“金沙岭”轮安装使用。GPS 罗经仪可以替代原主电罗经作为备用设备使用，避免了因罗经仪故障而耽误船期，同时也减少操作人员的体力劳动，有利于船舶航行和进出港安全。

（梁志联）

【加大节能减排力度】 2007 年，中远远达为建设资源节约型、环境友好型企业，加大节能减排工作力度，细化目标，量化成果，针对各船舶实际制定具体措施，有效开展节能减排工作，效果显著。是年，中远远达 9 艘船舶节约润滑油费用 73.45 万元，实现实际费用下降 10% 的目标。仅“金达岭”轮一年就节约燃油费用 40 万元；减少油渣排放量 2 吨；减少废气排放量 619.44 万立方米；减少烟尘排放 925.8 千克；减少 SO_2 排放 28902 千克。中远远达节能减排措施主要有：1. 对船舶润滑油的供应管理全流程进行分析，认真研究申请、采购、供应、使用、管理等各个环节，实行多项控制。2. 对“金达岭”轮辅机在港燃用重油进行技术改造。3. 在“白沙岭”轮安装“士帕能”节能装置，用于改善燃油质量，减少油渣，提高燃油的使用率和燃烧率，同时加强监控，总结经验，推广使用。（陈长清）

【船舶燃油总量突破 3 万吨】 2007 年，中远远达随着 9 艘自营船舶业务量的增加，年度船用燃油总量达 21458 吨，自营船舶燃油数量首次突破 20000 吨。同时，因中远远达租船业务的迅猛发展，年度租入船燃油供应量上升至 10375 吨，使船舶燃油总量达到 31833 吨。（陈长清）

【控制船舶润滑油使用量】 2007 年，中远远达为严格控制润滑油成本，成立润滑油费用控制研究小组，采取控制措施，取得了良好效果：“金沙岭”轮盘根箱油分滤回收，主机油日耗量减少 15 公升；“嘉山关”轮主机吊缸换盘根箱密封令，主机油日耗量减少 10 公升，该轮辅机 3 台飞轮端轴封灭漏，日耗量减少 7 公升，其他船舶主辅机油、液压油日消耗也得到不同程度的控制；根据船舶主机具体情况综合分析汽缸油注油率，所属 9 艘船舶由此减少汽缸油日耗量共计 60 公升/天；有效进行润滑油混兑，全年节约润滑油费用 22.1 万元；针对“白沙岭”、“金沙岭”、“金牛岭”轮等 3 艘船舶油柜容积小、在高油价区供油可能性大的现实情况，供应部分桶装润滑油存船，全年减少燃油价差约 4 万元；根据润滑油的实际品质，区别每次换新油时间，由此全年船舶节约润滑油费用 5.7 万元；结合船舶动态，综合油费、运费合理选择合适加油点，节约费用为 2.35 万元。中远远达润滑油控制项目小组通过上述多项控制措施，船舶的润滑油节约费用为 73.45 万元，实际费用下降 10%，达到了预期的目标。（廖伟权　曾艳萍）

【“金达岭”轮辅机在港期间进行重油换轻油】 “金达岭”轮辅机（YANMAR M200L－EX）设计用油为使用重油 380CST MFO，在港装卸货期间必须使用辅锅炉升汽对重油仓、日用柜、进辅机等进行加热。中远远达安技部和“金达岭”轮考虑，船舶装港期长，期间重油使用量大，在港装卸货时将辅机改用轻油，则无需使用辅锅炉升汽对重油仓、日用柜、进辅机等进行加热，则可以节约燃油费用。2007 年，“金达岭”轮采取此措施，一年往返西非航线 6 航次节约燃油费用 40 多万元。（陈长清）

【开通船员电子邮件通信】 2007 年，中远远达利用卫星地面站平台，陆续开通船员与家属的电子邮件通信，成功实现船员与家属电子邮件交换，使在船船员与家属可以零距离、无障碍进行沟通交流。（梁志联）

【“白沙岭”轮试行安装“士帕能”节能装置】 2007 年 10 月，广远发展部与珠海亚门节能产品有限公司合作，在“白沙岭”轮安装“士帕能”节能产品装置，试

验、探索该产品对船舶节油的可能性和量化标准。（陈长清）

【“白沙岭”轮全年 PSC 检查均获无缺陷批注】 2007 年，“白沙岭”轮已有 24 年船龄，该轮认真做好 PSC 检查的各项准备工作，发现缺陷立即进行整改。该轮全年共在赤道几内亚巴塔港、加蓬欧文多港、澳大利亚达尔文等港口经受 4 次 PSC 检查，另接受中远天津督导组 2 次检查、天津海事局 1 次检查，均获得无缺陷通过。

（曾艳萍）

【召开管理评审会议】 2007 年 1 月 23 日，由中远远达总经理赵寿春主持召开安全质量管理体系管理评审会议。参加会议的有中远远达领导及部门长以上人员。会议对 2006 年安全质量管理体系运行情况进行客观的评价，认为安全质量管理体系的运行达到所定目标，运行有效，并得到持续改进。会议指出企业安全质量管理体系运行存在的不足之处，同时提出改进要求。

（韩苑君）

【安全质量管理体系“双证”审核】 2007 年 4 月 5～6 日，由中国船级社安全管理体系审核组及质量管理体系审核组组成的联合审核组，履行对中远远达安全管理体系年度审核（DOC 年度审核），并对中远远达质量管理体系的监督审核（质量管理体系认证证书）即“双证”联合审核。该审核组对中远远达安全质量管理体系的运行及持续改进给予了高度评价，认为体系保持持续有效的运行，运行水平得到进一步的提高，并对证书进行了签注。

（韩苑君）

【成功接入“金达岭”轮】 2007 年 5 月 29 日，中远远达在西非加蓬共和国奥文多（OWENTO）港成功接入新购二手散货/木材船“金达岭”轮（MV. JIN DA LING），并投入营运。该轮 1998 年 5 月建造，载重吨 28164 吨，挂巴拿马旗，入 ABS 船级。“金达岭”轮是该公司重组以来成功接入的第 3 艘散货/木材船。

（陈长清　洪旭日）

【安全管理体系通过年度审核】 2007 年 7 月 10～13 日，中国海事局安全管理体系审核组对中远远达安全管理体系进行年度审核。该审核组由交通部水运司副司长曹德胜担任组长，该审核组通过审核认为，中远远达高度重视体系的有效执行与持续改进，员工参与意识强，船舶能得到充分的岸基支持和资源保证，安全管理体系符合 ISM 规则要求，运行有效。为此，该审核组对中远远达“符合证明”（DOC）进行了签注。（韩苑君）

【结束对“富裕星”、“牛郎星”轮代管关系】 2007 年 8 月 19 日和 11 月 11 日，中远远达分别结束对天星公司所属“富裕星”、“牛郎星”轮的安全管理职责。

（韩苑君）

【“金沙岭”轮转入 CCS 船级】 2007 年 10 月 18 日，“金沙岭”轮（原 NK 船级）利用在舟山南洋船厂中检坞修的机会，接受由中国船级社舟山分社实施入级检验，因符合中国船级社的船级条件，被授予 CCS 船级。（陈长清）

【“金达岭”轮转入 CCS 船级】 2007 年

12月16日，“金达岭”轮（原ABS船级）利用在张家港卸货的机会，接受由中国船级社广州分社实施入级检验，因符合中国船级社的船级条件，被授予CCS船级。（陈长清）

【02版安全质量管理体系文件实施】 2007年12月28日，中远远达02版安全质量管理体系文件正式实施。02版体系文件根据国际公约修改条款和审核的修改建议以及企业管理的实际调整情况，对01版体系文件进行了修改和完善，将01版体系文件运行后制定的部分管理规章制度进行“固化”，纳入体系文件，文件结构、版面及编排方式也进行了调整。中远远达改版后的体系文件，更加符合企业与船舶管理实际，更具有可操作性。（韩苑君）

【两项QC项目成果获表彰】 2007年，中远远达供油改造QC小组所属“嘉字号船改用重油进出长江”QC项目获得中远集团、广远级优秀成果奖；造水机改造QC小组所属“西昌海”、“瑞昌海”轮造水机改造QC项目成果获广远QC活动通报表扬。（韩苑君）

【“西昌海”轮获全国水运系统“安全优秀船舶”称号】 在中国海员建设工会和交通部安委会联合开展的2007年全国水运系统船舶、班组安全竞赛活动中，“西昌海”轮凭借出色的安全管理工作、良好的安全记录，荣获2007年全国水运系统“安全优秀船舶”称号。（曾艳萍）

财务管理

【财务部简介】 财务部主要职责是负责中远远达财务管理、会计核算、资产管理，编制财务预、决算，平衡收支，负责生产经营财务等有关数据统计、上报，实施定期经济效益分析、成本监控制度和风险管理，船舶及内部审计工作。时任经理黄雁（兼）。员工4人。（曾艳萍）

【财务部工作概况】 2007年，财务部完成了2006年度的会计决算工作，通过利安达信隆会计师事务所的审计，获得无保留意见；按中远集团要求，顺利完成了新《企业会计准则》上线和执行工作，改进了财务系统设置，提高了会计信息质量；调整编制了2007年度的财务预算，并对单船固定费用计划、行政费用计划等的执行情况进行了跟踪管理，按时按质编制了2008年度财务预算；完成了每月向中远集团财务部快报的编制和报送任务；定期撰写了经济成本分析报告，每季度对各项生产经营情况进行分析控制；参与企业买造船项目的可行性研究分析，对企业决策提供有力依据；合理利用资金，保持现金流稳定，保障企业租船业务的发展需求；积极做好税务筹划工作，依法纳税，合理避税；制订了新的财务制度，加强了内部控制制度建设；加强对全面财务风险分析，对可能出现的风险进行有效的防范规避。（乔林）

【执行新《企业会计准则》】 2007年，中远远达执行新《企业会计准则》，根据中远集团和广远有关指导意见，改进了财务系统，实现了新旧科目的过渡与衔接。会计核算、报表披露、预算编制等财务工作都按照新准则进行相应调整，提高了会计信息质量。（乔林）

【完善财务会计制度】 2007年，财务部为了加大财务管理力度，根据有关规定并结合企业实际，制定了《中远远达资金管理办法》、《中远远达工作人员差旅费及相关费用报销的规定》等财务管理制度，提高了风险防范能力。 （乔林）

【做好税务筹划】 2007年度，中远远达租船业务发展迅速，财务部对租船经营模式进行税务筹划，向深圳地税局申请租船业务按照联运形式实行差额计税，获许可。该方案的实施，使中远远达全年减少租船业务营业税金及附加费430万元，既增加了企业利润，又维护了投资方利益。

（乔林）

综 合 管 理

【办公室简介】 办公室主要职责是负责中远远达综合公共关系、行政文秘、人事管理、党群事务、宣传统计、董事会管理等各项管理工作，以及注册所在地留守相关业务。时任主任雷彩云。员工6人。

（曾艳萍）

【办公室工作概况】 2007年，办公室按照企业质量目标，细致规划，有效执行，全面完成各项指标。办公室有效策划，深入开展各项主题活动，主要有：持续推进第二个“精益管理年”活动；协作开展安全生产各项活动；协助开展“红树林”工程、“节能减排”等专项活动。与此同时，办公室以人为本，持续推进人力资源体系建设：按照薪酬、绩效体系对各岗位薪酬进行年度评估及岗位绩效调薪，体现薪金与贡献相平衡；提高员工培训有效度，组织内部培训9次，全年接受内部培训143人次，外部培训35人次，岗前培训3人次，学历提升教育3人次，员工培训率达100%；完成2006年度员工满意度调查，员工满意度达82%；完成所属船舶在船医疗统筹管理工作，船舶医药费使用控制在计划额度内，药品费用全部完成统筹报销；完成人力资源招聘计划，招聘管理人员3人，有效缓解了人力资源紧缺的现状；根据董事会决议及企业实际状况，办理股权变更、注册地变更、营业范围变更事宜的法律文件与工商变更手续，并按要求完成企业各项重要证照管理工作，确保证照有效性；积极策划、组织董事会、年度股东会的召开，保证董事会对重大事项进行及时、有效的管理与决策。积极组织、策划风险管理工作，协同其他部门一起，评估与提升风险抵御力，保证了风险管理工作与广远风险管理工作的相互衔接。是年，办公室加强党建、思想工作，促进双文明建设，组织开展创建“四好领导班子”和排头兵实践活动，大力开展“廉洁从业”教育，加强纪检监察工作，组织编写每月一期的《远达简报》，及时报道企业相关信息。 （曾艳萍）

【开展第二个“精益管理年”活动】 2007年，中远远达以租船经营、“两个20%”、节能减排为重点，以“精益亮点”和“精益改善”活动为载体，创新思维，优化管理，降本增效，精心经营，将精益管理思想融合到运营生产、安全管理、资本管理和内部控制等领域。全年收到船岸申报亮点项目43个，可直接量化效益超过6372万元，可推广技术/经验11项，其中，“区别不同航线，合理使用燃油”项目获中远集团2006-2007"精益管理年"活动优秀成果奖；获广远2007年度精益管理"银河奖"；"有效实现100%运费回收"和"瑞昌海"轮"合理加强辅机管理"2个项目获得广远精益亮点"星光奖"。

（曾艳萍）

【推进船员教育培训"红树林"工程】 2007年，中远远达积极推进船员教育培训"红树林"工程，年初下发《关于进一步推进"红树林"工程的通知》，向船舶部署开展2007年"红树林"工程的具体工作。4月，为使"红树林"工程更加规范化，考核更加有依据，针对第一季度经验与存在问题，设计船舶"红树林"工程统一培训档案格式，船舶按档案要求建档。同时，向船舶发放了考试题库，明确了理论学习、考试内容和实操演练项目。6~12月，对国内港口的9艘船舶实施现场考试（考核）检查，取得了良好成绩。12月，对"红树林"工程作出积极贡献的船舶进行表彰，以船舶为单位对船舶"红树林"工作情况进行评比，其中，"白沙岭"轮获2007年"红树林"工程特别奖；"瑞昌海"、"金达岭"、"嘉禾关"轮等3艘船舶获优秀奖。（曾艳萍）

【开展"三服务一促进"活动】 2007年3月，中远远达响应中共广东省委号召，积极开展"三服务一促进"活动。中远远达党委制订方案，认真组织实施，活动取得了显著成效，企业员工反映良好，进一步提升了企业凝聚力和向心力，巩固了保持共产党员先进性教育活动与排头兵实践活动成果。中远远达开展活动的情况，《中国远洋报》先后2次作了宣传报道。

（具石华）

【开展纪律教育学习月活动】 2007年，中远远达以"加强作风建设，勤政廉政为民"为主题，全面开展纪律教育学习月活动。活动中，该公司先后5次组织员工观看《底线的失守》等教育片，对员工进行廉洁从业谈话，不断提高员工的政治敏感性和廉洁从业意识；重视惩防体系建设，建立了《党风建设责任制实施细则》、《廉洁从业谈话实施办法》等8项制度，形成了全方位、多层次、整体推进党风建设和反腐倡廉建设的工作新格局。

（具石华）

【加强工会工作】 2007年度，中远远达工会围绕企业的中心任务创造性开展工作，鼓励员工加强学习培训，打造"学习型企业，知识型员工"；深入开展"安全在我身边，降本增效从我做起"等群众性活动；积极组织开展各种文化娱乐活动，组织员工外出旅游休闲、定期开展球类训练比赛、参加广远职工文艺汇演等活动，不仅丰富了员工的业余文化生活，激发了员工的积极性、创造性，还进一步提高了企业凝聚力和向心力，为构建和谐企业发挥了积极作用。（具石华）

【为职工办实事】 2007年入夏以来，中远远达工作任务繁忙，员工普遍加班加点。为解决员工加班的后顾之忧，工会在"职工之家"设立冰箱和食品柜，为员工提供凉茶、牛奶、饼干、方便面等食品，员工均可自由享用。此外，工会牵头设立了"图书角"，鼓励员工自觉学习业务知识，提高业务技能和综合素质。“图书角”的建立，既方便了员工业余时间的自学和充电，又为船员提供了一方学习园地。

（曾艳萍）

【召开第七届董事会2007年第一次会议】 2007年3月1日，中远远达召开第七届董事会2007年第一次会议。参加会议的有董事长徐惠兴，董事翁继强、赵寿春、何伟杰、池新旺，监事谭力、佟文华、邓伟荣。广远有关职能部门负责人、中远远达高管人员列席会议。会议由徐惠兴主持。会议审议并通过了《总经理工作报告》、《财务工作报告》、《固定资产投资报告》、《利润分配》等9项议案。（曾艳萍）

【修改企业经营范围】 2007年5月18日，中远远达为确保企业发展的专业性，并进一步完善企业工商管理法律要求，临时股东会决定，修改企业经营范围，将其中与国际货代相关业务删除。中远远达对企业经营范围修改后，其经营范围为：国际货物运输；深圳与沿海各港间的货物中转、航运业务咨询；国际船舶管理业务：船舶买卖、租赁及其他船舶资产管理，机务、海务和安排维修，船员招聘、训练和配备，保证船舶技术状况和正常航行的其他服务。中远远达对企业经营范围修改后，于6月18日完成工商变更及备案手续。

（曾艳萍）

【召开第七届董事会2007年第二次会议】 2007年8月6日，中远远达召开第七届董事会2007年第二次会议。参加会议的有董事长徐惠兴，董事翁继强、赵寿春、何伟杰、池新旺，监事谭力、佟文华、邓伟荣。广远有关职能部门负责人、中远远达高管人员列席会议。会议由徐惠兴主持。会议审议并通过了《总经理工作报告》、《财务工作报告》、《固定资产投资报告》、《加强资金管理》等6项议案。（曾艳萍）

【企业股东变更】 2007年8月6日，为简化股权关系，中远远达临时股东会根据《广远完善企业组织架构实施方案》决定，以2006年12月31日经审计的账面余额为基准，将中远南方持有的中远远达10%股权无偿划拨回广远。股权转让后，该公司只有广远一名股东，占股权100%，企业类型相应变更为有限责任公司（法人独资），章程相应进行全面修订。10月17日，中远远达完成该项工商变更手续。

（曾艳萍）

【出售物业】 2007年9月，中远远达为盘活资产，集中精力搞好航运主业经营，经董事会同意，将深圳市蛇口的5套物业出售，包括蛇口海滨花园海阳阁2栋1802～1805房、碧涛苑别墅24栋。截至11月21日，5套物业陆续全部完成转让，转让手续完备、合法。（曾艳萍）

【发出“平安之旅”1000天通电】 中远远达自2004年9月27日重组成立至2007年6月23日，安全生产1000天。对此，中远远达向船舶发出“平安之旅”1000天的通电，指出“零事故”安全生产1000天，是企业安全业绩的标志点位，也是“平安之旅”的更高起点，强调安全工作只有起点，没有终点，全体船员必须戒骄戒躁，以更强烈的安全意识、更到位的安全责任、更有效的安全执行力，持续推进

中远远达平安之旅，不断刷新“零事故”安全生产记录，为企业完成安全生产目标做出贡献。（曾艳萍）

【通过广东省直机关工委考核】 2007 年 9 月 13 日，广东省直工委考核组对中远远达申报 2005～2007 年度省直机关精神文明建设先进单位进行考核。中远远达党委向省直工委考核组作了专题汇报，提交了详细的书面材料，并组织员工填写民意调查表。该考核组进行详细调研后认为：自 2005 年以来，中远远达先后以保持共产党员先进性教育、排头兵实践活动、“三服务一促进”等主题实践活动为契机，大力抓好精神文明建设，企业的经营效益屡创新高，安全形势持续稳定，企业凝聚力和向心力进一步增强，和谐企业氛围浓厚。此次考核，中远远达被评为优秀。

（曾艳萍）

【接受中远集团纪检工作调研检查】 2007 年 11 月 20 日，由中远集团监督部为主的纪检工作调研检查组到中远远达调研检查。该调研检查组检查了中远远达领导班子建设、纪检监督制度建设及其实施状况，并与部分员工进行座谈。该调研检查组通过调研检查认为，中远远达抓领导班子建设、制度建设、队伍建设有力度，有成效，有力促进了企业又好又快发展。

（具石华）

【完成领导班子任期考核】 2007 年 12 月 5 日，由广远党委组织人力资源部/组织部、监督部/审计部成立联合考核组对中远远达领导班子进行了任期届满绩效考核。考核经过领导述职、员工座谈、发放调研提纲等系列考核流程。该联合考核组通过调研，认为中远远达领导班子，在效益、安全、船队发展、员工队伍建设、企业文化建设、廉洁文化建设等各方面成绩突出。考核结果为优秀。（具石华）

【广东省厂务公开民主管理调研组莅临指导工作】 2007 年 12 月 13 日，以广东省纪委副书记梁万里为组长的广东省厂务公开调研检查组一行 5 人莅临中远远达检查指导厂务公开工作。该调研检查组参观了该公司职工之家、图书角、海图室、会议室，了解中远远达历年所获荣誉，听取了该司党委和工会工作汇报，并与部分职工进行了交流。该调研检查组对中远远达民主管理、厂务公开工作表示满意，并给予了高度评价。该调研检查组认为，中远远达重组成立三年时间，船队规模迅速扩大，租船经营跳跃式发展，经营效益连创新高，安全形势持续稳定，这些佳绩的取得，是与企业民主管理、厂务公开密不可分的，正是透明的企业管理和卓有成效的厂务公开，激发了员工的积极性、主动性和创造性，提升了企业的凝聚力和向心力，为企业的不断做大做强奠定了坚实的基础。

（曾艳萍）

【“红树林”工程经验纳入 02 版安全质量管理体系】 为建立“红树林”工程长效机制，固化船员教育培训的有效经验，2007 年，中远远达将 02 版安全质量管理体系纳入“红树林”工程经验，既体现了“红树林”工程的兼容性、统一性，又保证了船员教育培训的制度化、规范化与长效性。（曾艳萍）

【中远远达及所属“白沙岭”轮荣获广东省直工委精神文明创建活动“文明单位”称号】 2005～2007年，中远远达积极响应中共广东省委号召，认真贯彻落实科学发展观，坚持把开展精神文明创建与和谐企业创建相结合，坚持把开展精神文明创建与保持共产党员先进性教育活动、排头兵实践活动和“三服务一促进”主题实践活动相结合，加强企业党建工作，促进和谐企业建设，两个文明建设协调发展。三年来，经营效益年年创新高；安全生产形势持续稳定；员工队伍精诚团结，凝聚力和向心力不断提高；企业文化初步形成，和谐企业建设取得成效。中远远达及所属“白沙岭”轮同时荣获2005～2007年度广东省直属机关“文明单位”称号。

（曾艳萍）

第三节 中远南方沥青运输有限公司

【中远南方沥青运输有限公司简介】 中远南方是2004年9月在原海南船务企业有限公司基础上组建的，属广远全资子公司，是中国最大的国际海上沥青运输专业公司。注册地为海南省三亚市，注册资本5100万元。

2007年，中远南方拥有“安泰江”、“安吉江”、“安达江”、“雅江”、“洪江”、“涵江”、“亚龙湾”、“月亮湾”、“木兰湾”、“大鹏湾”轮等10艘散装沥青船，总载重吨6.109万吨。中远南方主要从事国际、国内沿海及长江中下游散装沥青运输。业务遍及全球，并与埃克森、壳牌、BP等国际顶级石油公司及SARGEANT MARINE等世界级沥青运输商建立了良好的战略合作关系，年沥青运输量达86万吨。

中远南方下设航运部、安技部、财务部、办公室4个部室。

中远南方设董事会、监事会。时任董事长徐惠兴，董事翁继强、谭力、邓伟荣、何伟杰；监事池新旺、顾卫东、佟文华。总经理何伟杰，党总支书记、副总经理顾卫东，副总经理周佳忠、梁杰，财务总监盛开薇。员工27人。 （蒲大同）

【中远南方工作概况】 2007年，中远南方在广远和董事会的领导下，认真贯彻广远的工作思路，以客户需求为导向，加强市场调研，准确把握市场，通过品牌经营，拓展市场空间；积极推进精益管理，切实加强安全管理，保证船舶安全营运；实施新造沥青船项目，加快扩大船队规模；发动全员参与，建设节约型企业、创建学习型企业；以“四好领导班子”为目标搞好班子建设；加强企业文化建设，不断提升企业的凝聚力和核心竞争力，实现企业价值最大化。是年，中远南方精益管理，创新经营，克服了油价上涨、沥青运输市场下滑所带来的困难，取得较好的经济效益，超额完成广远下达的各项任务指标，两个文明建设取得显著成绩。全年完成180个航次生产任务，完成货运量86万吨，为年度指标的101.18%；完成货运周转量12亿吨海里，为年度指标的126.31%；运输收入为年计划的133%；完成利润为年度指标的131.45%；运费回收率99%，为年度指标的101.02%；安全生产形势稳定，未发生上等级事故，实现了“八无”（无海损、无机损、无货损货差、无污染、无火灾、无人身伤亡上等级事故、无PSC检查滞留、无保安事件）。是年，中远南方被广远评为2007年度“双文明建设先进单位”和“安全生产先进单位”。

（蒲大同）

【航运部简介】 航运部是中远南方航运生产、调度管理的主管部门，主要职责是负责企业航运生产、调度管理和市场开发、货运质量、租船揽货、客户维护；负责船舶燃油和淡水的采购供应、船舶港口使费的审核、结算和船舶保险理赔；负责经营南美航线、东南亚航线、澳大利亚航线、新西兰航线、非洲航线、地中海航线及国内沿海航线。时任经理周佳忠（兼）。员工6人。

（蒲大同）

【航运部工作概况】 2007年，航运部认真贯彻企业“开拓市场、控制资源、提高效益”的经营思路，加强客户维护和开发，开拓货源市场，加强市场调研，把握市场机遇，增加船舶期租，保证稳定收入，开展第三国运输，拓展市场空间，采取积极灵活的经营策略，提升自营船的经营水平。是年，航运部超额完成了运输生产任务。

（蒲大同）

【安技部简介】 安技部是中远南方安全质量管理体系、海务、机务、船员及通导管理的主管部门，主要职责是负责企业安全质量管理体系的建立、实施；负责船舶安全管理、船舶建造、修理和船舶买卖；负责船舶设备的维护与保养；负责船舶备件、物料与润料的采购供应；负责海务监督、机务监督、船员管理及通导管理工作。时任经理梁杰（兼）。员工10人。

（蒲大同）

【安技部工作概况】 2007年，安技部认真落实《安全生产法》，坚持“安全第一、预防为主、综合治理”方针，严格执行安全质量管理体系，完善安全责任制和各项安全管理措施，加大现场管理和船员教育培训力度，消除安全“短板”保证安全生产形势稳定。该部针对船舶雾航、大风浪航行、防台抗台情况，做到全过程、全方位跟踪指导，全年安技部指导雾航船舶14艘次，防抗台船舶6艘次，防抗台成功率达100%；指导船舶大风浪航行17艘次，安全面达100%。船舶接受PSC检查24艘次，均顺利通过。其中，无缺陷通过16艘次，无缺陷率达66.67%；接受油公司检查船舶30艘次，均顺利通过。是年，安技部抓紧实施新造、改造沥青船项目，有3艘新造沥青船、1艘改造沥青船完工投入营运。

（蒲大同）

【财务部简介】 财务部是中远南方财务管理的主管部门，主要职责是负责财务管理，资金管理，投、融资管理和资产管理；负责制订企业各项财务内控制度；负责企业的财务收支预算、决算；负责企业会计核算、纳税申报、生产统计、机务费用审计；负责企业月度、季度、年度财务、统计报表的上报；负责核收运费租金、汇付船舶备用金及各项成本费用；定期进行经济效益分析，实施成本监控；负责编报重大投资的可行性研究报告。时任经理盛开

薇（兼）。员工 5 人。　　（蒲大同）

【财务部工作概况】 2007 年，财务部认真执行财务管理规章制度，规范财务操作，理顺经济核算流程，先后修订了《资金管理办法》、《船舶机务管理及费用审计工作实施办法》、《关于船舶港口招待费的规定》等规章制度，不断完善管理流程，完成当年财务预算、核算、决算和审计，做好成本监控和经济效益分析，编报“平海湾”、“安海湾”、“星海湾”、“靖海湾”轮等新造 4 艘沥青船的可行性研究报告。

（蒲大同）

【办公室简介】 办公室是中远南方行政管理的综合部门，主要职责是负责协助企业领导贯彻执行上级指示和部署，协调企业对外公共关系及日常接待工作；负责草拟企业的工作计划、工作总结以及经营管理方面的文件材料工作；负责保证企业运输生产和党政工作正常运转等工作。时任主任蒲大同。员工 3 人。　　（蒲大同）

【办公室工作概况】 2007 年，办公室按照工作职责，分别草拟了企业工作计划、工作总结、请示、报告；安排了企业领导主持的各类会议，并组织实施和督促检查各项会议决议的贯彻落实；完成企业文件收发、对外接待、信访、文书档案的管理工作；抓好机关员工培训、人事管理、劳动工资、劳动合同管理和劳动社会保险的相关工作；完成新办公楼装修工程项目的招投标和装修工程。　　（蒲大同）

【“亚龙湾”轮首航成功】 2007 年 1 月 9 日，中远南方第一艘 5900 吨沥青船“亚龙湾”轮从宁波港起航，在韩国蔚山港载货 5100 吨，返回宁波港卸，成功完成第一航次生产任务，取得较好的经营效益。

（蒲大同）

【租入船“平安海”轮完成首航任务】 2006 年 12 月 27 日，中远南方以期租的方式租入“平安海”轮，在新加坡接船后于 2007 年 1 月 22 日完成（新加坡－新西兰）首航任务，取得较好的经济效益，为中远南方控制市场份额及租船业务打下良好的基础。　　（蒲大同）

【获“国际海运辅助业经营资格登记证”】 2007 年 1 月 25 日，中远南方获得海南省交通厅颁发的“国际海运辅助业经营资格登记证”，取得了经营国际船舶管理业务的资格。　　（蒲大同）

【获“水路运输服务许可证”】 2007 年 2 月 9 日，中远南方获海南省交通厅颁发的“水路运输服务许可证”，取得了国内经营船舶管理业务的资格。　　（蒲大同）

【与福建交通投资公司签订战略合作协议】 2007 年 2 月 9 日，中远南方与福建省交通建设投资有限公司，本着发挥各自优势，真诚合作、共赢的意愿，就建立战略合作伙伴关系举行了会谈，并签订了《散装液体沥青海上运输合作协议》。

（蒲大同）

【召开第一届董事会第六次会议】 2007 年 3 月 1 日，中远南方召开第一届董事会第六次会议。参加会议的有董事长徐惠兴，董事翁继强、谭力、何伟杰、邓伟荣，监事池新旺、顾卫东、佟文华以及广远人力资源部/组织部总经理黎光葵、航安部总经理石立森、船员公司总经理尤扬斌、发展部总经理助理张庆华，中远南方高管周佳忠、梁杰、盛开薇、金永昌。徐惠兴主持会议。会议审议通过《中远南方2006年工作报告和2007年工作计划》、《中远南方2006年财务报告》、《中远南方2007年投资计划的议案》、《关于新造2艘6000吨沥青船的议案》、《关于修改公司章程的议案》、《关于安达江改挂香港旗的议案》、《关于执行企业会计准则的议案》、《关于中远南方沥青公司2006年利润分配》、《关于明确大额度资金最高限额及大额度资金调动和使用的议案》。（蒲大同）

【“月亮湾”轮完成改造主体工程】 2007年3月4日，中远南方在黄埔造船厂改造的第一艘万吨级散装沥青船“月亮湾”轮顺利完成沥青罐吊装主体关键工程（该轮有3个罐，每罐重约490吨）。该项工程的完成，标志着“月亮湾”轮改造工程全面进入设备安装及构件恢复工作阶段，为该轮按时完成改造工程，顺利投入营运奠定了基础。（蒲大同）

【国资委驻中远监事会领导莅临检查工作】 2007年3月9日，由国资委驻中远集团监事会主席高怀忠、监事会44办主任刘雪亮率领的检查组一行6人在中远集团财金部经理胡海兵、广远总会计师胡锦沛、财金部总经理池新旺的陪同下莅临中远南方，进行了为期2天的实地监督检查。该检查组听取了中远南方关于2006年度的经营管理情况和2007年以及未来几年的发展思路、措施的工作汇报，询问了企业2006年精益管理、系统集成、“大客户战略”、租船经营、安全生产、风险控制、财务管理等工作情况，听取了中远南方的历史沿革、管理架构、经营范围、制度建设、班子建设等情况汇报。该检查组对中远南方的工作表示满意，特别对中远南方的经营理念、管理模式和生产经营、安全管理业绩给予了充分肯定。（蒲大同）

【新造第3艘沥青船“大鹏湾”轮下水】 2007年4月3日，中远南方在浙江造船厂建造的第3艘5900吨沥青船“大鹏湾”轮顺利下水。（蒲大同）

【首艘万吨级改造沥青船“月亮湾”轮竣工】 2007年4月14日，第一艘万吨级沥青船“月亮湾”轮改造工程竣工验收仪式在广州黄埔造船厂隆重举行。广远、广州中船黄埔造船有限公司、中国船级社广州分社及其他各有关单位的领导和工作人员参加了仪式。广远副总经理翁继强在会上致辞。

“月亮湾”轮是中远沥青船队首艘万吨级沥青船，其成功改造填补了亚太地区万吨级沥青船舶的空白，对中远沥青运输船队的发展，乃至整个亚太区域沥青运输市场都有着重要的意义。（蒲大同）

【与英国 VMI 公司达成培训沥青船船员的合作协议】 2007 年 4 月 9 日，中远南方为进一步推进船员教育培训“红树林”工程，加大沥青船船员培训力度，中远南方与英国 VEDEOTEL MARINE INTERNATIONL 公司达成合作协议，由 VMI 公司制作并提供中远南方船员适用的音像培训教材。该教材共分 20 个部分，包括国际公约、法规、油公司所规定的船员安全、防污染、PSC 检查、油轮管理、海上风险管理以及消除船员不安全行为等内容。该教材将大量图文并茂的素材通过声像的形式，对有关船舶管理知识和要求进行演示，有利于提高船员培训效果。 （蒲大同）

【顺利通过安全质量管理体系年审】 2007 年 4 月 19～20 日，中国船级社审核组应中远南方申请，对中远南方安全质量管理体系进行第二次年度审核。该审核组成员认真审核了中远南方体系文件，认为该公司安全质量管理体系符合 ISM 规则和 ISO9001 的要求。中远南方通过了第二次年度审核。 （蒲大同）

【新造沥青船“木兰湾”交船命名】 2007 年 4 月 23 日，中远南方新造第二艘 5900 吨沥青船交船命名仪式在宁波浙江造船厂隆重举行，广远副总经理翁继强在仪式上致辞，并为该轮命名为“木兰湾”。

（蒲大同）

【开展“精益管理年”活动】 2007 年，中远南方按照中远集团和广远的统一部署，结合企业实际，制订“精益管理年”活动方案，继续推进“精益管理年”活动，在经营管理、船队结构调整、节能减排等方面都取得较好的成效，其主要体现在：1. 经营租入船“平安海”轮的最后一个航次，通过运力置换，用他船满足该轮船东一个短航次货载要求，而延长租用“平安海”轮时限，增加效益 7 万美元；2. 中远南方第一艘万吨级散装沥青船“月亮湾”轮的改造，运用了精益管理理念，仅用了 4 个月时间，比原计划缩短了 2 个月的改造时间，节省了大量的改造费用。同时，由于提早投入营运，抢得市场先机，提高经营效益；3. MARPOL 公约新 13H 生效后，中远南方原有 6 艘旧沥青船到 2008 年建造日后将被强制淘汰。为确保原有 6 艘旧沥青船在 2008 年后能继续营运，经过反复修改和探讨论证，否定了设计院原来的整体改装方案，大胆采取局部改装方案，不仅节约费用 2244 万元，并延长营运时间 156 个月；4. 把节能减排工作作为精益管理的一项重要内容。根据各轮航次受载安排计划，指导船舶使用经济航速，以确保最低的耗油量，并改善 6 艘小“江”字号船舶柴油机的燃烧工况，使 6 艘小“江”字号船舶的燃油消耗普遍得到降低，并降低缸套磨损，实现节能减排。对新投入营运的“亚龙湾”、“月亮湾”、“木兰湾”轮等 3 艘低速机船舶，指导船舶认真检查，细心调节，每艘船舶气缸油原来由 160 公斤/天的消耗量逐渐减少并稳定控制在 120 公斤/天的合理范围内，节省了费用；5. 进一步梳理流程，优化程序，完善制度建设，加强内控，修订了《资金管理办法》和《机务费用审计办法》，使制度更加能够控制风险，提高效率，适应经营生产需要。 （蒲大同）

【租入船“平安海”轮取得良好经营效益】

2006年12月26日，中远南方第一艘租入船“平安海”轮投入营运，至2007年5月16日，该轮圆满完成8个航次的运输任务，取得了良好的经营效益。

（蒲大同）

【“安达江”轮成功开辟澳洲南部新航线】 2007年，中远南方本着“开拓市场、控制货源、提高效益”的原则，与BP公司签订承运泰国RAYONG至澳大利亚最南端（南纬42度附近、属南半球中、高纬度西风带）中的HOBART港的运输协议。4月20日，“安达江”轮开始执行该航次任务。为了成功开辟澳洲南部新航线，中远南方精心组织，周密安排，在船岸共同努力下，“安达江”轮2次成功穿越该航区巴斯海峡大风浪区，至5月26日顺利完成该航次任务。至此，中远南方沥青船队又成功开辟出一条南太平洋航区全新航线，并创下5个“第一”：第一次与国际大油公司BP公司合作；第一次通过BP公司的双检，成功受载；第一次到达南半球最南端的港口；第一次创航次运价历史最高记录；第一次创船舶单航次最高经营效益。

（蒲大同）

【“月亮湾”轮完成首航任务】 2007年4月17日，中远南方第一艘万吨级沥青改装船“月亮湾”轮正式投入营运。从广州港起航到泰国装载8529吨沥青，于5月3日顺利通过南京长江大桥。5日，抵达南京清江码头卸货，圆满完成首航任务。

（蒲大同）

【开拓市场，为沥青船队发展做好市场准备】 2007年，中远南方努力开拓市场，解决原来沥青船运输的单向货载问题。同时，在巩固原有的东南亚、南美市场的基础上，积极拓展南太平洋、地中海、非洲和南亚的沥青运输市场，为新造沥青船陆续投入营运做好市场准备。是年，“安达江”轮成功开辟了泰国RAYANG至澳大利亚最南端（南纬42度）HOBART港的高纬度新航线，填补了5000吨级沥青船航行这一区域的空白；“洪江”轮开辟了新加坡至东非航线、南非至印度洋岛国、南非至西非航线，与高端客户BP公司建立了良好的合作关系，为进一步开拓、占领南太平洋、非洲乃至全球沥青运输市场提供宝贵的经验。（蒲大同）

【开拓租船市场，实现从拥有船向控制船转变】 2007年，中远南方利用冬季北半球沥青运输淡季，市场对运力需求不旺的时机，择机租入“平安海”轮，经营4个多月，创利101.16万元，取得较好的经营效益，并积累了租入船经营管理经验，迈出“从拥有向控制转变”的坚实一步。

（蒲大同）

【把握市场机遇，签订高回报COA合同】 2007年第一季度，中远南方把握航运市场处于相对高位的机遇，签订长期包运合同，锁定部分较高效益。与SK（韩国）、EXXON MOBIL（英国、荷兰）、SHELL（美国），DELTA（新西兰）、RICHMOND（印度）等公司共签订了30万吨COA合同，与2006年同期相比增长了20%，与大石油公司建立战略合作伙伴关系，努力控制区域性货源市场。（蒲大同）

【认真研究市场，做好客户开发和维护工

作】 2007 年，中远南方注意跟踪沥青运输市场的动态变化，认真研究分析市场需求和竞争对手情况，以确定自己的经营策略；认真做好客户开发和维护工作。是年，中远南方先后邀请了 SK、SARGEANT TRADING、EXXON MOBIL、SHELL、DELTA、RICHMOND、浙江省公路物资公司、东莞泰和、武汉大通公司等客户来访。另外，中远南方领导和业务人员通过“走出去”的方式拜访广州、福建、浙江、上海、江苏和澳大利亚、新西兰等国内外客户，在努力维护好现有客户的同时，注重发展未来和潜在客户，开发重要战略客户资源。（蒲大同）

【加强对航行复杂航区船舶的针对性指导，确保航行安全】 2007 年，中远南方随着沥青运输业务在全球的扩展，复杂航区增多，而中远南方小“江”字号沥青船吨位小、船龄大、抗风能力差，航行穿越好望角、澳洲最南端高纬度等航区，航行风险较大。为此，该公司安技部、航运部相互配合，提前制定安全措施，加强对船舶的针对性指导。是年，中远南方分别对“安达江”、“洪江”轮在南半球的大风浪季节远航澳大利亚最南端高纬度航区和穿越好望角的航线过程中实施全方位、全过程、全天候的监控和指导，使船舶成功避离该航区季节大风浪，保证了航行安全。（蒲大同）

【加强老龄船管理，确保船舶安全】 2007 年，中远南方原有 6 艘沥青船都是超过了 20 年船龄的老龄船，加强对老龄船的管理是确保船队安全的关键。对此，中远南方采取了一系列有效措施，加强老龄船的管理：1. 在安全投入方面加大力度。中远南方单船各项固定费用预算（物料/备件/油漆等）平均每船为 216 万元，比 2006 年平均每船的 179 万元增加了 37 万元，增幅为 20.67%；在船舶结构检查维护上，中远南方规定每半年对船体结构进行检查，每年对船壳和压载水舱进行保养，有效地抑制了船体结构的腐蚀速度。中远南方及时安排“安达江”、“雅江”、“洪江”、“涵江”轮等 4 艘船舶进坞修理，对船体结构的安全技术状况进行全面检查，并采取相应的安全措施。2. 在机械设备方面建立定期专项检查制度。每月船舶向安技部上报船舶及设备存在缺陷的月度缺陷报表，使船舶管理人员能够及时了解船舶及设备的实际状况，针对设备存在的问题，进行分析研究，作出相应处理，保证设备的正常运转。是年，中远南方由于措施得力，确保了老龄船的航行安全。（蒲大同）

【加强船舶防污染管理】 2007 年，国际社会对环境保护的要求越来越严格。中远南方所管理的沥青船属油轮类，原有 6 艘船舶是超过 20 年的老龄船，油污风险较高。为此，中远南方把船舶防污染工作作为安全工作的重中之重来抓：加强船岸员工防污染教育和培训，提高防污染意识和操作技能；加强对船舶季节性安全航行和复杂航区进出港的跟踪指导，避免船舶发生事故导致污染的发生；加强对老旧船的风险评估和投入，加强船舶及设备的维护，确保船体结构强度和机电设备的正常运转，尤其是防污染设备保持完好；严格按照安全质量管理体系的相关程序和须知进行防污染操作和管理；加强对抵港船舶进行防污染检查。是年，由于中远南方加强船舶防污染管理，船舶无污染事故发生。

（蒲大同）

【做好 PSC 检查工作】 2007 年，中远南方把确保船舶通过 PSC 安全检查，保证船舶正常营运作为船舶管理工作的重点，对企业和船舶进行细化管理，落实安全生产责任制，强化各级人员的责任意识，做到一级抓一级，层层抓落实，提高船舶的自查迎检能力。同时，中远南方主管人员密切跟踪船舶动态，及时提醒前往 PSC 检查严格地区和检查期限即将到期的船舶，指导船舶提前做好迎检准备，消除设备缺陷等影响检查的因素，确保船舶顺利通过检查。是年，中远南方有多艘船舶在美国、澳大利亚等国家接受严格的 PSC 检查，均获得无缺陷通过。（蒲大同）

【做好接船工作】 2007 年，中远南方根据新接船项目推进计划，认真做好新造船的接船工作：1. 根据不同船舶特点，精心挑选技术水平高、敬业精神好的接船船员，组织船员进行相关的培训，提前安排相应职务船员进驻船厂，以熟悉船舶及设备情况并协助监督船舶建造/改造后期工作；2. 提前办理船舶营运必需的证书文件，为船舶配备和供应必要的公约法规、航海图书资料、备件、物料、劳保用品等，及时做好船舶保安评估，船舶保安计划的编写和审批等工作；3. 接船后，及时安排船舶体系及保安的内外审、油公司检查等，为船舶投入营运提供保障。（蒲大同）

【推进“红树林”工程，提高船员综合素质】 2007 年，中远南方把加强船员的教育培训“红树林”工程与纠正习惯性违章行为结合起来，把“船员最低安全装备卡”、“工作检查五步曲”等有关培训材料发到船上每一个船员手中，加强对船员的教育，提高船员的安全意识和对风险的识别能力，逐步使安全行为成为船员的良好习惯。同时，中远南方努力寻求快速提高船员油轮管理水平的培训方式，如将历年来船舶接受油公司检查存在的缺陷整理汇编成册下发到船舶，供船员在实际工作中对照检查；为使船员能够正确、重点理解一些常用的公约、法规、安全管理等方面的知识，中远南方编制有关安全知识《每日一贴》，每天发给船员一个安全小知识。这些举措，对船舶安全航行起到良好作用，受到船员普遍欢迎。（蒲大同）

【完善船舶、船员考核制度】 2007 年，中远南方不断完善船舶、船员考核制度：1. 在船员调配上，严格按程序要求挑选和审核船员，在配备上尽可能实现整个组合的优势互补，使船员以船为单位成为一个优秀的团队进行管理；2. 坚持定期对船员考核，船员上船一个月进行考核，一旦在考核中发现不合格的船员，立即进行更换，船员公休离船前再进行一次考核并做出鉴定，作为该船员以后能否继续派上船的依据；3. 健全船舶考核制度，结合学创活动，每季度定期对船舶的管理进行考核。企业在以往对船舶考核制度的基础上，组织对船舶考核标准进行修改，综合船舶的机务、海务、船员、安全管理、船舶指标考核和安技部每季度对船舶现场监督检查的情况，作为船舶季度考核结果，使考核制度进一步完善。（蒲大同）

【船岸共同推进，确保体系有效运行】 2007年，中远南方通过日常管理、体系内审、管理评审，系统地查找出体系运行存在的问题并及时予以纠正，促进体系的持续改进，不断完善，严格按体系实施管理，保持安全质量管理体系的有效运行。4月19~20日，接受了中国船级社组织的中远南方方便旗DOC和ISO 9001质量体系的年度审核；5月22~25日，接受了中国海事局组织的五星旗DOC年度审核，均顺利获得通过。是年，中远南方组织对船舶安全体系和保安体系的年度内审，推进体系的有效实施。根据新接船计划，重点做好新接船的体系建立和审核工作，制定船舶ISM和ISPS实施计划，组织对新接船的保安评估、编写和送审《船舶保安计划》，安排体系和保安外审，取得SMC和ISSC证书，确保新造船舶接入后按计划安全投入营运。（蒲大同）

【船队结构调整取得良好成效】 2007年，中远南方积极推进新造、改造沥青船项目的实施，着力打造沥青运输系统集成者。是年，中远南方新造6000载重吨散装沥青船“亚龙湾”、“木兰湾”、“大鹏湾”轮，万吨级改造沥青船“月亮湾”轮陆续完工投入营运，使中远南方拥有散装沥青船增加到10艘，新增运力近一倍；第4艘新造6000载重吨散装沥青船“福宁湾”轮和其他2艘新造散装沥青船按计划建造。此外，中远南方完成了4艘小“江”字号旧散装沥青船的改装。是年，中远南方船队结构调整取得较好成效。（蒲大同）

【加强党组织建设】 2007年，中远南方结合企业实际抓好党建工作，坚持“三会一课”制度，开好民主生活会，搞好党风廉政建设，未发生违纪违规的行为；注重做好入党积极分子的培养和党员发展工作；党总支一班人在各项工作中起表率作用，具有较强的创造力、凝聚力和战斗力；全体党员发挥先锋模范作用，党员队伍思想稳定，士气高昂。是年，中远南方党总支被广远党委评为2006~2007年度先进基层党组织。（蒲大同）

【开展煤焦油沥青运输市场调研】 2007年，中远南方为进一步拓展沥青运输新领域，优化船队结构，在完成6艘新造船计划及开发大吨位沥青运输市场的同时，积极开展煤焦油沥青运输市场调研，以期进一步满足市场需要和企业可持续发展。

5月31日至6月1日，中远南方航运部与广远发展部组成调研小组，拜访了全球最大的煤焦油加工产品供应商——考伯斯（中国）炭素化工有限公司，与该公司董事长、相关主管人员及其外方区域销售经理进行有关市场方面的初步探讨，了解煤沥青市场情况、产品的理化特性和生产工艺及用途、液态煤沥青对船舶的技术要求、国内煤沥青出口现状、世界煤沥青船现状及营运的航线等情况。此外，该调研小组协同机务主管，前往考伯斯投资建造的京唐港煤沥青码头进行考察，通过调研形成《煤焦油沥青市场分析（专题项目报告）》，供企业领导决策参考。

（蒲大同）

【采取措施救治病危船员】 2007年5月26日，中远南方接到靠泊在新加坡SHELL BUKOM码头上的“雅江”轮报告：该轮船员邓和平突然出现中风休克症状，需立即送岸抢救。主管人员及时安排，邓和平被送往新加坡医院抢救。

“雅江”轮船员邓和平病危的消息，牵动了中远南方员工的心。该公司总经理何伟杰高度重视，指示主管人员密切关注邓和平的治疗事宜。28日，邓和平的病情进一步恶化，被转入ICU病房，根据医生决定实施了紧急开颅减压手术。主管人员每日跟踪邓和平病情，并及时转达其家属。中远南方领导考虑到邓和平的病情特殊，第一次破例同意邓和平家属前往新加坡探望的要求。6月22日，邓和平被送往四川大学华西医院接受康复治疗，其病情基本得到控制。（蒲大同）

【与浙江公路物资公司签订“华泓”轮期租意向书】 2007年5月29日，浙江省公路物资有限公司董事长杜建民一行到中远南方进行访问，就新造5000吨级沥青船“华泓”轮期租意向书有关条款和中远南方进行最后商定。双方本着互惠互利、友好合作的原则，以“2+2+1”合作方式签订“华泓”轮长期期租意向书。“华泓”轮期租意向书的签订，是中远南方迈出从拥有向控制战略实施的重要一步。

（蒲大同）

【通过五星旗DOC年度审核】 2007年5月23~25日，以海南海事局副局长吴辉为组长的DOC审核组一行莅临中远南方进行安全管理体系年度审核。该审核组通过对中远南方安全管理体系文件、岸基各项安全和防污染管理活动的审核，认为中远南方体系运行持续有效，同意给其签发五星旗DOC证书年度签注。（蒲大同）

【与Sargeant Trading签订期租船协议】 2007年6月6日，美国Sargeant Trading Inc. CEO Mr. Daniel Sargeant及航运主管Mr. DK Kim到中远南方洽谈关于后续新造船舶期租合作事宜。中远南方为进一步加强双方在更大领域中的合作，经过深入交流沟通，决定以较高的租金水平出租新造中的沥青船“福宁湾”轮给对方以替代“安吉江”轮，同时增加出租万吨沥青船“月亮湾”轮至加勒比海、地中海区域。对此，双方在海南签订了“福宁湾”、“月亮湾”轮长期期租框架协议。

（蒲大同）

【与EXXON签订新一期COA合同】 2007年6月12日，EXXON MOBIL亚太沥青总裁MR. TAO一行到中远南方进行访问，双方就沥青运输业务及进一步战略合作进行了友好交流。为了更好地巩固和加深双方的战略合作关系，确保EXXON MOBIL的运力需求，中远南方与EXXON签订总量为15万吨的年度包运合同，航区遍布新加坡到中国、澳洲、新西兰、太平洋岛国。此合同的签订，标志着中远南方沥青船队正向高端客户市场迈进，为进一步控制市场、控制风险，加速企业的发展提供有力保障。（蒲大同）

【开展“安全生产月”活动】 2007年6月1~30日，中远南方开展以“综合治理，保障平安，安全靠大家，平安每一天”为主题的“安全生产月”活动。中远南方在开展“安全生产月”活动期间，制定“安全生产月”活动方案，张贴安全生产宣传标语，全面营造安全文化氛围；组织公休船舶领导抵琼与岸上管理人员进行船舶安

全管理交流；结合船员管理实际，修改完善《船舶习惯性违章行为检查表》；开展亲情促安全活动；举行船岸船舶碰撞应急演习；开展“平安之旅”活动等。是年，中远南方通过开展“平安之旅”活动，构建安全生产长效机制，促进企业安全文化建设，全年未发生上报等级事故。

（蒲大同）

【新造沥青船“福宁湾”轮顺利下水】 2007年8月4日，中远南方第4艘新造6000载重吨散装沥青船“福宁湾”轮在浙江造船厂顺利下水。（蒲大同）

【6艘旧沥青船改造工程正式启动】 2007年，中远南方在实施新造沥青船项目，进一步优化船队结构，积极补充运力，推动船队发展的同时，深入研究原有6艘20年船龄老旧船的改造方案，以使其在2008年后继续符合MARPOL公约要求，控制市场份额，以适应后续船队发展的时机。中远南方经过与专业机构的反复研究论证，终于获得科学可行的具体施工方案。8月5～12日，“安达江”轮首先进行罐体改装，标志着中远南方改造6艘旧沥青船工程正式启动。（蒲大同）

【召开第一届董事会第七次会议】 2007年8月6日，中远南方召开第一届董事会第七次会议。参加会议的有董事长徐惠兴，董事翁继强、何伟杰、谭力、邓伟荣，监事池新旺、佟文华、顾卫东，广远相关职能部门负责人黎光葵、石立森、尤扬斌，中远南方梁杰、盛开薇、金永昌列席了会议，广远党委书记刘书田也出席了会议。会议由徐惠兴主持。会议审议通过中远南方《2007年上半年工作报告和下半年工作计划》、《2007年上半年财务报告和下半年财务预算调整说明》、《关于新造4艘6000吨沥青船的议案》、《关于调整2007年投资计划的议案》、《关于公司注册地变更的议案》、《关于划拨中远远达股权的议案》、《关于加强资金管理的议案》、《关于制定租入船经营奖金员工考核及分配办法的议案》。会议对中远南方2007年上半年的工作给予了充分肯定。（蒲大同）

【开辟新加坡至非洲沥青运输航线】 2007年8月25日，印度RICHMOND的PINTO船长到中远南方访问，就双方COA合同的商谈，开展东非、印度航线的合作以及期租意向等内容进行交流，并签订了从新加坡至东非航线的航次合同。至此，中远南方沥青船队首次开辟东非航线，开拓非洲市场工作取得实质性进展。

（蒲大同）

【完成新办公楼装修工程项目招标】 2007年8月17日，中远南方新办公楼装修工程项目开标，由海南亚联工程招标代理有限公司主持。评标委员由中远南方总经理何伟杰、广远监督部/审计部经理助理沈仕乐、中远南方财务审计江运兴、财富广场中远南方新办公楼装修设计方案总设计师林军、海南省建筑工程监理类专家冯江担任。开标工作遵循“公平、公正、公开”的原则，现场开标、当场评标。经过评标委员对4家竞标单位技术标、商务标的综合评审，依照合理低价的原则，最终由海南省建筑工程总公司承接了中远南方财富广场新办公楼的装修项目。

（蒲大同）

【新造沥青船“大鹏湾”轮建成交船命名】 2007年8月26日，中远南方第3艘5900吨沥青船交船命名仪式在宁波浙江造船厂隆重举行。广远副总经理翁继强，中远集团总轮机长王新全，北京中远船贸技术资讯有限公司总助张岩，广远航安部总经理石立森，中远南方总经理何伟杰、党总支书记顾卫东、副总经理梁杰、顾问金永昌，船员公司党委书记林耀强，海运服务总经理徐国新、副总经理林民育和浙江造船厂领导参加了仪式。翁继强在会上致辞，并为中远南方第3艘5900吨新造沥青船命名——“大鹏湾”。“大鹏湾”轮于28日正式投入营运。 （蒲大同）

【新造沥青船“澎湖湾”轮顺利下水】 2007年9月20日，中远南方第5艘新造5900吨沥青船“澎湖湾”轮下水仪式在广州中船黄埔造船有限公司隆重举行。广远副总经理翁继强，中远南方总经理何伟杰，党总支书记顾卫东，副总经理梁杰和广远海运服务公司、黄埔造船有限公司领导参加了仪式；广远副总经理翁继强在仪式上致辞。这是中远在广州中船黄埔造船有限公司建造的第一艘沥青船。（蒲大同）

【正式启用船舶维护管理信息系统】 中远南方经过一年的运行调试，所属船舶于2007年10月1日起，正式启用VMMS系统（船舶维护管理信息系统）。该系统包括船舶维护保养、备件管理、机务管理、报表管理、安全管理、船员管理、体系管理、费用管理等模块，实现船岸管理信息实时传递，提高船舶科学管理水平。该系统是广远信息中心专门为中远南方沥青船队设计开发的项目，获得2007年国家级优秀QC成果奖。 （蒲大同）

【高管人员出访新加坡、澳大利亚】 2007年11月13～22日，由广远总经理、中远南方董事长徐惠兴带队，中远南方总经理何伟杰、业务经理陈学江等出访新加坡、澳大利亚等地，拜访了中远澳大利亚公司、SAMI、SHELL、ESSO、BP、SPC等客户，与各大油公司就业务开展以及相关经验进行了深入的交流。 （蒲大同）

【“洪江”轮开辟西非市场】 2007年11月17日，中远南方“洪江”轮顺利通过好望角，于11月26日抵达哈科特港。至此，中远南方沥青船队首次实现自营船成功开辟好望角航线，进入西非市场。

（蒲大同）

【启动全面风险管理工作】 2007年11月19日，中远南方按照中远集团和广远的统一部署，成立了风险管理领导小组和工作小组，将风险管理责任分解到部门、落实到人，风险管理工作全面启动。实现以下目标：1. 评估、理清中远南方企业内部存在的各类风险，并提出有效的消除或规避措施；2. 确保将风险控制在与企业目标相适应并可承受的范围内；3. 建立与企业目标相适应的风险预警体系，最大限度地防范新风险的产生。 （蒲大同）

【举行新办公楼亮灯仪式】 2007年12月24日，中远南方在新办公楼举行“中远南方新办公楼亮灯仪式”。“COSCO”、“中远南方”的标志招牌在海口市地标性建筑“财富广场”的最高点首次正式点亮。

（蒲大同）

【“大鹏湾”轮正式执行欧洲区域期租任务】 2007年12月25日，中远南方第3艘新造5900吨沥青船“大鹏湾”轮正式交付希腊租家ASPHALOS，执行2年期租合同。（蒲大同）

【新造沥青船“福宁湾”轮建成交船】 2007年12月28日，中远南方第4艘5900吨沥青船交船命名仪式在宁波浙江造船厂隆重举行。中远南方总经理何伟杰在会上致辞，并为中远南方第4艘5900吨沥青船命名——“福宁湾”。（蒲大同）

【改造旧沥青船项目获中远集团2006－2007“精益管理年”活动优秀成果奖】 2005年4月5日，MARPOL公约新13H生效后，中远南方原有“安泰江”、“安吉江”、“安达江”、“雅江”、“洪江”、“涵江”轮等6艘沥青船，至2008年建造日后将被强制淘汰。为确保上述沥青船在2008年后继续营运，成为中远南方的一项重要工作。从2005年开始，中远南方运用精益管理理念，着手对上述6艘旧沥青船改装的可行性进行研究，并联系设计院制订改装方案。经过反复修改和探讨论证，最终否定了设计院的整体改装方案，大胆采取了局部改装的方案，节约船租37天/船，以每天7000美元期租水平计，节约船租194万元/船，节约改装费180万元/船。6艘旧沥青船改装费用共节约2244万元人民币，改装后共延长营运时间156个月，预计可创经营效益1.3亿元。（蒲大同）

【QC小组项目获部级优秀成果奖】 中远南方安全QC小组的“提高船舶靠离码头安全系数”项目，荣获2006－2007年度交通部优秀成果奖。（蒲大同）

第四节 天星船务有限公司

【天星船务有限公司简介】 天星公司是广远全资子公司，于1985年10月8日在香港成立。天星公司注册资本100万港元，以船舶经营管理人身份，主要从事海上货物运输业务。该公司成立之初将原属于香港益丰船务有限公司的“新南海”、“新东海”轮分别改名为“织女星”、“牛郎星”轮。1988年8月，购入“玉衡星”轮多用途杂货船。

1993年，天星公司出售“玉衡星”轮。1995年该公司为进一步拓展营运业务，扩大船队规模，增强市场竞争力，购入“富裕星”轮，该轮挂靠在巴拿马注册的富泉船务公司名下，由富泉船务公司作为船东与天星公司签署代管协议，将船舶交予天星公司经营管理。2004年6月，天星公司出售“织女星”轮。

2007年，天星公司拥有“牛郎星”、“富裕星”轮2艘船舶，载重量为33125吨。10月24日，天星公司签订购买2艘9000吨级的多用途船。

天星公司下设航运部、财务部。

天星公司设董事会。时任董事长徐惠兴，董事胡锦沛、刘贤蒙。总经理刘贤蒙。员工8人。（蔡蛋家）

【天星公司工作概况】 2007年，天星公司认真履行董事会各项决议，针对船舶老化、技术状况差的特点，抓住航运市场大好时机，精益管理，合理安排航线，认真组织货源，获得良好的经济效益，全年完成货运量与2006年同比增长48%，完成货运周转量与2006年同比增长20%，营运收入与2006年同比增长80%，租船收入与2006年同比增长145%。（蔡蛋家）

【举行办公室乔迁庆典活动和揭牌仪式】 2007年11月23日，天星公司完成原办公室的装修投资项目，举行办公室乔迁庆典活动和揭牌仪式。出席庆典活动的有中远远达、中远南方、中远航运香港公司的代表和当地航运界朋友。广远总经理、天星公司董事长徐惠兴为新办公室揭牌。

（蔡蛋家）

【开展“精益管理年”活动】 2007年，天星公司积极开展“精益管理年”活动，创新思维，优化管理，将精益管理思想融合到运营生产中，将“富裕星”轮投放到远东至地中海和欧洲航线，开展拼装货运输。该公司实行正确的经营策略，根据“牛郎星”轮的船龄及船况情况，将该轮安排在运价水平相对高的航线上。是年，天星公司加强高运价货载的揽货力度，承运的设备等高运价货比2006年增幅16%，运输收入比2006年增长27%，利润比2006年增长177%。（刘贤蒙）

【积极开拓租船，扩大揽货业务】 2007年，天星公司坚持以提高服务质量为根本手段，积极开拓租船业务，取得良好经济效益。该公司不定期地拜访VIP客户，不断巩固和加强双方合作关系，扩大了揽货量。是年，该公司在与原VIP客户合作的基础上，又签订了COA运输合约，既推动了租船业务的开展，也使天星公司的租船业务取得更好的经济效益，超额完成了董事会下达的租入船经营必保和攻坚利润额指标。天星公司全年租船完成32个航次任务，完成货运量和货运周转量，分别比2006年增长83%和51%，实现租船收入比2006年增长145%，营利上升。

（刘贤蒙）

【实现安全管理目标】 2007年，天星公司与中远远达、中远航运签订船舶安全管理委托协议，天星公司所属“牛郎星”、“富裕星”轮2艘船舶的安全管理从8月份起由中远远达管理转为中远航运管理。是年，在船岸员工的共同努力下，没有发生上报等级事故，实现了安全管理目标。

（刘贤蒙）

【航运部简介】 航运部是天星公司航运生产和调度管理主管部门，主要职责是负责企业航运生产、调度管理和市场开发、租船揽货、货运质量、理赔保险、运使费审核和结算；负责船舶燃油和淡水的采购供应；负责船舶港口使费的审核、结算。时任经理刘贤蒙（兼）。（蔡蛋家）

【航运部工作概况】 2007年，航运部抓住航运市场转好的机遇，加强市场调研，精心经营，在积极经营好自有船的同时，努力开拓市场，灵活经营，大力开展租船业务，租船2艘完成32个航次任务，签订COA合同，取得了良好的经济效益，完成了董事会下达的各项指标。（蔡蛋家）

【财务部简介】 财务部是天星公司财务主管部门，主要职责是负责制定企业各项财务内控制度和财务管理、资金管理、资产管理、融资管理；负责企业的财务收支预算、决算；负责企业会计核算、纳税申报、生产统计；负责企业月度、季度、年度财务统计报表的上报、定期进行经济效益分析、实施成本监控；配合当地审计事务所和广远内部审计的工作；完成财务方面的其他业务工作。时任经理梁永琴（兼，2007 年 1 ~ 9 月），陈小华（兼，2007 年 10 ~ 12 月）。员工 2 人。

（陈小华）

【财务部工作概况】 2007 年，财务部认真执行企业董事会的决议，进一步完善了资金管理办法有关规定，制定了《天星船务有限公司“三重一大”实施办法》，加强各项财务管理工作，做好财务监控，升级了财务信息系统，顺利完成了内、外部审计工作，在董事会上报告企业财务工作情况，积极参与理顺天星股权关系工作以及天星资源处置工作，跟进单船公司的运作。 （陈小华）

【召开 2007 年第一次董事会】 2007 年 3 月 1 日，天星公司在广州花都假日半岛酒店召开 2007 年第一次董事会。出席会议的有董事长徐惠兴，董事胡锦沛、刘贤蒙，广远党委书记刘书田，副总经理翁继强，广远本部谭力、黎光葵、池新旺、石立森、佟文华、尤扬斌、谢小梅、曾远祥。会议由徐惠兴主持。会议审议和通过了《2006 年生产经营和安全工作报告》、《落实 2006 年第二次董事会决议情况报告》、《2006 年财务工作报告》、《买造船情况汇报》。

（陈小华）

【召开 2007 年第二次董事会】 2007 年 8 月 6 日，天星公司于海南省博鳌索非特酒店召开了 2007 年第二次董事会。董事长徐惠兴，董事刘贤蒙，广远党委书记刘书田，副总经理翁继强，广远本部谭力、黎光葵、池新旺、石立森、佟文华、尤扬斌、谢小梅、曾远祥出席了会议。会议由董事长徐惠兴主持。会议审议通过了《2007 年上半年工作总结和下半年工作计划》、《2006 年度财务工作报告》、《2007 年上半年安全工作总结报告》、《天星公司购买 9000 吨多用途船的议案》、《天星公司财务总监岗位职责》、《天星公司关于开展租入船经营的程序》、《天星公司关于加强资金管理的议案》、《关于天星公司注销鹏业国际、新贸航业公司的议案》。 （陈小华）

第五节 广东省远洋运输有限公司

【广东省远洋运输有限公司简介】 省远洋 1995 年 1 月 26 日成立。同年 10 月 15 日，在广州经济技术开发区创业路普晖 11 街 8 号挂牌正式开业。省远洋是在广东省经贸委的倡导下，由广远、广东省电力集团公司（即广东省粤电集团有限公司）和香港鹏业国际有限公司（2007 年 8 月 30 日全部股权转让给香港天星船务公司）、超康投资有限公司合资组建的中外合资地方远洋运输公司，是广东省属第一家远洋企业。省远洋成立的宗旨是利用广东省沿海开放地区政策上的优势和广远股东人、财、物的实力，积极发展广东省远洋运输事业。

省远洋主要经营国际海上运输，承运广东省进口电煤及其他货物，仓储及船舶代理，并经营广东省沿海电厂的部分国内煤炭运输业务。

省远洋下设业务部、安技部、财务部、综合部。

省远洋设董事会。董事长刘书田，副董事长高仕强，董事邓伟荣、李伟、黎宜克、何茂贞、何建时（代表超康）、翁继强（代表鹏业），总经理李伟，副总经理何茂贞。2007 年 3 月 27 日董事会进行换届，第七届董事会董事长高仕强，副董事长刘书田，董事邓伟荣、李伟、黎宜克（3～7 月）、陆结红（7～12 月）何茂贞、何建时（代表超康）、翁继强（代表鹏业，8 月 30 日后代表天星）。总经理李伟，副总经理何茂贞。员工 15 人。

（尹穗生）

【省远洋工作概况】 2007 年，省远洋坚持精益管理，精心经营，拓展市场，切实加强安全管理工作；组织船舶开展“遵纪守法年”活动，结合季度性安全工作，重点学习相关规则、公约、法规、制度和体系文件；推进“平安之旅”和“红树林”工程，船员素质和安全意识得到提高，习惯性违章大为减少，确保了船舶安全运输生产。是年，省远洋安全管理体系运行正常有效。10 月 22～24 日，交通安全质量管理体系审核中心履行对省远洋安全管理体系年度审核（DOC 换证审核），该审核中心对省远洋能按规定要求运行并较好地做好相关记录表示满意，同意通过 DOC 换证审核。

省远洋针对运力不足的情况，采取期租、航次租与转租等方式，提高运力和经济效益，以合理的租金价格，期租“河北团结”轮，期租 3 年；增加稳定运力，确保该公司原来占有的进口电煤份额和效益；从企业最大利益出发，抓住市场时机，将“河北团结”轮比原租金高的价格转租出去，既解决粤电燃料公司安排“河北团结”轮进口煤货源不稳定的难题，又为企业赢得较好的稳定效益；根据粤电集团国内电煤增量大的特点，扩大租船业务，先后租入“银浦”、“银石”、“崖州海”、“嵩山”轮等 4 艘船舶，在保证不亏或少亏的前提下承运沿海电煤，弥补了因“河北团结”轮转租造成的电煤运量不足的问题。

省远洋针对二手船市场节节攀升情况，由买船优先的战略向造船和买船并举的方式转变。11 月初，该公司在广远和中远船贸的帮助下，与广州中船黄埔造船股份有限公司达成拟造 2 艘 7.6 万吨散货船合作意向，并上报中远集团审批。

省远洋完成 35 个航次运输生产任务，完成货运量 207 万吨，与 2006 年同比增幅 21%；主营业务收入比 2006 年有较大的增加，利润总额更是创下了历史最高水平。

（尹穗生）

【召开第六届董事会第四次会议】 2007 年 3 月 27 日，省远洋召开第六届董事会第四次会议。董事长刘书田，副董事长高仕强，董事翁继强、邓伟荣、李伟、黎宜克、何建时、何茂贞参加了会议。会议由刘书田主持。会议审议通过了《二〇〇六年工作报告》、《二〇〇六年财务决算报告》。会议还审议通过如下事宜：1. 向省远洋下达2007年完成利润总额和完成货运量；2. 同意年度经营业绩考核等级为A级，决定按《广东省远洋运输有限公司年薪实施办法》兑现发放总经理和副总经理年薪，确定其他员工工资总额；3. 同意继续聘请德豪国际利安达信隆会计师事务所为该公司进行2007年度财务决算审计；4. 同意2007年度《员工工资总额工效挂钩考核办法》考核体系参照2006年的体系。考核指标按2007年度《公司经营负责人经营业绩考核责任书》的相关指标进行修改；5. 同意试行《资金管理制度》和《资金结算办法》一年，在试行期间不断予以完善；6. 同意各股东每年组织一次联合考核，委托各股东的人事组织部门组织实施，由董事会在年初或年中确定负责牵头的股东；7. 同意省远洋自2007年1月1日起执行新《企业会计准则》和《企业财务通则》，具体的会计政策参照中远集团的要求执行；8. 同意省远洋2007年度《公司经营负责人经营业绩考核责任书》、《员工工资总额工效挂钩考核办法》；9. 同意省远洋工资总额从2006年起挂靠中远集团，2007年度考核体系继续沿用2006年的体系，对考核指标中的利润总额、净利润指标、净资产收益率以及完成货运量指标、货运周转量等考核指标作了调整。（尹穗生）

【第六届董事会换届】 2007年3月27日，省远洋董事会决定第六届董事会从即日起换届为第七届董事会。第七届董事会成员由董事长高仕强，副董事长刘书田，董事翁继强、邓伟荣、李伟、黎宜克、何建时和何茂贞组成。第七届董事任期为4年。（尹穗生）

【召开第七届董事会第一次会议】 2007年3月27日，省远洋召开第七届董事会第一次会议。董事长高仕强，副董事长刘书田，董事翁继强、邓伟荣、李伟、黎宜克、何建时、何茂贞参加会议。会议由高仕强主持。第七届董事会根据股东的推荐和董事长的提名，从2007年3月27日起继续聘请李伟担任该公司总经理，任期2年；根据股东的推荐和总经理的提名，第七届董事会从2007年3月27日起继续聘请何茂贞担任该公司副总经理，分管财务等工作，任期2年。（尹穗生）

【召开第七届董事会第二次会议】 2007年8月30日，省远洋召开第七届董事会第二次会议。参加会议的有董事长高仕强，副董事长刘书田，董事邓伟荣、李伟、何建时、何茂贞、陆结红、张弛；董事黎宜克、翁继强因故未参加本次会议；列席会议的该公司高级顾问胡朝懿，股东方广远发展部谢小梅，广东省粤电集团有限公司彭莉、金霞。会议由高仕强主持。董事会同意广东省粤电集团有限公司改派陆结红出任该公司董事会董事，黎宜克不再担任该公司董事会董事。会议审议通过《二〇〇七年年中工作汇报》、《二〇〇七年上半年财务报告》；原则通过《关于香港天星船务公司受让鹏业国际公司持有的省远洋公司股权的议案》、《关于修改合营协议和公司章程的议案》，同意天星公司受让鹏业国际有限公司持有的省远洋16.67%的股权；会议决定根据国家《公司法》修改省远洋《公司合同》和《公司章程》中的相应条款，使天星公司股东权益得到合法体现，并上报相关管理部门审批。董事会同意省远洋总经理李伟在上半年工作汇报中所做出的计划，提出在保证安全生产稳定的情况下，继续大力开展租船经营，并把发展自有运力作为重中之重来抓，力求抓出成效。（尹穗生）

【交通部同意“河北团结”轮从事国内航线运输】 2007年12月16日，中国交通部国内水运司同意省远洋期租的方便旗船“河北团结”轮从事单航次天津港至黄埔港的国内运输业务，充分利用其运力运输电煤，以缓解广东省电厂电煤不足的状况和提高省远洋的经济效益。（尹穗生）

【业务部简介】 业务部是省远洋航运业务的主管部门，主要职责是负责企业运输生产计划的实施和船舶营运的管理；船舶的调度指挥，合理安排航线和货载，洽谈揽货或租船业务，测算经济效益，签订运输合同；制定航次计划，向船舶布置航次任务；指导船舶合理配载，提高船舶载重利用率；船舶跟踪管理，准确掌握船舶动态；与港口、货主和代理的沟通联系，快装快卸，缩短船舶在港停时，提高船舶周转；选择加油港和决定加油量，努力降低燃油费用，航次结束后作出书面效益结算；船舶现场管理，掌握船舶货运设备状况，抓好船舶安全生产；办理船舶保险和货物理赔；计收运费、租金和速遣、滞期费，向货主或租家催收运费或租金；审核船舶的港口使费及有关劳务费用；收集航运信息，掌握航运市场动态，为企业领导科学决策提供有效依据。时任经理陈鸿。员工2人。（尹穗生）

【业务部工作概况】 2007年，业务部落实中远集团“从拥有船向控制船”转变的战略思维，加强市场开发，扩大货源，加大租船工作力度，全年完成35个航次生产任务，其中租入船17个航次。租入船营运收入占该公司营运收入的60%，为企业创造了较好的经济效益。业务部严格控制燃油、港口使费等生产指标成本，在燃油价格高企和港口使费不断增长的情况下，没有超出计划指标。（尹穗生）

【安技部简介】 安技部是省远洋海务、机务、通导管理的主管部门，主要职责是负责执行企业的安全、环保方针，确保安全管理体系有效运行和对船舶实施海务、机务监督以及通导管理。经理毛河耀（1～9月），林少衡（10～12月）。员工4人。（尹穗生）

【安技部工作概况】 2007年，安技部坚持“安全第一，预防为主”方针，严格执行安全质量管理体系，全年没有发生机损和污染事故，设备完好率达100%；加大船舶管理力度，针对“毓骐海”轮已有26

年船龄、设备老化的情况，加大维修保养力度，保证机械设备正常运行；开展节能减排，对“毓骐海”轮主机的转速进行有效的控制，使用经济航速，对主机的透平进行检修，加强对主机的维护和对工况的控制，使船舶的油耗得到有效控制；抗台成功率为 100%；全面推行船员教育培训“红树林”工程，提高船员的技能和素质。

（尹穗生）

【“毓骐海”轮防台成功】 2007 年，“毓骐海”轮受到 14、15、16 号台风影响，由于事先做好各种预防工作，并采取了能避则不抗的策略，该轮没有遭受险情和损失，确保了防台成功。（尹穗生）

【“毓骐海”轮专项整治成效突出】 2007 年，“毓骐海”轮认真开展防船舶碰撞、防泄漏的专项整治活动，船舶成立专项整治活动领导小组，使活动有目标、有布置、有整改、有记录、有监督、有反馈。同时，进一步提高船员安全责任意识，船员全力以赴查找隐患，共查出隐患 58 项并及时进行整改，确保了船舶安全。（尹穗生）

【财务部简介】 财务部是省远洋核算生产经营成本和对资金进行管理的主管部门，主要职责是负责筹措经营资金，参与企业经营决策；编制财务计划，做好资金的回收和管理工作，提高资金使用率；定期经济分析，对存在问题提出解决办法和建议；成本管理，想方设法降低成本、节省开支，增加企业盈利；做好财务基础工作，建立健全财务管理制度，严格执行财经纪律，实行财务监督。时任经理金霞。员工 2 人。

（尹穗生）

【财务部工作概况】 2007 年，财务部认真执行新《企业会计准则》和新《财务通则》，落实董事会决议，严格遵守财经纪律、法规，坚持会计职业道德，保持严谨的工作作风，以主人翁的责任感做好本职工作，正确处理好国家、企业与个人利益。同时，加强会计监督，维护国家法律、法规的严肃性，加强日常会计核算及年度决算工作。在会计核算方面，严格审核把关，仔细审核会计凭证，发现异常现象，及时与有关部门进行沟通并予以解决；完成了 2006 年度决算工作，事务所出具了无保留意见的审计报告；严格遵守双方股东对重大项目的投资、担保、抵押、质押等业务活动的规定。在汇率风险方面，跟踪汇率变动的因素，在结汇上与银行申请优惠汇率，及时结汇，降低经济损失。在税收风险方面，与地方税务局沟通，对于新的业务，征得税务机关的许可，避免多交税款。在企业投资决策方面，加强前瞻性思考，对企业运营管理出谋划策，积极主动参与经营决策的筹划，当好企业领导的参谋。

（尹穗生）

【综合部简介】 综合部是省远洋行政事务的主管部门，主要职责是负责企业的安全、人事、劳资、船员管理等各种行政事务工作。时任经理张池、副经理刘润其。员工 5 人。（尹穗生）

【综合部工作概况】 2007 年，综合部加大管理力度，做好降本节支工作，各项费用控制在预算范围内，并有较大节余。做好人事劳资管理工作，抓好劳动纪律和文明卫生管理，严格执行各项规章制度，维护企业正常办公秩序。做好各种证照的年检、审核、报批工作以及省远洋的《公司合同》和《公司章程》的改版报批工作。维护电脑系统，保证正常运作。草拟企业工作计划、总结等其他材料工作，做好企业文件资料的收集、整理、立卷、归档工作。做好新车的购置和旧车的资产处置工作。协助工会组织员工开展文体活动。

（尹穗生）

第六节　福建捷安船务有限公司

【福建捷安船务有限公司简介】　福建捷安原名为福建船务企业有限公司。福建捷安是1991年4月8日经福建省政府省长办公会研究决定（交运字［90］84号文《关于组建福建船务企业有限公司的批复》），由广远与福建省海运发展公司出资各占50%股份，联营组建的航运企业。1991年底，福建捷安在扩大生产购船时，由于福建省海运发展公司资金困难无法再投资，其股份退为31.5%，广远追加投资后股份占68.5%。1992年，福建省海运发展公司成建制合并到福建省轮船总公司，原福建省海运发展公司的股份全部由福建省轮船总公司承担。1997年底，根据国家对有限公司规范化管理的要求，原福建船务企业有限公司更名为福建捷安船务有限公司，党政关系挂靠福建省交通厅。

福建捷安注册资本2541万元，拥有“曲江”、“桂江”、“岱江”、“宝江”轮4艘船舶，载重吨4万吨。主营国际船舶普通货物运输及国内沿海各港间普通货物运输。

福建捷安下设总经理办公室、航运部、安监室、船技部、财务部5个管理部门。

福建捷安设董事会。董事长翁继强，副董事长陈云臣（1～7月）、杨锦昌（8～12月），总经理官雄（1～3月）、张唯耀（4～12月），副总经理江传金（1～10月）、詹慧鹏（11～12月）。员工14人。

（陈红妹）

【福建捷安工作概况】　2007年，福建捷安全面创新经营管理机制，基本完成经营管理体制改革，自营船稳步经营，“曲江”轮重新光租，加大对“岱江”、“宝江”轮的经营管理力度，完成东南亚和韩国航线营运杂货、化工品、农产品等货物运输任务。全年完成37个航次运输生产任务，安全航行7.31万海里，完成货运量15.9万吨，运费回收率100%，完成董事会下达的利润指标。　（陈红妹）

【召开第十六次董事会】　2007年3月23日，福建捷安召开第十六次董事会。参加会议的有董事长翁继强，副董事长陈云臣，董事邓伟荣、程鹏、官雄、江传金。会议由翁继强主持。会议审议通过《2006年工作总结和2007年工作计划》、《2006年财务工作报告和2007年财务工作预算》、《上届董事会决议执行情况》以及广远股东提案《关于更换董事、总经理的议案》、《关于强化员工绩效考核的议案》；审议通过《关于“曲江”轮光租期满后的报告》、《关于散装水泥船项目发展思路的报告》、《关于财务预算管理办法》、《关于内部管理等30项规章制度》、《关于工资总额及

员工工资待遇管理办法》以及附加议案《资金管理办法》和《关于申请公司员工奖励金的报告》。（陈红妹）

【企业董事、总经理变动】 2007年4月，福建捷安原董事陈爱国、总经理官雄因工作调动，不再担任董事、总经理职务。由张唯耀接替董事、总经理职务。此人事变动经福建捷安第十六次董事会通过。

（陈红妹）

【安全管理体系初次审核获得一次性通过】 2007年3月下旬，交通部海事局审核组对福建捷安进行DOC初次审核，初次审核以“宝江”轮为代表船。该审核组通过对福建捷安认真的审核，认为福建捷安安全管理体系文件在企业职能部门和船舶的安全管理运行较好，各项活动基本能按规定要求进行并较好地做好相关记录。为此，一次性通过对福建捷安安全管理体系的初次审核。（陈红妹）

【“曲江”轮更换租家】 “曲江”轮于2002年5月光租给福州雄盛航运贸易有限公司，2007年5月到期。福建捷安考虑到该轮的实际情况和市场行情，从企业的效益出发，于2007年6月1日起，以高出原租金转租给大连利丰海运集团有限公司，租期1年。（陈红妹）

【“岱江”轮改造损失处理】 根据北京利安达会计师事务所年度审计要求，“岱江”轮改造水泥船损失9.52万元，在2007年度损益中反应，并报福州晋安地方税务局审批。（陈红妹）

【召开第十六届董事会第二次会议】 2007年8月10日，福建捷安召开第十六届董事会第二次会议。参加会议的有董事长翁继强，董事谭力、邓伟荣、程鹏、张唯耀、江传金。会议由翁继强主持。会议审议通过了《关于更换公司董事、副董事长的议案》、《二〇〇七年度上半年总经理工作报告》、《二〇〇七年上半年财务工作报告》、《关于购买　辆商务车的报告》；审议通过广远方股东《关于加强资金管理的议案》、《关于进行员工绩效考核的议案》、《关于制定租入船经营奖金员工考核及分配办法的议案》；审议通过《关于给予异地员工住房补贴的议案》、《散装水泥船项目遗留问题的报告》、《关于“宝江”轮货舱二层甲板改造的报告》。

（陈红妹）

【企业副董事长人事变动】 2007年8月，福建捷安原副董事长福建省轮船总公司方陈云臣因工作变动不再担任该公司副董事长职务，其职务由福建省轮船总公司杨锦昌接替。此项人事变动经福建捷安第十六届董事会第二次会议通过。（陈红妹）

【“宝江”轮进行特检、修理】 2007年11月1日，福建捷安“宝江”轮抵福州马尾造船厂进行特检修理工程。船厂工人与船员们经过25天奋战，使船舶安全、优质完成特检、割除货舱二层甲板修理工程。

（陈红妹）

【通过文明单位复查】 2007年12月13日，福建省直文明办检查工作小组一行3人对福建捷安所获的第九届福建省直级文明单位巩固和再创建成果进行复查。经该检查工作组核查，认为福建捷安2003～2005年度文明创建巩固情况良好，2006～2007年度的文明建设情况基本符合要求，予以通过。（陈红妹）

【双方股东联合进行绩效考核】 2007年12月18日，福建捷安的两大股东广远和福建省轮船总公司联合相关职能部门组成考核组，对福建捷安的绩效进行检查。该考核组通过查看资料、谈话、民主评议、综合评分、出建议书等形式，对员工进行了综合考评，考核员工10人，其中，广远员工6人、福建省轮船总公司员工4人，考核成绩为优秀。（陈红妹）

【航运部简介】 航运部是福建捷安航运生产、调度管理的主管部门，主要职责是负责航运生产、调度管理、租船揽货、市场开发和客户维护、船舶安全管理指导以及协助办公室督促和考核船舶驾驶人员。时任经理陈桂超（1～3月）、黄成好（4～12月）。员工3人。（陈红妹）

【航运部工作概况】 2007年，航运部紧抓市场机遇，以效益为中心，狠抓自营船基础货源质量，合理安排航次，巩固优势航线；重点抓船期和港口使费，从严选择代理、认真审核使费单证、缩短船舶的在港停时、经济航速行驶入手，进行合理调度；采取有效措施回收运费、滞期费、租金；光租船“曲江”轮顺利更换新租家，增加光租收入70万元；“宝江”轮第20航次期租平均USD7374/天，创下5000DWT小船的营运高峰；水泥船项目发展思路明晰，形成具体方案上报双方股东；逐步形成多元化经营思路，促进企业可持续发展。

（陈红妹）

【安监室简介】 安监室是福建捷安安全管理体系的主管部门，主要职责是负责该企业的安全管理体系的维护、培训、内审和组织、协调、指挥船岸的安全生产工作，负责企业的DOC和船舶SMC的审核认证及海务监督工作，实现企业安全管理目标。时任经理赵琛。（陈红妹）

【安监室工作概况】 2007年，安监室全面做好安全管理体系文件的修改、完善、培训和审核认证工作，督促体系文件在船岸有效运行；加大对船舶的现场检查力度，做好季节性安全管理工作，指挥防台抗台船舶6艘次、大风浪操作船舶6艘次、雾航船舶5艘次、进出港船舶75艘次、复杂航区航行船舶29艘次，成功率均为100%；接受PSC检查9艘次，均一次性通过，无缺陷批注1艘次，滞留率为零；针对老龄船开展安全生产隐患排查治理专项行动，共查出船舶安全隐患86项并及时进行整改，其中，5项重大隐患都得到了全面解决。是年，福建捷安的安全生产形势稳定，未发生上报等级事故。

（陈红妹）

【船技部简介】 船技部是福建捷安机务、通导管理的主管部门，主要职责是负责船舶设备维护、保养及备件、物料、润料的采购供应和机务监督及通导费用管理工作，为企业船舶的营运安全和效率提供技术保障。时任经理邱贤明（1～7月）、谢福星（8～12月）。员工2人。（陈红妹）

【船技部工作概况】 2007年，船技部加大对船舶管理力度，严格控制成本，降低机务管理费用，从控制船舶修理、备件、物料、油漆、燃润料等费用开支入手，重点攻坚机油消耗，滑油消耗从原来220KG/天降到160KG/天；加强老龄船舶管理工作，完成“宝江”轮二层甲板割除、修理工程；强化机务自身基础管理，整理汇编了《船舶管理检查表》，做好PSC检查及防污染工作，使机务管理工作逐步走上规范化、制度化。（陈红妹）

【财务部简介】 财务部是福建捷安财务管理、融资管理、资本运作、资产管理的主管部门，主要职责是负责建立健全财务管理制度和财务、融资、资产管理、资本运作；编制财务预、决算，平衡收支；核收运费租金、使费、备用金支付；企业生产经营财务等有关数据统计、上报以及实施定期经济效益分析，实行财务监督等工作。时任经理李克斌（1～4月）、李军（4～12月）。员工3人。（陈红妹）

【财务部工作概况】 2007年，财务部加强财务管理工作，完成了总经理离任审计工作，进一步完善《财务信息披露管理制度》、《大额资金支付审批制度》、《资金管理办法》等制度；根据新会计制度的要求，运用电算化，完成新旧科目数据的转换衔接工作；结转“岱江”轮“在建工程”入“固定资产”科目；完成对有关部门的各项资料统计、申报；全面处理历史遗留的各项往来资金；建立良好的银企、税企关系；并及时核收运费租金。是年，财务部圆满完成各项财务指标。

（陈红妹）

【办公室简介】 办公室是福建捷安行政管理的主管部门，主要职责是负责协助企业领导贯彻执行上级指示和部署，协调企业对外关系和各部门关系；企业日常行政事务工作，参与企业生产经营活动的综合调研、信息汇总、协调推进、管理考核及档案管理工作。时任主任蔡松文。员工3人。（陈红妹）

【办公室工作概况】 2007年，办公室完成企业各项经营资质证书年检、审核、换证工作；草拟福建捷安工作计划、工作总结、请示、报告等文书；安排企业领导主持的各类会议，并组织实施和督促检查各项会议决议的贯彻落实；做好对外接待、文书档案的管理工作；完成人事、劳资、劳动合同管理和劳动社会保险以及对船员的调配管理工作；协助有关部门妥善解决“岱江”轮改造期间设备、废钢铁处理等遗留问题；更换办公硬件，完成软件更新，严格控制管理费用开支。（陈红妹）

第七节　中远鞍钢航运有限责任公司

【中远鞍钢航运有限责任公司简介】　中鞍航运是广远与鞍钢集团所属的鞍钢集团国际经济贸易公司，于2004年各出资50%组建的合资合营公司。该公司注册地：辽宁省大连市保税区中轻大厦5楼619C，办公地址：辽宁省大连市中山区人民路23号虹源大厦9楼903－907室。

中鞍航运是以经营钢材内、外贸运输为主，并兼营其他物流运输业务的综合性物流公司，经营范围为国际远洋货物运输和国内沿海货物运输、船舶租赁及货运代理业务等项目。该公司拥有鞍钢集团与中远集团强大的货源与运力优势，可为海内外客户提供安全、优质、经济、独特的内外贸运输服务，并在此基础上围绕钢铁制造业的发展，大胆开拓以海运为依托的物流产业。2007年，该公司注册资金5000万元，拥有“鞍山”、“水城”轮2艘杂货船，总载重吨29351吨。

中鞍航运下设综合部、船技部、业务部、财务部4个部门。

中鞍航运设股东会、董事会。董事会对股东会负责。中鞍航运实行董事会领导下的总经理负责制。时任董事长张晓刚，副董事长马泽华（1～2月）、许立荣（2～12月），董事刘书田、王恒、翁继强、刘凯（董事会秘书）。时任总经理邱波，副总经理李曙光、周斌。员工13人。

（林举德）

【中鞍航运工作概况】　2007年，中鞍航运在中远、鞍钢两大集团的支持和企业董事会的领导下，坚持以科学发展观统领全局，在《中远集团——鞍钢集团更紧密战略合作备忘录》的总体框架下，紧紧围绕企业董事会制定的发展战略，在内贸运输市场竞争激烈、经营成本大幅攀升的环境下，经过全体船岸员工的共同努力，完成了2007年董事会下达的经营管理指标，并为鞍钢提供了安全、优质、经济、高效的沿海钢材产品运输服务，取得了良好的经营和管理业绩，为构建中远——鞍钢战略合作平台发挥重要作用。

中鞍航运在航运经营上，主要经营鲅鱼圈至黄埔、鲅鱼圈至上海、大连至上海3条航线的鞍钢钢材产品运输。是年，完成货运量101万吨，完成利润总额为年度指标的168%。在安全管理上，始终坚持“以人为本”和“安全第一、预防为主、综合治理”的原则，认真实践“安全就是生命，安全就是效益”的安全管理理念，深入运行安全质量管理体系，全面落实安全责任制，不断推进安全管理长效机制和企业安全文化建设，全年未发生安全责任事故，安全面达100%，防台成功率达100%，PSC检查通过率达100%，企业安全生产形势整体稳定。（林举德）

【接受大连正风会计师事务所航运经营及财务情况审计】　2007年1月15～22日，大连正风会计师事务所对中鞍航运2006年度的航运经营情况及财务状况进行审计。审计结果表明，中鞍航运2006年度航运经营情况和财务状况良好。（周斌）

【参与鞍钢国贸内贸钢材运输航线投标】 2007年初，中鞍航运参与了鞍钢国贸内贸钢材产品运输航线投标，成功中标鲅鱼圈至黄埔、鲅鱼圈至上海、大连至上海3条航线的定线运输年度权。（卜康裕）

【安全质量管理体系外审获得通过】 2007年3月12～14日，交通部海事局根据交通部关于航运公司安全管理体系的审核、发证的要求，对中鞍航运安全质量管理体系的运行情况进行全面审核。审核结果表明中鞍航运安全质量管理体系符合ISM规则的要求，体系运行基本有效。为此，中鞍航运安全质量管理体系获得通过。（林举德）

【广远在“鞍山”轮召开“红树林”工程座谈会】 2007年7月10日，广远在靠泊黄埔港的“鞍山”轮召开船员教育培训“红树林”工程座谈会。广远副总经理翁继强、党委副书记黄继忠和广远教育培训“红树林”工程领导小组、工作小组部分成员以及有关航运公司领导出席了座谈会。会上，中鞍航运汇报了实施教育培训“红树林”工程的主要情况和推进方案。与会人员充分肯定了中鞍航运开展教育培训“红树林”工程所取得的成绩，并对推进方案提出建议。（林举德）

【股东联合审计组对企业财务收支情况进行审计】 2007年9月17～21日，股东联合审计小组对中鞍航运财务收支情况进行审计。审计小组对中鞍航运自成立以来至2007年6月30日的经营管理状况给予充分肯定，并对存在的问题提出了建议。（周斌）

【国家审计署对企业财务收支情况进行审计】 2007年11月19日至12月3日，国家审计署沈阳特派办对中鞍航运2006年度的财务收支情况进行审计。审计结果表明，中鞍航运2006年度财务收支情况基本真实、完整，会计核算基本正确地执行了《企业会计制度》和《企业会计准则》。（周斌）

【广远对企业安全管理情况进行考核】 2007年12月4日，广远根据《安全现状评估实施细则》的要求，由安全管理部门组成考核组对中鞍航运2007年安全和防污染管理工作进行了考核。该考核组对中鞍航运2007年安全工作所取得的成绩给予充分肯定，同时指出安全管理工作存在的问题，并提出相应的整改意见和建议。（林举德）

【广远对企业全面风险管理进行调研】 2007年12月17～18日，广远全面风险管理工作小组对中鞍航运在生产经营管理中可能出现的风险进行现场调研。该工作小组通过现场考察、座谈等方式，清晰地标识出中鞍航运可能出现经营管理风险的几种情况，并有针对性地提出了防范风险的措施和建议。（林举德）

【安全质量管理体系内审】 2007年12月25日，根据中鞍航运安全质量管理体系的要求，中鞍航运体系内部审核组对2007年度安全质量管理体系的运行情况进行了全面的内部审核。审核结果表明中鞍航运安全质量管理体系符合ISM规则的要求，体系运行基本有效。 （林举德）

【自营船经营概况】 2007年，中鞍航运根据与鞍钢国贸签署的投标书的要求，派遣“鞍山”、“水城”轮从事鲅鱼圈到黄埔航线的鞍钢钢材运输。是年，由于沿海船舶运输出现运力过剩情况，在确保鞍钢国贸沿海运力需求足够的前提下，中鞍航运积极主动，采取灵活机动的经营方式，适时安排自营船舶穿插从事外贸运输，以规避内贸运输市场激烈的运价竞争，既获取了较高的外贸运费收入，又取得了相对低廉的外贸燃油，降低航运经营成本，提高了企业经营效益。 （林举德）

【租入船经营概况】 2007年，中鞍航运为了弥补企业运力上的不足，实现“从拥有船向控制船转变”的经营管理新理念，根据年初与鞍钢国贸签订的投标书要求，共租入资质良好、适合于鞍钢国贸2港批次发货量约为5000～8000吨的中、小型船舶7艘（共计46737载重吨），并全部投入鞍钢国贸指定航线的运营。是年，中鞍航运总体租入船舶经营状况良好，所有风险均在预料和控制范围内，并取得较好的经营效益。 （林举德）

【打造钢材运输“精品航线”】 2007年，中鞍航运为向货主、港口和其他关系方提供安全、优质、高效、快捷海上运输服务，打造“精品航线”，开辟鲅鱼圈到黄埔鞍钢钢材产品的海上运输航线，由“水城”轮经营。是年，“水城”轮安全、优质、高效地完成了20个航次的运输生产任务，无货损货差，优质服务100%，赢得货方和港方的好评。 （林举德）

【经营航线】 2007年，中鞍航运主要履行年初与鞍钢国贸签订的COA运输合同，经营航线主要为鲅鱼圈—黄埔之间的鞍钢钢材内贸运输；当该航线运力出现过剩时，临时以单航次期租TCT的经营方式从事中国—东南亚的近洋外贸运输。

（林举德）

【实施“效益航速”】 2007年，中鞍航运创新成本控制理念，提出“效益航速”新概念。其内涵是指企业航运管理人员根据船舶经营成本（主要为燃油成本），综合分析港口、泊位、天气和货物备妥情况等因素，以获取船舶经营效益最大化为目的，为营运船舶指定的航行速度。“效益航速”是从事固定港口、固定泊位和固定货物运输所创新的航运成本控制新概念。是年，中鞍航运船舶经营的是固定港口、固定泊位、固定航线和固定货物的海上运输，航运管理人员对港口、泊位、天气和货物备妥情况等信息资料掌握十分清楚，对正确指定船舶实施“效益航速”提供了决策依据。为此，中鞍航运实施的“效益航速”取得良好的经济效益，为企业降低营运成本发挥重要作用。 （林举德）

【巩固和维护好客户关系】 2007年，中鞍航运在做好企业基础航运经营管理工作的前提下，努力做好巩固和维护客户关系的公关工作。第一季度，在鞍钢国贸内贸运力严重不足的情况下，企业领导常在一起沟通，协商和研究解决问题的办法，并拟定具体措施，避免货物的大批量积压，及时将货物发送到相关的客户。在中鞍航运租入船舶工作量大的情况下，航运管理人员主动协助鞍钢国贸对参与鞍钢钢材内贸运输竞标的多家航运公司进行资质审核，巩固和维护好客户关系，促进鞍钢国贸工作。（林举德）

【加强风险管理，提高对事故的预控能力】 2007年，中鞍航运安全管理以风险管理学的理论为指导，根据船舶的现有状况，结合船舶航行的航区、挂靠港口、泊位、货载和船员的配备情况等，对可能影响到船舶安全的各种风险进行识别，提出预控措施，并跟踪船舶的落实执行情况，有效地预控事故的发生。（林举德）

【实行“人性化”管理理念，凝聚船员向心力】 2007年，中鞍航运船员管理工作坚持以人为本的方针，大力倡导“严格要求、真诚关心”，全面实践企业的“人性化管理”的人力资源管理新理念，并以企业“红树林”工程为契机，在船舶建立了健全的船员激励和约束机制，凝聚船员人心，规范船员的安全行为，为确保企业各项安全生产任务的完成打下坚实基础。（林举德）

【企业被评为“守合同重信用”单位】 2007年，中鞍航运因经营管理讲承诺守信用，成绩突出，信誉良好，被大连市工商局评为“守合同重信用”单位，享受2008年度工商免检的优惠政策。（林举德）

【召开年终工作会议】 2007年12月27日，中鞍航运召开2007年度年终工作会议。会议由总经理邱波主持，中鞍航运全体员工参加会议。会议认真总结了企业2007年度生产经营和安全管理情况，并认真分析了企业未来发展方向。（林举德）

【2007年安全管理评审】 2007年12月28日，中鞍航运根据ISM规则和安全质量管理体系的要求，对2007年度安全质量管理体系的运行情况进行全面的管理评审。评审结果表明：中鞍航运安全质量管理体系对实现安全质量管理目标是有效的；体系能满足ISM规则的要求，并具有符合性、可操性、充分性和有效性；体系能不断改进和完善，运行基本有效。（林举德）

【综合部简介】 综合部是中鞍航运行政领导的日常办事机构和安全质量管理体系及船舶保安体系、海务安全和船员管理的主管部门，主要职责是负责总经理办公会议决议、决策及交办事项的执行和企业行政事务管理；安全质量管理体系和保安体系的建立、运行和管理；船员租赁与管理；船舶海务安全管理等。时任经理林举德。员工4人。（林举德）

【综合部工作概况】 2007年，综合部执行中鞍航运的决策，在安全管理方面，坚持“安全第一，预防为主，综合治理”的方针，跟踪指导船舶的海务安全管理工作，未发生上报等级安全、污染事故和保安事件；在船员管理方面，坚持“以人为本”，大力倡导“严格要求、真诚关心”的人力资源管理理念，建立健全船员激励和约束机制，为打造“中鞍板块”高素质船员队伍和培养船员后备力量做了大量工作，确保了船员整体素质的提高和船员队伍的相对稳定，为安全生产提供可靠的保障；在体系管理方面，严格履行和不断完善安全质量管理体系和船舶保安体系，使体系对指导和监督船舶安全保卫工作发挥了应有的作用；在行政管理方面，认真执行并不断完善企业行政管理各项规章制度，监督总经理办公会议各项决议、决策的落实执行，为确保企业日常行政管理的正常运行发挥了重要作用。（林举德）

【船技部简介】 船技部是中鞍航运机务管理的主管部门，主要职责是负责对机务管理和船舶机电设备维护进行指导；负责油料、物料、备件的采购与供船；负责船舶修理计划制定与实施；负责机损事故调查处理；负责 PSC/NSC 检查指导与管理等。时任经理王峰（1～8 月）、庄少平（9～12 月）。员工 1 人。（林举德）

【船技部工作概况】 2007 年，船技部坚持“安全第一，预防为主”的方针，严格执行安全质量管理体系，认真落实安全责任制，结合企业情况，采取有效措施，积极做好老旧船管理和防污染工作。从 10 月起，船技部与 CCS 大连分社营运入级检验处一起探讨如何对老旧船技术状况的评估，达到优势互补、取长补短、共同提高的目的。11 月，由船技部牵头，与 CCS 大连分社的验船师联手组织船舶技术状况评估小组，分别对“鞍山”、“水城”轮进行勘验，确保船舶管理工作科学、规范，提高船舶设备完好率，提升安全工作控制力，建立健全船舶主要设备技术档案，为编制年度机务费用预算和计划船舶厂修时提供科学的依据。（庄少平）

【业务部简介】 业务部是中鞍航运运输生产计划实施、船舶营运的主管部门，主要职责是负责掌握和分析航运市场信息、揽载货物并签订运输合同（含租船业务）；负责运输生产任务调度与指挥；负责使运费管理、货运质量管理和船舶保险理赔以及船舶燃油订购等工作。时任经理卜康裕。员工 3 人。（林举德）

【业务部工作概况】 2007 年，业务部参与鞍钢国贸内贸钢材产品运输航线投标，成功中标鲅鱼圈至黄埔、鲅鱼圈至上海、大连至上海 3 条航线的定线运输年度权，并签署了 2007 年度租船合作协议，长期租入 7 艘内贸船舶，载重吨 46737 吨，分别投入上述航线营运，为进一步稳定货源、航线以及租船业务打下良好基础。业务部在确保鞍钢内贸钢材海上运输需要的前提下，积极拓展东南亚外贸航线，为自营船舶的内外贸经营业务打下良好基础。与此同时，业务部积极与各装卸港方保持紧密合作关系，签订合作、速遣的协议，提高船舶在港装卸效率，缩短在港停时，进一步打造精品航线，树立中鞍品牌，提高企业竞争力。（卜康裕）

【财务部简介】 财务部是中鞍航运财务、金融、资产管理的主管部门，主要职责是负责企业财务、金融、资产管理；负责财务成本预控管理；负责财务会计核算管理；负责经济活动分析和监控和资金流动管理等。时任经理周斌。员工 3 人。

（林举德）

【财务部工作概况】 2007年，财务部严格遵守国家关于财务管理的相关法律法规，认真执行中鞍航运各项财务管理规章制度。是年，该部接受来自政府主管部门、股东方和专业审计部门的财务审核，无违纪投资、无超预算投资和违规现象，财务运作正常，圆满完成董事会下达的财务指标。

（周斌）

第八节 中远营港航运有限责任公司

【中远营港航运有限责任公司简介】 中远营港是广远与营口港务集团、海南港丰绿色物流公司三方合资，于2004年10月19日（工商注册时间）在海口成立的。三方共投资5000万元，广远占45%、营口港务集团占45%、海南港丰绿色物流公司占10%，注册地为海南省海口市。中远营港主要经营国际远洋件杂货物运输和国内沿海货物运输、冷鲜货物运输、船舶租赁、货物代理、仓储等。该公司经营宗旨是开拓进取，提供海上冷鲜货物专业运输，服务客户最优，回报社会最大。2007年，中远营港拥有"平泉"、"汤泉"2艘半冷藏专业船舶，总载重吨2.3万吨。

2007年，中远营港由于转换船舶安全管理体系，将原来的船舶技术部拼入中远航运。中远营港下设业务部、财务部、综合部3个部门。

中远营港设董事会、监事会。时任董事长高宝玉，副董事长王诚，董事翁继强、王来、张秀丽、张道路、林毅敏。监事张振宇、朱航员、王绍深。时任总经理袁伟贤，副总经理宋振毅、叶发明（1～11月）。员工8人。 （武建军）

【中远营港工作概况】 2007年，中远营港针对海南冷鲜货运市场的出岛运输方式发生较大变化，在冷鲜货选择船运日渐减少的情况下，审时度势，锐意进取，对杂货市场进行了广泛调研，提出并实施对"平泉"轮冷藏舱改造成普通杂货舱的重要决策，增加船舶的适货性，扩大船舶的航区经营范围，同时减少了船舶装卸时间和缩短在港生产性停时，加快船舶周转，提高了航次经营效益。是年，中远营港在船舶艘次和运力相同的情况下，克服燃油价格不断飙升的不利因素，通过对船舶冷藏舱的改造，抓住了市场有利机遇，奠定了企业良好的效益基础，经济效益创历史新高。中远营港船舶全年完成27个航次，超额完成董事会下达的税前利润考核指标200%。船舶改造前后相比，期租水平提高40%。是年，中远营港安全形势平稳，未发生上报等级事故。 （武建军）

【召开第一届董事会第四次会议】 2007

年3月30日，中远营港召开第一届董事会第四次会议。参加会议的有董事长高宝玉，副董事长王诚委托余鹏出席，董事翁继强、张道路、王来、张秀丽，监事张振宇、王洪基以及股东代表4人和该公司3名高管列席了会议。会议由高宝玉主持。会议审议通过《中营航运公司2007年经营计划及未来发展规划的报告》、《中营航运公司2006年财务决算报告和2007年财务预算报告》及《中营公司董事会下达2007年绩效考核指标和薪酬管理办法》等议案。

（武建军）

【召开第一届董事会第五次会议】 2007年12月21日，中远营港召开第一届董事会第五次会议。参加会议的有董事长高宝玉，余鹏受副董事长王诚委托，董事翁继强、王来、张道路、张秀丽。监事会主席张振宇，监事王洪基以及股东代表2人和该公司3名高管列席了会议。会议由董事长高宝玉主持。会议审议通过《董事会对一届四次会议决议和2006～2007年股东会议决议执行情况的报告》、《公司2007年工作报告和2008年工作计划报告》、《2007年公司财务决算报告及2008年财务预算报告》、《2007年董事会利润分配议案》及《董事会下达2008年生产经营目标和管理办法》等议案。（武建军）

【董事会、监事会换届】 2007年12月21日，中远营港召开2007～2008年股东会议。会议由营港集团高宝玉主持。股东方营港集团参加会议的有：王来、张秀丽、张振宇、徐宗顺；广远参加会议的有：余鹏（受王诚委托）、翁继强、谭力、袁伟贤；海南港丰物流参加会议的有：张道路、王洪基。鉴于第一届董事会、监事会届满，会议审议通过各股东方推荐的董事、监事人选，同意组成中远营港第二届董事会和监事会。同时，会议审议通过了“汤泉”轮改造的议案。（武建军）

【召开第二届董事会第一次会议】 2007年12月21日，中远营港召开第二届董事会第一次会议。会议选举广远股东方的翁继强出任第二届董事会董事长，选举营港股东方的王来出任副董事长；委派广远股东方的谭力、袁伟贤，营口港股东方的刘学敏、徐宗顺、海南港丰的张道路为董事；委派营口港股东方的张振宇任监事会主席；委派广远股东方的朱航员、海南港丰的王洪基为监事。（武建军）

【业务部简介】 业务部是中远营港运输生产计划实施、船舶营运的主管部门，主要职责是负责市场开发、客户关系的管理、运输生产计划的制定和实施、航运市场信息的分析和收集、船舶定载与揽货以及签订运输合同、日常生产调度、货运质量管理、船舶保险理赔、船舶燃油订购、运费的收取和港口使费的结算等工作。时任经理袁伟贤（兼，1～4月）、寇丕鑫（4～11月）、黄钢（11～12月），时任副经理段刚（1～3月）。员工3人。

（黄钢）

【业务部工作概况】 2007年，业务部认真执行董事会决议，加强市场调研，精心经营。4月，“平泉”轮在黄埔修船并对冷藏舱进行改造，将冷藏舱的保温层改造成钢底板的二层普通杂货舱，并于5月完成改造投入运营。“平泉”轮改造后成为钢质底板，适货能力加强，航区范围扩大，装卸速度比原来明显加快。与改造前相比，运费水平有较大增长，航次经营效益明显提高。与此同时，业务部精心选择营运方式、有效回避雨季和节假日的影响，并密切掌握油价市场动态，在燃油价格飙升浮动期间，准确把握时机，适时选择船舶加油点，锁住了航次效益，确保了航次盈利最大化。（黄钢 武建军）

【“平泉”轮完成修船改造工程】 2007年4月15日至5月13日，中远营港对“平泉”轮进行修船改造。修船改造后，增加了散装容积，提高了适货性，加快了装卸速度，扩大了航区范围，从竞争较激烈、运费水平较低的东南亚低端市场，进入到航线更远些、市场更好的远洋航线。

（宋振毅）

【扬长避短，灵活经营】 中远营港的“汤泉”、“平泉”轮是半冷藏半杂货船船型，其2、3舱舱口小且为木质栅格底板，船吊负荷小。因此，“汤泉”、“平泉”轮出口可以装运钢材和袋装杂货，而回程的货源适合装载的只能是运价低的板材，从而造成经济效益低下。2007年，中远营港针对“汤泉”、“平泉”轮船型的特点，研究了东南亚的货源情况，根据中远营港小公司资源有限的特点，扬长避短，灵活经营，采取了如下措施：1. 针对北方主要出口港天津的疏港能力较差，而冬季天津港口经常压港的情况，冬季就把船舶短期航次期租给租家，规避压港风险，锁定相对固定的收益。2. 针对船舶出口航次效益尚可，回程效益很差的情况，回程航次将船舶以较高价位期租出去，锁定较好的期租收益。3. 精心制定任务航线，尽量减少空航时间，提高航线效益。中远营港通过对航线的研究，发现天津——越南航线租金水平较高，且船舶从中国北方摆位到海防港卸空后，可以就近回到中国防城、北海、湛江等华南港口装载袋装化肥再次南下到东南亚，效益也较好，中远营港用两个南下航次的效益填补一个北上航次的亏损，延长盈利航次的时间，有效提高企业的收益，同时开拓了东南亚北上货源。

（袁伟贤）

【开拓经营，船舶出租】 “平泉”轮长期在东南亚市场运作，由于东南亚市场进入门槛低、竞争激烈的形势，造成船舶经济效益低下。2007年7月份国家对钢材的出口退税政策调整后，中远营港明显感觉到东南亚市场货量减少的境况，于是将“平泉”轮投向新兴的印度市场和非洲市场。“平泉”轮第27航次从印尼装载干椰子肉到印度东岸的一个港口，虽然遇到下雨、港口条件差以及船期拖延等不良状况，但折算日租金水平仍然远远高于在东南亚市场的租金水平。中远营港为尝试印度洋的远洋航线，从9月12日起，将“平泉”轮期租给有实力的大租家在越南、东非和印度的市场经营，期租时间6+3个月（租家选择），由于相对的租金水平较高，使企业取得了较好的经济效益。

（袁伟贤）

【加强安全管理，确保航行安全】 2007年，中远营港坚持“安全第一，预防为主”方针，加强安全管理，开展不同主题的安全生产活动，有针对性的抓季节性的船舶安全生产工作；建立、健全安全生产例会制度、建立安全监控机制、加强应急反应处置能力、以安全管理体系为平台、规范企业的安全管理、狠抓季节性船舶安全航行工作。中远营港通过对安全的精益化管理，提高了安全管理水平，保证了企业安全形势平稳。全年没有发生上报等级责任事故。（袁伟贤）

【转换船舶安全管理体系】 2007年，中远营港根据广远“关于强化下属航运公司船舶安全管理，中远营港的船舶管理转为委托中远航运进行管理”的要求，与中远航运签订了《船舶管理协议》，将所属“汤泉”、“平泉”轮委托中远航运代管，执行中远航运安全管理体系。“汤泉”轮于9月18日在天津港与中远航运交接。中远航运对该港在船船员进行体系转换培训后，由CCS对该轮体系转换的临时审核和核发SMC、ISSC等证书。从20日起，“汤泉”轮按中远航运的安全管理体系要求实施管理。“平泉”轮于12月8日在广西防城港与中远航运交接。中远航运在该港对在船船员进行体系转换培训后，由CCS对该轮体系转换的临时审核和核发SMC、ISSC等证书，从10日起，“平泉”轮按中远航运的安全管理体系要求实施管理。（宋振毅）

【财务部简介】 财务部是中远营港核算生产经营成本和对资金进行管理的主管部门，主要职责是负责年度财务预算、成本控制、财务会计核算、企业资产管理、资金管理和经济活动分析等项工作。时任经理张印军。员工2人。（张印军）

【财务部工作概况】 2007年，财务部认真执行董事会的决议，进一步完善财务管理制度，加强财务管理工作，在人力少任务重的情况下，细化核算，重点加强各项财务指标统计工作，为企业经营决策提供有力依据。财务部根据企业实际情况，参加企业各项决策活动，充分发挥财务参谋作用，为规范企业各项财务管理，提出许多合理化建议。是年，财务部完成了企业各项财务工作任务。（张印军）

【综合部简介】 综合部是中远营港行政管理的综合部门，主要职责是负责对外协调各种公共关系，对内负责企业的董事会管理、人事管理、行政文秘、日常事务、档案管理和总务后勤管理等工作，保证企业运输生产和各项工作的正常运转。时任副经理陈春南。员工3人（其中2人兼职）。（武建军）

【综合部工作概况】 2007年，综合部草拟了企业工作计划、工作总结、请示、报告；办理企业营运证的换证手续和办理董事长换届变更登记；梳理企业现行有关制度；配合广远股东风险管理检查小组审查工作和营港、广远联合考评组对该公司人事和各项工作的检查验收；按照新《劳动法》办理与聘用员工签订劳动合同和完善相关社保各项手续；协助召开民主生活会和组织员工开展各项有益的业余文体活动。（冯少娜）

【召开普通员工民主生活会】 中远营港领导为提升企业的持续发展动力，调动员工的创新管理意识和团结协作的拼搏精神，于2007年12月26日召开了普通员工民主生活会（高管人员一律不参加）。会议本着“沟通、协作、促进、和谐”的原则，畅所欲言。与会员工以高度的主人翁责任感对企业2008年攻坚目标的完成、建立学习型创新型的企业、规章制度的梳理完善、各部门间的协调以及提高管理效率、职工在职培训、节约成本、员工福利、文体活动等方面提出了意见和建议，最后以不记名方式式汇总形成书面材料递交高管。这种普通员工民主生活会，是中远营港以人为本的一个创举，使普通员工的民主监督和参政议政的意识得以充分发挥。

（武建军）

第九节 广州越洋船务有限公司

【广州越洋船务有限公司简介】 越洋船务是广州市市属规模最大的散装货物远洋运输公司。该公司拥有船舶3艘，运力12.4万吨，主要承担国际及国内沿海货物运输及国内北方至南方港口的海上煤炭运输。

越洋船务下设业务部、安技部、安质办、总经办、计财部。

越洋船务设董事会。时任董事长林沃源，副董事长许遵武，董事陈江涛、杨振雄、翁继强、周小溪、熊健雄、邓伟荣。时任总经理杨振雄、党支部书记兼副总经理何兆祥、副总经理吴亮明。员工19人。

（冯丽玲）

【越洋船务工作概况】 2007年，越洋船务为确保船舶的安全生产，为船舶及时提供最直接、最便利的岸基支持，对船舶进行不间断的跟踪管理，实行全程控制和严格的检查制度，保证每航次船舶到广州港期间，企业领导带队上船办公，发现问题及时整改，把安全隐患消灭在萌芽状态，为船舶的安全生产提供良好的保障和支持。是年，越洋船务安全生产形势良好，无上报等级事故发生，没有发生PSC检查滞留情况；ISM/NSM/ISPS三个体系运行正常有效。防抗台风工作成功率为100%。是年，越洋船务在燃油价格、港口使费、航道费等成本上涨的不利因素下，超额完成董事会下达的利润指标，经营效益创历史新高。

（冯丽玲）

【加强企业管理】 越洋船务把2007年作为“规范管理年”，把细化管理、规范管理、精细管理作为全年管理目标，结合引进航运管理系统软件，企业自行研发了《企业信息管理系统》，规范企业内部工作程序，将经营管理、安全生产、财务管理和行政管理等工作以流程制度予以规范，初步实现“网络化、信息化”管理，确保越洋船务“合法经营、依法治企、规范管理”，促进了企业健康高效发展。

（冯丽玲）

【缩短修期，节约开支】 2007年，越洋船务3艘船舶需进厂特检和修理。但国内修、造船厂业务饱和，船厂普遍存在对产值（修船工程）低的船舶不接或接后不重视等现象，造成工期延长。为此，越洋船务发扬独立自主、自力更生的精神，按照“能自修的不航修、能航修的不厂修”的原则，除所属船舶CCS要求的工程以外，其他厂修工程量大为减少。为减少修船的船期损失和修船费用，越洋船务经营班子带队对国内一些船厂进行考察和加强沟通。经过反复对比，在保证修船质量的前提下，越洋船务把修船地点定在舟山。3 艘船总共修船时间控制在 40 天以内，从而缩短了修船时间，节约了船期和开支。

（冯丽玲）

【规范管理，细化成本控制】 越洋船务针对修船、燃油成本支出是船舶成本最主要的支出和燃油价格上涨的实际情况，把节能降耗作为企业的重要工作，加强规范管理，细化成本控制，主动与粤桂燃料供应公司签订长期合作协议。合作协议规定粤桂燃料供应公司提供给越洋船务的燃油价格比广东同行业挂牌价每吨优惠 20～70 元；与此同时，越洋船务签订“星宿海”轮期租合同（129800 元/天），规避了燃油暴涨的风险。此外，还引进“士帕能”节油设备在“越秀海”轮实验，取得了明显的节油效果。（冯丽玲）

【做好安全管理体系工作】 2007 年，越洋船务在原《质量安全管理体系》3.0 版的基础上，不断完善和改进体系，突出其可操作性和有效性。4 月 1 日，运行 4.0 版《安全管理体系》，在船岸开展学习、贯彻、落实体系活动的同时，不断完善安全管理规章制度，利用季度检查、体系内审、航次上船办公等机会，检查督促体系及各项制度的落实。（冯丽玲）

【做好冬季安全工作】 2007 年，越洋船务为保障船舶的安全营运，根据不同季节适时调整船舶安全管理的重点。冬季、春季，中国沿海盛行东北季风，寒潮大风天气频繁发生，对船舶航行造成极大威胁。船舶冬季在大风浪中航行，容易遭受大风的袭击，尤其是北上空船航行，容易造成主机飞车、船体摇摆、剧烈振荡等现象，对船舶的强度、稳性、航速、舵效、主机及操纵性能影响极大，容易发生主机失速、舵机失灵等险情。基于上述情况，越洋船务领导和职能部门高度重视冬季安全工作，根据冬季大风浪天气风力持续时间长、海区范围广、风浪大、绕航困难的特点，向各轮发出了冬季安全工作注意事项，做到早布置、早落实、勤跟踪、常监督。是年，由于企业领导高度重视、职能部门提醒监督、船舶一线落实到位，越洋船务的船舶冬季航行安全生产工作保持稳定。

（冯丽玲）

【做好船舶雾航工作】 2007 年，在春季雾航到来之际，越洋船务及时做好船舶雾航安全工作，向各轮下发了《雾季安全航行通知》，强调遵守避碰规则、雾航规定的重要性并对雾航工作提出了具体措施，并且为“越秀海”、“花都海”轮新配备了较先进的雷达设备。同时，越洋船务根据近几年的统计资料分析，确定春季中国沿海为渔船密集区和事故高发区，提醒各轮在雾季航行时要特别小心，谨慎驾驶，注意防止与渔船碰撞。企业领导和工作人员上船进行宣传、布置，安技部通过气象网站，及时掌握沿海气象信息，对受影响的船舶进行提醒和跟踪指导。是年，越洋船务由于领导重视，措施得力，岸船配合，船舶雾航安全无事故。（冯丽玲）

【开展“安全生产月”活动】 2007 年 6

月，越洋船务开展“安全生产月”活动，提高员工安全意识、增强安全责任心。在开展“安全生产月”活动期间，该公司把安全生产活动放到船舶一线，突出防火、防爆、防工伤。安全月活动的主题除上级规定的“综合治理、保障平安”外，该公司从企业的实际出发多加了一个主题—“安全靠大家、平安每一天”，并把重点放在检查落实上，使“安全生产月”活动取得良好效果。（冯丽玲）

【总结安全工作经验】 2007年，越洋船务取得安全生产的好成绩，对安全工作进行了总结，其主要经验是：1. 有效的岸基支持。为保证船舶的安全生产，越洋船务为船舶及时提供最直接的岸基支持，无论是硬件投入，还是软件的建立，都是反应最快、投入精力最大。2. 不间断的跟踪管理。实行全过程控制和严格检查制度，发现问题及时整改，把安全隐患消灭在萌芽状态，为船舶的安全生产提供良好保障。3. 体系有效运行。企业领导对安全体系高度重视、全员严格执行，确保了ISM/NSM/ISPS等三个体系正常运行。4. 坚持人性化管理。充分调动管理人员和船员的主观能动性，船岸员工主动参与安全管理。（冯丽玲）

第八章 岸上投资产业

第一节 岸产事业部

【岸产事业部简介】 岸产事业部是2004年9月27日新成立的。其主管广远岸产全资及控股企业13家：建设实业、海运公司、远洋宾馆、广州远洋宾馆酒店管理有限公司、远洋大厦、大富酒店、物业公司、供应公司、通导公司、金桥学院、华南医疗、广远电脑公司、东海大厦。另外还管理11家岸产参股企业。

岸产事业部是广远岸产企业的资产管理、财务管理、党组织管理、人事管理的主管部门，主要职责是负责岸上企业的产业结构调整、理顺、改制、发展等方面工作，包括战略经营、投资管理、产业管理；对该部及各岸产投资控股企业人力资源管理工作实行综合管理、指导、协调、监督与考核；对岸产投资企业的会计核算、财务工作、资金使用实行综合管理、指导、检查和监督；负责该部业务与行政管理工作；归口管理各岸产单位党组织，指导各岸产投资企业的领导班子建设、党群、宣传工作；对岸产投资及控股企业实施资产管理、财务管理和党团组织管理、人事管理。岸产事业部设置企管部、财务部、组织人事部/办公室3个部室。

时任总经理兼党工委副书记王玉生，党工委书记兼副总经理陈建钦，党工委委员兼财务总监张访苏。员工15人。

（江海珊）

【岸产事业部工作概况】 2007年，是岸产事业部迎接新机遇，推进岸产企业深化改革，促进企业规范、稳步发展的重要一年。岸产事业部明确“岸产企业是广远航运主业的重要补充”的定位和发展方向，以科学发展观统揽岸产企业的各项工作，创新经营，精益管理，规范运作，以优化资源配置，深化内涵发展为重点，进一步理顺岸上产业关系，着力解决岸产企业存在的历史问题和现实困难，全面履行日常管理职能，积极稳妥，确保重大项目的顺利推进；努力拓展经营领域，进一步提高岸产企业经营管理水平，增强发展后劲，努力构建“阳光、和谐、高效、有为”的岸产企业。是年，岸产企业超额108%完成广远下达的考核利润，超额48.8%完成攻坚目标，岸产企业总体营运呈现健康、稳定、发展的良好态势。（江海珊）

【企管部简介】 企管部主要负责岸产企业的战略管理、投资管理、产业管理、目标管理等综合管理；负责岸产企业总体发展规划的制定、修订和岸产企业各投资项目的审核、论证、申报；负责岸产企业年度投资计划的审定、编制、计划执行情况的跟踪、检查；负责岸产企业资本运营管

理，包括资本运营、改制、重组方案的制定和组织实施；负责制订岸产企业经营管理绩效指标评价体系、考核标准，负责经营管理目标的管理、考核，实行量化管理和监督考核；负责岸产企业董事会事务的管理，协助派出董事代表广远履行出资者的有关职能。时任经理郑再利。员工4人。

（郑再利）

【企管部工作概况】 2007年，企管部对岸产企业第二个“精益管理年”活动做了策划、安排和布置，保证岸产企业“精益管理”活动的有效推进；制订了以“缩短管理链条、优化股权结构、减少亏损企业、实施扁平化管理”为主要内容的《岸产完善企业组织架构工作实施方案》，积极推进岸产企业改制、简化股权、处置亏损企业、清理清算历史遗留投资问题等工作；进一步加强和规范岸产企业的经营和管理，组织召开各岸产企业2007年董事会议、岸产企业第一季度经济分析会和第三季度经济分析会，完成了2006年岸产企业负责人的年度考核工作，签订了岸产企业《2007年度经营业绩责任书》，做好岸产企业2007年度投资计划的申报和分解下达、管理工作。（郑再利）

【财务部简介】 财务部主要负责广远下属13家岸产全资、控股企业的财务管理和监督职责；负责建立、健全财务管理和会计核算等各项规章制度，对各岸产全资、控股及参股企业的财务管理和会计核算工作的指导和监督，组织编制和审核月度和年度等各种报表，为岸产事业部决策层提供及时准确的决策依据；负责年度财务预算的分解、下达、监督和考核工作；根据广远财金部财务决算的要求组织编制和审核各岸产全资及控股企业的会计报表；参与对各岸产全资及控股企业经营管理目标责任书的签订和清算工作；参与对各岸产全资、控股及参股企业的领导班子和财务负责人的考核工作，为岸产事业部决策层提供广远岸产企业经营班子和财务负责人委派的决策依据；协助广远人力资源部对各岸产全资及控股企业工效挂钩工资基金的核定及经营者年薪体系的制订提出意见和方案；参与研究各岸产全资及控股企业的发展规划、产业结构调整及分流改制工作；参与对各岸产全资及控股企业投资立项的可行性研究和后评估工作，组织和协调各级税收稽查及内、外审计单位对各岸产全资及控股企业税务和财务收支的检查工作。时任经理张访苏（兼）。员工4人。

（林珏）

【财务部工作概况】 2007年，财务部根据中远集团清理交叉股权、缩短管理链条的政策要求，推进广远岸产企业健康、协调和可持续发展。是年，财务部根据中远集团的批复，结合广远岸产企业的业务特点和企业改革的需要，先后着手办理华南医疗、酒店管理公司等股权转让和湛江供应公司、海南鸿光等清算注销工作，完善企业组织架构，简化股权，优化岸产管理结构；协调和监督管理岸产企业的资金使用和资产安全，负责岸产企业通过中远财务公司向广远本部或广远系统内其他企业的委托贷款事项的协调工作，以实现财务资源的合理使用和有效配置；严格执行对资产投资项目的监督和管理，从销售预测、资金成本及税前税后的投资收益情况等多方面对各投资项目的投资可行性进行合理

评估、测算和变量风险分析，对岸上产业投资项目严格把关。（林珏）

【组织人事部/办公室简介】 组织人事部/办公室是岸产事业部党的组织管理、人事管理、共青团工作及综合工作的职能部门，主要职责是组织拟订和实施组织建设的工作规划、计划、程序、方针目标，建立健全组织、人力资源工作的基本管理制度；组织开展岸产单位党委（总支）书记岗位培训，指导基层党、团、工会组织建设，定期组织考核岸产单位党委领导班子思想作风建设工作；组织检查岸产单位党委民主集中制、坚持集体领导和党内生活的情况，提出改进意见；审核岸产党组织的建制，督促做好各类党组织状况统计报表的填报工作；检查指导岸产单位党组织做好换届选举工作，组织实施岸产单位领导班子的考核，抓好岸产单位领导班子队伍建设；组织并指导下属企业党组织的党员管理和教育，配合纪检部门抓好端正党风、严肃党纪的工作；负责党工委统战工作；拟订和实施岸产单位人力资源开发与管理的工作规划、方针目标和工作计划；制订岸产单位人事工作程序，建立健全人力资源管理制度；组织实施广远授权管理权限内员工的招聘、调配、培训、培养工作；负责岸产单位领导班子的日常管理工作，定期组织绩效考核；负责检查、催办上级机关和岸产事业部领导有关指示以及决策的贯彻落实情况；组织和开展调查研究、收集信息资料，为岸产事业部领导的科学决策提供依据；负责处理本部党工委和行政管理等方面的文件、电报、信件，协调与广远本部各部门、岸产单位之间的工作关系；负责批转各类业务公文，核签以岸产事业部和党工委名义上报、下发的文件；负责岸产事业部工会、共青团和宣传教育以及纪检、监督等工作。时任经理郭智谋（1～7 月），团委书记江海珊。员工 5 人（含 1 名编外在岗员工）。（江海珊）

【组织人事部/办公室工作概况】 2007 年，组织人事部/办公室认真履行人事管理职能和办公室职能，指导各岸产企业的领导班子建设、团组织建设、党群、宣传、劳动用工管理、人事劳资管理等工作；协助做好岸产企业安全监督检查、纪检、审计、招投标、党员信息统计；协助做好员工培训和继续教育统计、职称评定等工作；加大岸产企业用工制度改革；加强岸产工资总额和绩效激励机制的管理；协助办理华南医疗转让和湛江供应公司清算的人员安置工作；编撰岸产事业部 2006 年年鉴；加强岸产企业党建工作，精心组织，认真开展“三服务一促进”等各项主题实践活动；抓好岸企领导班子建设，完成岸产企业领导班子任期期满考核工作；指导各岸产企业领导班子民主生活会；建立和完善岸产企业领导班子后备人选的选拔培养机制和人才库建设；加大岸产企业青年骨干培养选拔力度，提拔重用了一些业务能力强、政治素质高、思想品德好的青年骨干；对部分岸产企业青年骨干进行了交流；坚持正面引导，加强岸产企业的思想政治工作，确保岸产企业的改革发展稳定；坚持“党建带工建”、“党建带团建”，深入开展“青年创新创效”、“青年文明号”和“青年岗位能手”活动，增强工会和团组织的凝聚力。（江海珊）

【增设岸产企业运营总监】 为了促进广

远的改革和发展，经广远领导办公会研究批准，2007年10月12日，广远设立岸产企业运营总监一职。运营总监行政上隶属岸产事业部，主要负责岸产事业部和岸上产业的管理和督导。首任运营总监为林立兵。（江海珊）

【安全生产工作】 2007年，岸产事业部加大对岸产企业安全管理监督力度，抓好员工的安全教育，提高员工的安全责任感，使岸产企业安全生产等各项工作稳步推进，全年没有发生重大治安事故、员工犯罪和火灾事故，安全面达100%。是年，岸产事业部的安全生产具体工作如下：1. 认真贯彻落实广远总经理徐惠兴、党委书记刘书田在广远安全专题会议上的讲话精神，协同广远航安部对岸产企业进行节前的安全检查，对做好国庆节和中共十七大召开期间的安全工作做专门布置。2. 指导和协助岸产企业完成6项应急预案的编写补充和修改工作，并按照应急预案做好防台风检查和防范措施，确保防台安全。3. 各岸产企业展开安全生产隐患排查治理专项行动，完成各岸产企业安全规章制度的梳理和补充，增强各级安全管理责任制的落实。4. 按照广远“落实年”和“攻坚年”的具体要求，开展“平安之旅”活动，取得一定的成效。5. 抓住重点，做好防火、防爆和道路安全工作。（江海珊）

【团组织工作概况】 2007年，岸产事业部团委团结和带领岸产企业广大团员青年，紧密围绕广远团委和岸产企业中心工作，全面落实科学发展观，扎实工作，开拓创新，以促进岸产企业和谐稳定为重点，以创建“学习型、服务型、创新型”团组织为目标，把握工作重点，积极探索服务大局、服务社会、服务青年的有效途径，团结和带领广大团员青年立足本职，努力学习、踏实工作、奋发进取，为岸产企业的健康持续发展作出了积极贡献。是年，岸产企业共有17个集体、16名个人获得广远、中远集团团委和省直团工委的表彰，其中，岸产事业部团委被授予广远“五四红旗团委”、中远集团“五四红旗团委创建单位”的光荣称号。（江海珊）

【推进第二个“精益管理年”活动】 2007年，岸产事业部根据广远开展第二个“精益管理年”活动的安排和部署，结合岸产企业的实际，制定活动实施方案，有效保证活动的扎实推进。在开展精益管理活动过程中，岸产事业部加强对活动的指导和管理，把精益管理活动与降本增效活动、QC活动、精益改善等活动结合起来，使活动更加广泛深入地开展。岸产事业部下发了《关于上报第二个“精益管理年”降本增效目标和措施的通知》、《岸产企业精益改善活动方案》等指导性文件，在岸产企业内广泛组织“精益互查”活动，举办QC活动培训，推进岸产企业QC小组活动开展和精益亮点项目工程的有机结合。是年，岸产企业共有15个精益管理项目入围广远精益亮点项目，获精益亮点工程“月光奖”1个、“星光奖”4个。10家岸产企业共13个QC小组向广远申请注册登记，其中，电脑公司QC小组被评为2007年度国家优秀质量管理小组。

（郑再利）

【规范岸产企业管理】 2007年，岸产事业部坚持以财务管理为核心的理念，进一步强化岸产企业的监督、管理，主要完成了下列工作：1. 完成岸产企业2006年决算和编制2007年财务预算，组织财务人员进行新会计准则培训，定期做好财务分析，掌握各岸产企业发展状况，提高财务综合管理水平；2. 完成2006年度岸产企业的经营业绩考核，制定并签订岸产企业《2007年度经营业绩责任书》和考核标准；3. 规范投资管理行为，做好岸产投资计划管理工作，分解、下达2007年度岸产投资计划和投资调整计划，做好2008年岸产投资计划的归口上报；4. 切实加强企业的全面风险管理，现场召开各岸产企业全面风险管理会议，认真贯彻广远有关财务管理要求。 （陈钊）

【优化岸产企业管理架构】 2007年，岸产事业部根据中远集团清理交叉股权、缩短管理链条的政策要求，为实现降本增效，结合广远岸产企业的业务特点和企业改革的需要，完善企业组织架构，推进广远岸产企业健康、协调和可持续发展，根据中远集团的批复，结合企业实际，先后着手办理海南鸿光、新利公司、松涛公司、湛江供应公司和湛江霞山招待所的清算注销，以及对酒店管理公司、物业公司、海运公司、东海大厦股权转让等工作。同时，为实现岸产企业的轻装上阵，积极参与清理广远的历史遗留问题，就财务审计、资产评估和时间安排等方面作了详细的界定，制定出解决问题的具体实施方案。

（陈钊）

【加强人力资源管理】 2007年，岸产事业部加强人力资源管理，制定了《关于进一步加强岸产企业人力资源管理的通知》，从制度上加强对岸产企业人员招聘、人力资源结构和配置的管理；针对岸产企业薪酬福利差别比较大的情况，从3月开始对各岸产企业的薪酬福利情况进行了调研，并撰写了调研报告，为下一步建立岸产企业公平、合理的薪酬福利体系提供了依据；针对新《劳动合同法》的即将实施，对各岸产企业劳动用工及签署《劳动合同》的情况进行改进。 （江海珊）

【建立健全各项规章制度】 2007年，岸产事业部进一步建立、健全各项规章制度，主要有：1. 为加强和改进岸产企业党建工作，充分发挥岸产企业党组织的政治核心作用，制订《岸产部党工委2007年工作要点》；2. 制订《关于构建和谐岸产企业的实施意见》，阐明了构建和谐岸产企业的重要性和紧迫性，制定了构建和谐岸产企业的目标任务和具体措施；3. 制订《岸产企业领导班子中心组学习制度》，加强和改进岸产企业领导班子中心组理论学习；4. 制订《广远岸产企业青年骨干约法四章》，加强新形势下岸产企业青年骨干队伍的建设。 （江海珊）

【自我加压为广远添砖加瓦】 2007年2月27日，岸产事业部组织召开贯彻落实中远集团总裁魏家福讲话精神座谈会。各岸产企业积极响应中远集团总裁魏家福“为企业多作贡献”的号召，自我加压，努力为广远添砖加瓦，各自对2007年任务指标进行了不同程度的加码，使整个岸产企业利润指标比与广远签订的总指标高出58%。 （郑再利）

【办理华南医疗产权交割手续】 2007年，

华南医疗作为广远第二批改制企业上报中远集团，并获得中远集团批准。2 月 23 日，德国费森尤斯卡比公司向广远发出收购华南医疗 100% 股权的报价函；7 月 24 日，双方草签了《股权转让协议》；8 月 23 日，华南医疗职工代表大会审议《改制实施方案》并通过《职工安置方案》；10 月 11 日，华南医疗股权转让在上交所和广交所同时挂牌公示；12 月 19 日，华南医疗股东方与德国费森尤斯卡比公司正式签署《股权转让协议》；12 月 26 日，在广交所和上交所办理了华南医疗产权交割手续，出具交易证明书。（郑再利）

【无偿划转建设实业长期股权投资】 由于原《公司法》规定成立有限责任公司需要 2 个以上的股东，以致广远岸产存在多家内部交叉持股的公司。2007 年，为简化股权结构，广远成立了简化股权专项工作小组。经报中远集团批准，广远将建设实业持有的海运公司 48% 和物业公司 45% 的股权无偿划转广远，使海运公司和物业公司均成为广远独资的有限公司。为此，根据《企业国有产权无偿划转管理暂行办法》的规定，广远与建设实业签署了《国有股权无偿划转协议书》，确定按 2006 年 12 月 31 日经中介机构审计确认的长期股权投资期末余额进行无偿划转，并按程序报中远集团办理国有产权变更手续。

（郑再利）

【广远收购酒店管理公司外部股东股权】 广远和远洋宾馆均持有酒店管理公司股权，酒店管理公司另一外部股东为广州颐和集团有限公司，而广远和酒店管理公司又共同持有远洋大厦和大富酒店股权。为理顺上述内部交叉持股的股权关系，同时根据中远集团要求进一步理清广远与颐和集团关系的指示，广远决定收购远洋宾馆和颐和集团持有的酒店管理公司各 10% 的股权，使广远全资拥有酒店管理公司的股权，以便进一步研究广远酒店业的整合方案，包括理顺远洋大厦和大富酒店的股权结构问题。为此，广远成立了股权收购专项工作小组，经报中远集团批准，广远正式启动股权收购计划。2007 年 12 月 27 日，专项工作小组召开专题会议，对收购工作进行了具体布置，正式启动股权收购工作。

（郑再利）

【清算注销广州松涛企业公司】 广州松涛企业公司除持有东海大厦 49.74% 的长期股权投资外，自身并无实际经营业务，无固定经营场所，也无专职人员，属于典型的中间环节公司。2007 年，广远为缩短管理链条，成立广州松涛企业清算专项工作小组，经报中远集团批准，对该公司实施清算注销处理。为此，专项工作小组按照中远集团的有关批复，拟将广州松涛企业公司持有的东海大厦 49.74% 的长期股权投资无偿划转广远。但由于历史原因，广州松涛企业公司和东海大厦的国有产权登记证一直未办理。该专项工作小组按程序呈报中远集团申请补办国有产权登记证。

（陈钊）

【清算注销海南鸿光物业有限公司】 海南鸿光物业有限公司属无实际经营业务、无固定经营场所、无专职人员的公司。2007 年，广远为缩短管理链条成立海南鸿光物业清算专项工作小组，经报中远集团批准，对该公司实施清算注销处理，并确定5月31日为清算日。6月9日，海南鸿光物业有限公司清算组在《海南日报》刊登清算公告，并着手开展对该公司债权债务的清偿核定和资产处理工作。

（陈钊）

【清退处理江林水电站股权】 江林水电站的投资属于广远早年的扶贫项目，由于历史原因及扶贫性质，项目几乎没有分红，并存在一定的安全隐患，甚至连广远的股东身份都尚待确认。为此，2007年，广远成立退出江林水电站专项工作小组，对江林水电站经营、资产、内部管理等情况进行实地调查，完善广远的股东身份，确认广远持有江林水电站44%的股权。为退出江林水电站股权，该专项工作小组提出了捐赠退出的方案，并于9月14日上报中远集团。但捐赠退出方式，在政策和操作性方面尚存在一定障碍，一时难以实施。经该专项工作小组研究，拟调整为清算形式进行清理，并聘请会计师事务所进行评估。但由于江林水电站自身管理不善，且前些年遭受洪灾，资料有所流失，会计师事务所不予评估。该专项工作小组考虑短时间内尚无法找到合适的处理清退江林水电站股权方案，只好将情况呈报广远领导批准，对江林水电站进行减值准备。

（郑再利 陈钊）

【办理阳山阳远建材公司账务处理】 阳山阳远建材公司因历史原因，虽已停业多年，但该公司的财务处理尚需进一步完善。由于该公司的相关资料极其缺乏，为此，2007年，广远成立了退出阳山阳远建材公司专项工作小组，主动与阳山县经贸局取得联系，派出专人拜访了阳山县政府有关部门，查找资料，了解情况，为办理阳山阳远建材公司的销账手续做好准备。

（郑再利 陈钊）

【清算注销广州新利公司】 新利公司是广远下属三级投资公司，作为广远第一批改制企业上报中远集团，并获得批准。5月，广远上报中远集团将该厂的改制调整为清算处理，并获得批准，确定9月30日为清算日。10月19日，新利公司清算组在《广州日报》上刊登了清算公告；12月3日，获得广州市经济开发区国税局、地税局分别发出的“准予注销税务登记”的批复。 （郑再利）

【理清湛江供应公司股权关系】 湛江远洋船舶供应有限公司（以下简称湛江供应公司）于2001年改制为职工持大股的非国有控股企业。但因市场竞争激烈、债务沉重、人员结构不合理等问题，已不具有持续经营能力。为此，2007年，广远成立理清湛江供应公司股权关系专项工作小组。该小组经过充分调研后，建议对湛江供应公司进行清理。是年，由湛江供应公司股东会决议，并报中远集团批准，对该公司实施清算注销处理，以彻底理清湛江供应公司的股权关系，合理解决湛江供应公司职工持股、债权债务、堆场权属等相关历史遗留问题。11月，广远供应公司成立湛江分公司，分流安置湛江供应公司的富余人员，并承接湛江供应公司的相关业务。经该专项工作小组研究，确定12月31日为湛江供应公司的清算日，正式启动湛江供应公司的清算注销程序。 （陈钊）

【退出沈阳中远颐和房地产项目】 2007

年，广远成立退出沈阳房地产项目专项工作小组。广远拟参照中远国际控股有限公司的转让条件退出建设实业持有的29%的股权，并呈报中远集团。中远集团12月26日批复同意。但股权转让需“进场交易”。由于转让方式的调整，建设实业于12月28日致函广州颐和集团有限公司《关于转让沈阳中远颐和公司股权的函》，双方对此进行了协商沟通，为下一步的股权转让工作做好准备。

（郑再利　陈钊）

【开展金桥学院改制工作调研】　金桥学院作为广远第一批改制企业上报中远集团，并获批准。2007年，广远考虑到金桥学院员工人数较多、资产规模较大、发展前景不明朗等因素，为稳妥推进金桥学院的改制工作，成立了金桥学院改制实施项目小组，该项目小组对金桥学院的现状、员工意愿及发展前景等方面进行了长时间的工作调研，形成调研报告和相关改制方案的草案，并根据草案对金桥学院改制前景进行模拟分析。11月22日，金桥学院考虑到改制的实际情况尚未成熟，提出了重新定位、优化整合的发展思路，明确其服务广远航运主业的发展定位。

（郑再利　陈钊）

【通导公司退出GPS罗经项目开发】　2006年，岸产事业部努力扩大岸产企业的外延发展，确定通导为GPS罗经项目的运作主体，进行GPS罗经项目的开发，并拟由广远出资400万元，与上海新远科技有限公司合资成立公司。但因未能获得中远集团批准而搁浅。为此，广远决定由通导公司妥善退出GPS罗经项目开发，并经多方努力，找到广州鸿广贸易公司继续承接通导公司参加该项目的投资开发。2007年底，基本确定相关协议。　（郑再利）

【召开第一季度经济分析会暨党建工作座谈会】　广远岸产企业2007年第一季度经济分析会暨党建工作座谈会于5月16～17日在上川岛远洋酒店召开。岸产各全资控股企业党政一把手、财务负责人、专职监事、参股企业广远方代表、岸产事业部领导及部门经理共45人参加会议。会上，各岸产企业分析汇报了2007年1～4月的生产经营情况；岸产事业部总经理王玉生对岸产总体经营情况作了总结和分析，提出下一阶段的工作任务和要求。广远总经理徐惠兴和总会计师胡锦沛应邀出席会议。胡锦沛在会上作了讲话，对岸产企业1～4月份所取得的成绩给予充分肯定，并分析当前的形势，提出岸产企业当前的首要任务。徐惠兴对岸产企业未来的发展重点作了指示。会议期间，王玉生代表广远与各岸产投资控股企业负责人签订了2007年度《经营业绩责任书》。与会人员围绕岸产企业稳定方面存在的突出问题和徐惠兴的讲话精神进行分组讨论。岸产事业部党工委书记陈建钦对会议进行总结，对如何贯彻落实会议精神，进一步做好岸产企业的安全稳定工作进行了部署。　（郑再利）

【召开岸产企业第三季度经济分析会】　广远岸产企业2007年第三季度经济分析会于11月6日在广远光华厅召开。岸产各全资、控股企业党政一把手、财务负责人、专职监事、参股企业广远方代表、岸产事业部领导及部门经理共45人参加会议，广远党委书记刘书田及各有关部门负责人应邀出席会议。会上，14 家岸产企业分析汇报了本单位前三季度的生产经营情况；岸产事业部对岸产总体经营情况作了总结和分析，对 11～12 月的工作提出要求，并提出 2008 年工作的初步打算。会上，岸产事业部总经理王玉生进行了点评发言，强调岸产企业作为广远航运主业的重要补充，主要是为广远航运主业服务的，服务主业的定位不能改变。刘书田从科学发展观的高度发表讲话，肯定了岸产企业在广远发展中的历史地位和重要作用，对岸产事业部成立三年来的工作给予了充分肯定，并对岸产企业今后的工作作了指示。在会上，岸产事业部运营总监林立兵对会议进行总结发言。（郑再利）

【补办历史用地、房产确权工作】 广远使用的土地多属划拨用地，因历史原因，部分土地一直未能办理土地及房产确权手续，并且均存在未完善土地有偿使用手续的问题。2007 年，为全面理顺上述工作，并配合企业深化改革的需要，广远成立了广远土地房产确权领导小组和工作小组。该工作小组经过详细摸查并对摸查到的 17 处历史用地进行了专题研究，全面推进确权工作。截止 2007 年年底，相关工作取得突破性进展：环市东路 412 号、滨江西 172～174 号等土地已出具缴交土地出让金通知，其他土地房产确权工作进展也比较顺利。（郑再利 陈钊）

【对投资项目严格把关】 2007 年，岸产事业部严格执行对资产投资项目的监督和管理，努力提高投资效益。该部从销售预测、资金成本及税前税后的投资收益情况等多方面对远洋大厦的华附楼项目、通导公司 GPS 卫星罗经仪项目、金桥学院饭堂改造项目等的投资可行性进行合理评估和测算，并从会计的谨慎性原则出发，对其进行价格变量与成本变量的风险分析，为领导决策提供坚实有力的信息支持，对岸上产业投资项目严格把关，把握良好的投资机会，防止国有资产流失，加大投资力度，提高企业经济效益。（林珏）

【参与广远专题调研项目】 2007 年，岸产事业部所属财务部根据广远和岸产事业部不同时期的管理要求参加各类专题调研和分析工作，草拟或审定各种专题报告、请示或建议，为各级领导提供决策依据。如参加远洋大厦审计监督工作小组，全面监控远洋大厦建设工作情况，跟踪建设项目进度并反馈至领导工作小组，并严格执行领导指示，负责建设资金及工程款拨付的监督、协调等财务方面工作；参加广远全面风险管理工作小组财务组，主要负责岸产企业财务风险调查情况，协助企业进行全面的风险清查，制定整改方案，并限期整改。（林珏）

【分解、考核预算指标】 2007 年，岸产事业部根据中远集团的要求和广远财金部的财务预算工作安排，综合考虑各岸产单位精益管理措施，以自身实际经营能力、业务结构调整计划、投资计划执行进度等为依据，以产权关系为纽带对广远 13 家岸产企业的全年财务预算指标进行编制及调整，并对其进度进行跟踪，及时掌握岸产企业 2007 年的预算执行情况，督导各企业适时调整经营策略，确保完成 2007 年年度财务预算考核指标。（林珏）

【完成广远布置的相关工作】 2007年，岸产事业部完成广远财金部、发展部、人力资源部/组织部等部门布置的各项任务，如上报2006年各岸产企业全年外币结汇币种、数量、结合岸产企业实际进行人民币资金管理调查、督促岸产企业按规定作好外汇账户管理、办理香港中远酒店有关股东借款证明、上报关于岸产企业经营管理工作中有关问题的调研报告以及要求岸产企业按照新会计准则进行会计科目重新分类及做好2007年5月快报衔接等布置工作，及时下达岸产企业，全程跟踪，认真审核，汇总上报，做到了按时按质完成任务，保证了广远财金部等部门工作的顺利完成。 （林珏）

【完成华南医疗股权交易时点的确认】 岸产事业部为了解决华南医疗严重亏损的问题，根据中远集团尽快完成华南医疗股权转让的批复，2007年，该部对华南医疗股权转让进入交易程序，并在其出让价格、交易条款和债务偿还等方面作了大量的工作，保障转让后华南医疗对中远财务公司6000万元贷款及广远1000万元借款的偿还。经过与外方的多番谈判，最终使得外方不但同意以高于我方评估价值的价格收购股权，同时承担本应由原股东承担的股权转让期间的600万元亏损。是年，岸产事业部督促华南医疗尽快理清财务状况，进一步摸清家底，加快办理相关手续，尽量减少损失，经过与外方的多次沟通，最终使外方同意提前在12月31日后承担以后的经营亏损责任，最大限度地维护了广远的利益。 （林珏）

【制订《岸产事业部开展“三服务一促进”主题实践活动实施方案》】 2007年4月，岸产事业部党工委制订了《岸产事业部开展“三服务一促进”主题实践活动实施方案》，成立了活动领导小组和办公室，确定了活动的指导思想和主要任务。4～12月，该部党工委具体开展了实践活动。该实践活动分思想动员、具体实施和总结评比3个阶段。其中，具体实施阶段又以开展推动发展行动、春风送暖行动、优质服务行动、基层维稳行动、和谐创建行动5项活动贯穿始终。同时，岸产事业部党工委还出版了活动情况专刊。10月初，该实践活动告一段落，岸产事业部党工委对活动进行了总结评议。 （江海珊）

【广远安全慰问检查组检查安全工作】 2007年4月10～13日，由广远总会计师胡锦沛带队，岸产事业部总经理王玉生、安全主管林树元共同组成广远安全慰问检查组（岸产组），对12家岸产全资、控股及参股管理的企业进行安全慰问检查。该检查组在检查期间，认真听取了各岸产企业安全工作汇报，着重检查各企业领导对安全的重视程度、安全制度的完善、员工的安全意识、设备设施的维护、安全工作的落实以及可能存在的安全隐患等方面的问题。该检查组通过检查，充分肯定岸产企业一季度的安全生产工作情况，并针对安全生产方面存在的不足之处提出整改建议。 （江海珊）

【参加广远形象展示大赛取得优异成绩】 2007年5月18日，在广远团委主办的“新广远、新青年、新风采”形象展示大赛中，广远岸产企业青年表现突出，囊括了此次大赛的一、二、三等奖，为岸产企

业争得了荣誉。（江海珊）

【开展征集“金点子”活动】 岸产事业部团委为了进一步深化“青年创新创效”活动，引导广大团员青年增强创新意识，提高创新能力，投身创新实践，更好地发挥青年生力军作用，于2007年8~10月在岸产企业团员青年中开展青年“金点子”征集活动。征集活动得到岸产企业广大团员青年的积极响应和参与，共征集到“金点子”42个，其中3个“金点子”获得广远团委表彰，建设实业邓毅华的“解决设计与施工相脱节问题”，获得广远团委“金点子”一等奖。（刘新源）

【召开岸产企业销售工作经验交流会】 2007年9月27日，由岸产事业部牵头，在大富酒店召开了第二届“广州远洋酒店业销售工作经验交流会”。会议由岸产事业部企管部经理郑再利主持，参加会议的有广远下属远洋宾馆、远洋大厦、东海大厦、黄埔远洋酒店和远洋大富酒店等5家单位的销售及房务负责人。会上，5家酒店分别介绍了各自的营销经验及当年秋交会的市场及销售情况，并研究了互相合作、互通有无的渠道和方式。与会人员对销售工作达到了共识：一是从广远利益最大化出发，互相学习，资源互补，利用整体优势盘活现有资源，利用现有资源实现发展；各酒店互相合作，互相支持，信息共享，共同拓展休闲和商务客源，进一步提高广远宾馆业的整体销售工作水平；努力完成2007年的任务指标，并力争完成奋斗目标。（江海珊）

【加强岸产企业精神文明建设和企业文化建设】 2007年，岸产事业部党工委认真抓好中共十六届六中全会和中共十七大精神的学习宣传贯彻工作，组织岸产企业收听收看中共十七大报道，印发《关于认真学习贯彻十七大精神的意见》。与此同时，该部党工委加强岸产企业文化建设，着力培育建设实业和通导公司企业文化建设的先进典型。是年，岸产事业部以创新企业文化建设的形式，把继续深入开展“三学一创”活动，作为企业文化的重要内容，积极开展创建“文明窗口”和“双文明建设先进单位”活动，把企业文化建设与精益管理、节能减排、QC活动等紧密结合起来，挖掘活动的新内涵。是年，通导公司荣获交通部授予的“全国交通通信系统创建文明行业先进单位”称号。

（江海珊）

【加强岸产企业领导班子和后备干部建设】 2007年，岸产事业部完成岸产企业领导班子的续聘和调整工作，适当调整金桥学院、通导公司、物业公司领导班子，加大对年轻干部的培养选拔力度。是年，岸产事业部根据岸产企业生产经营需要，新提拔5名青年骨干为总经理助理，对4名青年骨干进行了岗位交流。（江海珊）

【对岸产单位领导班子进行考核】 从2007年12月17~31日，由岸产事业部党工委牵头，由岸产事业部、广远人力资源部/组织部、党工部、监督部/审计部等部门有关负责人联合组成的考核工作小组，在广远党委的直接领导下，对岸产部党工委归口管理的各岸产企业领导班子和班子成员、财务总监（含广远委派财务经理）及各企业青年业务骨干进行考核。考核重点是岸产企业领导班子及成员的任期届满。通过考核达到了准确掌握岸产企业领导班子及成员的德才表现、工作能力和工作绩效，加强和改进各岸产企业领导班子建设，推动岸产企业健康、协调和可持续发展的目的。（江海珊）

【布置全面风险管理工作】 2007年11月13日，岸产事业部根据广远《关于启动广远公司全面风险管理工作的通知》精神，召集各岸产单位总经理、财务负责人、办公室主任等有关人员开会，对岸产单位启动全面风险管理进行再动员和布置。会后，各岸产企业迅速行动，成立了全面风险管理领导小组和工作小组，对企业进行全面风险清查，以建立科学、适用的全面风险管理预警体系。（江海珊）

【对各岸产企业精神文明建设进行考核】2007年11月底，岸产事业部党工委根据广远党工部《关于做好2007年度精神文明建设自查及学创活动考核工作的通知》要求，对岸产10家全资及控股企业精神文明建设及学创活动进行考核（华南医疗由于改制在即，没有纳入此次考核）。考核结果表明，各岸产企业按照广远党委和岸产事业部党工委的要求，紧密联系实际，进一步加强和改进党建思想政治工作，充分发挥党组织的政治核心作用，深入开展“三服务一促进”活动，把精神文明建设和“三学一创”活动贯穿到全年各项工作中，并取得了明显成效。（江海珊）

【广远对各岸产企业进行风险调查】2007年11月30日至12月14日，由广远各职能部门和岸产事业部组成的岸产企业全面风险管理工作小组，深入到11家岸产企业进行风险调查。该小组成员根据各自的分工，分别对岸产企业的法人治理结构、人事风险、经营管理与技术风险、财务风险和其他重要事项进行了检查。该小组通过与相关负责人进行座谈、查阅档案资料等方式，全面深入地了解岸产企业的现状和存在问题，并将各岸产企业可以自行解决的问题进行现场反馈，要求落实整改；对部分需广远协助解决的问题和风险，写成《岸产企业风险调研报告》呈报广远全面风险管理领导研究解决。该小组通过检查，加强了对各岸产企业全面风险管理的指导，增强岸产企业对全面风险管理的责任，降低岸产企业存在的经营风险。

（江海珊）

【召开党员领导干部民主生活会】 2007年6月22日，岸产事业部召开2007年度党员领导干部民主生活会。岸产事业部党工委为开好这次党员领导干部民主生活会，专门下发征求意见的通知，开通邮箱和热线电话，多渠道、多层次地向岸产事业部、岸产企业广大党员群众征求意见，并制定整改措施。参加民主生活会的有主管岸产企业工作的广远总会计师胡锦沛，人力资源部/组织部部长黎光葵，监督部/审计部检查室经理郑意和岸产事业部领导班子成员。会议由岸产事业部党工委书记陈建钦主持。会上，岸产事业部班子成员交流了学习贯彻胡锦涛在中央纪委第七次全会上的讲话精神，结合构建和谐社会和全面加强党的建设方面争当排头兵的情况以及自身的思想、学习、工作和作风建设等方面的实际情况，对岸产企业改革发展的现状、未来及领导班子自身建设等内容，深入进行分析和探讨，研究如何真正落实“三服务一促进”活动实施方案内容，进一步加强岸产事业部的管理、服务和协调的能力；如何进一步提高员工素质和办事效率，提高发文质量；如何带队伍、培养队伍，增强员工凝聚力和向心力。在民主生活会上，班子成员认真开展批评和自我批评，达到交流思想、剖析党性、促进工作的目的。整个会议高效、务实，始终在民主、团结、和谐的良好氛围中进行。胡锦沛、黎光葵和郑意在认真听取了岸产事业部领导班子发言后作了讲话，充分肯定岸产事业部领导班子的工作能力以及两年多来的工作业绩，同时对班子成员提出了希望和要求。

（江海珊）

【指导各岸产企业开好民主生活会】 2007 年 5 ~ 6 月，岸产事业部党工委认真指导和监督各岸产企业开好党员领导干部民主生活会，保证了岸产事业部下属 10 家全资控股企业领导班子民主生活会按广远要求如期召开，并达到了预期的效果和目的。（江海珊）

【妥善处理群众来信来访】 2007 年，岸产事业部妥善处理了原广远车队、金桥学院下岗、外聘员工上访、小区住户信访等问题，维护了企业正常生产经营秩序和广大员工的合法权益。（江海珊）

【发挥工会桥梁纽带作用】 2007 年，岸产事业部下属各岸产企业完善以职代会为基本形式的企业民主管理制度，深化厂务公开工作，继续深入开展“安全在我身边，降本增效从我做起”活动，进一步推进职工素质工程建设和强化困难职工帮扶工作，充分发挥工会组织在构建和谐岸产企业过程中的桥梁纽带作用。

（江海珊）

【开展“和谐岸产，青春无限”主题实践活动】 2007 年，岸产事业部在广远岸产企业中开展“和谐岸产，青春无限”主题实践活动。整个活动分为学习教育、扎实推进、建立长效机制三个阶段。通过举办“祖国山河多美好”主题团日活动和“我眼中的和谐岸企”摄影大赛等具有时代特征，符合岸产企业青年特点，契合岸产企业实际需要的系列教育活动，团结带领广大岸产企业团员、青年员工牢固树立和自觉践行社会主义荣辱观，努力构建和谐岸产企业，推进企业改革发展，同时，积极引导岸产企业广大团员青年为“打造百年广远”发挥生力军和突击队的作用。

（江海珊）

第二节　广州远洋船舶物资供应有限公司

【广州远洋船舶物资供应有限公司简介】 供应公司系中远集团旗下广远控股的有限责任公司。其前身是 1961 年 4 月成立的中远广州分公司黄埔仓库，属内部核算单位。1979 年，改为广远供应站。1984 年，广远为适应企业经营管理需要，试行管供合一，将广远供应站更名为广州远洋船舶物资供应公司。1989年，广远开展企业整顿又将供应公司恢复为广远供应站。1996年11月12日，经中远集团批准，广远将供应站作为转制试点单位进行企业改制，由广远、中远国贸和供应公司工会3家共同出资成立广州远洋船舶物资供应有限公司，并于1997年1月2日，经广州市工商部门批准正式挂牌对外营业。2006年10月，由供应公司职工和工会共同出资并由工会作为股东持有的该公司16%股权全部转让给广远。股权转让后，广远出资比例由64%增至80%，中远国贸的出资比例仍为20%，供应公司注册资本保持不变。10月30日，供应公司完成上述股东变更的工商备案登记。供应公司的主营业务是承担中远及航行于国际水域远洋船舶的物资供应业务和后勤保障任务。

供应公司自1961年至2007年，经过40多年的发展，成为中远集团属下实力雄厚、种类齐全、信誉良好的专业化船舶物资供应公司，为中外远洋船舶、相关企业提供油漆、润滑油、化工、物料、食品等各类物资供应，业务范围遍及华南地区各港口、修造船厂和相关企业。同时，供应公司造就了一支专业素质较高的员工队伍，真诚为顾客提供24小时全天候的优质服务。

供应公司下设总经办/党委办/人力资源部/团委、财金部、安监部/保卫科/资管办、工会办、代理部、食品部、油料部、物料部、贸易部、运输部、物资供应公司南沙分公司；参股企业有广州布顿钢索具有限公司（供应公司持股40%）、厦门远洋船舶供应有限公司（供应公司持股26.67%）、湛江远洋船舶供应有限公司（供应公司持股20%）。

供应公司设董事会、监事会。时任董事长胡锦沛，副董事长刘立果，董事陈建钦、方少彪、江日胜。监事召集人范桂新，监事洪广春、崔立霞。时任总经理兼党委副书记方少彪，党委书记兼副总经理甄伟，纪委书记兼工会主席江日胜，财务总监焦丽文。员工230人。（黄捷）

【供应公司工作概况】 2007年，供应公司按照广远岸产事业部建设“和谐、阳光、高效、有为”的岸产企业的工作部署，围绕“安全、稳定、管理、效益”的总体工作目标，继续深入开展精益管理活动，成功获得危险品运输资质许可，对新利公司的清算工作基本完成；大力推进企业文化建设，工会组织成立了文体协会，开展了一系列文体活动，营造了一个积极向上、和谐进取的良好企业氛围。是年，供应公司成功取得澳洲“酷马”红酒中国区域总代理权，并开始大规模经营红酒陆地销售业务。供应公司本部全年实现营业收入比2006年增长7.42%，完成广远下达的利润指标的162%。（黄捷）

【召开2007年第一次董事会】 2007年1月26日，供应公司在佛山南国桃园召开2007年第一次董事会。会议由董事长胡锦沛主持。副董事长刘立果，董事陈建钦、方少彪、江日胜参加了会议。会议总结了2006年的工作，肯定了成绩、指出了不足，明确了2007年努力方向和奋斗目标。

（黄捷）

【召开2007年第二次董事会】 2007年8月13日，供应公司在该公司会议室召开

2007年第二次董事会。会议由董事长胡锦沛主持。副董事长刘立果和董事陈建钦、方少彪、江日胜出席了会议。供应公司党委书记甄伟，财务总监焦丽文，监事范桂新列席了会议。会议对供应公司上半年的工作进行了总结，并对下半年的工作提出了具体要求。 （黄捷）

【加强安全工作】 2007年，供应公司坚持把“安全第一”的思想贯穿于安全管理的全方位、全过程，不断强化全体员工的安全意识和责任意识。是年，加强了对员工的安全培训，全年参加各类安全学习的人数1080人次；健全了安全规章制度，完善了企业应急预案体系，制定了《危险化学品运输安全操作规程》、《安全事故处理报告、总结制度》、《安全生产监督检查制度》等一系列的规章制度；加大了安全设施的投入和改造工作，先后投入资金给所有货车配置了GPS系统，对二库、三库、食品仓库的系列安全进行了整改，三库大院围墙加装视频监控系统等；开展了“平安之旅”、“安全生产月”等安全活动。全年未发生上报等级的安全事故和治安案件，确保了一方平安。 （黄捷）

【加强货款回收，提高资金使用率】 2007年，供应公司加强了货款回收催收工作，全年综合货款回收率为82%，比2006年上升6个百分点。 （黄捷）

【物料部业务拓展取得新成效】 2007年，物料部面对日益激烈的市场竞争、国家出口退税税率下调等不利局面，克服困难，主动出击，加强沟通，加大中远系统内部市场的拓展工作，中远系统内供应额比2006年同期增加150万元。是年，供应公司进一步加大新客户的开发力度，新增厦门力鸿船务、大连运通海泰船务、上海新时代、广州越能船务等7家客户，并且加大境外港口物料供应业务的开拓并开辟了埃及塞得港和新加坡的物料供应（2月28日，一集装箱船舶物料从深圳盐田港发往埃及塞得港，供应给停靠在该港的中远散运所属的一艘船舶。）这是供应公司首次采用集装箱运输方式对停泊在国外港口的船舶进行物资供应，为该公司日后开拓外港和国外供应工作提供了借鉴。物料部全年实现在境外港口供应物料达70多万元；全年营业利润比2006年提高6.5个百分点，保持了物料供应形势的稳定。

（黄捷）

【油料部工作在困难中前进】 2007年，国际原油价格持续上涨，润滑油价格也屡创新高，且经常断货，给供应公司的油料供应业务带来一定的困难。油料部加强了与客户的沟通，提高服务质量，与客户建立了牢固的长期合作关系；同时抓住机遇、寻找“亮点”，全年销售“昆仑”润滑油2500吨，创历史记录。良好的销售业绩和优质的服务，得到了中石油的认可和信任，将广州等地原不属于该公司供应的船舶移交该公司代供，并将部分油品价格每桶比市场价格调低30元给供应公司，从而使供应公司取得了较好的经济效益。此外，供应公司还新引进“埃尔夫”的配送和销售业务，进一步做大油料销售业务。油料部2007年全年的营业利润比2006年有新的提高。 （黄捷）

【获得酒类批发资格】 供应公司为开展

企业酒类经营项目，于2007年初向广州市酒类专卖办公室递交了《关于酒类批发许可证的申请》。4月5日，广州市酒类专卖办公室和黄埔区经贸局有关领导到供应公司进行了实地调查。4月底，广州市酒类专卖办公室发给供应公司《酒类批发许可证》。供应公司在取得《酒类批发许可证》后，向广州市工商行政管理局办理了申请增加酒类批发经营项目，于4月29日获广州市工商管理局批准。（黄捷）

【食品部保税烟酒销售大幅增加】 2007年，供应公司食品部保税烟、酒供应一方面受到外轮供应公司强有力的竞争；另一方面由于国家对免税烟酒实行定额指标管理，导致该公司进货比较困难，货源难以得到保障。食品部在艰难的市场环境下，对每艘抵港船舶都专门登船拜访，进行烟酒销售。同时，不断提高服务质量，扭转了不利局面，全年供船免税烟酒累计收入比2006年增加30%。（黄捷）

【开拓红酒销售业务】 2007年，供应公司继续进行特色经营，成功取得澳洲"酷马"红酒中国区域总代理权，正式铺开全国范围内的红酒销售业务。全年实现酒类销售额达750万元，开创了陆地销售工作的新局面。（黄捷）

【代理部工作有新的进展】 2007年，代理部一方面加强同客户之间的了解和沟通，增进感情和友谊，稳住原有的业务；另一方面大力拓展转关业务，新增4辆海关监管车，使海关监管车数量增至11辆；为进一步发挥代理异地转关业务的优势，扩大异地转关业务的范围，供应公司继2006年开通广州、深圳两地的海关转关业务后，于5月再次成功开通湛江海关转关业务，进一步扩大了企业保税业务的范围，促进了代理业务稳步发展。代理部全年营业收入比2006年同期增幅20％，实现了代理业务的快速增长。（黄捷）

【新利公司清算工作基本完成】 2007年5月13日，根据广远新利改制领导小组的决定，经与新利公司主辅分离改制职工协商后，终止了对供应公司控股的新利公司的改制和股权转让工作，并根据中远集团《关于广州新利服装有限公司实施清算处理的批复》，改为停业清算。供应公司随即成立了新利公司清算小组，由供应公司总经理兼新利公司董事长方少彪任组长并主持新利公司的清算工作。6月5日，新利公司召开全体员工大会，供应公司纪委书记兼新利公司董事总经理江日胜，向全体员工宣布从即日起新利公司进入停业清算，并公布了员工的安置方案及相应措施。10月22日，广州经济技术开发区管委会批准新利公司提前终止经营并解散。12月3日开发区国税局、地税局分别准予注销税务登记。12月28日，新利公司清算小组正式向广州萝岗区工商局递交了《关于申请注销营业执照的报告》，等候批复。至此，新利公司的清算工作基本完成。

（黄捷）

【取得《港口经营许可证》】 2007年7月，供应公司获得由广州港务局核发的《港口经营许可证》，成为第一家经广州港务局批准的获得此资格的船舶物资供应企业。《港口经营许可证》是根据《港口法》规定实施的，规定要求在港区内从事服务经营的经营者均应取得港口行政管理机关批准。为获得此经营资质，供应公司从2007年初开始了有关申办工作，积极配合广州港务局做好提高港区服务水平的调研工作。（黄捷）

【成立文体协会】 2007年8月30日，供应公司工会为丰富企业员工文化生活，进一步团结和凝聚员工的力量，促进企业的生产经营，成立了文体协会，下设文化分会和体育分会，大会表决通过了《广远供应公司文体协会章程》，并选举产生了文体协会第一届理事会成员，以及会长、副会长、秘书长。（黄捷）

【获得危险品运输资质许可】 2004年开始，供应公司申办危险品运输资质一直没有得到解决。2007年9月29日，供应公司重新向广州市交委递交了申请材料。10月18日，广州市危险品运输行业协会专家组到供应公司进行现场评估，被评为“优秀”。11月6日，广州市交通委员会有关负责人对供应公司再次进行了现场复核。经广州市交通委员会复核检查认为供应公司基本符合申办条件。11月21日，供应公司获得危险品运输资质许可，解决了困扰多年的难题，为相关供船业务提供配套服务创造了有利条件，进一步增强了企业综合竞争力。（黄捷）

【成立湛江分公司】 2007年10月，供应公司开展湛江分公司的筹备工作。23日，领到湛江工商管理局发出的《工商营业执照》，供应公司湛江分公司正式成立。新成立的湛江分公司接管原湛江远洋船舶供应有限公司的相关业务及部分人员（湛江远洋船舶供应有限公司按中远集团的指示已进行清算处理）。（黄捷）

【获发《出入境口岸食品生产经营单位升级管理B级单位》牌照】 2007年，黄埔出入境检验检疫局对食品经营单位进行了分类管理。11月15日，供应公司食品部获得了广州黄埔出入境检验检疫局颁发的《出入境口岸食品生产经营单位升级管理B级单位》牌照，为食品项目的经营提供了资质保证。（黄捷）

【厦门远洋船舶供应有限公司进行清算关闭】 2007年4月16日，厦门远洋船舶供应有限公司（以下简称厦供）召开全体股东会议，会议表决通过了对厦供进行清算关闭的决议。5月23日，在取得中远集团的批复函后，清算工作全面启动。至12月10日，厦供清算小组完成税务登记注销工作。（黄捷）

第三节　广州远洋建设实业公司

【广州远洋建设实业公司简介】　建设实业是广远于1993年6月8日以原基建处为班底成立的。该公司主要业务是从事房地产开发、物业经营、工程监理等多种业务。

建设实业下设营销部、开发部、工程部、I1-4项目部（与工程部合署办公）、策划部、财务部、办公室、党工部、远晖商厦服务中心等部门。

建设实业设董事会、监事会。时任董事长胡锦沛，董事池新旺、王玉生、陈建钦、郑培贤。监事赵洪先。时任总经理兼党总支部副书记郑培贤，党总支部书记陈建钦（兼），副总经理王庆来，财务总监陈永彩。员工79人。　　（周幸忠）

【建设实业工作概况】　2007年，建设实业认真践行“两公两严”管理原则（公开坦诚、公道正派，严格、严厉），本着“研究市场并走在市场的前面，研究客户并服务至客户的面前”的理念，认真研究风险低、效益好，又适合国企特点的资产经营业务，积极寻找合适的资产经营道路。通过精心运营，利用有限的经营条件创造了良好的经济效益，实现了年初预定的经营目标。通过抓广远大厦建设项目开发建设进度、抓经营物业改造升级、抓内部管理、抓安全稳定，使各项工作严谨、有序、高效，实现了企业政通人和、队伍稳定、安全局面良好、效益优良的工作目标。挖潜增收，几年前年收入仅40万元的市场，在没有再投入的情况下，经挖掘潜力，2007年收入超100万元；出租面积仅8100平方米的远晖商厦，年创收入超过600万元。是年，建设实业超额完成广远下达的利润考核指标，安全形势良好，被广远授予“双文明建设先进单位”和“安全生产先进单位”。　　（周幸忠）

【广远大厦建设项目前期工作进展顺利】　2007年，建设实业为了确保按时、优质、高效地建设好广远大厦，精心运营，各项前期准备工作进展顺利。建设实业在广远大厦项目的优化设计上充分体现精益管理理念，设计增加建筑面积2666平方米，增加建筑净空以提高物业价值，与相邻地块联合开挖不仅节省近百万元工程费用，还增加30多个车位。建设实业将10个文件3万多字的《广远大厦建设项目管理办法》，融入业务操作程序之中，从多角度体现管理与监督的和谐，为打造“阳光+高效”的开发项目提供了有力保证。建设实业员工提高工作效率，以9个月的时间完成了同行一般需要18个月才能完成的报批和前期准备工作。9月20日，广远大厦建设项目正式进场开工，至12月31日，完成基坑支护工程支护桩。　　（周幸忠）

【制订《广远大厦建设项目监督工作实施方案》】　2007年11月，建设实业为保障广远大厦建设项目的顺利实施，有效控制建设成本，防止违法、违纪、违规行为发生，将广远大厦打造成一个健康、阳光、价廉、质优的精品工程，配合广远制订了《广远大厦建设项目监督工作实施方案》。

该方案以国家有关法律法规、《中远集团工程建设项目审计工作办法》、《中远集团房地产开发项目审计工作办法（试行）》和《广远“三重一大”监督规定》为准则，以精益管理理念为指导，运用广远多年来积累的工程监督工作成果，充分体现出责任明确、职责清晰、操作规范、便于监督的特点。（周幸忠）

【广远大厦建设项目“水晶风帆”设计方案中标】 2007年2月14～15日，广远大厦建设项目设计在广州市建设工程交易中心进行了开标、评标。经评审，“水晶风帆”方案中标。该方案在建筑创作上以“船、帆”为理念，寓意一艘正乘风破浪、勇往直前的水晶风帆巨轮，其建筑外观现代、新颖并且耐久性好，充分利用竖向线条，体现广远积极向上的企业风貌。

（邹勇光）

【广远大厦建设项目土建工程公开招标】 2007年9月5日，广远大厦建设项目土建工程在广州市建设工程交易中心进行了开标、评标。经评审，广东第一建筑工程有限公司中标。（邹勇光）

【广远大厦建设项目工程监理公开招标】 2007年9月14日，广远大厦建设项目工程监理在广州市建设工程交易中心进行了开标、评标。经评审，广东省城规建设监理有限公司中标。（邹勇光）

【广远大厦建设项目取得《施工许可证》】 广远大厦建设项目通过三个阶段的设计规划报建（总体规划、单体规划、施工设计图）、四个设计审查（初步设计审查、施工图设计审查、基坑支护设计审查、地铁设施保护审查）、多项专业报建（人防、环保、卫生防疫、交通、消防等）、两项专门报监（广州市建筑工程安全监督站、广州市建筑工程质量监督站）、建筑余泥排放的核准，于2007年11月13日取得了《施工许可证》，广远大厦建设项目全面进入施工阶段。（邹勇光）

【举行《广远大厦建设项目工作人员廉洁承诺书》签字仪式】 2007年6月1日，建设实业举行《广远大厦建设项目工作人员廉洁承诺书》签字仪式，56位参加广远大厦建设项目建设的工作人员向广远党委及广远大厦建设项目监督工作领导小组作出郑重承诺：在广远大厦建设项目建设过程中，严格遵守党纪党规、国家法律法规和中远集团、广远的规章制度和企业纪律；认真履行工作职责，严格依法依规操作；承诺如果本人发生违法违纪行为，即引咎辞职和接受组织处理、处分。

（周幸忠）

【换届选举新一届工会委员】 2007年2月2日，建设实业召开职工大会，换届选举第四届工会委员。王庆来、林斐馨、马

月强、陈惠卿、周桂香5人当选为建设实业新一届工会委员，王庆来当选建设实业新一届工会主席。（周幸忠）

【召开第一届董事会第三次会议】 2007年3月27日，建设实业召开第一届董事会第三次会议。参加会议的有董事长胡锦沛，董事王玉生、陈建钦、池新旺、郑培贤，监事赵洪先，副总经理王庆来，财务总监陈永彩，总经理助理刘刚。会议由胡锦沛主持。会议审议并通过了建设实业《2006年度总经理工作报告》、《2006年度财务决算报告》及《关于给经营班子安全奖励的建议》；听取了上届董事会决议执行情况的汇报及有关I1－4项目的进展情况汇报；提出对企业2006年利润分配的建议；明确了2007年的工作重点和具体工作要求。

（周幸忠）

【中远集团监督部调研广远大厦建设项目】 2007年5月15～18日，中远集团监督部调研组对广远大厦建设项目的监督和管理工作进行调研。调研组充分肯定了建设实业在项目管理和监督方面所作的工作，同时对项目的建设和可能出现的风险提出了具体建议。（伍剑）

【召开党员领导干部民主生活会】 2007年6月7日，建设实业召开2007年度党员领导干部民主生活会。参加民主生活会的有建设实业领导班子成员。与会人员围绕“以创建‘四好领导班子’为载体，打造作风过硬、上级放心、员工满意的坚强领导集体，推动企业健康和谐向前发展”这一主题，认真解剖思想，开展批评与自我批评。会议着重解决了“如何实现高管层继续保持团结并具战斗力，保持岸产先进”和“班子如何带领员工队伍培养并保持良好的职业品德，为广远大厦建设项目与凤凰山项目之后的员工出路做好打算”两个主要问题。广远总会计师胡锦沛，监督部/审计部检查室主任郑意和人力资源部/组织部组织考核业务经理周佐成出席了会议。胡锦沛在会上对建设实业领导班子所做的工作给予了高度评价，勉励建设实业班子成员要继续保持和发扬优良作风，努力工作，为广远做出新贡献。

（周幸忠）

【远晖商厦全面进行改造】 2007年，建设实业鉴于远晖商厦原有各项硬件设施标准较低，不能满足客户对商务办公环境、设施的要求等实际情况，对远晖商厦进行全面改造，新装3部新型节能电梯，大大缓解了以往上下班高峰期的垂直交通压力，而且3部电梯的用电量不到原来2部电梯用电量的50%；装修改造4楼电梯前室、公共走廊和办公室，更换发电机组，提高服务质量，提升出租率；进行用电增容，使原来用电容量按面积分摊每平方米不到50W提升到每平方米100W，达到写字楼要求，保证用电安全。远晖商厦装修改造后，办公环境大大改善，档次提高，租金也从原来的65元/m^2提升到80元/m^2。

（吴文刚）

【远晖商厦节能减排成效明显】 2007年8月，建设实业更换了远晖商厦陈旧的公共输电设备与节能光源，整改租户内部线路，使远晖商厦的用电损耗大幅下降。更换设施前，以1～8月为例，月均耗电高达10845.8度。更换设施后，以9～12月为例，月均耗电下降到2982.3度，每月节约用电7863.5度。鉴于远晖商厦多年埋地的消防管网出现破漏，使消防用水大量流失的实际情况，经多方检查与反复研究，成功修补了消防管网的破漏点，避免了消防用水的大量损耗与消防管网水压的不足，每月减少水源损失约1000吨。

（阮智铭）

【召开年中工作会议】 2007年8月28～29日，建设实业召开年中工作会议，中层以上管理人员和监事出席了会议。会议在回顾分析上半年工作的基础上，着重围绕如何切实推进广远大厦建设项目各项工作以及加强和完善内部管理等问题展开深入讨论。为了更好地完成下半年各项任务，会上给工程部、营销部、远晖商厦服务中心等主要业务部门下发了《任务书》，量化了工作目标，明确了奖罚标准。

（周幸忠）

【召开员工大会暨第四届一次职工代表大会】 2007年12月28～29日，建设实业召开员工大会暨第四届一次职工代表大会。会议审议通过了《总经理工作报告》、《工会工作报告》、《安全工作报告》、《财务工作报告》、《党总支工作报告》，并通过了会议决议。会议进行了民主评议，评选了建设实业2007年度十佳员工。广远纪委书记兼工会主席马宗梅到会作了讲话，对建设实业一年来所做工作和取得的成绩给予了高度评价，对今后工作提出了具体要求。

（周幸忠）

【安全管理工作概况】 2007年，建设实业提出"谁负责的工作不安全，谁的岗位就不安全"的管理理念，做到严格管理，严格要求，使广大员工加强了安全责任感，人人心中想着安全，严格按企业的相关操作规程规范自己的行为，注意安全。为使安全工作落到实处，还设置了安全主任专职岗位，推行了《安全主任挂牌巡查制度》，明确巡查、纠错、停工、复工等相关环节规定，职责分明，配合全年20次，共有90人次参加的安全实地检查，使安全稳定工作深入人心。是年，建设实业确保全年安全无事故。 （周幸忠）

【开展阳光健康的文体活动】 2007年，建设实业积极组织各种类型、各种形式的文娱活动和比赛，促进员工身体健康，增强企业凝聚力。利用业余时间，组织员工开展羽毛球、网球、篮球、游泳、登山等文体锻炼活动；把员工的疗休养（旅游）、年休假与学习考察结合起来统筹安排，举办《员工学习考察摄影作品展览》活动；"三八"妇女节前夕，组织女员工前往肇庆专题考察建设实业曾经参加竞拍的房地产项目，深入了解中标单位现在的开发建设，再与建设实业当初的规划设计进行对比，既活跃女职工的节日气氛，又提高其对房地产市场的分析能力。是年，建设实业积极组织员工参加广远组织的文体活动，多次获得奖励。 （周幸忠）

第四节　广州远洋物业管理有限公司

【广州远洋物业管理有限公司简介】 物业公司是广远和建设实业共同出资于1996年10月成立的，为国有全资企业，注册资本500万元。物业公司主要业务是物业管理、室内装修、水电维修、国内商品及物资供销业和房屋租赁。该公司成立之初由建设实业代管，主要负责广远在广州地区的房产物业的管理工作。1997年12月，物业公司正式独立运作。2000年2月，广远撤销行政处，将行政处原有的房租水电费收缴、煤气供应等部分职能划归物业公司管理，同时将行政处房管科和房改办合并设置为物业公司房产部。2000年11月，广远将原黄埔船员基地招待所划归物业公司管理，保持接待中远船员等职能不变。2001年4月，广远实行机构改革，将广远机关大楼管理、机关食堂管理、卫生处、机关车队等四项职能（简称四项职能）及相关人员划归物业公司管理。2005年，为进一步加强广远在外地的房产管理，物业公司成立了物业公司上海分公司，介入负责广远在上海房产物业、商铺的租赁经营管理。至此，物业公司由成立之初单一的房改房宿舍管理增加了房产管理、招待所管理、写字楼物业管理、医疗保健、车队管理和广远本部职工食堂管理等服务职能。2007年，物业公司管辖的物业总面积70多万平方米，其中房改房40多万平方米，商住楼28万多平方米，物业租赁经营6万平方米。

物业公司下设综合办公室、财务部、安全质量部、经营部、工程部、房产部、管理一部、管理二部、医疗中心和大楼管理中心。外地或独立经营核算机构有上海分公司、上川岛远洋酒店、黄埔招待所、湛江物业管理分公司。

物业公司设董事会、监事会。时任董事长傅伟，董事王玉生、陈建钦、池新旺、郑培贤。监事曾德如。时任总经理兼党委书记王玉生（7月份后不再担任总经理一职）、副总经理张清强（7～12月，主持行政工作）、任紫侠（7～12月兼任党委副书记）、张玉凌（1～6月兼任工会主席），工会主席兼纪委书记吕英翼（7～12月），总经理助理林远平（9～12月）。员工535人。　（黄志云）

【物业公司工作概况】 2007年，物业公司坚持以“服务是根本，经营作保障”为经营管理理念，以“阳光、和谐、高效、有为”八字方针为指导，全力推进企业规范管理和市场开拓工作，较好地完成了各项工作任务和上级下达的各项经营管理指标。在财务管理方面，该公司为促进企业建立健全内部约束机制，规范财务管理行为，强化企业财务风险控制。3月，成立了财务预算委员会，以部门为财务预算执行单位，重点对可控成本进行控制，加强预算控制力度；加强对外地分支机构的财务管理，定期派员前往实施垂直管理，实现了企业财务上下集中的规范管理目标。在人力资源管理方面，该公司将人力资源管理作为重点工作来抓，制定了员工绩效考核实施方案，对管理人员2006年度工作情况进行全面的绩效考评，并以此作为2007年度人员岗位评聘及薪金调级的重要依据，体现岗位与绩效挂钩的管理机制。根据广远全面风险管理精神，结合企业的实际，开展企业全面风险管理工作，努力排除企业经营风险隐患，找出自身存在问题和潜在的法律风险，制定解决方案和整改措施，并完成了《集体劳动合同》、《劳动合同》、《劳动合同管理办法》、《劳动用工管理办法》、《薪酬福利管理办法》等修订工作。在物业经营方面，该公司本着“固本增效、开拓挖潜”的原则，充分利用现有物业，加大商业物业的经营开发。是年，物业公司借鉴2006年成功开发滨江西路100号物业实现“住改商”的经验，分别对天河直街18号首层、原沙园幼儿园场地、明月阁房产等进行整体包装、策划后，深入市场，寻找客户，年度增加收入40多万元。黄埔远洋酒店、上川岛远洋酒店通过积极推广，开拓经营，提高了酒店经营的投资效能和经营效益。在小区物业管理方面，该公司着重加强员工物业服务意识和专业技术水平的培养，积极开展各项服务工作，加大教育培训力度，全年输送物业管理人员继续教育培训60人次，组织保安人员专业技能培训163人次。在安全工作方面，该公司通过狠抓安全工作的落实，开展“平安之旅”、“安全生产月”等活动，全年安全生产实现“三无”（无重大责任刑事案件、无重大责任灾害事故、无职工犯罪）目标。在精神文明建设方面，该公司党委带领广大党员职工开展“三服务一促进”主题活动，有效地促进了企业健康和谐发展。（何永佳）

【成立党委、纪委】 2007年7月13日，广远岸产事业部党工委根据物业公司工作需要及物业公司有99名中共党员的情况，决定撤销中共广州远洋物业管理有限公司总支部委员会，成立中共广州远洋物业管理有限公司委员会（简称物业公司党委）。物业公司根据此决定，于8月21日召开党员代表大会，68名党员参加了会议，会议产生了物业公司党委第一届党委书记、委员人选。王玉生当选为物业公司党委书记，任紫侠为党委副书记，党委委员有张清强、张玉凌、吕英翼。吕英翼当选为纪律检查委员会书记，纪委委员有林静、刘海夫、王俊江、何永佳。（黄志云）

【开发物业经营亮点工程】 2007年，物业公司根据企业原有物业的情况，成立经营项目开发小组，不断深入市场调查，对位于龙口西龙苑大厦商铺重新定位租赁，在做好市场调查和客户管理的同时，做足风险防范预案和相关法律准备，促使场地移交与出租谈判同时进行，赢得市场效益，租金收入年增加60多万元。

（林远平）

【发挥房产中介作用】 2007年1月，物业公司为了拓展中介业务，申领了《广州市房地产中介服务机构资质证书》。是年，该公司中介服务部门采取市场化经营方式，接受业主委托代理出售、出租的物业，并代办产权转让、过户、补购房改房分摊面积，有效挖潜增收，全年中介收入达33.5万元。（郑晓华）

【配合小区做好“创卫”工作】 2007年，物业公司结合广州市“创卫”工作，加强与街道居委会、社区民警的沟通和协调，共同搞好小区卫生、安全管理和精神文明建设，促进企业和社区的和谐发展。是年，沙园小区连续被评为“广州市安全文明小区”，被海珠区沙园街评为房改房样板小区，连续被评为海珠区“创建国家卫生城市先进集体”，并受到广州市卫生局、创卫办一致好评，被海珠区 授予“交通和安全防火先进集体”称号。

（郑晓华）

【推进用水、用电一户一表工程】 2007年，物业公司为业主早日实现用水、用电一户一表的共同心愿，把此项工作列为专项民心工程，加大力度进行跟进。一方面加大力度跟进晓港小区和沙园小区用水实现一户一表工程工作；另一方面加强黄埔远洋船员基地用电增容的推进工作。通过一年的努力，于12月底黄埔船员基地实现了用电增容目标，解决了黄埔远洋船员基地（含住户78户、通导公司、船员招待所等单位）长期用电难的问题。（许参）

【医疗中心工作概况】 2007年，医疗中心认真履行与广远签订的医疗卫生服务协议，在人手短缺的情况下，坚持精益管理，克服困难，全体医务人员为船舶生产和船岸员工作了大量的医疗卫生保健服务工作。全年，医疗中心日常门诊13704人次，船员上船体检3500人次，在职员工、退休人员、内退人员体检1864人次，电报会诊209份，船舶供药87艘次，防疫站供船药品48艘次，工伤认定、评残33人次，医务人员巡诊120次。是年，医疗中心工作到位，没有发生医疗差错事故。

（陈新明）

【配合做好住房货币分配工作】 2007年，物业公司积极配合广远住房货币补贴工作，对广远10000多职工的住房情况进行复核并做到准确无误，有效地促进了广远职工住房货币补贴工作的顺利进行。

（吴永洪）

【做好广远机关大楼管理工作】 2007年，物业公司认真履行广远委托协议，做好广远机关大楼管理工作，加强安全保卫工作，充分调动保安队伍的积极性，对上访人员做好了接待、疏导工作，确保了广远办公大楼工作的正常运转。（王俊江）

【组织员工参与广州市2007年度无偿献血】 2007年，物业公司医疗中心医务人员积极组织广远员工参与广州市无偿献血活动，使广远本部超额完成广州地区的公民义务献血任务。为此，广远获得“广州市年度无偿献血先进集体”称号。

（刘小波）

【召开第四届七次职代会暨2007年工作会】 2007年2月12日，物业公司召开第四届七次职代会暨2007年工作会。参加会议的正式代表45人，列席代表11人。会议审议通过了总经理王玉生作的《2006年工作总结报告和2007年工作计划报告》；审议通过了工会主席张玉凌作的《工会工作报告》；审议通过了财务经理林静作的《2006年度财务决算和2007年财务预算的工作报告》。会上，签订了物业公司集体劳动合同。（何永佳）

【召开第六届董事会第三次会议】 2007年2月7日，物业公司召开第六届董事会第三次会议。董事长傅伟，董事池新旺、陈建钦、郑培贤、王玉生参加了会议，张清强、张玉凌、任紫侠、曾德如、陈钊列席了会议。会议由傅伟主持。会议审议通过了总经理王玉生作的《2006年工作总结报告和2007年工作计划报告》，审议通过了财务经理林静所作的《2006年财务决算工作报告和2007年度财务预算工作报告》。会上，王玉生汇报了上届董事会决议的执行情况。（何永佳）

【企业党建工作】 2007年8月，物业公司党委进一步加强党的建设，带领广大党员和员工积极开展“三服务一促进”活动，发挥党组织战斗堡垒作用和调动党员的积极性。与此同时，物业公司党委加强了对优秀员工和青年骨干的培养、教育。是年，物业公司党委发展党员3名，预备党员转正5名。（郭铁兵）

【企业文化建设】 2007年，物业公司重视企业文化建设，将企业文化建设纳入企业议事日程进行研究、布置和检查，成为促进企业和谐发展的重要环节。该公司积极开展“创学习型企业”活动，学习中共十七大精神，提高党员和广大员工的思想政治觉悟，并利用物业公司成立十一周年的机会，结合“企业文化月”活动，开展了形式多样的企业文化活动，取得显著成效。（郭铁兵）

【召开政治思想工作研讨会】 2007年10月18日，物业公司召开“2007年度第五届政治思想工作研讨会”，物业公司领导和部门经理助理，小区主任，党、工、团主管人员参加了会议。广远党工部、岸产事业部领导到会指导。会上宣读了6篇论文。（郭铁兵）

【黄埔远洋酒店概况】 2007年，物业公司利用黄埔招待所第一栋原有的物业资产，通过整体策划、外墙翻新、室内装修，更新完善室内设备和消防设施，并通过工商部门和消防部门的检查验收。黄埔远洋酒店于5月19日正式挂牌营业。黄埔远洋酒店有客房41间、写字楼10间、会议室1间，可接待中型会议。该酒店的开业为物业公司增加了一个旅业服务项目，成为物业公司又一个经济增长点。（周中奇）

【上川岛远洋酒店概况】 2007年，上川岛远洋酒店通过进一步与周边旅行社的沟通，同时加强对员工的培训和教育，以优质的服务迎接四方游客，取得较好的经济效益，全年利润比2006年增长26%，打造了上川岛远洋酒店的品牌。是年，上川岛远洋酒店被台山市工商部门评为“消费者满意单位”，被上川岛旅游公司评为“A级服务酒店”。（毛铮）

【外地房产清理工作】 2007年，物业公司根据广远的指示，开展了外地房产清理工作。通过多方努力，解决了1998年6月拖延至2007年的厦门槟东公寓（301．401．501）3套住宅的权属证工作；完成了大连最后一批31户的房改工作，解决了房改工作遗留下来的问题；按政策规定，完成了莆田市涵江区涵华新街112号2楼住宅的出售，为广远收回售房款4.5万元；收回汕头市平东一街8号东门301房住宅，并追缴回租金9479.61元。（吴永洪）

【车队管理情况】　2007年，广远本部车队保持由物业公司派出司机、广远总经办负责日常管理、使用和调动的管理模式。是年，车队全面落实各项规章制度，在强化安全行车管理的同时，积极开展精益管理，对车辆保养实行扩大自修项目，力求减少进厂修理，并对车辆进厂修理项目严格把关，控制成本。在燃油价格上涨的情况下，做到合理使用车辆和科学调配车辆。车队全年出车达6000多车次，安全行车34万多公里，被广州市越秀区评为“安全先进单位”。（江伟添）

【湛江物业管理分公司工作概况】　2007年，湛江物业管理分公司将稳定工作和安全工作作为基础工作来抓，并坚持以规范化管理促进服务质量的不断提升，主动与业主沟通，虚心接受各方意见，设立24小时求助和投诉电话，为改善小区业主的生活设施，积极配合煤气公司对小区安装煤气管道，共安装煤气管道96户，于5月23日正式投入使用。9月8日，湛江物业管理分公司接管广远霞山招待所，并对招待所存在的问题进行了整改，使招待所的经营服务工作正常运转。是年，湛江物业管理分公司配合广远土地房产确权工作小组工作，为湛江供应站地块的确权取得了有利依据。（陈上福）

【上海分公司工作概况】　2007年1月1日，物业公司上海分公司正式运作，其主要工作是协助广远管理在上海市房产物业和商铺的租赁经营。上海分公司正式运作后，妥善调解处理了上海市阜新路180弄111．112号加层改建工作，解决了广远遗留多年、矛盾突出的难题；对上海市江苏路远洋宿舍大修工程，通过向社会市场经济深入调查了解，积极开展招标工作，在广远拨出专项维修资金的同时，得到当地政府相关部门的支持赞助资金25万元，并于12月完成大修工程，使物业达到保值增值的目的；在商铺租赁经营方面，上海分公司深入市场调查，正确处理商铺租赁经营历史遗留下来的问题，并积极与承租户谈判，重新规范租赁合同，确保商铺经营达到增值的目的。（龚乾慈）

【幼儿园管理概况】　2007年，物业公司管辖的天河、大沙地2所幼儿园有教师46名，幼儿345名。物业公司严格按照广州市教育局的要求，做好师资的培训工作和人员的配置工作，结合幼儿园的工作实际，加强了安全管理工作，对幼儿园的食品卫生、采购渠道、设备、设施等的管理工作作了进一步的完善和规范，在不断提高教学质量的同时进一步规范招收幼儿的程序，确保幼儿教育工作持续发展。

（唐春燕）

第五节　广州经济技术开发区广远海运服务有限公司

【广州经济技术开发区广远海运服务有限公司简介】　海运公司是广远控股的有限责任公司，注册资金5100万元，其中广远出资2652万元，占股52%；建设实业出资2448万元，占股48%。海运公司创建于1992年9月，主要业务包括船舶修理、机电设备安装，船舶设备、备件、物料供应，船舶监造及技术咨询服务，批发、零售贸易以及自营和代理各类商品及技术的进出口贸易业务等项目。

海运公司下设办公室、财务部、技术工程部、船舶监造部、润滑油销售部、经营贸易部6个部门。

海运公司设董事会、监事会。时任董事长马宗梅，董事胡锦沛、陈建钦、池新旺、徐国新。监事赵洪先。总经理兼党总支副书记徐国新，党总支书记陈建钦（兼），副总经理林民育（4～12月）。员工39人。（韩列艺）

【海运公司工作概况】　2007年，海运公司坚持"以航运业为依托，以修监造船为主业，以服务船东为宗旨，以创新经营为动力，以创造效益为根本，以安全稳定为基础，以强化管理为手段，以成本控制为重点，打造广远海运发展的新品牌"的工作思路，积极发展主营业务。是年，完成全年考核利润指标的126%，超过了攻坚目标。船舶修理、船舶监造等主营业务取得了重大发展。船舶修理业务营业收入与2006年同比增长60%；完成3艘新造沥青船和1艘改造沥青船的监造任务。陆用润滑油业务保持了平稳发展，船用润滑油业务实现了快速增长，营业收入与2006年同比增长120%。加强了企业管理，完善企业各项规章制度，并发放了《员工手册》。加大了员工的学习教育培训力度，成立企业文化建设领导小组和工作小组，制定员工学习计划，全年派出20人次参加学习培训，举办2期"企业团队精神和企业凝聚力、企业文化理论与实践"培训班；举行庆祝企业15周年系列活动。是年，该公司加强了精益管理工作，成本控制和生产效率取得显著成效。技术工程部获得广远2007年先进集体荣誉称号。（韩列艺）

【党建工作概况】　2007年，海运公司党总支以开展"三服务一促进"主题实践活动为契机，结合"三学一创"活动，牢固树立和落实科学发展观，建立和巩固保持共产党员先进性教育的长效机制。年初，制定和下发了《党总支工作要点》，对中心组学习、党课学习、职工学习培训、纪检监察宣传教育、监督检查暨效能监察等工作制定了详细的计划并坚持做到按计划执行。重视领导班子建设，开展争当"四好领导班子"创建活动。定期召开工作会、民主生活会，坚持民主集中制，严格执行"三重一大"操作程序，落实廉洁从业制度。对党员进行爱国主义教育，组织全体党员开展了庆祝党的"七一"主题活动和参观纪念建军80周年图片展览等。加强了党支部工作的指导，选送2人参加广东省直机关工委举办的党支部书记学习培

训班。是年，技术工程部党支部被广远党委评为先进党支部。（韩列艺）

【召开 2007 年董事会】 2007 年 2 月 7 日，海运公司召开 2007 年董事会。参加会议的有董事长马宗梅，董事胡锦沛、池新旺、陈建钦、徐国新。会议由马宗梅主持。会议审议通过了《总经理年度工作报告》、《2006 年度财务决算报告》、《2007 年度财务预算报告》。会议对海运公司 2006 年所取得的成绩给予了充分肯定，要求海运公司立足当前，着眼长远，拓展市场，在做强做大以航运业为依托的船舶监造、修理等主业的同时，进一步开拓新业务，力争自营业务取得更大发展，取得更好的效益。（韩列艺）

【召开生产经营管理会议】 2007 年 2 月 28 日，海运公司召开 2007 年生产经营管理会议。会议认真研究董事会提出的“做强做大以航运业为依托的主营业务的同时要进一步拓展新业务”的指示，同时研究了 2007 年生产经营策略等问题。会议提出《关于润滑油销售部业务员底薪加提成（试行）办法》的修改意见，要求由财务部牵头，办公室、润滑油销售部配合完成修订工作。会议针对船舶监造人才紧缺的问题，提出加强人才队伍，实施人才战略的构想，要求采取措施，尽快建立人才库，以备新拓展业务的人才需求。会上，总经理与各经营部门负责人签订了《2007 年度经营目标管理责任书》和《2007 年度二级安全管理目标责任书》。（韩列艺）

【召开第三届三次职工大会】 2007 年 3 月 3 日，海运公司召开第三届三次职工大会暨工会会员大会、2007 年工作会和安全生产工作会。大会传达了中远集团总裁魏家福 2007 年春节慰问广远的讲话精神和广远 2007 年职代会等会议精神；会议审议通过了总经理徐国新所作的题为《深化改革，创新经营，积极打造广远海运发展新品牌》的工作报告、工会主席韩峰作的《工会工作报告》、财务经理陈菊娇作的《财务工作报告》和总经理助理林民育作的《安全生产工作报告》。大会表决通过了海运公司《员工手册》，补选了工会委员。（韩列艺）

【召开年中工作会】 2007 年 7 月 28 日，海运公司召开年中工作会。会议传达学习广远年中工作会议精神。总经理徐国新作年中工作报告，对上半年生产经营、安全工作、党建工作、工会工作等进行了回顾总结，对下半年工作形势和精益管理工作亮点进行了分析研究。会议号召全体员工紧紧围绕发展思路，力争完成考核攻坚目标。（韩列艺）

【安全管理工作概况】 2007 年，海运公司始终坚持“安全第一、预防为主、综合治理”的方针，做到组织落实，思想落实，责任落实，通过开展“平安之旅”、“安全生产月”等活动，加强安全法规的宣传教育和安全隐患的排查整改工作，确立了安全工作的重点，促进了企业的安全稳定，确保了全年安全无事故。被广远评为 2007 年安全生产先进单位。

（韩列艺）

【船舶监造工作概况】 2007 年，海运公司在浙江造船有限公司承担对中远南方的

"木兰湾"、"大鹏湾"、"福宁湾"轮等3艘新造沥青船的监造工作，其中"木兰湾"、"大鹏湾"轮比合同约定交船日期提前6天交船；在广州中船黄埔造船有限公司承担对中远南方12000吨的散装船改为9800吨的"月亮湾"沥青船和新造5900吨沥青船"珍珠湾"、"澎湖湾"轮的监造工作，其中，9800吨的沥青船于4月17日交船，"珍珠湾"轮于9月20日下水。

在广州中船黄埔造船有限公司承担对中远远达所属的4艘32000吨木材船的监造工作，首制船于10月10日正式点火开工。

在中远船务舟山造船有限公司承担对广远汽车船项目部的4艘5000车位的汽车船的监造工作，10月18日，中远集团领导出席了首制汽车船的开工仪式。

海运公司于11月9日应邀出席厦门远洋32000吨木材船建造合同签约仪式，并就厦门远洋32000吨木材船监造一事进行磋商；12月12日，双方签订2艘新造32000吨木材船的监造合同。

（韩列艺）

【船用油销售取得好效益】 2007年，海运公司按照总体工作思路，进一步拓展以船舶监造为主业并带动相关附属产业的构想，船用油销售全年营业收入与2006年同比增长120%。 （韩列艺）

【成为广东省企联"两会"常务理事成员】 2007年8月28日，广东省企业联合会、广东省企业家协会第八届常务理事通知，海运公司为广东省企业联合会、广东省企业家协会第八届常务理事单位，并由总经理徐国新代表该公司出任广东省企联"两会"常务理事，任期五年。（韩列艺）

【加强企业文化建设】 2007年，海运公司为加强企业文化建设，成立企业文化建设领导小组和工作小组，制定员工学习计划，加强培训力度。全年共派出20人次参加外出各类学习（培训）班学习，举办2期"企业团队精神和凝聚力"、"企业文化理论与实践"教育培训班。制作企业宣传喷画，宣传先进事迹和先进人物。

（韩列艺）

【庆祝海运公司成立15周年】 2007年9月2日，海运公司成立15周年。该公司为做好庆典活动，成立了庆典活动领导小组和工作小组，并制定了详细的活动方案，制作庆祝15周年宣传喷画。组织员工以部门为单位开展了合唱比赛、有奖竞答等活动。庆典活动还邀请了广远本部机关职能部门和相关航运企业领导参加。

（韩列艺）

【精益管理初显成效】 2007年，海运公司根据广远精益管理要求，制定精益管理方案，将精益管理理念贯穿到生产经营管理的各个环节，开展以节电、节水、节油、节约电脑耗材及办公用纸为重点的精益管理活动，做到全员参与，上下联动，通过精益管理提高了生产效率和经济效益。是年，海运公司向广远报送6个精益管理亮点，其中1个获“入围奖”，1个获“星光奖”。（韩列艺）

【制定《员工手册》】 2007年，海运公司根据企业发展的实际，为加强企业管理，规范员工行为，发挥企业文化在生产经营管理中的作用，制定了海运公司《员工手册》。该手册包含了企业基本情况、规章制度、运作程序和员工福利政策等内容，是该公司员工日常工作的行动指南。

（韩列艺）

【成立团总支】 2007年12月，海运公司按照《团章》规定，报广远岸产事业部团委批准成立了团总支。这是该公司党总支为完善企业组织机构，让团员青年能过上正常组织生活，发挥突击队作用的有力举措。（韩列艺）

第六节　广州金桥干部管理学院

【广州金桥管理干部学院简介】 金桥学院是1993年10月在广州海员学校（以下简称海校）的基础上成立的，其前身是广远教育中心。

2007年，金桥学院分学院本部、天河校区、番禺校区三部分。金桥学院实行“四块牌子一个机构”的管理模式，综合利用金桥学院（大专）、广州海员学校（中技）、广东省广远职业技术学校（中职）、广州远洋教育中心（员工培训）4块牌子面向社会招收学生和为广远培训船员。

金桥学院下设院长办公室、党委办公室/纪委办公室/工会办公室（团委）、招生办公室/就业指导办公室、人事处、财务处、安全监督处/保卫处、后勤处、学生处、教务处、航运系、经济贸易系、外语系、计算机系、机电工程系、天河校区管委会、质量管理办公室、船员培训中心、番禺校区。

时任院长兼党委副书记蔡志强，党委书记兼副院长姚锦池（1～7月）、凌保平（7～12月），副院长涂慕欧（1～7月），纪委书记兼工会主席郭智谋（7～12月），院长助理马志华（10～12月）。员工375人。（叶国梁）

【金桥学院工作概况】 2007年，金桥学院扎实推进船员教育培训“红树林”工程，尽心尽力为航运主业服务；认真开展“精益管理年”活动，努力做好招生与毕业生就业指导工作；加强教风、学风建设，加强学生教育管理和安全工作；提高教育质量，促进校园和谐安全，稳妥推进改革。是年，金桥学院全日制成人高等教育大专学历教育方面开设有：工商行政管理、会计电算化、计算机应用技术、商务英语、机电一体化技术、汽车检测与维修技术等6个专业，招收新生565人，在校生1152人，毕业生491人。全日制普通高等教育大专学历教育方面开设有：工商行政管理、会计与审计、机电一体化技术（数控技术）、计算机应用技术、旅游管理、商务英语等6个专业，在校生809人，毕业生413人。成人业余大专学历教育方面开设有：工商行政管理、会计与审计、机电一体化技术、计算机应用技术、经济信息管理、汽车检测与维修技术、商务英语等7个专业，招收新生449人，在校生835人，毕业生88人。函授本科（专升本）学历教育方面开设有：工商管理专业，在校生63人，毕业生38人。在全日制中专中技学历教育方面开设专业有：国际海员、模具制造与数控技术、现代汽车检测与维修技术、海关业务与外贸、计算机应用技术、财会与文秘、现代汽车商务、商务英语、现代烹饪与餐饮管理、计算机动漫、投资理财等11个专业，招收新生1581人，毕业生1092人，在校生3669人（其中校外办学点413人），其中退役士兵班学生118人。在职业技术（在职员工培训）教育方面，全年开展各种类型的船员培训班有：大副考证班96人次、大管轮考证班76人次，B01（基本安全）1455人次、B02（精通艇筏）1340人次、B04（高级消防）56人次、B05（精通急救）76人次、B09（保安员）134人次，GMDSS培训56人次、水手适任班397人次、机工适任班290人次、知识更新培训425人次、英语强化培训297人次、船舶驾驶模拟操纵培训578人次，共5276人次，其中广远1994人次。（叶国梁）

【推进船员教育培训“红树林”工程】 2007年，金桥学院按照船员教育培训“红树林”工程推进计划，认真抓好落实各项船员培训任务工作，为广远提供“优先、优惠、优质”服务。是年，完成培训船员1944人次，其中培训大副、大管轮170人次，驾驶、轮机英语强化培训297人次，水手、机工适任培训268人次，熟悉和基本安全培训268人次，精通救生艇筏培训268人次，保安员培训67人次，知识更新培训317人次，船舶操纵模拟器培训212人次，船舶政委培训77人次。

金桥学院在开展培训工作中，想方设法满足广远船员培训的需求。在开展大型船舶操纵模拟器培训工作中，广远安排船员参加培训无论人数多少，无论是周六还是周日，金桥学院都按照广远的要求安排上课。该学院主动与青岛考试中心沟通联系，取得考试中心的同意，在4月份增开强化英语班。是年，经广东海事局实操评估，金桥学院培训的船员一次通过率为广东地区最高。（陈明兆　叶国梁）

【做好招生工作】 2007年，金桥学院普高招生指标被取消，给该学院招生工作带来了一定困难。金桥学院为改变招生被动局面，召开招生工作会议和中层干部会议，积极开拓教育市场，制订一系列招生办法，下发《2007年招生工作实施方案》和《中层干部会议纪要》，部署、指导2007年的招生工作。与此同时，金桥学院积极拓展培训项目，发展学院的培训强项；成立了“航海教育项目开发工作小组”，启动了航海教育项目开发工作。通过上述措施，保证了2007年招生指标的落实。

（陈明兆）

【进行学风纪律检查】 2007年初，金桥学院下发了《关于进行学风、纪律检查的通知》和《关于2007年学风、纪律检查时间安排的通知》，成立了学风、纪律检查团，定期或不定期进行教学监督。4月下旬，金桥学院先后抽查了院本部和天河校区7个中职班的课堂、学生到课率以及教师上课情况。下发了《关于2007年学风、纪律检查情况的通报》，对总评分为优秀的海关与外贸062班、退役士兵培训大队071中队、海员与机电复合052班等予以通报表彰。（叶国梁）

【加强教学管理】 2007年，金桥学院认真编制学院各年级的教学计划，落实教学工作部署；定期对各系教学管理、教学实施计划的落实、教师备课、讲课和课堂管理等各个环节进行检查；组织开展评教评学、优秀教案评比、公开课和示范课活动；召开了“期中教学检查工作会”，对教学活动中的优胜者给予表彰，对检查中发现的问题给予通报并及时解决；坚持对新入职教师进行岗前教育培训制度。是年，金桥学院通过上述措施，加强了教学管理力度，提高了教师教学水平，改善了学生的学习风气。（叶国梁）

【召开期中教学质量研讨会】 2007年11月1日，金桥学院在天河校区召开了期中教学质量研讨会。金桥学院领导、天河校区管委会、教务处、学生处和各系分管教学工作领导等出席了会议。会上，各系汇报了本学期教学工作情况，教务处通报了开学以来教学工作中出现的问题，并提出解决的办法，会议还就如何改善教学管理进行了研讨。（马志华）

【召开2008届春季毕业生资格审查会】 2007年12月30日，金桥学院召开2008届春季毕业生资格审查会，对2008届春季大专毕业生资格进行审核。参加会议的有院长助理马志华、教务处、学生处、财务处、各系领导。（马志华）

【开展“环保月”活动】 2007年3月12～31日，金桥学院开展第5个“环保月”活动，活动主题是“参与环保，和谐金桥”。通过环保月活动，进一步提高师生环保健康意识，增进师生身体健康，促进校园环保建设，增强师生文明意识。在活动中，一批先进个人和班级受到学院表彰。（叶国梁）

【做好毕业生就业推荐工作】 2007年，金桥学院共有毕业生1887人，其中普高毕业生417人，中专毕业生971人，成高毕业生449人。该学院重视毕业生就业推荐工作，通过开展就业指导教育、举办毕业生供需见面会和主动上门联系用人单位等方法，积极为毕业生创造就业机会。是年，金桥学院联系用人单位500多个，提供就业岗位1500多个，普高毕业生就业率达到94%，中职生就业率为83%，成高就业率为89%。（叶国梁）

【承办技能竞赛】 2007年8月初，金桥学院承担了广远第一届“红树林”工程船

员技能竞赛和选手训练任务，取得良好成绩，受到广远的好评。（叶国梁）

【承担广远参加广东省首届“海员杯”水手技能大赛选手选拔训练工作】 2007年，8月中旬至10月中旬，金桥学院承担了广远参加广东省首届海员杯船舶水手技能大赛的选手选拔和训练任务。为此，该学院专门成立了教练组，对选手进行封闭式训练。在教练人员的精心指导下，经过广远参赛选手的顽强拼搏，在广东省首届“海员杯”水手技能总决赛中，广远选手赢得了所有单项冠军及个人全能冠军奖项，并荣获本次大赛唯一最高荣誉——“广东省五一劳动奖章”。（叶国梁）

【完成大型船舶操纵模拟器采购、安装、调试工程】 广远大型船舶操纵模拟器、轮机模拟器和油轮培训设备项目，自2006年9月启动以来，历经一年多的努力，于2007年9月下旬完成采购、安装、调试等工作，并顺利通过验收。（陈明兆）

【大型船舶操纵模拟器启用仪式】 2007年10月23日，金桥学院举行大型船舶操纵模拟器、轮机模拟器和油轮培训设备启用仪式。广东海事局副局长钟国青、船员管理处处长蒋青扬，广州海事局船员管理处处长冯小平，广远总经理徐惠兴、副总经理翁继强、党委副书记黄继忠，中远航运副总经理赖奕光等出席了启用仪式，并观摩了模拟器和培训设备的演示。

（叶国梁）

【通过船员教育和培训质量体系再有效审核】 2007年11月中旬，交通部海事局派出以王争鸣为组长，以王容、张建平为成员的专家组对金桥学院船员教育和培训质量体系进行再有效审核，并批准通过。专家组在审核报告中指出：广州金桥管理干部学院的船员教育和培训质量体系保持着《中华人民共和国船员教育和培训质量管理规则》第二章要求的符合性，能够正常运行，此次再有效审核予以通过，建议管理机关在质量体系证书上作相应签注。

（陈明兆）

【开展第二个“精益管理年”活动】 2007年，金桥学院按照广远的统一部署，认真组织开展第二个“精益管理年”活动。该学院围绕成本关键控制点，结合开展QC小组活动，认真抓好降本和增收工作。全年增收103万元，降本75.5万元。

（陈明兆）

【开展“三服务一促进”主题实践活动】 2007年，为深入贯彻中共十六届六中全会精神，进一步深化以“三个走在前面”为主题的排头兵实践活动，金桥学院党委制定了《金桥学院开展“三服务一促进”主题实践活动实施方案》。在活动中，各党支部、部门认真结合工作实际，以“服务基层，服务职工、学生（学员），服务工作大局，促进和谐金桥建设”为主要任务，扎实开展工作。年终，开展了总结评比工作，表彰了5个“优质服务排头兵”（服务窗口）和5名“和谐创建排头兵”（个人）。（叶国梁）

【开展“平安之旅”活动】 2007年，金桥学院开展“平安之旅”活动。制定了《金桥学院“平安之旅”活动实施方案》，开展了“学风纪律安全大检查”、“安全知识知多少”测试、“安全生产月”活动，同时还开展了“教学秩序、教学安全专项检查”、“新生入学安全纪律教育周”、“11·9消防宣传日”以及“安全知识知多少”有奖测试等活动；组织教职员工和学生3000多人观看《火灾警示》、《创造平安》安全教育片，邀请广州市消防局专家对门卫保安员、重点部位管理人员和主要学生干部共100多人进行消防知识培训和突发事件应急处置能力培训；新编了《广州金桥学院火灾突发事件应急预案》、《广州金桥学院处置治安突发事件应急预案》、《广州金桥学院处置公共卫生突发事件应急预案》、《广州金桥学院灾害性天气突发事件应急预案》。是年，金桥学院开展“平安之旅”活动成效显著，学院安全形势稳定。（叶国梁）

【举办“团结友好月”活动】 2007年11月1～30日，金桥学院“团结友好月”活动在各校区师生中同时举行。活动由金桥学院统一部署，学生处、安全保卫处、团委、学生会具体负责组织实施。以“校园和谐，同学团结，共同进步”为主题，开展班级间“讲学习、讲纪律、讲团结、反打架”活动，以主题班会、演讲比赛等多种形式大力宣扬社会主义荣辱观，倡导学生团结友好观念，促进同学共同进步。在活动中，有6个单位被金桥学院评为“团结友好月先进单位”，76个班被评为“团结友好班”，186名学生被评为“团结友好先进个人”。（叶国梁）

【召开宣传工作会议】 2007年12月3日，金桥学院召开宣传工作会议。党委书记凌保平、院长蔡志强、院长助理马志华等院领导，以及党办、院办、教务处、学生处、航运系、经济贸易系、机电工程系、计算机系、外语系、团委等部门主要领导参加了会议。凌保平、蔡志强分别作了讲话。会议总结回顾了前段时间的宣传工作，着重研究宣传队伍的建设，信息共享机制的建立，以及如何发挥宣传平台作用等。会议决定下大力气搞好文化建设，形成良好的宣传格局和管理机制。（叶国梁）

【加强退役士兵培训班管理】 2007年，金桥学院首次接受广东省退役士兵职业技能培训学员的政治任务。金桥学院针对这支比较特殊、管理难度较大的学员群体，按中共广东省委、广东省政府的要求，成立了退役士兵培训大队，配备强有力的管理队伍，建立有针对性的管理制度，制订了《退役士兵培训突发事件应急预案》和《退役士兵职业技能培训学员管理规定》，实行半军事化管理。同时，金桥学院根据退役士兵特点，有计划的组织开展各种丰富多彩文体活动，加强与学员的沟通，了解学员思想动态，多听学员的意见和建议，主动帮助学员解决困难。是年，金桥学院通过对退役士兵培训班学员的管理培训，使退役士兵学员基本上实现“三个转变”（从退役士兵到学员身份转变，从军营到校园转变，从学武到学技能转变），有效提高了学员的综合素质。（叶国梁）

【举办元旦文艺汇演】 2007年12月27日晚，金桥学院举办2008年元旦文艺汇演。文艺汇演由党委办公室、学生处、团委策划，各系工会和学生会组织节目有舞蹈、武术、戏剧、朗诵、大合唱、小组唱、小品、时装表演、舞台剧、形体操、杂技、魔术等，广东电视新闻台作了现场录像，并于2008年1月12日和13日在广东新闻电视台12时10分新闻时段播出。

（叶国梁）

【表彰“博学善教、良师益友”优秀教师和班主任】 2007年教师节期间，一批优秀教师和优秀班主任获得学院最高荣誉“博学善教、良师益友”的称号。受表彰的优秀教师有张伟新、秦萍、董自德、肖楠榕、曾春发5人，受表彰的优秀班主任有曹曼玲、曹受霞、陈鹏、张宽怀4人。

（叶国梁）

【加强教师队伍建设】 2007年，金桥学院有相当部分航海专业教师到退休年龄，专业教师凸显紧缺。广远领导对此十分重视，调入1名船长、1名三副、1名大管轮、1名水手到金桥学院分别担任航海、轮机教师和水手工艺实习指导工作。

金桥学院对新来的教师重视培养教育，充分发挥其作用。让新来的教师适应学院的教学环境，安排到经验丰富的老教师课堂上听课；组织试讲，使其尽快进入教师角色；安排3名教师去大连海事大学进行大型舰艇操纵模拟器培训，并取得大型船舶操纵模拟器特殊培训合格证书；安排5名教师到广海培训中心学习油轮安全知识等培训项目，取得国家海事局颁发的油轮安全知识培训等特殊培训合格证书；为保证船员英语教学质量与效率，根据教师的特长和航海专业英语教学的实际，把原航海英语教研室分成驾驶英语教研室和轮机英语教研室，明确和细化各教研室的职能，以利英语教师业务能力的提高。是年，该学院由于加强了教师队伍建设，提高了教师的素质，使各级教师在教学岗位上发挥了重要作用，取得了良好的教学效果。

（叶国梁）

【加强对学生的管理】 2007年，金桥学院有学生6410人。为加强对学生的管理，该学院组织各系处和班主任认真学习和贯彻《省教厅〈关于学生伤害事故处理办法〉实施细则》精神，加强和充实学生管理部门的领导，加强对学生干部队伍的培养，发挥学生干部队伍的模范带头作用；召开了学生管理专题研究会，落实纪律、安全教育，通过学风、班风、纪律大检查，在学生中开展大规模的教育活动，取得良好教育效果；对特殊学生群体进行排查，发现有心理问题的学生，及时进行重点辅导、疏导和帮助；为防止学生打架，金桥学院领导和部分中层干部坚持深入到学生班去讲法制和安全教育课；学生处和班主任加强对学生公寓的管理，指导学生文明生活，遵守公寓管理制度，引导学生积极努力实现自我教育、自我管理和自我约束。是年，金桥学院通过加强对学生的管理，校园教学、生活秩序良好，和谐稳定。

（叶国梁）

【加强党建工作】 2007年，金桥学院党委以上党课、召开座谈会、倡导个人自学等形式对党员进行“理想信念”、“团结和谐”、“反腐倡廉”教育；以纪念“五四”、“七一”活动，组织观看电影《我的长征》，进行党史、革命史教育。是年，派出了5名新任党支部书记到省直党校参加党支部书记培训班学习，8名职工入党积极分子参加省直党校培训班学习，并在学院本部和天河校区各举办了一期学生入党积极分子培训班，共有103人参加了培训。按照《广州金桥管理干部学院学生入党程序和要求》，发展了19名新党员。在党建工作中，金桥学院还开展了“争先创优”活动，使党员队伍的整体素质有新的提高，4个党支部被评为学院先进党支部，20名党员被评为优秀党员，3名党员被评为优秀党务工作者。 （叶国梁）

第七节 广州远洋通信导航有限公司

【广州远洋通信导航有限公司简介】 通导公司是以20世纪70年代初期建立的广远通信导航设备修理所为基础，由广远、香港海通通信仪器有限公司和新加坡日升企业有限公司三方合资，于1993年8月10日，在广州注册成立的中外合资企业。其中，广远出资75%，是通导公司的控股公司。2001年，广远通导中心撤销，部分职能和人员与通导公司合并，成立由原来隶属通导中心变为直接隶属广远的新的通导公司，企业的规模、机构、人员及经营范围等得到全面提升。2003年，通导公司原股东香港海通通信仪器有限公司进行机构改革和资产重组，将原占有通导公司的15%的股权转让给新成立的香港远通海运设备服务有限公司，为此通导公司由广远、香港远通海运设备服务有限公司和新加坡日升企业有限公司三方合资经营，广远仍是通导公司的控股公司。鉴于通导公司良好的经营业绩和发展势头，广远、香港远通海运设备服务有限公司和新加坡日升企业有限公司合营三方于2005年4月15日在广州召开董事会，一致同意继续合营10年。

通导公司经过几年的改革发展，其主要业务已由过去单一的传统维修业务发展到涵盖通导、自动化及船岸电子设备的销售、安装、检验、修理、产品研发、生产、造船设计、新造船整体打包等；其他服务项目还包括船员“驾通合一”培训，通导行业标准化研究，以及楼寓监控、报警、智能系统的设计、安装和维修等业务。

通导公司具有众多资质认证，先后获得中国CCS、美国ABS、德国劳氏CL、挪威DNV、日本NK、意大利RINA、法国BV、英国劳氏LR、希腊INSB、印度IRS、韩国KR、台湾CR和中国验船中心等船级社颁发的无线电安全检验资格证书，中国船级社GMDSS岸上维修资格认证证书。还获得中国船级社授权的对“黑匣子”（VDR）的检验资格，成为中国同行中第一家认可单位。此外，还获得法国BVQI－ISO9001质量体系认证证书、广州市高新科技企业认定证书和广东省“两个密集型”企业及产品认定证书。通导公司还是中国国家标准委员会和中国交通部信息通信及导航标准化技术委员会成员，负责编写、修改GMDSS等相关国家标准和行业标准。

通导公司还作为TOKIMEC、JRC、CONSILIUM、FURUNO、LITTON MARINE、RAYTHEONANSCHUTZ、KELVINHUGHES、RACAL-DACCA、ATLAS、SKANTI、VINGTOR等国际知名航海通信导航设备厂商的维修

代理和日本 TOKIMCE INC（原日本东京计器）、美国 LITTON MARINE 公司的销售代理，负责上述厂家和公司的设备备件在中国地区的销售、保修、信息交流及技术培训等。

2007 年，通导公司有中、高级专业技术人员 80 余人，大部分曾被派往美国、德国、日本、丹麦、新加坡等国家的专业技术机构和设备生产厂家接受技术培训；企业还组织一批以博士、硕士为班底的精干的技术人员，大力进行船舶通信导航设备以及配套产品的研究和开发，并引进一批先进的检测设备和测量仪器，逐步建立了多个实验室。

通导公司注重企业文化建设，企业的核心价值观是：永远追求领先，追求创新，造就一支杰出的通导人才队伍；企业方针是：阳光、和谐、高效、有为；企业使命是：将企业建设成为员工事业的摇篮和生活的家园；企业宗旨是：客户满意、员工满意、股东满意、社会满意；经营理念是：谋求共同发展，追求完美服务；经营方针是：诚信为本，客户至上；企业精神是：人人努力学习，个个奋勇争先；企业愿景是：争做通导行业中国第一，世界知名。

通导公司下设市场部、造船部、技术部、质保部、工程部、销售部、综合管理部、财务部等 8 个部门。

通导公司设董事会、监事会。时任董事长傅伟，董事陈坤波、符昭德、陈建钦、孟政，监事曾德如。时任总经理兼党总支副书记孟政，党总支书记兼副总经理朱克洪（1～7 月）、涂慕欧（7～12 月）。员工 80 人。（任国庆　牛渝萍）

【通导公司工作概况】 2007 年，通导公司坚持与时俱进、奋发拼搏、创新管理，组织人力进行通导产业战略研究，修改和完善了第二个五年规划战略目标，通过开辟产品研发和生产业务，使企业业务形成产品、销售、服务一条龙的业务组合，实现企业规模扩张，使年产值达到亿元水平。通导公司形成通导工程服务、造船配套业务和产品研制三大骨干业务和船员培训、标准化研究等辅助业务。在通导工程服务方面，检修船舶 1000 余艘次，装检修通信导航设备 2000 多部（套）；在新造船业务方面，全年承揽新造船通导业务 70 余艘，完成新造船 30 余艘业务工程；在产品研制和销售方面，完成了 GPS 卫星罗经 COSCO IGC－800、测深仪 COSCO DS1068、高频电话 COSCO GC－600、分罗经驱动器 COSCO RD10 以及各种设备的接口、数字式分显示器等产品的设计、试验和生产，以及部分产品的 OEM 化，逐步建立起全球销售网络。加大“驾通合一”培训力度，完成通信导航岗位技能培训班的任务，培训驾驶员（兼职船舶无线电员）300 多人次；在安全管理方面，安全形势持续稳定，年内未发生任何生产安全事故，治安保卫工作实现“三无”（无火灾安全事故、无重大交通事故、无重大群体性事件）。是年，通导公司经济效益创造了历史新高。

通导公司党总支积极开展争创排头兵活动和中共十七大宣传活动，全面促进企业领导班子建设、员工队伍建设，党建工作、党风廉政建设、思想政治工作以及工会和共青团工作得到加强。是年，第二党支部被广远评为“先进党支部”，工会被评为“先进达标工会”；技术部继续被认定为广东省直工委、中远、广远“青年文明号”；综合管理部被广远评为“巾帼文明岗”；张敬干被广远评为优秀共产党员；青年员工赵新参加广远形象展示大赛荣获第一名和“最佳才智”奖。

（任国庆　牛渝萍）

【派员赴日本参加 TKC 技术培训】　2007 年 1 月 21 日，通导公司选送了 4 名优秀技术员赴日本 TOKIMEC 进行为期半个月的技术培训。通导公司是日本 TOKIMEC 厂商在中国华南地区唯一的代理商。企业领导十分重视此次培训，把其作为全面提升员工技术水平的有效途径，由通导公司总经理助理带队。参加培训的技术员认真学习，刻苦努力，学会掌握罗经自动舵、雷达、电子海图以及 GMDSS 设备安装、调试、维修等先进技术，为通导公司开展 TKC 相关设备的安装、调试、维修、升级奠定了基础。（任国庆　杨静）

【召开 2007 年工作会暨安全会、员工大会】　2007 年 2 月 13 日，通导公司召开了 2007 年工作会暨安全会、员工大会。会议传达了广远职代会、工代会、安委会等会议精神，总结了该公司 2006 年生产经营工作情况，并提出了 2007 年的工作任务。在会上，各部门经理签署了 2007 年经营管理目标责任书。会议还对通导公司 2006 年涌现出的先进集体和先进个人进行了表彰。通导公司总经理孟政就企业的下一步发展方向提出了第二个五年规划总体战略框架，对企业的宗旨、愿景、使命、目标及战略描述、目标、评价、方案和措施作了具体的描述和布置。（牛渝萍）

【参加第二届广州海事展览会】　2007 年 3 月 7～10 日，通导公司为扩大产品服务的知名度，进一步提高市场竞争力，参加第二届中国广州国际海事贸易展（该海事展设在广州锦汉展览中心）。在海事展览会上，通导公司展出了自行研制生产的应急示位标读码器，VHF（甚高频无线电话）等产品，引起了国内外同行的普遍关注及认可。（任国庆　杨静）

【联合举办 TKC 综合导航系统（INS）及相关国际规则研讨会】　随着海事通信导航事业的不断发展，国际海事组织（IMO）推出了一系列新的规范和相关设备的技术要求。为使船东尽快掌握这些新的规范和要求，确保船舶履约，同时为使船厂、设备商和服务商为船东提供更好的服务，2007 年 5 月 17 日，通导公司与日本东机美株式会社（TKC）联合举办了（TKC）综合导航系统（INS）及相关国际规则研讨会。

研讨会对 TKC 的产品，包括综合导航系统（INS）、电子海图（ECDIS）及自动航迹控制系统（TCS）、雷达、电罗径、新一代自适应舵等进行了讲解和探讨，并对 TCS 的安全航行功能和自适应舵的节油功能进行了重点介绍。会议还研讨了 IMO 对雷达、电子海图和驾驶台综合导航信息显示的新要求，并提请与会人员对 2008 年将实施远程识别和跟踪系统（LRIT）以及电子海图（ECDIS）有可能成为强制安装的设备等信息给予高度重视，以便未雨绸缪，做好准备。

参加研讨会的有中远航运、中远南方、中远远达等航运公司的通导管理人员、文冲船厂和广船国际等多家船舶工业公司和多家船舶设计院及国内外船级社的专家和技术人员约100人。通导公司承担了会议的举办和会务工作。

（朱克洪　牛渝萍）

【召开2007年董事会】　2007年3月15日，通导公司召开2007年董事会。参加会议的有董事长傅伟，董事陈坤波、符昭德、陈建钦、孟政，监事曾德如，香港远通海运设备服务有限公司财务总监赵晶，通导公司党总支书记朱克洪。会议由傅伟主持。会议审议通过了总经理孟政的《工作报告》、财务部的《财务工作报告》、《2006年利润情况的报告》和《2007年利润指标的议案》。会议对企业安全管理责任的问题、实施员工住房货币分配的问题、企业流动资金的筹措问题进行了商讨。

（牛渝萍）

【开办员工英语培训班】　2007年，通导公司为适应企业发展需求，全面提升员工综合素质，增进与国外客户的沟通和交流，制订了员工英语培训计划。4月6日，英语培训班第一期开班，参加培训班的人员共40余人。　（任国庆　杨静）

【成立通信导航技术委员会】　为更好开展通信导航专业技术研究，充分发挥专业人才的作用，通导公司于2007年4月29日召开了通信导航技术委员会第一次会议。会议推荐并宣布通信导航技术委员会由16名委员组成，主任委员为朱克洪，副主任委员为孟政，委员会秘书为张治军。会议还讨论通过了《广远通导公司通信导航技术委员会章程》。　（牛渝萍）

【召开领导班子民主生活会】　2007年6月19日，通导公司召开了以加强领导干部作风建设为主题的领导干部民主生活会。领导班子成员认真查找自身在思想作风、学风、工作作风、领导作风和生活作风等方面的问题，并根据征求的党员、群众的意见，认真开展批评与自我批评。在民主生活会上，结合中纪委七次全会提出的解决领导干部在作风建设和廉洁从政方面存在问题的具体要求，制定了相应的整改措施。广远副总经理傅伟、岸产事业部财务总监张访苏、监督部/审计部业务经理郑意参加了通导公司领导班子民主生活会，并分别在会上作了发言，对通导公司领导班子提出了建议和希望。　（牛渝萍）

【新增ABS等四家船级社VDR及EPIRB检验资格认证】　通导公司分别于2007年6月11日、19日、8月2日及12月21日先后获得美国ABS船级社、英国LR船级社、日本NK船级社及德国GL船级社的VDR检验资格及EPIRB卫星示位标五年岸基保养维修资格认证。

（任国庆、杨静）

【制定2007～2010年发展党员规划】　2007年3月，通导公司党总支为适应改革发展需要，进一步做好发展党员工作，增强党组织的生机和活力，结合企业实际，制定了《2007～2010年发展党员规划》。发展规划从发展数量、年龄结构、文化结构等方面进行了具体的规划，同时为确保规划的实现，制定了相应的落实措施，以切实保障发展党员的数量和质量。

（牛渝萍）

【建立和完善中心组学习制度】 2007年8月，通导公司党总支为进一步提高中层管理人员的理论水平和经营管理决策能力，增强执行党的路线方针政策的自觉性和坚定性，建立和完善了中心组学习制度。该制度对学习内容、目的、参加人员、学习时间等方面都作出了具体规定。

（牛渝萍）

【建立和完善安全例会制度】 2007年，通导公司为切实做好安全管理工作，加大安全生产管理力度，以确保企业安全生产持续稳定，从8月份开始，建立月度安全学习例会制度，并对学习内容、学习方法、时间安排和要求作出了具体规定。

（牛渝萍）

【开展“平安之旅”活动】 2007年，通导公司为贯彻落实中远集团、广远安全生产工作会议精神，推进安全长效管理机制建设，实现又一个安全年的目标，自3月起布置开展了“平安之旅”活动。并就“平安之旅”活动的指导思想、目标、主题、形式等方面作出了具体实施方案。

（牛渝萍）

【营业执照新增经营范围】 2007年，通导公司根据经营业务的不断开拓和“驾通合一”培训项目的实施，该公司董事会一致同意对企业《章程》、《经营合同》经营范围内容进行修改，新增“技术培训”内容条款。新增条款6月21日经广州市工商行政管理局批准并备案。 （牛渝萍）

【部分修改ISO9002：2000体系文件内容】 2007年3月30日，通导公司根据国际相关技术规范要求，对体系文件中的相关内容进行了修改，在文件中增加了《船载航行数据记录仪年度检验指导书》、《卫星示位标岸基保养指导书》内容，使该公司质量体系进一步完善。

（牛渝萍）

【派员赴日本参加JRC技术培训】 2007年7月29日—8月4日，通导公司派出4名通导技术人员赴日本接受了JRC厂家举办的技术培训。这次培训重新打通了通导公司与日本JRC厂家的沟通渠道，打开了合作之门。参加这次培训还获得了JRC所有最新产品资料和备件库存情况以及服务资料在JRC的网页上查询的授权ID码、EPIRB五年保养的授权书，同时，掌握了新技术和有关资料。 （牛渝萍）

【召开2007年年中工作会暨经济分析会】 2007年8月9～10日，通导公司召开2007年年中工作会暨经济分析会。部门经理以上干部参加了会议。会议对2007年上半年主要经济指标情况进行了分析，并通过对第二个五年规划战略发展情况的分析，提出了第二个五年发展规划的工作计划和措施。会议还对中层干部进行了着力提高“驾驭能力、管理能力、协调能力、开拓能力、谈判能力”的培训。（牛渝萍）

【总经理孟政接受记者采访】 2007年8月14日，通导公司总经理孟政接受《中国船舶报》记者采访。孟政向记者翔实介绍了通导公司这个昔日仅有3个维修工，年产值2~3万元的内部服务单位，是如何发展成为被业内人士普遍认同为国内最具竞争力和潜质的通导公司的情况。同时，还向记者介绍了通导公司在通导领域传统工程服务从规模到能力国内首屈一指、新造船配套业务处于领先、集成卫星罗径前沿领域力拔头筹的情况。

（任国庆　杨静）

【技术部被继续认定为“青年文明号”】 2007年，通导公司技术部以创建文明窗口“工作标准”、“服务承诺”和“保证措施”为基础，紧紧围绕该企业中心任务，充分发挥共青团生力军和突击队的作用。该部门在狠抓质量的基础上，努力提高经济效益，超额完成该公司下达的生产任务和效益指标，被广东省直工委、中远集团、广远认定为“青年文明号”。

（任国庆）

【工会被评为广远达标先进工会】 2007年，通导公司工会坚持以人为本，构建和谐企业，认真履行维护、参与、教育、建设职能，密切配合党政抓好职工队伍建设，理顺情绪，化解矛盾；广泛开展群众性经济技术创新和节能降耗活动；健全职代会制度，全面履行职代会职能；推行企业公开制度，强化企业民主管理和监督；切实履行《集体合同》；深入开展“送温暖工程”活动；加强企业文化建设和工会自身建设；积极开展足球、征文、旅游、晚会等文体活动，取得了一定的成效。是年，通导公司工会被广远工会评为达标先进工会。

（任国庆）

【参加宁波国际船舶工业展览会】 2007年9月6日，通导公司为进一步在江浙地区推进通导公司的产品销售，扩大企业宣传，参加2007年中国宁波国际船舶工业展览会暨研讨会。此次船舶展会展出的产品主要分为通导公司的TKC、CONSILIUM代理产品以及自主产品GPS罗经、DS1068型测深仪等。该展会是第四届中国国际机电工业博览会的重要组成部分，旨在促进浙江造船业与国际航运业的接轨。通过展览会，提高了通导公司品牌知名度，同时也为通导公司提供了与同行进行技术、信息等交流、学习的机会。

（任国庆　杨静）

【加强“惩防体制”建设】 2007年，通导公司认真贯彻落实《关于贯彻落实〈建立健全教育、制度、监督并重的惩治和预防腐败体系实施纲要〉的实施意见》，对存在问题进行了专项整治，如教育效果评价、办公会议决策程序、固定资产废旧处理程序、现金收取管理等问题。通过专项整治，取得较好效果，全年新建制度6项，修订制度12项，使企业的纪检监察工作和防止腐败工作规范化、制度化。

（任国庆）

【为适应新《劳动合同法》修订用工制度】 2007年11月12~15日，通导公司召开人事劳资专题会议，探讨人事用工制度如何适应新《劳动合同法》的要求。经企业党政联席会、办公会决定，修订了用工制度中不适应新《劳动合同法》的条款，对实习期和试用期的时间进行了修订，对工资级差进行了科学的统筹与划分，明确了效益双薪的定义及享受人员的范畴，对各项福利标准作了新规定。（任国庆）

【调整工会领导，增强工会组织活力】2007年11月13日，通导公司为充分发挥工会组织的作用，加强工会建设，增强工会活力，按程序选举增设了1名工会副主席、2名年青工会委员，建立健全了工会小组和会员登记工作，进行了责任分工，进一步强化了工会的组织建设。

（任国庆　吴江波）

【成立新一届团总支】　2007年11月23日，通导公司为加强团总支建设，发挥团组织在企业中的生力军作用，进一步增加共青团组织的吸引力、凝聚力和号召力，丰富企业文化生活，举行新一届团总支成立大会，选举产生新一届团总支书记和团委委员。（任国庆　吴江波）

【认真落实企业全面风险控制】　2007年11月26日，通导公司根据广远企业全面风险控制要求，成立风险控制小组，对通导公司法人治理、人事风险、经营管理与技术风险、财务风险等进行了自查，查出车辆、人员外出经营、库存货物、注册资金不足、合同管理、经营地与注册地等风险，完成通导公司风险管理的填报，并撰写风险控制报告，对风险进行逐项整改和规避。（任国庆）

【参加2007年上海海事展】　2007年11月，中国国际海事技术学术会议和展览会在上海举行。此次海事展是亚洲地区最具权威、规模最大的全球性海事展盛会，来自世界30多个国家和地区千余业内强手云集展会。通导公司为此次参加海事展的展台做了精心布置，并准备了精美的宣传画册和小礼品。在展览会上，通导公司展出的产品得到国内外同行的普遍关注和认同。

（任国庆　吴江波）

【船用雷达技术获政府资助】　2007年12月24日，通导公司申报的“船用雷达性能监测器”（JT/T73－2007）通过了广州市技监局、财政局的评审，并获得9万元的标准研制资助费。这表明通导公司着力自主创新、加强技术研发的成绩和倡导的船舶通导行业技术标准得到政府主管部门的认可。（任国庆）

【修订第二个五年发展规划战略目标】2007年12月，通导公司为适应市场发展的需要，根据企业生产经营和整体发展情况，修订了《第二个五年发展规划战略目标》，提出开辟产品研发和生产业务，使企业业务形成产品、销售、服务一条龙的业务组合，探索海外市场，研究融资上市，以实现企业规模扩张，达到年产值1亿元。

（任国庆）

【续签《集体合同》】　2007年11月，通导公司原签订的《集体合同》已经到期。为了适应企业改革的需求，进一步完善《集体合同》，并符合国家新《劳动合同法》的规定，通导公司于11～12月，完成了企业和员工双方协商代表的换届和新《集体合同》的起草、协商、征求意见等工作，并于年底在员工大会上签署生效。

（任国庆）

【加强信息技术的应用】 2007年12月5日，通导公司为加强与客户的沟通和联络，提高信息化应用水平，安装了客户管理及短信群发系统，使对外联系、反馈实现电脑自动化。同时，还安装了OA办公平台，促进企业部门广泛应用OA平台办公，提高了生产效率，节省了资源。

（任国庆）

【拜访福建省马尾等造船厂】 2007年12月10～14日，通导公司派人和日本TKC公司代表一同拜访福建省马尾造船厂、下洋船厂、冠海船厂，与造船厂的领导进行了广泛的交流。通过交流，通导公司进一步了解和掌握了造船厂最新造船项目的动态以及对造船厂的造船规模、发展方向、手持订单数量等情况，为全面推进2008年在福建市场业务的开展打下了良好的基础。

（任国庆 吴江波）

【召开2007年年终工作会】 2007年12月14～15日，通导公司召开2007年年终工作会。中层以上干部参加了会议。会议由总经理孟政主持。会议总结了2007年的经营情况和取得的成绩，明确了2008年的工作思路和工作目标。会上，各部门经理就2008年工作计划进行了交流。

（任国庆）

【宣传学习中共十七大精神的活动】 2007年12月，通导公司党总支举办学习贯彻中共十七大精神的征文、知识竞赛、辅导宣讲、文艺晚会等活动。通过这些活动，使广大党员干部和员工进一步加深了对中共十七大精神的理解。（任国庆）

【中层干部实行内部轮岗】 2007年12月24日，通导公司为加强技术部与工程部的组织管理和技术交流，实行中层干部内部轮岗、原技术部副经理与原工程部副经理互换，从而促进双方在组织管理上的经验交流和技术的互补。

（任国庆 吴江波）

【实行竞聘和机构调整】 2007年12月，通导公司市场部通过竞聘，由谭明树任市场部副经理并主持市场部工作；技术部与技术委员会合并，由朱克洪任技术部顾问。

（任国庆 吴江波）

【召开第四次“驾通合一”研讨会】 2007年12月26日，通导公司召开广远船舶第四次“驾通合一”通信导航岗位技能培训工作研讨会。与会人员18人。会议对培训内容、方式、教材以及课堂管理、实践实习等方面进行了研讨。

（任国庆 吴江波）

【通过BV法国船级社资格换证审核】 2007年12月，BV法国船级社验船师对通导公司进行无线电检验资格换证审核。其审核的内容包括：企业组织结构、相关资历、人员相关技术培训情况、检验设备等。经过验船师严格的审核，BV法国船级社对通导公司到期的无线电检验资格证进行换证，认证继续有效。

（任国庆 吴江波 杨静）

【通导公司领导班子调整】 2007年7月16日，岸产事业部对通导公司领导班子进行了调整：朱克洪不再担任通导公司党总支书记兼副总经理职务。通导公司党总支书记兼副总经理职务，由原金桥学院副院长涂慕欧担任，负责党群、工会、纪检、团委等工作，兼管综合管理部、技术部。

（任国庆）

【综合管理部获“巾帼文明岗”称号】 2007年10月19日，通导公司综合管理部全面落实科学发展观，坚持围绕中心，服务大局，以提高行业女职工素质为根本，以促进行业文明建设为目标，深入开展“巾帼文明岗、巾帼建功标兵”活动，荣获广远工会“巾帼文明岗”称号，牛渝萍荣获“巾帼建功标兵”称号。

（任国庆）

【承担中远集团《通讯导航》杂志的复刊工作】 2007年12月24日，中远集团安监部下发《关于委托广远公司做好〈通讯导航〉杂志事宜的通知》，明确提出2008年由通导公司承担中远集团《通讯导航》杂志的复刊出版工作。

（任国庆　吴江波）

【举行“飞扬青春、共创和谐”文艺晚会暨迎春晚会】 2008年1月18日，通导公司在远洋大厦国际会议厅举行“飞扬青春、共创和谐”文艺晚会暨迎春晚会。广远各部门领导和岸产事业部领导、香港远通、中远航运、中远南方、中远远达等单位的有关人员以及通导公司员工共100多人观看了演出。节目紧紧围绕“飞扬青春、共创和谐”主题，充分表达了通导公司员工学习贯彻中共十七大和喜迎春节的全新面貌，得到了与会观众的好评。

（任国庆　吴江波）

第八节　广州远洋宾馆有限公司

【广州远洋宾馆有限公司简介】 远洋宾馆位于广州市环市东路412号，是广远与香港新贸航业有限公司合资经营的一家四星级宾馆。1986年2月1日，远洋宾馆成立并试业，8月28日正式营业。远洋宾馆成立初期是一家楼高21层的三星级酒店。双方股东于1996年投资，在原大楼顶层增建了5层。同年，远洋宾馆被国家旅游局评为四星级商务酒店。2001年4月29日，经外经贸部批准，远洋宾馆双方股东再次进行增资并延长合资经营期限为31年，即从1985年1月11日至2016年1月10日。增资后，远洋宾馆的投资总额和注册资本由原来的800万美元增加至1326万美元，其中，广远占51%股份，香港新贸航业有限公司占49%股份。

远洋宾馆营业面积为2.3万平方米。2005年下半年，远洋宾馆开始进行大规模的装修改造，新增加2500平方米经营面积的资源，使原有的各类高级商务客房增至290间，具有1个可容纳500余人的多功能国际会议厅，8个专业的商务会议室，1个容纳270人就餐的宴会厅；同时设有“澳门街”风味餐厅、西餐厅及大堂酒吧，并设有商场、俱乐部、美容院、美发中心等。为给入住客人提供便利，远洋宾馆还设有旅行社、商务中心、票务中心、健身房、停车场、银行、邮政、24小时便利店、医疗室、洗衣房、泳池、桑拿中心等多项服务及设施。

远洋宾馆下设总经理办公室、市场销售部、人事培训部、财务部、房务部、餐饮部、工程部、保安部、运输部、采购供应部等10个部门。

远洋宾馆设董事会、监事会。时任董事长徐惠兴，董事胡锦沛、池新旺、王玉生、施金安。监事会主席王久杰，监事田常国（1~6月）、张访苏（7~12月）、王孜孜（7~12月）。时任总经理施金安，党总支书记陈建钦（兼），副总经理洪舸。员工516人。（翟韵琳）

【远洋宾馆工作概况】 2007年，远洋宾馆坚持以科学发展观指导经营管理，以精益管理为推动力，营业收入实现历史性突破，完成了董事会下达的考核指标，取得了经济效益与社会效益的双丰收。远洋宾馆主营商务客房与餐饮经营，坚持商务为主的市场化经营战略，营业收入创历史新纪录；经过3期装修改造，设施、设备得到较大改善，市场竞争力显著增强。运输部通过出租车业务经营模式的调整，成为远洋宾馆新的利润增长点；坚持精益管理，不断提高管理水平与服务质量；通过加强企业规章制度的建设，有效地防范企业运作风险；注重企业文化建设，增强团队凝聚力，组织员工外出考察学习，开展形式多样的文体比赛活动；做好安全工作，坚持把安全生产作为“一把手”工程来抓，落实安全责任制，提高各项安全工作的综合保障能力；发挥党组织的政治核心作用，加强廉政建设；各部门员工积极投身创建和谐企业的各项活动。是年，远洋宾馆荣获不少荣誉称号：由亚太经济时报社、广州市企业评价协会等单位联合举办的“2007年广州市客户服务与管理论坛”上，获“2006~2007年中国广州最具竞争力服务品牌”、“2006~2007年中国广州客户服务优质单位”称号；房务部前台接待部被广远授予“巾帼文明岗”荣誉称号，何双艳、王孜孜、邓伟被广远授予“巾帼建功标兵”荣誉称号；团总支被广东省直团工委授予2005~2006年度省直机关“五四红旗团总支”荣誉称号；管升被广东省直团工委授予2005~2006年度省直机关“优秀共青团员”称号；财务部被广远评为“先进集体”，施金安、关雯、王孜孜、翟韵琳、汪在波被广远评为“先进生产（工作）者”。（翟韵琳）

【主营业务创出经营新纪录】 2007年，远洋宾馆客房经营始终坚持商务及会议为主、团队为辅的经营战略。客房经过装修改造后，全年平均开房率达到82%，房价增幅22%；商务市场销售额保持双位数的增长，取得理想业绩。是年，远洋宾馆抓住交易会创收良机，通过销售渠道客源结构的调整，客房收入在交易会期间的平均价格从2004年的1400元提高到1779元，单日营业收入突破50万元，经营效益远远高于其他同星级酒店。餐饮馆内经营从9月开始一直处于上升势头，平均每月增长率达20%，仅中餐厅装修后的一个半月里，增幅达到28%。餐厅扭亏为盈，进入良性发展循环阶段。改变出租车经营模式，由过去司机供车转变为远洋宾馆投资，向司机收取承包金，年利润672万元。

（翟韵琳）

【财务管理工作】 2007年，财务部根据实际情况，新编出台了4个管理规定及6个操作规程。7月，财务部在广远财金部的指导下，进行了企业会计制度新旧制度的衔接转换工作，实行新的企业会计制度。加强财务建设，完善管理制度，规范流程控制，强化财务监督。财务部对电脑中心搬迁后原有的两条光纤进行熔接，和多台服务器连接，保证经营数据的安全完整，提高了工作效率。为提高各部门制作和使用幻灯片的技能水平，外请讲师专门对Microsoft Office Power Point 2003软件的日常操作和使用技巧进行介绍和讲解。新开通的网上预订系统，对相关使用人员的权限进行了设置和控制，确保宾馆收入的实现和数据的准确性。为商务大厦更换程控机，顺利完成计费、等级接口的控制转换工作。根据出租车管理的相关规定，与出租车司机签订劳动合同，重新制定了承包标准。根据《中远集团基本建设审计工作办法》、《广州远洋运输公司基本建设项目审计工作办法》等文件，制定了《广州远洋宾馆工程项目实施暂行办法》。对广州远洋国际旅行社有限公司完成了税务注销。（朱艳清）

【调整普通员工工资】 2007年1月，为使广大员工能共享改革发展的成果，进一步提高服务质量，提升服务水平，远洋宾馆从2007年1月开始，调整普通员工的工资标准。为做好工资调整计划，远洋宾馆专门成立了以总经理施金安为组长的薪酬改革领导小组。薪酬小组广泛了解了广州市同星级酒店的薪酬水平，听取了各部门的意见，经过专题会议研究讨论，出台了工资调整方案，提高了普通员工的工资收入。（翟韵琳）

【召开第二届二次“双代会”暨安全工作会】 2007年3月9日，远洋宾馆召开了第二届二次职代会、工代会暨安全工作会。参加会议人员有49人。会议审议和通过了《总经理工作报告》、《财务工作报告》、《工会工作报告》、《职工提案工作报告》、工会经费审查委员会委员名单。党总支书记陈建钦作总结讲话。（翟韵琳）

【召开第四届董事会第八次会议】 2007年3月10日，远洋宾馆召开了第四届董事会第八次会议。会议由董事长徐惠兴主持。会议审议通过了《远洋宾馆2006年工作总结》、《财务决算报告》、《2007年工作计划》、《财务预算报告》、《装修改造工作提案》、《受托管理工作提案》等。会议同意远洋宾馆2007年的工作思路和举措，并对远洋宾馆2007年的工作提出了意见和要求。（翟韵琳）

【参加2007年广州国际旅游展销会】 2007年4月，远洋宾馆与远洋大厦、远洋商务大厦、颐和大酒店、健力百合酒店、东海大厦、青岛远洋宾馆、香港中远酒店、天津远洋宾馆联合组成“中远联盟酒店”，参加了在广州锦汉展览中心举行的广州国际旅游展销会。会上，“中远联盟酒店”展位备受瞩目，受到了旅游专业人士和游客的关注。（翟韵琳）

【团总支再获殊荣】 2007年5月，经广东省直团工委考核评审，远洋宾馆团总支被评为2005～2006年度广东省直机关“五四”红旗团总支，授予管升为2005～2006年度广东省直机关“优秀共青团员”，并分别颁发了牌匾、证书。此2项荣誉是远

洋宾馆团总支自远洋宾馆开业以来获得的级别最高的荣誉。（翟韵琳）

【举办女员工形体舞培训班】 2007年6月，远洋宾馆为了活跃女员工的业余文化生活，加强体育锻炼，增强身心健康，真切关爱女员工，特别邀请了专业舞蹈老师，举办为期3个月的形体舞培训班。此举深受女员工的欢迎，营造了远洋宾馆关心女性健康的良好氛围。（翟韵琳）

【安全管理工作概况】 2007年，远洋宾馆严格执行《安全生产法》，全面落实安全工作责任制，与37名主要责任人签订了安全工作责任状，其中，中层管理人员12人，主管级人员25人。与承租场地签约14个，与施工单位签约5个。按照“红树林”工程计划，加强员工安全知识培训，着力提高员工安全风险识别能力，提升员工的各种安全防范能力和技能，培训新招收的员工3批共80人，员工培训4批共600人，培训承租单位员工6批共120人，消防培训4批共150人，培训外来施工人员2批共80人，组织全员观看安全影片2次共600人，刊登安全墙报6期，张贴安全标语60余条，发放安全知识题2期，编印安全信息2期，举办了“精益管理，安全生产”的征文比赛、演讲比赛和知识竞赛。组织员工到广州市消防局、公安局、广东省安全生产监督局进行培训，参加消防英雄先进事迹巡回报告会、参观安全生产宣传教育展览。是年，远洋宾馆没有发生任何安全事故。（翟韵琳）

【开展“安全生产月”活动】 2007年，远洋宾馆认真贯彻广远关于开展“安全生产月”活动的指示精神，召开动员大会，由总经理施金安作动员并部署活动方案。远洋宾馆在各公共场所张贴安全警示语，悬挂“综合治理、保障平安、安全靠大家、平安每一天”的横幅，汇编各类安全案件，编印各类安全知识发放给员工，开展各种安全活动，参加广远本部举行的联合安全应急演练，增强员工的安全综合素质和技能。是年，远洋宾馆被广远评为“2007年安全生产先进单位”。（翟韵琳）

【开展“馆纪馆规学习月”活动】 2007年6～7月，远洋宾馆为加强馆纪馆规，开展“馆纪馆规学习月”活动。从6月10日起，远洋宾馆组成检查监督小组对员工执行馆纪馆规情况进行检查。7月13日，通过电脑随机抽取包括部门主管在内的各部门39名员工，进行了《员工守则》、消防知识和安全知识的书面考核工作，考核合格率达100%。（翟韵琳）

【开展保持共产党员先进性教育活动】 2007年7月4日，远洋宾馆党总支开展保持共产党员先进性教育活动，组织党员前往海丰红场红宫、汕尾红海湾展开“红色之旅”活动，并在彭湃烈士铜像前举行了新党员入党宣誓仪式。（翟韵琳）

【海龙宴会厅装修复业】 2007年6月15日，远洋宾馆对三楼海龙宴会厅、厨房进行全面装修改造。8月16日，海龙宴会厅正式复业。该厅的装修设计，由曾设计过远洋宾馆一、二期装修改造工程的香港国际著名酒店装修设计师陈俊豪设计，此次装修增加了餐厅智能灯光控制系统、公共信息发布系统等与国际餐饮业接轨的项目。海龙宴会厅智能化的引入，改善了服务硬件环境，提升了餐厅整体水平。

（翟韵琳）

【举办远洋宾馆成立21周年庆典活动】 2007年8月28日，是远洋宾馆成立21周年纪念日。该宾馆先后举办了文体、征文、知识竞赛和以“精益管理，安全生产”为主题的演讲比赛等一系列庆典活动。通过形式多样、内容丰富的各项活动，增进各部门员工之间的交流沟通，增强团队凝聚力和向心力，对构建和谐企业起到了积极的推动作用。（翟韵琳）

【食品卫生信誉度升为A级单位】 远洋宾馆原是广州市食品卫生B级单位。2007年，远洋宾馆大力加强各项食品卫生安全管理工作，大大改善了用餐环境和厨房硬件设施设备，提升了服务档次和出品质量。10月，经广州市卫生局审核批准，远洋宾馆食品卫生由原来的B级升到A级标准，被评为广州市食品卫生信誉度A级单位，并获得通报表扬。（翟韵琳）

【接待新疆生产建设兵团旅游酒店考察团参观考察】 2007年11月12日，新疆生产建设兵团旅游局副局长蔡家成带队的酒店人员一行20人莅临远洋宾馆进行参观考察。远洋宾馆总经理施金安等人向客人介绍了宾馆的经营管理，并陪同客人参观了全面装修改造的三楼海龙宴会厅及21楼等新装修的客房。蔡家成对远洋宾馆全新的面貌表示赞赏，并对远洋宾馆作为商务酒店的成熟运作和成功的管理理念给予了高度评价。（翟韵琳）

【邀请旅游学专家来馆授课】 2007年11月16日，远洋宾馆为了树立良好的企业形象，塑造员工良好的职业素质，努力创建学习型企业，特邀请湖南师范大学旅游系副教授、湖南郴州市旅游局培训中心主任、全国星级酒店星级评定员彭津嫦进行了为期2天的礼仪礼貌、服务意识和礼仪操培训。全宾馆领班以上管理人员共118人参加了培训学习。（翟韵琳）

【中远集团党组书记张富生莅临慰问】 2007年12月，中远集团党组书记张富生、党组工作部部长傅向阳等领导，在广远总经理、远洋宾馆董事长徐惠兴，远洋宾馆总经理施金安陪同下，参观了装修改造的21楼客房、国际会议厅以及三楼海龙宴会厅。张富生对改造一新的远洋宾馆给予了高度评价。（翟韵琳）

【精益管理取得好成效】 2007年，远洋宾馆根据广远关于全面推行第二个“精益管理年”活动的指示，结合服务行业的特点，制定了《远洋宾馆2007年“精益管理年”活动实施方案》，并组织广大员工深入开展精益管理活动。是年，远洋宾馆以节能减排为重点，对外大堂天花、玻璃幕墙灯光和三楼餐厅厨房的高耗能炉头进行改造。通过实施节能计划，耗电量大幅度下降，并获得广远2007年度精益管理活动的“星光奖”和“入围奖”。

（翟韵琳）

第九节　广州天河远洋大厦有限公司

【广州天河远洋大厦有限公司简介】　远洋大厦是广远投资兴建的涉外三星级商务酒店。远洋大厦占地面积3800平方米，建筑面积1.5万平方米。主营业务为酒店旅业。远洋大厦拥有客房227间，1个可容纳300多人的国际会议厅和6个多功能会议室。一楼有远洋海珍酒家，二楼是休闲娱乐中心，设有桑拿、沐足和酒吧等服务项目。其他服务设施还有：商务中心、会议中心、保险箱服务、票务代理、美容美发、健身房、乒乓球室、台球室、棋牌室、停车场、邮政、商场等经营服务场所。

远洋大厦下设总经理办公室、人事部、营销部、财务部、房务部、餐饮部、工程部、保安部、工会、租赁物业管理部、娱乐部等11个部门。

远洋大厦设董事会、监事会。时任董事长刘书田，董事胡锦沛、池新旺、王玉生、程一高，监事田常国（1~8月）、王久杰。时任总经理兼党总支副书记程一高，党总支书记王玉生（兼），副总经理吕英翼（1~7月）。员工173人。

（黄凯智）

【远洋大厦工作概况】　2007年，远洋大厦全面落实人才强企、自主创新、科学发展和构建和谐企业的战略思想，加大人才的选拔培养力度，深入研究市场，认真分析形势，以“整合资源，拓展经营，内涵发展，做强品牌”为总方针，坚持“以商务、散客为主，会议、团体为辅，以会议带动客房、餐饮和娱乐的综合消费”的市场定位和经营方针，深化人事制度改革，继续推进精益管理和“三服务一促进”主题实践活动。全年超额完成广远和董事会下达的利润指标，其他各项任务指标均按计划完成。是年，远洋大厦领导班子被广远确定为“四好领导班子”，该大厦连续3年被广远评为“安全生产先进单位”。

（张泽民）

【进行机构改革】　2007年4月，远洋大厦为了优化现行机构，整合人力资源，节省人工成本，理顺工作流程，提升服务质量，提高工作效率和解决问题的能力，对现行机构进行了改革。主要改革内容有：对营销、前台接待和收银部分的人员编制及组织结构进行了调整，取消前台收银编制，前台收银工作职能与前台接待工作职能合并；将原属房务部管辖的前厅部（含大堂副理、前台接待、礼宾、商务中心和总机部分）的工作职能并入营销部，定位为营销部属下的二级部；理顺大厦的营销体系，强化销售职能。　（黄凯智）

【开展“安全生产月”活动】　2007年6月，远洋大厦结合自身情况开展“安全生产月”活动。在活动中，成立了以总经理为组长的“安全生产月”活动领导小组，明确领导小组的职责。活动紧紧围绕“综合治理、保障平安”以及广远提出的“安全靠大家、平安每一天”这一主题，突出“平安之旅”这一主线，按照广远安全工作“落实年，攻坚年”的总体部署，开展了形式多样、内容丰富的安全宣教活动，推动大厦安全文化建设，提高大厦员工的安全意识。主要工作：1. 由保安部编写了“安全生产月”活动专题黑板报；2. 组织出租车员工进行安全培训；3. 在大厦各个场所张贴安全生产宣传画共24张，并悬挂安全活动主题“综合治理，保障平安”横幅；4. 组织由大厦领导率领各部门经理参加的安全大检查；5. 组织全体员工观看安全生产影碟，提高员工的安全生产意识；6. 组织员工进行有关消防设备实操培训；7. 组织由大厦各部门员工协作配合的消防演习，旨在提高各部门的配合能力以及提高员工应付突发事件的能力，并邀请广远航安部总经理石立森、业务经理温锐波到现场指导；8. 开展各类培训4个课时，参加人数370人次。是年，远洋大厦“安全生产月”活动扎实有效，促进了大厦的安全稳定。（张泽民）

【成立各种文体协会】 远洋大厦为了促进企业和谐健康发展，丰富广大员工的业余生活，增强企业凝聚力，提高员工工作积极性，于2007年4月3日成立了摄影、羽毛球、乒乓球、棋牌、舞蹈、书法、音乐等7个文体协会，并拨专款作为开展相应活动的经费。（张泽民）

【改造三楼会议厅】 2007年6月，远洋大厦为提高企业的市场竞争力，实施“以会议带动综合消费”的经营战略，投资200多万元对三楼国际会议厅进行装修改造，使会议厅具有“多功能”用途：可演出，可进行新闻发布，可作各类会议室、大型宴会、中小型餐饮包房等使用，并有较宽的公共活动空间和共享空间。远洋大厦对三楼会议厅进行改造，整个项目竞标、招标、定标及施工采购等全过程均完全按照“规范、阳光、全方位监督”的原则操作，通过精益管理和质量控制，费用比预算少支出35万元。远洋大厦通过改造三楼会议厅，全面提升了远洋大厦的规格、档次及配套水平，顾客满意度大幅度提高，充分展现了大厦接待大型活动的能力。（张泽民）

【工程部开展QC小组活动富有成效】 2007年，远洋大厦工程部QC小组活动成果“制作带热回收空调冷却系统降低耗电量”被评为2007年度广远、广州市、广东省优秀QC小组奖，同时荣获广远精益管理活动“月光奖”。该项目投入运行后，主机各运行参数正常，制冷效果良好，可以满足经营场所用冷需求，简易冷却系统只使用功率3KW的小水泵代替了功率为30KW大水泵和7.5KW的冷却风扇，节电效果显著，同时大冷却系统减少使用时间，延长其使用寿命。带热回收空调简易冷却系统从2006年11月20日~2007年3月10日，累计运行1176小时，每小时节电34.5kw.h，按1.0元/度计算价，共节电40572元，节水5880元，扣除投入7283元，实际节能39169元。（张泽民）

【开展精益管理工作】 2007年，远洋大厦全面贯彻系统集成和精益管理理念，积极开展精益管理实践活动，围绕“市场第一、客户第一”的思路，以加快市场开拓、规范经营管理、降本增效为切入点，从大处着眼、小处着手，将精益管理理念贯穿各项工作，达到优化工作流程、提高工作效率和服务质量的目的。是年，大厦各部门上报精益亮点48个，其中，推荐上报广远岸产事业部9个，被采用5个，降本节支68万元，其中1个项目获广远“月光奖”，3个项目获“入围奖”。

（张泽民）

【实行双轨工资制】 2007年，远洋大厦根据招聘市场和大厦实际薪酬情况，制定A、B两套工资方案，实行双轨工资制。双轨工资制以原工资制度为A方案并作为基础，创新性地推出B方案，即减少奖金部分，将奖金分摊到每月工资，实行比较高的月工资标准。A、B两套方案任员工自行选择一个。远洋大厦实行双轨工资制的举措更加贴近劳务招聘市场，吸引不同层次人员，有利于企业发展。

（黄凯智）

【开展“平安之旅”活动】 2007年，远洋大厦紧紧围绕广远提出的以“安全靠大家，平安每一天”为主题的“平安之旅”活动，结合酒店行业的特点，制定了远洋大厦实施“平安之旅”方案，召开了中层干部“平安之旅”专题会议，成立了以总经理程一高为组长的“平安之旅”活动领导小组，并明确了领导小组的职责，全面展开“平安之旅”活动。该大厦在员工打卡钟处悬挂“平安之旅”计时牌，激励员工为远洋大厦安全每一天做出新贡献；该大厦领导小组利用内部刊物，搜集发生在大厦或其他酒店案例，每期刊登、点评，进行平安分享，从中总结经验，吸取教训，推广安全活动的先进典型。是年，远洋大厦通过开展“平安之旅”活动，营造安全氛围，使安全管理理念落实到每个岗位，全员安全意识不断提高，安全基础进一步夯实，全年无安全事故发生，开创了安全稳定的新局面。（黄凯智）

【接待“民运会”陕西代表团】 2007年8月16日，远洋大厦正式被推荐为第八届全国少数民族运动会（简称“民运会”）定点接待运动员的酒店之一。“民运会”于11月1~18日在广州举行，大厦主要接待陕西代表团。远洋大厦领导认真组织部署，成立接待工作小组热忱为陕西运动员代表团提供优质、舒适的服务，展现出大厦一流的服务水平及接待大型政府团队的能力，并借机提升了大厦的企业品牌。“民运会”陪同团领导、陕西省副省长及广东省政府领导均对此次接待工作给予高度赞扬。陕西省代表团给远洋大厦赠送了题为“尊客敬客，真心为客，软件硬件，皆为一流”的锦旗，“民运会”组委会还宴请了远洋大厦管理人员并送了感谢信。大厦就接待“民运会”一事，接受了《广州日报》、《信息时报》、《新快报》、《南

方都市报》和广州电视台等媒体的采访。（张泽民）

【召开第二届董事会第三次会议】 2007年2月1日，远洋大厦召开第二届董事会第三次会议。会议由董事长刘书田主持。出席会议人员有董事胡锦沛、池新旺、王玉生、程一高；监事田常国、王久杰。远洋大厦副总经理吕英翼、总经理助理王焕清列席会议。会议审议通过了远洋大厦董事、总经理程一高作的《2006年工作总结和2007年工作计划》，王焕清作的《远洋大厦2006年财务决算报告和2007年预算报告》，以及审议通过了《远洋大厦2007年的投资计划》。会议充分肯定了2006年大厦在遇到很大困难的情况下取得的成绩，超额完成董事会下达的营销任务和利润指标。（黄凯智）

【召开2007年工作会】 2007年2月3日，远洋大厦召开2007年工作会，大厦全体员工出席了会议。会上，总经理程一高作了题为《盘活资产、整合资源、拓展经营、精益管理，努力开创远洋大厦可持续发展的新局面》的工作报告，副总经理吕英翼作了题为《保安全、促发展、创新管理，构建和谐，为开创大厦可持续发展新局面提供坚强保证》的安全工作报告、总经理助理王焕清作了《远洋大厦精益管理总结报告》。会上，程一高为各先进工作者、先进集体和精益亮点获奖项目颁奖，并与各部门负责人签订了《安全生产责任人任命书》和《部门经理任期责任书》。（张泽民）

【实行一卡通】 2007年4月，远洋大厦推出“远洋大厦一卡通”。对大厦的部分客户实行内部娱乐、餐饮、住宿IC卡消费，使客户消费更方便、快捷，进一步促进了大厦信息化管理进程。（黄凯智）

【远洋大厦与物业公司开展精神文明共建活动】 2007年，远洋大厦与物业公司本着关心员工生活、稳定员工队伍和服务大龄青年的精神，于4月28日召开了第一次精神文明共建活动碰头会，正式启动了大厦的“红娘活动”，给适龄青年员工创造机会，解决个人婚姻问题。5月19日，远洋大厦与物业公司的67名团员青年前往黄埔笑翻天乐园进行拓展训练。通过碰头会和拓展训练，不仅增强了青年团队意识，也增进了互相了解，促进了单位之间和谐共处，同时给一些大龄青年解决个人婚姻问题提供了条件。（张泽民）

【召开第二届三次职代会暨二届二次工代会】 2007年3月15日，远洋大厦召开第二届三次职代会暨第二届第二次工代会。参加会议的有正式代表35名，特邀代表2名。大会审议通过了《远洋大厦工作报告》、《工会工作报告》、《财务工作报告》和《工会经费审查报告》。大会收到员工有效提案22份，涉及经营管理、员工培训、员工宿舍居住环境和员工业余活动等方面。会议专门成立了员工提案工作小组，负责对提案的答复，并形成《员工提案工作报告》。岸产事业部总经理、远洋大厦党总支书记王玉生、广远工会办公室主任蔡兆聪和岸产事业部林树元出席了会议，并作了讲话。（黄凯智）

【开展“三服务一促进”主题活动】

2007年3月15日，远洋大厦成立了“三服务一促进”主题实践活动领导小组，制定了活动方案，主要内容有：推动发展行动，行动要点为科学管理，创新发展，精益管理，降本增效，确保安全，维护发展；春风送暖行动，行动要点为关爱行动，春风行动，工会定期播放电影，成立各种协会组织，丰富员工业余文化生活，增进员工之间的沟通交流；优质服务行动，行动要点为一线部门，服务客户，一站服务，流程优化，后勤部门，服务一线；部门维稳行动，行动要点为解决难点热点，了解民意，排查信访；和谐创建行动，行动要点为荣辱教育，和谐教育，创建和谐部门、和谐班子。在开展“三服务一促进”活动中，广大员工树立社会主义荣辱观，开展企业和谐文化教育活动，结合精神文明创建活动，开展“和谐部门”、“和谐党支部”、“和谐领导班子”、“和谐劳动关系”、“和谐干群关系”等活动。“三服务一促进”的主题活动的开展，使远洋大厦在流程优化、服务一线、精益管理、降本增效、和谐关系等方面均取得较好的效果。

（张泽民）

【开展纪律教育月活动】 2007年，远洋大厦认真开展纪律教育月活动，组织全体管理人员学习了中共中央总书记胡锦涛在中央纪委第七次全会上的讲话，重点抓了以下几方面的工作：1. 深入开展“三服务一促进”主题实践活动和“四好领导班子”创建活动，促进领导干部和管理人员队伍的作风建设。2. 执行廉洁从业承诺制度，充分利用内部刊物、宣传栏和电教设备对大厦员工进行廉洁从业教育，营造“扬正气、讲廉洁、知荣辱”的良好氛围。3. 加强防治商业贿赂教育，结合企业性质对商业贿赂可能存在的表现形式进行了探讨，提出在物料采购和工程招投标以及财务资金管理等方面实行阳光操作，杜绝给付或收受回扣现象。4. 认真贯彻落实《中共中央纪委关于严格禁止利用职务上的便利谋取不正当利益的若干规定》和《关于在“纪律教育学习月”活动中开展保密教育的通知》等文件精神，大厦党总支召集全体有关人员进行了传达，并落实到每个党员和中层以上管理人员，在规定时间内认真进行自查上报，做到一个不漏。远洋大厦各级管理人员通过学习，树立正确思想作风、学风、工作作风、领导作风、生活作风，努力拓展销售渠道，提供优质报务，提升大厦经营业绩。（黄凯智）

【举行员工中秋活动】 2007年9月24日晚，远洋大厦在三楼多功能国际会议厅举行“天涯共此时—2007年远洋大厦庆双节外地员工晚会”。晚会除外地员工参加外，同时邀请了大厦部分老客户。通过活动把最诚挚的祝福送给了广大员工和中秋在外地工作的宾客。（黄凯智）

【举行岗位技能大赛】 2007年9月29日，远洋大厦举行了“远洋大厦2007年度岗位技能大赛”。竞赛活动除保留了客房中式铺和餐厅宴会摆台等2个传统项目外，还增加了前台接待技能和客户投诉处理等内容。为了显示大赛的公正权威性，特别邀请了广东旅游商贸职业学校的老师作为嘉宾评委。竞赛采取选拔形式举行，取得了良好效果。（黄凯智）

【参加“巾帼建功”活动受表彰】 2007

年10月20日，广远召开了2007年度“巾帼建功”表彰大会，会上表彰了一批先进单位和个人。远洋大厦营销部前厅被评为“巾帼文明岗”，万卫华、李纯、邬岚被评为“巾帼建功标兵”。（黄凯智）

【风险管理工作】 远洋大厦根据广远《关于启动广远全面风险管理工作的通知》和《广远公司全面风险管理方案》要求，为了实现大厦国有资产的保值增值、降低企业风险，提高管理水平，增强企业竞争力，于2007年11月14日启动全面风险管理工作，成立相关领导小组和工作小组，指定责任人积极配合广远做好大厦风险管理工作。该大厦召开专项会议，结合酒店行业和大厦的实际情况布置落实各项具体任务和开展自查。经过自查，如期上报自查报告，并不断加强大厦风险管理：严格依法依规经营和治理企业，落实大厦经营理念；以财务管理为核心，强化和规范企业管理，提高财务分析、监控及综合管理水平，规范企业管理，防范风险，加强成本管理力度；提升员工素质和风险意识，加强员工基础业务技能培训，提高了全员的整体素质；建立大厦风险管理的预警机制。（张泽民）

【学习《劳动合同法》】 2007年11月20日，远洋大厦组织管理人员进行新《劳动合同法》的学习，并遵照新《劳动合同法》修改大厦现行规章制度，确保大厦合法合规经营。（黄凯智）

【召开党员大会】 2007年11月15日，远洋大厦召开党员大会，大厦15名党员全部出席了会议。会上大厦党支部选举了张光裕为党支部书记，4名预备党员转正，2名新党员进行入党宣誓仪式。

（张泽民）

【认真做好共青团工作】 2007年，远洋大厦团总支部积极完成中远集团和广远团委交给的各项工作任务，认真做好大厦共青团的工作，组织团员和青年进行各种活动，如开展了“青年读书活动”，养成每天学习1小时的良好习惯，做好读书笔记，每月进行一次读书交流；组织青年积极分子参观由中共中央宣传部和解放军四总部联合主办的《我们的队伍向太阳——新中国成立以来国防和军队建设成就展》；联合工会举办卡拉ok大奖赛。大厦团总支还组织团员青年参加广远和中远集团组织的各种活动，成绩显著，获得不少殊荣，如总经理办公室李娟参加广远团委组织的“新广远 新青年 新风采”形象展示大赛决赛，获得优秀奖；营销部前厅部荣获广远2006年度“青年文明号”；工程部信息中心荣获广远“青年安全生产示范岗”；营销部前厅大堂副理邬岚荣获“青年岗位能手”称号；信息中心叶伟安荣获中远集团2006年度优秀共青团员称号。

（张泽民）

【张光裕当选工会主席】 2007年11月23日，远洋大厦举行第二届工会委员的补选及工会主席的选举工作。经大厦党总支推荐和工会委员举手表决，一致同意补选张光裕为大厦工会委员、工会主席。

（黄凯智）

第十节 广州远洋大富酒店有限公司

【广州远洋大富酒店有限公司简况】 大富酒店成立于1999年4月，由广远航贸公司（占股50%）、广远航贸公司工会（占股34%）、广远工贸实业公司工会（占股16%）合资经营。2001年，广远航贸工会股权和广远工贸实业公司股权转让给广远航贸公司，大富酒店实际上成为广远航贸公司的全资子公司。2003年3月，根据广远发展部关于《大富酒店升级、增资和航贸公司注销》实施计划的通知精神，大富酒店升级为中远集团三级公司。2003年6月，按照上级要求对广远航贸公司和滨江招待所进行清理注销，其内退、待岗人员并入大富酒店管理。为此，广远航贸公司结业，变更大富酒店股东。航贸公司和招待所清算后的净资产作为广远对大富酒店的投资额，增加广州远洋宾馆酒店管理公司为大富酒店的另一股东。航贸公司和滨江招待所清算后的账面资产和债务由大富酒店接收。2005年下半年，经广远同意将广州市大富酒店有限公司更名为广州远洋大富酒店有限公司，对外实行独立法人经营。

大富酒店经营业务为旅业、物业租赁、船员招待所，经营占地面积2253平方米，共有3栋楼房。旅业以大富酒店和滨江招待所（主要接待广远船员）为主。

大富酒店下设综合办公室、经营部、财务部、工程部、客房部、滨江招待所。

大富酒店设董事会、监事会。时任董事长马宗梅，董事王玉生、凌保平；监事范桂新。时任总经理兼党总支副书记凌保平（1~6月）、党总支书记兼副总经理梁伟文（1~6月，7~12月为总经理兼党总支副书记），党总支书记王玉生（兼，7~12月）。员工58人。 （蔡利旭）

【大富酒店工作概况】 2007年，大富酒店通过开展精益管理，推进企业发展，完成了董事会下达的利润指标和各项生产经营指标；加强安全生产管理，安全形势稳定，没有发生安全事故，企业利益得到保障，实现了第9个安全年；在企业经济效益提高的基础上，提高了员工福利待遇，队伍和谐稳定。是年，大富酒店领导班子被广远评为“四好领导班子”。

（蔡利旭）

【召开第四届董事会第一次会议】 2007年1月28日，大富酒店召开第四届董事会第一次会议。董事长马宗梅，董事王玉生、凌保平，监事范桂新出席了会议。岸产事业部企管部蒲逸鸣，大富酒店党总支书记梁伟文、财务部经理陈智铭、综合办公室主任蔡利旭列席了会议。会议通过大富酒店总经理凌保平所作的《2006 年工作报告及 2007 年工作计划》，并通过了企业利润分配方案。（蔡利旭）

【召开职代会、工作会、安全会】 2007 年 2 月 7～8 日，大富酒店召开了 2007 年职工大会暨工会会员大会、工作会、安全会。会议审议并通过了总经理凌保平所作的《公司工作报告》、工会主席梁伟文所作的《工会工作报告》、财务经理陈智铭所作的《财务工作报告》和综合办公室主任蔡利旭所作的《安全工作报告》。会议授予船员招待所、酒店总台为文明窗口；授予客房部、综合办公室为先进集体；授予陈奕良、李希斌、孙毓穗、王芳、刘西平、于广富、王新明 7 人为先进生产（工作）者。（蔡利旭）

【负责酒店营销专题会议的接待工作】 2007 年 9 月 27 日，广远岸产事业部在大富酒店召开广远岸产酒店营销专题会，远洋宾馆、远洋大厦、大富酒店、黄埔招待所等负责人参加了专题会议。专题会议由大富酒店负责会务工作，其以热情的服务、良好的卫生环境、丰富的美食赢得了与会人员的赞扬。（蔡利旭）

【领导班子成员变更】 2007 年 7 月 17 日，大富酒店召开中层以上管理人员会议。会议由广远岸产事业部总经理王玉生主持。广远人力资源部/组织部部长黎光葵，岸产事业部组织人事部/办公室经理郭智谋、组织人事部主管江海珊参加会议。会上，黎光葵宣读了关于王玉生等人任免文件，宣布王玉生兼任大富酒店党总支书记，免去梁伟文大富酒店党总支书记职务，任命其为大富酒店总经理兼党总支副书记职务，免去凌保平大富酒店总经理、党总支副书记职务。（蔡利旭）

【召开年中工作会议】 2007 年 7 月 20 日，大富酒店召开年中工作会议。参加人员为全体员工。总经理梁伟文在会上总结了上半年的生产经营情况和存在的问题，并对下半年工作作了具体部署。（蔡利旭）

【积极推进精益管理】 2007 年，大富酒店重视加强第二个“精益管理年”活动的组织领导，积极推进精益管理理论学习和方法应用，以精益亮点工程建设为切入点，制订了第二个“精益管理年”活动方案和细化措施，并召开酒店精益管理、酒店营销、物业租赁、酒店装饰改造工程、停车场管理、收费问题和酒店配套服务等专题会，对存在问题进行了专门研究分析，制订解决方案。通过开展精益管理活动，全年增加收入 50 万元，节约成本费用 7.2 万元。年终，大富酒店对全年的精益管理工作进行了总结和评奖。（蔡利旭）

【开展“安全、效益、稳定”活动】 2007 年，大富酒店党组织深入发动党员干部和员工围绕企业“和谐、健康、可持续发展”这一主题，紧扣安全、效益、稳定开展活动，同时关心群众生活，注意工作方法，党政工领导密切联系群众，经常深入部门和班组听取员工群众的建议和意见，及时解决员工的工作和生活困难；使员工真正感受到组织的关心和温暖；积极组织员工开展有益身心健康的文体活动、疗休

养活动，促进员工身心健康，为企业健康稳定和谐发展夯实了基础。（蔡利旭）

【坚持企务公开】 2007年，大富酒店积极推进企务公开活动，把企务公开作为加强企业管理的重要制度和企业决策、管理过程的重要环节，建立长效机制。大富酒店按照流程梳理要求，将企务公开的内容纳入到企业经营管理、安全生产以及党风廉政建设等深层次的重要工作流程当中；党政工领导按要求定期向工会委员、中层干部、党员和员工通报情况，听取意见，得到了员工的好评。（蔡利旭）

【加强廉洁从业教育】 2007年，大富酒店党总支加强对党员干部和广大员工的廉洁从业教育以及监督管理。通过开展纪律教育学习月活动和干部廉洁谈话活动，加强对党员干部的理想信念教育、优良作风教育、廉洁从业教育和社会主义荣辱观教育。教育和引导各级管理人员及员工严格遵守与企业所签订的《廉洁从业承诺书》，做到诚信守法、遵章守纪、廉洁从业。

（蔡利旭）

【开展各项安全活动以安全促发展】 2007年，大富酒店积极开展“安全生产月”、“百日安全无事故”、“员工行为自查”、“安全在我身边，降本增效从我做起”、班组安全劳动竞赛、“精益管理年”和“平安之旅”等活动。学习杜邦公司安全理念，建立岗位安全责任制，制定企业安全突发事故应急预案，使安全责任落实到岗位，促进企业安全长效机制的形成。与此同时，大富酒店重视提高全体员工的安全防患意识，加强员工安全培训和安全检查，全年共开展安全教育6次，组织专项检查16次（包括对租赁商家的检查），整改隐患共6处，组织安全演练实操2次。全年安全防范资金投入12625元，更新酒店防毒面具35个、灭火器2瓶，增购灭火器箱20个，修复沙园有安全隐患的墙壁等，有效地防止了安全事故的发生，全年劳动生产安全面达100%。（蔡利旭）

【酒店自主域名的官方网站正式上线】 2007年11月1日起，大富酒店自主域名的官方网站（http://www.oceandafuhotel.com）正式上线运行，网站涵盖了大富酒店经营相关信息，及时反映企业动态。该酒店自主域名网站是客户了解大富酒店的一个重要窗口，为酒店推广自主电子商务营销创造了必要的条件，为酒店在电子商务时代开拓新型市场搭建了必要的平台。

（蔡利旭）

【女工工作】 2007年，大富酒店工会设立女工委。女工委团结带领全体女员工开展各项有益于身心健康的活动：参与维护女员工的合法权益，参与了《集体合同》中关于女员工健康体检、休假制度等条文的修订，组织女工体检及妇科检查，建立女员工健康档案，从而使女员工正常的权益得到保护；订购《人口画报》及组织女员工学习妇女健康方面的知识；开展各项文体活动，展现女员工风采，活跃女员工业余文化生活。在“三·八”、“五·一”、“十·一”等重大节日期间，分别组织女员工开展各种活动。既活跃了女员工文化活动，增强女员工体质，又增强了女员工对企业的凝聚力。（蔡利旭）

第十一节　广州华南医疗用品有限公司

【广州华南医疗用品有限公司简介】　华南医疗筹建于1995年9月。同年10月，华南医疗正式成立。华南医疗主要经营业务是生产、经销一次性使用塑料血袋、一次性使用输血器、输液器和静脉输液针。

华南医疗下设办公室、人力资源部、技术部、营销部、海外市场部、财务部、品质部、生产部、设备动力部、物流部等10个部门。另设立白云分公司。

华南医疗设董事会、监事会。时任董事长刘书田，董事胡锦沛、徐国新、闭晴安、钟广楠。监事林万楼。总经理闭晴安、党总支书记李伟、副总经理廖小澄、财务总监郑婉洁。员工293人。　（李丹）

【华南医疗工作概况】　2007年，华南医疗加强领导班子建设和党风廉政建设，加强员工职业道德建设，努力推进企业文化工作，组织推进“安全生产月”活动，加强员工法制教育工作，结合生产经营实际，围绕“效益、管理、安全、稳定”开展工作，做好精益管理和成本控制工作。是年，华南医疗生产经营取得了一定成效，企业改制工作顺利推进，全年未发生重大安全事故。　（李丹）

【调整经营策略，增加产品销售】　2007年，华南医疗在日趋激烈的外部竞争环境下，经营上以调整为主线，内销市场，采取稳定现有的优质客户，适当发展有实力守信誉的新客户的市场经营策略，在企业进行产品结构和生产工艺调整的同时，尽量满足优质客户的需求，同时扩大出口加工业务量。

上半年华南医疗市场销售受到结构调整、改制和外部市场监管等因素的影响，国内市场的产品销售有一定程度的下滑。通过多方面的工作和销售人员的努力，第三季度销售情况有一定的好转，基本与2006年同期持平。进入第四季度以来，国内市场趋于明朗化，销售逐渐走出低谷，趋于平稳，产品销量开始回升。外销方面继续保持良好的上升趋势，通过经营结构的调整，产品外销在销售收入中占的比重逐渐上升。是年，华南医疗外销收入比2006年有所递增，销售结构更加合理化，提高了企业市场抵御市场竞争风险的能力。

（李丹）

【抓好质量管理工作，提高现场管理水平】　2007年，华南医疗抓好质量管理工作，利用外方的技术优势，调整产品的生产工艺和技术水平，提高质量管理系统的实用性和适应性。为适应新颁布的GMP法规的要求，调整和改善了质量管理体系，提高了现场管理水平。

华南医疗全年的工作重点是提高生产管理和质量管理的水平，改善生产工艺，加强现场质量控制和检查的深度和广度，提高实用性和适应性，并在改善过程中，积极利用外方的技术和管理优势，结合医疗器械生产质量管理规范和药品生产质量管理规范的要求，对包括原辅料采购在内的影响产品质量的环节进行梳理和改善，同时对生产工艺流程进行了较大的调整，对影响产品质量的关键岗位加强了检查和监控。是年，华南医疗由于采取了上述措施，取得了一定效果，产品质量的稳定性有了明显提高，客户投诉率下降，员工对调整后的工艺制造流程逐步熟练，生产效率稳步提高。（李丹）

【推进精益管理，努力降本增效】 2007年，华南医疗在成本费用不断上涨的大环境下，通过各种措施，维持了单位产品毛利率水平的平稳上升趋势。是年，华南医疗经营上遇到了较大的成本压力，一方面是各种生产原辅料价格持续上涨幅度明显，制造费用上升较大；另一方面是社保、公积金等管理费用支出加大；同时贷款利率连续上调，使华南医疗财务费用的压力增长明显。华南医疗针对上述情况，采取多方面措施以降低生产成本。制定了2007年各项工作的精益管理的目标和做法，专门购置了一批学习资料下发给各部门；各部门认真学习精益管理的理论，掌握基本方法，做好精益管理的细化工作；对于正在开发的新的项目和一些节能降耗的举措，指定总工程师和相关人员负责跟进和分析总结；利用外方的生产管理和品质管理的优势，梳理企业的生产流程和品质管理流程，提高产品生产的一次合格率，降低制造过程中的浪费和返工率，有效减少了制造过程中的半成品和原材料的积压。

（李丹）

【积极推进改制工作】 2007年8月，华南医疗的改制方案通过职代会的审议。10月，完成员工的劳动关系清理和社保补缴等工作。在改制工作中，华南医疗充分发挥企业党组织的政治核心作用，加强改制工作的思想政治教育，对员工说明改制的意义，使广大员工在思想上树立投资意识、风险意识和责任意识，保证了改制工作的稳步推进。（李丹）

【党、工、团工作】 2007年，华南医疗党总支、工会、团组织的工作重点是紧紧围绕企业的中心工作，用科学发展观统领全局，以构建和谐企业为目标，以加强思想政治建设为核心，以提高能力素质为重点，进一步优化资源配置、经营思路，狠抓精益管理，确保安全稳定。针对企业的特点和2007年改制工作的主题，党总支和工会、共青团组织创新工作思路和工作方法，大力开展了企业文化活动，组织学习《中国共产党党章》和中共十七大文件精神，开展党员谈心和帮促活动，利用多种形式和方法增强企业的凝聚力。与此同时，华南医疗党总支加强了企业廉政建设，加强了对党员干部的监督、管理和考核，企业领导带头遵守廉政承诺，树立勤政廉洁的良好形象，使党风廉政建设和治理商业贿赂工作得到进一步加强。（李丹）

【转让全部股权给费森尤斯卡比公司】 华南医疗是广远第二批改制企业。2007年2月23日，德国费森尤斯卡比公司向广远发出收购华南医疗100%股权的报价函；7月24日，双方草签了《股权转让协议》；8月23日，华南医疗职工代表大会通过职工安置方案；10月11日，华南医疗股权转让在上交所和广交所同时挂牌公示；12月19日，华南医疗股东方与德国费森尤斯卡比公司正式签署《股权转让协议》；12月26日，广交所和上交所出具产权交割证

明书，并呈报广州市外经委批准交易。至此，华南医疗全部股权转让给费森尤斯卡比公司。 （郑再利　陈钊）

第十二节　埃尔夫润滑油（广州）有限公司

【埃尔夫润滑油（广州）有限公司简介】 广州埃尔夫于1995年成立。1997年11月28日在广州经济技术开发区东江岸边建成华南地区第一个国家甲级调油厂，并拥有岸线128米、设计靠泊能力为5000吨的企业专用码头。广州埃尔夫是一家中外合资企业，道达尔（中国）投资有限责任公司以设备和资金出资占有58%的股份，广远以土地和资金出资占有37%的股份，广州经济技术开发区商业发展集团有限公司以资金出资占有5%的股份。

广州埃尔夫拥有从欧洲进口的先进设备，根据道达尔集团在法国的研发中心提供的标准配方和精选的全部进口原材料，采用现代化的规模生产方式进行生产，所有产品均经过严格检测，达到润滑油行业的最高产品标准。广州埃尔夫的主要业务是生产一系列高品质的车用油、工业油、船用及电厂用油，并通过在全国建立的经销网络进行分销。

广州埃尔夫的最高权力机构为公司董事会。董事会由7名董事组成，其中，道达尔派出4名董事、广远派出2名董事、商业集团派出1名董事。董事长由广远方董事担任，副董事长由道达尔方董事担任。合资合同规定道达尔方派出总经理，广远方派出副总经理。

时任董事长刘书田、副董事长Jeff Attwood，现任总经理Bruno Chambolle（夏卜隆）、副总经理王珂。

（王珂　林海霞）

【广州埃尔夫工作概况】 2007年，广州埃尔夫克服了近年来国际原油价格的暴涨，企业产品成本大幅提升等困难，采取有效措施调整了产品销售价格、加强分销网络建设、增加中高档产品销售力度、提升客户服务技术和厉行节约等措施，取得了令人满意的成绩，各项财务数据完成预算指标。是年，广州埃尔夫由于采取了销售促销让利，平均单位销售收入低于预算1.38%，全年营业利润超额183%完成预算目标，超额1589万元。

（王珂　林海霞）

【大客户开拓】 2007年，广州埃尔夫继续开拓金杯、中华、大长江、丰田、日产、豪爵、劲隆、隆鑫、华南的摩托车油项目，主要涉及发动机油、变速箱油、齿轮油（服务用油、初装油），特别是丰田业务快速发展，取得较好成效。

（王珂　林海霞）

【加大技术服务力度】 2007年，广州埃尔夫加大了技术支持服务工作，更多的高层参与：除企业销售人员、技术人员外，企业技术总监和亚太地区的技术专家均亲自参与对客户的技术指导、技术讲座等。广州埃尔夫还在全国各地举办了多次技术讲座，增强了经销商和用户的信心，帮助客户解决油品使用中的技术问题，使客户满意度不断提升，强有力的技术支持服务获得客户的认可。（王珂　林海霞）

【加强销售网络建设】 2007年，广州埃尔夫加强销售网络建设，维护稳定现有的销售网络，对市场进行细分，发掘市场潜力，成功拓展新的销售区域，进一步完善销售网络，使销售量有明显的增长，对西北、西南等地区的开发进展顺利。

（王珂　林海霞）

【开发新产品】 2007年，广州埃尔夫对原有产品增加包装规格，同时推出新的产品，使产品多样化，适应市场需求。与此同时，对于某些过长的产品线进行整合，以达到提高产品形象和降低生产和管理成本的目的。（王珂　林海霞）

【开展促销活动】 2007年，广州埃尔夫开展有针对性的促销活动，如按产品、按地区开展促销活动，通过贴海报、横幅等宣传手段，使促销活动取得较好的效果。在道达尔集团的支持下，广州埃尔夫积极投入资金开发可视媒体广告，其中首个电视广告于10月中旬投放，这不仅推动了促销活动的开展，而且增加了企业的知名度。

（王珂　林海霞）

【提升物流管理水平】 2007年，广州埃尔夫加大整合外地仓库资源力度。将沈阳、天津和上海仓库改进更换为一家专业仓储公司，运作的专业化、准确度和及时性都得到了提升。通过由运输供应商直接向客户供货，使订单满足时间从N+2（2天）提升到N+0（即时），从而在生产灵活性、存货水平、运输安全和客户满意度上发挥了优势，为客户带来增值效益。

（王珂　林海霞）

【安全生产】 2007年，广州埃尔夫重视安全生产，加大安全生产的资金和人力投入，安全生产得到了进一步改善，安全生产连续10年未发生责任事故，安全生产达3600多天。是年，广州埃尔夫加强企业社会责任和员工责任，全员参与急救培训。注重码头围栏、运输安全措施、员工班车安全措施，改善仓储条件、工厂设施建设、完善溢油应急机制、更严格的消防措施，新增清洁冷风系统、加强抽风系统、发放高温补贴，安全生产始终保持稳定的局面。

（王珂　林海霞）

【提升生产效率】 2007年，广州埃尔夫通过设备新增和改造、现有设备挖潜、作业流程的重组和优化等措施，持续提升生产效率，确保完成企业的各项生产和财务指标。（工珂　林海霞）

【降本增效】 2007年，广州埃尔夫通过精益管理使生产成本较预算同期下降583元/吨，其中，原材料成本下降619元/吨，制造费用上升18元/吨，其他变动成本上升18元/吨，固定费用下降23元/吨，总计节约成本1350万元。是年，广州埃尔夫还进行了合理外包、循环利用和网上招标，取得了较好的成效，仅以200升铁桶为例，全年就节约成本约60万元。

（王珂　林海霞）

【降低人工成本】 2007年，广州埃尔夫注重降低人工成本费用，引进优秀人才，合理利用人力资源。是年，员工人数仅比2006年多出6人，而2007年的生产量却比2006年提高了20%，人工成本有了较大幅度的降低。（王珂　林海霞）

第十三节　佛山市南海海洋包装材料厂

【佛山市南海海洋包装材料厂简介】　海洋厂筹建于1984年，成立于1986年，原名为广东省南海县海洋包装材料厂，后来历经变更为广东海洋包装材料厂、南海市海洋包装材料厂、佛山市南海海洋包装材料厂。海洋厂厂址在佛山市南海区大沥镇黄岐棉花村，占地面积1.23万平方米，建筑面积为1.41万平方米。海洋厂是由广远和南海县二轻工业局、南海实业公司三方共同投资合办的联营企业，三方投资金额各占三分之一。为加强联办厂的领导和管理，投资三方成立了董事会的管理体制。随着市场经济的发展与投资方原因，2007年，海洋厂的股东单位改为佛山市南海区联华资产经营管理有限公司（国有企业）、广远（国有企业）和佛山市南海区表壳厂有限公司（民营企业）。法人代表为王玉生，注册资金为555.7万元。海洋厂的主要经营范围是各种瓦楞包装袋箱，可发聚苯乙烯包装材料、装饰天花板，水产养殖浮具，救生圈，发泡胶材料。

海洋厂下设企业管理部、财务部、市场营销部、生产技术部4个部门。

海洋厂设董事会。时任董事长孔庆忠，董事冯文飘、王玉生、姜保民、欧松。时任总经理姜保民，党支部书记黄国杨，工会主席刘浩全。员工85人。

（刘浩全）

【海洋厂工作概况】　2007年，是广远对海洋厂实施承包经营管理的第二年。海洋厂结合本单位实际情况，紧紧围绕企业经营管理，统一思想，凝聚力量，创新机制，促进企业和谐发展。是年，海洋厂按照年度工作计划，采取了一系列措施。加强经营管理工作，使企业在重组后生产经营管理逐渐步入正轨，并紧扣“抓管理、创效益”的主题，积极开展工作，取得了较好的成效。在企业管理方面，制定了年度生产经营目标，明确责任，落实到人；制定《企业管理制度汇总》、《财务管理制度》、《应收账款管理制度》，规范企业管理工作；在财务管理方面，切实加强成本核算，及时反映各种生产费用支出，以及产品、库存商品的增减变动、结存情况，并实时对其进行监督控制，特别是加强对生产、销售环节的成本分析，挖掘降本增效的潜能；在市场开拓方面，大力开拓成型包装稳定客户，经过市场开拓，初步试产20个成型新产品；在生产方面，注重对新招聘大专以上的技术工程人员的培养和锻炼，加强生产技术的管理队伍建设，并通过制定生产定额方案，切实提高生产效率及机器利用率，降低能耗，节约生产成本。是年，海洋厂完成产量1020吨，产值1755万元，销售收入为1806万元，经营利润为10万元。（刘浩全）

【召开2007年董事会】 2007年4月10日，海洋厂召开2007年董事会。参加会议的有董事长孔庆忠，董事冯文飘、王玉生、姜保民、欧松；列席会议的有广远岸产部张访苏、蒲逸鸣，海洋厂黄国杨、水从山、余云辉、刘浩全。会议由总经理姜保民主持。会议审议通过了《2007年总经理工作报告》、《2007年财务预算报告》、《2007年投资计划预算报告》、《关于长期积压产品的处理报告》、《关于闲置运输车辆的处理报告和企业性质转变的问题》。会议对海洋厂在广远承包以来在维护企业稳定和发展、成本控制、内部挖潜等内部管理方面所取得的成绩给予了充分肯定。

（刘浩全）

【保证企业质量品牌】 2007年，海洋厂严格按照质量体系的具体要求实施质量管理战略，加强质量检验的流程，开展新员工的质量管理培训，提高员工的质量意识，积极维护“雪宝”牌泡沫的质量品牌。5月，海洋厂通过了中诚认证中心的质量管理体系的第一次年度监督审核。

（刘浩全）

【安全生产工作】 2007年，海洋厂将安全生产作为一切工作的重中之重，坚持“安全第一，预防为主”的方针，重新修订《突发事件综合应急预案》，建立健全安全领导小组管理体系，强化了安全生产管理的力度。是年，举办厂消防安全理论和实操培训2次，送外参加安全培训14人次，更换消防器材28项，新员工岗前安全培训10人次。通过上述活动，使全体员工牢固树立安全生产意识，实现全年度安全生产“4个为零”的目标，即：死亡事故为零，重伤事故为零，重大机械事故为零，火灾事故为零。

（刘浩全）

【党支部工作】 2007年3月，中共南海区大沥镇黄岐党工委批复，批准成立中共佛山市南海海洋包装材料厂支部委员会（以下简称海洋厂党支部）。海洋厂党支部得到中共南海区委的高度重视，并委派南海区副区长冯永康对海洋厂党支部工作进行指导。是年，海洋厂党支部紧密围绕企业生产经营，加强党的组织建设和党员思想政治教育，认真组织学习中共十七大精神。通过党员大会、民主生活会等方式，加强对党员的教育、管理，充分发挥共产党员的先锋模范作用，提高党组织的战斗力和凝聚力。

（刘浩全）

【工会工作】 2007年，海洋厂工会积极参与企业管理，组织职工参与ISO9001质量管理体系的标准的学习，并实行全面的产品质量管理；组织职工学习《工会法》、《劳动合同法》等法律法规，提高员工遵章守纪、学法、用法的意识；坚持以人为本，帮助员工解决工作和生活困难；举办工会干部理论培训，提高工会干部的理论水平和实际工作能力；成功组建“职工之家”，为员工提供一个学习和交流的平台。

（刘浩全）

【树立典型，表彰先进】 2007年，海洋厂为激励先进，树立榜样，进一步调动员工投身企业新一轮经营发展的积极性和创造性，经全体员工的民主评议和推荐，党支部、工会审核，厂行政领导办公会批准，评选了8名先进生产（工作）者，并给予了奖励。

（刘浩全）

【组织中层干部年度绩效考核】 海洋厂为进一步加强中层干部考核管理，建立和健全科学化、民主化、制度化的干部考核任用和管理监督机制，促进企业的健康快速发展，于2007年12月21日对12位主管以上中层干部进行了年度工作考核。海洋厂对中层干部的考核从“德、能、勤、绩、廉”五个方面，按照客观公正、民主公开、注重实绩的原则，坚持领导与群众相结合、定性与定量相结合的原则，经过领导考核，民主测评等程序，对中层干部在任期内的工作进行全面考核。参评的12位中层干部考核结果均为优良。

（刘浩全）

【追收应收货款】 2007年，海洋厂在严格控制管理应收账款的同时，加强与客户沟通并采取有效的法律手段，积极追收广远承包海洋厂前的应收账款1.2万元。

（刘浩全）

第十四节　东海大厦

【东海大厦简介】 东海大厦成立于1988年3月1日，是由广东省外经贸厅批准成立的一家台港澳与境内合作的星级涉外酒店。东海大厦前身由中远（香港）置业有限公司直接经营。2005年11月16日广远与中远（香港）置业有限公司签订了《东海大厦整体转让之框架协议》，并于2005年12月7日成立了东海大厦接管小组。东海大厦自2007年1月1日起正式归由广远直接管理，是一家涉外二星级酒店，主营酒店客房业务。大厦座落于环市东路与北较场路的交界处，占地面积1052.21平方米，建筑面积6601.24平方米。拥有120间客房，1间可容纳20多人的园林会议室，同时设有商务中心、票务代理、商场、网吧、特色西餐厅、中西式餐厅及露天茶座、美容美发等配套设施。

东海大厦下设总经理办公室、财务部、人力资源部、销售部、房务部、工程部、保安部、工会等8个部门。

东海大厦设董事会、监事会。时任董事长胡锦沛，董事王玉生、刘贤蒙、邓伟荣、何向宁。监事郑意、张访苏、陶雁施。

时任总经理兼党支部书记何向宁，总经理助理兼财务经理王焕清。员工111人。

（陶雁施　刘静）

【东海大厦工作概况】 2007年，东海大厦坚持以提高效益为中心，提升企业服务质量为重点，狠抓经营管理，实行了一系列的管理改革与流程改善；通过调整经营结构，丰富经营范围，进一步完善了企业内部经营机制；是年，东海大厦各方面的工作取得较好的成绩，保质保量地完成各项任务指标，全年营业收入超出预算8.68%，与2006年同比增长2.25%。

（陶雁施　刘静）

【重新塑造大厦品牌系统】 2007年，东海大厦重新统一大厦的形象标志，重新建造企业的视觉识别VI系统（包括大厦网站系统、宣传折页、客房用品、宾客指南等），提高了大厦的档次；全面激活企业的网络化，加强了企业的宣传力度，打造远洋酒店的优质品牌。

（陶雁施　刘静）

【改造大厦硬件设施】　2007年，东海大厦为提升大厦的企业形象及硬件服务，先后于1月底及11月顺利完成了两期装修改造工程，分别进行了客房的全面装修改造工程，大堂的改造工程，更新3台电梯（包括2台客梯，1台员工梯），合理利用空间增设了一系列配套设施，包括大堂的小型服饰商场、票务代理的商务中心，4楼的小型西餐酒吧，16楼的美容美发室、空中园林、可容纳20多人的小型园林会议室等。对各部办公室及地下室进行了全面更新改造，增设了“职工之家”，更新布草房及销售部员工休息室，改善员工的工作生活环境。同时，对大厦消防安全器材进行更换，为保安员配备巡查棒，为监控中心增设监控录像，为楼层配备新的吸尘器、空气清新机等设备；全大厦铺设宽带上网；为各部增设电脑配置，实现无纸化和网络化办公。是年，东海大厦通过改造大厦硬件设施，提高了工作效率和信息化管理水平。（陶雁施　刘静）

【召开第一次销售工作会议】　2007年3月5日，东海大厦管理团队于南海凯悦半山别墅会议室召开2007年第一次销售工作会议，会议由总经理何向宁兼主持。与会人员有房务部、保安部、工程部、人事部、总经办共11人参加。会议围绕大厦复业后的销售计划和主要工作议题，发表意见并展开相关讨论。会议制定了大厦的远景目标，即“在本区域内建立一家三星级水平的特色酒店，为客户提供高质量、高素质的服务，为股东的效益及员工的自我价值最大化而努力”，以及大厦的企业精神，即“宾客至上，追求卓越，以人为本，和谐务实”。（陶雁施　刘静）

【召开第六届第五次董事会】　2007年5月10日，东海大厦召开第六届第五次董事会。参加会议的有第六届董事会董事长李树村，董事会成员孟庆惠、许建芳、温忠民、李洪林，以及广远总会计师、东海大厦董事长胡锦沛、广远岸产事业部总经理王玉生、天星公司总经理刘贤蒙、广远财经部总经理助理邓伟荣、东海大厦总经理何向宁。会议由胡锦沛主持。会议通过以下事项：同意股东香港远洋轮船有限公司将其所持有的全部东海大厦权益以295万美元价款转让给天星公司、由胡锦沛出任东海大厦董事长及法定代表人，由王玉生、刘贤蒙、邓伟荣、何向宁出任大厦董事会成员、成立东海大厦监事会，由张访苏、郑意、陶雁施出任监事会成员。会议还通过了大厦经营范围变更及合同、章程的重新修订等事项。（陶雁施　刘静）

【召开东海大厦监事会会议】　2007年5月11日，东海大厦召开监事会会议。参加会议有监事张访苏、郑意、陶雁施。会议就董事会有关事项进行了商讨，并通过由郑意出任东海大厦监事会召集人，确定东海大厦监事会严格按照《公司法》的各项规定，履行监事会的各项职能。

（陶雁施　刘静）

【党支部工作】　2007年6月13日，东海大厦成立党支部，由大厦总经理何向宁兼任党支部书记。东海大厦党支部成立后，开展了一系列活动：制定2007年东海大厦党建活动方案、召开“七·一”党建座谈会、召开爱国主义座谈会、组织观看中共十七大实况转播、召开党支部工作会议，学习贯彻中共十七大精神。

（陶雁施　刘静）

【召开2007年第一次股东大会】　2007年8月2日，东海大厦在广远召开2007年第一次股东大会。会议审议同意中方股东广州松涛企业公司将其持有的东海大厦股权无偿划转给广远。　（陶雁施　刘静）

【调整机构设置】　2007年，东海大厦为全面提高大厦营销服务水平与管理水平，适时对组织机构进行改革调整：4月，总经理办与人事部分开管理，工作相互协作实行“分家不分工”。5月1日，成立销售部，属房务部二级部门；7月30日，销售部脱离房务部，以一级部门正式单独成立，前厅部划归销售部统一管理；11月，原属财务部管理的前台收银岗并入销售部接待岗统一管理。　（陶雁施　刘静）

【成立工会组织】　2007年12月18日，东海大厦正式成立工会委员会，由王焕清、陈长针、范丽琼、徐银珍、杨尚明为第一届工会委员会委员，由王焕清兼任工会主席，陈长针任工会副主席。

（陶雁施　刘静）

【组建功能小组】　2007年，东海大厦为配合大厦各阶段的管理工作，组建了一系列功能小组：3月21日，成立大厦管理小组，统领大厦管理团队的工作；7月1日，成立质量管理（QC）小组，以大厦二期装修改造工程为QC小组活动课题项目，撰写课题报告；8月8日，成立大厦安委会及成本控制小组；8月16日，成立大厦客房质量管理小组；11月1日，成立大厦规章制度编写小组，全面开展大厦的规章制度建设工作；11月，成立全面风险管理小组，对大厦进行风险自查，逐步完善大厦风险管理体系；12月5日，成立大厦发展课题研究小组，撰写大厦发展课题研究报告。　（陶雁施　刘静）

【员工培训】　2007年，东海大厦为加强员工队伍建设，制定并落实一系列培训计划，主要有8月初，开始的每周两次英语培训；9月19日，前厅部员工进行英语技能考核；9月，由人事部聘请亚洲国际大酒店培训师对大厦全员进行仪容仪表、礼貌礼节培训；9月21日，全员消防安全意识培训；9月23日，聘请深圳康佳集团业务拓展部经理对领班级以上人员进行管理技能培训；11月12日，举行消防安全演习；11月14~16日，组织房务部外省员工进行上岗培训；11月19日，由大厦总经理对各部经理进行廉政谈话及首次的工作绩效评估；11月21日，组织员工外出到惠州参观学习；12月27日，由工会组织大厦持驾驶执照人员，进行驾驶安全教

育学习等。是年，东海大厦通过这一系列培训，提高了员工的整体素质。

（陶雁施　刘静）

【建立大厦安全体系】　2007年，东海大厦以贯彻《安全生产法》和有关法律法规为主线，以建立安全生产长效机制为手段，以遏止重特大事故、减少一般事故为目标，落实广远安全生产工作的各项要求，并结合大厦实际情况，初步建立了一套安全防范监管体系，深化专项整治，强化依法监管，并于12月3日接受广远对大厦安全体系的检查。是年，由于大厦安全体系的建立和完善，以及员工对安全体系的执行，使大厦安全生产形势持续稳定，全年实现安全零事故。（陶雁施　刘静）

2007

2008年刊

广州远洋运输公司年鉴
GUANGZHOU OCEAN SHIPPING COMPANY YEARBOOK

第九章 广远非常设机构

【安全委员会】 广远安全委员会主要职责是贯彻执行国家有关的安全生产法律、法规；负责组织、协调和指挥公司的安全生产活动，制订和完善安全管理规章制度，保证提供安全的生产环境和必要的资源支持；负责监督各单位、各部门的安全管理工作和安全生产教育活动，营造“人人讲安全，事事讲安全”的生产氛围；负责按照上级安全管理部门的指示，对公司总体安全工作进行计划、布置、检查、总结和评比；负责监督、协助各单位、各部门上等级安全事故调查、处理并按规定做好上报工作；负责监督各单位、各部门识别生产中的各种风险，制订应急预案，对发生的紧急情况采取应变措施；负责制订安全管理指标体系，根据《广州远洋运输公司安全管理责任处罚及奖励暂行规定》，对相关单位和安全责任人提出红、黄牌和金、银牌建议。

安委会主任徐惠兴、副主任翁继强，成员有刘书田、傅伟、黄继忠、马宗梅、胡锦沛、石立森、林旭东、谭力、黎光葵、池新旺、姚勇、朱航员、符雄、姜立军、赵寿春、何伟杰、邱波、袁伟贤、官雄、李伟、刘贤蒙、尤扬斌、郑培贤、徐国新、施金安、程一高、方少彪、王玉生、凌保平、蔡志强、闭晴安、孟政。

广远安委会下设办公室（设在航安部），为广远安委会的日常办事机构。办公室主任为翁继强、副主任石立森，秘书刘启清，成员有周维民、温锐波、任乃星、钱汉东、伍英华。

【汽车船项目领导小组】 广远汽车船项目领导小组工作主要职责是负责审订广远汽车船发展规划，审定广远汽车船的发展模式。该项目领导小组组长为徐惠兴，成员有刘书田、傅伟、翁继强、黄继忠、马宗梅、胡锦沛、姜立军、郭京。

【汽车船项目规划组】 广远汽车船项目规划组在广远汽车船项目领导小组领导下开展工作，主要职责是负责制订广远汽车船发展规划。该规划组组长为傅伟，副组长为郭京、谭力，成员有林旭东、黎光葵、邓伟荣、张庆华、董宇航、陈新川。

【加强船员教育培训领导小组】 广远加强船员教育培训领导小组主要职责是负责全面领导、部署和推进加强船员教育培训的“红树林”工程；负责审批总体实施计划，审核和批准活动的经费预算，对教育培训中的重大事项进行协调和决策；负责审核实施加强船员教育培训的“红树林”工程的总结、评先。该领导小组组长为徐惠兴、刘书田，副组长为黄继忠，成员有傅伟、翁继强、马宗梅、胡锦沛。

【加强船员教育培训工作小组】 广远加强船员教育培训工作小组在广远加强船员教育培训领导小组的领导下开展工作，主要职责是负责制订加强船员教育培训的“红树林”工程总体方案，编制预算方案，负责活动的组织和落实工作；负责督促、指导、审核广远相关部门、各航运公司、船员公司、金桥学院制订加强船员教育培训的具体计划和实施方案；负责对广远各部门、各单位的实施情况进行指导、跟踪、监督和检查，定期编写工作简报；负责活动的总结、评先和交流推广工作。该工作小组组长为黄继忠，副组长尤扬斌、郭福祥、黎光葵、姚勇，成员有林旭东、符雄、龚艳平、顾卫东、林耀强、蔡志强、梁伟民、周伟民、周连柏、尤天福、吴如松、陈衡、沈利、陆启扬、李绍丰、张重阳、陈世德、张丛、钱汉东、陈成进、周益桥。

【加强船员教育培训“红树林”工程督导小组】 加强船员教育培训“红树林”工程督导小组在广远加强船员教育培训工作小组领导下开展工作，主要职责是负责对各单位落实广远加强船员教育培训“红树林”工程总体方案及推进本单位实施方案的工作情况进行督察；对各单位船员教育、培训、激励等重点环节的实施情况进行检查；检查、监督各单位实施加强船员教育培训“红树林”工程方案的效果，以及完成总体目标、具体目标的进度情况；现场检查船舶实施加强船员教育培训“红树林”工程情况并指导船舶开展教育培训和岗位练兵活动；及时发现典型，认真做好经验总结和推广工作；每季度组织召开一次例会，通报各单位实施加强船员教育培训“红树林”工程的情况；向广远加强船员教育培训“红树林”工程工作小组报告督察工作情况提出合理化意见和建议。督导小组日常办公室设在船员公司质量办。该督导小组组长为石立森，副组长为尤扬斌、郭福祥、黎光葵、姚勇，成员有吴如松、张重阳、尤天福、钱汉东、梁伟民、刘建华、曾远祥、梁杰。

【广远风险管理委员会】 广远风险管理委员会下设战略风险管理分会、经营风险管理分会、财务风险管理分会和法律风险管理分会4个专业机构。主要职责是履行审议并提交企业全面风险管理年度工作报告，确定企业风险管理总体目标、风险偏好、风险承受度，批准风险管理策略和重大风险管理解决方案，批准重大决策的风险评估报告和审计部门提交的风险管理监督评价报告等。广远本部的风险管理委员对广远总经理办公会负责，广远各控股子公司的风险管理委员会对各公司的董事会负责，广远本部的风险管理委员与各控股子公司的风险管理委员会之间是管理与指导的关系，各控股子公司的风险管理委员会定期向广远本部的风险管理委员会提交各公司风险管理情况的工作汇报。该评委员会主任为徐惠兴，成员有刘书田、傅伟、翁继强、黄继忠、马宗梅、胡锦沛、尤扬斌、王玉生、姜立军、赵寿春、何伟杰、官雄、李伟（省远洋）、刘贤蒙。

【战略风险管理分会】 战略风险管理分会主要职责是根据对广远战略的分析与制定、评价与选择以及实施与控制。通过对政策风险、行业风险、品牌风险、制度风险、目标与计划风险等战略风险进行专业识别、评估、监控来妥善预防和处理风险所导致的损失及其后果，以获得最大安全保障的动态战略风险管理过程。分会组长需定期组织会议讨论、评价，并组织形成定期专业报告，报送至风险管理委员会。该分会主任为傅伟，成员有谭力、姚勇、黎光葵、张庆华、刘晓阳、任鑫。

【经营风险管理分会】 经营风险管理分会主要职责是紧盯市场变化、紧抓安全生产，防范市场变化给企业带来的经营损失，采取适当措施规避或消减市场风险。通过制度安排，提高生产效率和经营效益。分会组长需定期组织会议讨论、评价，并组织形成定期专业报告，报送至风险管理委员会。该分会组长为翁继强，成员有石立森、周维民、杜俊明、陈新川、周佳忠、王玉生。

【财务风险管理分会】 财务风险管理分会主要职责是关注企业的财务制度建设和实施情况，关注企业资产质量和盈利能力的发展变化，如资产的流动性、债务的安全性、投资的安全性和回报能力、现金回收能力、利率、汇率、税率和股价变动带来的风险等。分会组长需定期组织会议讨论、评价，并组织形成定期专业报告，报送至风险管理委员会。该分会主任为胡锦沛，成员有池新旺、邓伟荣、佟文华、张访苏、林敬伟、黄雁、盛开薇。

【法律风险管理分会】 法律风险管理分会主要职责是关注国内外与本企业相关的政治、法律环境、政策和制度的变化，对企业的重大投资行为、业务经营行为以及其他重要管理活动要重点跟踪、关注，防范从项目策划、具体运作、合同签署到最终实施的各类法律风险的发生。分会组长需定期组织会议讨论、评价，并组织形成定期专业报告，报送至风险管理委员会。该分会主任为傅伟，成员有林旭东、周学茵、吴奕凡、朱航员、各投资控股公司法律主管。

【精益管理领导小组】 广远精益管理领导小组主要职责是负责领导、推动和部署广远“精益管理年”活动；负责审核活动的总体实施方案；负责审核和批准广远“精益管理年”实施方案、应用实施项目及活动经费预算；负责审核和批准外部顾问的使用，批准在工作小组下设立相关的精益管理应用实施专业小组；对广远“精益管理年”活动中的重大事项进行协调和决策；负责审核和批准广远“精益管理”项目的考核、评估、奖励办法和奖励决定；负责批准精益管理成果的发布和推广工作。该领导小组组长为徐惠兴、刘书田，副组长傅伟，成员有翁继强、黄继忠、马宗梅、胡锦沛、林旭东、谭力、黎光葵、池新旺、石立森、姚勇、朱航员、符雄、尤扬斌、王玉生、姜立军、赵寿春、何伟杰。

【精益管理工作小组】 广远精益管理工作小组主要职责是负责制订广远“精益管理年”活动总体实施方案，并负责活动的组织和落实工作；负责指导广远各部门、各二级单位制订“精益管理年”活动细化方案和精益管理应用实施方案，负责编制活动预算方案；负责考察并提出外部顾问选用和设立广远精益管理应用实施专业小组的建议；对广远各部门、各二级单位“精益管理年”活动的进展情况进行指导、跟踪、监督和检查，编制活动动态简报；负责制订广远“精益管理”项目的考核、评估、奖励办法等相关制度文件；负责组织对集团重大精益管理项目的验收、评估和考核工作，并根据考核结果提出年度奖励方案；负责精益管理成果的总结、汇编、上报和推广工作。该工作小组组长为傅伟，副组长谭力、池新旺，成员有黎光葵、王玉生、张莲芳、张庆华、章晓彤、谢小梅、钱汉东、佘松亮、李惠霞、蔡兆聪、张丛、何进伸、刘晓阳、姚辉、王雷和中远航运、中远远达、南方沥青的主管负责人。

【QC 成果评审小组】 QC 成果评审小组主要职责是负责对广远 QC 成果的评审和

优秀 QC 成果的推荐工作。小组成员主要由广远各部门从事质量管理工作三年以上、获得 QC 小组活动咨询或诊断师资格的 QC 推进员组成。发展部作为广远 QC 小组活动考核、评审主管部门，负责广远范围内 QC 小组活动的总体管理及日常注册登记、活动指导、成果收集、审阅确认、评审发表、经验交流、推荐上报、表彰奖励等工作。负责制定每年的 QC 培训计划，包括培训的对象、内容、要求、时间等，人事部负责培训的组织落实，重点对 QC 小组活动的骨干进行培训，获取交通部、省、市或集团的 QC 小组活动咨询或诊断师资格。该评审小组组长为谭力、副组长张庆华，成员有郑再利、梁玉兴、余肖群、黎清、邱进宗、梁恩发、刘朝贵、王宏浩。

【“十一五”规划编写/修订领导小组】 “十一五”规划编写/修订领导小组主要职责是全面领导规划编写工作；审定规划纲要和规划；保证工作小组必要的资源。该领导小组组长为徐惠兴、刘书田，副组长为傅伟，成员有翁继强、黄继忠、马宗梅、胡锦沛、姜立军、郭京、尤扬斌、赵寿春、谭力、黎光葵、石立森、王玉生、池新旺、何伟杰。

【“十一五”规划编写/修订工作小组】 “十一五”规划编写/修订工作小组在“十一五”规划编写/修订领导小组领导下开展工作，主要职责是制订详细的规划编写工作计划；根据工作计划按时提出规划纲要呈领导小组审核；根据领导小组的审核意见对纲要进行修改；规划纲要报中远集团；根据中远集团批准的纲要和时间要求，结合公司实际编写详细的规划；规划报领导小组审核；根据领导小组的审核意见对规划进行修改；将规划定稿上报中远集团。该工作小组组长为谭力，副组长为周维民、王玉生、林耀强、张庆华，成员有航运分组周维民、林敬伟。；岸产分组王玉生、郑再利；船员分组林耀强、周伟民；综合分组张庆华、任鑫；支持分组邓伟荣、阮亦欢。

【广远预算管理委员会】 广远预算管理委员会主要职责是负责制定广远总体预算管理的规定和程序；根据广远战略发展规划和经营计划提出广远年度各项预算指标；对广远各下属单位上报的年度预算进行审核并提出调整意见；指导和监督广远下属单位预算执行情况，根据经营环境的重大变化提出广远年度预算调整方案；定期向广远总经理办公会提交各单位预算编制情况分析报告和年度合并预算方案建议；制定广远预算考核管理办法，组织落实各项考核工作。该评委员会组长为徐惠兴，副组长为刘书田、胡锦沛，成员有傅伟、翁继强、黄继忠、马宗梅、林旭东、谭力、黎光葵、池新旺、石立森、姜立军、尤扬斌、王玉生。

【广远预算管理委员会预算工作组】 广远预算管理委员会预算工作组在广远预算管理委员会领导下开展工作，主要职责是负责研究并制定财务预算指标体系，确定预算编制工作流程；制定年度预算编制方法和编制要求，下达年度预算编制任务；搜集整理财务信息资料，做好财务预测工作，为财务预算提供编制依据；组织广远本部及所属企业财务预算编制工作，检查预算编制进度；汇总广远本部及所属企业的预算草案，提出审查意见，报预算委员会审核；组织和监督财务预算实施，对预算调整提出审查意见，报预算委员会审核；比较评价预算执行结果，提出考核意见；负责其他有关预算执行的策划和联络事项。该预算工作组组长为胡锦沛，副组长为翁继强、池新旺，成员有郑潮藩、张庆华 、叶勇、李惠霞、张访苏、邓伟荣、邓玲、陈小华、何进伸、邹碧。

【清产核资领导小组】 清产核资领导小组主要职责是负责清产核资工作的指导和督促；该领导小组组长为徐惠兴、刘书田，副组长为傅伟、翁继强、黄继忠、马宗梅、胡锦沛，成员有林旭东、谭力、池新旺、黎光葵、石立森、姚勇、朱航员、符雄、王玉生、尤扬斌。

【清产核资工作小组】 清产核资工作小组在清产核资领导小组领导下开展工作，主要职责是负责清产核资工作的具体实施操作。该工作小组组长为胡锦沛，副组长池新旺，成员有佟文华、莫凡凡、谢小梅、颜萍、陈小华、王瑜、陈桃妹、杨波、关雨标、郭汝花。

【涉外突发事件应急处置工作小组】 广远涉外突发事件应急处置工作小组主要职责是负责境外发生的涉及广远员工、机构安全的突发事件的应急处置工作。该工作小组组长为黄继忠，副组长为黎光葵、石立森、尤扬斌，成员有林旭东、姚勇、赖奕光、赵寿春、陈建钦、梁伟民、温锐波。

【人口和计划生育委员会】 广远人口和计划生育委员会主要职责是负责贯彻落实国家和地方政府的计划生育政策，负责职工违反计划生育政策行为的调查处理，负责职工日常的计划生育工作，落实计划生育待遇。该委员会主任为刘书田，副主任为黎光葵，成员有姚勇、林耀强、符雄、郑深恩、陈建钦、叶勇、颜萍、林望梅。人口和计划生育委员会下设办公室，主任为叶勇。

【劳动鉴定及伤残评审委员会】 广远劳动鉴定及伤残评审委员会主要职责是负责职工工伤事故的认定和工伤医疗期的核定，负责职工工伤伤残等级和职工劳动能力鉴定的初评工作。该委员会主任为刘书田，副主任为马宗梅、黎光葵、张玉凌，成员有戴世华、郑深恩、叶勇、符雄、温锐波、邝占罗、黄旺新、陈新明、任乃星。

【工程系列中级职称评委会】 广远工程系列中级职称评委会主要职责是负责工程系列职称评审工作。该评委会主任为徐惠兴，成员谭力、所春阁、金宏、孟政、刁世福、石立森、梁合东、王庆来、周伟民。

【政工系列初级职称评委会】 广远政工系列初级职称评委会主要职责是负责政工系列职称评审工作。该评委会主任为刘书田，副主任为黄继忠，成员有姚勇、朱航员、易宝森、黎光葵、陈建钦。

【教育系列初级职称评委会】 广远教育系列初级职称评委会主要职责是负责教育系列职称评审工作。该评委会主任为蔡志强，成员有陈德安、马志华、邓林闻、师德清、周映南、黄爱钦、吉留成、张厚如。

【高技能人才队伍建设领导小组】 广远高技能人才队伍建设领导小组主要职责是负责高技能人才队伍建设的领导工作。该领导小组组长为刘书田，副组长为黄继忠，成员有黎光葵、尤扬斌、池新旺、谢朝东、王玉生。

【高技能人才队伍建设工作小组】 广远高技能人才队伍建设工作小组主要职责是负责高技能人才队伍建设的工作，执行政府和劳动行政部门有关规定和实施办法，保证鉴定质量。该工作小组组长为黄继忠，副组长为黎光葵、周伟民，成员有徐鹰、郭智谋、程育欣、陈衡、江庆祥。

【技师评审委员会】 广远技师评审委员会主要职责是根据申报人提供的材料，负责对技师任职专业技能水平和任职资格的评审。下设广远技师考评办公室、专业理论实操考试组、船舶驾驶工专业评议组、船舶轮机工专业评议组、汽车维修工专业评议组。该委员会主任为徐惠兴，副主任为翁继强，成员有尤扬斌、石立森、所春阁、尤天福、胡永华。技师考评办公室主任为徐鹰，成员有江庆祥。

【档案销毁鉴定小组】 广远档案销毁鉴定小组主要职责是负责销毁档案的鉴定工作。该小组组长为傅伟，副组长为黎光葵，成员有张莲芳、姚勇、谭力、邓伟荣、石立森、郑培贤、徐鹰、郑潮藩。

【应急领导小组】 广远应急领导小组主要职责是接受中远集团应急办公室和主管部门的领导，请示并落实指令；负责审定、批准和实施广远突发事件综合应急预案和专项应急预案；宣布应急预案的启动和终止；负责协调、指导广远下属单位突发事件应急处置行动。调动各方面的力量，提供信息和一切必要的支持；负责对政府部门报告，对外界发布信息；组织广远应急预案的演练；监督、审查应急管理工作。该领导小组组长为徐惠兴、刘书田，副组长为翁继强，成员傅伟、黄继忠、马宗梅、胡锦沛、石立森、发生紧急或突发事件单位负责人。

【防抗台指挥协调小组】 广远防抗台指挥协调小组主要职责是按照上级部门的指示，部署广远和投资、控股航运公司及陆地单位的防台工作；督促、检查各投资、控股航运公司及陆地单位的防台工作，并落实公司有关防台决定；处理防抗台中各投资、控股航运公司防台指挥小组上报的问题；跟踪台风信息，研究台风动态，关注各投资、控股航运公司上报的受台风威胁的船舶动态；总结防抗台工作中的经验教训。该指挥协调小组组长为翁继强，副组长为石立森，成员有各航运公司防台工作负责人、航运部有关人员。

【节能领导小组】 广远节能领导小组主要职责是负责领导、推动和部署广远“节能减排”活动；负责审定广远“节能减排”活动总体实施方案；负责审核和批准广远“节能减排”实施方案、应用实施项目及活动经费预算；负责审核和批准外部顾问的使用，批准在工作小组下设立相关的节能减排活动专业小组；对广远“节能减排”活动中的重大事项进行协调和决策；负责审核和批准广远“节能减排”项目的考核、评估、奖励办法和奖励决定；

负责批准节能减排成果的发布和推广工作。该领导小组组长为翁继强，副组长为赖奕光、石立森，成员有郭福祥、杜俊明、刘海平、曾远祥、周佳忠、梁杰。

【节能工作小组】 广远节能工作小组在广远节能领导小组领导下开展工作，主要职责是负责制订广远“节能减排”活动总体实施方案，并负责活动的组织和落实工作；负责指导广远各部门、各二级单位制订“节能减排”活动细化方案和节能减排应用实施方案，负责编制活动预算方案；对广远各部门、各二级单位“节能减排”活动的进展情况进行指导、跟踪、监督和检查，编制动态简报；负责制订广远“节能减排”项目的考核、评估、奖励办法等相关制度文件；负责组织对广远重大节能减排项目的验收、评估和考核工作，并根据考核结果提出年度奖励方案；负责节能减排成果的总结、汇编、上报和推广工作。该工作小组组长为赖奕光，副组长为曾远祥、周维民，成员有洪颖、张卓雁、柯毅峰、雷汝成、廖伟权、何观文、汤志明、庄少平、钱汉东。

【安全长效管理领导小组】 广远安全长效管理领导小组主要职责是负责推进广远安全长效管理机制的组织领导，研究推进工作的有关重大事宜，审核批准工作计划，提供必要的资源支持，定期评估工作进展情况，对中远集团领导小组负责。该领导小组组长为徐惠兴，副组长为翁继强，成员有姜立军、赵寿春、何伟杰、郭福祥、尤扬斌、王玉生、石立森。

【安全长效管理工作小组】 广远安全长效管理工作小组在广远安全长效管理领导小组的领导下，主要职责是负责制定广远安全长效管理机制工作计划，组织整个计划的具体实施，检查具体措施的落实情况，掌握各下属企业的推进活动进度，并给予监督指导，向领导小组汇报工作的进展，分析存在的问题，提出合理化建议，结合中远集团的要求，每年对工作进行总结，负责对外部联络相关事宜。工作小组办公室设在航安部。该工作小组组长为翁继强，副组长为郭福祥、石立森、梁伟民，成员有曾远祥、梁杰、刘建华、张建浩、严少波、杨合武、周连柏、尤天福、周维民、温锐波、刘启清、任乃星、钱汉东、伍英华。

【“三学一创”领导小组】 “三学一创”领导小组主要职责是全面负责广远“学创”活动的领导工作，确定活动的组织、实施、考核、评比奖励方案。该领导小组组长为刘书田、徐惠兴，副组长为黄继忠、傅伟、马宗梅、翁继强、胡锦沛，成员有姚勇、林旭东、谭力、黎光葵、池新旺、石立森、朱航员、符雄、林耀强、赖奕光、龚艳平、顾卫东、陈建钦、章晓彤。

【精神文明建设领导小组】 广远精神文明建设领导小组主要职责是科学调动各方资源，确保企业精神文明目标的实现，为企业经营管理目标的实现提供强有力的思想保证和智力支持。具体负责：推动加强企业党的建设；加强企业思想政治教育和企业文化建设；加强企业党风廉政建设和企业内部监督工作；充分发挥工会、共青团的桥梁和纽带作用，加强企业民主管理。该领导小组组长为刘书田、徐惠兴，副组长为黄继忠、马宗梅，成员有姚勇、黎光葵、朱航员、符雄、赖奕光、林耀强、龚艳平、顾卫东、陈建钦、章晓彤、王茜。

【党建思想政治工作研究会理事会】 广远党建思想政治工作研究会理事会主要职责是根据中共中央和上级机关的指示精神，围绕企业生产经营实际，深入开展调研和企业思想政治工作相关理论课题的研究，为企业改革发展提供有价值的理论研究成果和决策参考。该理事会会长为刘书田，副会长为黄继忠、马宗梅，秘书长姚勇，副秘书长章晓彤，成员有黎光葵、朱航员、符雄、赖奕光、龚艳平、顾卫东、林耀强、陈建钦、王玉生、姚锦池、甄伟、梁伟文、朱克洪、李伟、王茜、王雷，秘书陈成进。

【企业文化建设推进委员会】 广远企业文化建设推进委员会主要职责是讨论确立广远企业文化核心价值体系；制定企业文化建设规划和实施方案，并监督、指导规划和方案的推进；组织对广远企业文化体系和建设成效进行评估。该委员会主任为刘书田、徐惠兴，副主任为黄继忠、马宗梅、傅伟、翁继强、胡锦沛，成员有姚勇、林旭东、谭力、黎光葵、池新旺、石立森、朱航员、符雄、林耀强、尤扬斌、姜立军、赖奕光、龚艳平、赵寿春、顾卫东、何伟杰、陈建钦、王玉生、章晓彤。

【普法工作领导小组】 广远普法工作领导小组主要职责是按照中央和上级有关指示要求，制定广远的普法规划、年度计划，并组织实施；组织编写普法教材；组织安排普法学习；指导、协调广远各单位的普法工作；宣传普法先进典型，总结交流依法治理经验；负责检查和考核验收工作。该领导小组组长为刘书田，副组长为黄继忠、傅伟，成员有姚勇、林旭东、谭力、黎光葵、池新旺、石立森、朱航员、符雄、林耀强、赖奕光、龚艳平、顾卫东、陈建钦、章晓彤、周学茵。

【普法工作办公室】 广远普法工作办公室在广远普法工作领导小组领导下工作，主要职责是负责起草广远普法规划和年度计划；深入基层调查研究、探索普法工作方式方法；针对普法工作中存在的问题及时向领导小组汇报，提出改进建议；负责普法教材的征订工作；起草上报年度及阶段性普法工作总结；负责普法专项经费的管理工作；完成领导小组交办的各项工作。本年度主要任务是推进“五五”普法工作。该办公室主任为姚勇，副主任为章晓彤、周学茵，成员陈成进、温锐波、郭智谋、蔡华建、吴奕凡、李春林、刘志勇。

【广远本部综合考核检查组】 广远本部综合考核检查组在广远本部作风建设领导小组领导下开展工作，主要职责对广远本部内部管理劳动纪律、安全工作、服务态度、办事效率、工作质量等进行综合考核检查，以加强和改进机关作风建设，树立机关良好形象。该检查组组长为傅伟，副组长为姚勇、林旭东，成员王茜、吴思、何进伸、任鑫、温锐波、佘松亮、蔡兆聪、郑潮藩。

【广远本部作风建设领导小组】 广远本部作风建设领导小组主要职责是加强广远机关作风建设，督促机关各部室及工作人员转变工作观念和作风，不断提高工作效率、质量和服务水平。该领导小组组长为刘书田，副组长为傅伟、黄继忠、马宗梅，成员姚勇、林旭东、黎光葵、朱航员、谭力、池新旺、石立森、符雄。

【贯彻落实《建立健全教育制度监督并重的惩治和预防腐败体系实施纲要》领导小组】 贯彻落实《建立健全教育制度监督并重的惩治和预防腐败体系实施纲要》（简称《实施纲要》）领导小组主要职责是全面领导广远构建惩防腐败体系建设的工作，听取落实情况的专题汇报，研究和部署整体工作规划和阶段性的任务。该领导小组组长为刘书田，副组长为徐惠兴、马宗梅，成员有傅伟、黄继忠、翁继强、胡锦沛。

【贯彻落实《建立健全教育制度监督并重的惩治和预防腐败体系实施纲要》工作小组】 贯彻落实《建立健全教育制度监督并重的惩治和预防腐败体系实施钢要》工作小组在领导小组领导下开展工作，主要职责是负责组织广远贯彻落实中央《实施纲要》和中远集团《实施意见》的组织推进工作，研究具体实施办法和措施，指导、协调和督查广远下属企业抓好构建惩治和预防腐败体系的工作。该工作小组下设办公室，是工作小组的具体办事机构，负责拟定广远对中远集团《实施意见》的贯彻落实意见，制定下发《广远落实中远集团<实施意见>任务分解表》，督促检查所属单位按计划开展各项工作，收集综合各种情况，完成各种文书的起草编制工作。该工作小组组长为马宗梅，副组长为朱航员、姚勇、黎光葵，成员有林旭东、谭力、池新旺、石立森、符雄、林耀强、陈建钦、赖奕光、龚艳平、顾卫东。

【治理商业贿赂领导小组】 治理商业贿赂领导小组主要职责是贯彻落实中共中央、国务院及国资委关于开展治理商业贿赂专项工作的各项方针、政策；研究部署、指导协调广远治理商业贿赂专项工作；研究处理与广远治理商业贿赂工作有关的其他重要问题。该领导小组组长为徐惠兴、刘书田，副组长为马宗梅，成员有翁继强、胡锦沛、林旭东、姚勇、谭力、黎光葵、池新旺、石立森、朱航员、符雄、王玉生、陈建钦、林耀强、赖奕光、龚艳平、顾卫东。领导小组办公室主任：朱航员。

【党风廉政和反腐败工作检查办公室】 党风廉政和反腐败工作检查办公室主要职责是负责对广远党风廉政和反腐败工作检查的日常工作，贯彻检查领导小组的决策、部署，结合企业实际制定检查实施方案，协调、指导和督促下属企业开展自查并组织监督检查，对检查情况进行总结并向领导小组汇报。该办公室主任为马宗梅，副主任为朱航员，成员有姚勇、郑意、谭伟、佘松亮。

【决策后评估委员会】 广远决策后评估委员会主任主要职责是领导广远决策后评估工作，听取落实情况的专题汇报，审阅评估报告及相关文件，研究和部署决策后评估工作任务，加强对企业决策项目的监督管理，促进决策水平的提高。该委员会主任为徐惠兴，副主任为马宗梅、胡锦沛，成员有林旭东、姚勇、谭力、池新旺、黎光葵、石立森、朱航员、符雄、佟文华、王玉生、林耀强。

【劳动竞赛与群众性技术创新领导小组（合理化建议委员会）】 广远劳动竞赛与群众性技术创新领导小组（合理化建议委员会）主要职责是根据上级的指示，结合企业的实际，研究制定推行“创新工程”的有关指导性意见，协调和督促广远本部、基层单位和部门落实“创新工程”工作，研究解决工作中遇到的重要问题。该领导小组（合理化建议委员会）组长为徐惠兴、刘书田，副组长为翁继强、黄继忠、马宗梅、胡锦沛，成员有林旭东、姚勇、谭力、池新旺、黎光葵、石立森、朱航员、符雄、尤扬斌、林耀强、王玉生、陈建钦。

【劳动竞赛与群众性技术创新活动办公室】 广远劳动竞赛与群众性技术创新活动办公室在广远劳动竞赛与群众性技术创新领导小组领导下开展工作，主要职责是贯彻落实领导小组关于推行“创新工程”的指导意见，调查研究，了解掌握推行“创新工程”的情况，及时向领导小组反馈有关信息和工作情况，做好立项评审、总结、推广、宣传和上报工作。该办公室主任为马宗梅，副主任为符雄，成员有段腊春、王茜、蔡兆聪、王雷、郭智谋、沈利、张丛、黄宜振。

【劳动争议调解委员会】 广远劳动争议调解委员会主要职责是调解广远本企业内发生的劳动争议；检查督促争议双方当事人履行协议；对职工进行劳动法律、法规的宣传教育，做好劳动争议的预防工作。该委员会主任为马宗梅，副主任为黎光葵、符雄，成员有郑深恩、戴世华、周维民、蔡兆聪、周学茵、段腊春、郭智谋。

【集体合同领导小组】 广远集体合同领导小组主要职责是根据《集体合同规定》及相关法律法规，指导企业做好《集体合同》的起草、修订、协调以及签订工作，监督《集体合同》条款的履行。该领导小组组长为黄继忠，副组长为傅伟、马宗梅，成员黎光葵、姚勇、朱航员、符雄、林耀强、陈建钦。

【困难职工帮扶中心领导小组】 广远困难职工帮扶中心领导小组主要职责是根据上级的指示精神和企业实际，领导和指导困难职工帮扶工作，研究确定帮扶工作原则、指导思想和发展方向，研究制订帮扶工作总体规划和方案，审批资助对象及其发放标准，保证困难职工帮扶工作健康发展。该领导小组组长为马宗梅，副组长为黄继忠、傅伟，成员有符雄、黎光葵、姚勇、朱航员、林耀强、池新旺、陈建钦、戴世华、谢汉波、周学茵。

【厂务公开领导小组】 广远厂务公开领导小组主要职责是制定广远实行厂务公开制度的实施意见，研究解决实施中的问题，指导协调有关部门密切配合、通力协作，认真搞好厂务公开工作。该领导小组组长为刘书田，副组长徐惠兴，成员傅伟、翁继强、黄继忠、马宗梅、胡锦沛、符雄、林旭东、黎光葵、池新旺、姚勇、朱航员、石立森、谭力、尤扬斌、陈建钦。

【厂务公开领导小组办公室】 广远厂务公开领导小组办公室在广远厂务公开领导小组领导下开展工作，主要职责是负责厂务公开的日常组织协调工作，加强研讨，总结经验，不断扩大厂务公开的覆盖面，努力提高工作水平，增强工作效果。该办公室主任为马宗梅，副主任为符雄、姚勇，成员有余松亮、蔡兆聪、吴思、周学茵、王茜、段腊春、王雷、郭智谋、沈利、米军喜、周益桥。

【厂务公开监督考核小组】 广远厂务公开监督考核小组在广远厂务公开领导小组领导下工作，主要职责是组织职工代表通过定期检查、民主评议等方式，监督厂务公开是否按规定的时间、内容、形式、程序进行；督促落实职代会依法作出的决议、决定；对公司提出改进工作的意见，督促公司落实整改方案；制定检查考核标准，制定必要的制约和激励措施。该小组组长为马宗梅，副组长为朱航员，成员有黎光葵、符雄、池新旺、陈建钦、佟文华、易宝森、张玉凌、江日胜、钟洪斌、杨福生。

【开展“实施职工素质工程，创建学习型企业，争做知识型职工”活动领导小组】 广远开展“实施职工素质工程，创建学习型企业，争做知识型职工”活动领导小组主要职责是全面领导公司“实施职工素质工程，创建学习型企业，争做知识型职工”活动；审定活动计划和意见；保证开展活动必要的资源。该活动领导小组组长为马宗梅，副组长为黎光葵，成员林旭东、姚勇、池新旺、谭力、石立森、朱航员、符雄、林耀强、陈建钦。

【“实施职工素质工程，创建学习型企业，争做知识型职工”活动办公室】 “实施职工素质工程，创建学习型企业，争做知识型职工”活动办公室在广远开展“实施职工素质工程，创建学习型企业，争做知识型职工”活动领导小组领导下开展工作，主要职责是根据上级的要求和公司实际起草相关活动计划和指导意见，负责开展活动情况的收集整理和综合协调工作。该活动办公室主任为符雄，副主任为蔡兆聪、王茜，成员有吴思、邓玲、陈衡、王雷、徐鹰、郭智谋、沈利、米军喜。

【岸产企业改制领导小组】 岸产企业改制领导小组的主要职责是负责审核工作小组制订的岸产企业改制方案，指导工作小组、项目小组做好岸产企业的改制工作。该领导小组组长为徐惠兴、刘书田，副组长为胡锦沛，成员有傅伟、翁继强、黄继忠、马宗梅、谭力、池新旺、黎光葵、姚勇、符雄、佟文华、王玉生、陈建钦。

【岸产企业改制工作小组】 岸产企业改制工作小组在岸产企业改制领导小组领导下开展工作，该改制工作小组下设五个项目小组：上海广运改制实施项目小组、新利服装改制实施项目小组、金桥学院改制实施项目小组、建设实业改制实施项目小组、华南医疗改制实施项目小组。工作小组及项目小组负责研究制订改制实施方案和方案的具体组织实施。该改制工作小组组长为胡锦沛，副组长为谭力、王玉生、陈建钦，成员有池新旺、黎光葵、姚勇、符雄、佟文华、邓伟荣、张庆华、张访苏、周学茵、郑意、吴思、任鑫、叶勇、林盛鹏、郑再利、郭智谋、陈成进。

【信息化建设领导小组】 广远信息化建设领导小组的主要职责是加快推进广远信息化建设，提高信息化管理水平和效率。该领导小组组长为傅伟，副组长为谭力、杨涛，成员有林旭东、姚勇、池新旺、黎光葵、石立森、朱航员、符雄、王玉生、梁伟民。

【海事劳工公约专题研究小组】 广远海事劳工公约专题研究小组主要职责是根据广远的情况，对公约履约准备的各项整体工作进行研究。该专题研究小组组长为黄继忠，副组长为黎光葵、尤扬斌，成员有郑深恩、周伟民、陈衡、崔一立、张丛、陆启扬、李绍丰、周学茵、武建军、王涛、陈成进、黄宜振。

【住房货币补贴制度改革领导小组】 广远住房货币补贴制度改革领导小组主要职责是负责审核企业住房货币补贴制度及实施方案，指导工作小组做好住房货币补贴制度改革。该改革领导小组组长为徐惠兴，副组长为刘书田，成员有傅伟、翁继强、黄继忠、马宗梅、胡锦沛、林旭东、姚勇、符雄、尤扬斌、黎光葵、池新旺、王玉生。

【住房货币补贴制度改革工作小组】 广远住房货币补贴制度改革工作小组主要职责是具体负责研究制定广远住房货币补贴制度，确定住房货币补贴方案。该改革工作小组组长为马宗梅，副组长为胡锦沛，成员有姚勇、符雄、黎光葵、池新旺、陈建钦、谢汉波、戴世华、周学茵、陈衡、吴思、吴永洪、陈国留、神榕海、陶宏江、钟洪斌。

【爱国卫生委员会】 广远爱国卫生委员会主要职责是负责组织落实有关爱国卫生工作的法律、法规、规章和政策；负责企业爱国卫生工作及员工健康教育；承担爱国卫生工作职责，制定突发公共卫生事件的防范措施和应急对策。爱委会主任为傅伟，副主任为马宗梅、张玉凌，成员有姚勇、林旭东、符雄、黄森民、邝占罗、郑潮藩。

【外地房产清理领导小组】 广远外地房产清理领导小组主要职责是负责广远在外地房产清理工作。该领导小组组长为胡锦沛，副组长为谭力、陈建钦，成员有王玉生、林旭东、朱航员、池新旺、张清强。

【外地房产清理工作小组】 广远外地房产清理工作小组在广远外地房产清理领导小组领导下开展工作，主要职责是负责广远外地房产的清理工作，制定外地房改售房款的回调方案和外地房产的处理方案，组织实施回调方案和处理方案。该工作小组组长为王玉生、陈建钦，副主任张清强，成员有各办事处主任、吴永洪、叶永平、张乐平、林树元。

【加强船员教育培训“红树林”工程工作小组办公室】 广远加强船员教育培训“红树林”工程工作小组办公室（以下简称办公室）主要职责是制订广远“红树林”工程各阶段推进计划，并组织策划实施；安排督导组成员对广远下属各航运公司、船员公司、金桥学院和船舶开展“红树林”工程情况进行检查、督促和指导；汇总广远下属各航运公司、船员公司和金桥学院“红树林”工程月度报告，编辑出版《广远公司加强船员教育培训“红树林”工程简报》；不定期组织各个层面的座谈会，了解广大船岸员工对“红树林”工程的意见和建议，并进行整理汇总上报，指导下一步的工作；负责组织考察广远各单位提出的先进船舶及个人典型，并给予指导，协助培养；适时举办各类型观摩会、竞技比赛，展示“红树林”工程成效；考察船舶上报的优秀协作船员，并择优向广远相关职能部门推荐；完成领导交办的其他任务。该办公室设在船员公司质量办，联系人为张重阳。

【岸产企业“完善企业组织架构”领导小组】 岸产企业“完善企业组织架构”领导小组的职责是负责广远岸产企业“完善企业组织架构”工作的组织、领导、监督和审核工作。组长胡锦沛，副组长王玉生、谭力，成员有池新旺、朱航员、符雄、陈建钦、张访苏。领导小组下设4个专项小组。

【岸产企业“完善企业组织架构”专项工作小组】 岸产企业“完善企业组织架构”领导小组下设4个专项小组。

简化股权专项工作小组：主要职责是负责建设实业公司持有物业公司和海运服务公司部分股权划转工作的具体实施；组长为王玉生；副组长为谭力、陈建钦、张访苏；成员有何进伸、周学茵、郑再利、魏思怡、利惠玲、池锡锋、陈钊、林珏以及建设实业公司、物业公司、海运服务公司财务负责人和办公室主任；小组联络人为陈钊。

股权收购专项工作小组：主要职责是负责广远公司收购远洋宾馆和颐和公司持有酒店管理公司股权的具体实施；组长为王玉生；副组长为谭力、陈建钦、张访苏；成员有何进伸、周学茵、郑再利、魏思怡、张乐平、陈钊、林珏以及远洋宾馆财务负责人和办公室主任；小组联络人为陈钊。

鸿光物业清算专项小组：主要职责是负责海南鸿光物业公司清算处理工作的具体实施；组长为王玉生；副组长为谭力、张访苏；成员有盛开薇、何进伸、周学茵、李春林、利惠玲、林珏；小组联络人为林珏。

松涛公司清算专项工作小组：主要职责是负责广州松涛企业公司清算处理工作的具体实施；组长为王玉生；副组长为谭力、张访苏；成员有何进伸、周学茵、李春林、利惠玲、林珏及东海大厦财务负责人和办公室主任；小组联络人为林珏。

【维护稳定及突发事件应急处置工作领导小组】 维护稳定及突发事件应急处置工作领导小组职责是：按照上级部署积极开展维护稳定、社会治安综合治理、员工安全等突发事件应急处置工作；研究解决广远的信访和群体性事件问题；组织指导广远落实社会治安综合治理措施；统一指挥协调境内外广远各单位涉及维护稳定、社会治安综合治理、员工安全的突发事件的应急处置工作；健全重大突发事件预警机制和应变机制，确保指令和信息渠道畅通；与上级有关机构保持联系，及时报告重大问题。组长为刘书田；副组长为徐惠兴、马宗梅；成员有傅伟、翁继强、黄继忠、胡锦沛、林旭东、黎光葵、姚勇、石立森、谭力、池新旺、朱航员、符雄、赖奕光、龚艳平、顾卫东、尤扬斌、林耀强、王玉生、陈建钦。

【维护稳定及突发事件应急处置工作小组】 维护稳定及突发事件应急处置工作小组主要职责是：落实领导小组关于广远维护稳

定、社会治安综合治理、员工安全等突发事件应急处置工作的要求；监督检查境内外广远各单位维护稳定工作、社会治安综合治理工作、突发事件应急处置工作机制落实情况；协调解决广远的信访和群体性事件问题；监督广远各单位社会治安综合治理工作开展情况；具体负责涉及广远维护稳定、社会治安综合治理、员工安全的突发事件应急处置工作。组长为马宗梅；副组长为翁继强、黄继忠；成员有林旭东、姚勇、黎光葵、石立森、朱航员、谭力、池兴旺、符雄、尤扬斌、林耀强、陈建钦、郑深恩、温锐波、周学茵、黄森民。广远维护稳定工作及突发事件应急处置工作小组下设维护稳定工作办公室、社会治安综合治理工作办公室、突发事件应急处置工作办公室。

【维护稳定工作办公室】 维护稳定工作办公室主要职责是按照维护稳定及突发事件应急处置工作领导小组和工作小组的部署，做好维护稳定具体工作。其中，船员的稳定工作由党委副书记黄继忠牵头负责，家属、岸产单位和本部的稳定工作由纪委书记马宗梅负责。建立健全长效机制，提高预防和妥善处理信访突出问题以及预防处置群体性事件的工作水平。具体负责信访和群体性突发事件的处置工作。主任为黄继忠、马宗梅；副主任为林耀强、陈建钦、黎光葵；成员有尤扬斌、林旭东、姚勇、符雄、郑深恩、蔡兆聪、温锐波、周学茵、郑潮藩、黄森民、郭智谋。维护稳定工作办公室设在总经办。

【社会治安综合治理工作办公室】 社会治安综合治理工作办公室按照维护稳定及突发事件应急处置领导小组和工作小组的整体部署，制定社会治安综合治理具体工作计划并组织实施；完善社会治安防控体系；了解掌握广远本部各部门及公司直属单位的社会治安综合治理工作情况，总结、推广社会治安综合治理工作经验，发现、纠正存在的问题，推动社会治安综合治理工作的深入开展；具体负责社会治安综合治理突发事件的处置工作。主任为黄继忠；副主任为石立森、姚勇；成员有林旭东、黎光葵、符雄、尤扬斌、林耀强、陈建钦、姚锦池、温锐波、王茜、黄森民。社会治安综合治理办公室设在航安部。

【突发事件应急处置工作办公室】 突发事件应急处置工作办公室维护稳定及突发事件应急处置领导小组和工作小组的整体部署，监督检查广远各单位安全检查突发事件应急处置工作机制落实情况；研究制定广远员工安全保护工作的对策、措施；具体负责涉及员工安全的重大突发事件应急处置工作。主任为翁继强；副主任为石立森；成员有林旭东、姚勇、朱航员、谭力、黎光葵、池新旺、符雄、尤扬斌、林耀强、陈建钦、郑深恩、温锐波、钱汉东、黄森民、林树元、事发单位负责人。突发事件应急处置工作办公室设在航安部。

【广远大厦管理工作领导小组】 广远大厦管理工作领导小组主要工作职责是审批广远大厦建设管理制度、监督制度，并检查、督促各项制度的执行情况；听取建设实业作为投资主体对重大事项的工作报告，听取总承包项目公开招标情况的汇报；及时掌握广远大厦建设项目的工作动态，加强对广远大厦建设项目的协调沟通，加强对广远大厦建设项目进度的督促检查。该小组组长为傅伟，副组长为胡锦沛，成员有林旭东、谭力、池新旺、王玉生、陈建钦、朱航员、佟文华、郑培贤、王庆来、杨涛、任鑫、郑再利、沈仕乐、刘刚、伍剑。

【“履行全球契约，实施可持续发展战略”领导小组】 广远“履行全球契约，实施可持续发展战略”领导小组主要职责是按照中远集团的统一部署，研究并指定广远在实施“履行全球契约，实施中远集团可持续发展战略”工作时所需要的方针、政策以及资金、人员、机构等方面的工作，对工作小组提出指导意见。该小组组长为徐惠兴，副组长为傅伟、翁继强，成员有谭力、林旭东、姚勇、朱航员、池新旺、黎光葵、符雄、杨涛、姜立军、顾卫东、龚艳平、林耀强。

【“履行全球契约，实施可持续发展战略”工作小组】 广远“履行全球契约，实施可持续发展战略”领导小组主要职责是按照领导小组的决议并参照中远集团的具体要求，研究、处理、协调和落实广远“履行全球契约，实施中远可持续发展战略”方面的各项具体工作。该小组组长为傅伟，副组长为谭力，成员有张庆华、张莲芳、章晓彤、佟文华、邓伟荣、郑深恩、周维民、蔡兆聪、张筱玲、尤天福、王曙民、朱松崎、梁浩、韩苑君。

【“履行全球契约，实施可持续发展战略”协调办公室】 “履行全球契约，实施可持续发展战略”协调办公室的主要职责是协调、处理广远履行全球契约方面的日常工作。该协调办公室设在发展部，联系人为王曙民。

【工亡职工供养亲属待遇清理工作小组】

广远工亡职工供养亲属待遇清理工作小组主要职责是清理工亡职工供养亲属待遇情况，根据国家工伤保险条例核发工亡职工供养亲属抚恤待遇。该小组组长为刘书田，副组长为马宗梅，成员有黎光葵、符雄、戴世华、段腊春、郑深恩、叶勇、杨树沛、李日宝、吴奕凡、刘志建。

【职工工伤伤残等级评审清理工作小组】

广远职工工伤伤残等级评审清理工作小组主要职责是清理广远历年来职工工伤人员，对没有进行工伤伤残等级评审人员进行评审，核发工伤一次性伤残补助金。该小组组长为刘书田，副组长为马宗梅，成员有黎光葵、符雄、戴世华、张玉凌、郑深恩、段腊春、叶勇、任乃星、林树元、黄旺新、刘小波、吴奕凡、李日宝、杨树沛、冯培伟。

【广远大厦监督工作领导小组】 监督工作领导小组主要工作职责是负责审定效能检查工作小组和审计监督工作小组工作报告，检查投标单位来源，协调各小组与实业公司的工作。该领导小组组长为马宗梅，副组长为朱航员、陈建钦，成员有佟文华、邓伟荣、张访苏、周学茵。监督工作领导小组下设效能检查工作小组和审计监督工作小组。

【效能检查工作小组】 效能检查工作小组主要工作职责是负责向监督工作领导小组报告工作，具体负责监督检查有关法律、法规、规章和企业内部制度的贯彻落实情况；监督检查参加广远大厦建设人员履行职责及从事建设项目经营管理活动情况；监督检查广远大厦管理制度和制订和执行情况；派出人员参加招标工作领导小组、招标工作小组和评标小组的工作会议，参与审定评标小组人员名单，监督项目招标、开标、评标、定标过程；纠正和处理建设项目活动中的违规违纪行为；开展廉洁教育和安全监督等工作。该工作小组组长为朱航员，副组长为陈建钦、郑意，成员有赵洪先、林树元、陈道胜、王申良。

【审计监督工作小组】 审计监督工作小组主要工作职责是负责向监督工作领导小组报告工作，具体负责对广远大厦管理制度的制订和执行情况的审计监督；派出人员参加招标工作领导小组、招标工作小组和评标工作小组的工作会议，参与审定评标小组人员名单；组织开工前审计，包括审核招标文件，对项目招标、开标、评标、定标过程实施审计监督，审核合同初稿；组织建设期间审计，进行施工现场勘察，审核主要项目工程量、主要材料采购价格和合格证书，检查重大隐蔽工程及分步、分项工程的验收签证单；向中远集团上报审计申请，配合中远集团聘请的中介机构的竣工结算审计工作；开展法律监督和财务监督等工作。该工作小组组长为佟文华，副组长为张访苏、周学茵，成员有沈仕乐、张乐平、林珏。

2007

广州远洋运输公司年鉴

GUANGZHOU OCEAN SHIPPING COMPANY YEARBOOK

2008年刊

第十章

2007年度先进集体、先进个人

第一节 上级表彰的先进集体、先进个人以及社会团体授予的荣誉称号

（一）上级表彰的先进集体以及社会团体授予的荣誉称号

全国厂务公开民主管理先进单位

广　远

全国模范劳动关系和谐企业

广　远

2006年度全国学习型先进班组

“泰安口”轮

“中国铝业杯”首届中央企业青年创新奖优秀奖

“泰安口”轮加宽改造工程

国家级优秀QC小组

信息中心软件事业部QC小组

全国交通行业优秀QC小组

中远南方安全QC小组　信息中心软件事业部QC小组

信息中心应用开发部QC小组　广远《年鉴》编写QC小组

全国交通通信系统创建文明行业先进单位

通导公司

广东省思想政治工作研究先进单位

广　远

广东省文明单位

“大华”轮

广东省“2007年度全省机要部门密码工作先进单位”

广远总经办机要室

大连市“外地驻连先进办事处”

大连办事处

广东省海员建设工作四项重点工作考评优秀单位

广远工会

广东省级治安保卫重点单位先进保卫工作机构

保卫处

广东省直机关2005～2007年度文明单位

中远远达　“白沙岭”轮

广东省直机关“部门排头兵”

中远航运　中远远达　中远南方安技部

船员公司党工部

广东省直工委“优质服务排头兵”

中远航运船舶管理部

广东省直工委“和谐创建排头兵”

广远党工部党支部

广东省直机关青年文明号

物业公司青年宣传服务小组　《广州远洋》编辑部　“月亮湾”轮

2006～2007年度广东省直机关五四红旗团委

岸产事业部团委

2006～2007年度广东省直机关五四红旗团支部

远洋宾馆团总支

广东省档案局档案管理检查评估“优秀”等级

广　远

广东省优秀QC小组

船员公司“驾报合一”QC小组

信息中心应用部QC小组

信息中心软件事业部QC小组

信息中心应用部活力QC小组

远洋大厦工程部 QC 小组

2007 年度广东省运输邮电统计一等奖

航安部

2007 年广东省能源统计一等奖

航安部

大连市工商局“守合同重信用单位”

中鞍航运

广州市 2007 年度无偿献血先进集体

广　远

广州市“安全文明小区”

物业公司沙园小区

广州市食品卫生信誉度 A 级单位

远洋宾馆

广州市优秀 QC 小组

船员公司“驾报合一”QC 小组

船员公司业务部 QC 小组

信息中心应用部 QC 小组

信息中心软件事业部 QC 小组

信息中心应用部活力 QC 小组

保险中心药费报销 QC 小组

远洋大厦工程部 QC 小组

2007 年 4 月 7 日，《董事会》杂志评选出“第三届中国上市公司董事会金圆桌奖”获“优秀董事会”奖，排名第一

中远航运

2007 年 4 月，获《新财经》杂志社主办评选的 2006 第三届中国漂亮 50——中国未来十年成长性蓝筹上市公司奖

中远航运

2007 年 6 月 24 日，在《证券时报》和中联集团联合主办的“2006 年度中国上市公司价值百强暨首届中小板公司三十强评选”中，获上市公司百强第 13 名

中远航运

在《中国证券报》与亚商咨询联合主办的“2006 年度中证百强”中获上市公司名列百强综合榜第 91 位

中远航运

2007 年 4 月，在《中国证券报》与亚商咨询联合主办的“2006 年成长性百强子榜”评选中，获第 42 位

中远航运

2007 年 7 月 7 日，“2007 中国投资者关系管理年会暨 2006 年度中国 A 股上市公司最佳投资者关系管理评选”中获“2006 年度中国投资者关系管理百强”、“最佳大型公司奖”和“最佳沟通奖”三项大奖

中远航运

获亚太经济时报社、广州市企业评价协会联合评选“2006－2007 年中国广州最具竞争力服务品牌”

远洋宾馆

获亚太经济时报社、广州市企业评价协会联合评选“2006－2007 年中国广州客户服务优质单位”

远洋宾馆

中远集团“四好领导班子”

广　远

中远集团文明建设先进单位

广　远

中远集团党建思想政治工作研究先进单位

广　远

中远集团 2005－2006 年度“华铜海”式船舶

“泰安口”轮、“乐和”轮、“大华”轮、“乐里”轮、“安龙江”轮

中远集团 2005－2006 年度五四红旗团委

原船员公司团委、金桥学院团委

中远集团 2005－2006 年度五四红旗团支部

“白沙岭”轮团支部、“乐和”轮团支部、发展部团支部

中远集团2005－2006年度五四红旗团委创建单位

供应公司团委、岸产事业部团委

中远集团保密工作先进集体

广远总经办

中远集团档案工作先进集体

档案管理中心

中远集团办公室信息报送工作先进集体

广远总经办

中远集团优秀QC小组成果奖

中远远达供油改造QC小组

中远南方安全QC小组

信息中心应用部QC小组

信息中心软件事业部QC小组

保险中心药费报销QC小组

广远《年鉴》QC小组

广州市越秀区武装工作标兵单位

广远武装部

（二）上级表彰的广远先进个人

中华全国总工会全国工会系统‘五四’普法先进个人

符雄

中华全国总工会全国工会财务先进工作者

关雨标

中央企业纪检监察系统先进个人

朱航员

全国交通行业巾帼建功标兵

张乐平

全国交通行业青年岗位能手

陈小华

广东省五一劳动奖章

吴禄伟

全国优秀海员家属

徐文凤　廖育珍　崔钦枰　陈桂平

中国海员建设工会“金锚奖”

邱晓虹

广东省思想政治工作研究先进个人

姚　勇

广东省2006年党委（党组）中心组优秀学习秘书

姚　勇

广东省总工会南粤女职工之友

马宗梅

广东省省直机关“岗位排头兵”

姜立军　陈建钦　陈学江　朱昭勇　申屠启伟　邓诗红　吴文榜　陈庆福

2007年度驻穗中央、省属单位按比例安排残疾人就业工作先进个人

黎光葵

广东省QC小组活动优秀推进者

尤扬斌　谭力

广东省级治安保卫重点单位先进保卫人员

温锐波

广东省级治安保卫重点单位优秀专职保卫人员

伍英华

广东省技术能手

吴禄伟

广东省直工委“优质服务排头兵”

李锐源

广东省海员职工技能大赛第1名

吴禄伟

2006－2007年度广东省优秀团干部

王茜　管升

2006－2007年度广东省直机关优秀共青团干部

江海珊　席宇

2006－2007年度广东省直机关优秀共青团员

赵正永　管升

2006－2007年度广东省直青年岗位能手

黄启垣

广东省海员工会系统先进女职工

李惠霞

广东省海员工会先进女职工工作者

王叶红

广东省海员工会女职工之友

洪舸

广州市 QC 小组活动优秀推进者

张筱玲　黎清

广州市越秀区党管武装先进个人

翁继强

广州市越秀区专职武装干部标兵

温锐波

广州市越秀区武装工作先进个人

伍英华

2005 –2006 年度中远集团劳动模范

姜立军

中远集团第三届十大杰出青年

蔡连财

中远集团党建思想政治工作研究先进工作者

姚勇

中远集团 2006 –2007 年优秀共青团干部

黄志云　刘建伟　沈利　邹碧　吴冠翀　王粤宁　谢伟明

中远集团 2006 –2007 年度优秀共青团员

孟凡　吴卫锋　叶伟安　张朝辉　林祖浩　张竹玲　袁永海

中远集团档案工作先进个人

徐鹰

中远集团机要先进工作者

郑潮藩

中远集团办公室信息报送工作先进个人

周益桥

第二节　广远表彰的先进集体、先进个人

（一）广远表彰的先进集体

双文明建设先进单位

中远航运　中远远达　中远南方　建设实业

四好领导班子

中远航运　中远远达　远洋大厦　大富酒店

学习“华铜海”先进船舶

“泰安口”轮　“永盛”轮　“乐宜”轮　“乐和”轮　“大华”轮　“乐里”轮　“康盛口”轮　“大中”轮　“安宁江”轮　“安龙江”轮　“白沙岭”轮　“西昌海”轮　“安泰江”轮　“亚龙湾”轮

先进集体

发展部　人力资源部/组织部　通导公司造船业务部　福建捷安航运部　海运公司工程部　远洋宾馆财务部

安全生产先进单位

中远航运　中远远达　中远南方　省远洋　原船员公司（1～9 月）　物业公司　建设实业　远洋宾馆　远洋大厦

安全生产先进集体

航安部　岸产事业部　党工部　工会

巾帼文明岗

中远航运航运经营部商务组

中远远达财务部

船员公司财务部

信息中心通信部

物业公司黄埔酒店客房部

金桥学院外语系
供应公司财金部
通导公司综合管理部
建设实业营销部
远洋宾馆前台
远洋大厦前台接待

优质服务外派集体标兵

“毓骐海”轮 “天坛海”轮
“福运1号”轮 “鞍山”轮

文明示范窗口

《广州远洋》编辑部
中远航运船员管理部船员一处
远洋大厦保安部

先进基层党组织

中远南方党总支
中远远达党委

先进党支部

“安龙江”轮党支部
“康盛口”轮党支部
“洪江”轮党支部
“大华”轮党支部
“乐同”轮党支部
“乐昌”轮党支部
“乐泰”轮党支部
“江埔关”轮党支部
“永盛”轮党支部
“安宁江”轮党支部
“毓骐海”轮党支部
“金沙岭”轮党支部
“永通”轮党支部
“福运1号”轮党支部
中远航运船舶管理部党支部
中远远达第一党支部
船员公司船员二部党支部
供应公司总经办党支部
金桥学院教务处党支部
物业公司广远大楼管理中心党支部
通导公司第二党支部
海运公司技术工程部党支部
远洋大厦行政党支部
大富酒店第二党支部
广州中远船务工程有限公司生产党支部
监督部/审计部党支部
大连办事处党支部
天河东离退休党支部
沙园离退休党支部

2006~2007年度达标模范工会

中远远达工会 远洋宾馆工会

2006~2007年度达标先进工会

船员公司工会 中远航运工会
通导公司工会 物业公司工会

先进家属联络站

无锡家属联络站 青岛家属联络站
醴陵家属联络站 丹东家属联络站
惠安家属联络站 衡阳家属联络站
上海家属联络站 潍坊家属联络站
肇庆家属联络站 大连家属联络站
烟台家属联络站 邓州家属联络站
海门家属联络站 新会家属联络站
大连转山家属联络站

青年文明号

广远信息中心软件事业部
中远航运投资发展部
供应公司代理部业务组
供应公司食品部陆地销售组
金桥学院外语系驾驶英语教研室
远洋宾馆前台接待部
物业公司经营部客户服务小组
远洋大厦营销部前厅部
“乐里”轮 “康富”轮
“大华”轮 “安宁江”轮

2006~2007年度青年安全生产示范岗

信息中心运维部网络组
物业公司明珠管理处保安班
物业公司黄埔管理处保安班
远洋大厦工程部信息中心
“安泰江”轮　“西昌海”轮

2007 年精益管理活动银河奖

中远航运　中远远达

2007 年精益管理活动阳光奖

中远航运“泰安口”轮

2007 年精益管理活动月光奖

中远航运航运经营部商务
原船员公司劳务二部
中远南方安技部
远洋大厦工程部
广远党工部

2007 年精益管理活动星光奖

中远航运船管部　中远航运租船工作小组
中远航运财金部　中远航运船舶管理部
中远日邮　中远航运“凉山”轮
中远航运“大华”轮
原船员公司办公室
原船员公司财务部
中远南方“月亮湾”轮
中远南方安技部　中远远达业务部
中远远达“瑞昌海”轮　信息中心
远洋宾馆工程部　供应公司物料部
海运公司　广远人事部/组织部

广远公司级“优秀 QC 小组成果”奖

广远《年鉴》QC 小组
监督部/审计部招标项目 QC 小组
保险中心药费报销 QC 小组
档案管理中心 QC 小组
船员公司船员一部 QC 小组
船员公司船员二部安全 QC 小组
船员公司船员二部治保 QC 小组
船员公司劳务一部 QC 小组
船员公司劳务二部 QC 小组
船员公司劳务二部培训 QC 小组
船员公司“驾报合一”QC 小组
船员公司办公室 QC 小组
船员公司业务部 QC 小组
船员公司财务部 QC 小组
信息中心应用部 QC 小组
信息中心应用部活力 QC 小组
信息中心软件事业部 QC 小组
中远南方安全 QC 小组
中远远达供油改造 QC 小组
远洋大厦工程部 QC 小组

巾帼文明岗

通信部

（二）广远表彰的先进个人

先进生产（工作）者

李增奇　张埃贵　陆福春　陈治国
黄碧生　宫向和　陆伟荣　程建良
侯志刚　肖连芬　张有志　林少辉
陈德华　蔡连财　陈楷明　唐建鸿
柯文伟　汪跃晓　钟成友　郁福生
陈仁玉　闵业杰　徐东海　陈建成
姜坤良　刘　伟　方伟生　李小海
戚演韶　汪再添　吕联清　陈　力
李文胜　王彦雄　苏中福　温贵有
卞礼铿　崔建永　陈国强　陈庆彪
耿振江　余力本　丁剑波　李欣河
肖健池　周瑞岳　衣建军　胡金松
柳思红　施跃进　王景明　蔡清溪
孔来勇　刘水平　刘国廷　罗小雄
杨俊杰　唐胜焰　王福臣　陈建青
许木钦　郭读文　刘长泉　杨伟光
毛　光　董佩营　潘其雄　王雨明
肖国政　范青山　陈远斌　王可恒
周　国　沈建林　李　明　赵建营

何　情　赫传令　冯蛟腾　李小乔
戴康顺　王传雷　徐志强　赖梦竹
黄　考　田　波　陈建廷　杨福楼
王湘峰　杨华东　袁大宙　连新政
袁发华　马　建　戴锡昌　张　锐
刘明吉　林少东　胡小荣　潘吉堂
潘雪标　杨世贵　秦建敏　罗俊添
邱焕添　陈伟浩　程　超　曾庆金
李贵明　尹　波　陈悦荣　李志静
沈书俊　胡瑞军　何应仓　沈　超
宋志刚　黄书灯　邓炳文　钟文东
赵新华　林瑞宝　林森清　黄伟平
连云东　何水泉　黄承豪　杨福起
李伟文　郑碧林　李建飞　李传军
张德胜　张日蔚　韩洪福　姚　勇
谭　力　佟文华　张维伟　谢小梅
吴　思　谢汉波　叶苑群　王　涛
王　雷　所春阕　米军喜　张晓航
张　璐　江海珊　凌善邦　神榕海
姜立军　赵寿春　顾卫东　郑培贤
施金安　罗雪英　董昌国　卫光现
袁宏图　周桂香　邹勇光　徐卫国
林振生　张敬干　汤坦夷　孙毓穗
何汉生　黄成好　关　雯　王孜孜
翟韵琳　汪在波　吴　贵　林铭辉
黄冬海　吴　泳　黄秀文　李友平
刘一乐　方智英　胡有利　邢善荪
张宽怀　陈明兆　张伟新　林远平
欧阳志明　王新国　张永久　杨合武
胡冠雄　汤自明　戚丽华　吴江华
温武伦　陈　鸿

优秀共产党员

申屠启伟　肖连芬　卞礼铿　韩继泉
张国森　封桂生　栾　英　闵业杰
汤益康　左兴国　孙锡波　黄松发
薛福成　王可胜　石　军　程建风
李群章　赵希贤　鲍财明　曾泽民
林少衡　温贵有　陈　力　张荣华
戴来兴　过中华　陈标标　林永川
雷如信　陈建青　林建明　张承康
黄建忠　刘　清　郭仲春　林　津
吕锦辉　肖胜先　张南平　王绥文
孙建锋　卢　忠　熊国义　丁松青
毕正旺　翟中波　荀云锋　吴定波
郑达光　吴明森　戴荣刚　姜立军
王叶红　应益君　杨合武　周佳忠
周伟民　周连柏　邱进宗　徐琦武
梁树添　孙德利　李耀祥　练锦荣
李志雄　方少彪　董昌国　罗雪英
肖　丹　张伟新　骆北泉　郑培贤
吴文刚　左大龙　建　明　张敬干
骆志龙　辜嘉鸿　张泽民　凌保平
严　坤　陈运飞　谭剑锋　黄序彬
陈志云　刘林富　陈新川　张超文
王　雷　陈小华　陈献平　王怀军
许梅亮　王金良　潘万财　罗烈芳
李钟深　邓光荣　刘在如　刘锐祥

优秀党务工作者

肖健池　余力本　邓诗红　叶柏祥
李书佐　韩建兴　唐四清　黄胜强
司海升　周作友　万庆容　邹德自
陈汉周　赵志明　赖奕光　雷彩云
顾卫东　沈　利　陈建钦　叶国梁
任紫侠　施金安　谢　辉　陈成进
赵春山

巾帼建功标兵

李惠霞　黄晓晖　吴翠萍　盛开薇
黄　琴　张筱玲　谢小梅　吴　思
柳　芳　林　静　吴卫锋　钟丽然
邓林闻　夏芙芸　罗雪英　林海英
牛渝萍　林斐磬　蔡少玲　陶燕琼

王孜孜　邓　伟　何双艳　万卫华
李　纯　邬　岚　刘西平

2006 年度青年岗位能手

林　曦　谢志达　吴奕凡　周志权
张　璐　梁　俊　杨荣荣　李　陵
吴翠萍　沈国斌　徐嘉骝　杜笑天
黄翅富　刘新源　袁红途　伍慧丹
陈新毅　李科明　肖　丹　汪在波
邬　岚　王新国　所英钦　李汉林
容晃育　詹雄辉　余方元　冯剑群
李　明　朱东辉　石永国　赵　杰
孙中晖　王金伟　张玉龙　李　阳
李春林

优秀家属工作者

徐文凤　崔钦枰　陈桂平　廖育珍
王玉琴　刘亚非　徐　梦　彭虹霞
刘振华　梁焕成　赵爱茹　陈兰英
张铁英　陆　烨　郭秀美　沈素荔
刘学民　李秀芳　黄玉莲　李美珍

优秀船员家属

鲍秀君　明扬珍　周后英　邹淑芳
李春芝　赫淑华　王照燕　黄锦香
蔡芳平　陈小燕　梁翠芳　韩　珊
陈娅瑛　刘亚维　王　莹　王明霞
汪笑琴　王春华　陈宝秀　张建华
马雪梅　许琼珍　叶珊丽　吴凤钦
王其华　陈　琴　徐海英　赵俊兰
刘玉琴　于建荣

附录：各单位全称及简称对照表

全　　称	简　　称
中国远洋运输（集团）总公司	中远集团、中远（集团）总公司
广州远洋运输公司	广远、广远公司
总经理办公室	总经办
汽车船项目部	汽车船项目部
党委工作部	党工部
人力资源部/组织部	
劳动保险统筹中心	保险中心
离退休服务中心	离退休中心
档案管理中心	档案中心
信息技术中心	信息中心
广州远洋电脑系统公司	电脑公司
财金结算部	财金部
航运管理与安全监督部	航安部
发展战略与投资运营部	发展部
监督部/审计部	
工会	
岸产事业部	
广州远洋船员管理公司	船员公司
中远航运股份有限公司	中远航运
中远远达航运有限公司	中远远达
中远南方沥青运输有限公司	中远南方
福建捷安船务有限公司	福建捷安
天星船务有限公司	天星公司
广东省远洋运输有限公司	省远洋
中远鞍钢航运有限责任公司	中鞍航运
中远营港航运有限责任公司	中远营港
广州越洋船务有限公司	越洋船务
广州远洋建设实业公司	建设实业

续上表

全　称	简　称
广州远洋物业管理有限公司	物业公司
广州远洋通信导航有限公司	通导公司
广州远洋宾馆有限公司	远洋宾馆
广州天河远洋大厦有限公司	远洋大厦
广州远洋大富酒店有限公司	大富酒店
东海大厦	
广州经济技术开发区广远海运服务有限公司	海运公司
广州远洋船舶物资供应有限公司	供应公司
广州金桥管理干部学院	金桥学院
广州华南医疗用品有限公司	华南医疗
佛山市南海海洋包装材料厂	海洋厂
埃尔夫润滑油（广州）有限公司	广州埃尔夫
广州中远船务工程有限公司	广州中远船务
中远（香港）集团有限公司	中远（香港）集团
中远（香港）航运有限公司	香港航运
中远集装箱运输有限公司	中远集运
中远散货运输有限公司	中远散运
上海远洋运输公司	上远
青岛远洋运输公司	青远
深圳远洋运输公司	深远
大连远洋运输公司	大远
厦门远洋运输公司	厦远
华南中远国际货运有限公司	华南中货
广州中远国际货运有限公司	广州中货
广州外轮代理公司	广州外代
广州中远物流有限公司	广州中远物流
广州中远国际航空货运代理有限公司	广州中空
中远航运（香港）投资发展有限公司	中远航运香港公司
天津中远航运子公司	天津中远航运

图书在版编目（CIP）数据

广州远洋运输公司年鉴. 2007 / 广州远洋运输公司编. —广州：广东人民出版社，2008. 12
ISBN 978 - 7 - 218 - 06201 - 3

Ⅰ. 广… Ⅱ. 广… Ⅲ. 远洋运输—运输企业—广州市—2007—年鉴 Ⅳ. F552. 61 - 54

中国版本图书馆 CIP 数据核字（2009）第 028629 号

责任编辑	肖风华
装帧设计	崔思明
责任技编	黎碧霞
出版发行	广东人民出版社
印　　刷	广州市穗彩彩印厂
开　　本	889 毫米 × 1194 毫米　1/16
印　　张	28
插　　页	25
字　　数	700 千字
版　　次	2008 年 12 月第 1 版　2008 年 12 月第 1 次印刷
书　　号	ISBN 978 - 7 - 218 - 06201 - 3
定　　价	138. 00 元

【出版社网址：http：//www. gdpph. com　电子邮箱：sales@ gdpph. com
图书营销中心：020 - 34075206　83790604　83781020】